衣裳／国際文化理容美容専門学校所蔵
ロケ撮影協力／八芳園（港区白金台）

著者のことば

きものは、“かさね、あわせ、むすぶ”という動作の繰り返しで、身につけられていきます。花嫁のお仕度も同じことで、留袖や振袖の着付技術と、打掛や本振袖の着付技術に違いはないのですが、実際には、花嫁のお仕度は、より高い技術に加え、幅広い知識と細やかな気配りが要求されます。衣裳も重く、より豪華になりますので、取り扱いにも十分注意しなければなりません。

婚礼の当日、スムーズにお仕度するためには、衣裳や小物の種類を覚え、全体の流れを把握し、きちんと準備が整っていることが大切で、花嫁の動きを、その都度、助けることのできる技術も必要です。

そして着付の過程では、その動作の一つ一つを厳かな気持ちで進めていきたいものです。

重ね、合わせたきものは、腰紐、伊達〆、帯、帯揚げ、帯〆、帯枕の紐など、締める場所や目的によって巾、長さの異なる様々な紐で結ばれ、身につけられていきますが、この「紐を結ぶ」という動作は、「人と人、家と家との縁を結ぶ」という結婚の意義にも通じるものがあります。紐を「結ぶ」という動作の繰り返しが、花嫁の心構えに繋がります。全てのお仕度が整った後、その場に感じるピンと張りつめたような気構えは、この「結ぶ」という動作が生み出すものかもしれません。

さらに、これらの紐の締め方に必要な強弱をつけられるようになり、着付が上手な技術者といわれるようになることでしょう。

上手な着付ときれいな着付は違います。上手な技術者になることが第一で、何回も結ぶ手順を経て、締め加減、つまり手加減を覚えることが本当の技術です。衣を重ね合わせていく過程で、決め所となるポイントを、正しい位置に、点と点でおさめて結ぶことで、最終的に、美しくきれいな着付もできるようになります。

学校法人 国際文化学園
国際文化理容美容専門学校 副校長
荘司　礼子

誕生の祝いに始まり、命名式、お宮参り、七五三のお祝い（三歳・髪置きの儀、五歳・袴着の式、七歳・帯解きの式）、二十歳の成人式、結婚式…と、一生の中では数々の儀式が行われますが、中でも最も盛大に行われているのが「結婚式」です。

現在の結婚の儀式形態は、室町時代以降の習慣に由来するものが多く、花嫁が婚礼に白無垢を着て、お色直しで色のきものに着替えるという習慣も、この頃に形式化されたようです。

婚礼に「白」を用いるようになった理由として、『貞丈雑記』に、「葬式に白色を用いるは、悲しみの時なれば、美麗彩色をもとめず、物をかざらざるを本意とする故なり。婚礼に白色を用いるは、婚礼は人倫（人間の従い行うべき道義・道徳、人と人との間柄・秩序）の大本《おおもと》、白色は五色（五種類の色。特に、青・黄・赤・白・黒の五種の色をいう）の大本《おおもと》なり。故に白色を用いるなり。用いるところの白色は同じけれども、本意は同じからざるなり。またお産の時、白色を用いる本意も、婚礼に同じ」とあり、かつてはお葬式にも白無垢を着用しましたが、その時の「白」と、婚礼の式での「白」は、意味の違うものであると述べられています。

撮影／小暮幸男　かつら／大庭啓敬

装いのかたち

Part 1

箪笥の奥に眠る古いアルバム。

そこに見つけた一枚の写真に残る、晴れやかな慶びの日の姿は、ふんわりと優しく慎ましやかで、当時の花嫁の控えめな美しさが感じられます。

時を経て、写真はセピア色に変化していても、縮緬の黒のきもの、帯揚げ、丸ぐけの柔らかな素材感、施された刺繍のふっくらとした立体感、布と布のふくよかな重なり合い。当時の衣裳の風合いが、まるで手元にあるかのように伝わり、懐かしさを覚えます。

黒縮緬裾模様の振袖（または留袖）に、角隠しを被り、上前の衿に筥迫を差して扇子を持ち、髪は高島田で鼈甲の櫛、笄を飾った花嫁姿は、おばあさま、曾おばあさま、あるいはもっと昔…、年代でいうと明治・大正から昭和初期にかけての婚礼の装いでした。

婚礼の装い、またその形態は、時代の流れとともに変化しますが、結婚というかたちは、過去・現在・未来を繋ぐ核として、脈々と続いていくものです。

撮影／小暮幸男　　かつら／水口和聡

白無垢

凛とした気品を感じさせる白無垢・打掛の装い。

掛下、掛下帯、打掛、小物類の全てに、白一色を纏った白無垢・打掛のお姿は、凛とした気品を漂わせる晴れやかな儀式の装いです。これに角隠し、または綿帽子を被った装いも花嫁ならではのものです。

なお、白無垢のお仕度に着用する白の打掛には、地紋に有職・吉祥文様を織り出したもの、白糸や金糸銀糸で刺繍を施したもの、中には薄い墨で文様を描いた染めの打掛もあり、白の打掛といっても様々なかたちがあります。

装いのかたち

打掛は、江戸時代の武家女性の礼装で、現代では最高格の婚礼衣装として、挙式や披露宴に着用されます。

江戸時代の花嫁の装いの一例として、『婚礼推陳記』に、「嫁は練《ねり》の白小袖一、二領、その上に綾の白小袖、帯、ともに幸菱《さいわいびし》で、その上にまた白幸菱の打掛…」とあり、婚礼の儀式の装いは、白無垢であったことが伺えます。

清純無垢な色とされる「白」は、日本でも欧米でも、厳かな式に臨む花嫁を象徴する色であり、、挙式の装いに最もふさわしい色といえましょう。白を纏うとき、花嫁は嫁ぐことを意識するともいわれます。

撮影／小暮幸男　　かつら／水口和聡

撮影／米山重雄　かつら／水口和聡

和と洋の融合…。チャペルでの挙式に似合う「白」。

白の掛下に、白の掛下帯を幾重にも華やかに結び上げ、優しい花のベールで、ウエディングドレスのAラインのシルエットを表現しました。人気のチャペルでの挙式スタイルに似合う、これからの装いのかたちです。

白という色から感じられる清純で、けがれのない無垢な気品…。日本において白は、浄化や禊（みそぎ）の色として神事に欠かせませんが、欧米においても純粋・無垢を象徴する神聖な色としてとらえられてきました。

白は、和・洋を問わず、厳かな婚礼という儀式に最も ふさわしい色といえましょう。

撮影／小暮幸男

色打掛

装いのかたち

「色打掛」は、白の打掛と並ぶ最高格の婚礼衣装として、挙式や披露宴に用いられます。白無垢の白打掛を真珠に例えるなら、豪華絢爛、格調高い「色打掛」の装いは、ダイヤ、エメラルド、ルビーなどの華やかな宝石に例えることができます。織や染め、刺繍、箔の豪華さは、伝統の重みと格式の高さに通じるもので、そこには花嫁の幸せを願って、慶びの日にふさわしい精緻な文様を刺繍し、描き、織り上げた職人達の思いも込められています。お仕度に際しては、衣裳の重さに、装いの格や伝統の重さを感じながら、改まった心で緊張感を持って、お着付けしたいものです。

▼高砂の席では、花嫁の上半身に視線が集まりますから、衿合わせ、筥迫、懐剣などの小物のおさめ方、かつらやメイクなどに十分気を配ります。ご挨拶で、立ったりすわったりすることも多いので、打掛の前がはだけないように打掛ベルトできちんと止め、懐剣の房もきちんと表に出しておきましょう。

撮影／小暮幸男

かつら／水口和聡

撮影／小暮幸男　かつら／大庭啓敬

◀きものの裾や褄先を、手で持ち上げることを「掻取（かいどり）」「掻い取る」または「褄をとる」などといい、打掛の裾を歩きやすいように上げて着せた姿を「お掻取」と呼んでいます。

黒振袖

装いのかたち

黒縮緬裾模様の振袖または留袖をお引摺《ひきず》りに着た花嫁姿は、明治・大正時代から戦前まで、最もポピュラーな婚礼の装いでした。

戦後、挙式の装いは打掛花嫁が主流となり、昭和後半から平成にかけてはウエディングドレスの人気も高まり、お引きの黒振袖姿はあまり見られなくなりましたが、最近はまた、黒振袖の裾を床に引いた優雅なシルエットや、褄をとった愛らしい姿に憧れ、披露宴・お色直しの装いとして、お引摺り・黒振袖姿を希望されるお嬢様も増えてきています。

モダンな印象の
黒振袖・お引きの装い

すっきりとしたラインで文様を描いた、現代的でシャープな印象の黒振袖に、金地の帯を、線を生かして凛と結び上げ、モダンな印象にお仕度しています。

お引摺りの特徴の一つに、腰から床にストンと落ちて裾へと流れる、ラインの美しさが挙げられます。裾が短すぎると優美なドレープが出ませんし、逆に長すぎると裾が重くなりすぎます。裾の引き加減が、お引摺り着付の決め所ともいえましょう。

また、歩く時の褄をとった姿も、愛らしく、優雅なもので、左腰に揺れるしごきが、後ろ姿に華を添えます。

撮影／横山克己　　かつら／大庭啓敬

時代物のクラシックな黒振袖はノスタルジーを感じさせて…。

きもののイメージ、雰囲気、素材感、そして作られた時代が、装いのかたちをつくります。

この衣裳は、昭和になってからのものですが、その時代にはその時代の衣裳の風合い、持ち味というものがあり、それが自然と装いにも表われてくるものです。

着付も自ずと、その時代を感じさせるものとなり、後ろの衿は丸みのある形に、裾もふっくらと床に流れ、また帯結びも丸みのある優しいフォルムに結び上がり、現代の黒振袖・お引きの姿とはまた違った、ノスタルジックな風情が感じられる姿となります。

トータルでバランスのとれた装いのためには、花嫁の個性、雰囲気、きもの・帯のイメージや素材感に、着付・帯結びの技術を加え、全体に一体感をもたせることが大切で、角隠しも、その雰囲気に合わせて、裏が紅絹になった、時代を感じさせるのものを合わせています。

撮影／横山克己

かつら／大庭啓敬

男子紋服

男性の第一礼装は「黒五つ紋付き羽織袴」で、黒の塩瀬羽二重の染め抜き五つ紋付きのきものに、同様の羽織をつけ、仙台平の袴をはきます。男性の礼装は慶弔両用で、未婚既婚や年齢による差もなく、本来は新郎も仲人も、列席者も全て同じでよいのですが、新郎は羽織紐を白の丸組とし、半衿、雪駄《せった》の鼻緒《はなお》も白で、白扇《はくせん》を持つのが一般的です。

装いのかたち

地色が黒以外の五つ紋付羽織袴を色紋服といい、黒五つ紋付き羽織袴と同様に男子の第一礼装となりますが、やはり婚礼の式に臨む装いとしては黒紋服の次にくるもので、お色直しの時に着用するのが一般的です。

色直し

装いのかたち

白無垢で婚礼の式を終えた後、色のきものに着替えることを「お色直し」といいます。室町から江戸にかけては、結婚の式は三日三晩続けられ、三日目に初めて色のきものを着たということです。時を経て、式の形態は段々と簡略化されますが、白から色へ…、儀式の装いから、お披露目の装いに…、装いを変える「お色直し」の習慣は、今日にも受け継がれています。

現代の「お色直し」では、お母様が昔、婚礼の時にお召しになったきものを着たり、ご自分の成人式の振袖をより華やかに、艶やかに着こなしたり…。自分らしさを演出して、ありきたりでない“装いのかたち”とすることができます。

洋髪に淡い色彩の打掛を合わせ
お色直しにふさわしい華やかで
軽やかな打掛スタイルに…

和装というと日本髪かつらが定番のスタイルですが、ヘアを洋髪にしてすっきりまとめると、かつらを合わせた時とは印象が変わり、華やかでモダンな装いになります。ヘア・メイク、ヘアアクセサリーは、ドレスの時と同じ感覚で考えます。

洋髪でモダンに装いたい時の打掛は、古典的な重厚感のあるものより、現代的な色彩、文様のものがよいでしょう。

色掛下に、花を飾って…
色のイメージで装うキモノ。

色掛下に、リバーシブルに染め分けた掛下帯を合わせ、花を飾ったスタイルです。

ここでは明るいオレンジ色の掛下、掛下帯をコーディネイトしていますが、ピンク、ブルー、グリーン、イエローなど、花嫁のイメージに合わせて、カラーコーディネイトを楽しむこともできます。

文庫の羽根を長く垂らし、裾を引いたシルエットも美しく、色とデザインがポイントとなるドレス感覚で装いたい、きものスタイルです。

撮影／小暮幸男

ブルー、ピンク、イエロー
ブライトカラーの組み合わせで
若々しく鮮やかに装って…

全体を明るいトーンでトータルコーディネイトしたお色直しの装いです。

きものは、帯や帯回りの小物（帯揚げ、帯〆、抱え帯など）とのカラーコーディネイト次第で、多彩な雰囲気を演出でき、それがきものの楽しみの一つでもあります。

洋服の場合、ある程度ポイントを絞って色を選ばないと、バランスがとりにくいのですが、きものの場合は色の調和が計りやすく、洋服ではあまりしない明るいブルー、ピンク、イエローの組み合わせも、違和感なく、しっくりまとまります。

撮影／小暮幸男

被りもの

装いのかたち

江戸時代、女子の被りものとして、各種の帽子が形成され、これには「揚げ帽子」「綿帽子」「野郎帽子」などの種類がありました。このうち「揚げ帽子」「綿帽子」は、花嫁の被り物として、現在に伝えられています。

「揚げ帽子」は「角隠し」とも呼ばれ、表は生絹《すずし》（白色）、裏は紅絹《もみ》（紅色）で出来ていました。現在、挙式の時に花嫁が被る角隠しは、白一色のものが一般的です。

「綿帽子」は、儀礼的な意義の他に、保温という実用的な目的もあり、安土桃山時代以前は男女共に着用していましたが、江戸に入って女子専用となりました。

撮影／米山重雄　かつら／水口和聡

綿帽子

「綿帽子」は、真綿（繭から製したもの／絹）を、防寒などの目的で、適当な形にして頭に被ったもので、初期の綿帽子は、丸い形の丸綿や船の形に似た舟綿で、それを額や頬に当てるのが綿帽子の付け方であった。現在のような形になったのは、江戸後期のことである。

2

角隠し

江戸時代、「角隠し」は「揚げ帽子」とも呼ばれ、表は生絹《すずし》（白色）、裏は紅絹《もみ》（紅色）の帯状の布であった。揚げ帽子の名は、綿帽子の両頬に垂れる部分を、髷の後ろの方に揚げたことに由来するといわれ、女性の晴れ姿には必ず使われ、寺社へ参詣する時にも被ったという。

1

3

1

1
2

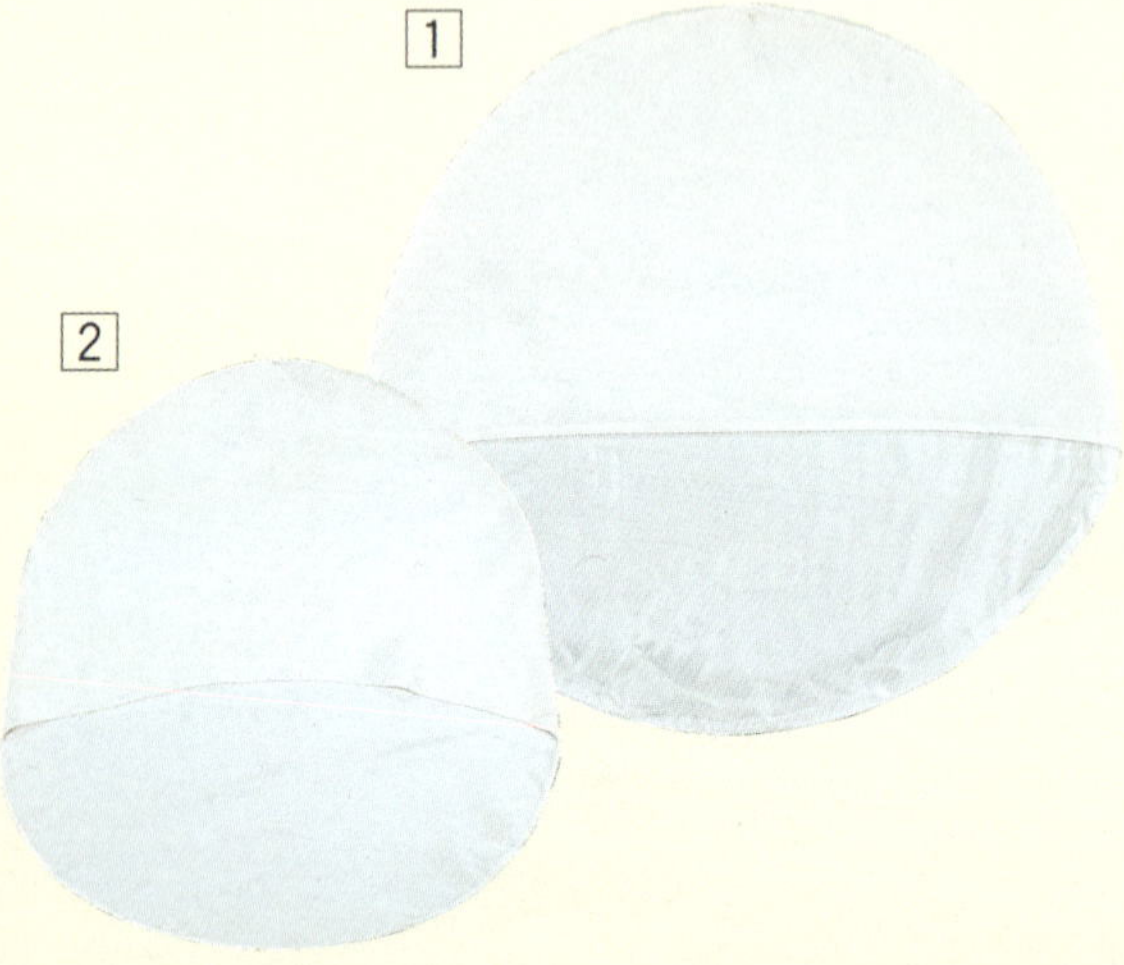

1
2
3

撮影／横山克己　　かつら／大庭啓敬

Imagination

装いのかたち

日本のきもののカタチ、織・染の精緻な技法、色彩と文様の美しさ、そしてその装いは、デザイナーのイマジネーションをかきたてる素材、モチーフとしての役割も担っています。きものを、着るもの、羽織るもの、まとうものとして捉え、イメージをかたちにしました。

撮影／小暮幸男

撮影／小暮幸男

Imagination
装いのかたち

きものの文様

日本のきもの、帯の特徴の一つに、文様の多彩さが挙げられます。一枚の衣の中に、きものほど、多彩な文様が色彩豊かに描かれている衣服は世界にも類を見ないのではないでしょうか。幾何学的な文様から、四季折々の草花、動物、自然、また身の回りの道具や器物、果ては物語に至るまで、文様のモチーフも実に様々で、それをパターン化する手法もバラエティに富んでいます。

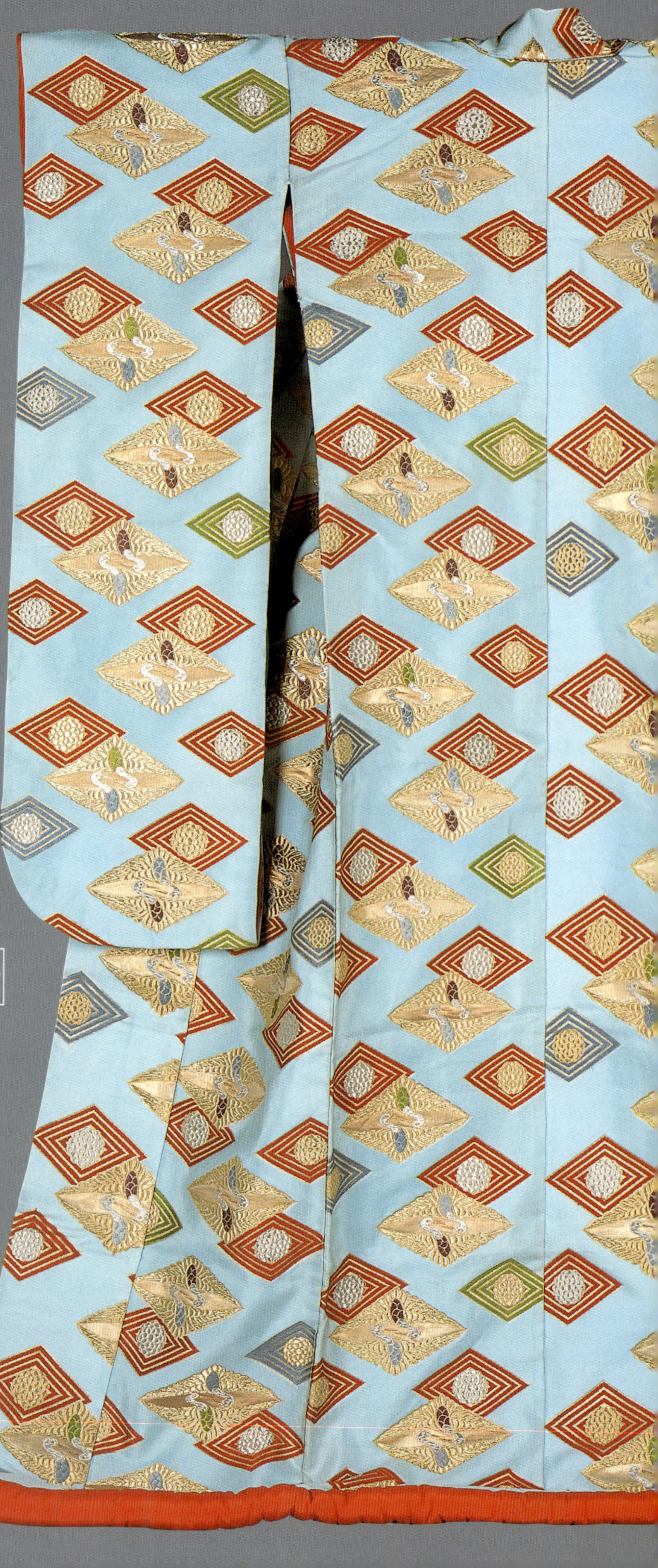

Japanese Patterns

正倉院繧繝錦《しょうそういんうんげんにしき》

鶴菱、入子菱（中に菊）

花菱（地紋は七宝）

菱紋《ひしもん》

菱形をモチーフにしたもの

幾《き》何《か》学《がく》系

規則的に繰り返される抽象的な図形による文様

立湧《たてわく》

七宝《しっぽう》つなぎ

籠目《かごめ》

縞《しま》

紗綾形《さやがた》

鱗《うろこ》模様

檜垣《ひがき》

格子《こうし》

青海波《せいがいは》

市松《いちまつ》（石畳《いしだたみ》）

麻の葉

矢絣《やがすり》

＊直線、曲線、渦巻き、点、円、方形、多角形などで構成したものを幾何学模様という。幾何学模様はさまざまな文様の中でも、最も基本的で原始的な文様で、日本では縄文時代の土器や土偶にも施されている。

丸《まる》紋《もん》

円形を散らしたり、文様を円形にデザインしたもの

割菱《わりびし》

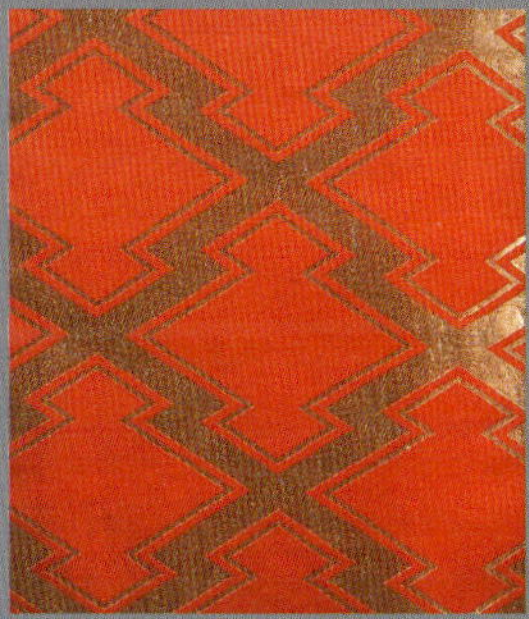
松皮菱《まつかわびし》

向蝶丸《むかいちょうまる》

丸文散らし

鎌倉文（丸文散らし）

花文、花の丸

亀《きっ》甲《こう》

六角形を亀の甲羅に見立てた文様

花亀甲《はなきっこう》（中に花菱）

毘沙門《びしゃもん》亀甲

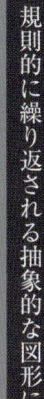

草花、樹木、動物などをモチーフにした文様

▶打掛（松と扇子）

▶振袖（竹に梅）

▶振袖（雲取りに梅）

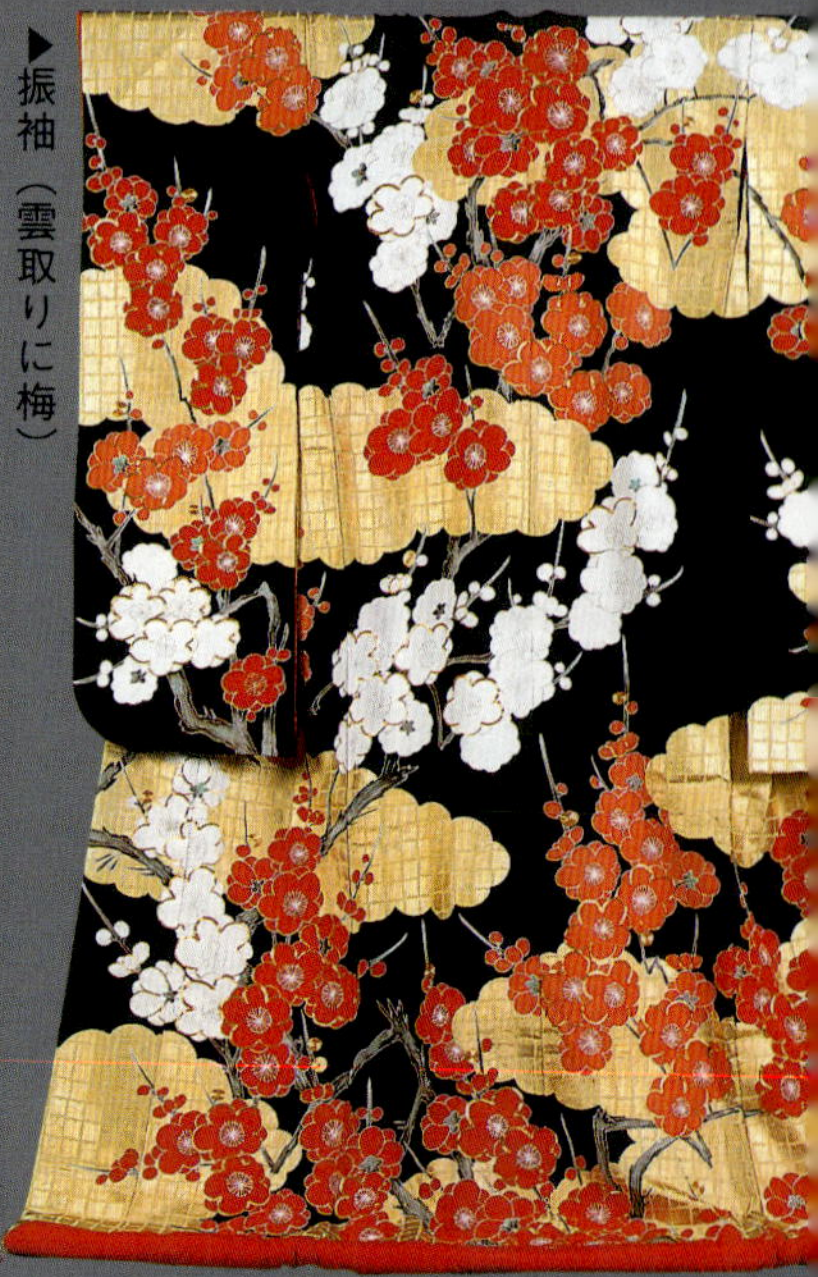

菊《きく》

日本を象徴する代表的な吉祥文様

松竹梅《しょうちくばい》

松、竹、梅を合わせて「君子（竹）を生む（梅）ことを待つ（松）」の意を持つ

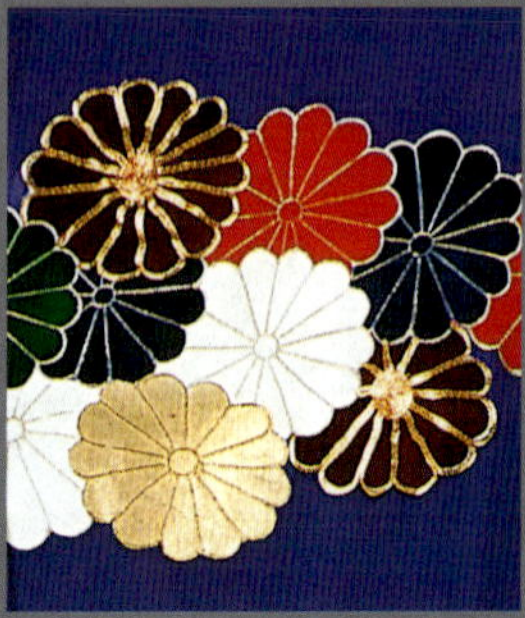

菊

光琳菊《こうりんぎく》

松

竹

梅

さまざまな草花

四季折々に咲く草花をモチーフにした文様。季節を問わずほぼ形が一定のきものに、季節感を表す役割も持っている

橘

桜

牡丹

桐

杜若（かきつばた）

藤

椿

楓

南天

桔梗

▼打掛（桜におだまき）

▼打掛（花車）

ひょうたん

百合

蝶

光琳鶴

鳳凰《ほうおう》

野の草

バラ

動物、鳥や蝶、虫など

特に鳥や蝶をモチーフにした文様が多く見られる

孔雀

▶打掛（杜若に鶴）

蘭

おしどり

なでしこ

雪輪にうさぎ

露芝

器物、道具、風景

◀振袖（扇面）

流水に車

楊柳に手まり

御所車

熨斗

宝づくし

茶屋辻

自然

自然現象、風景をモチーフとしたもの

霞（かすみ）

遠山霞文

雲取り

霰（あられ）

波

観世水

▼打掛（熨斗）

大陸風

異国情緒あふれる文様

有栖川鹿文《ありすがわしかもん》

唐花

唐草文

蓬莱《ほうらい》

瑞花模様（唐花）

更紗《さらさ》風

▲打掛（蓬莱模様）

▼裾模様（留袖）

▼雲取り模様（絽黒振袖）

▼総模様（打掛）

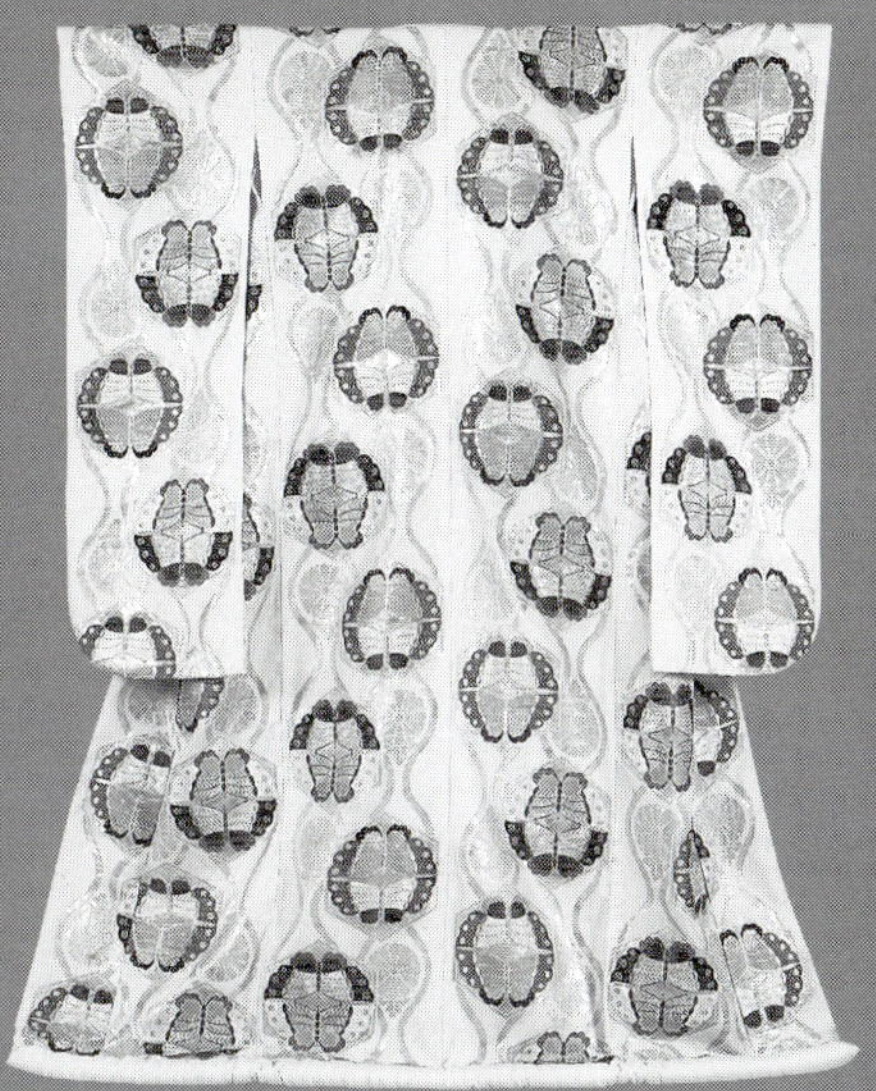

きものの文様構成

文様の種類 ＋ 文様の構成を変化させることによって、
形がほぼ一定のきものの表情が大きく変化し、
季節感や格、年齢による違い、また時代性を表現することができます。

1 雲取り《くもどり》

2 霞《かすみ》

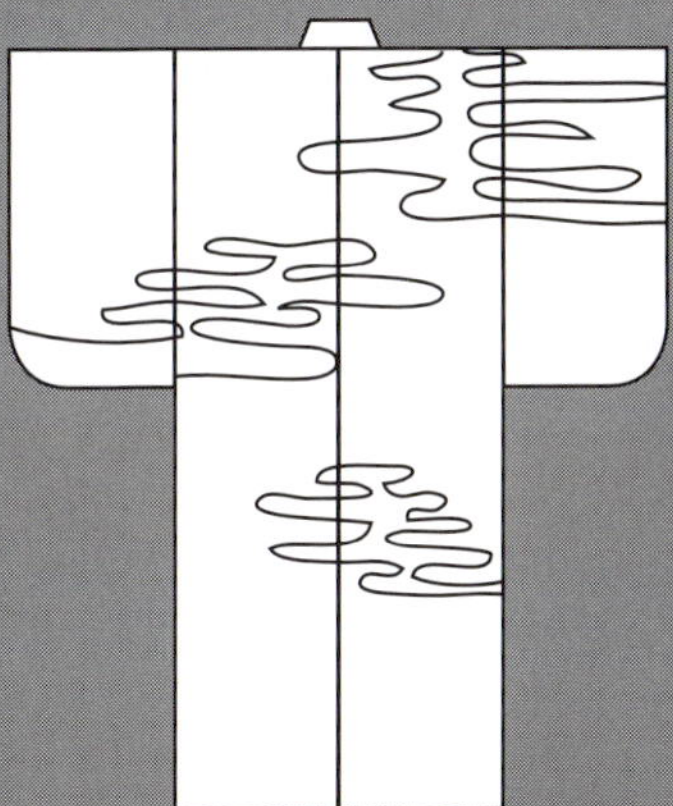

3 嶋取り《しまどり》

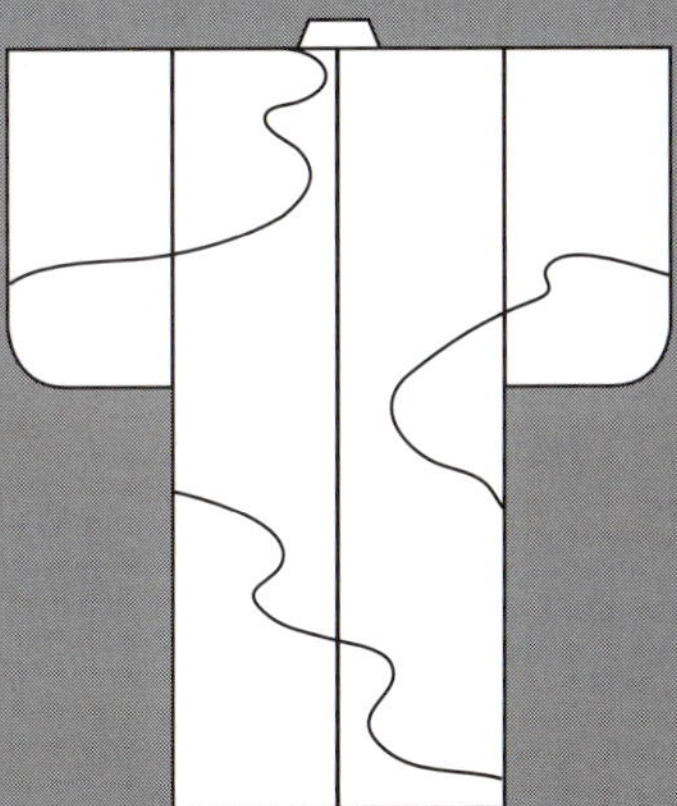

4 首抜き《くびぬき》

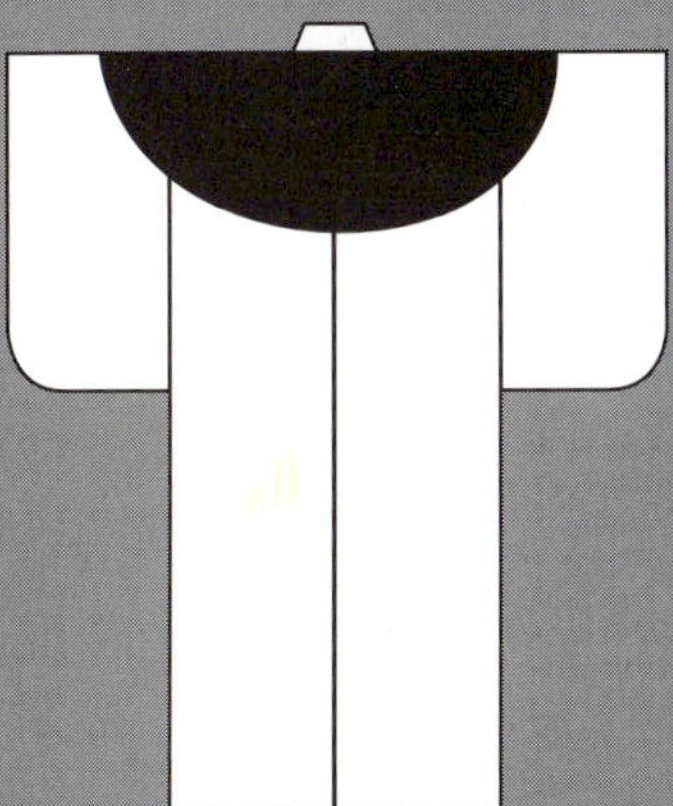

5 裾模様《すそもよう》

6 片身替わり《かたみがわり》

7 腰替わり《こしがわり》

8 段替わり《だんがわり》

1 雲取り
雲の形を写し取り、その中に他の文様をおさめたり、雲形以外の空間に文様を配置したもの。

2 霞
霞のたなびいている様子を写した文様。雲取りと同様に、遠近感や時間経過、場面の転換を示す手法として、古くから絵巻物や屏風絵にも用いられているが、それを応用したもの。

3 嶋取り
洲浜《すはま》型の曲線で、異なる文様同士の境界を表す手法。

4 首抜き
首から肩、胸にかけて大きな文様を大胆に配置したもの。

5 裾模様
裾にのみ文様を配置したもので、留袖は、この裾模様の文様構成になっている。
なお肩と裾に文様がついているものは「肩裾文様」という。江戸時代後半に流行した。

6 片身替わり
背縫いを境界として左右の身頃の地色や文様を変える文様構成で、もともとは残り裂を無駄なく使う手段として生まれ、江戸時代には斬新な文様構成として取り入れられた。

7 腰替わり
一定の幅で、腰の部分だけを異なった色目や文様としたもの。裃の下に着用する熨斗目小袖（腰部分のみ格子や筋を織り出したもので、他は無地）など。

8 段替わり
文様や色彩を段ごとに変化させる文様構成で、片身ずつ段を変える場合は、段片身替わりともいう。

＊きもの全体に文様があるものは、「総模様」という。

打掛花嫁の基本技術

Part 3

打掛花嫁の基本技術

STEP 1 長襦袢の着付
STEP 2 掛下を着付ける
STEP 3 掛下文庫を結び、小物をおさめる
STEP 4 打掛を着せる

打掛花嫁のお仕度には、おはしょりの技術をのぞいた、ほとんど全ての着付技術の基本が集約されています。

打掛花嫁のお仕度では、長襦袢、掛下、打掛…と、きものを重ねていきますが、その過程では、「かさね、あわせ、むすぶ」という着付技術の基本が繰り返されます。掛下、打掛の着付では、留袖や中振袖の着付にはなかった「裾を引く」という技術を学びますが、背中心を合わせる、前中心で共衿と衿先を揃えて背中心を確認する、衿先を持って前に引き裾を合わせていく…など、そのために必要な技術は、留袖、中振袖の着付で既に身に付けているものです。「衿を抜いて、前を深く合わせる花嫁の衿合わせ」も、後ろの衿の衿付を背にぴったりつける、肩山で衿付を首の根にそわせ、前中心で咽下の凹みを目安に合わせる、固定するための手は動かさない…など、基本の技術によるもので、左右対称に結び上げる掛下文庫も同様です。

そして、この基本技術を正しく繰り返し進めていくためには、きものを持つ手の形、位置、腕の高さ、立つ位置など、技術をする時の正しい姿勢、無駄のないリズムが大切で、それは練習の積み重ねによって培われるものです。

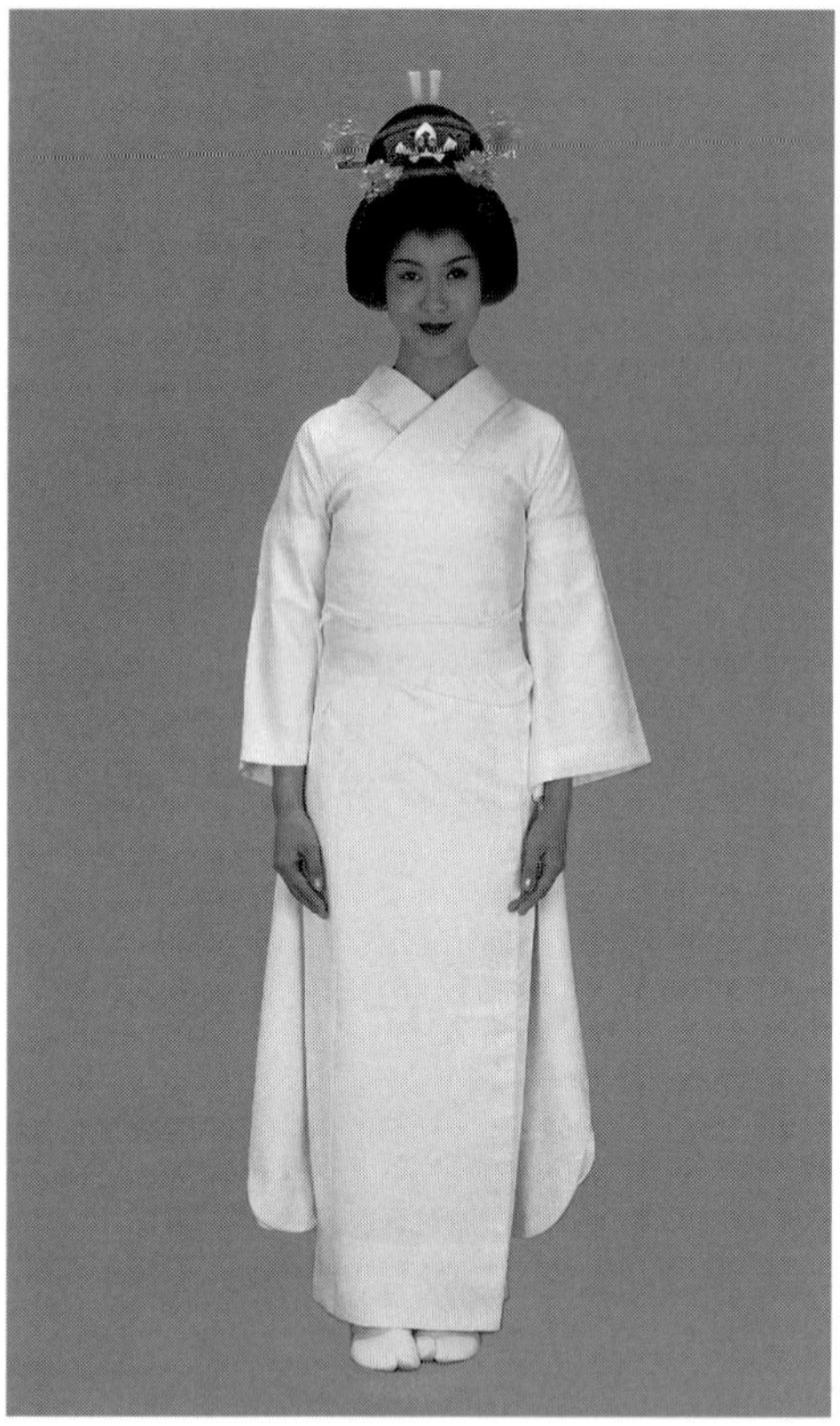

STEP 1) 長襦袢の着付

～長襦袢は、きものと肌着の間に着て、
きもの姿の土台となる大切な部分です。
仕上がりの美しさは、この長襦袢の
着付の善し悪しに大きく左右されます。
花嫁の基本的な長襦袢着付技術を学びましょう。

打掛の場合は、掛下の裾を引いて着せるため、裾の前がやや開きます。また褄をとると掛下、打掛の裾が上がり、中が見えてしまうので、長襦袢の裾は、足が出ないように足首いっぱいに決めます。衿合わせは、衿を首にそわせ、前中心で喉下の凹みを隠してほぼ直角に交差します。衿先は脇の下いっぱいに合わさります。衿の抜きは約60度、かつらの髱《たぼ》先から後ろ衿中心の衿山までの距離は約13cm～15cm位が目安です。後ろの衿は丸みのあるV字に整えます。

きものによる衿合わせ・衿抜きの違いを比べてみましょう。

前（衿合わせ）

※喉下の凹みを基準に…

振袖

▼喉下の凹みの上で合わせる（衿山の線が凹みの上を通るように）。

留袖

▼喉下の凹みが少し見える位に合わせる。年齢、体型に応じて加減する。

花嫁

▼喉下の凹みを隠す。
▽前中心でほぼ直角に交差。
▽衿先は脇の下いっぱいにくる。
▽衿を首にそわせること（首が長く見えるように）。

横（衿抜き）

振袖

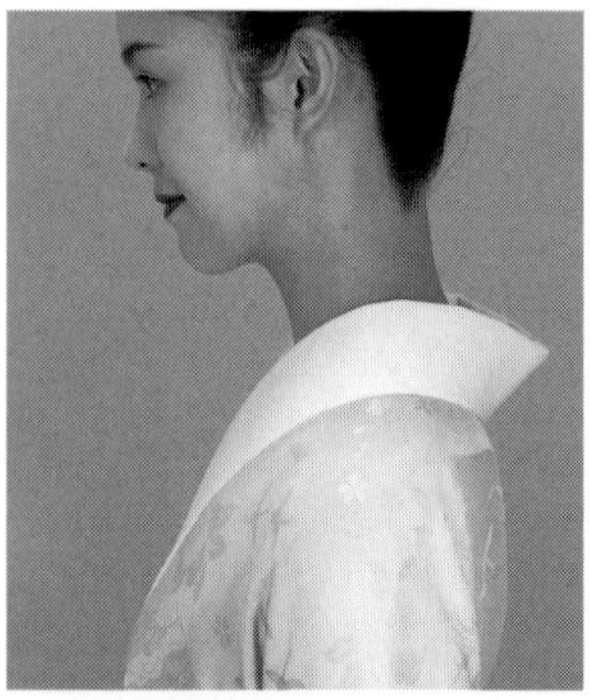

▼衿抜きの角度⇩こぶし1ツ分強。ヘアに応じて加減する。

留袖

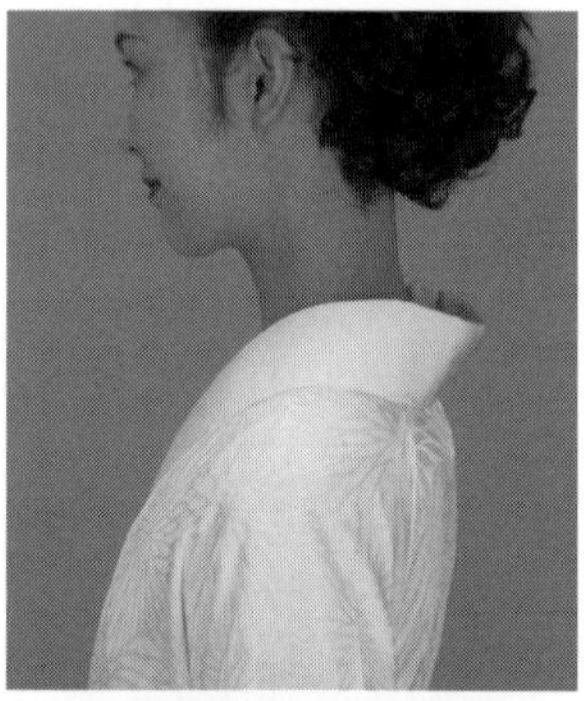

▼衿抜きの角度⇩こぶし1ツ分位。ヘア、体型に応じて加減する。

花嫁

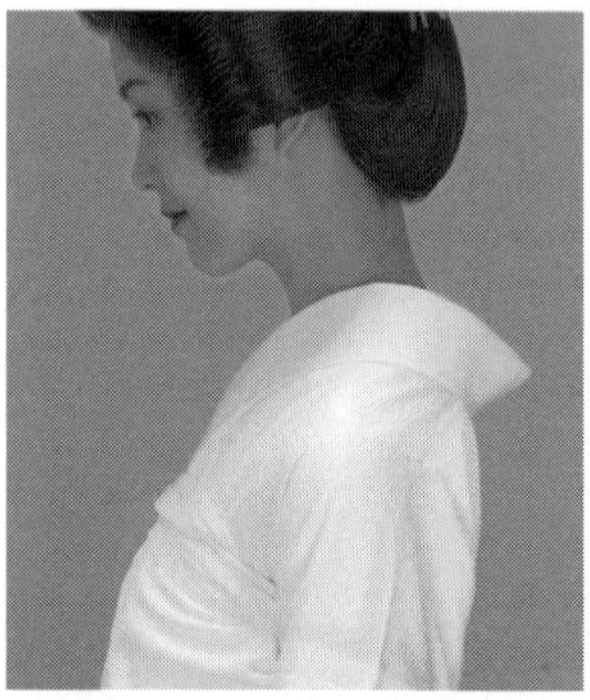

▼衿抜きの角度
⇩約60度。
▼髱の下端から背中心の衿山まで
⇩約13～15センチ。

後ろ（衿抜き）

振袖

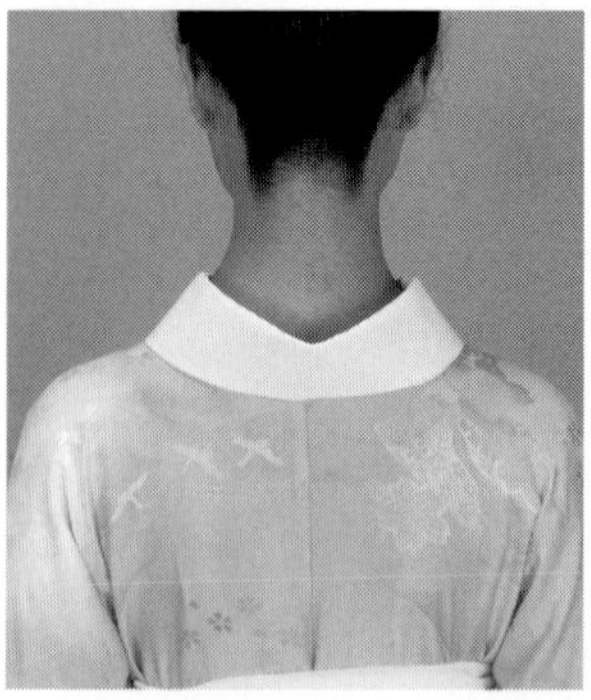

▼衿の形⇩背中心の衿山の角度をはっきりつけ、若々しく。

留袖

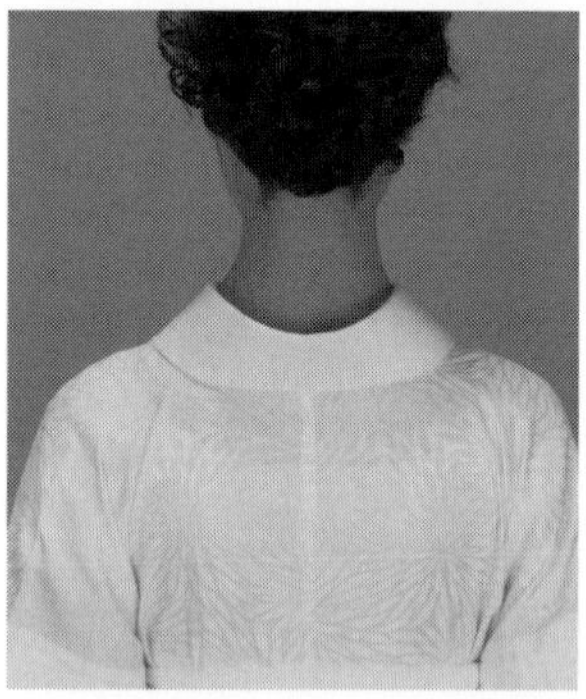

▼衿の形
⇩角度をつけず、丸みを出す。

花嫁

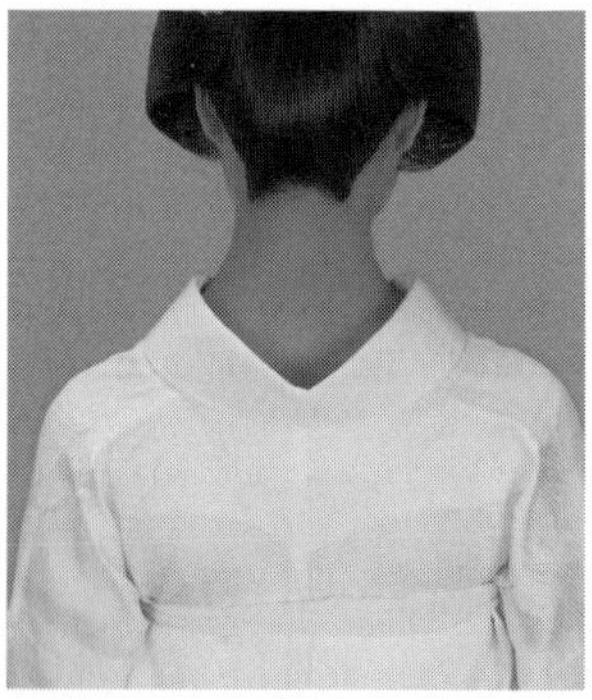

▼衿の形⇩V字型（背中心の衿山の角度をはっきりつける）。
▼衿付を背にぴったりつけ、衿山を内側に、丸みをもたせるようにして、整える。

衿の形を決め、仮紐で固定する

助手なしで着付をする場合は、決めた衿の背中心や抜き具合がずれないように、仮紐で固定しておくとよいでしょう。

助手がいる場合は、助手が固定します。

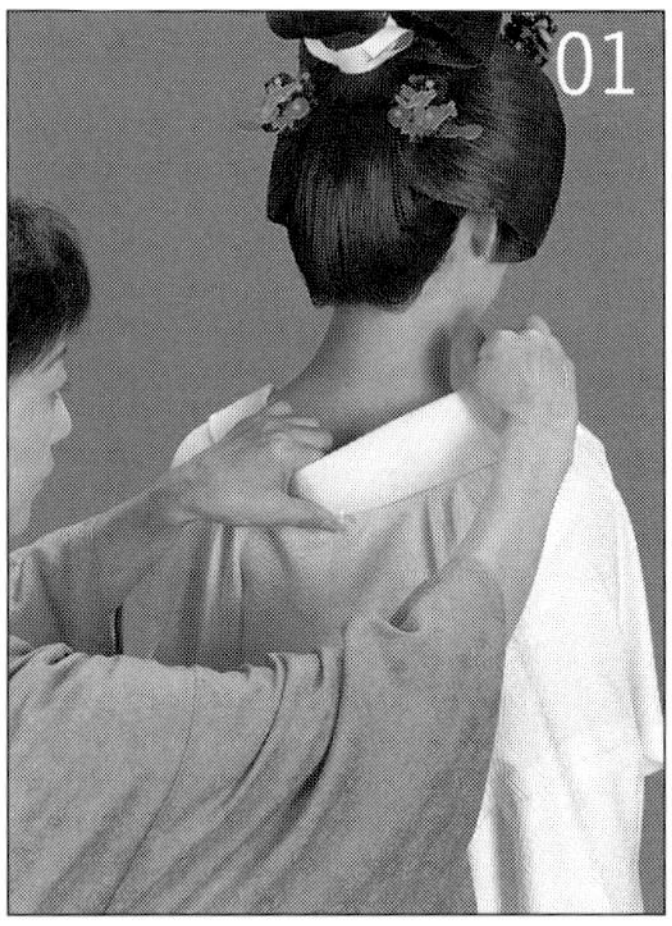

背中心を合わせ、衿の抜き具合を決める。左手／親指と人さし指で、背中心の衿付を固定し、右手で衿を中心から前にしごきながら、衿の形を整える。

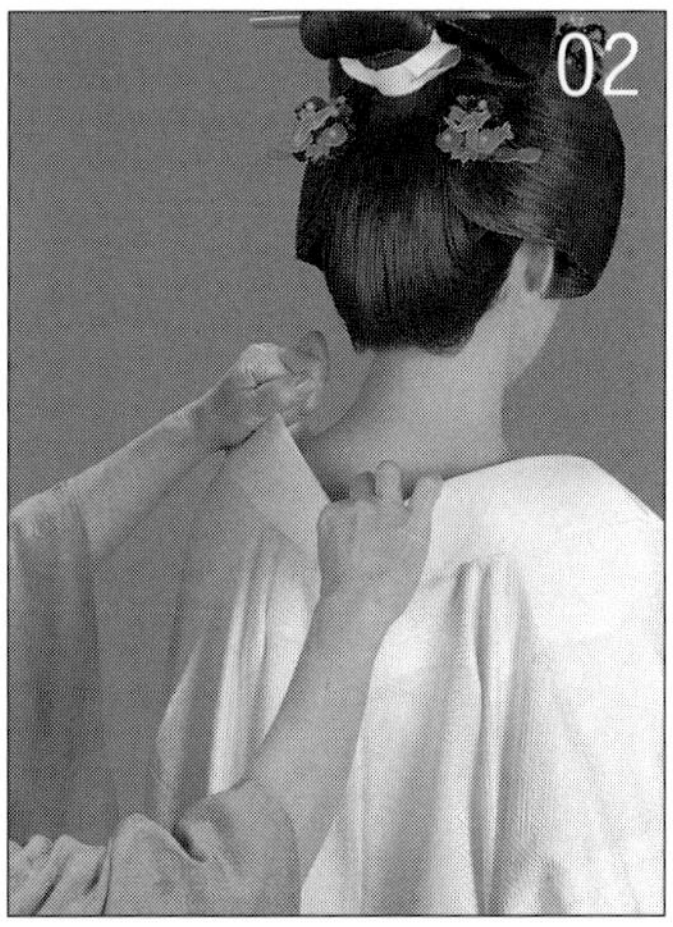

上前側も同様に、右手／親指と人さし指で、衿付を固定し、左手で衿を中心から前にしごきながら、衿の形を整える。

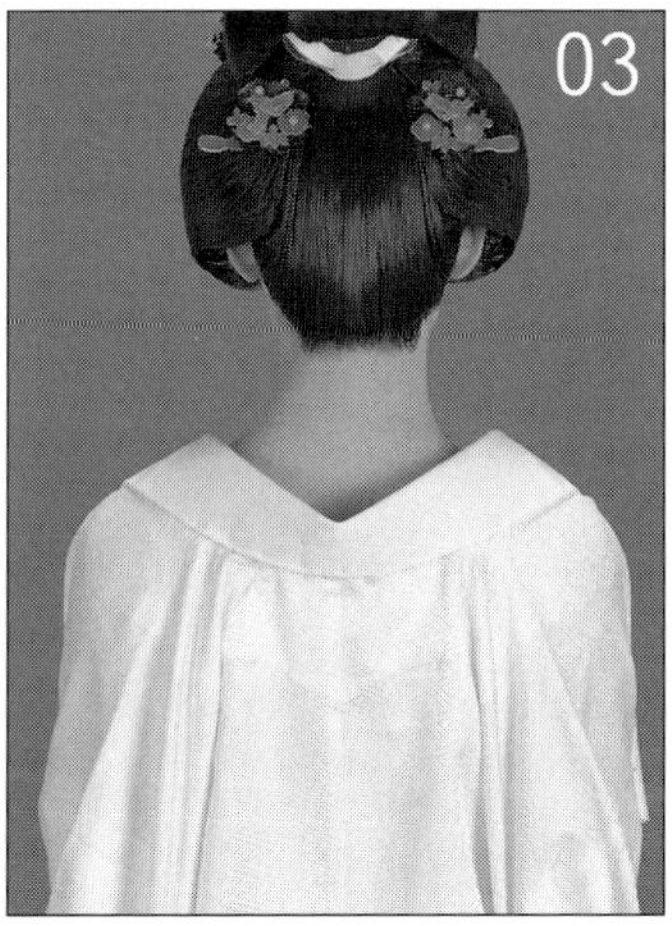

後ろの衿抜き、衿の形が決まった状態。

＊衿の抜き▼髱の下端〜衿山／13〜15㎝位。

＊衿の形▼背中心の山をきっちり決め、V字型に整える。

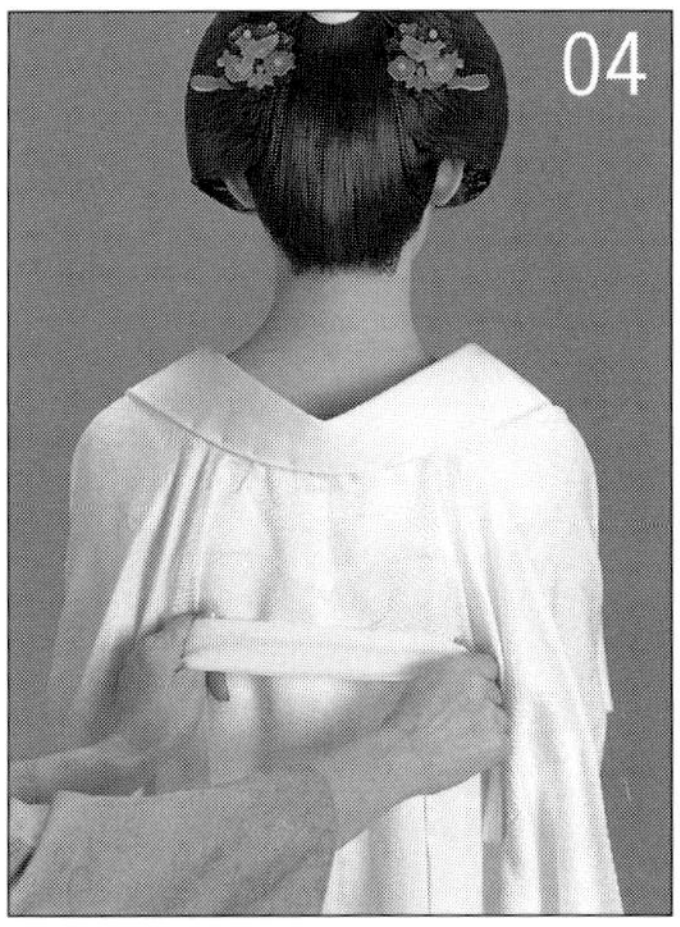

仮紐で、決めた衿を固定する。肩甲骨のすぐ下に仮紐を当て（仮紐中心＝背中心）、

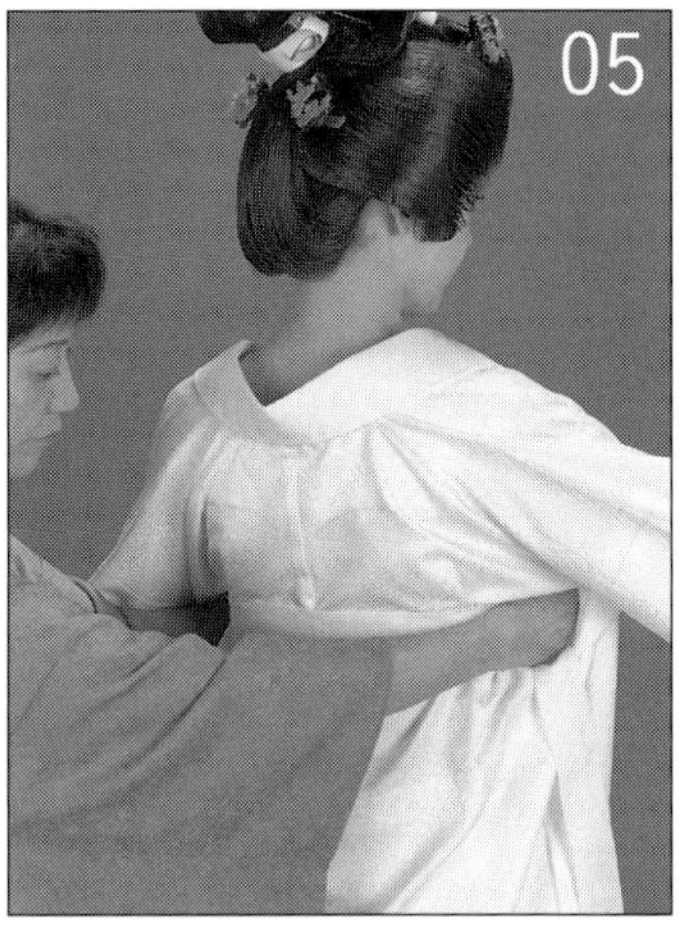

ゆるみなく、ハリをもたせながら前に廻し、左右の身八ツ口を通して、

前中心で交差し、再度、左右の身八ツ口を通して後ろに廻し、

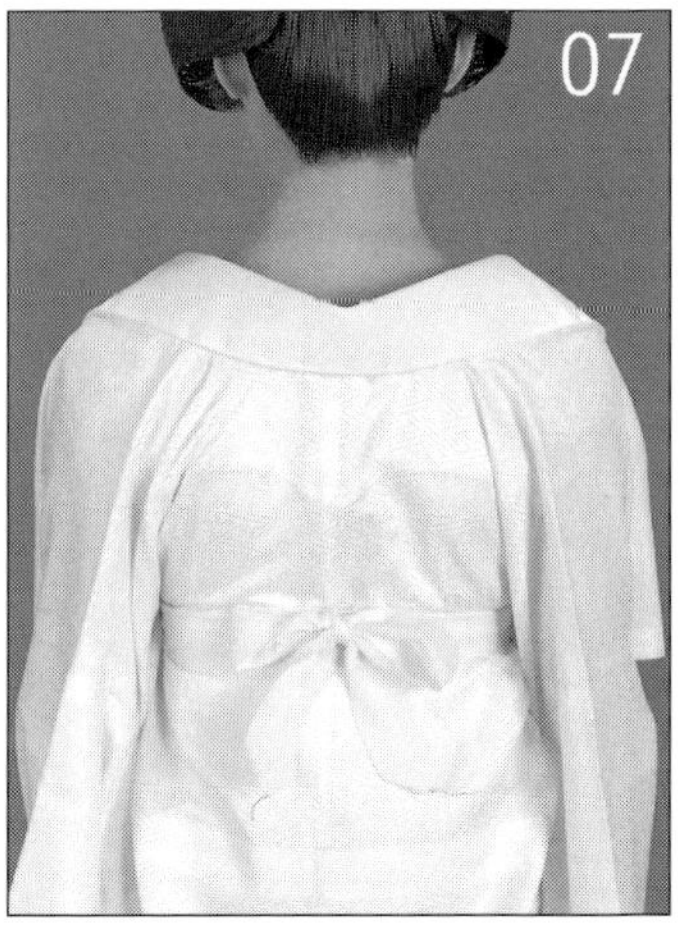

背中心で、ほどきやすいよう花結びにする。

衿合わせ

前中心で、喉下の凹みを隠し、衿先が脇の下いっぱいにくるように合わせます。上前・下前の衿山の線が、前中心でほぼ直角に交差します。

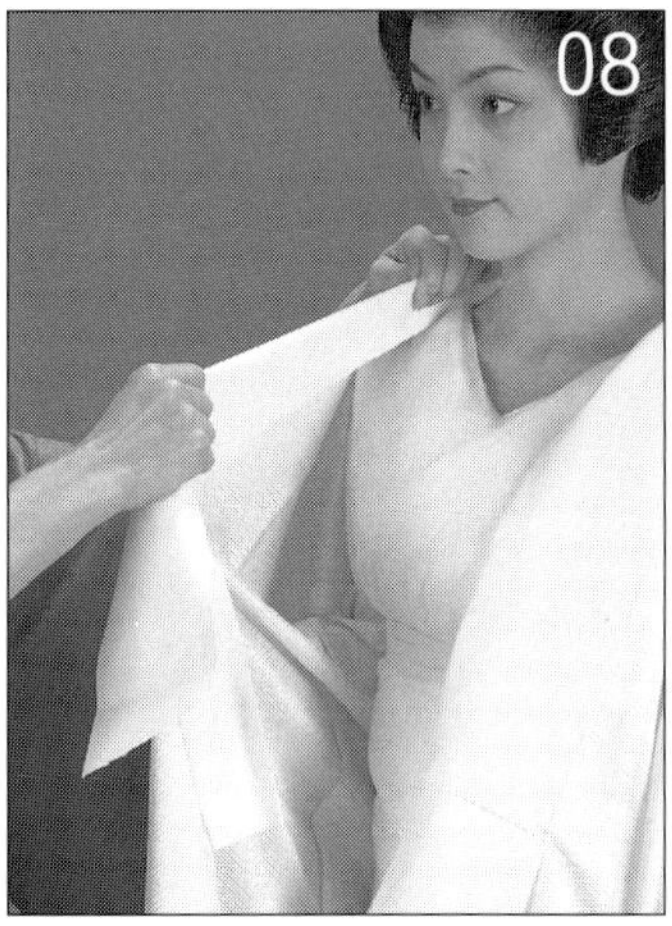

下前の衿から合わせていく。肩山（※）の所で衿山を決めて左手で固定し、右手で半衿のゆるみを前（衿先側）に送る。

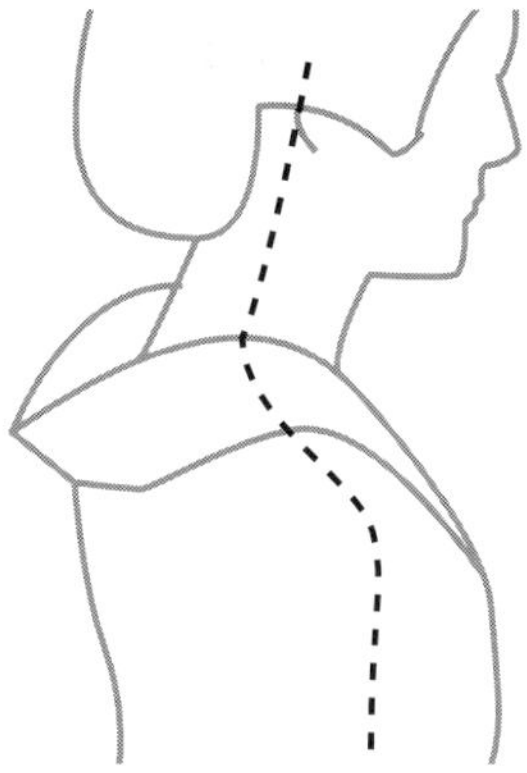

※肩山位置
＝耳の後ろから下がった線上

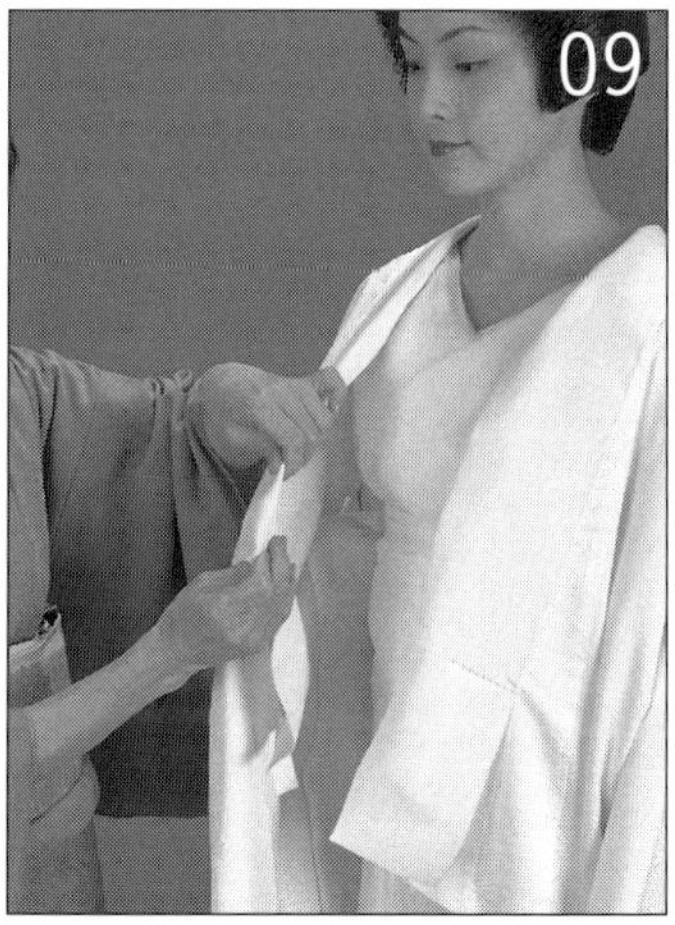

衿先で、端を2㎝ほど内側に折り、衿山を決める。

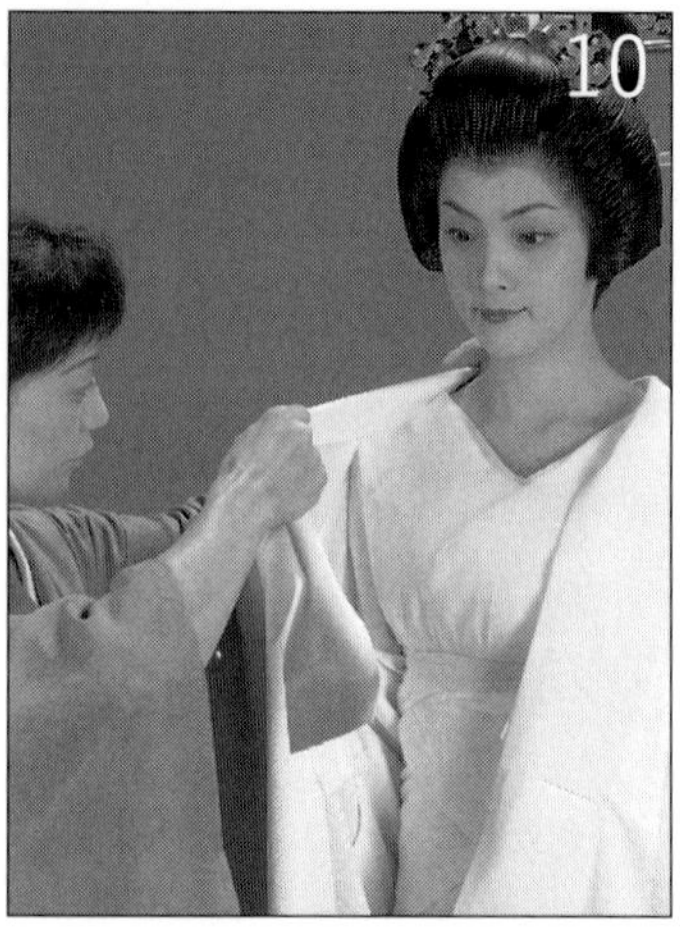

半衿を、衿肩の所でつぶさぬよう固定し、右手で衿先を持つ。

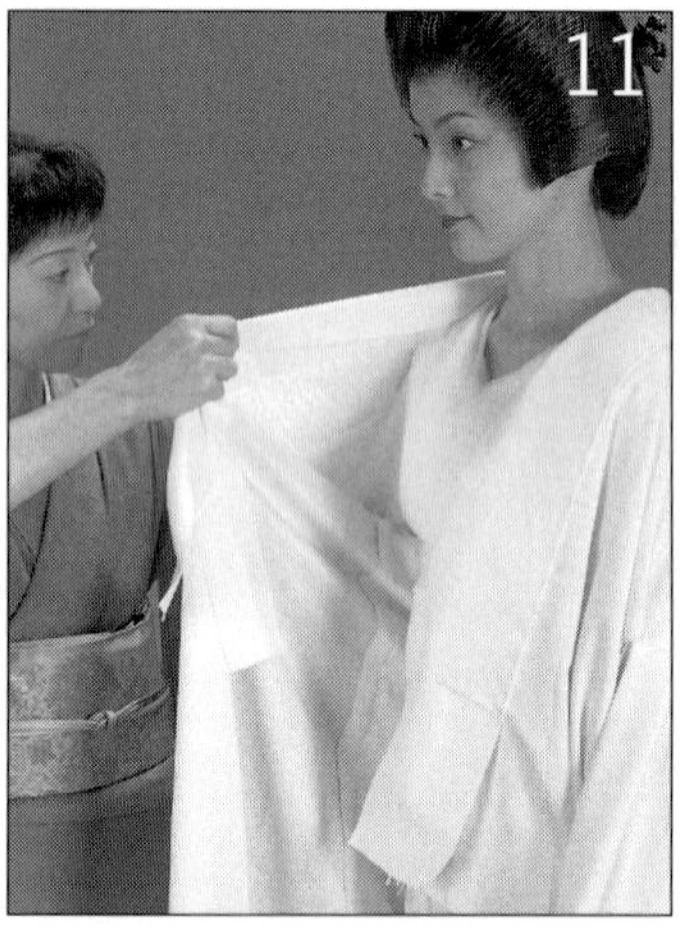

左手で衿肩を固定したまま、衿先を持った右手を後ろ衿のV字の角度の延長線上に上げる。

1・、2・で、衿を合わせる。
1・で、首にそわせて衿を下ろし、首のつけ根を目印に衿を合わせ（左手は動かさない）、

着付のキメテ 1

衿合わせは、1・、2・のリズムで

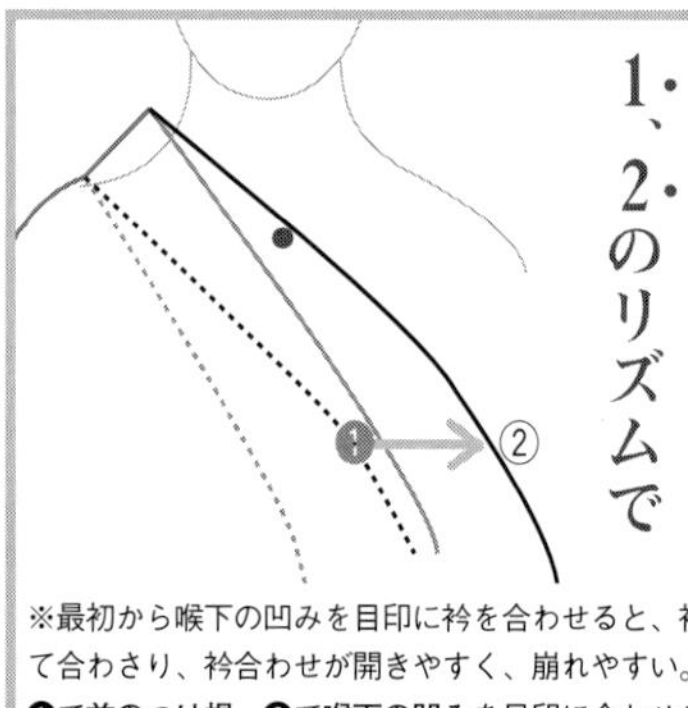

※最初から喉下の凹みを目印に衿を合わせると、衿が弧を描いて合わさり、衿合わせが開きやすく、崩れやすい。
❶で首のつけ根、❷で喉下の凹みを目印に合わせるとよい。

2・で、右手を軽く横に移動させるようにして衿幅全体を横に移動し（左手は動かさないこと）、喉下の凹みを隠すように衿を合わせる。

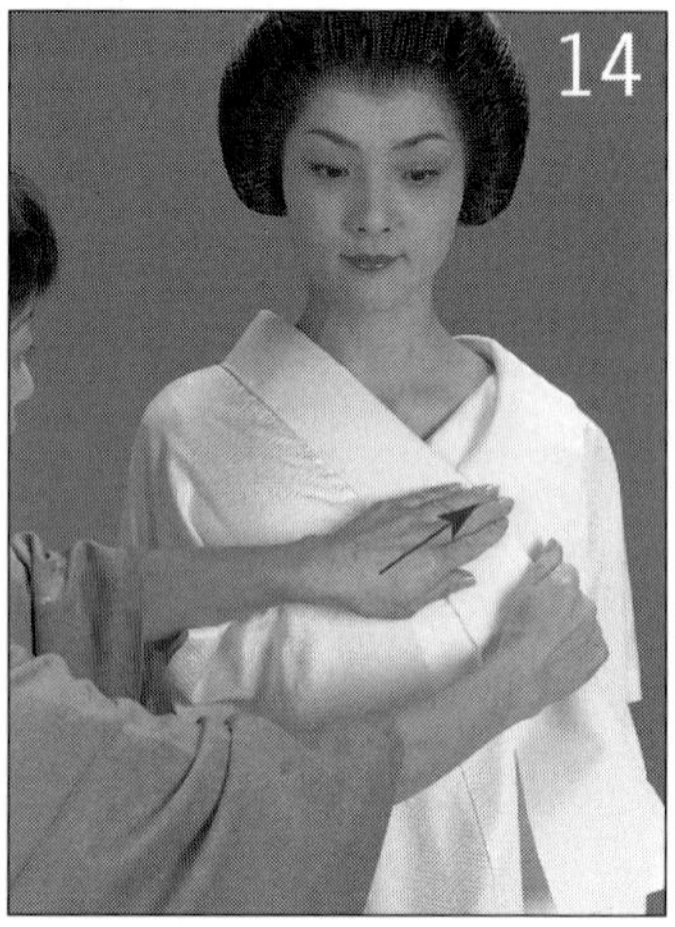

左手で下前の衿を軽く押さえる。この時、手指を衿山の線の先に出し、衿に対してほぼ垂直に置き、押さえるようにすると、合わせた衿がずれにくい。

右手を上前の見八ツ口から中に入れ、下前・衿先をワキまで持っていき、脇の下一杯に合わせて、

右手で下前の衿先を持つ。左手で衿肩を固定し、右手で衿先を引いて、合わせた衿を整える。この時、左手は固定のまま、動かさないこと。

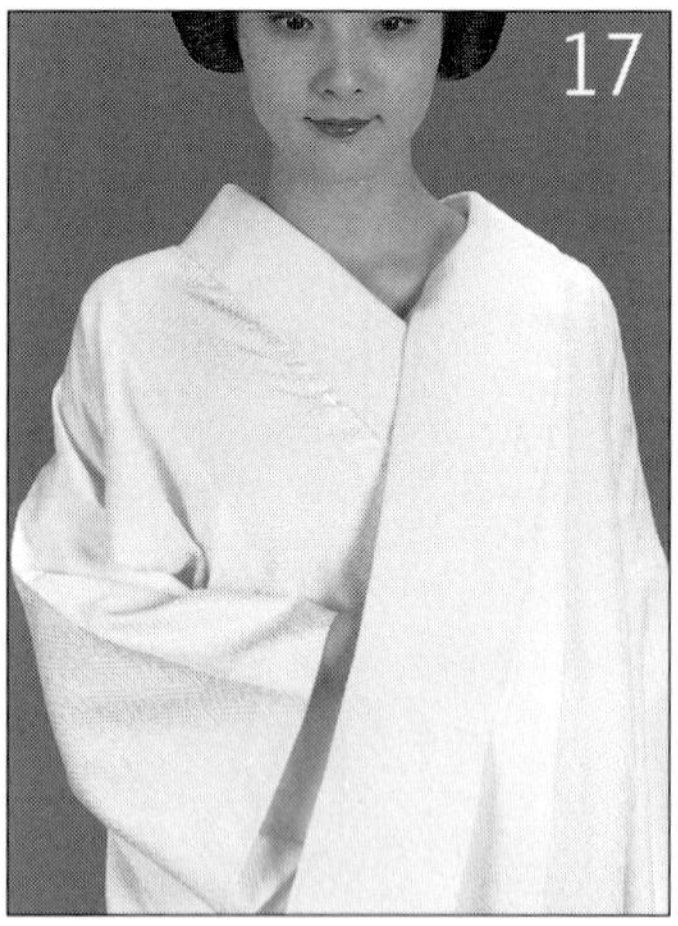

決めた衿がずれないよう、モデルに下前・衿先を押さえてもらい、
❶お客様に着付ける場合→クリップで固定。
❷助手がいる時→助手が押さえる。

背中心を確認し、左手で衿付を固定し、右手で仮紐下の背縫いを真っ直ぐ下に引き、背中の余分を整える。

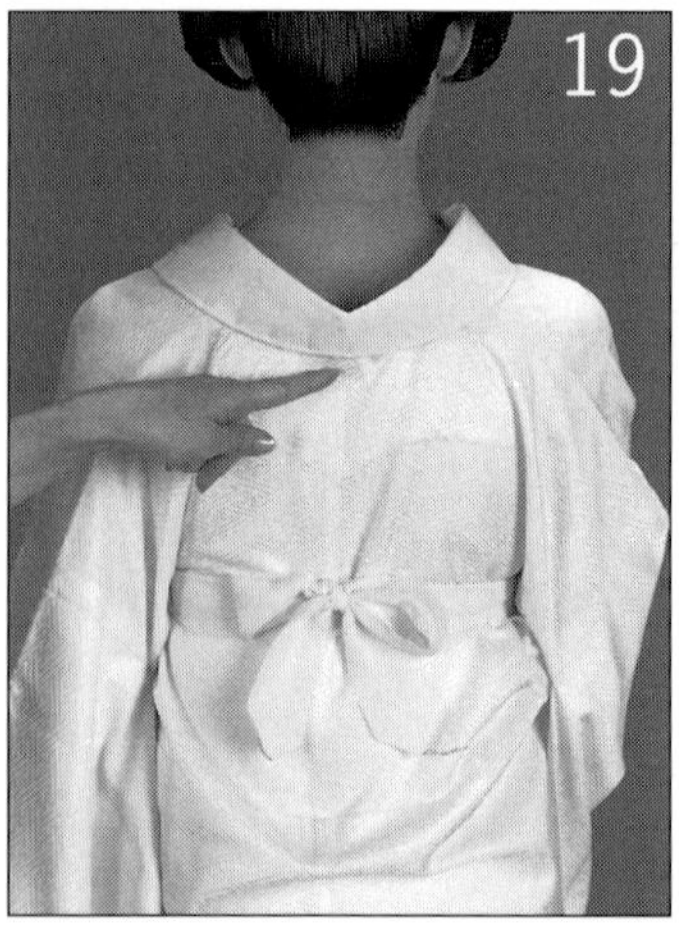

背縫いが背中心にあり、衿付が背から肩にぴったりそっていることが大切。

続いて上前の衿を合わせる。下前と同様に、衿先で端を2cmほど内側に折って衿山の線を通し、

21

右手で衿肩を固定し、下前と同様に、1・で、首にそわせて衿を合わせ（右手は動かさない）、

22

2・で、喉下の凹みを隠すように衿を合わせる。上前の衿と下前の衿はほぼ直角に交差する。左手で上前・衿先を持ったまま、

23

右手で下前・衿先を持つ。左右の衿先を、身体の丸みにそわせて奥に、軽く引き合い、前中心を確認しながら衿を整える。

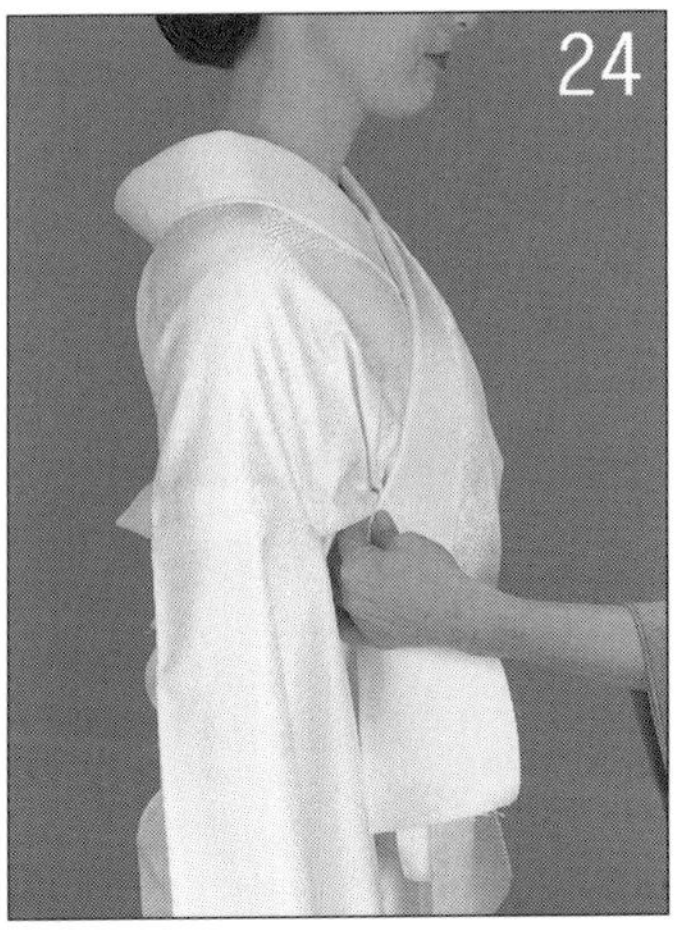

24

左手・親指で上前・衿先を押さえたまま、身頃の余分をタックにとり、身八ツ口の前後を揃えて上前衿先の下に重ね、

25

左手／人さし指と中指で、衿先、胸元のタック、前後の身八ツ口を挟み持つ。

胸紐を締める

胸紐は脇の下いっぱいに締めます。

花嫁の場合は、衿を深く合わせるため、衿先の位置が脇の下いっぱいにきます。自ずと胸紐の位置も高くなります。

逆に、衿合わせが浅くなればなるほど、衿先の位置も下がり、胸紐を締める位置は低くなります。

26

親指で胸紐中心を押さえ、右手で胸紐を左脇に廻す。

27

右手・親指で胸紐と下前・衿先（衿山の所）を押さえ、残りの指で身頃の余分をタックにとり、

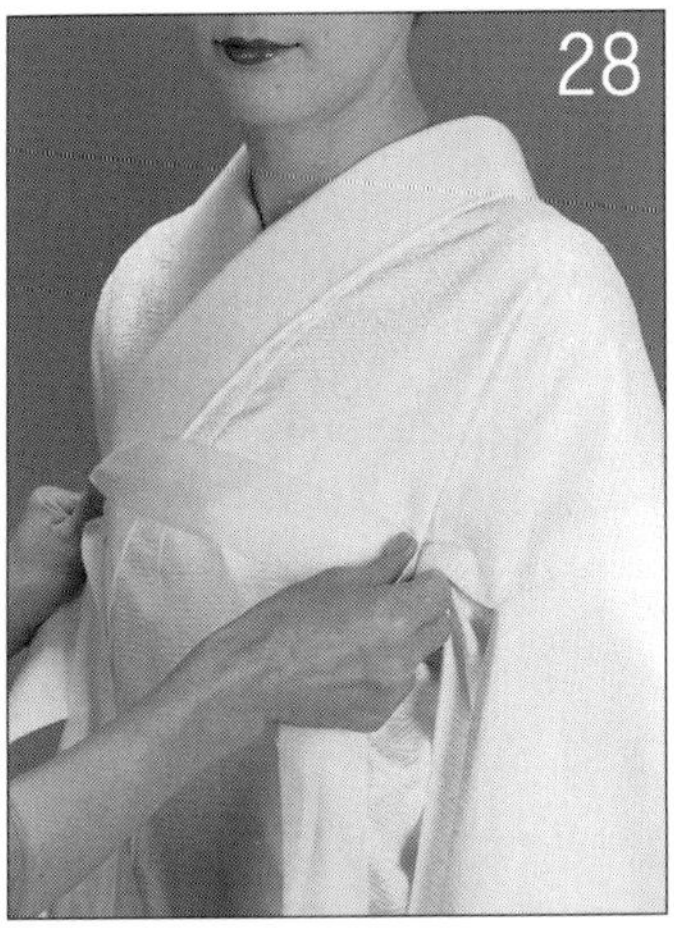

28

さらに前後の身八ツ口を合わせる。前に寄せた身八ツ口を後ろに倒すようにして、紐を廻す。

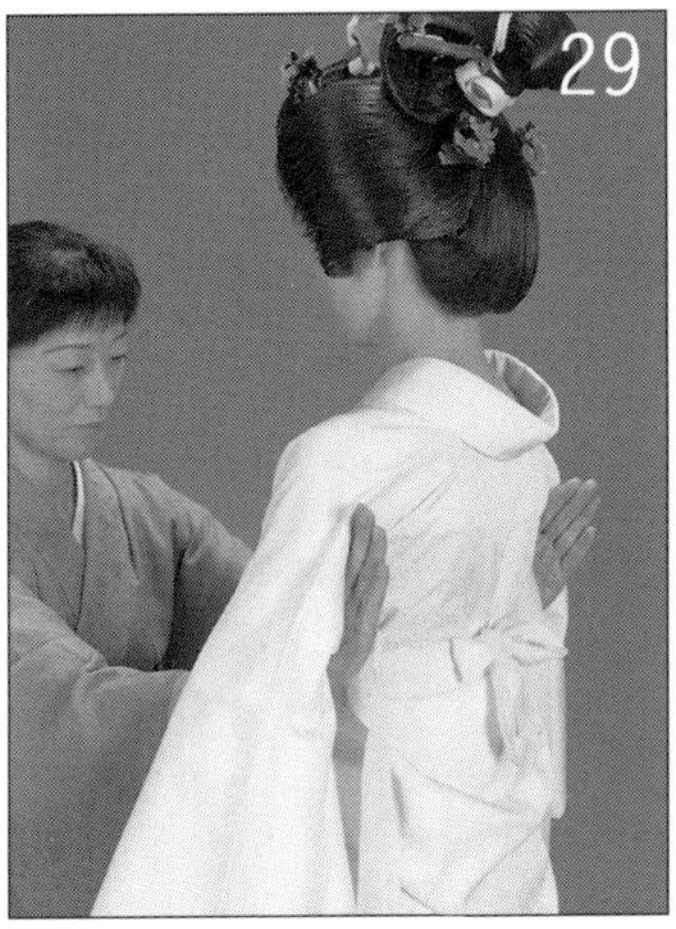

29

胸紐を後ろに廻す時の手の形と向き。 このように、指先を上に向けて、脇の下いっぱいに紐を廻す。

30

背中心で交差し、真横に引いて、ここで一締めし、

31

紐の上を通って前に廻す。

始めの位置に戻り、右胸のワキで衿合わせに交差し、

下前の紐を2回からげて一度締め、

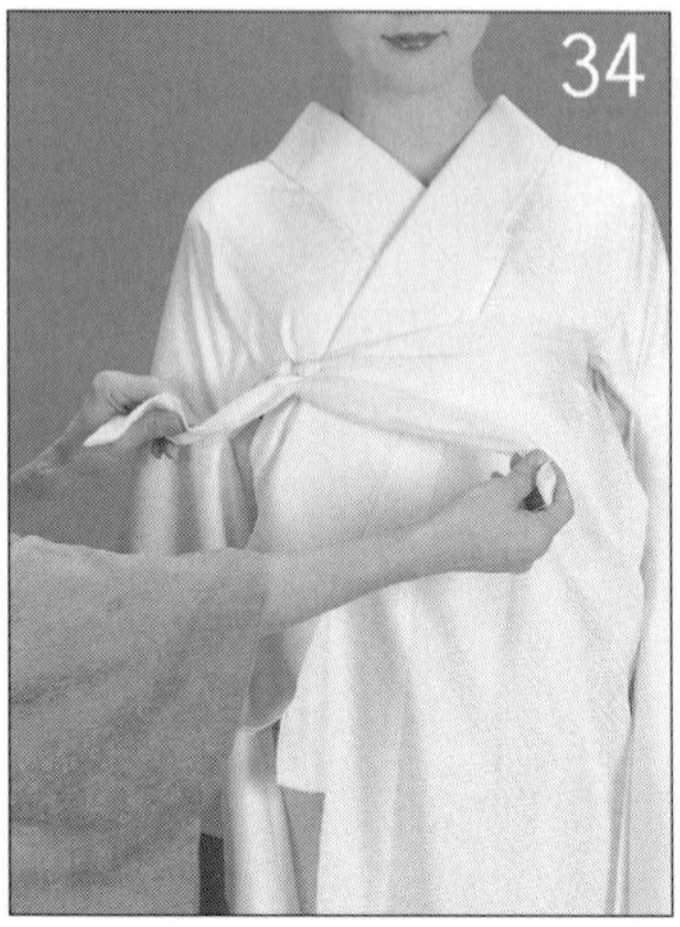

紐先の方向性を反対側に戻して結び目を固定し、残りの紐先は、胸紐に上から挟んでおく（ねじり結び）。

前から見た胸紐の位置。
花嫁は、衿を深く合わせるので、衿先の位置が上がり、胸紐を締める位置も上がる。花嫁の胸紐は、脇の下いっぱいに締めるのが基本。

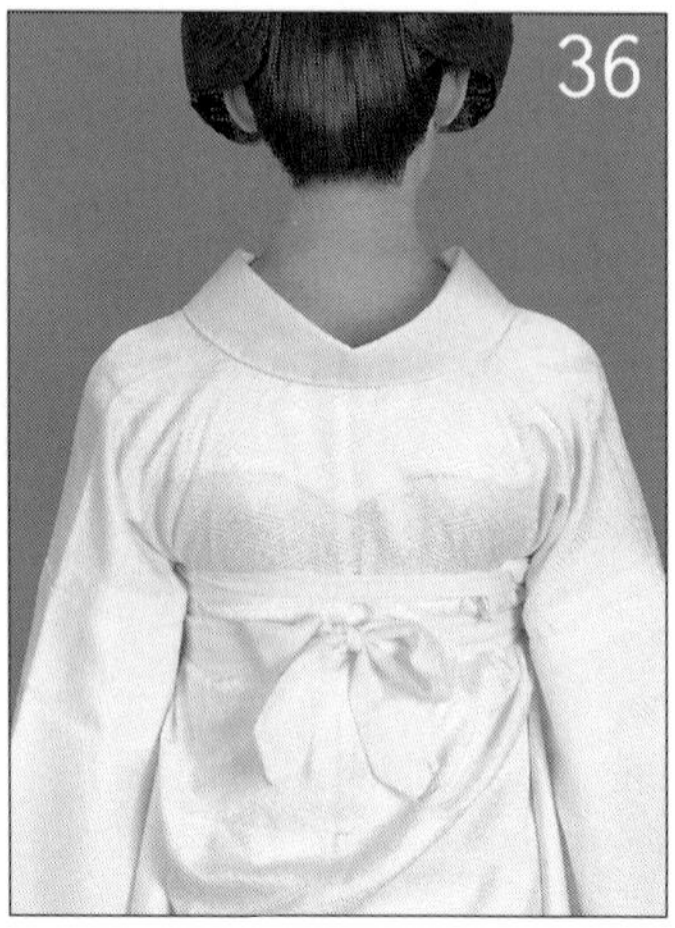

後ろから見た胸紐の位置。
胸紐は、仮紐よりも上に締める。

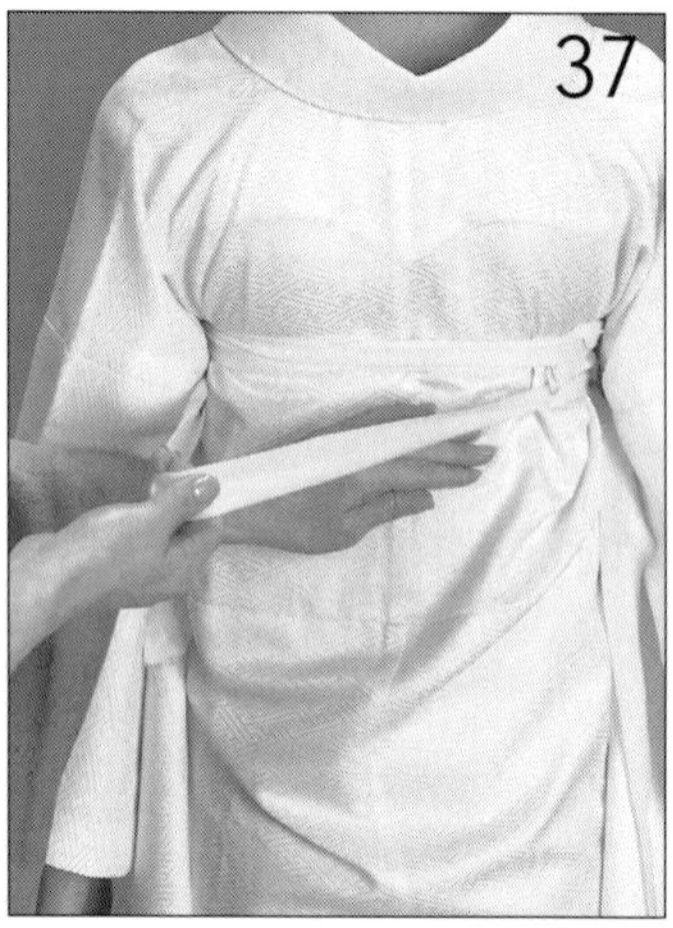

後ろの衿を固定していた仮紐を、右脇から静かに抜き取る。

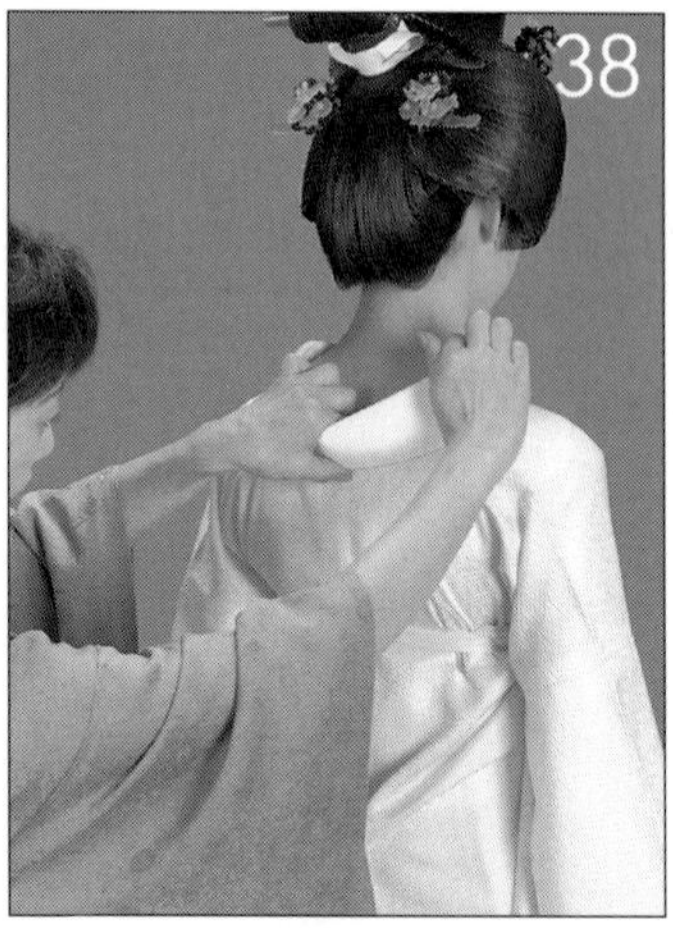

後ろ衿の中心で衿の抜き具合（約60度）を再度確認し、左手で衿の中心を固定する。右手で下前側の衿を、衿山が内側に向くように丸みをもたせて整えていき、ゆるみを前に送る。

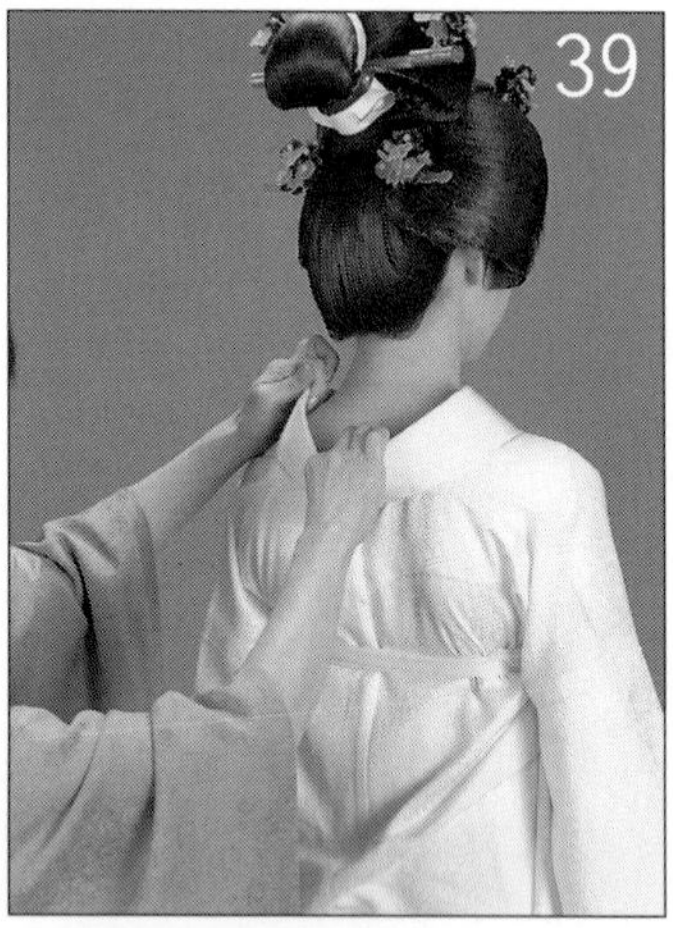

上前側の衿も同様に整え、ゆるみを前に送る。衿山が内側に向くように、丸みを持たせて、V字に形づけていくのがポイント。

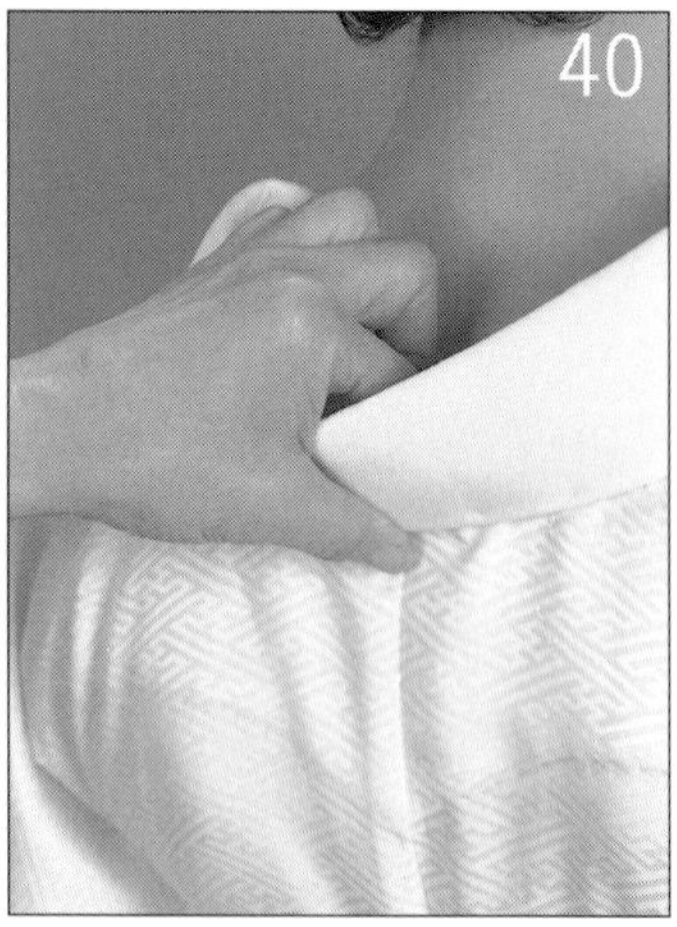

衿抜きの角度は、背に対して約60度が目安。
衿中心の衿付を親指と人さし指で挟み持ち、衿の抜き具合を決め、衿付を背にピッタリつけて固定する。

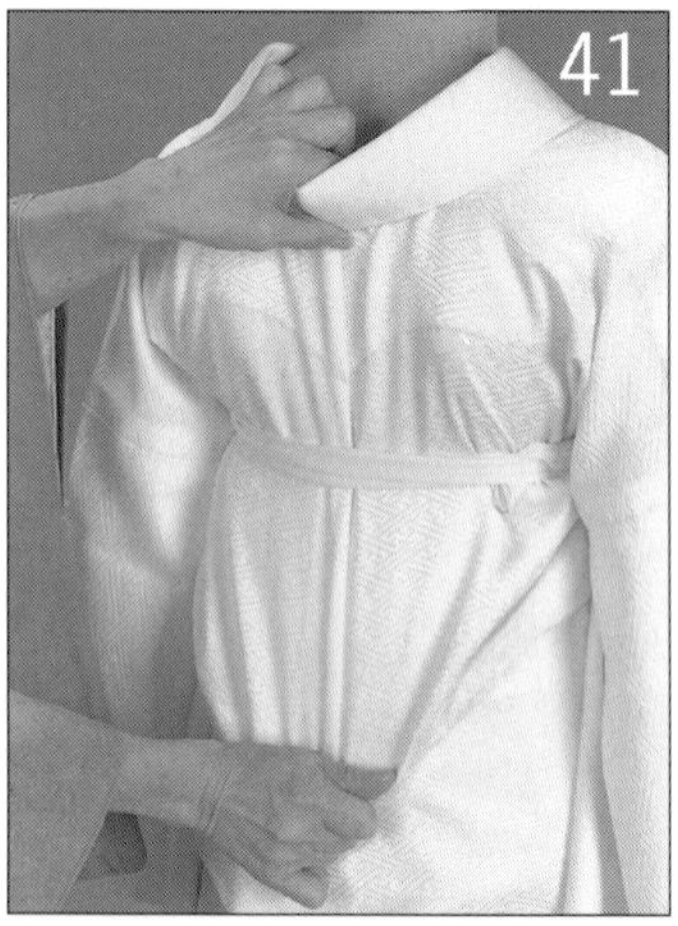

後ろ衿の中心を固定し、胸紐下の背縫いを持って下に引き、背のゆるみをとる。同様に、左右の三つ衿の所も、その垂直線下で胸紐の下を引き、背のゆるみをとる。

衿肩を固定し、衿先を下に引いて、衿のゆるみをとる。上前の衿も同様に整える。

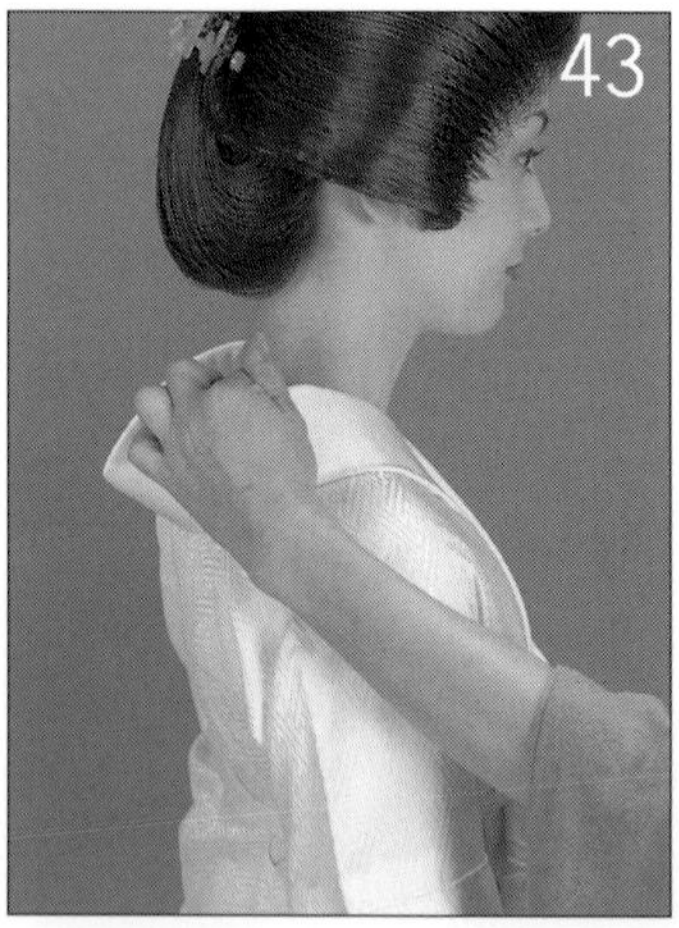

衿肩を固定するときの手の形。
決めた衿をつぶさぬよう、人さし指と手の平（母指丘）を使って固定する。

着付のキメテ 2

前から足首が見えないように長襦袢の丈に注意する

※長襦袢の裾は足首いっぱいに！

❶お引摺りに着付けると、前が開くため

❷お搔取の時に、掛下、打掛の裾が上がるため

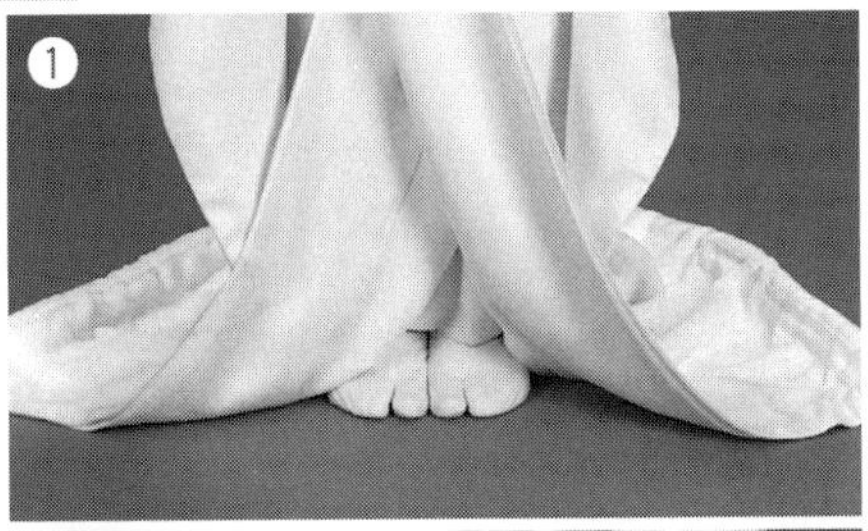

①

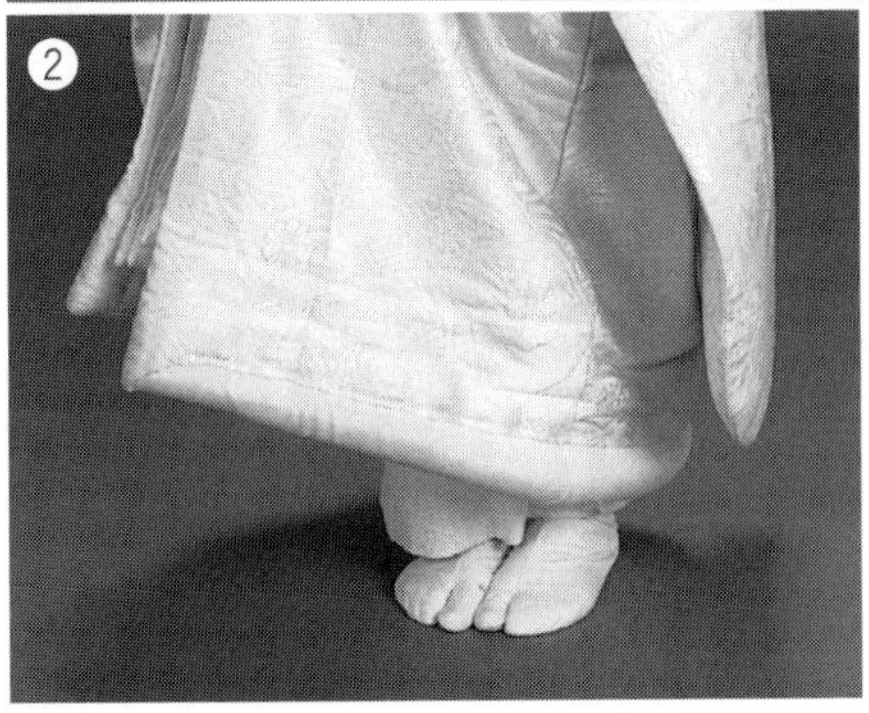

②

裾合わせ

歩きやすいことが第一です。

裾を合わせすぎず、左右の脇縫いが平行になるように「ずんどう」に着付けます。

長襦袢の裾は、掛下の裾から足首が見えないように、足首いっぱいに決めます。

44

胸紐下・腰の位置で、左右から後ろ両脇まで手を差し入れ、腕を上げて、裾丈がくるぶしのちょうど上に被る位置まで上げる。

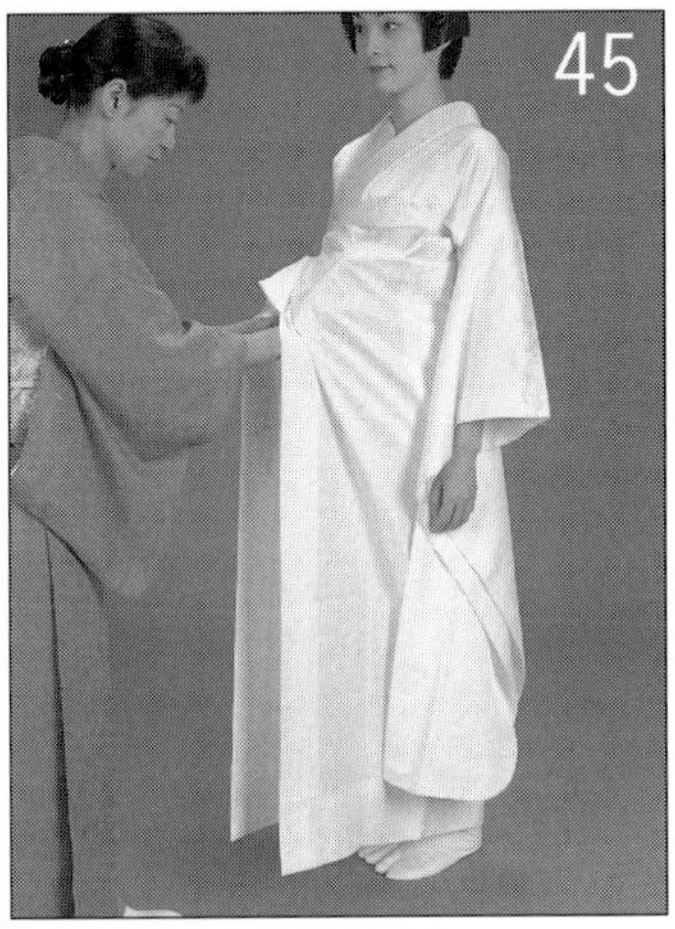

45

そのままの高さで、両手を前に滑らせ、下前・上前の衿下をそれぞれ持って決めた裾が下がらないよう前に引き、

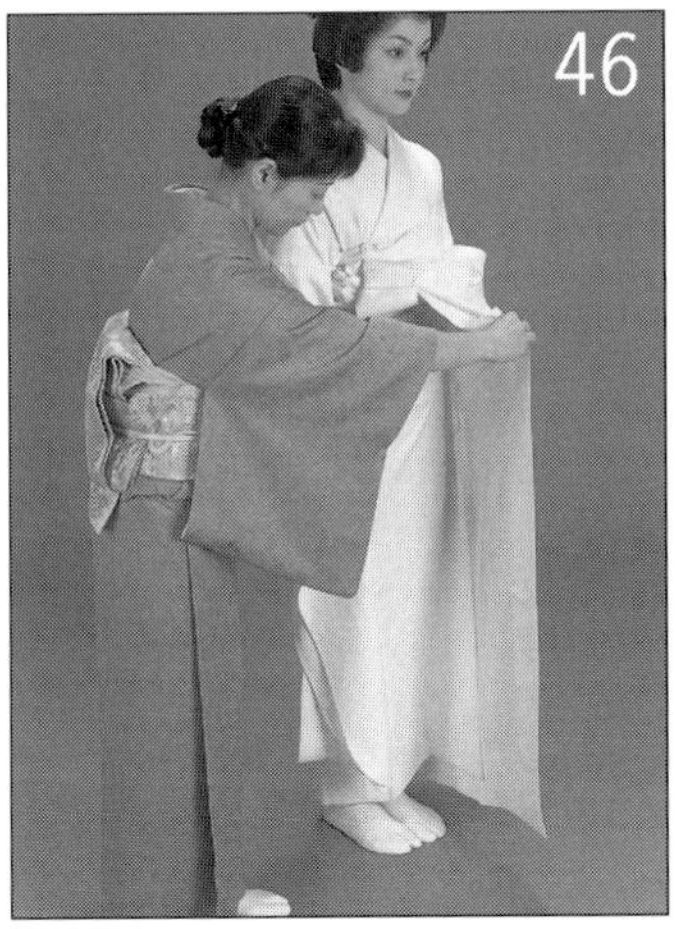

46

下前を合わせる。左手で、衿先を左腰骨の奥まで入れ込む。褄先は床から10㎝位上がる。

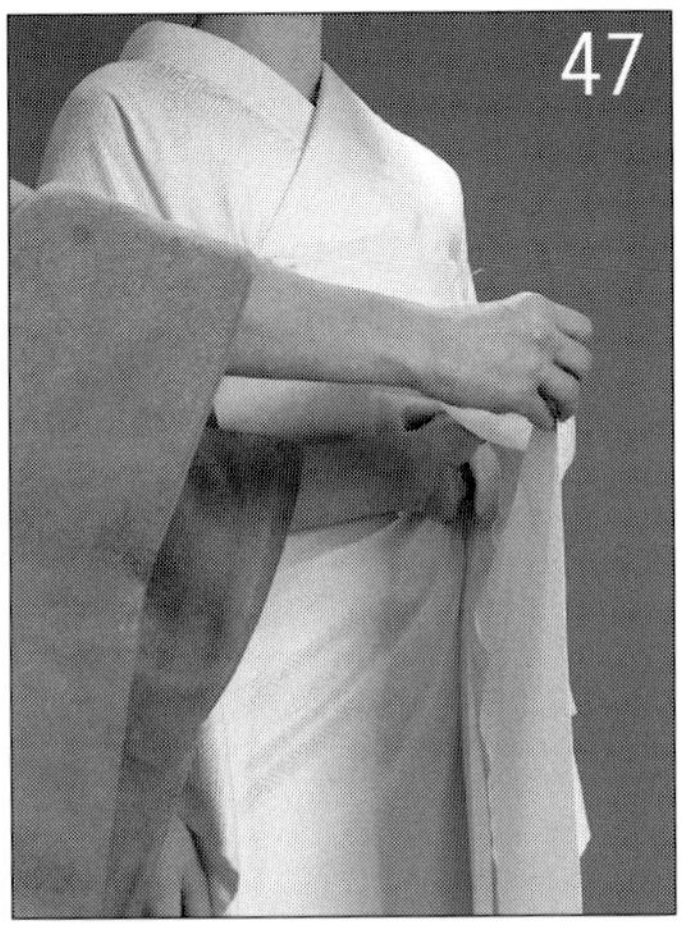

47

下前を合わせる時には、このように左手の甲と指先を使って、衿先を左腰骨の奥まで入れ込む。左手腕で合わせた裾を押さえたまま、

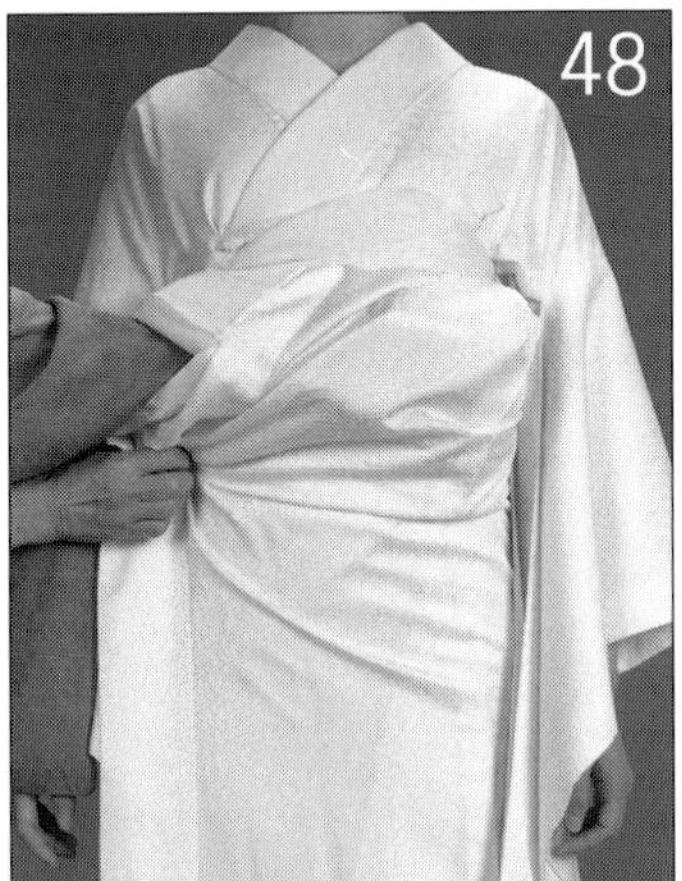

48

上前の裾を合わせる。右腰骨の上で、上前衿先を押さえたまま、

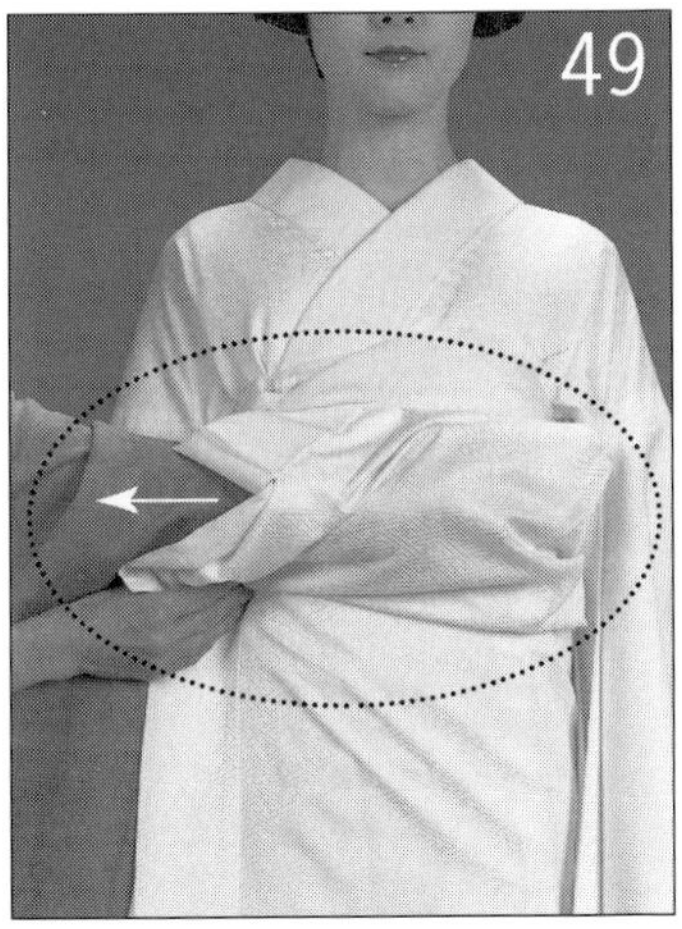

49

左手腕を静かに抜きとる。この時、左手指を使って、おはしょりの中を整えながら、左手腕を抜いていく。

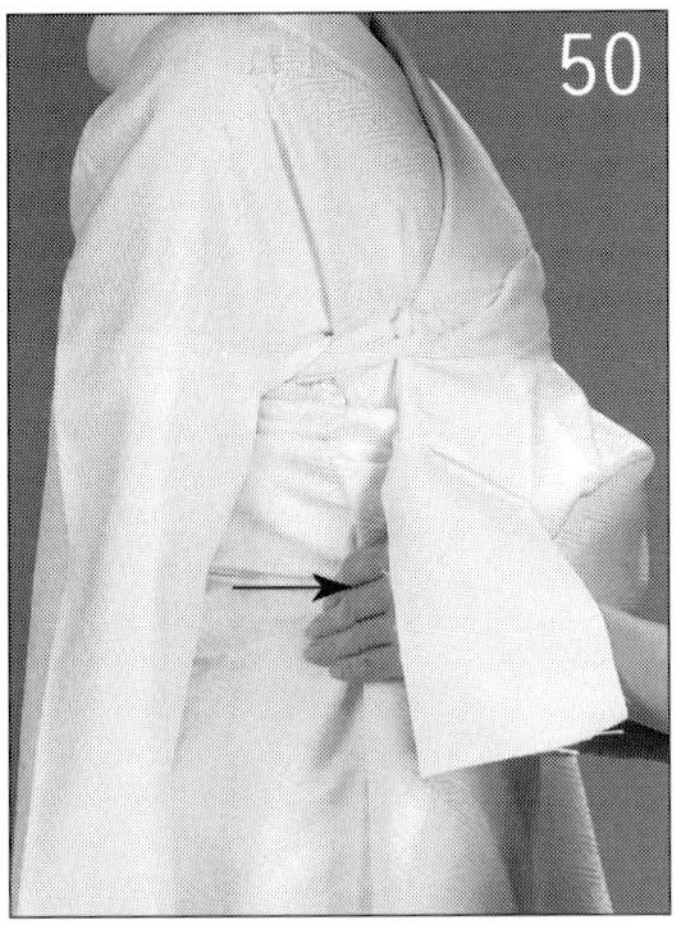

50

左手・親指で、上前衿先を押さえ、残りの四指でウエストの余分を前に寄せてゆるみをとり、

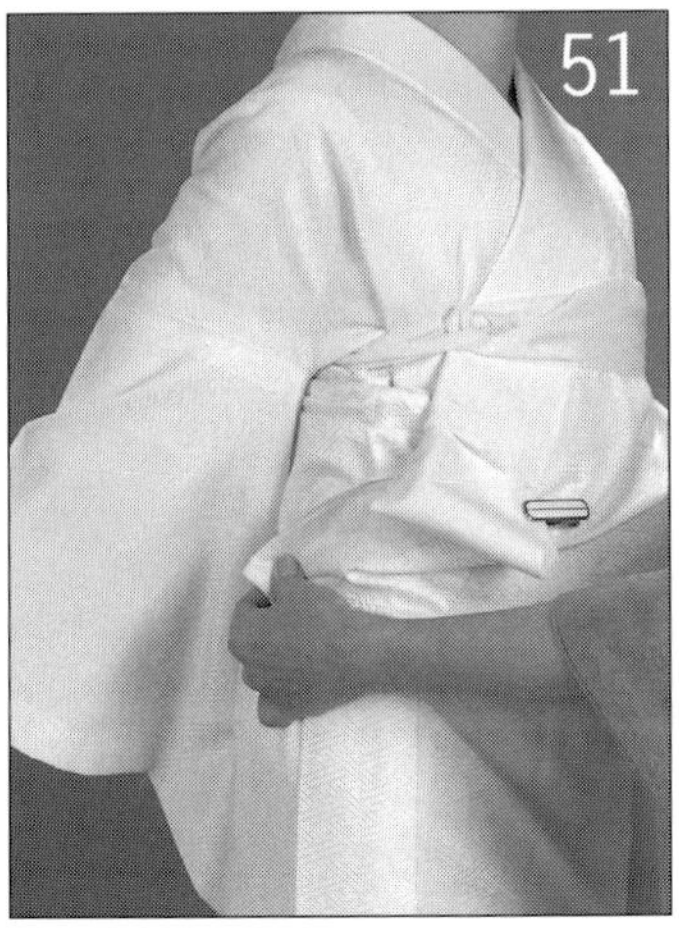

51

上前衿先を被せ、右腰骨の上で押さえる。

腰紐を締める

腰骨の上（UP）に締めます。紐先は、右腰骨の上で衿合わせに交差して2回からげ、「ねじり結び」にします。

52 上前衿先の上に腰紐中心を当て、

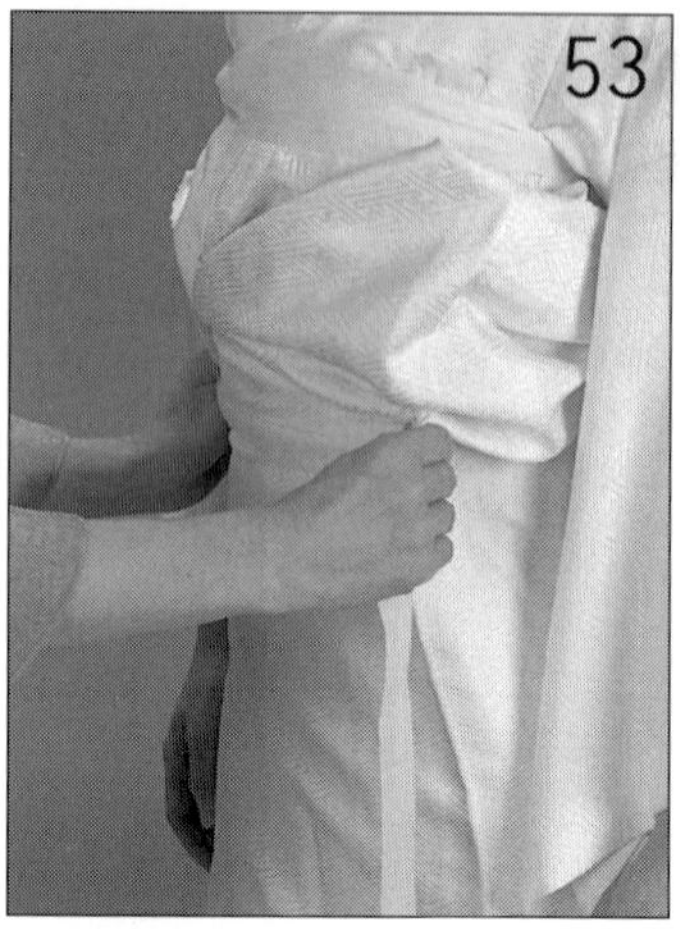

53 左脇まで紐を廻す。左脇で、ウエストの余分を前に寄せてタックにとり、

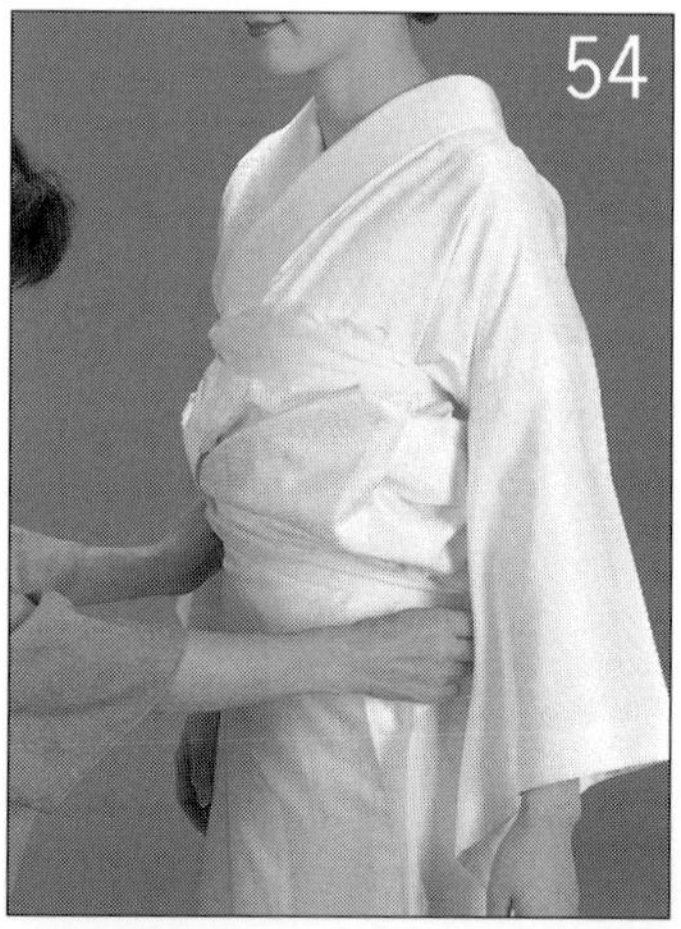

54 紐を後ろに廻しながら、タックを後ろに倒す。

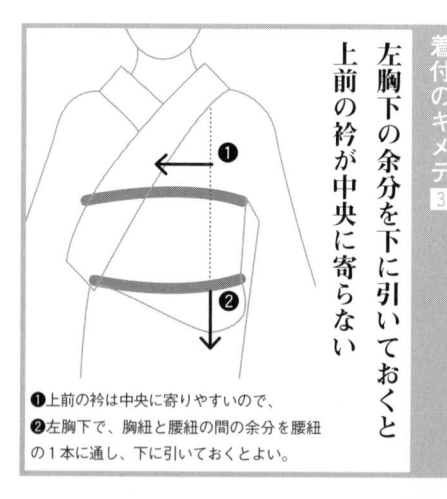

55 背中心で交差して一締めし、紐を前に廻しながら、親指を使って腰回りの身頃を整える。

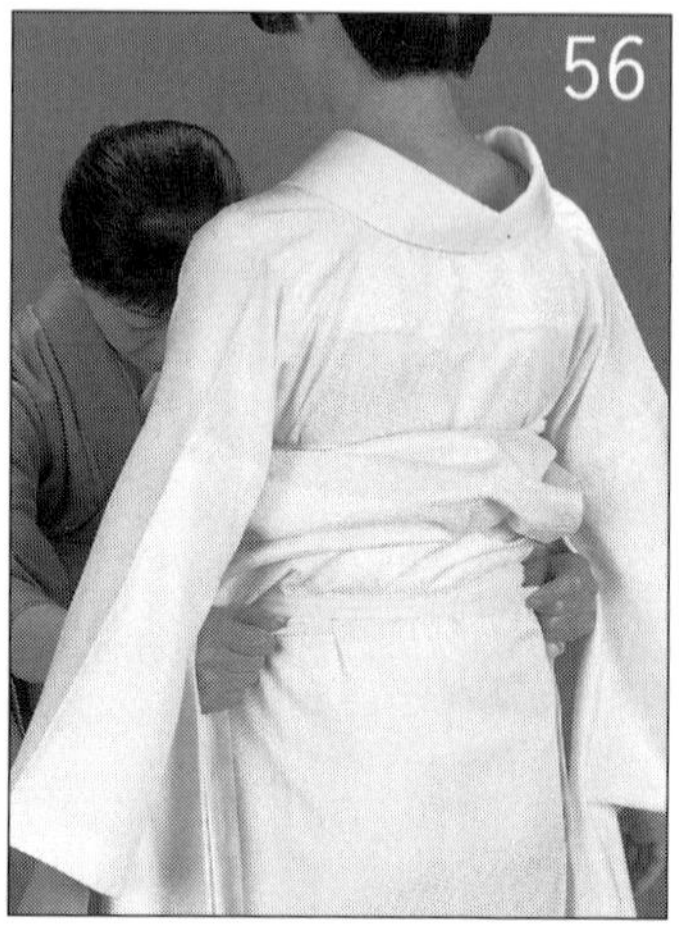

56 紐を横に引きながら前に廻す。

57 右腰骨の上に戻って衿合わせに交差し、下前の紐を2回からげて「ねじり結び」にする。

58 腰紐の締め終わり。

59 合わせた衿が中心に寄らないように、上前・左胸下で、胸紐と腰紐の間の余分を腰紐一本に通し、下に引いておく。

衿合わせ▼前中心で喉下の凹みを隠し、深く合わせる。
下前、上前の衿山は、ほぼ直角に交差する。
胸紐位置▼脇の下いっぱいに締める。
腰紐位置▼腰骨の上（UP）に締める。
裾の長さ▼足首いっぱいに。

着付のキメテ 3

左胸下の余分を下に引いておくと上前の衿が中央に寄らない

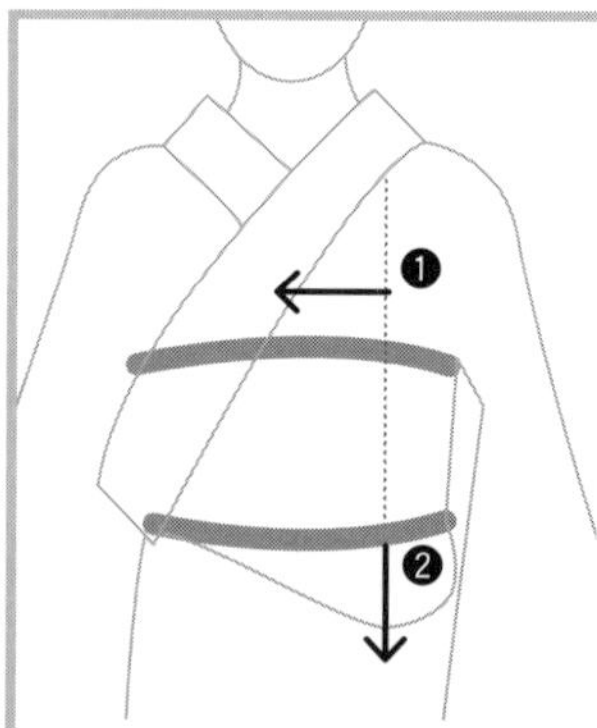

❶上前の衿は中央に寄りやすいので、
❷左胸下で、胸紐と腰紐の間の余分を腰紐の1本に通し、下に引いておくとよい。

伊達巻を巻く

上から下に巻いていきます。

前で、一巻き、二巻き目は伊達巻の上端を身体にぴったりつけ、上を締めていく感じで巻いていき、三巻き目は平らに、四巻き目で身頃の余分を中におさめ、伊達巻の下端が胴にしっかり締まるように巻きます。

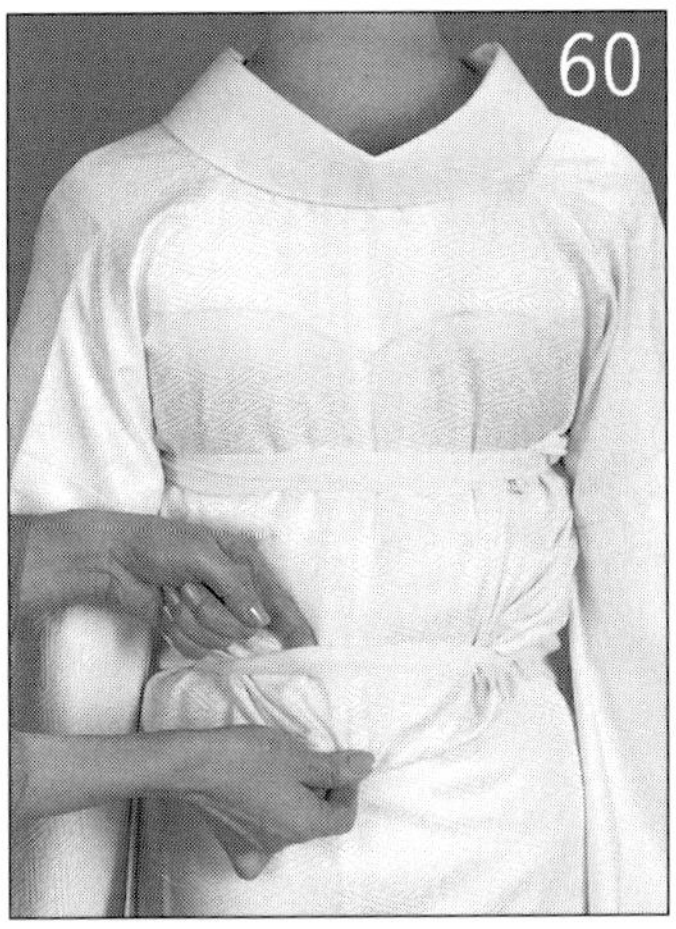

60 胸紐と腰紐の間の余分を、背縫いの所で腰紐の一本に通し、

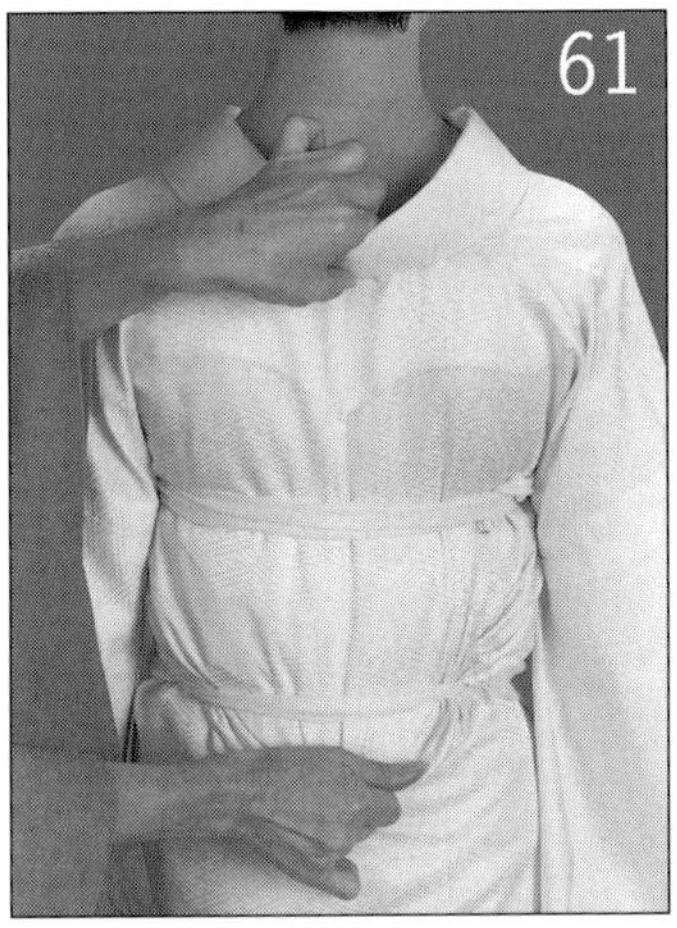

61 左手で衿中心を固定し、右手で腰紐下に出した余分を幅広く持ち、下に引く。同様に、左右の三つ衿の所も下に引いておく。

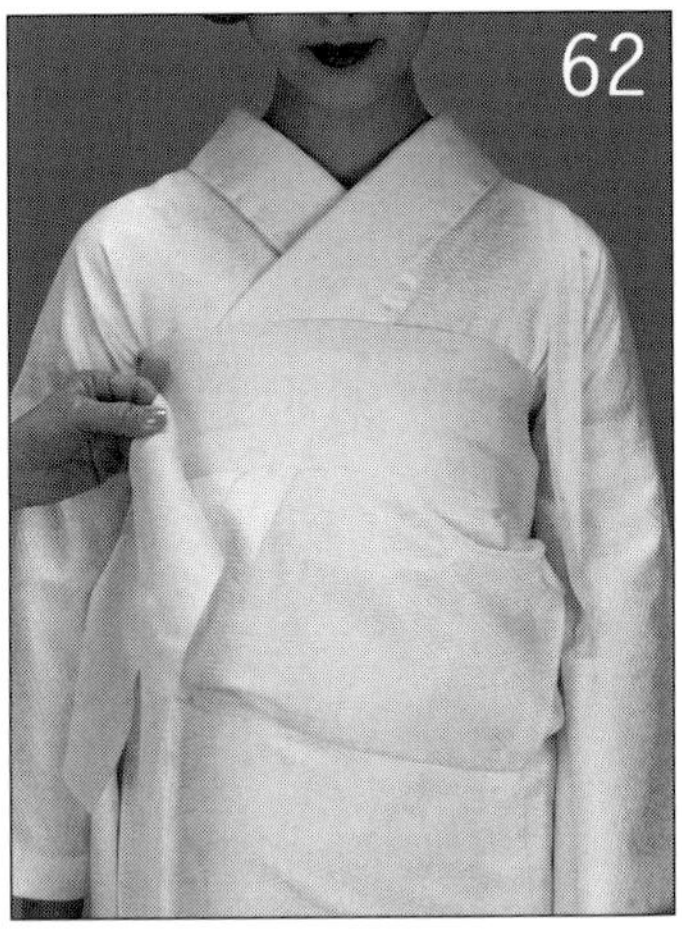

62 一巻き目は脇の下いっぱいに、伊達巻の上を締めていく感じで、胸を包み込むように巻いていく。

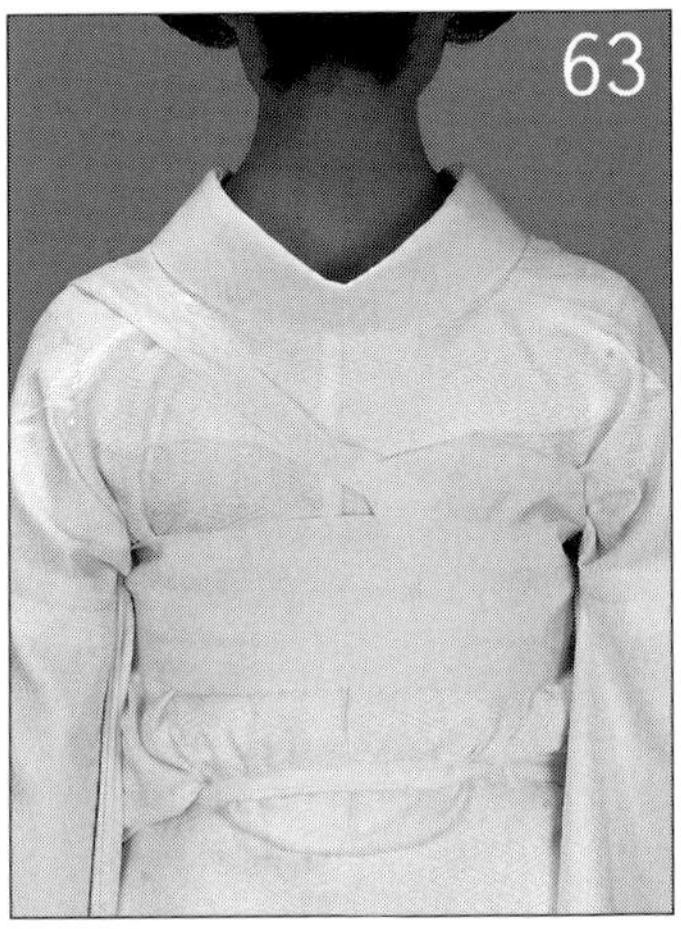

63 後ろは、真っ直ぐ平らに廻す。伊達巻の紐先は、左肩にあずけておく。

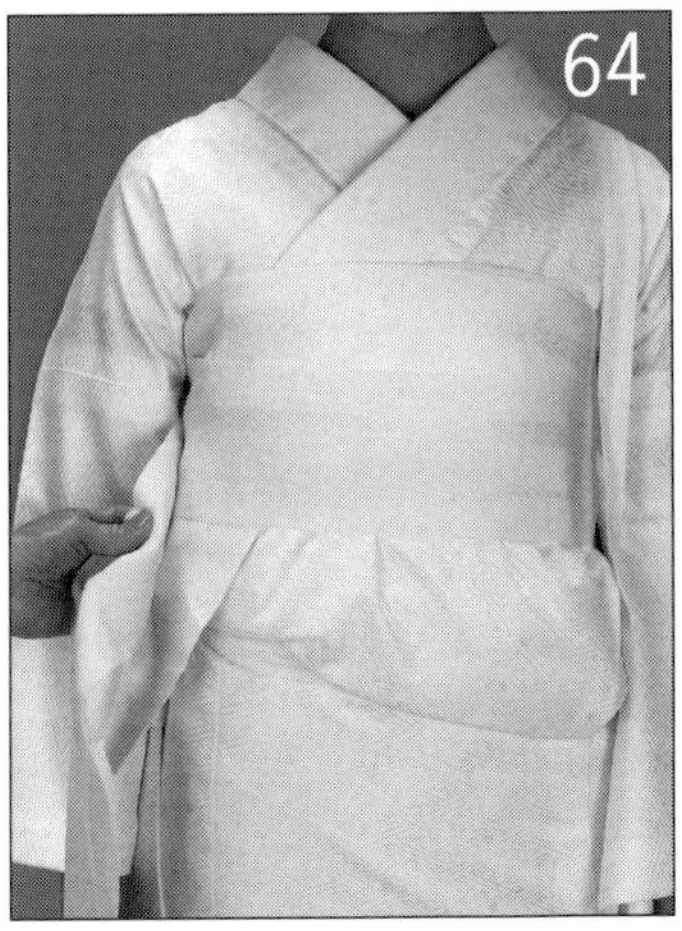

64 二巻き目は、上端の線がトップバストの上を通るように、一巻き目と同様に上を締めていく感じで巻き、

65 三巻き目は真っ直ぐ、平らに巻いていく。

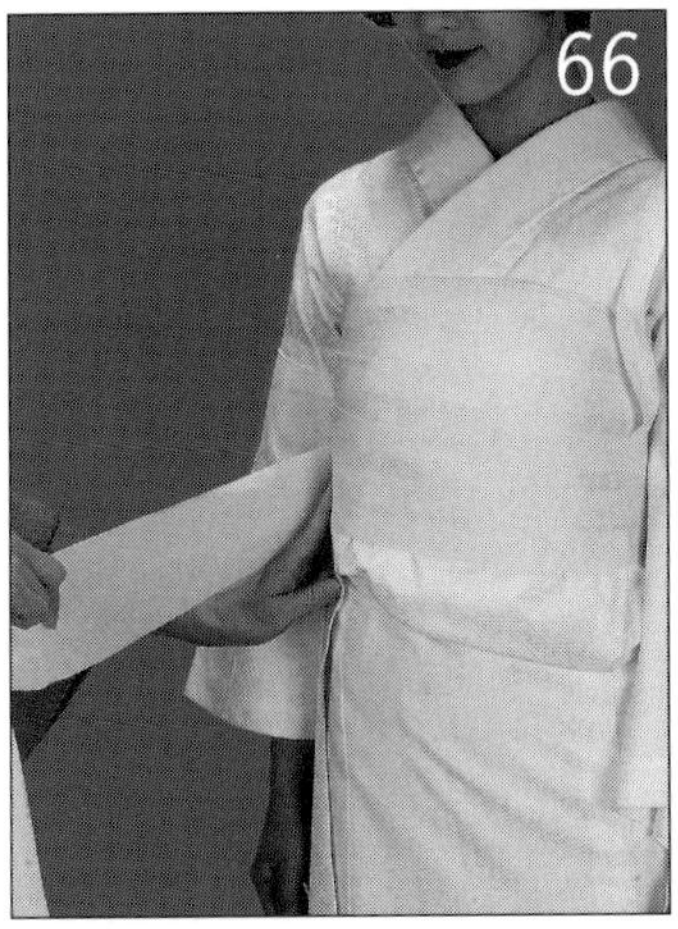

66 四巻き目は、下端の線が腰骨の上（UP）を通るように、下を締めていく感じで巻いていく。この時、身頃の余分を、伊達巻の中に平らに整えながらおさめていくが、

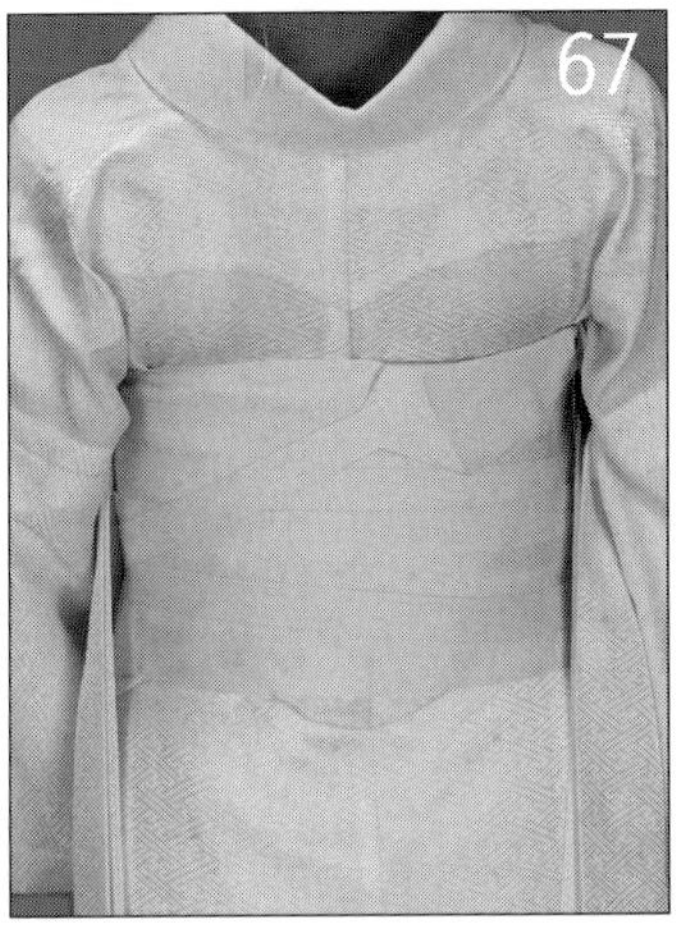

67 背中心で、腰紐下に通した身頃余分の先は、伊達巻の中に入れ込まず、下に残しておく。

68 紐を結びおさめ、伊達巻の巻き終わり。

着付のキメテ 4

背縫い、左右の三つ衿の所を腰紐下に引き、衿を整える

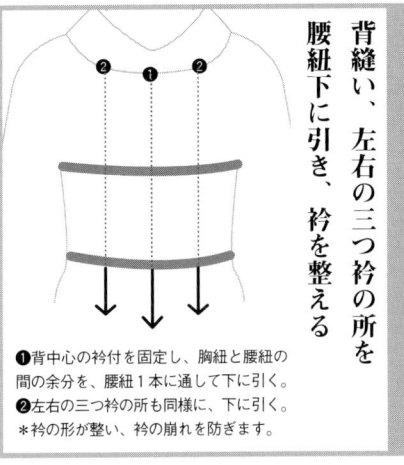

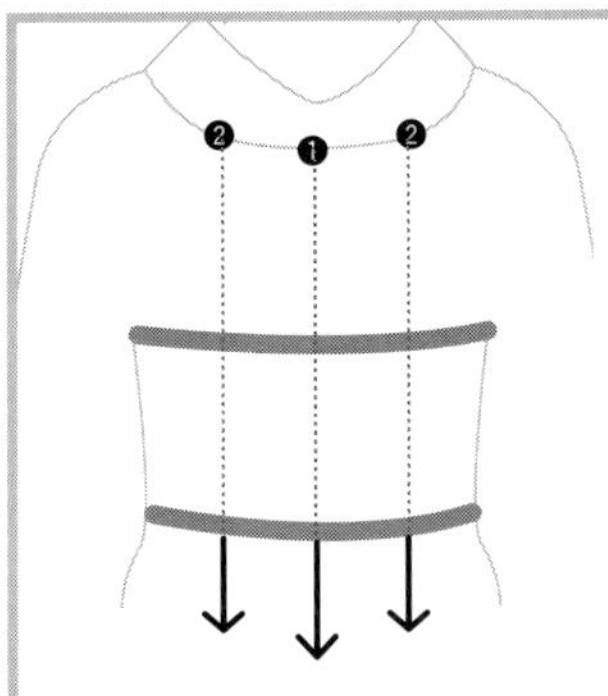

❶背中心の衿付を固定し、胸紐と腰紐の間の余分を、腰紐１本に通して下に引く。
❷左右の三つ衿の所も同様に、下に引く。
＊衿の形が整い、衿の崩れを防ぎます。

着付のキメテ 5

長襦袢の伊達巻は上から巻き始め巻く場所に応じ締め加減を変える

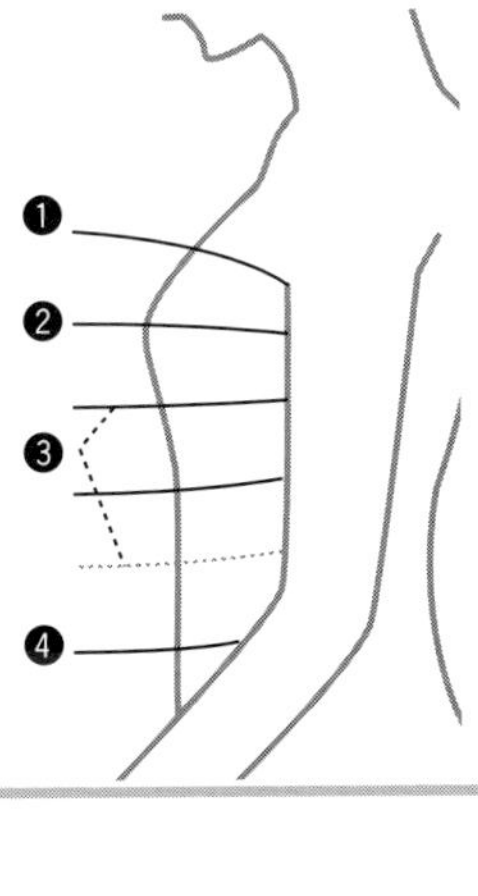

❶上端の線を脇の下いっぱいに決め、上を締める。

❷上端の線がトップバストの上を通る。上を締める。

❸真っ直ぐ、平らに巻く。

❹下端の線が腰骨の上を通るように巻き、下を締める。

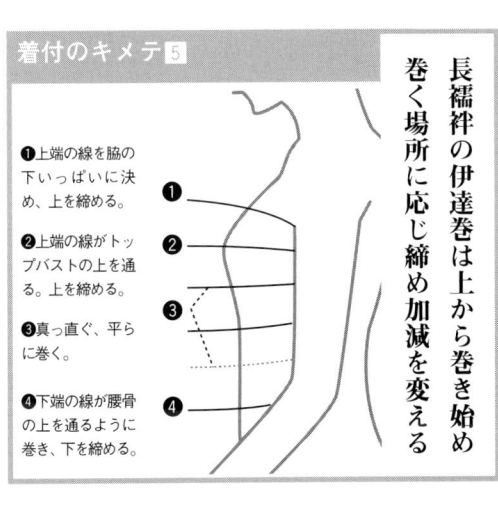

STEP2）掛下を着付ける

～本来、掛下は二枚襲ねといって、
表着と下着の二枚の着物を重ねて着ていました。
今の掛下は「比翼仕立て」のものが一般的で、
表に見える、衿、袖口と振り、裾の部分が
二枚に見えるように仕立てられています。

掛下を着せ掛け、袖の振りを整える

花嫁を極力動かすことなく、スムーズに袖を通し、衿を長襦袢の衿のＶ字の角度にそって重ねます。

背中心では、半衿が見えないように、掛下の衿山を半衿よりやや高めにし、肩山で半衿を約2.5cmほど見せます。

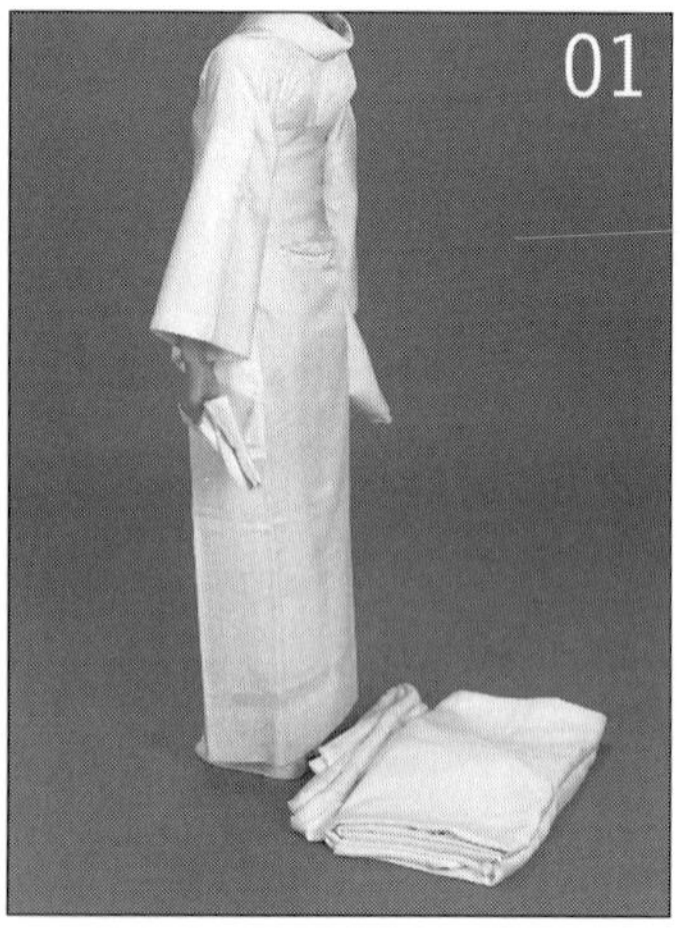

夜着だたみにした掛下を、後ろに置く。

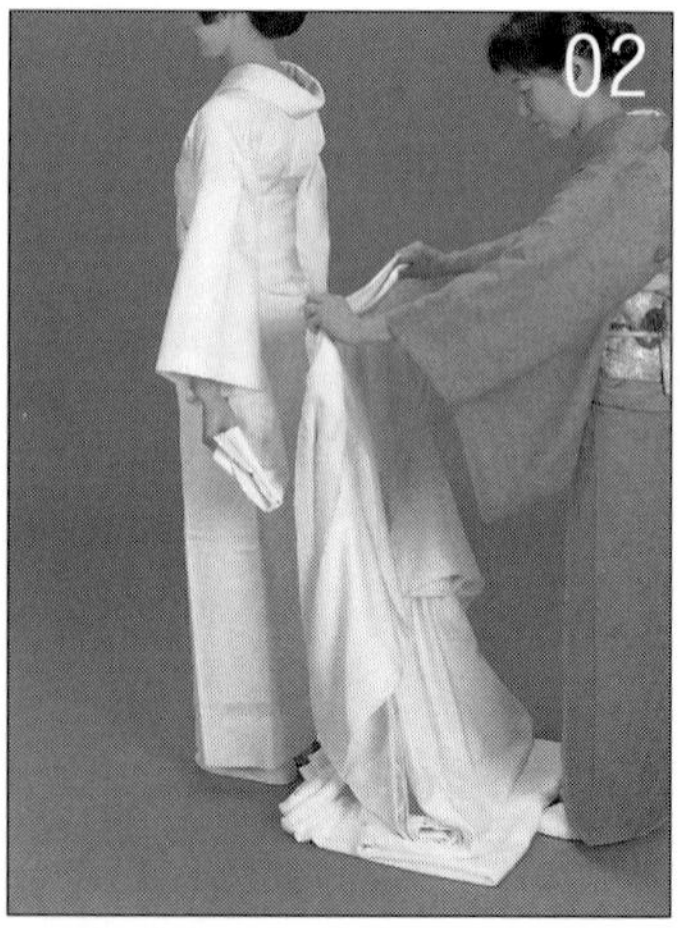

袖付が開く位置で、掛下と比翼の衿の間に人さし指を入れ、衿付まで重ね持ち、

袖付を花嫁の横（花嫁が袖付を確認出来る位置）に持っていき、左、

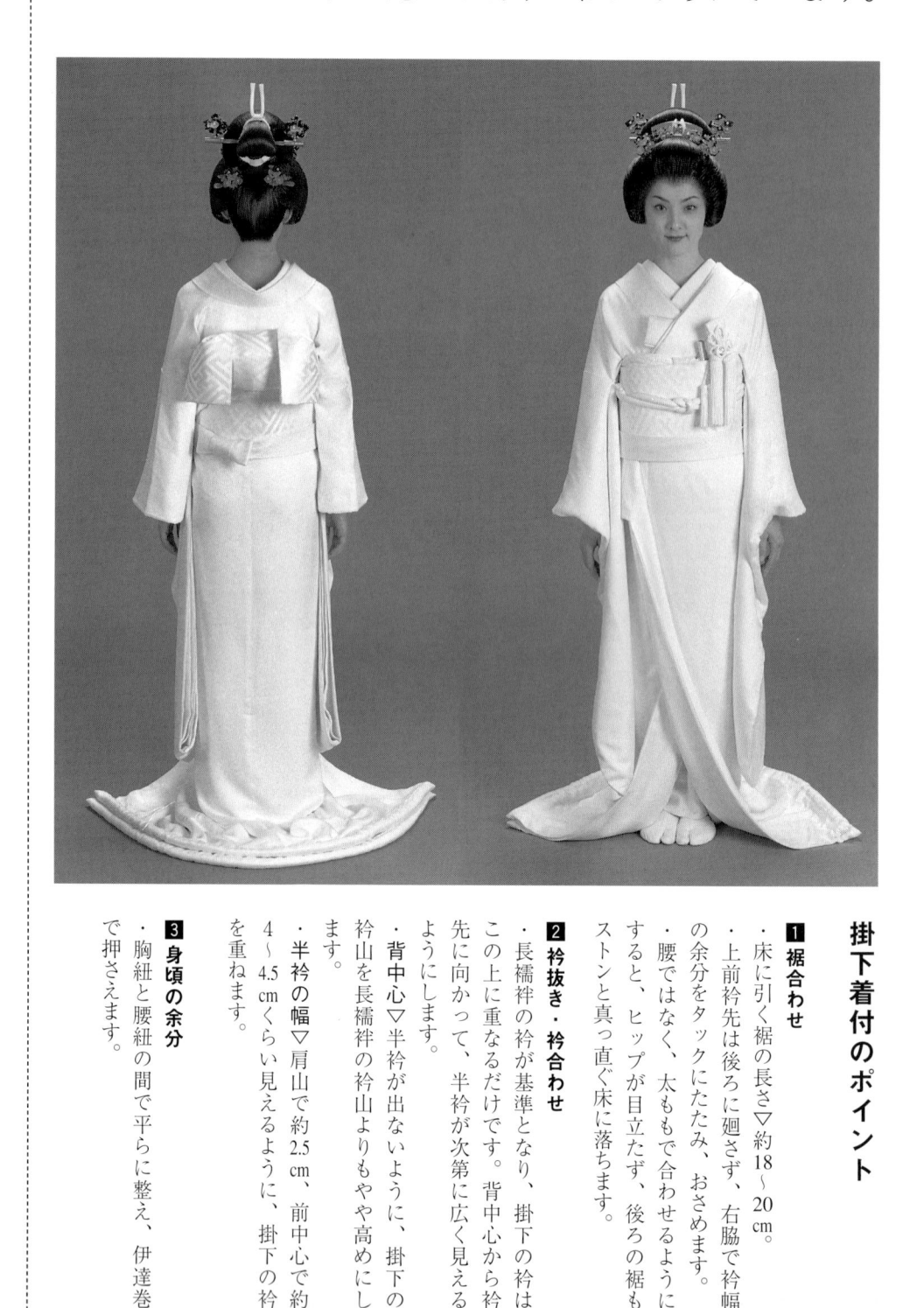

掛下着付のポイント

1 裾合わせ

・床に引く裾の長さ▽約18～20cm。

・上前衿先は後ろに廻さず、右脇で衿幅の余分をタックにたたみ、おさめます。

・腰ではなく、太ももで合わせるようにすると、ヒップが目立たず、後ろの裾もストンと真っ直ぐ床に落ちます。

2 衿抜き・衿合わせ

・長襦袢の衿が基準となり、掛下の衿はこの上に重なるだけです。背中心から衿先に向かって、半衿が次第に広く見えるようにします。

・**背中心**▽半衿が出ないように、掛下の衿山を長襦袢の衿山よりもやや高めにします。

・**半衿の幅**▽肩山で約2.5cm、前中心で約4～4.5cmくらい見えるように、掛下の衿を重ねます。

3 身頃の余分

・胸紐と腰紐の間で平らに整え、伊達巻で押さえます。

04

右、と袖を通す。

05

手先が入ったら、真っ直ぐ衿を上げ、

06

背中心を合わせて、掛下の衿付を長襦袢の衿付にそわせ、後ろ衿のVの角度に合わせて両方の衿を上げ、

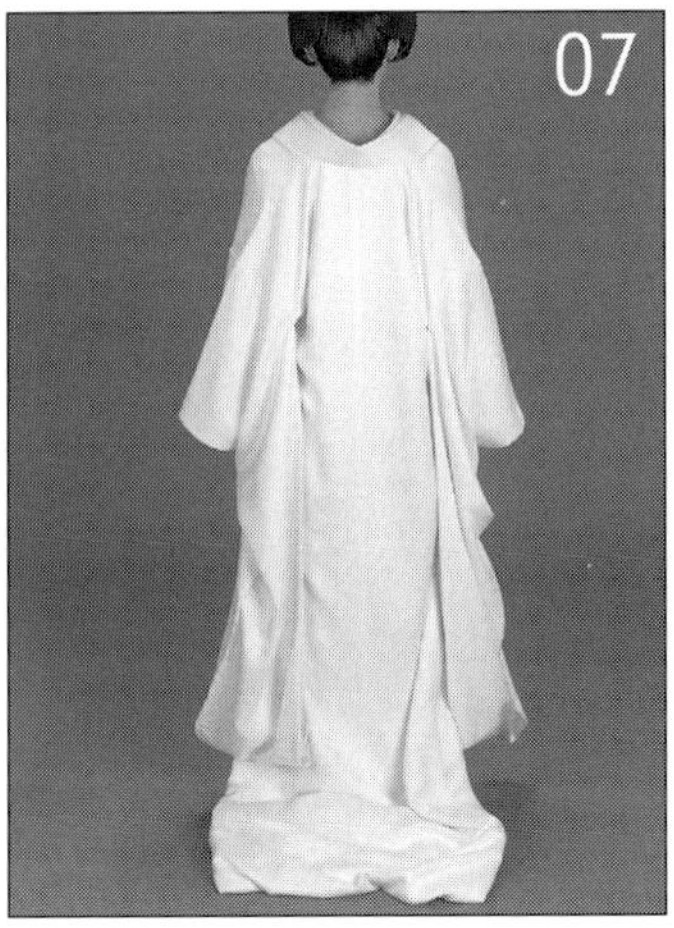

07

そのまま掛下の衿を長襦袢の衿に重ねて、肩に着せ掛ける。背縫いが背中心に合っているか、再度確認する。背中心では、掛下の衿山を半衿よりもやや高めにし、半衿が出ないようにする。

08

左手で背中心の衿付を固定し、右手で下前の衿を持ち、後ろ衿のVの角度に合わせて一旦上げ、

09

肩山で半衿が約2.5cmほど見えるように衿を重ね、衿肩をクリップで止める。

10

衿肩のクリップは、衿の布目にほぼ垂直に止め、上角を少し倒す。

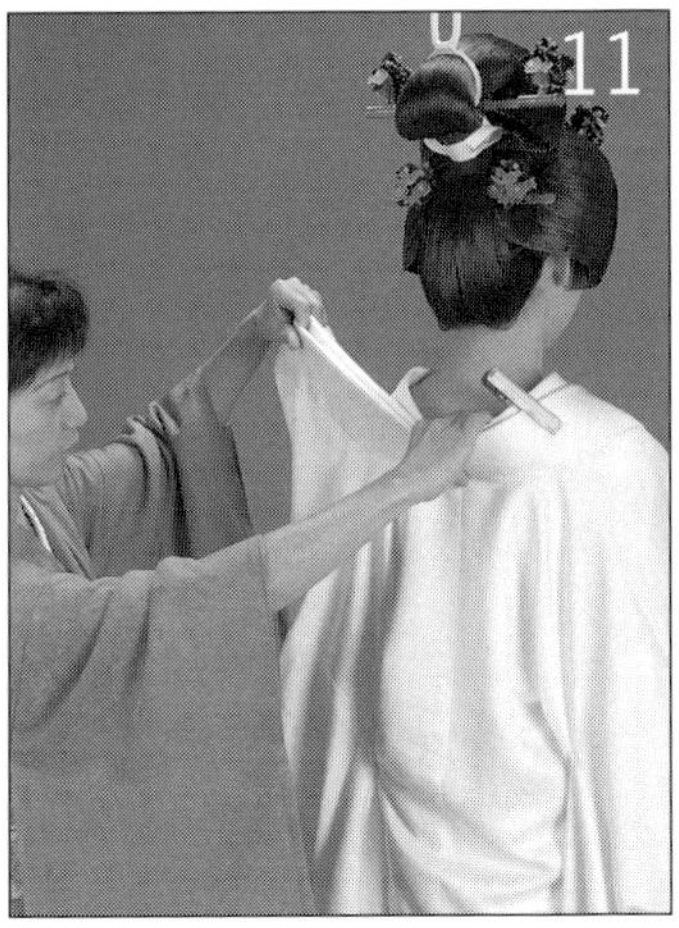

11

上前の衿も同様に、後ろ衿のVの角度に合わせて一旦上げ、肩山で半衿が約2.5cmほど見えるように衿を重ね、クリップで止める。

＊クリップ▼ハの字

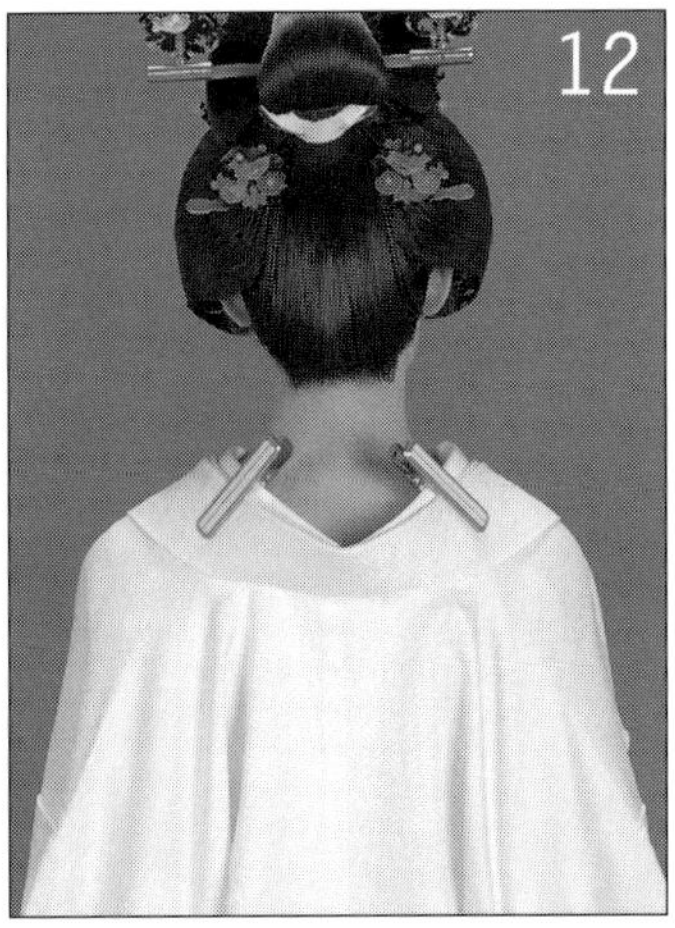

12

（半衿の出し具合）

背中心▼半衿出さない（掛下の衿山を半衿よりやや高めに）。

肩山▼半衿を約2.5cmほど出す。

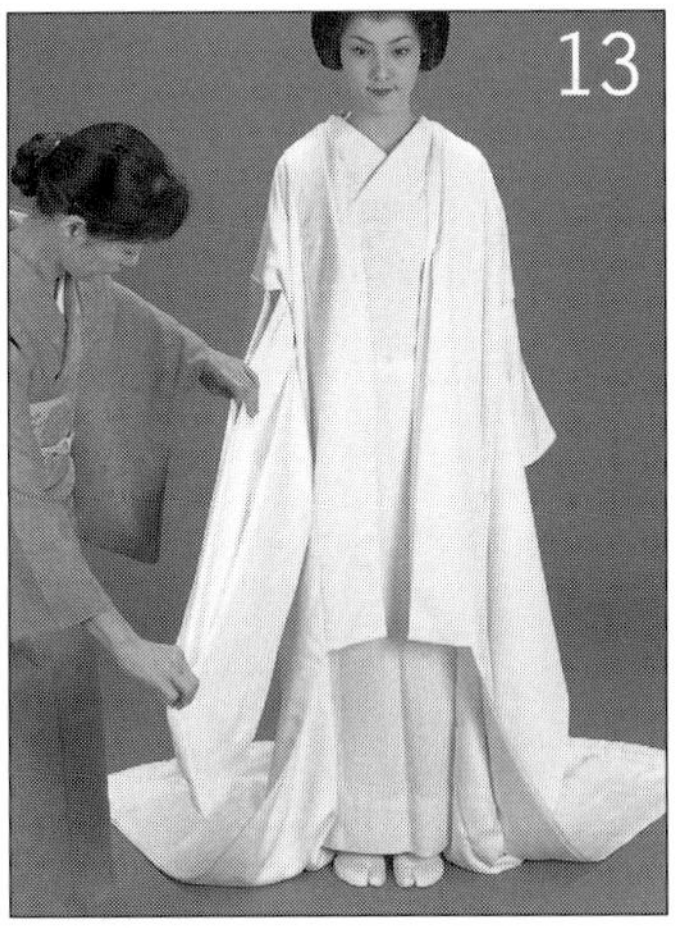

13

長襦袢と掛下の袖の振りを、袖下から揃えて、

14

たたみ、

15

たたんだ袖を花嫁に持っていただく。左袖も同様にする。

裾合わせ

腰ではなく、太ももで合わせるようにするとヒップが目立たず、後ろの裾も、腰から床までストンと真っ直ぐに落ちます。

上前の衿先は後ろに巻き込まず、右脇で衿幅の余分をタックにたたみ、腰紐を締めます。

前中心で、左右の共衿、衿先を揃えて、背縫いが背中心にあることを確認する。

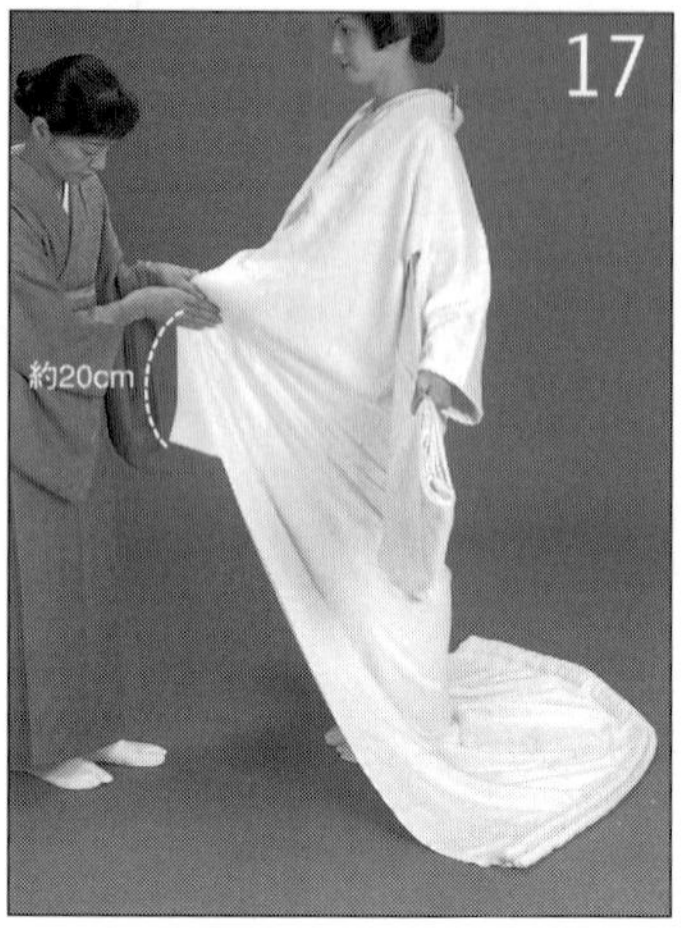

前中心で、左右の衿先（衿下から20㎝位上）を衿付まで持って手前に引く。

※裾合わせの時の衿先の位置について

衿先を持つ位置で裾の長さがだいたい決まる。

標準的な位置▶衿下から約20cm。

背の低い方▶標準の位置よりも下を持つ。

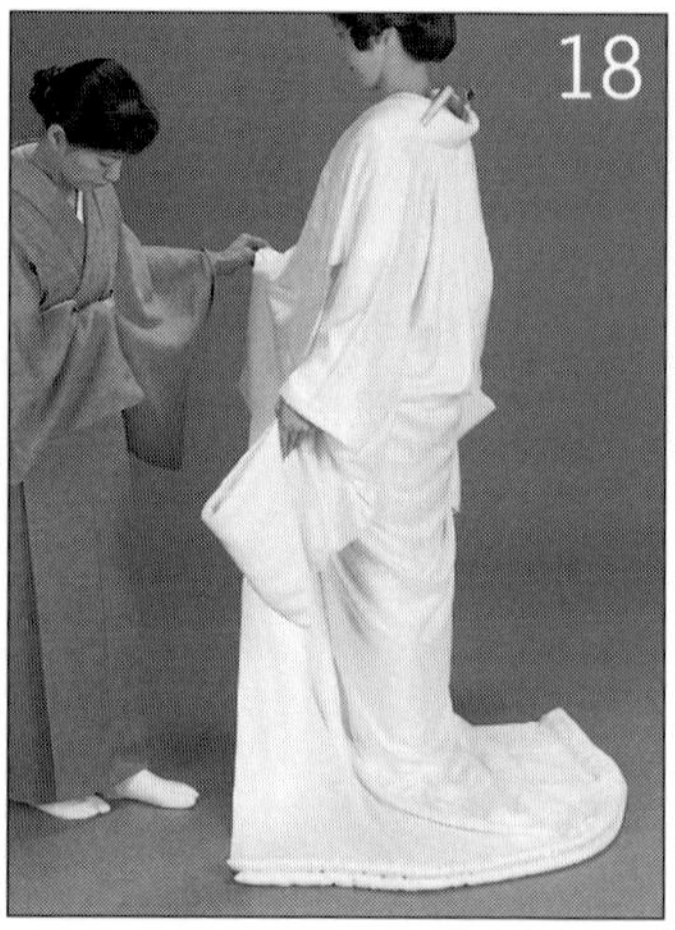

左手で左右の衿先を手前に引いたまま、床に引く裾の長さを確認する。

片手で背縫いを持ち、後ろの余分を上げて、裾がストンと落ちる位置で上げる手を止める。

右手で上前の衿先、左手で下前の衿先を持って、下前の裾を合わせる。この時、上前の衿先を持った右手が上下しないように注意する。右手・左手は同じ高さ。

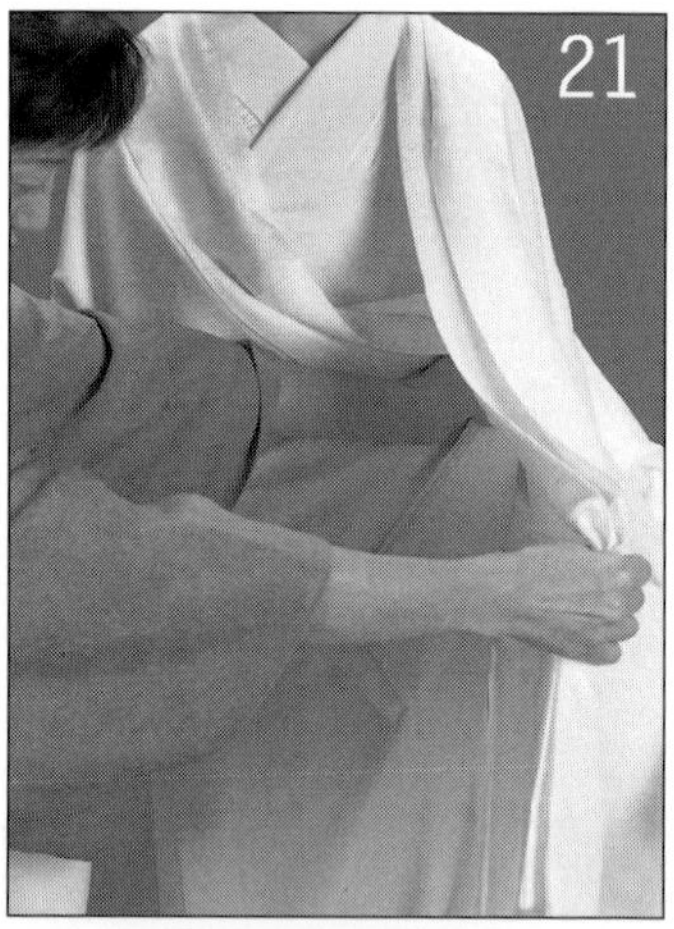

下前衿先を、左腰骨上で奥に入れ込み、手首を上に曲げて指先を上げ、

左手腕で下前の裾を押さえたまま、右手を右脇に水平に移動させて上前の裾を合わせ、左手を静かに抜く。

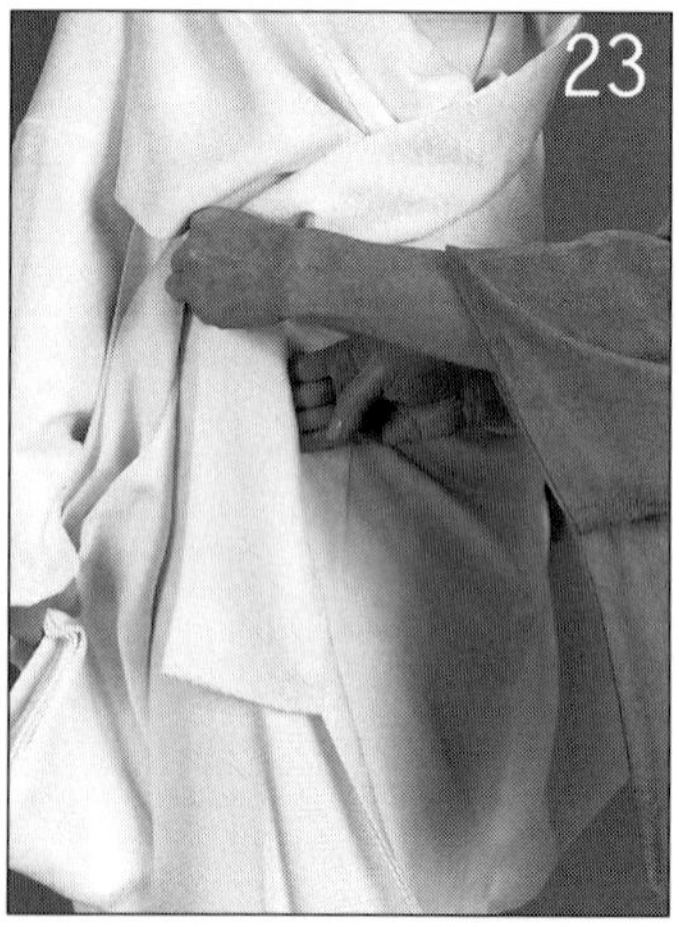

右手の甲・指先を使って、上前の衿付を押さえる。

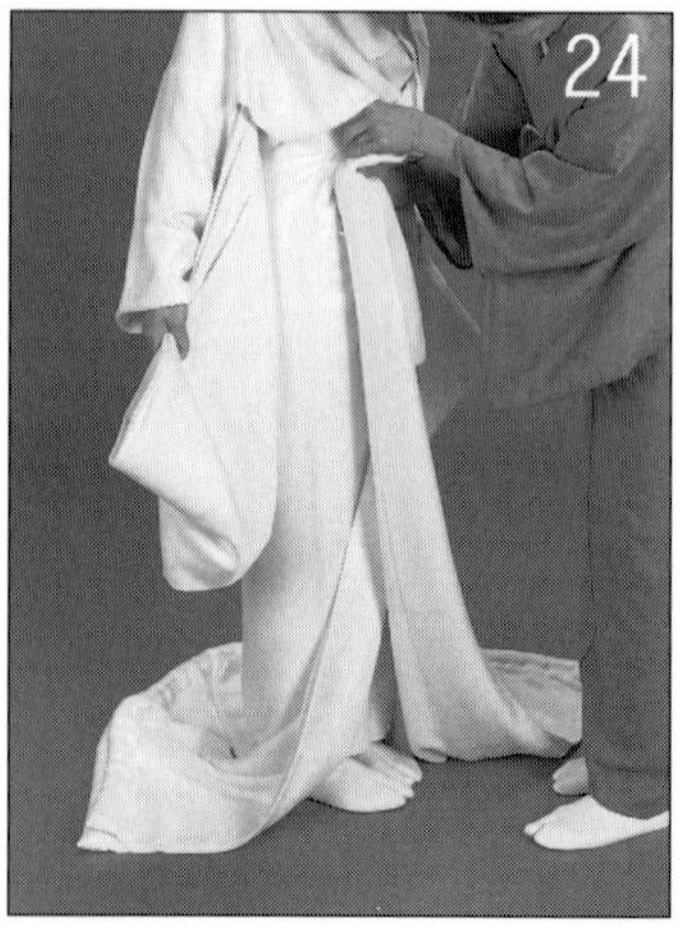

右手で上前を押さえたまま、左手でウエストの身頃の余分を前に寄せて上前衿先の下に送り、上前・衿幅の余分をたたみ、

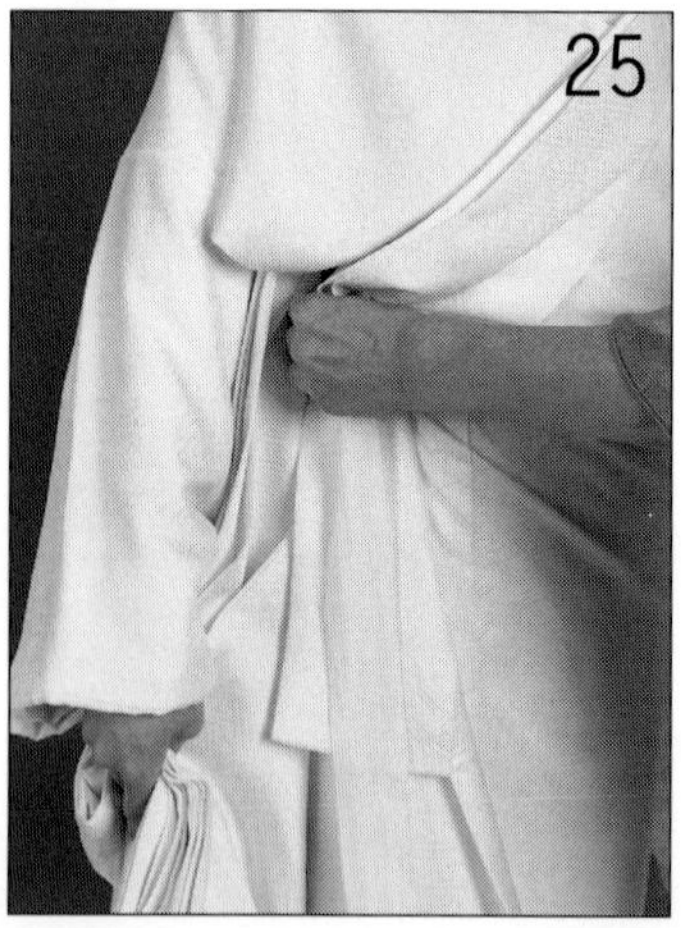

重ねる。左手で押さえた上前の衿先（右腰骨の上）に、腰紐の中心を当て、

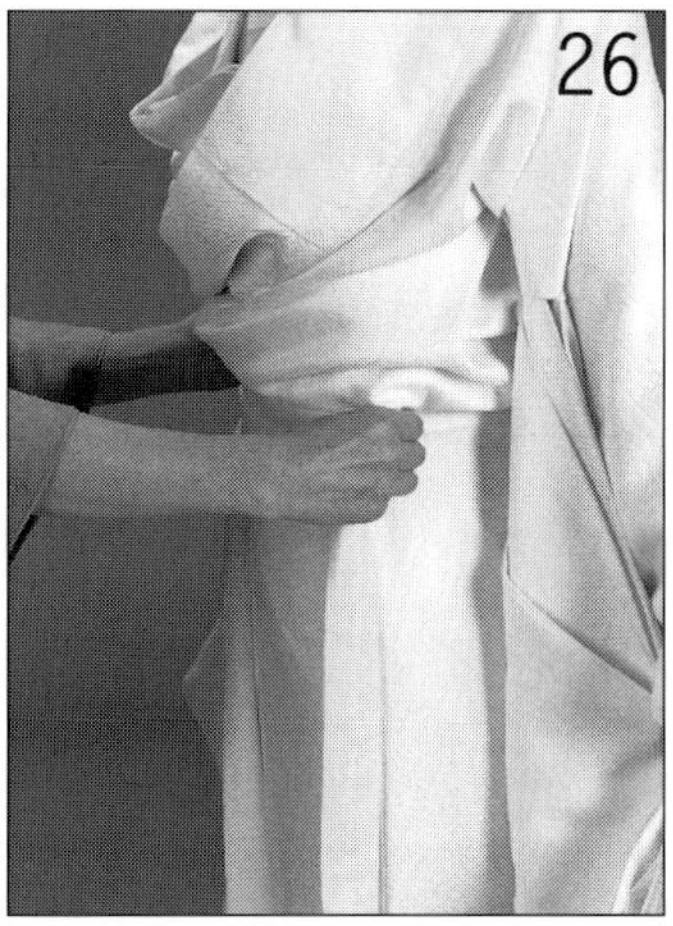

26 紐を左脇まで廻す。脇縫いの線で、ウエストの余分を持ち、

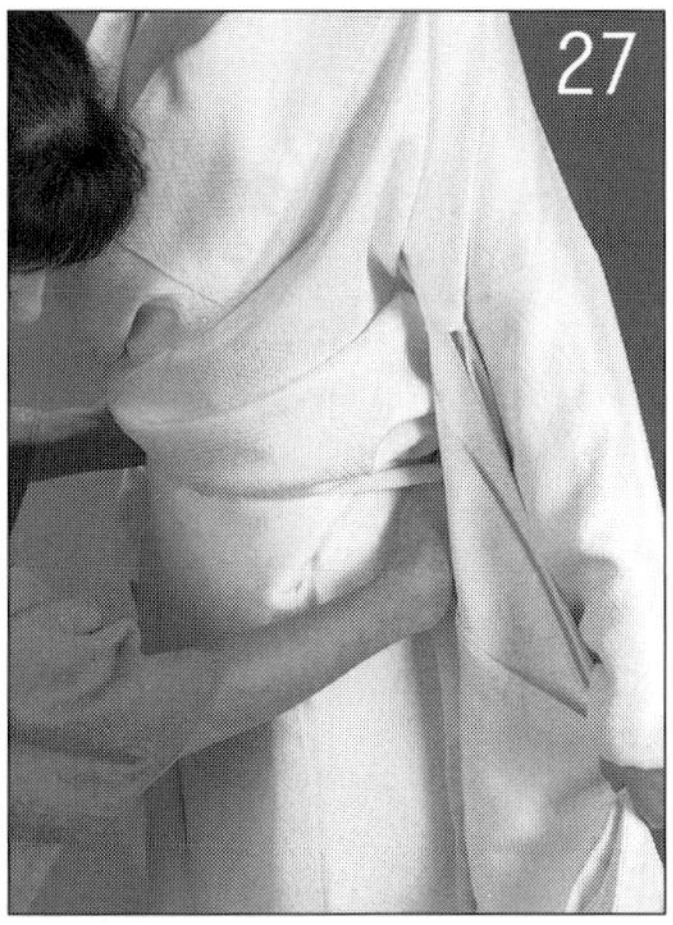

27 紐を後ろに廻しながら、余分を後ろに倒す。

28 紐を背中心で交差し、

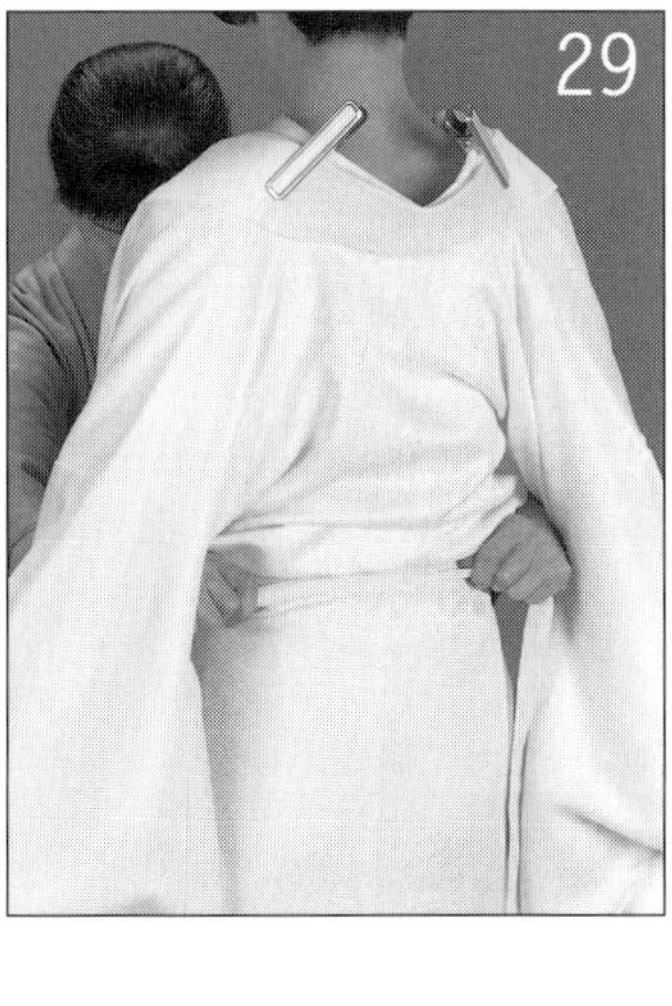

29 横に引きながら前に廻す。

30 右腰骨のカドで衿合わせに交差し、2つからげて「片花」に結ぶ。紐先は、腰紐に上から挟み、おさめる。

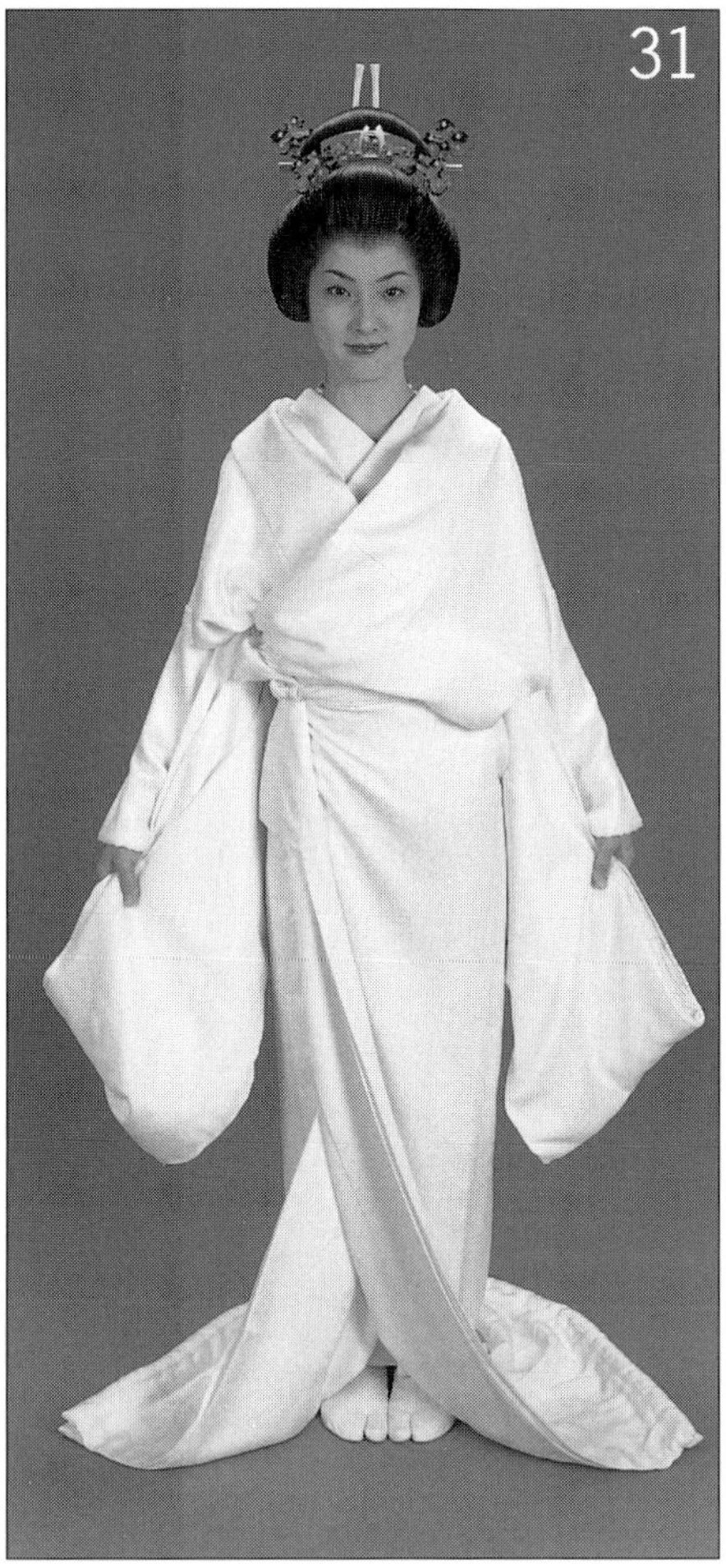

31

腰紐の締め終わり。
ここで、床に引く裾の長さを確認し、調節していく。

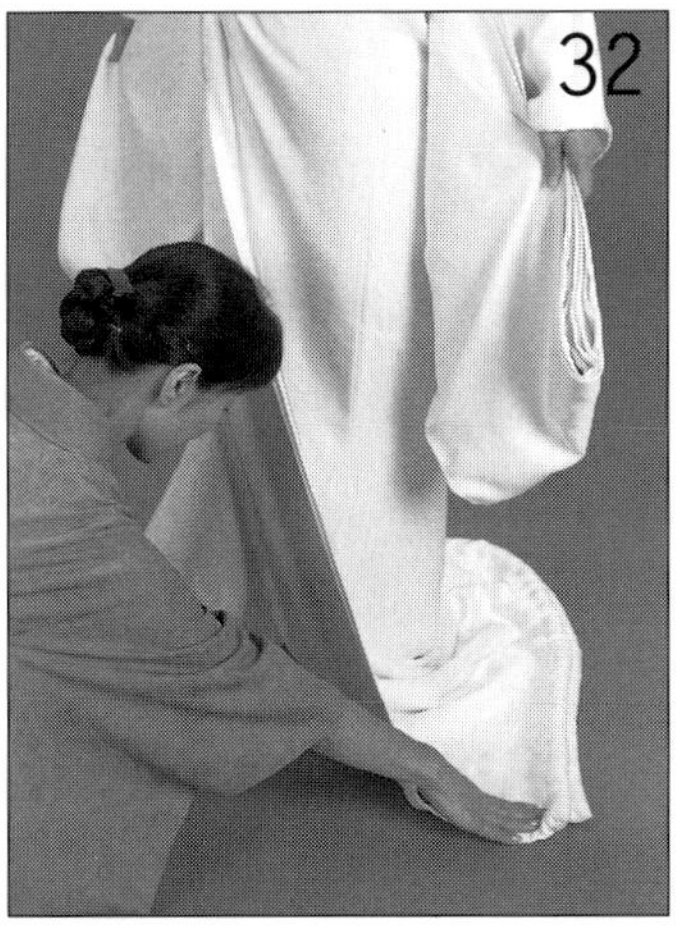

32 床に引く裾の長さ▼18〜20㎝位。

33 **上前の裾の長さを調節。**
❶長い場合▼上前衿先を腰紐の上に引く。
❷短い場合▼腰紐の上で衿先を持ち、腰紐下の衽線を下に引く。衿下を引いてしまうと前が開いてしまうので注意すること。

34 **上前と同様に、下前の裾の長さを調節する。**
特に下前は長くなりやすい。左の身八ツ口から腰紐上の下前衿先を持ち、上に引く。短い場合は腰紐下の衽線を下に引く。

35 上前、下前の裾の長さが同じになるよう調節し、床に引く裾の長さが決まる。

腰紐上の身頃を整え、衿を合わせる

半衿が、肩山で約2.5cm、前中心で約4〜4.5cmほど見えるように衿を合わせます。胸紐は脇の下いっぱいに締めます。

左右の身八ツ口から手を入れ、腰紐上のたるみを下に下ろしておく。

右の身八ツ口から入れた左手を、そのまま衿に持っていき、内側から衿を支えながら、

比翼、掛下の衿を、共衿の所で内側に約2cm折り、

肩山で半衿を約2.5cm出し、

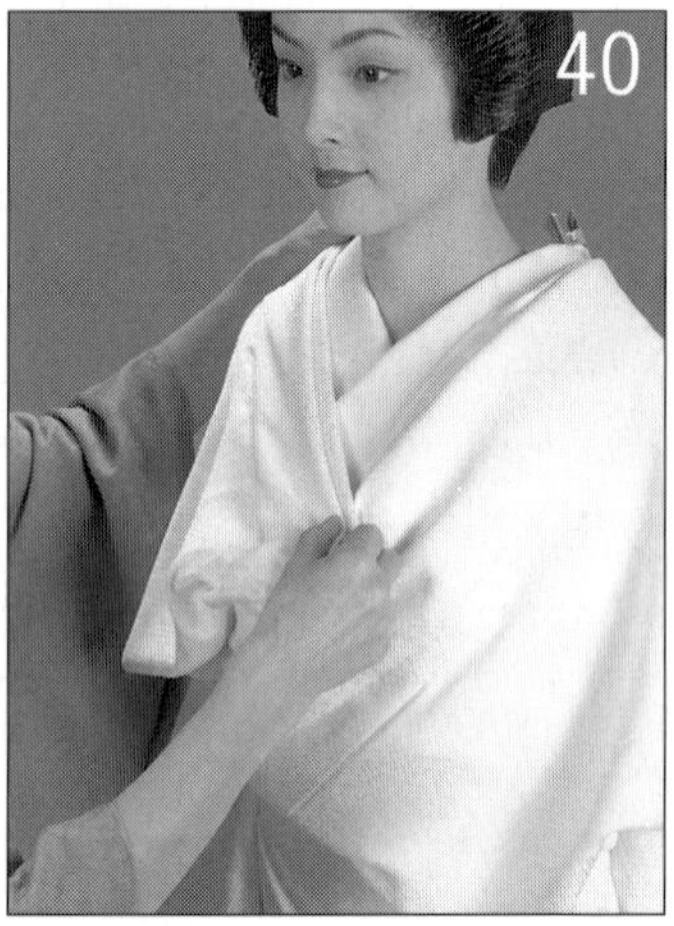

前中心で、半衿を約4.5cm出す。

合わせた衿を左手で押さえる。
左手▼衿に対して垂直に、指先が衿山から少し出るようにして押さえると、合わせた衿がずれにくい。

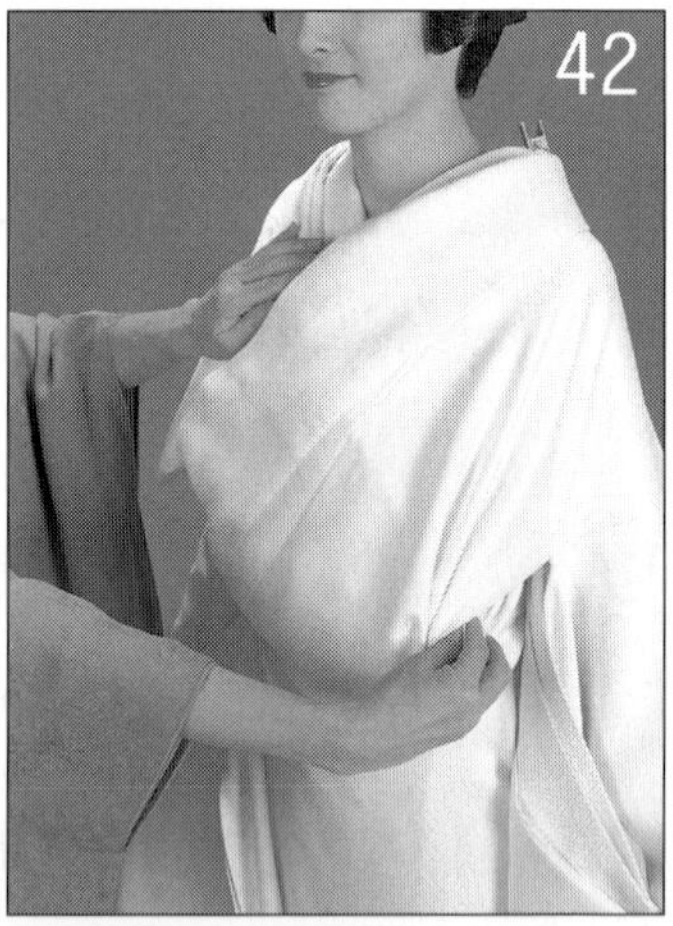

左の身八ツ口から、下前の衿先を持ち（掛下と比翼の衿の間に、人さし指を入れて持つ）、

左手を衿肩に持っていき、右手で衿先を引き合って衿を整え、

モデル（花嫁）に押さえてもらう。
余裕がある場合▼脇まで。
余裕がない場合▼手の入る所まで。
＊肩が上がってしまうと衿が中央に寄ってしまうので、肩が上がらない所で押さえてもらう。

上前の衿も同様に、肩山で半衿を約2.5cm出し、

前中心で、半衿を約4.5cm出す。

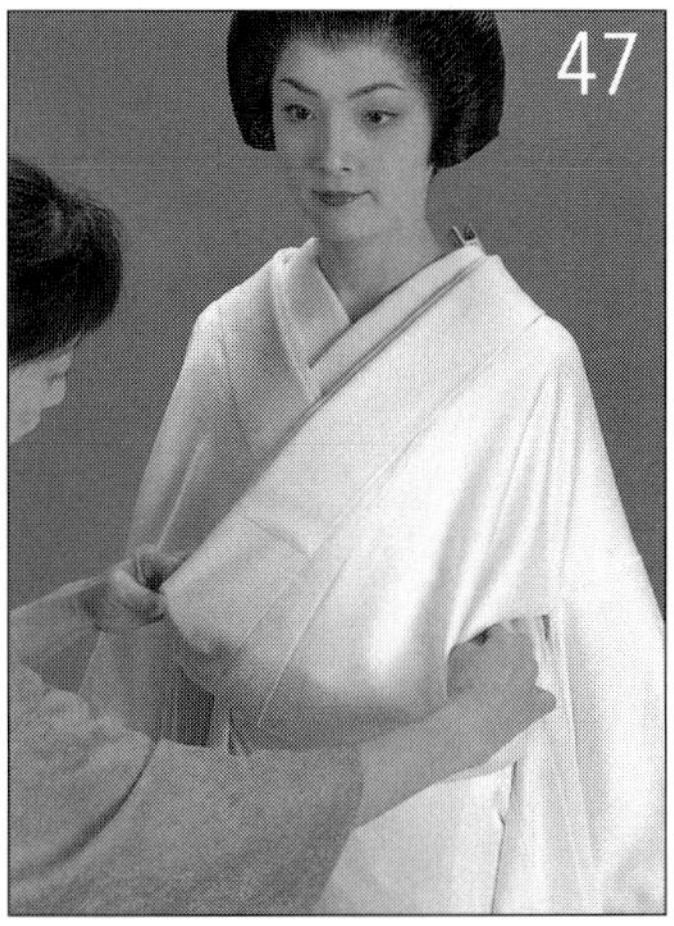

上前衿先を右脇まで持ってきて、下前衿先を左手で持つ。

左右の衿先を引き合いながら、半衿の幅や衿の合わせ具合を確認する。

半衿幅▼肩山で約2.5㎝、中心で約4.5㎝。

衿合わせ▼中心が合っていて、左右対称であること。

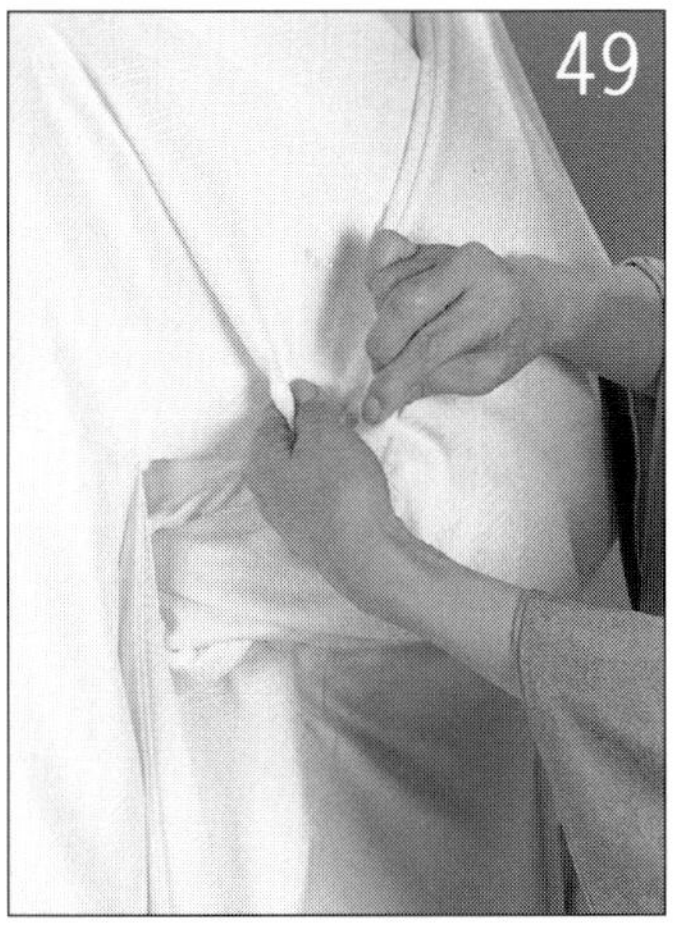

上前衿先を右手で持ち、左手で、下前・身頃に衽線と平行にタックをとり、上前の衿先裏に重ねる。

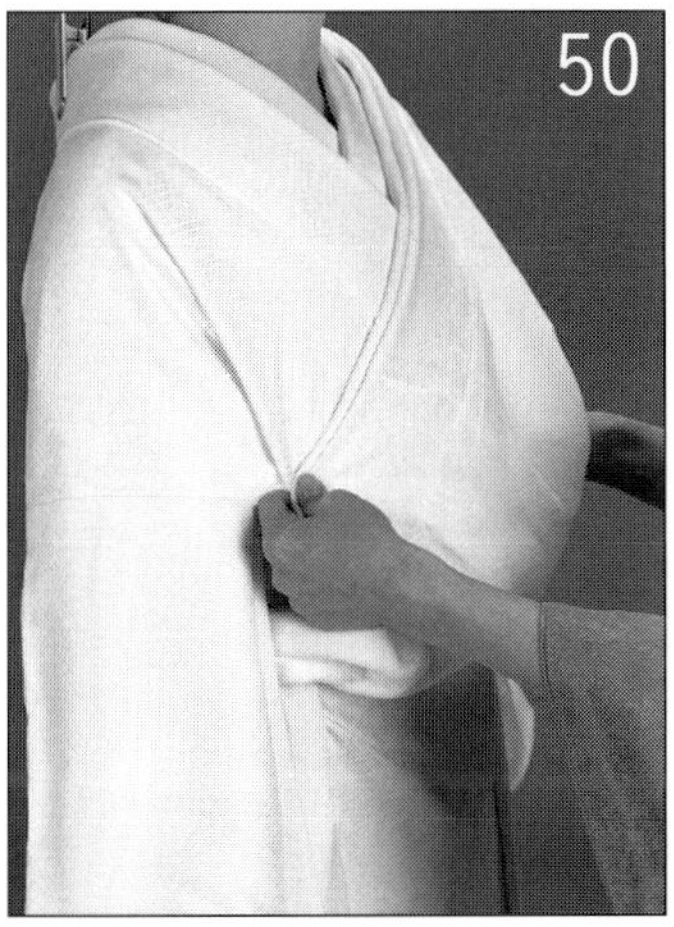

さらに前後の身八ツ口を揃え、左手で、上前衿先、タック、身八ツ口を併せ持つ。

上前衿先の上に、胸紐中心を当てて左手で押さえ、右手で紐を左脇まで廻す。

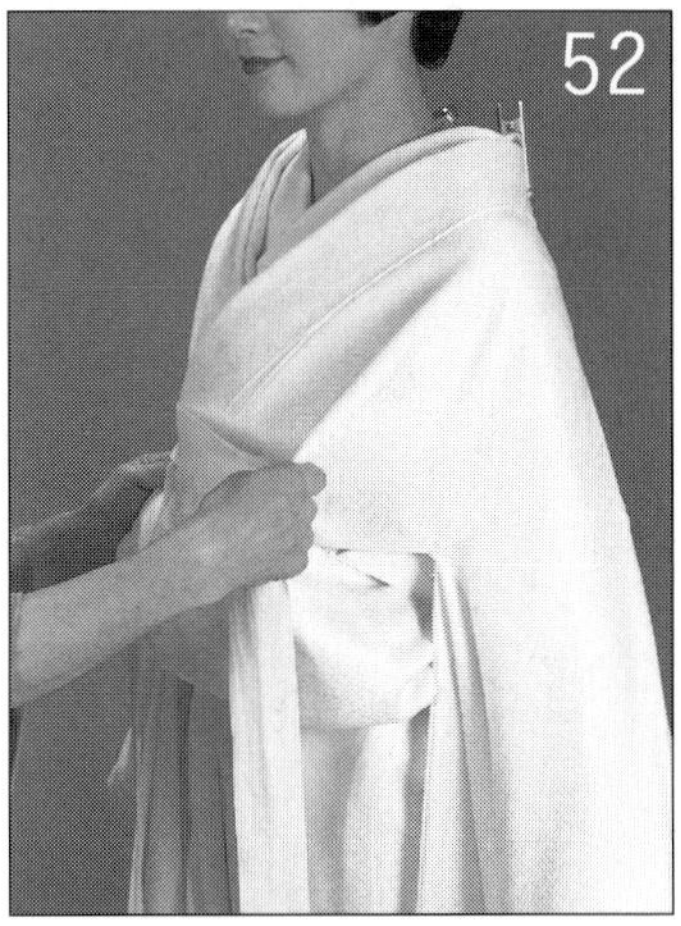

上前・身頃にも、衽線と平行にタックをとり、

前後の身八ツ口を揃えて、

タックに重ね、紐を後ろに廻す。

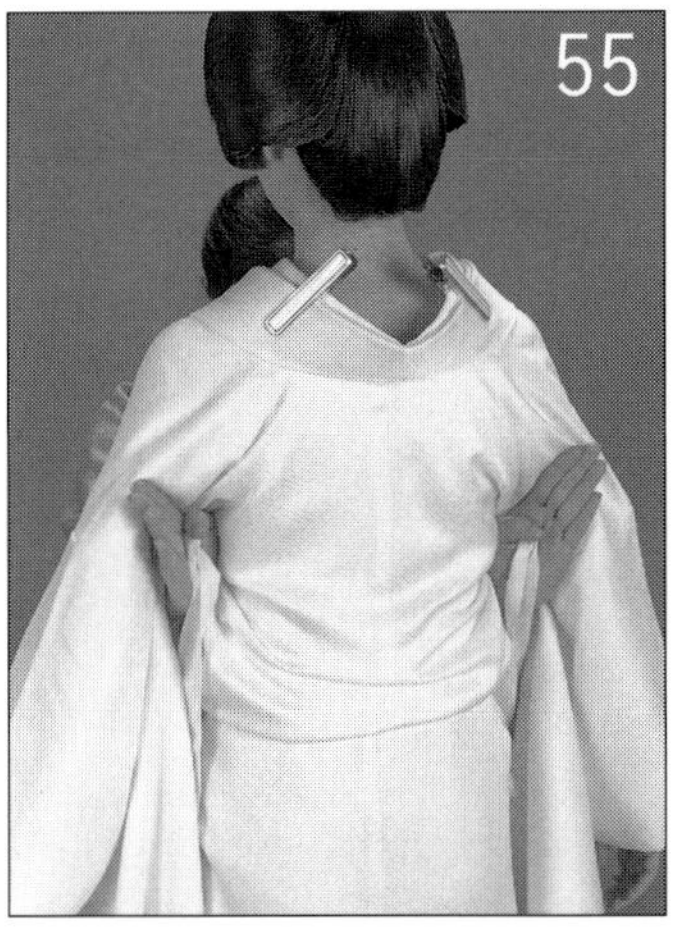

胸紐を後ろに廻す時の手の形と向き。
このように、指先を上に向けて、脇の下いっぱいに紐を廻す。

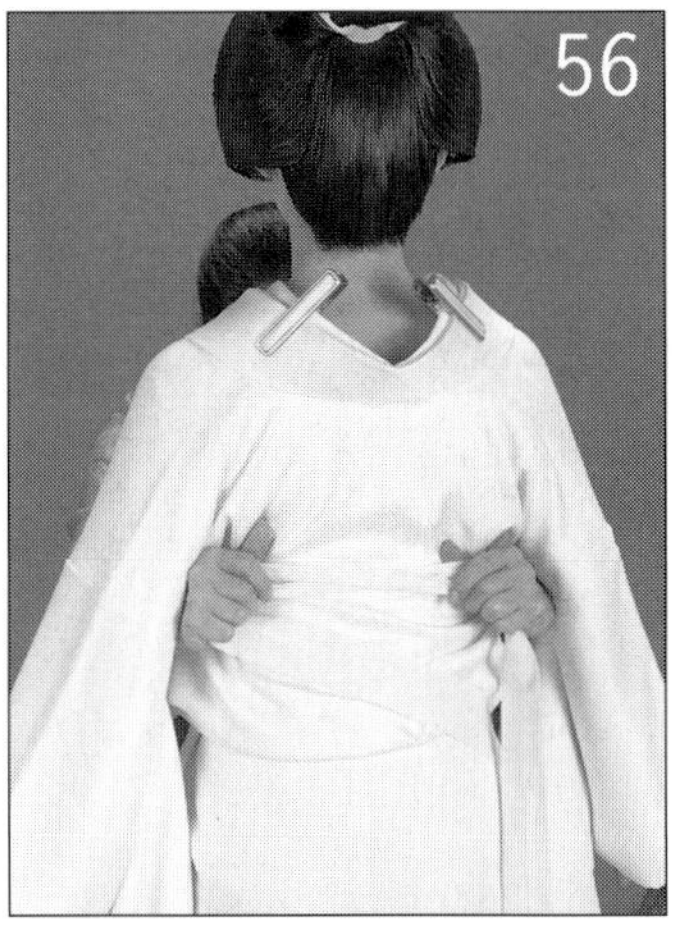

背中心で交差しながら横に引き、

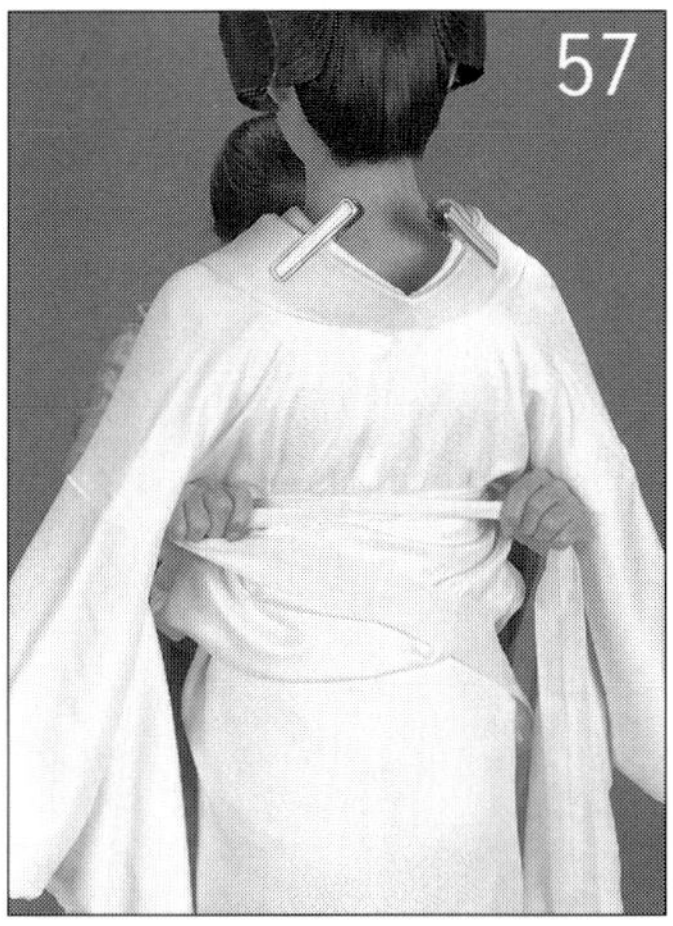

一巻き目と同じ位置を通って前に廻し、

右脇のカドで2回からげて「ねじり結び」にする。

おはしょりを伊達巻で押さえる

前は、帯枕の紐、帯揚げの先など、後で入れ込むものがたくさんあるので、窮屈にならないように、身頃の余分は、できるだけ補整の必要な脇から後ろに廻し、平らに整えます。

伊達巻を巻く時は、下から整えながら巻いていきます。

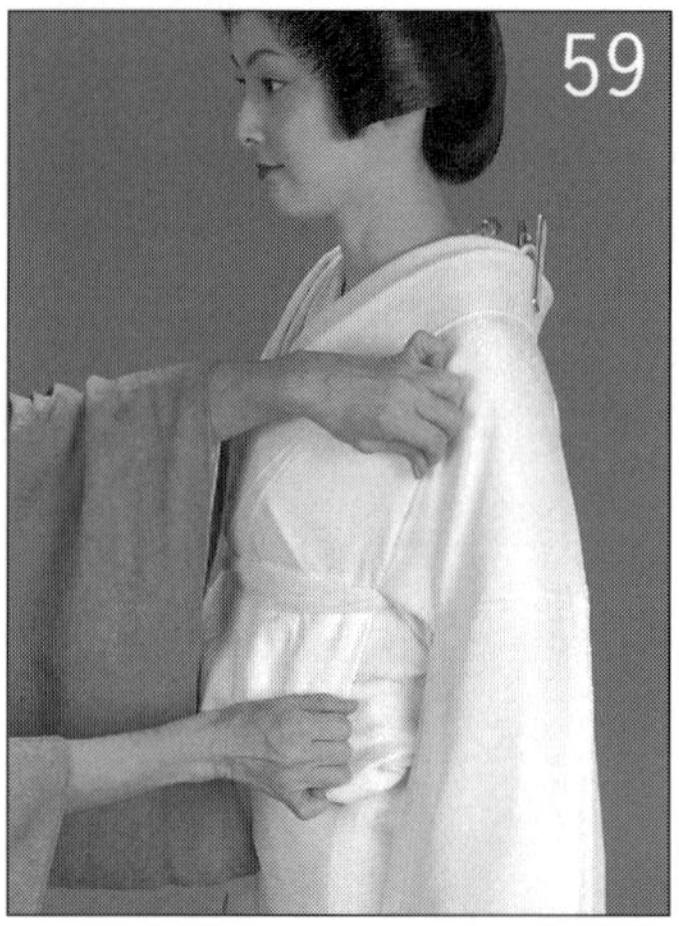

59 タックを整え、

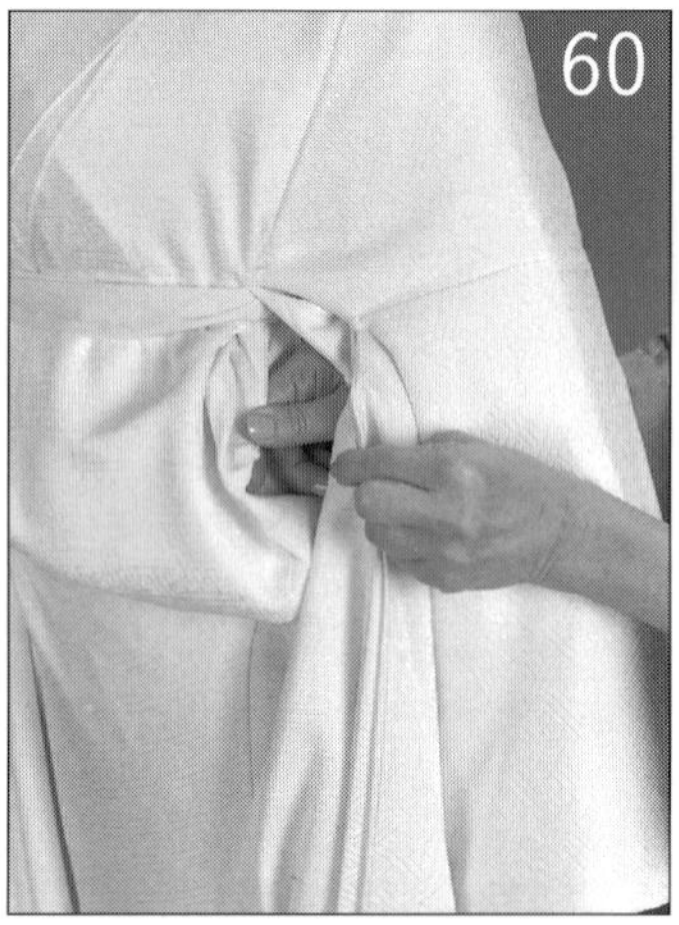

60 袖の振りを揃えてから、身八ツ口を2枚合わせて胸紐の下に引く。

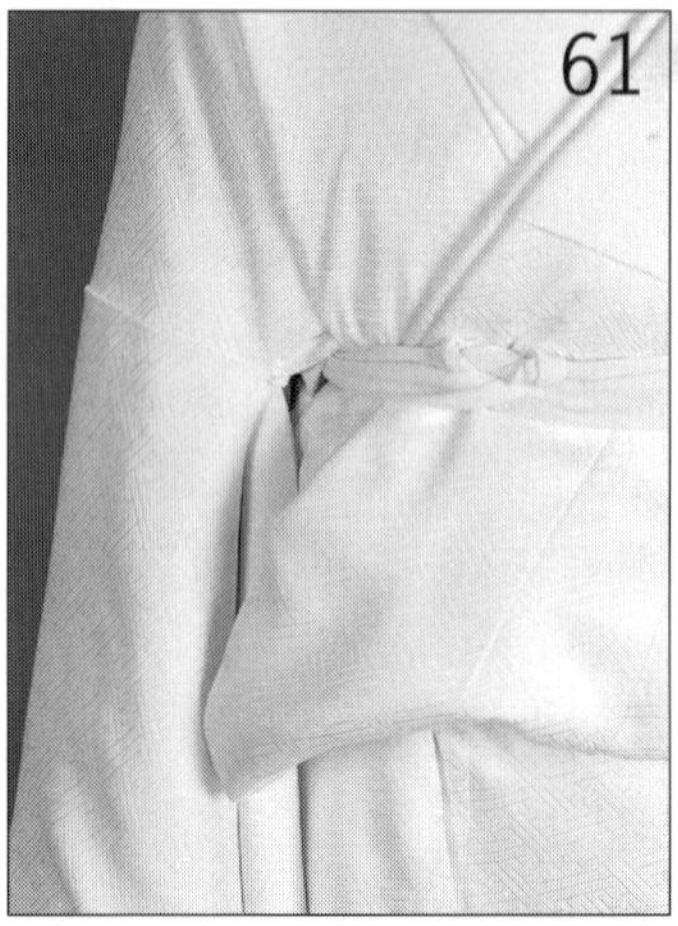

61 下前側も同様に整える。

62 胸紐の締め終わり。次に、胸紐と腰紐の間の身頃の余分を整え、伊達巻で押さえていく。

63 胸紐と腰紐の間の余分は、補整の必要な脇から後ろに、できるだけ廻していく。前は、帯揚げ、枕の紐、懐剣、扇子など入れ込むものが多いので、できるだけ薄く平らに整える。

64 右側の余分を、胴の丸みにそって右脇から後ろに廻したところ。

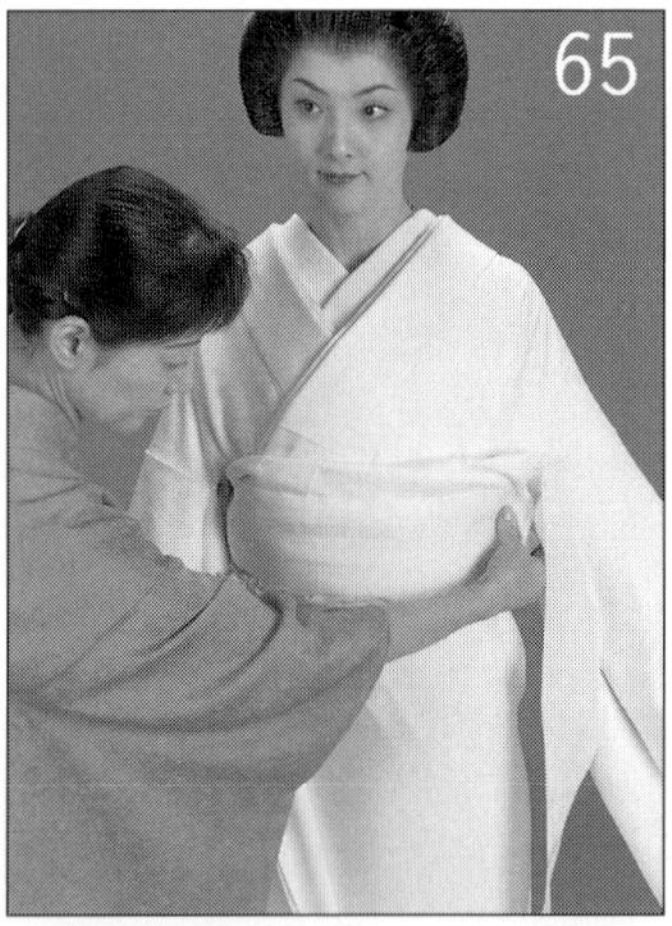

65 伊達巻を右から左に廻しながら、左側の余分を脇から後ろに廻す。

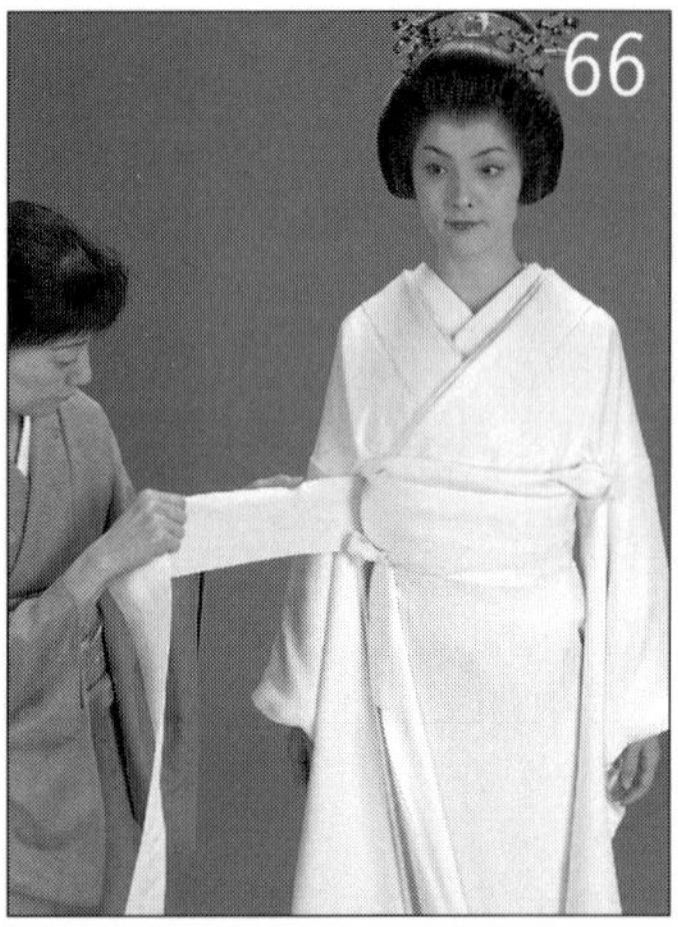

66 伊達巻は、下を締めるように巻いていく。

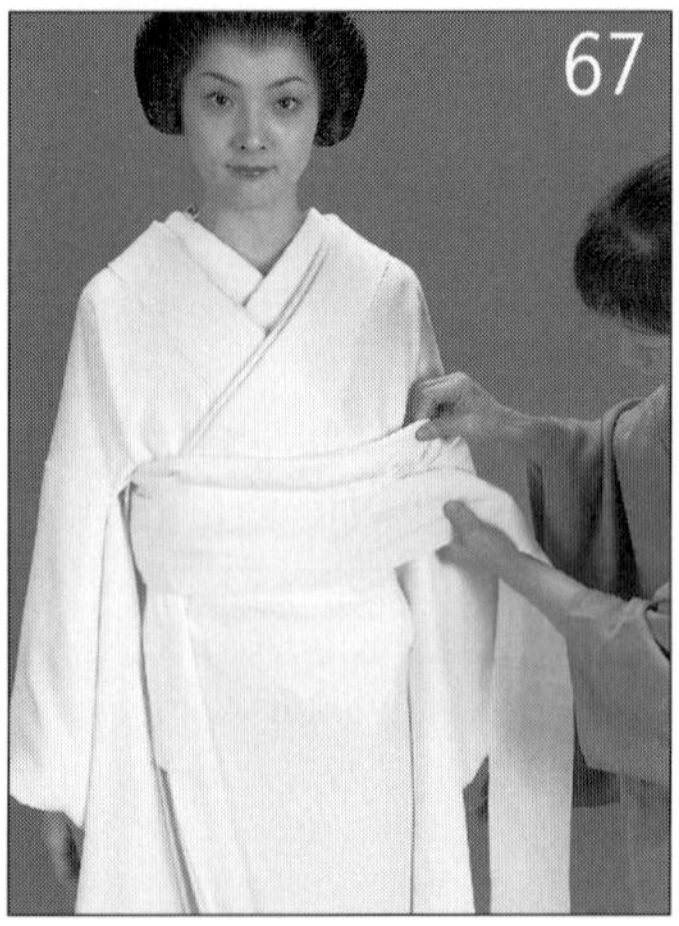

67 身頃の余分は、伊達巻で押さえる。

68 伊達巻は、帯幅より内側におさまるように巻いていく。長襦袢の伊達巻のように、幅広く巻かないこと。

69 掛下の着せ上がり。

STEP3) 掛下文庫を結び、小物をおさめる

〜掛下帯を胴に廻して左右対称の文庫に結び、
丸ぐけ、帯揚げ、抱え帯を結び締め、
小物をおさめるまでの技術を学びましょう。

掛下文庫／後ろ姿のキメどころ

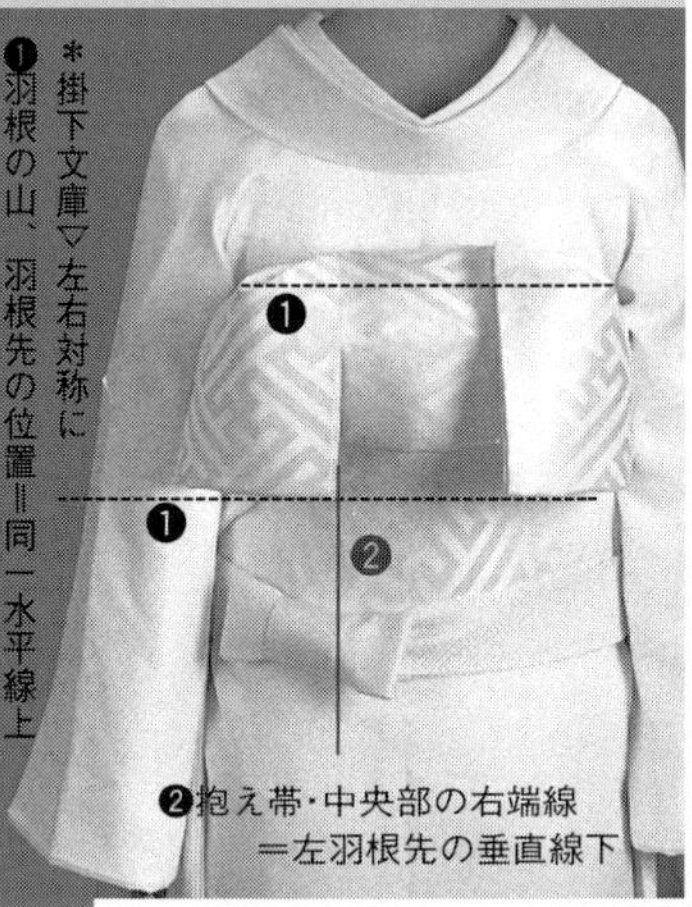

打掛のシルエットは、掛下の衿、帯の高さによって決まる

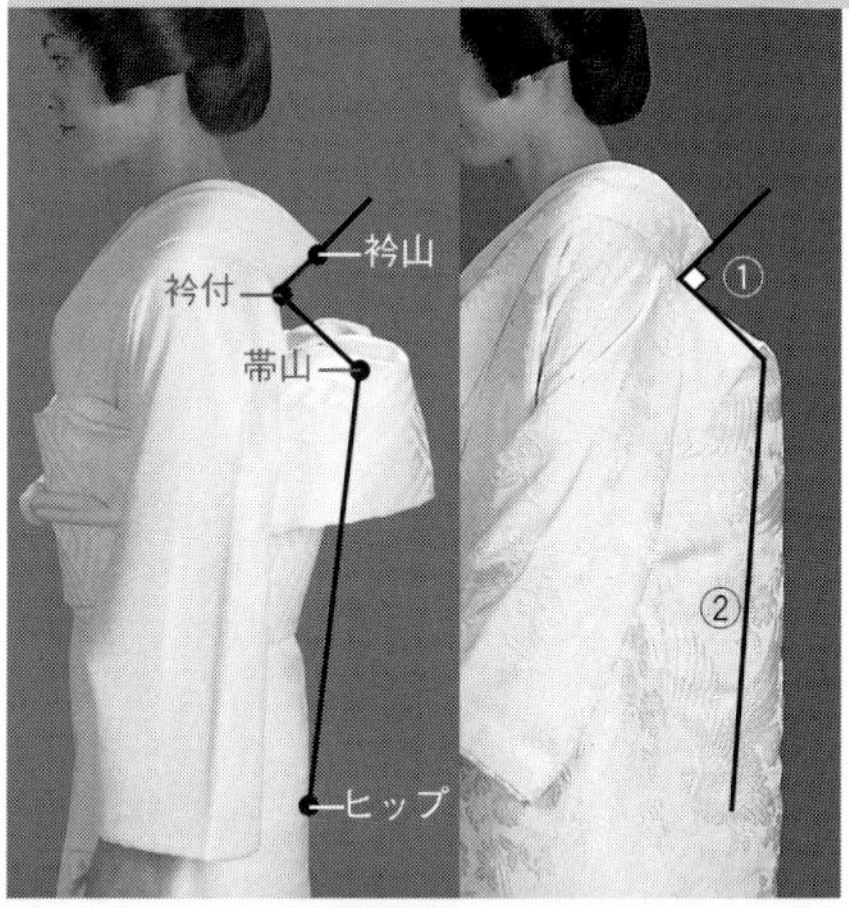

①背中心の衿山—衿付—帯山（帯枕の山）をつなぐ角度▽約90度になる。
②帯山（帯枕の山）—ヒップをつなぐライン
▽打掛を掻取った時のシルエットに影響。

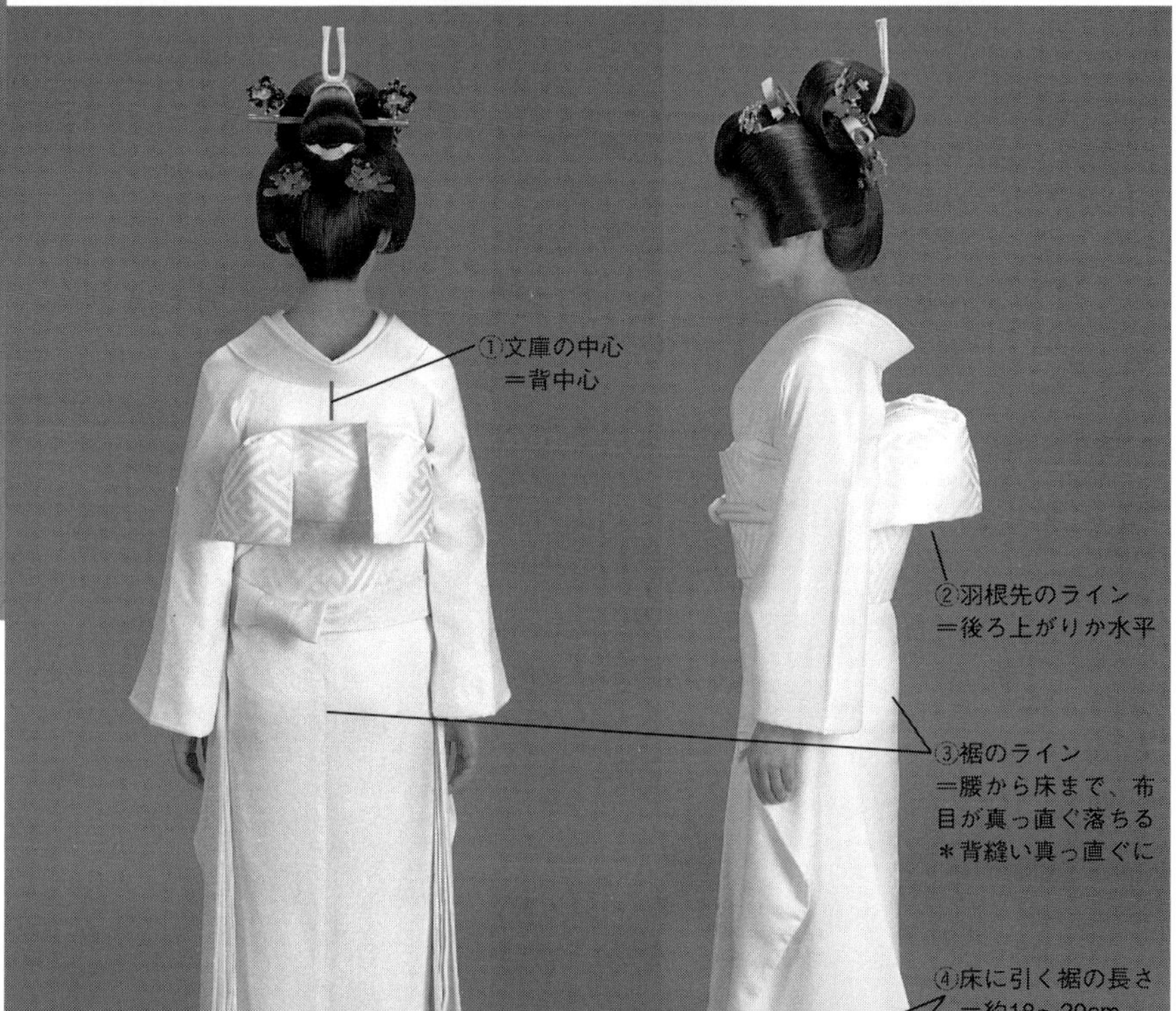

小物をおさめる時のポイント／前中心、高さを揃える

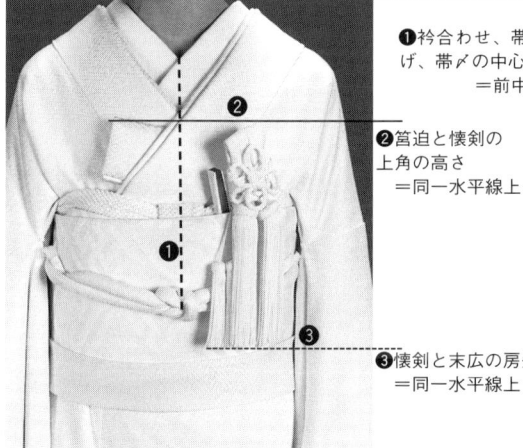

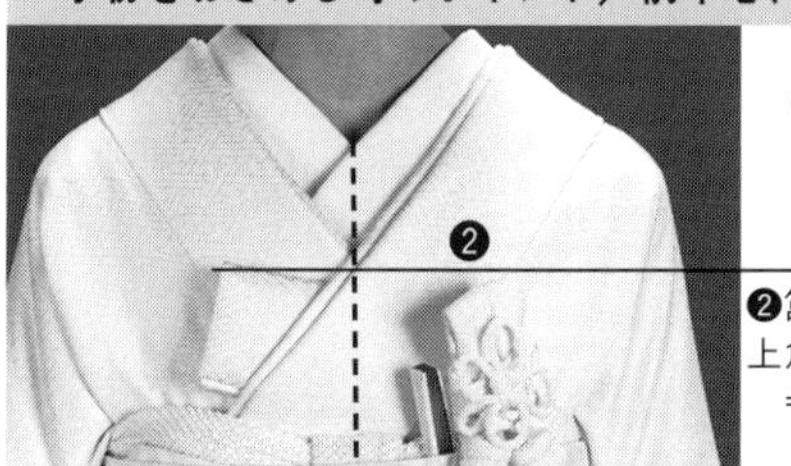

❶衿合わせ、帯揚げ、帯〆の中心
＝前中心

❷筥迫と懐剣の上角の高さ
＝同一水平線上

❸懐剣と末広の房先
＝同一水平線上

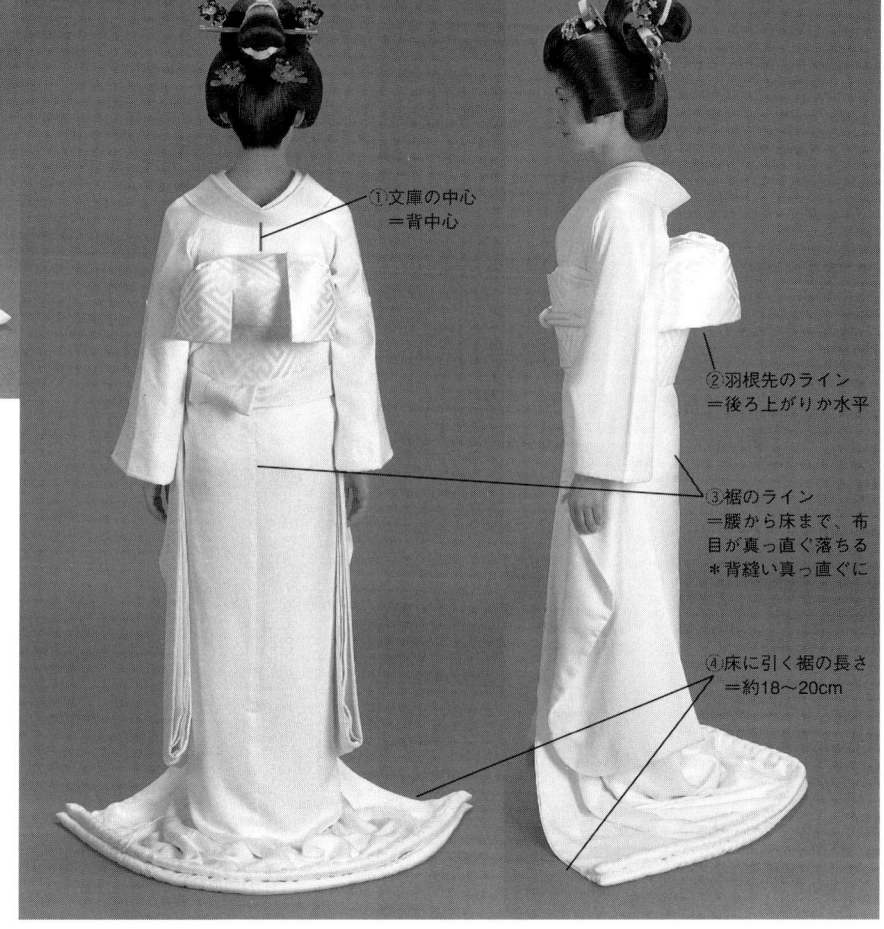

帯を胴に廻し、テとタレを結ぶ

胴回りの帯は、下を締め、上部にある程度のゆとりをもたせるようにすると、身体にしっかり締まっていても苦しくありません。そのためには、帯を胴に廻して締めていく過程で「帯のどこを持ち、どこを決めるか」がポイントとなります。

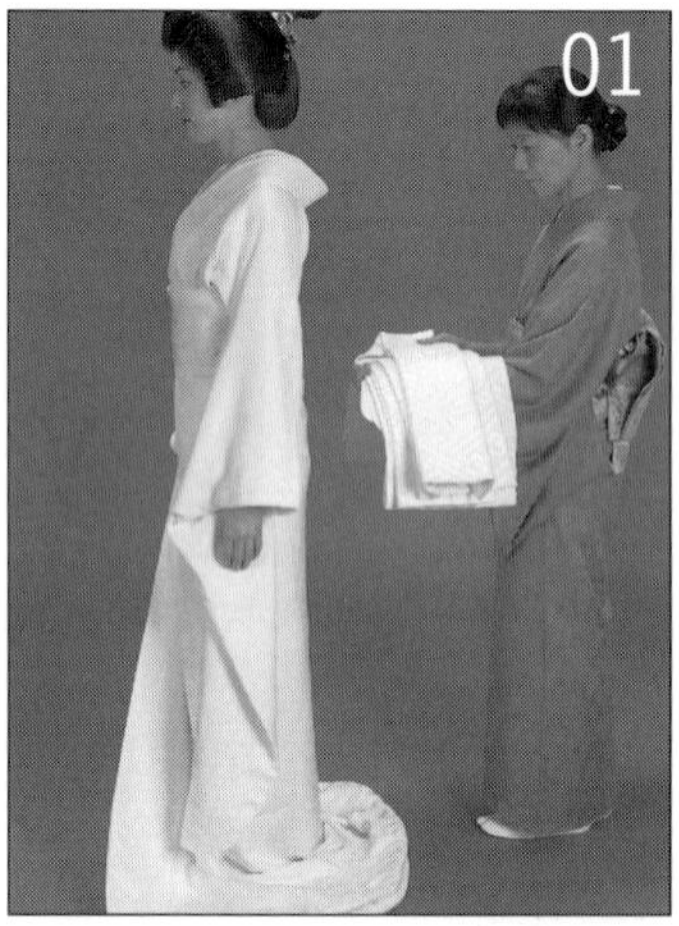

たたんだ掛下帯を帯板2枚と共に、左腕で持つ。

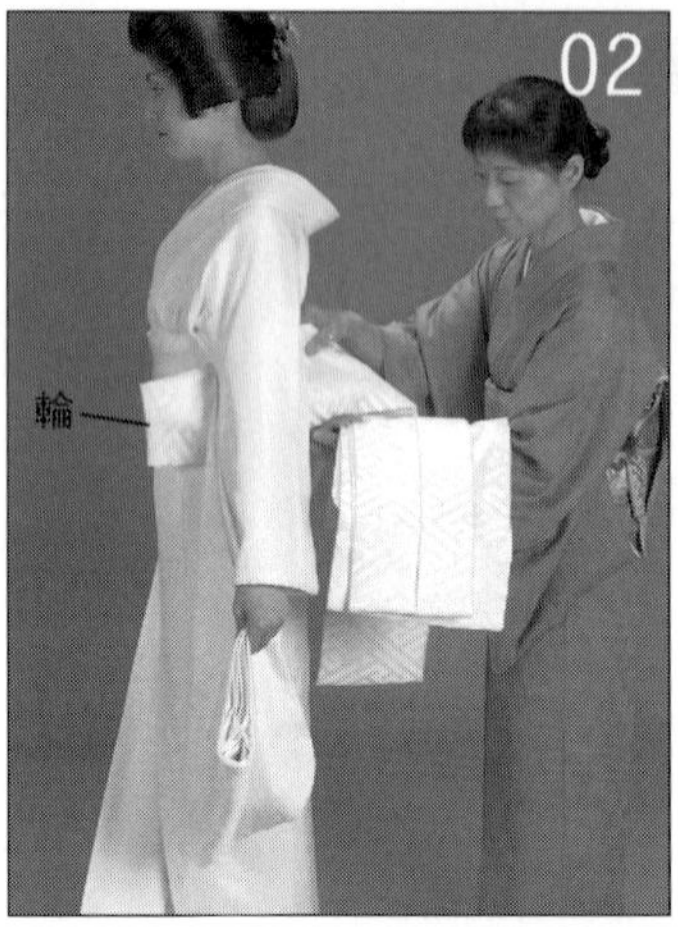

右手でテ先の輪を左脇から前に廻し、

花嫁（モデル）の右脇下からテ先の輪を持ち、

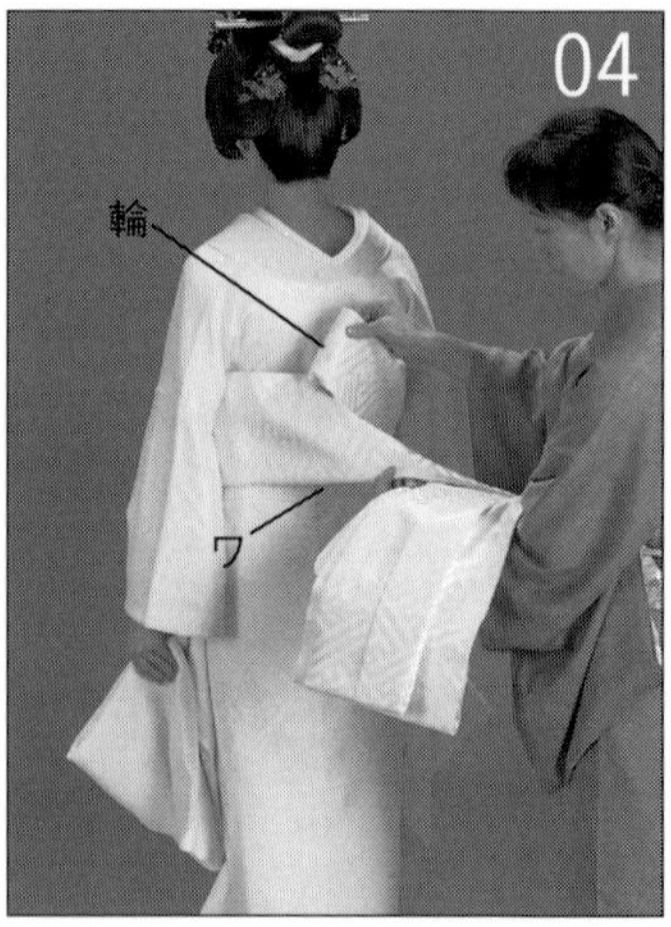

後ろに廻す。

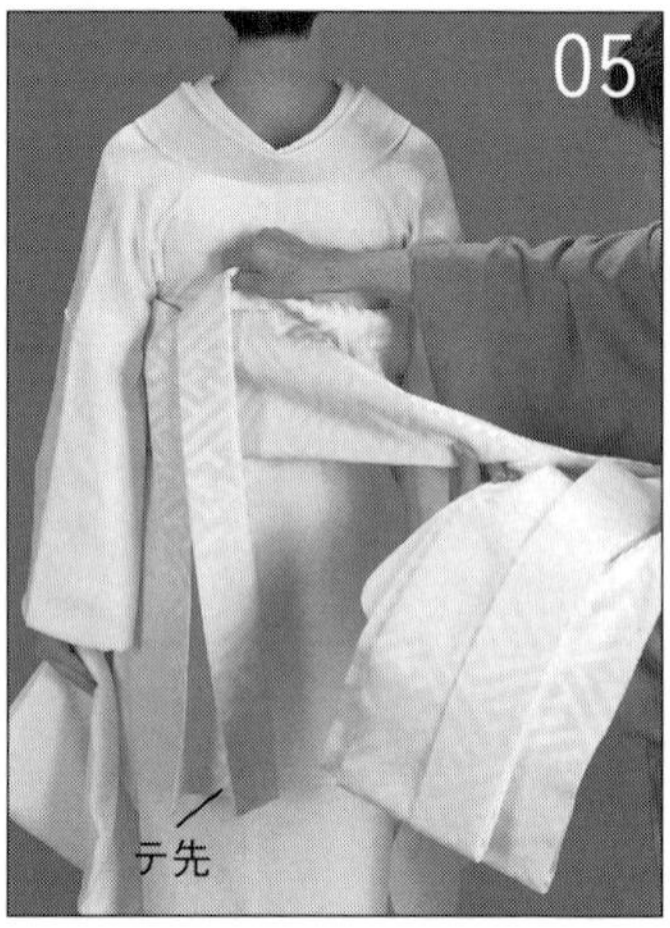

内側のテ先を引き抜き、テの長さを背中心から約60㎝位とり、

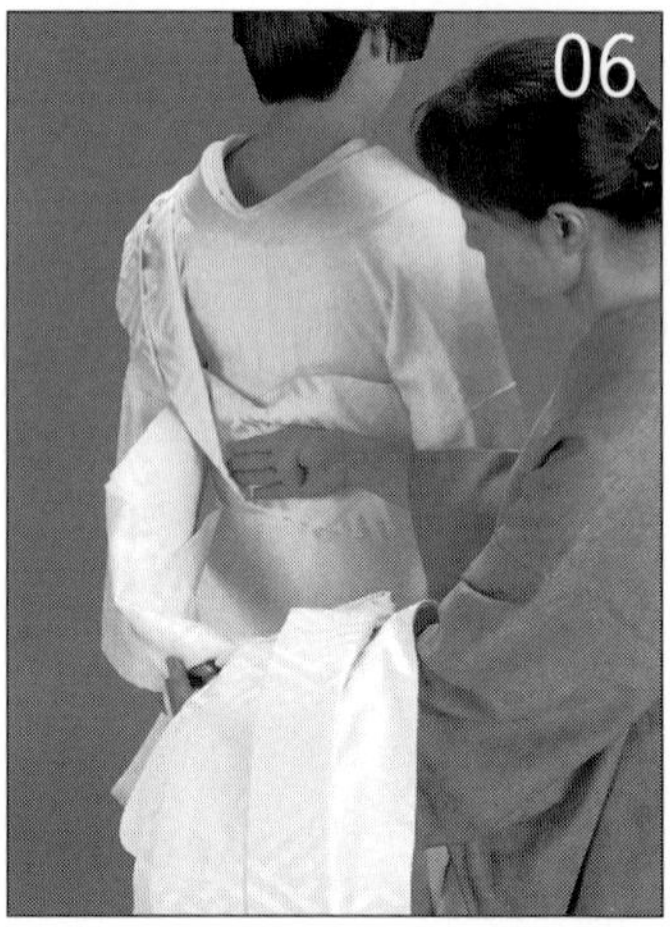

右手の甲を使い、テ元を左脇まで入れ込む。

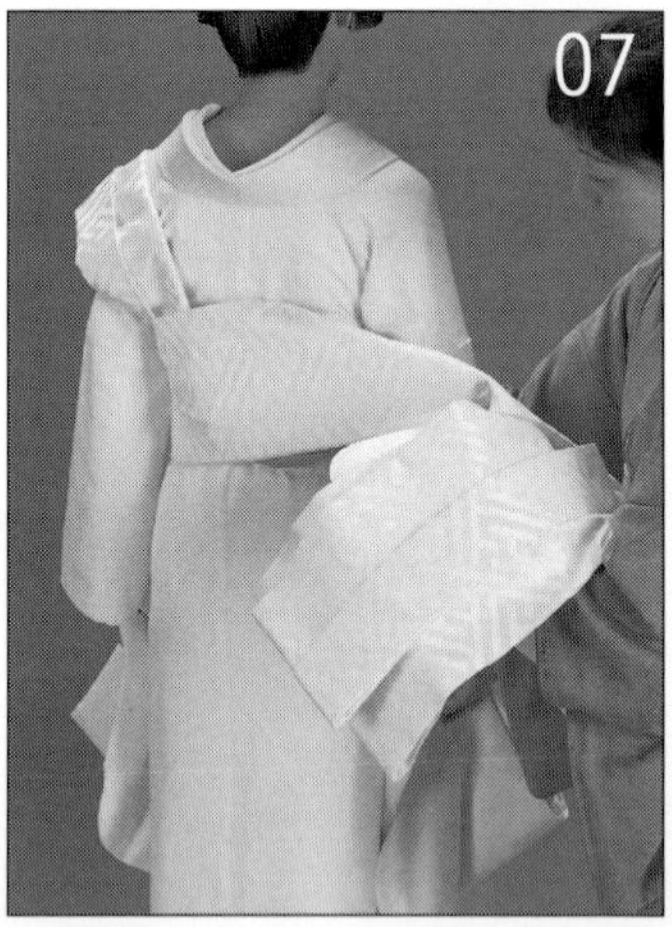

左脇いっぱいに廻したテ元に被せるように、タレ側の帯を廻す。

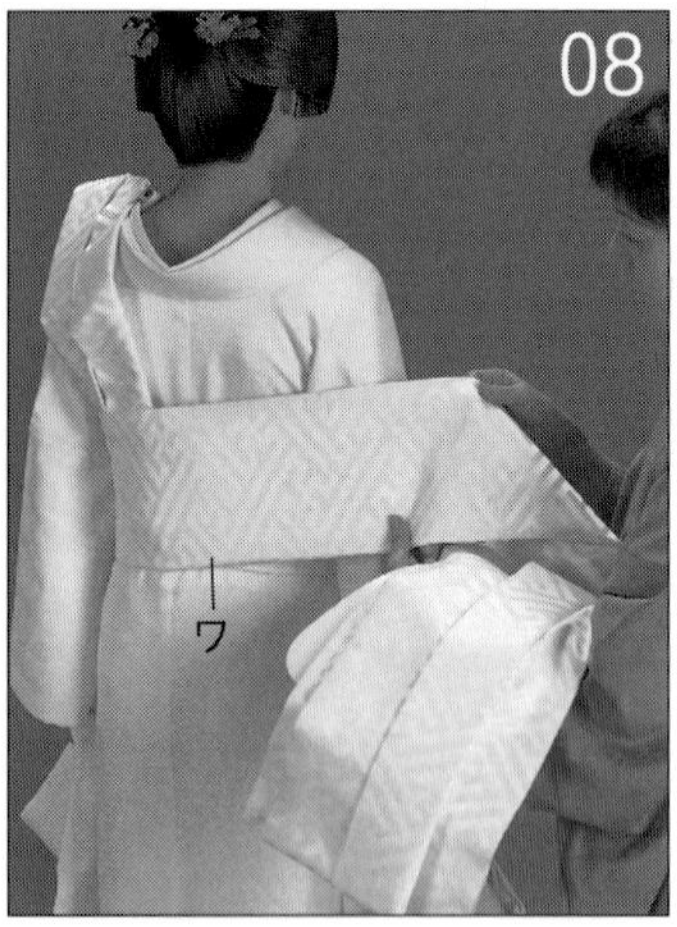

帯幅を整え、帯下の線（ワ）を、水平に、しっかり引いて、

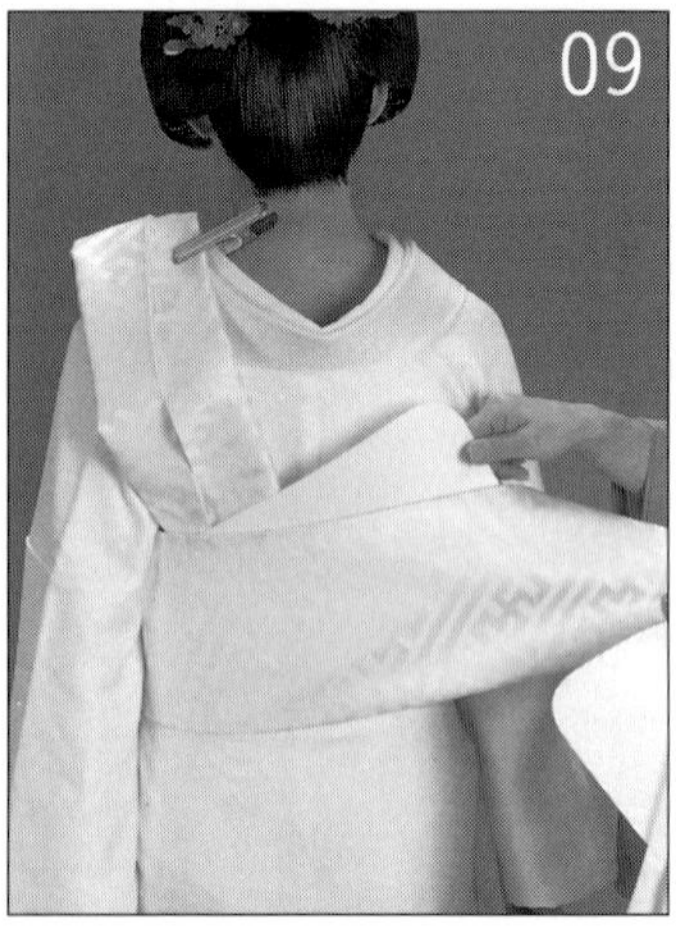

帯板を、帯下のワまで差し入れ、

帯幅をもう一度整える。右脇下（＊）で、帯下のワを押さえ、

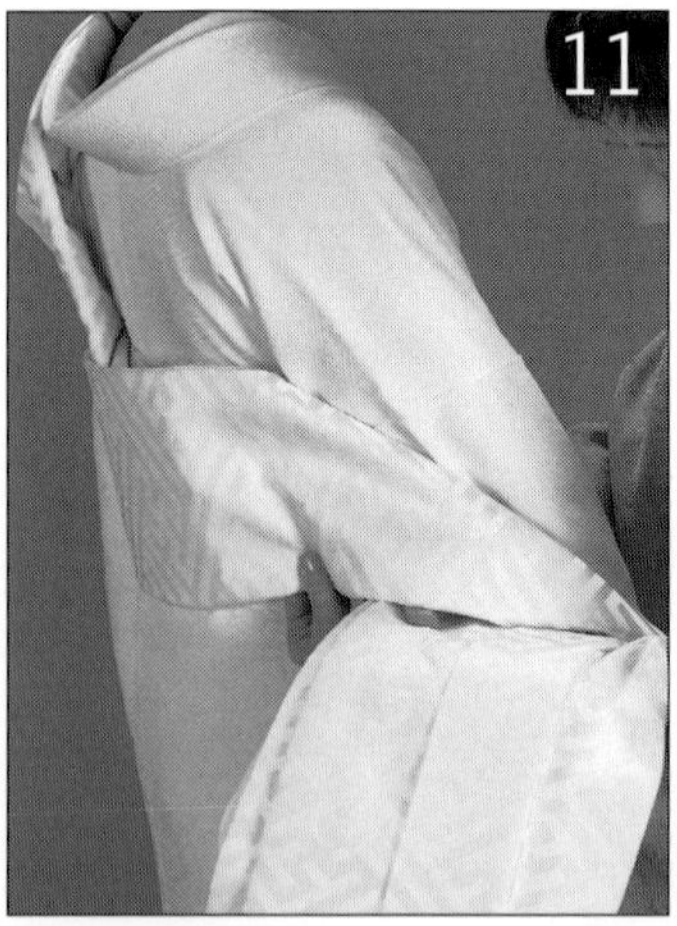

胴にぴったり密着させる。帯下のワを押さえている左手はそのままで、右手で左腕のたたんだ帯を持ち、

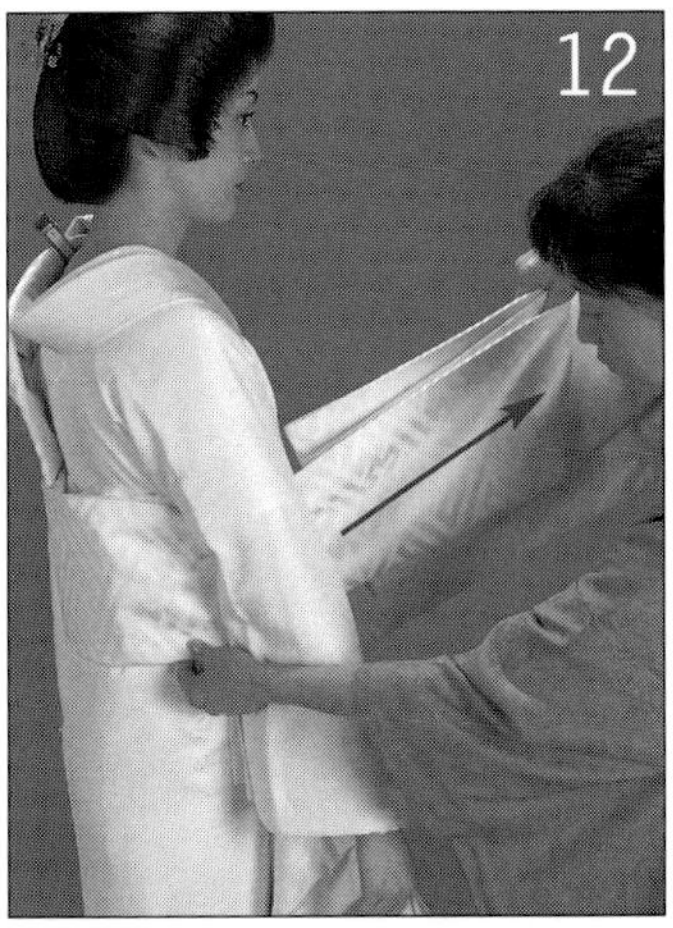

脇の下を通して前に引き出す。この時、たたんだ帯は、帯下のワを押さえている左手より上に引き出す。

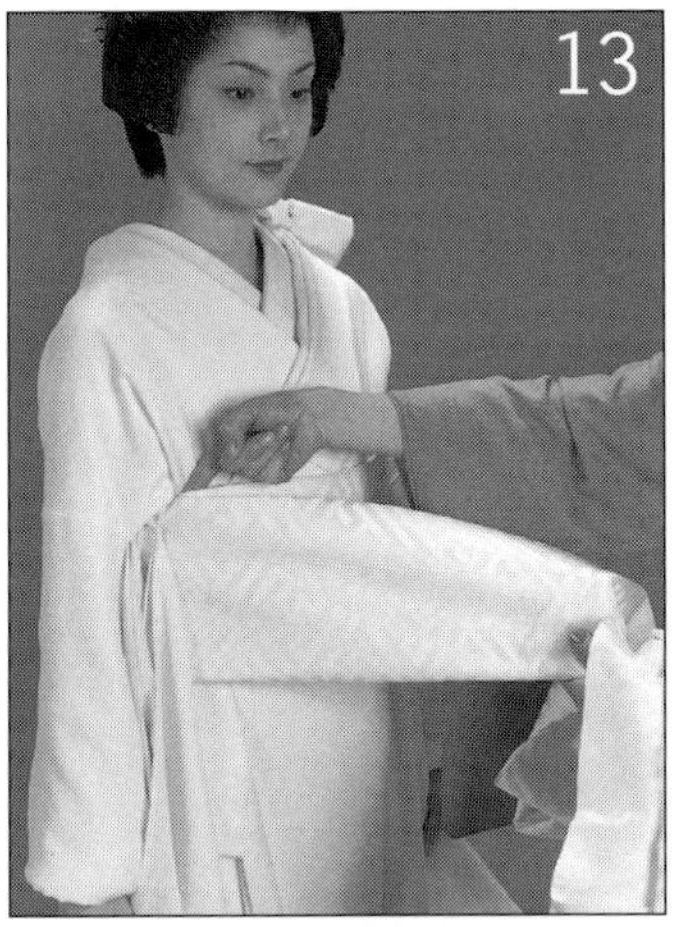

たたんだ帯を左腕に持ち替え、右脇で、一巻き目の帯上カドに右手・人さし指を入れて帯を整え、二巻き目を廻す。

帯板を帯下のワまで差し入れ、帯幅を整える。

左脇で、帯下のワを左手で持って胴にぴったり密着させ、

右手で、左脇下にくる帯の上端を約2.5cm位内側に折り込む。

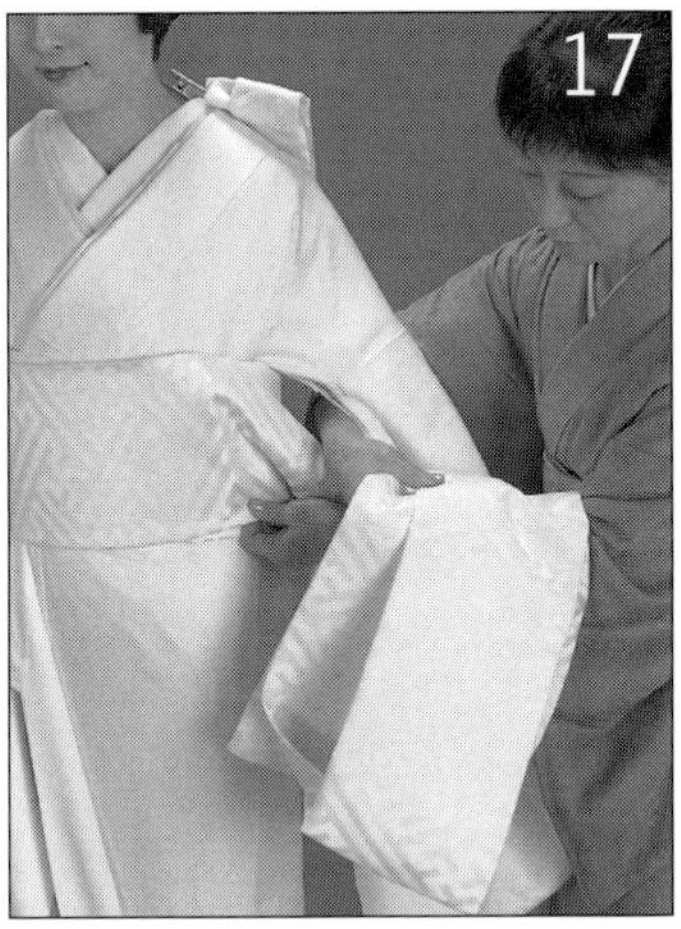

左脇下から右手を入れ、たたんだ帯を持ち、

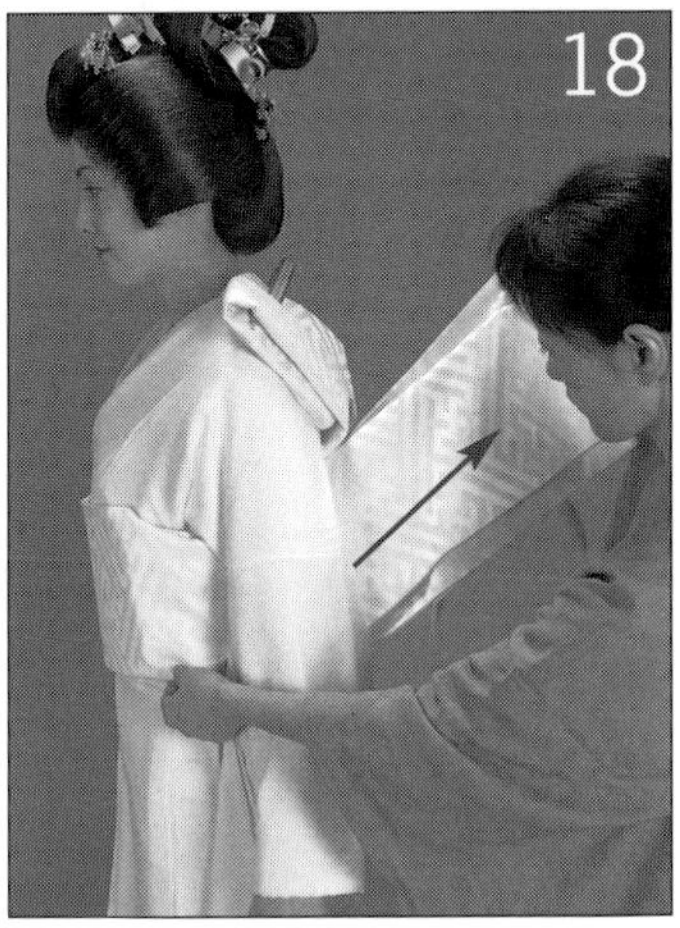

左脇下から後ろ上方に帯を引き抜く。

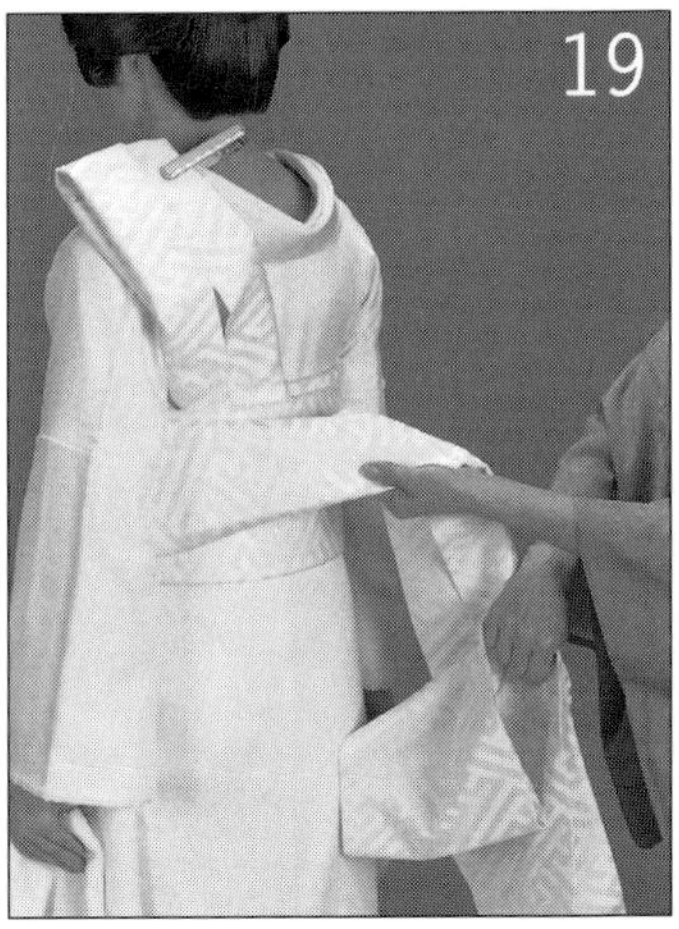

タレ元を内側に3つに折り、

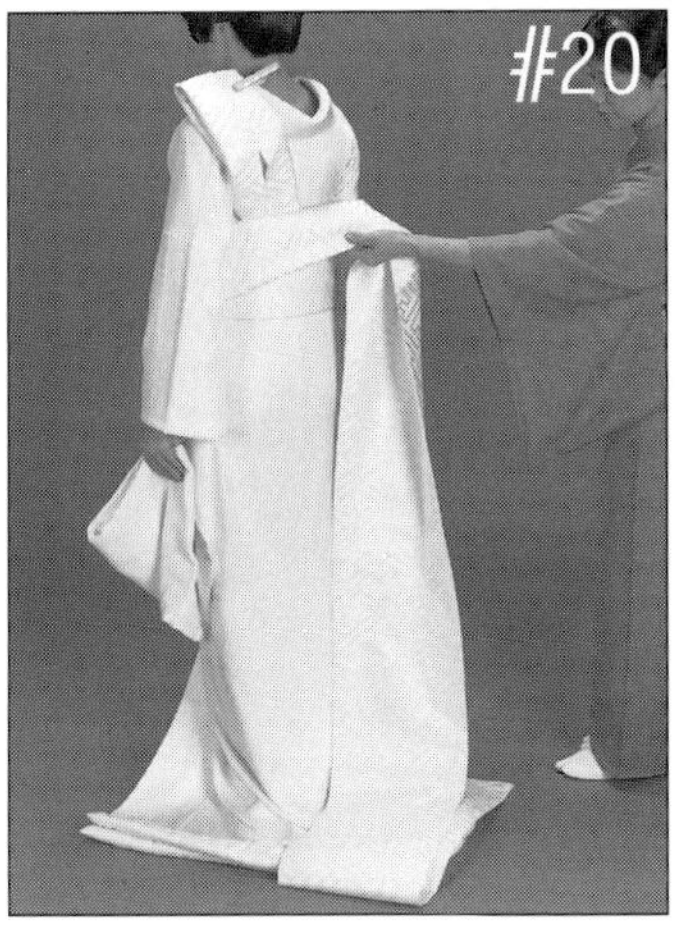

たたんだ帯を、床に静かに落とす。

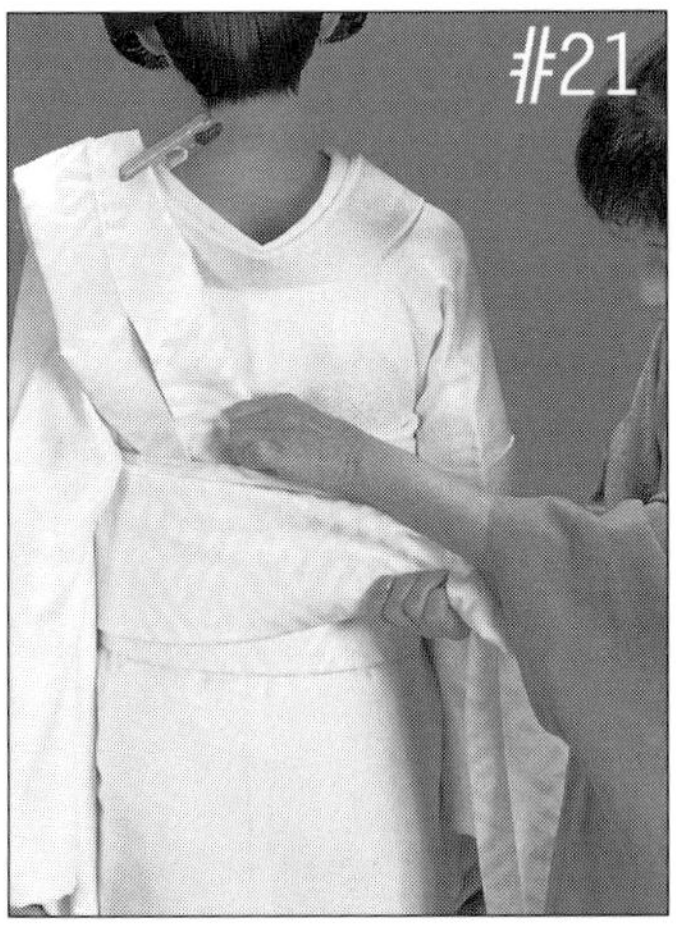

右手でタレ元の下のワ、左手でテ元を持ち、帯を胴に締める。

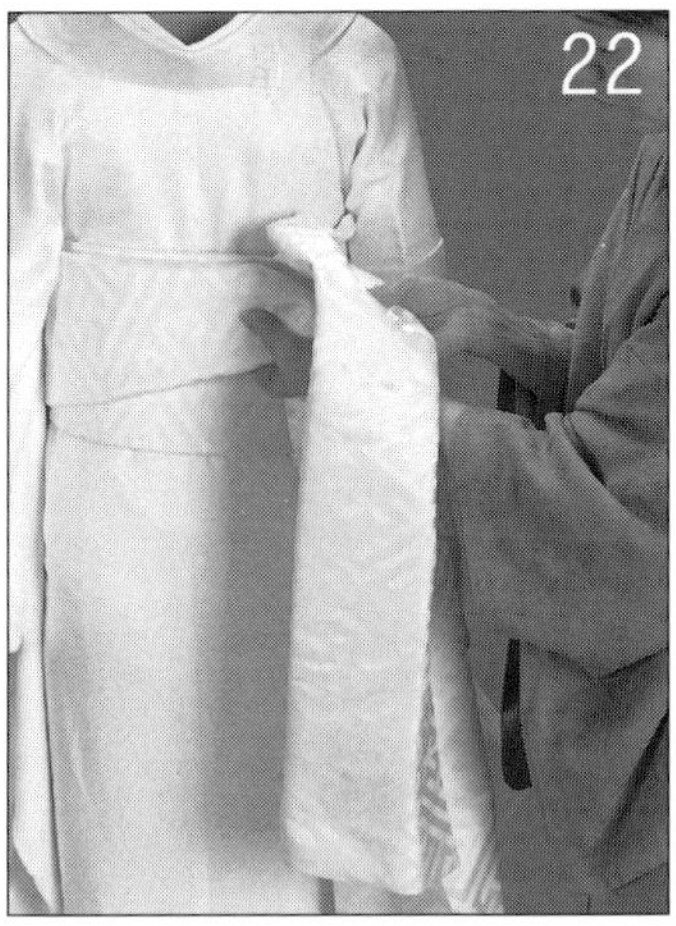

テ元を背中心から5cm、右側に戻し、

背中心で、テをタレ元に被せ、

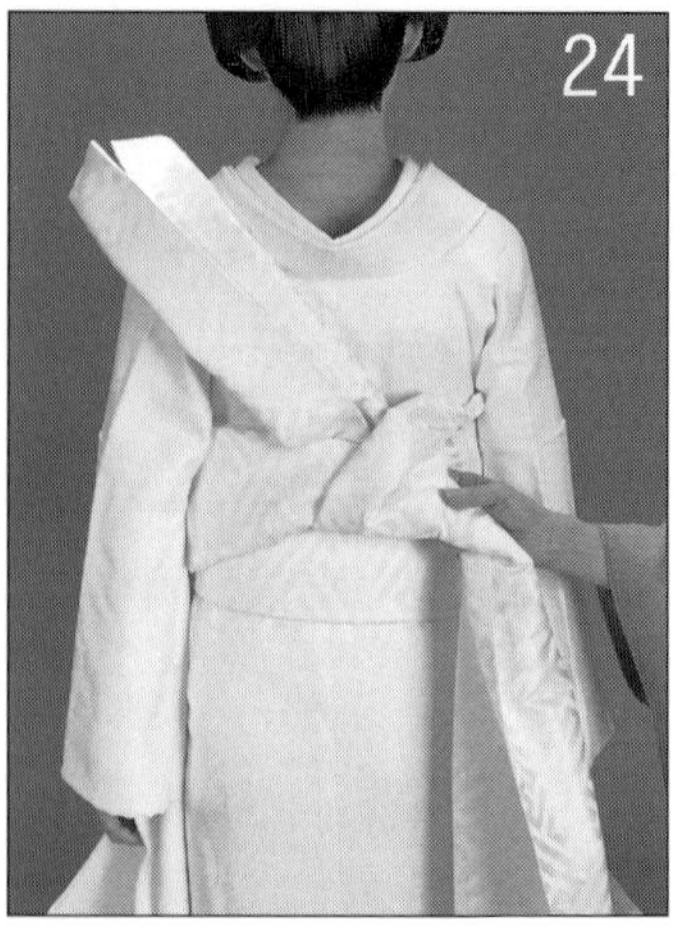

24 テ先を下から上にくぐらせ、上に出す。

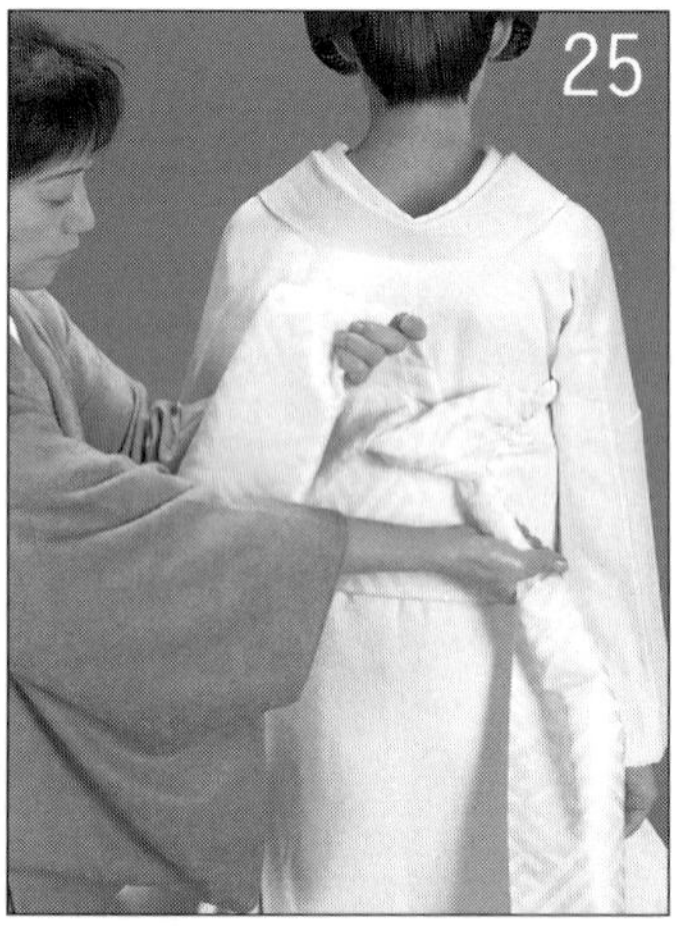

25 テ元、タレ元を持って、もう一度締める。

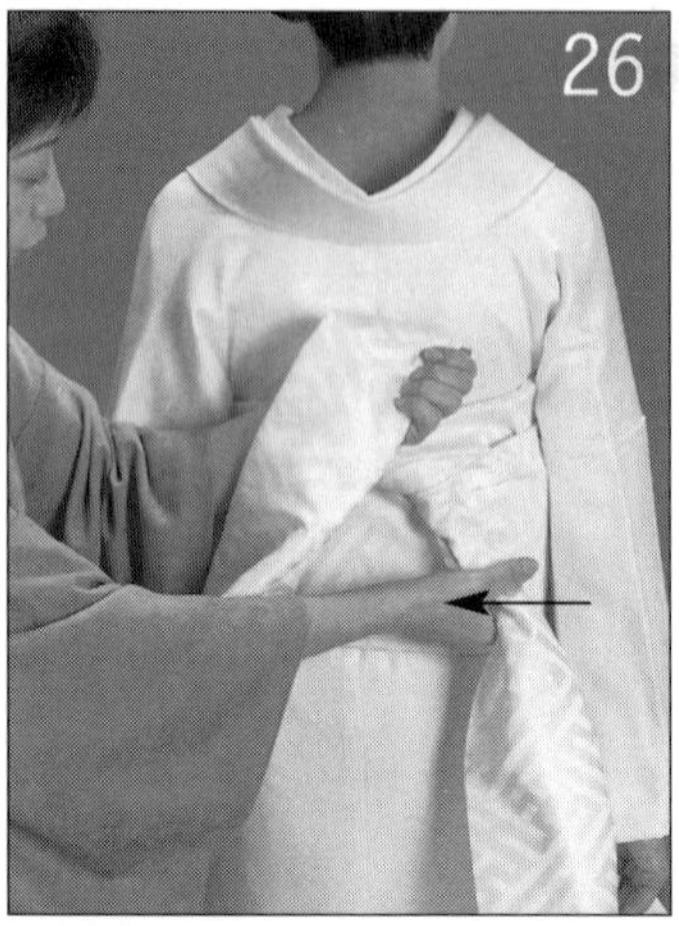

26 タレ元を中心に戻し、

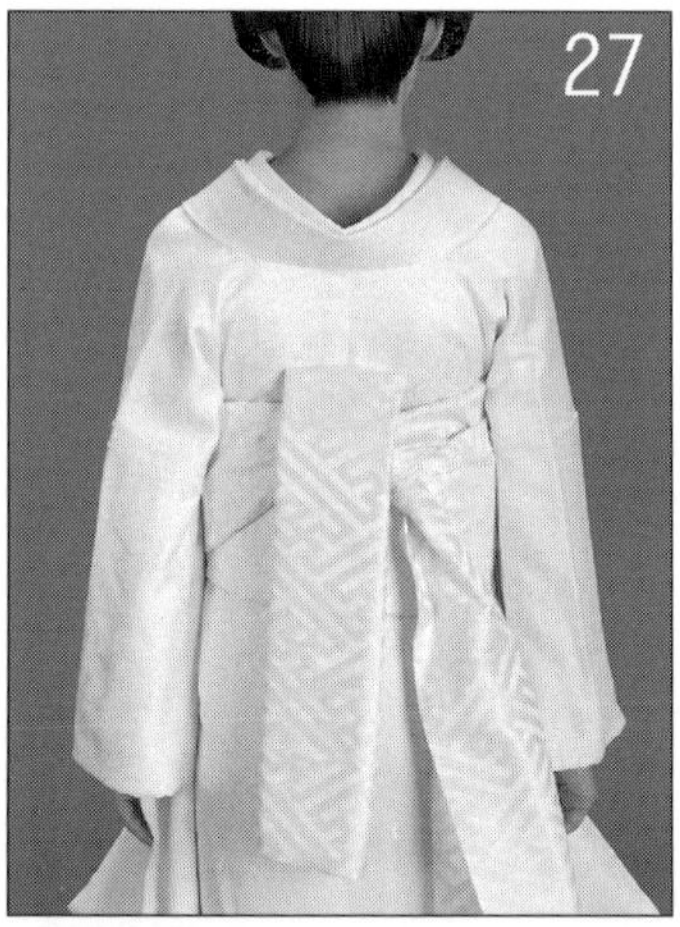

27 テ元は背中心にくる。

28 胴帯の一巻き目と二巻き目は、前中心で斜めに交差する。

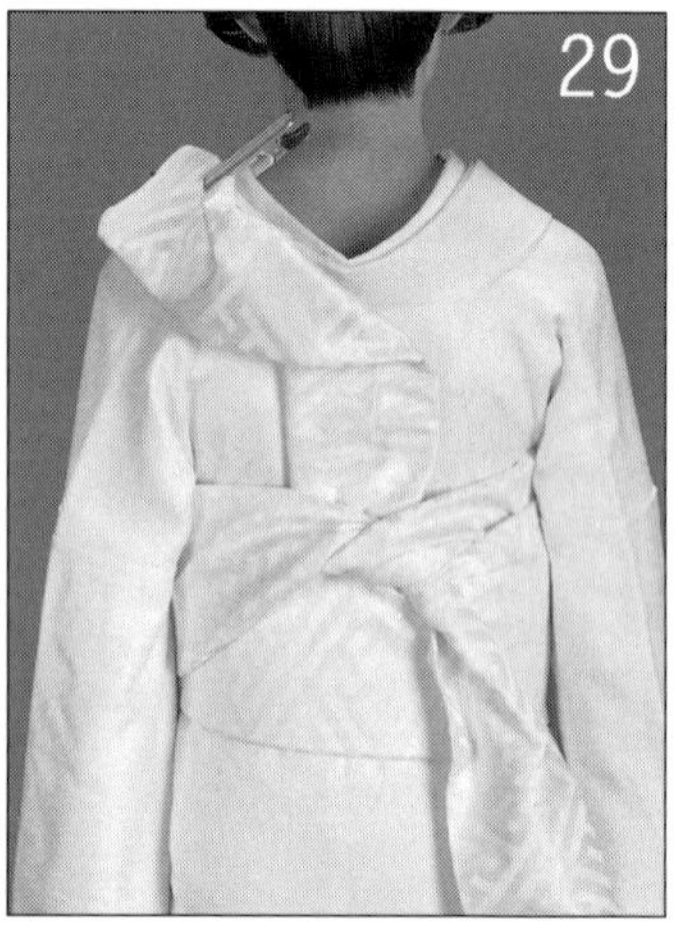

29 テを上げ、テ元が背中心からずれないように上の方で左肩に折り返し、衿にクリップで止めておく。

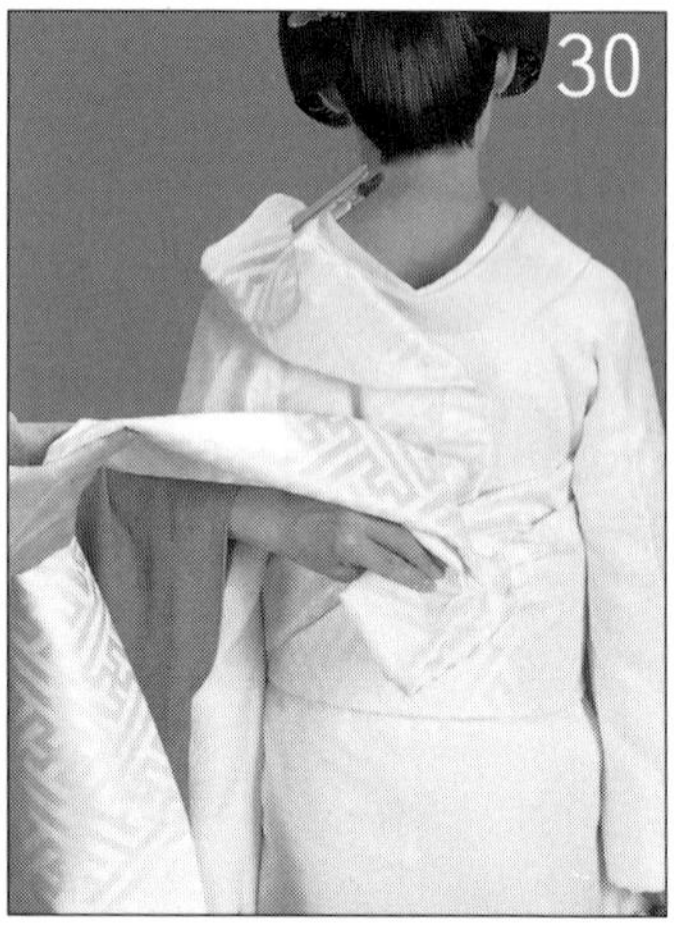

30 タレ元を、結び目より20cm位とって、2つに折り、

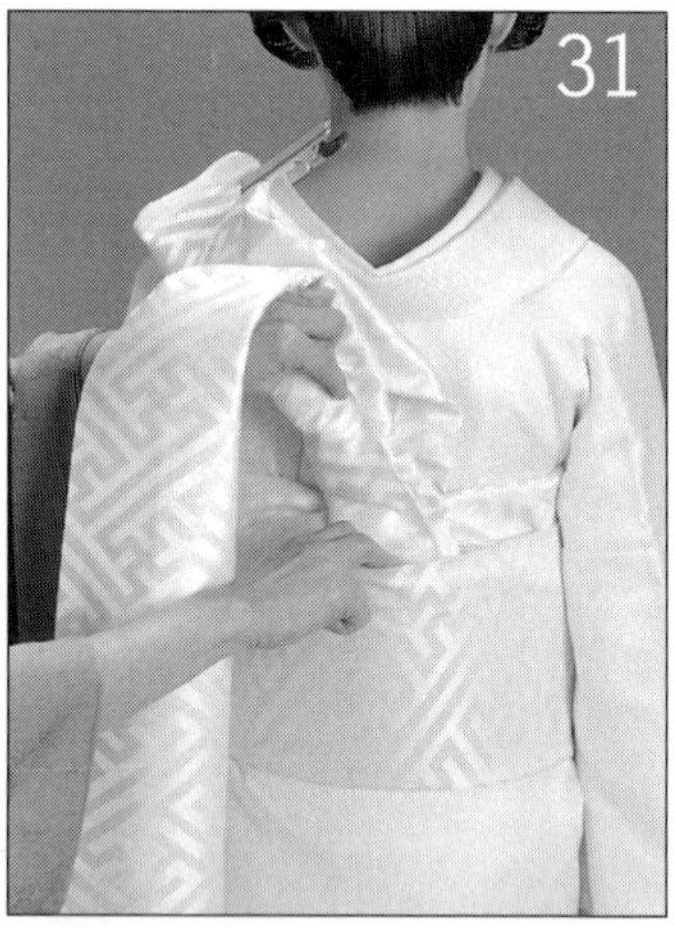

31 胴帯・帯板の内側に入れ込む。

帯を胴にしっかり締める
ワンランク上の着付技術

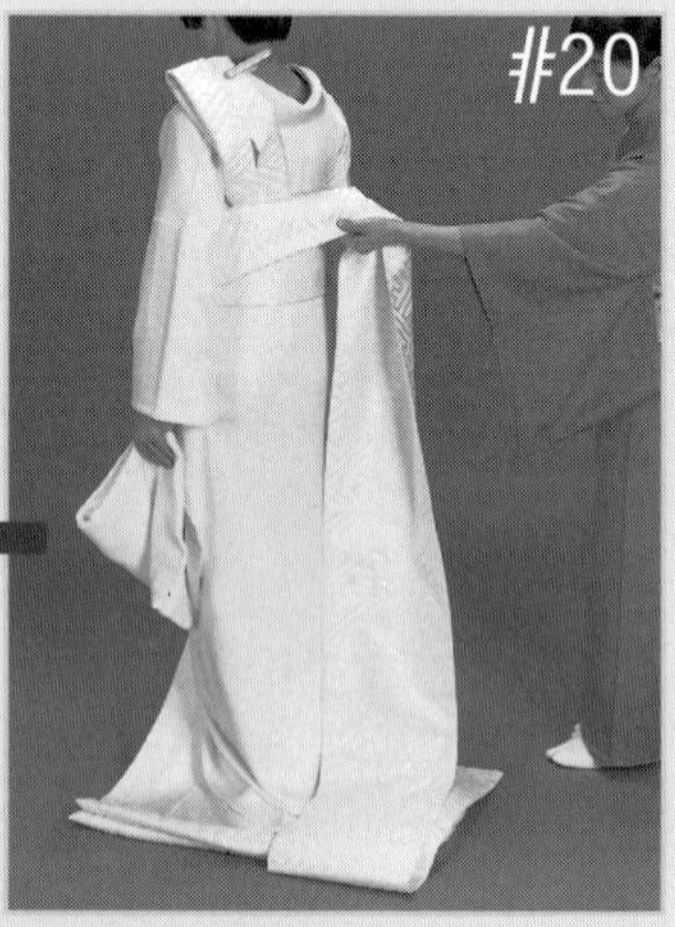

#20

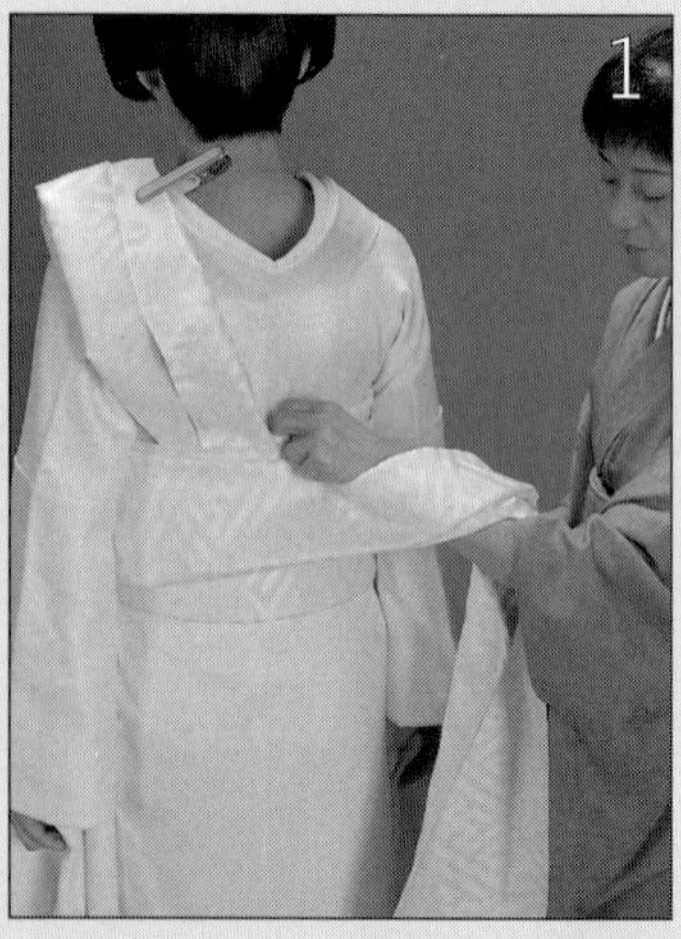

1 左腕にタレ元を掛け、左手でテ元を持つ。

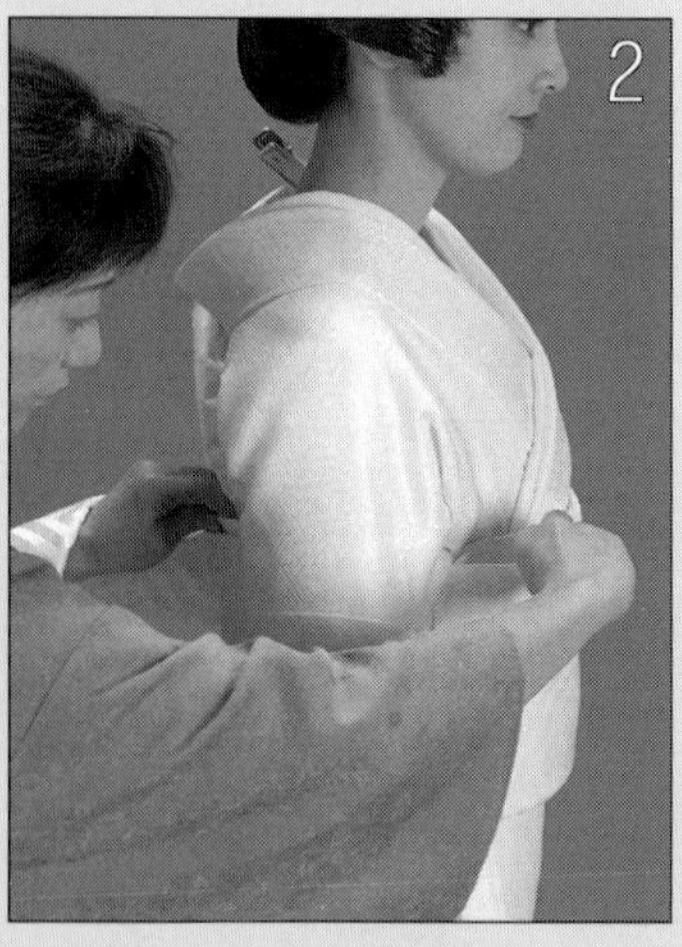

2 右脇で、一巻き目の胴帯上端を右手で持ち、テ元を左に引いて帯を胴に締め、

文庫をつくる

左右対称に、羽根の長さを等しく、左右の羽根の山・羽根先が同じ高さ（同一水平線上）になるように形づけます。

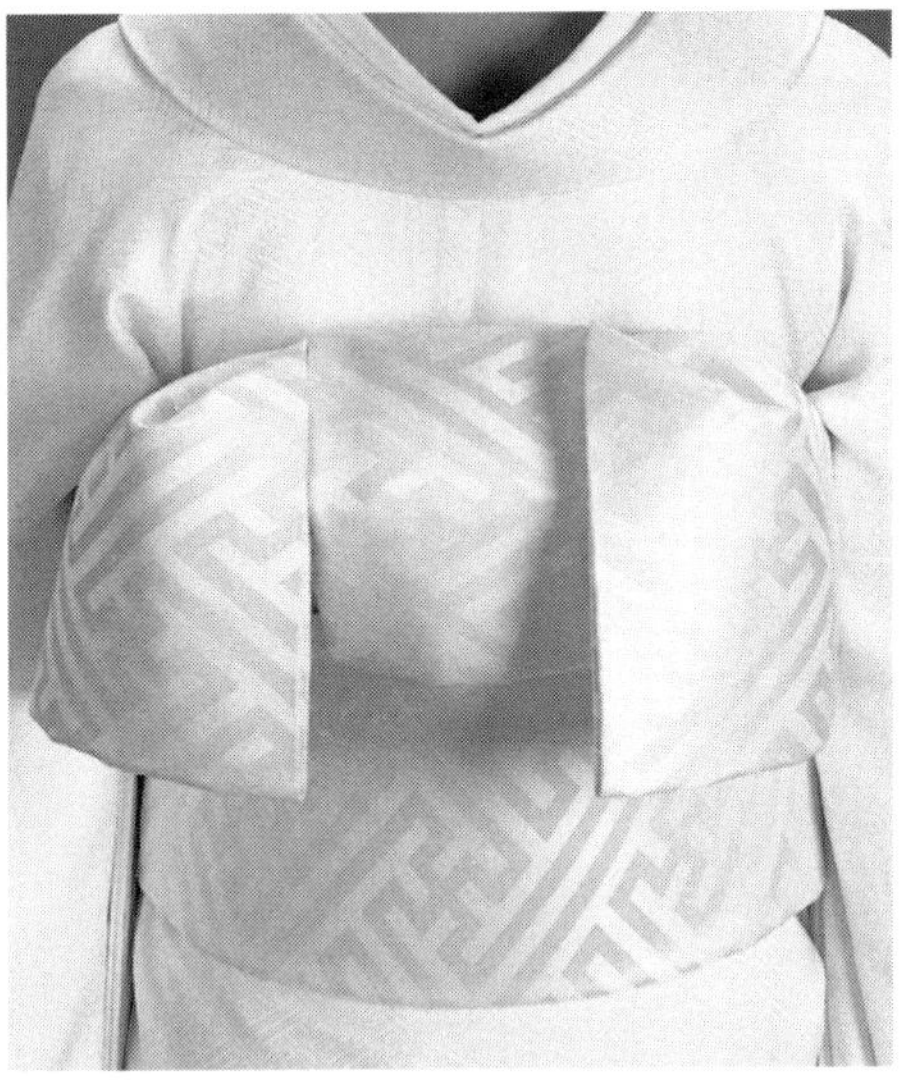

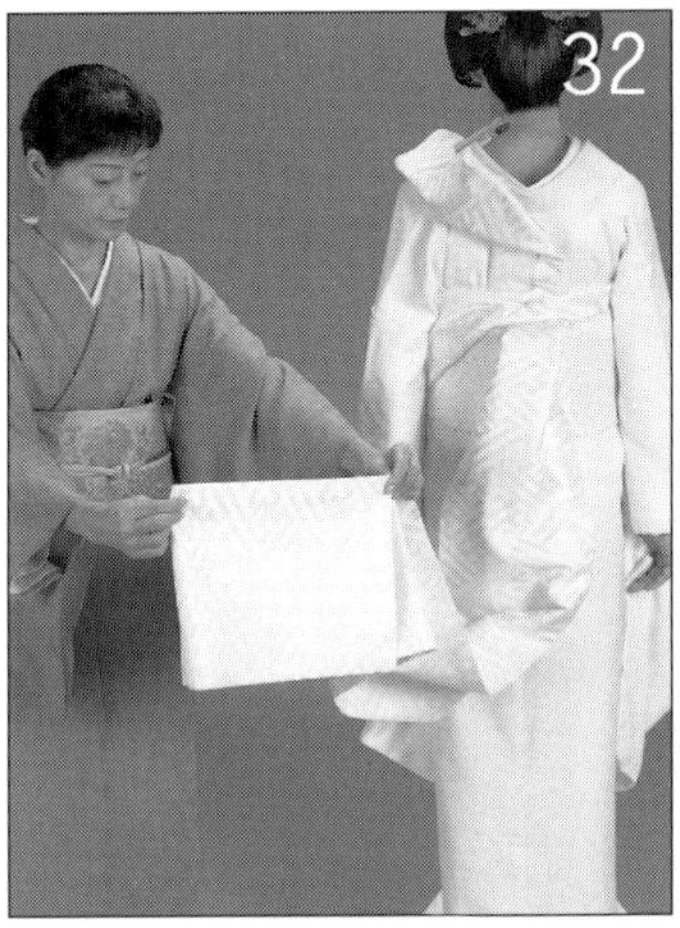

タレ先から25㎝位を折り返して、帯二枚を重ね持ち、

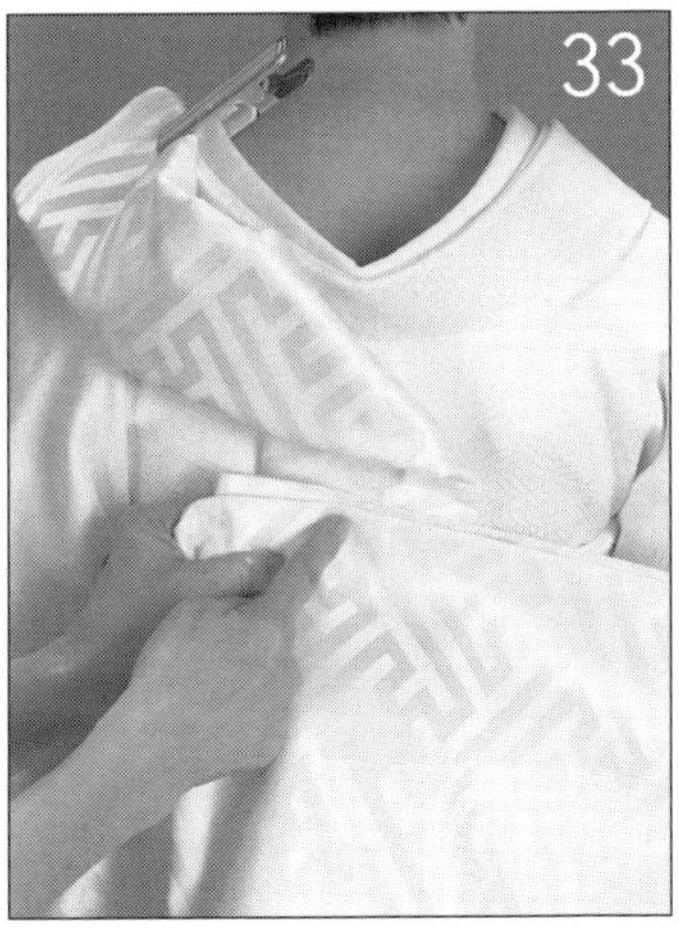

タレ先より5㎝の所を、文庫・左右の羽根の中心として背中心に置き、

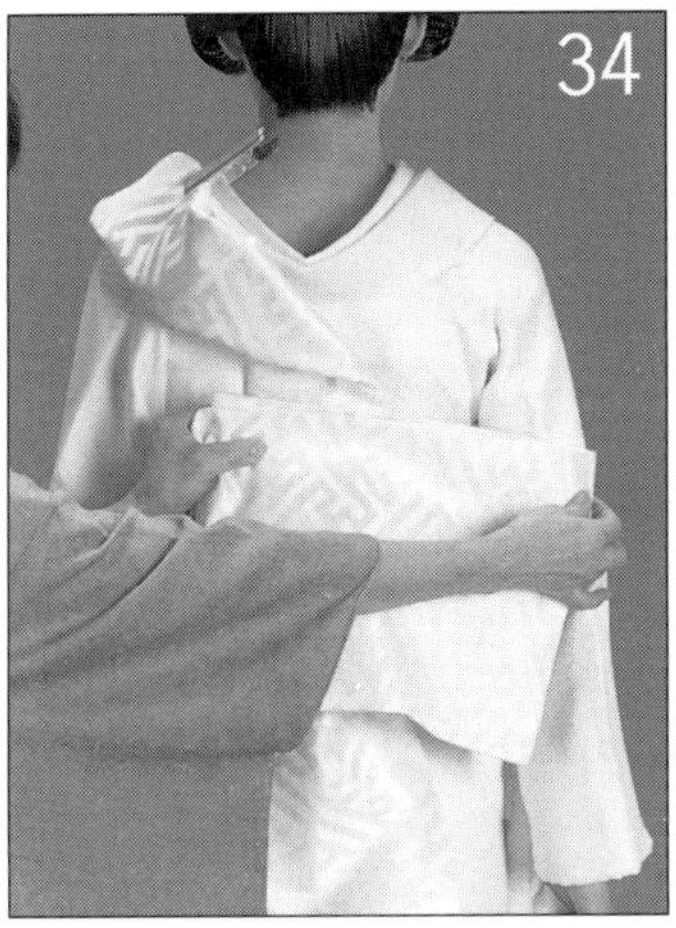

背中心から二の腕までを羽根一枚の長さの目安とし、羽根の長さを決める。

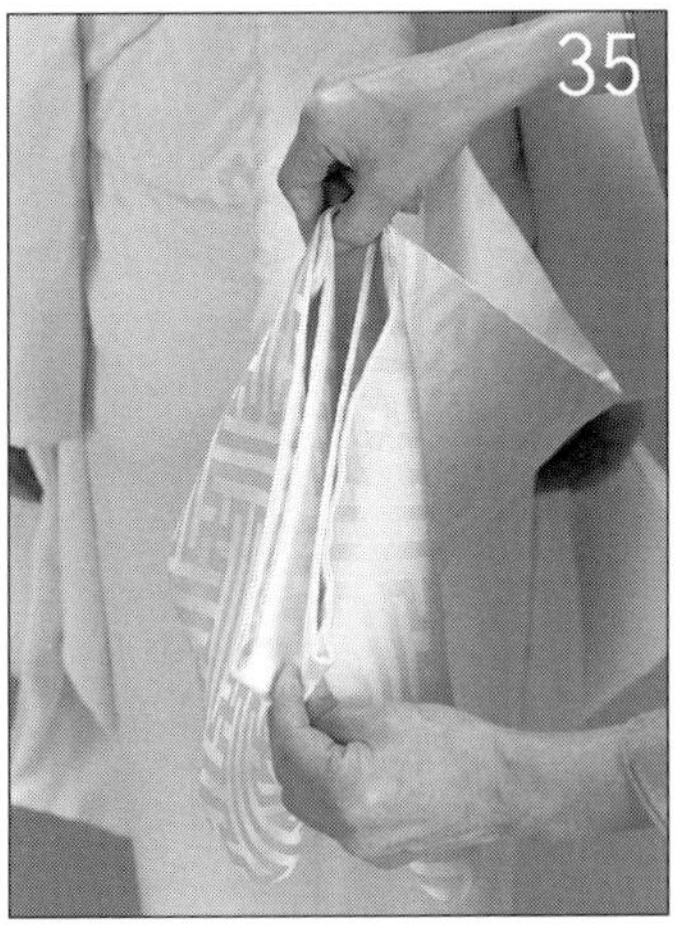

タレ先から5㎝の所を中心として持ち、続くタレをもう一折りして、同じ長さに羽根をたたむ。

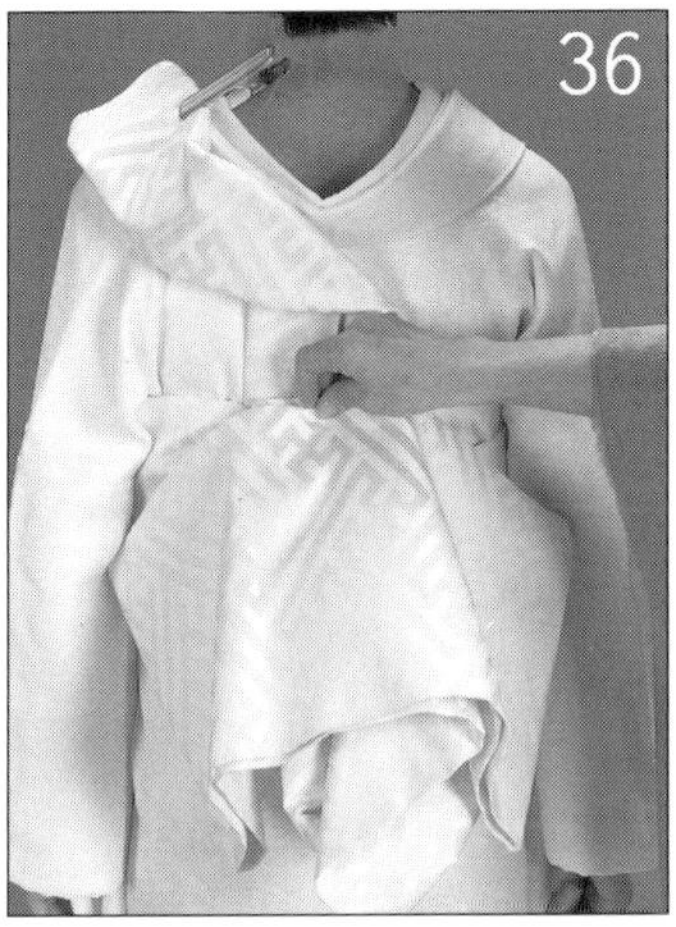

中心を背中心に当て、帯の下側を上に上げて、

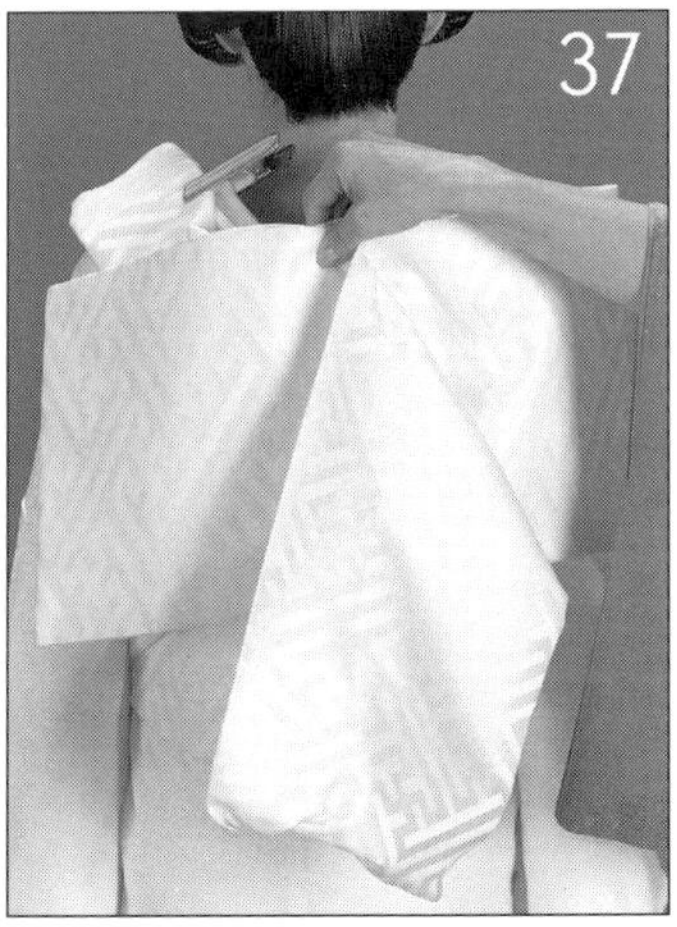

裏に返す。タレ元の残りの帯は、

※技術コマ#20 ➡ #21の間で、下記に示した 1 ～ 4 の技術を行なうと、胴に廻した帯のたるみをとり、帯をより胴にしっかり締めることができます。

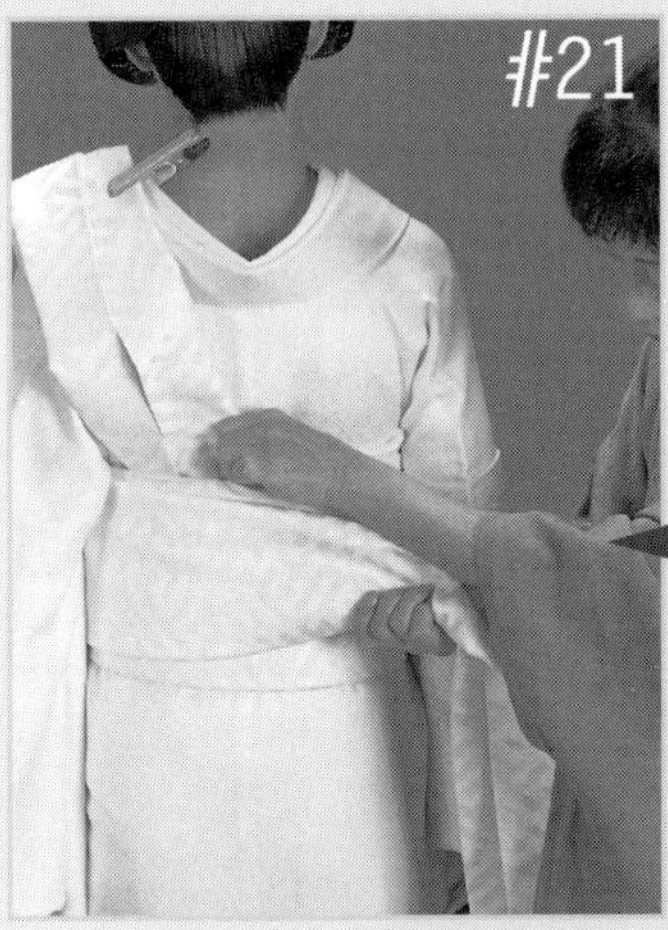

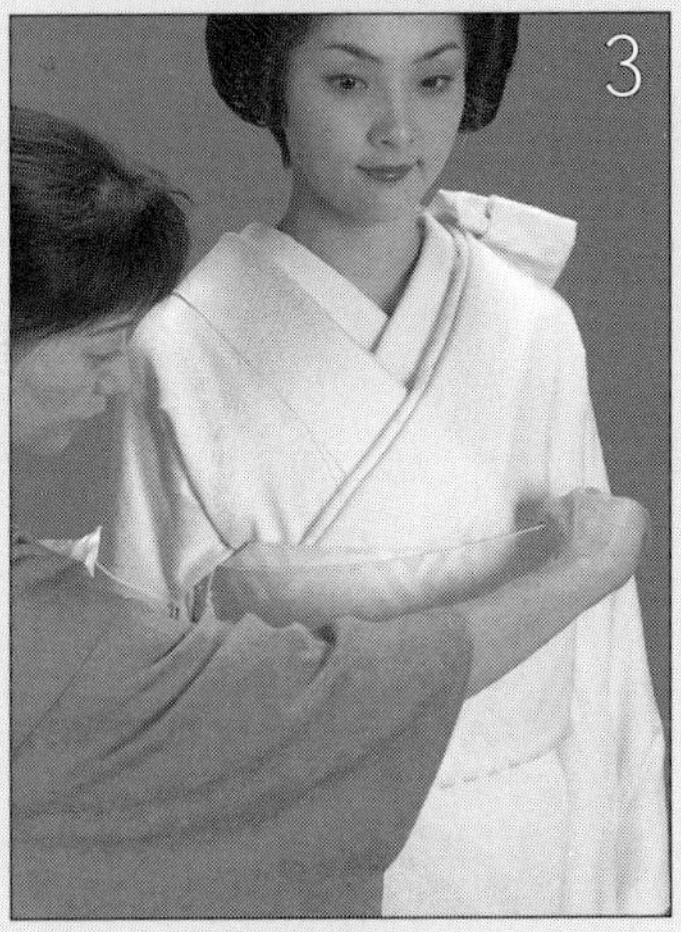

胴帯・二巻き目の余分は、右から左脇、後ろへと送り、

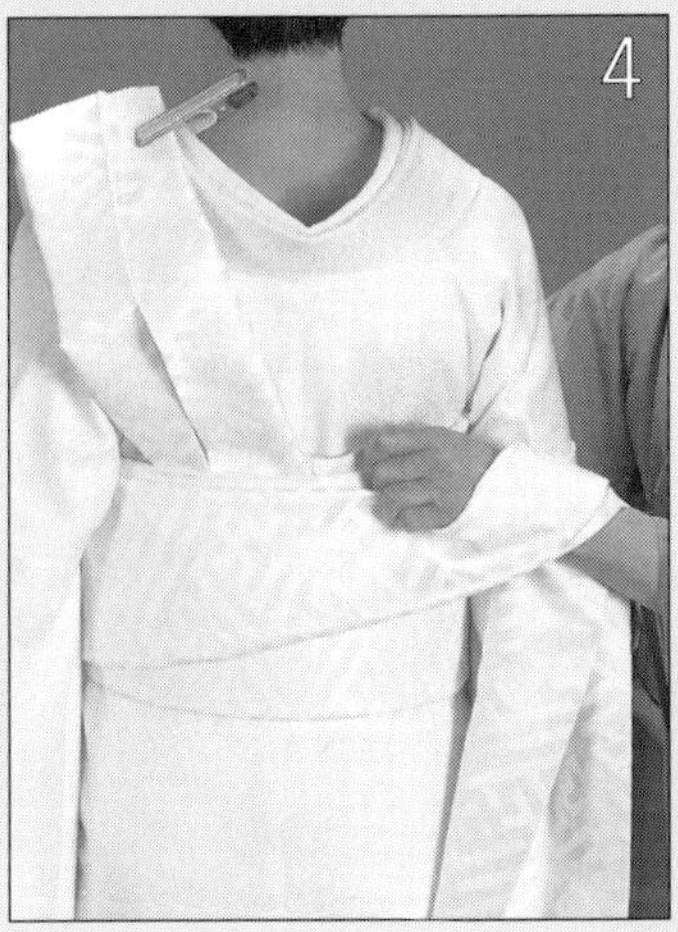

タレ元を引いて、締める。

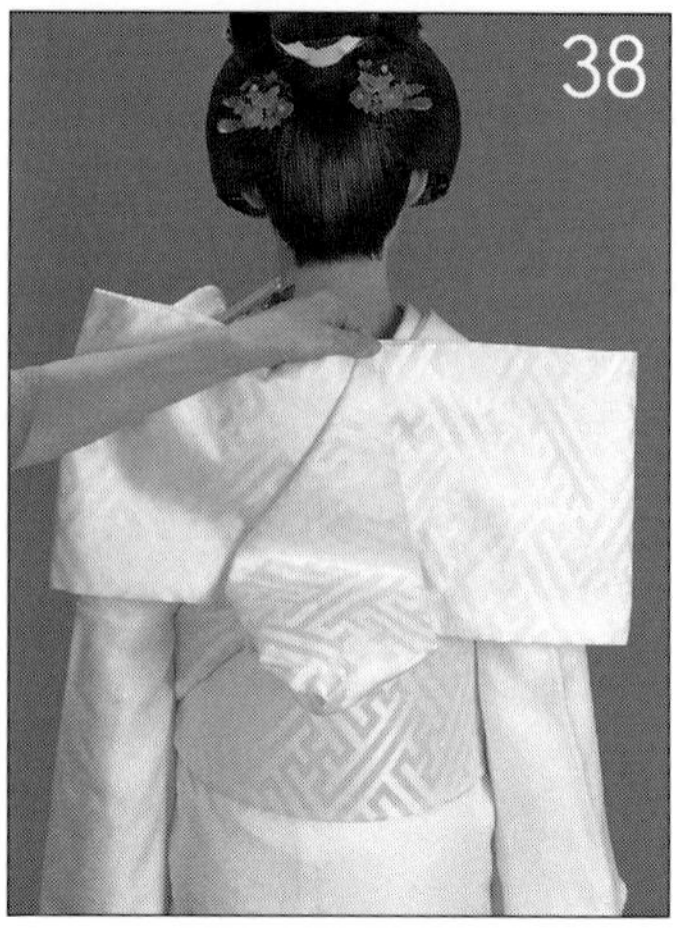

三角にたたんで、タレ元もキレイに整える。帯幅1/3を結び目の上に乗せて帯枕を乗せる台を作る。

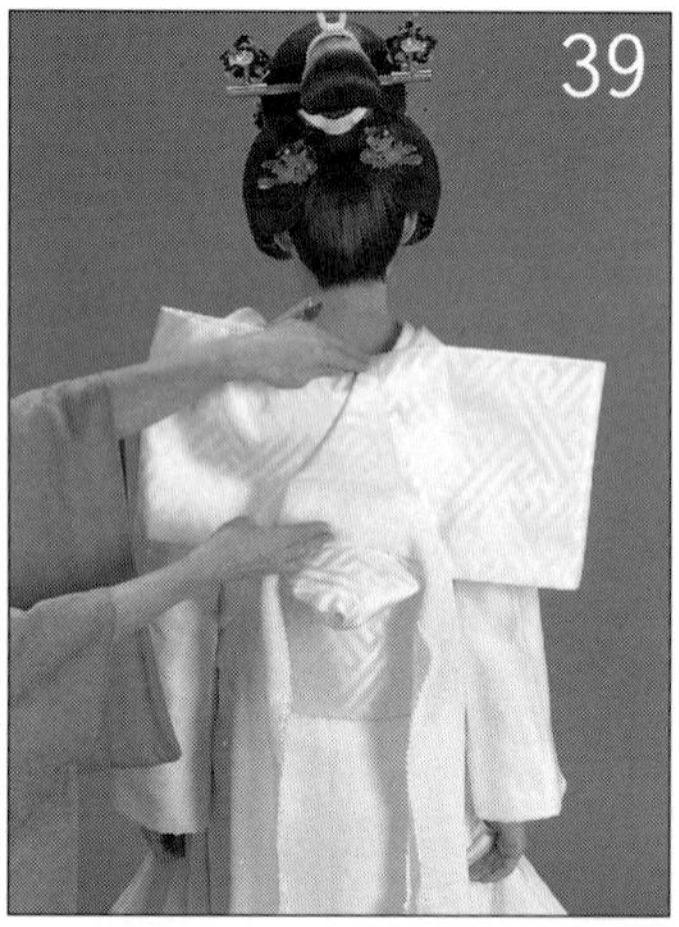

帯幅1/3の所に、帯揚げを掛けた俵《たわら》型の枕を置く。

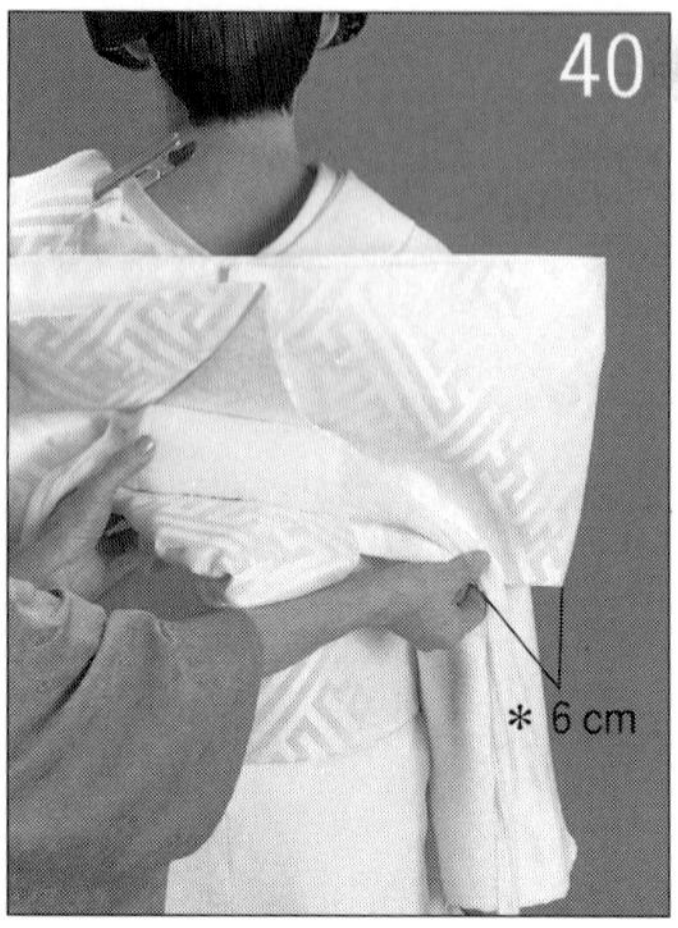

枕の紐を、羽根先から6 cm内側に当て、反対側も同様にして、左右の紐を前に廻す。

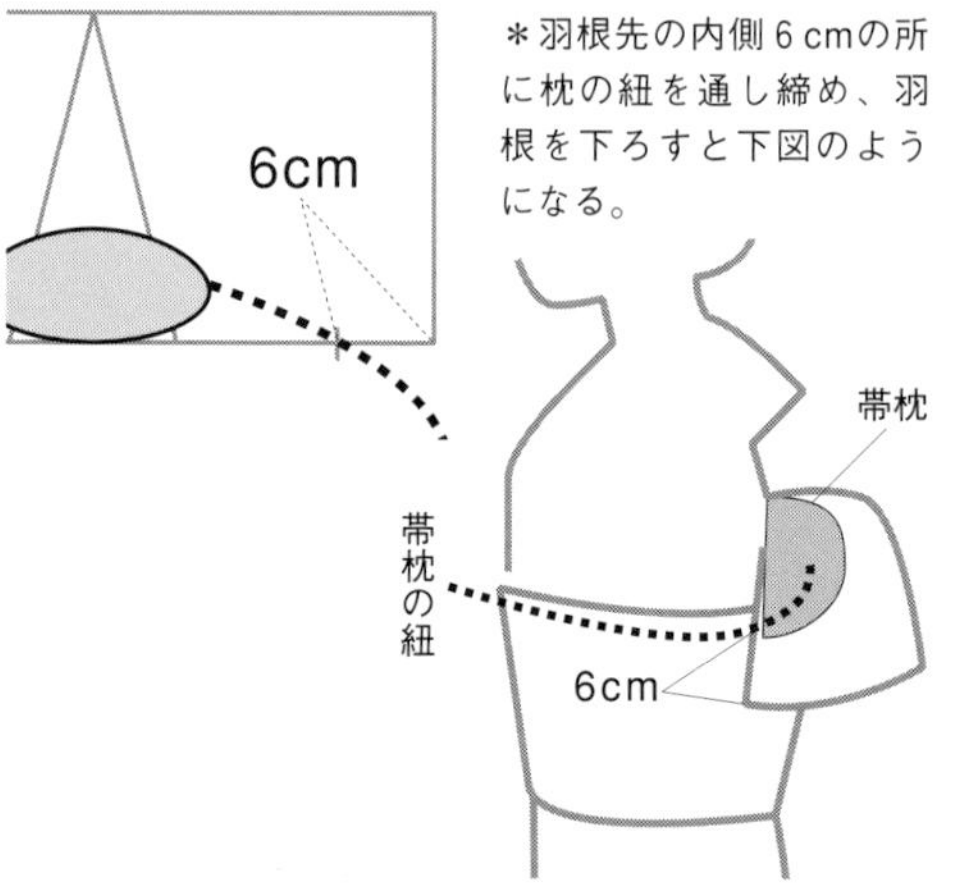

＊羽根先の内側6cmの所に枕の紐を通し締め、羽根を下ろすと下図のようになる。

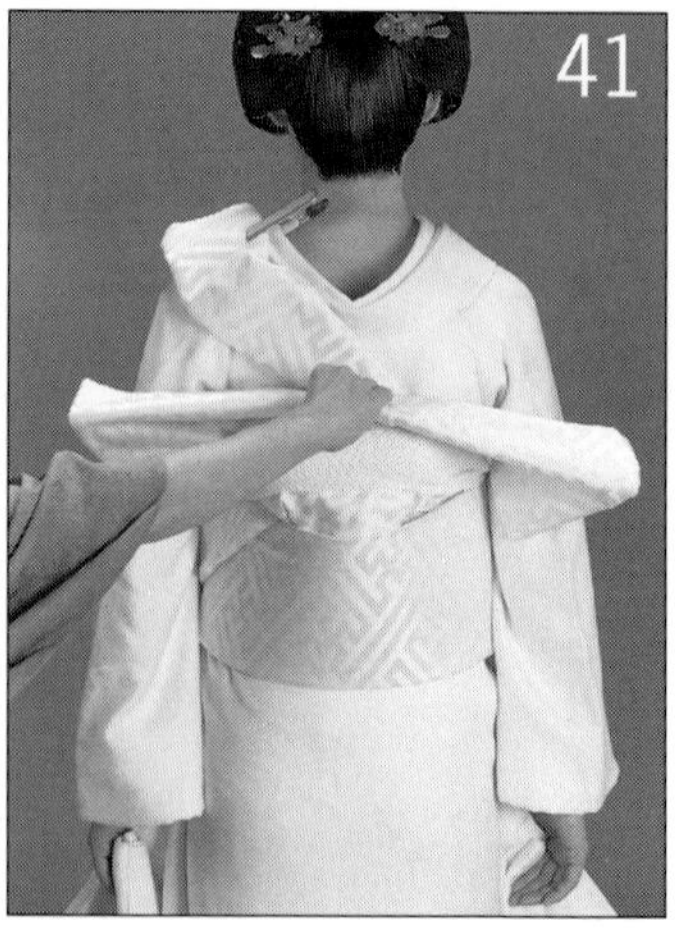

上の帯幅1/3を折り返し、折り目を通す。

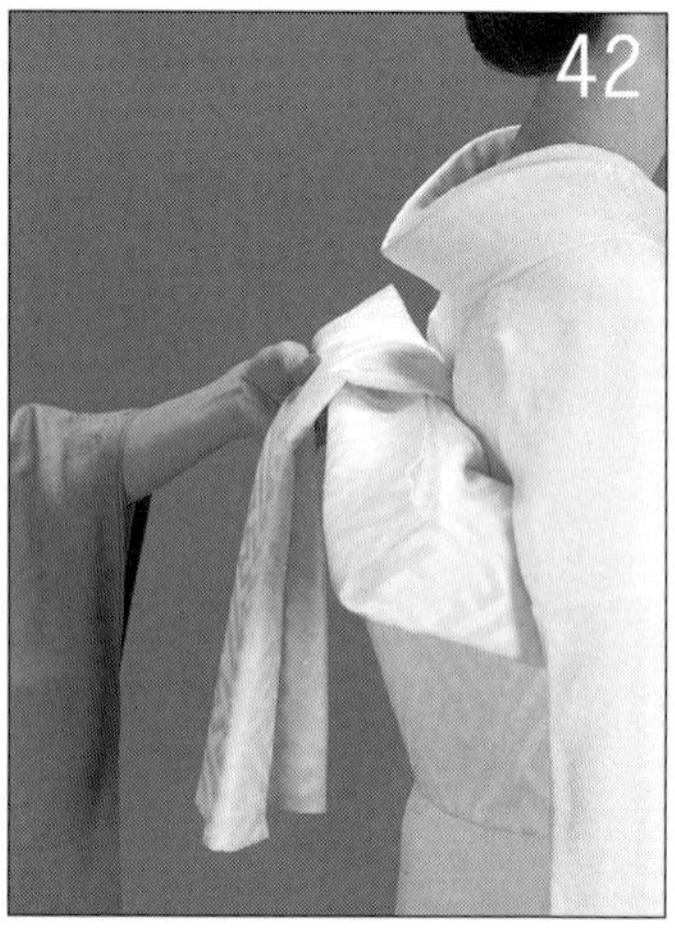

テ先を、テ元から真っ直ぐ下ろし、

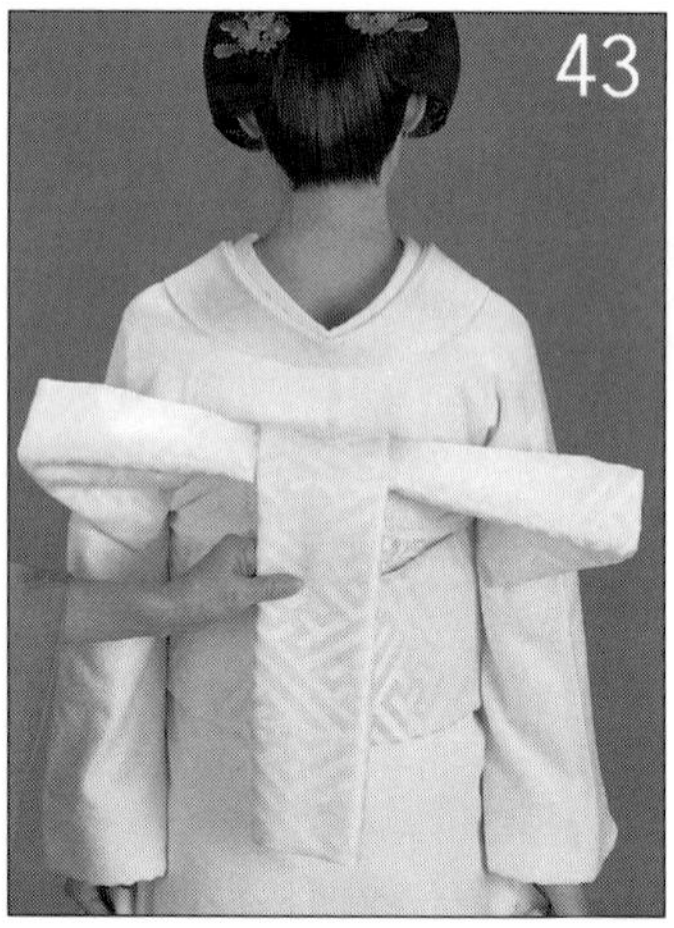

胴帯の上端から2 cm下に丸ぐけが通るように、文庫中心の下線の位置を決め、

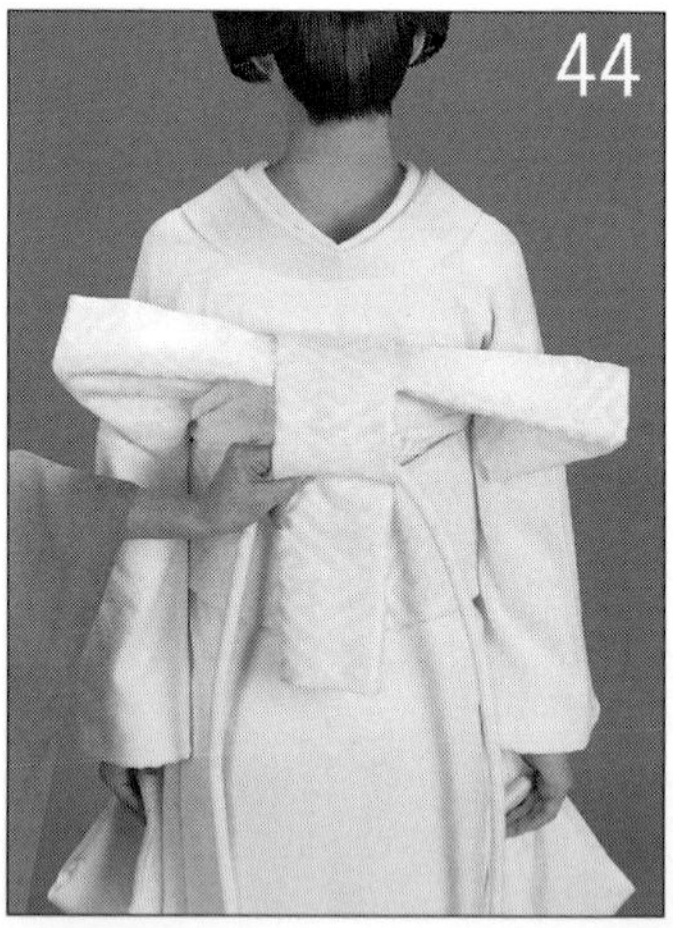

丸ぐけを通す。

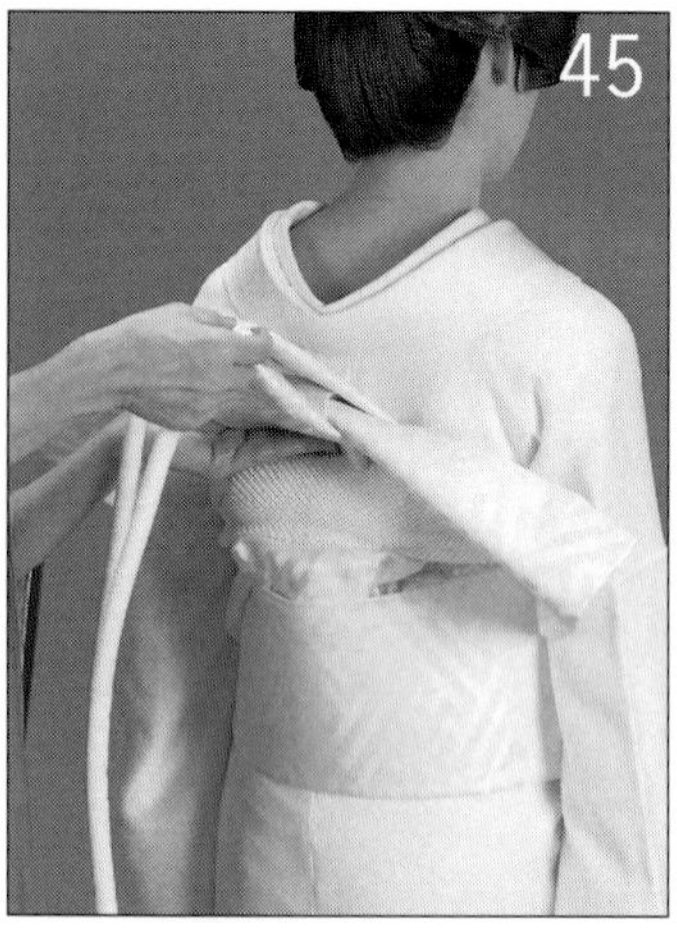

残りのテ先は内側に折り返して、羽根の下に入れ込む。

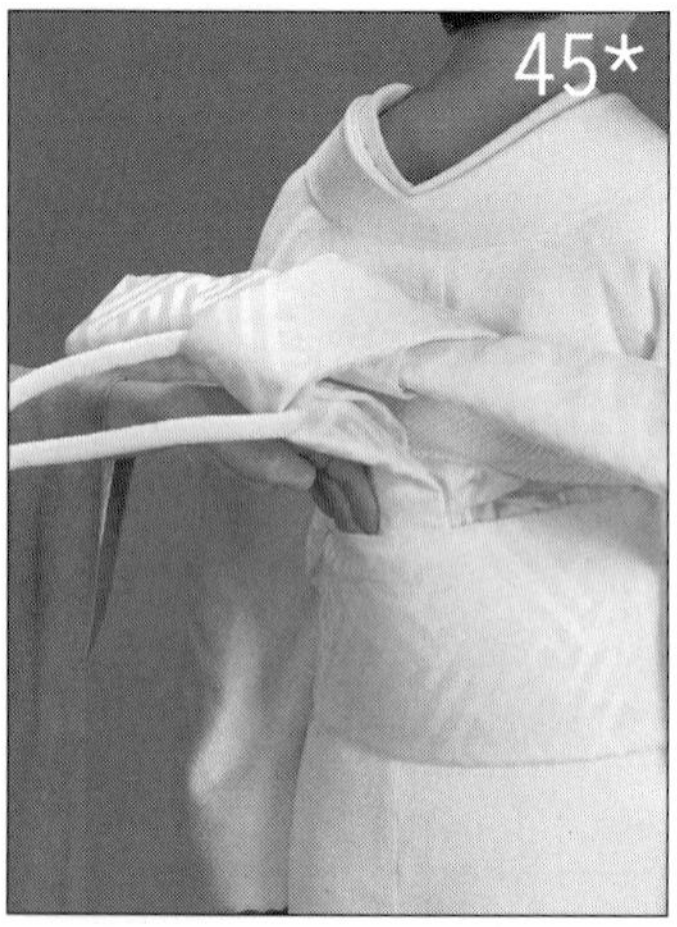

文庫中心の帯山を高くしたくない場合は、テ先を胴帯・帯板の奥におさめる。

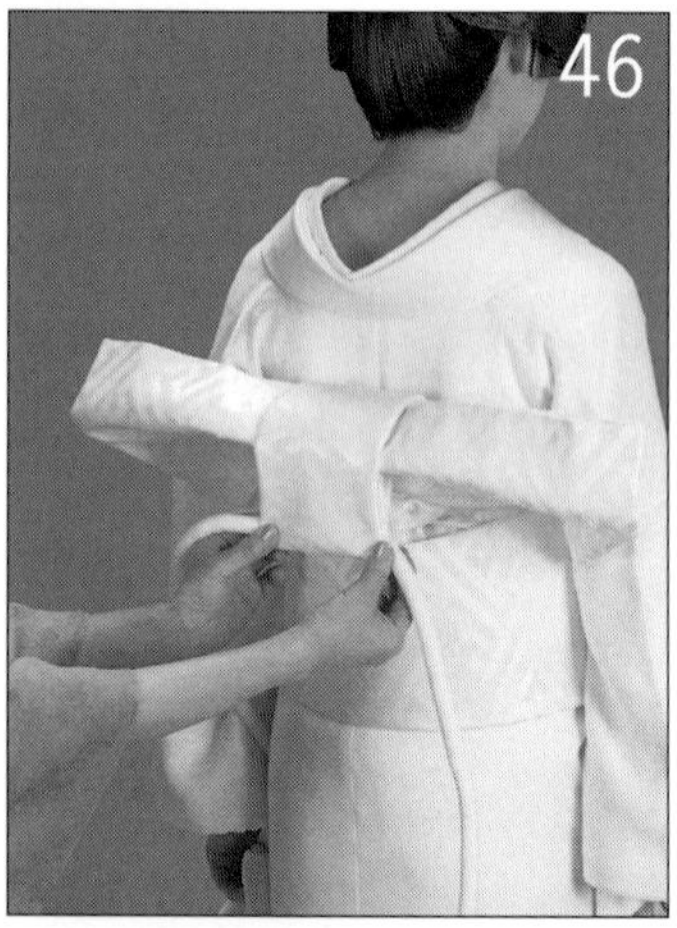

テ先の両端と丸ぐけを持ち、胴帯の上端から2 cm下にぴったり当て、

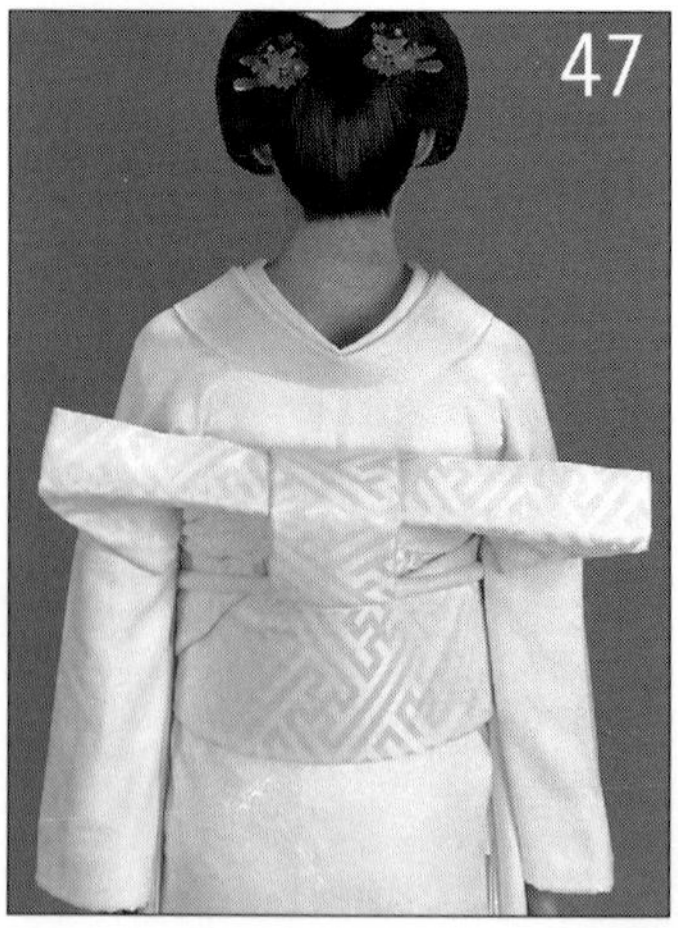

丸ぐけを左右から前に廻す。

丸ぐけを結ぶ

左右の紐先の長さを揃え、結び目がきちんと前中心にくるように結びます。

最後に、結び目を少し下に下げて結び上げます。

48

前中心で左右を合わせ、左右同じ長さであることを確認する。

49

前中心で衿合わせに交差し、

50

一結びする。結び目がゆるまぬよう押さえて、右手で左右の紐先を併せ持ち、

51

左手を胴帯下部に、支えとして置き、右手で紐先を手前に引く。出来たゆるみをもう一度締める。

＊右手のみ引く。左手で身体を押さないこと。

52

結び目がゆるまぬよう指先で押さえながら、コマ結びにする。

53

紐先を、先に締めた丸ぐけにそわせて脇まで廻し、

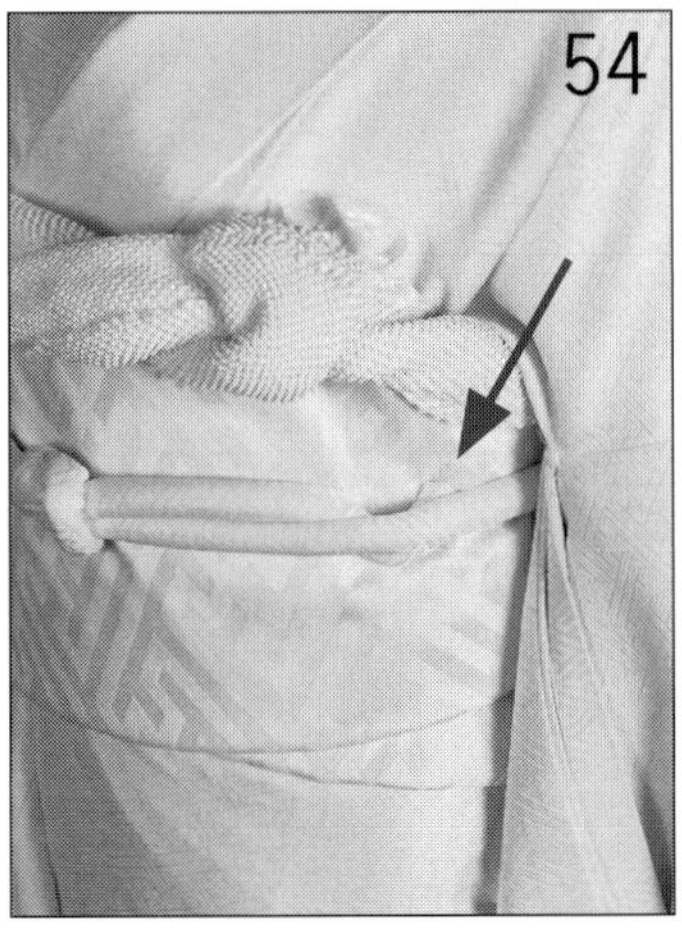

54

房が上を向くように挟みおさめる。中心（結び目）を、やや下に下げて、丸ぐけの結び上がり。

帯揚げを結ぶ

前中心の結び目の上端の線は平らに、胴帯の上端と同じ高さに整えます。結び目の両側はややふっくらと形づけます。

55

帯揚げの幅を3つに折り（帯揚げが厚い場合などは2つに折り）、

56

さらに2つに折る。反対側も同様にして、

57

前中心で衿合わせに交差し、上前側を下から上に通して、

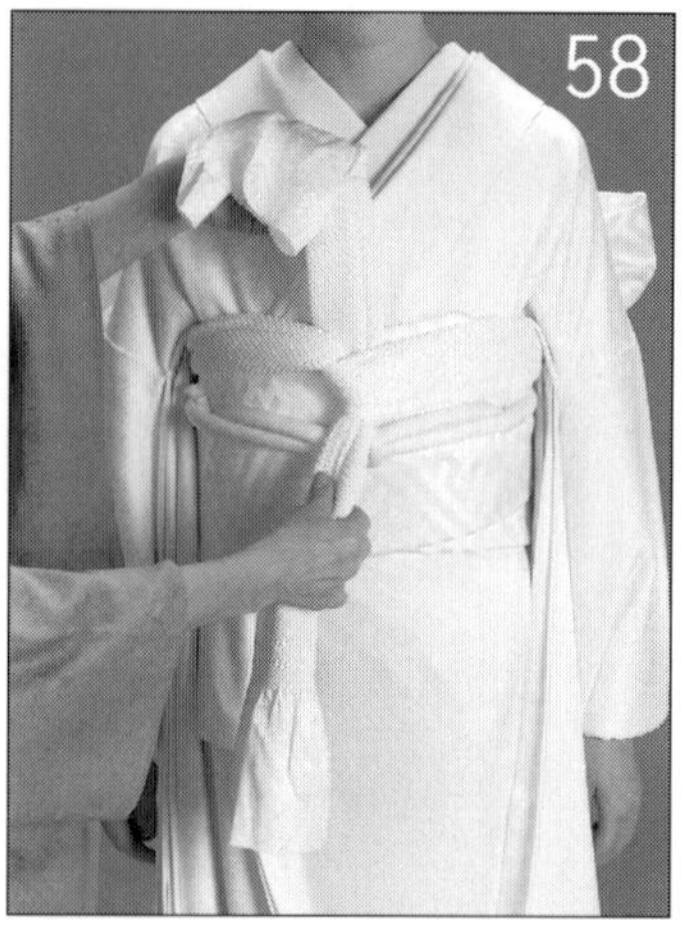

一結びする。上に出た帯揚げを真っ直ぐ下に下ろし、

結び目を押さえて、軽く一結びし、

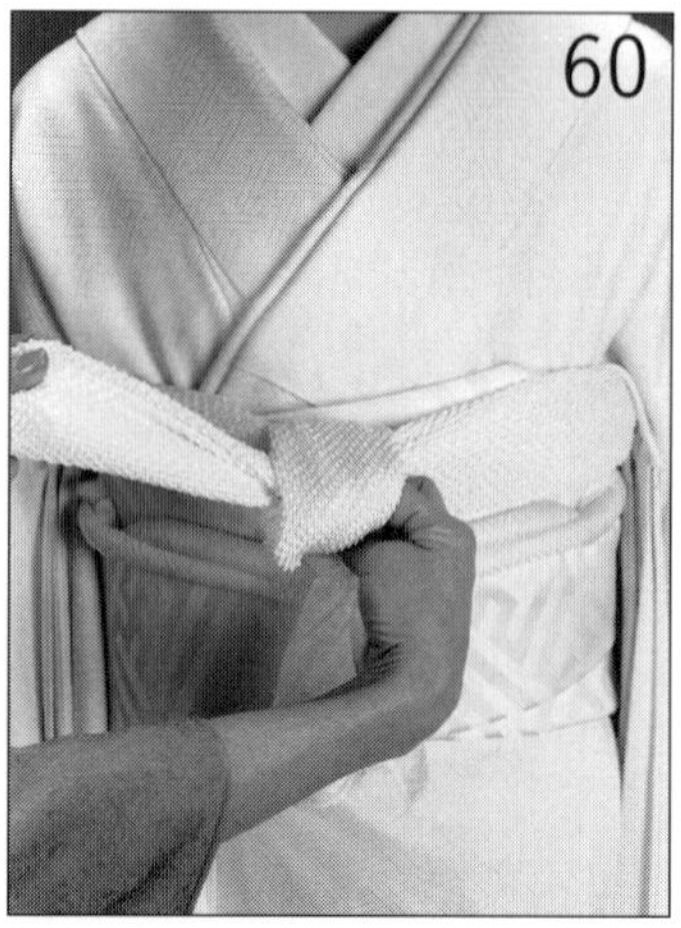

表に出る部分に指を入れて表になる面を平らに保ちながら、帯揚げの先を横に引いて、結び目を締める。

指を入れずに、強く結んでしまうと、結び目が曲がり、表面も平らにならない。

残りは、最初に廻した帯揚げの中に、結び目の元から入れ込み整えていく。残りは胴帯の中におさめる。反対側も同様に整える。

平らに整えた表面をくずさぬよう、結び目を落として、胴帯の上端と同じ高さにおさめ、左右は丸みをもたせてふっくらと仕上げる。

文庫の羽根を形づける

左右対称に、羽根先の下線を後ろ上がりに形づけます。羽根元のヒダは、ふっくらと卵形に整えます。

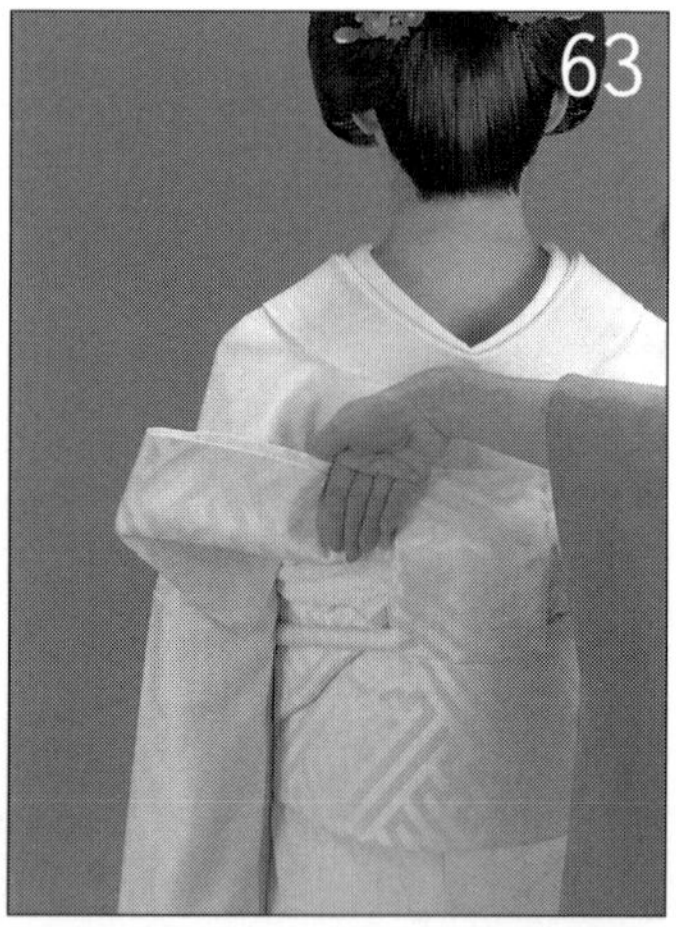

羽根元に右手を置き、親指と4指で上端を挟み、右手4指を軸にして、

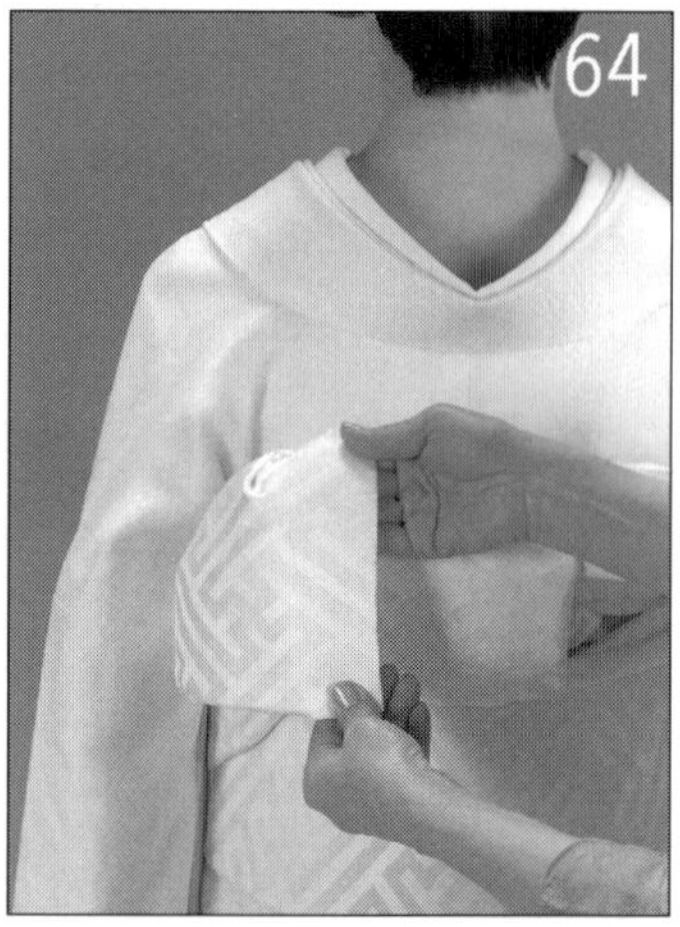

左手で羽根先を真っ直ぐ下に下ろす。

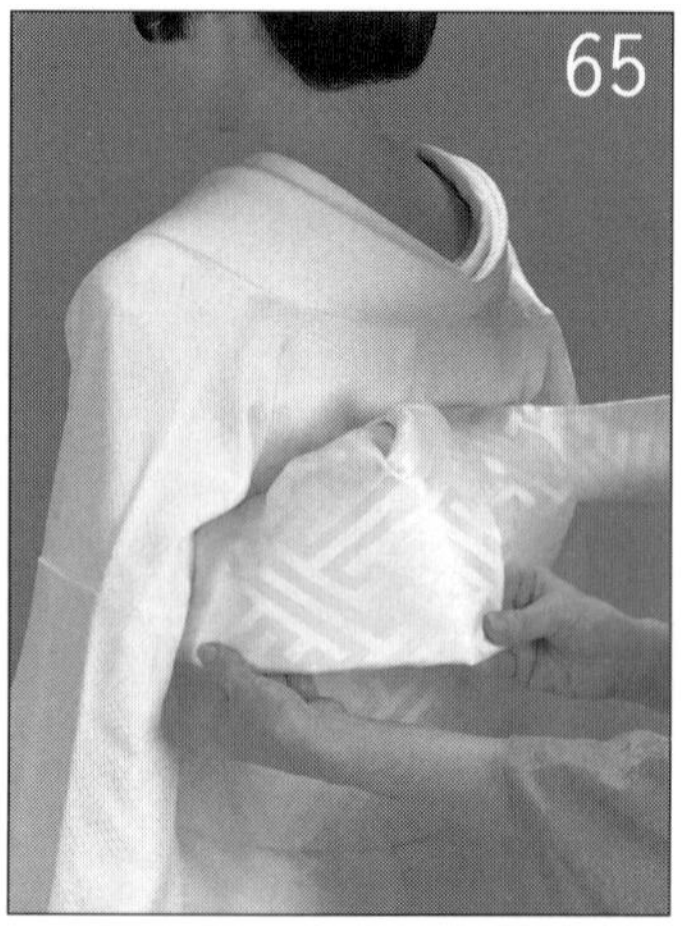

羽根先の脇が下がり、後ろが上がるように整える。

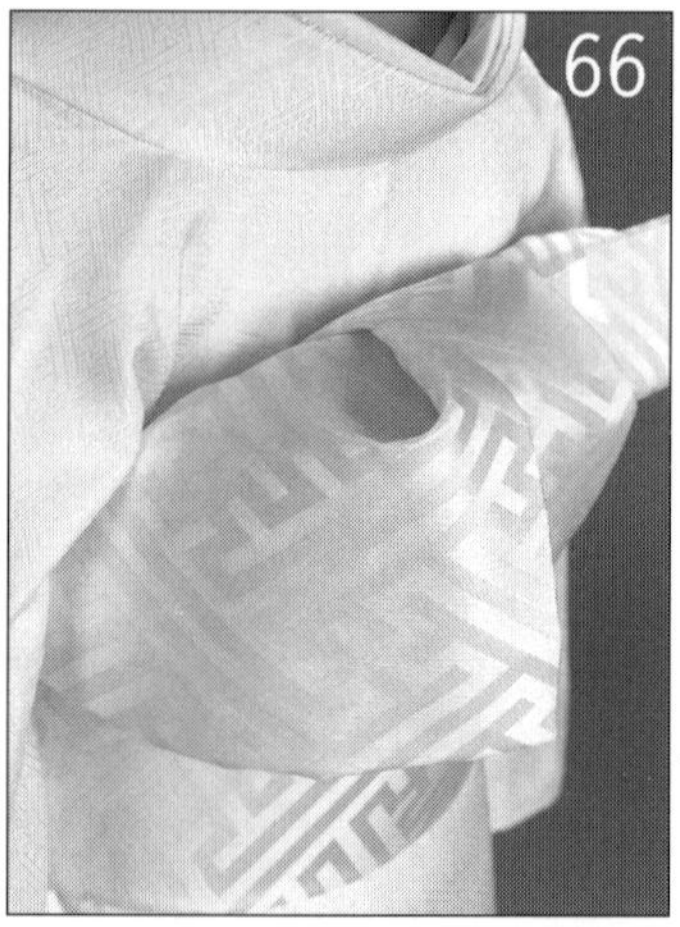

羽根元のヒダは卵形に整える。

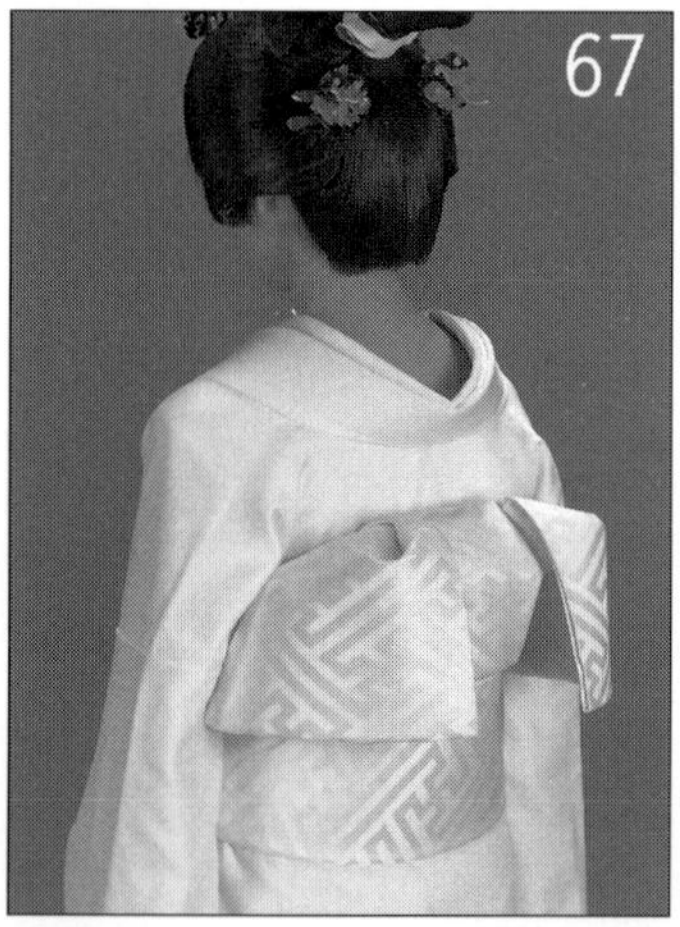

文庫の結び上がり。

抱え帯 基本の結び

抱え帯はワが下、縫い目が上になりますので、下のワを、胴に締めた帯の下線にそわせて廻していきます。一文字の横幅は、抱え帯幅の２倍半～３倍位が目安です。

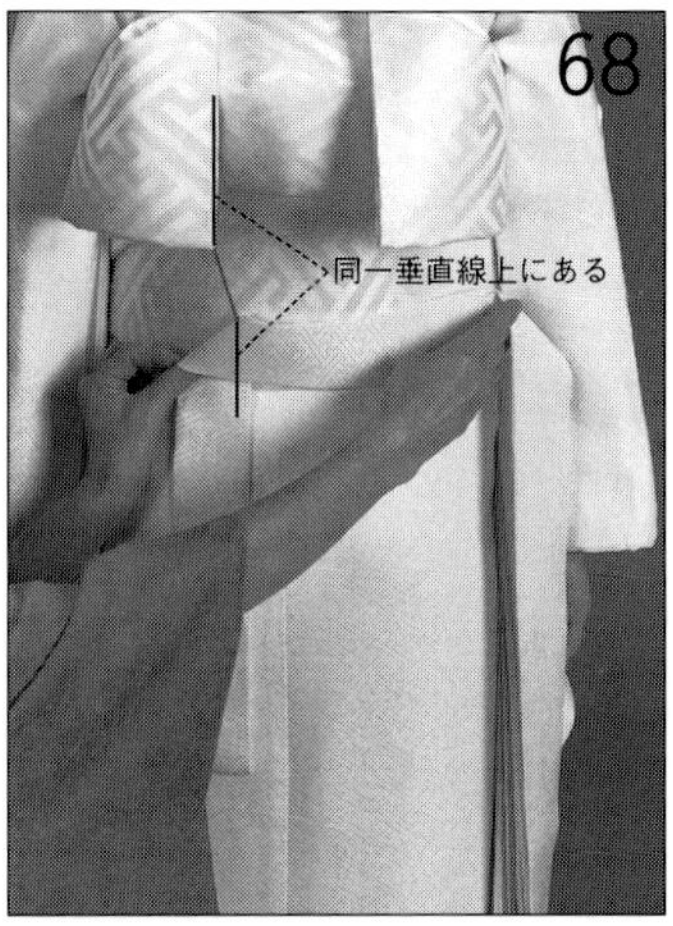

68

抱え帯はワを下、縫い目を上にして、胴帯の下線にそわせて締めていく。

左の帯先を30㎝位とり、左腰に親指で固定し、残りを胴帯下線にそわせて右脇まで廻す。

69

一巻きして一度締め、もう一巻きして、

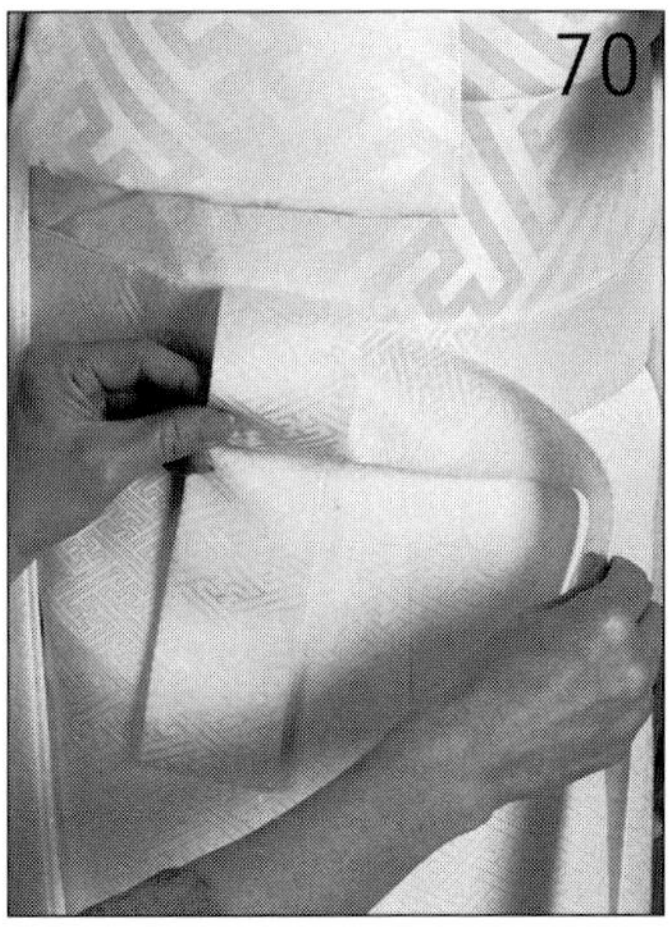

70

抱え帯の帯先を、胴帯下に締めた抱え帯に上から下にくぐらせ、輪の中に手を入れ、

71

帯先を真っ直ぐ下に引き、元を締める。

72

胴帯下線にそって廻した抱え帯を横に引き、もう一度締める。

73

胴帯下線にそって廻した抱え帯の先に、帯幅の2倍半～3倍の長さをとり、元まで折りたたむ。

74

中心を結び目の上に置き、下に出た抱え帯を、

75

上から下にくぐらせ、帯先を下に引いて、元を締める。残りの帯先は、小さくたたみ、

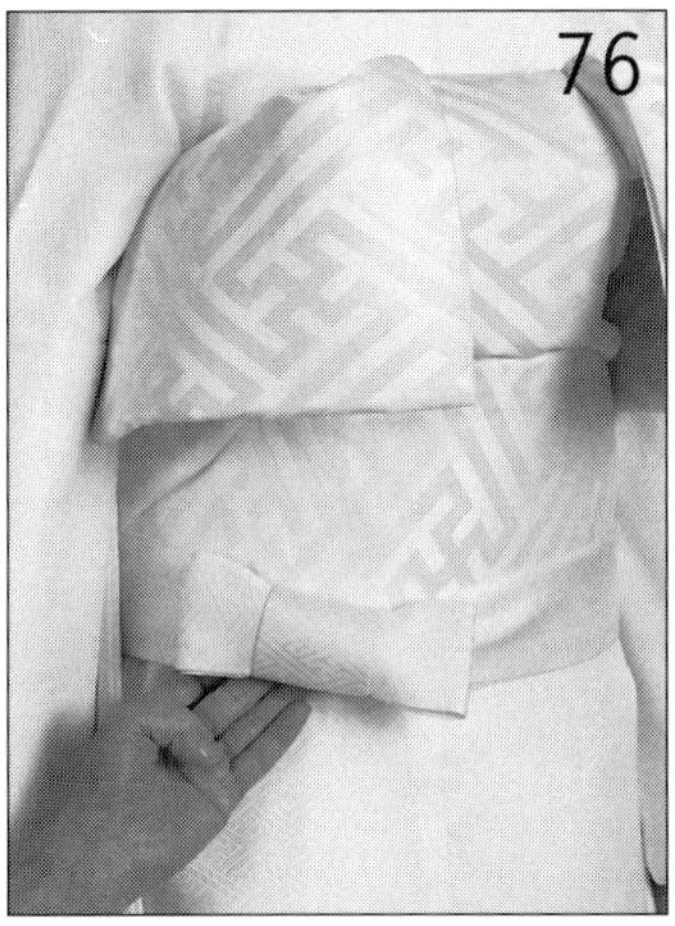

76

胴帯と着物の間に入れ込み、おさめる。帯先の余分を入れ込んだ左手はそのままに、

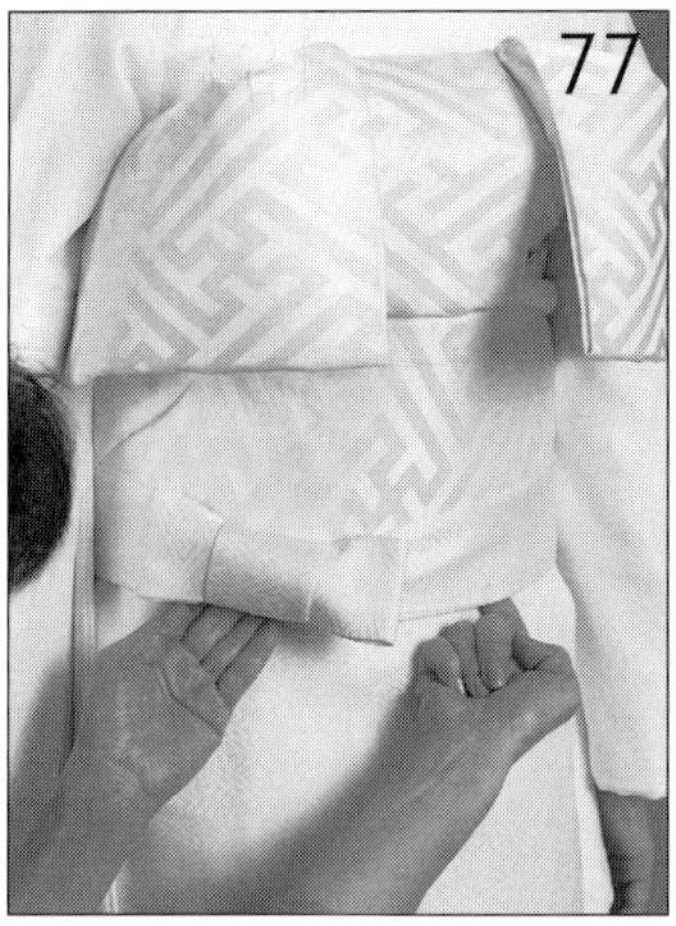

77

右手・人さし指を胴帯と着物の間に入れ、指を左腰から右脇に滑らせるようにして、腰回りの着物のシワをとる。

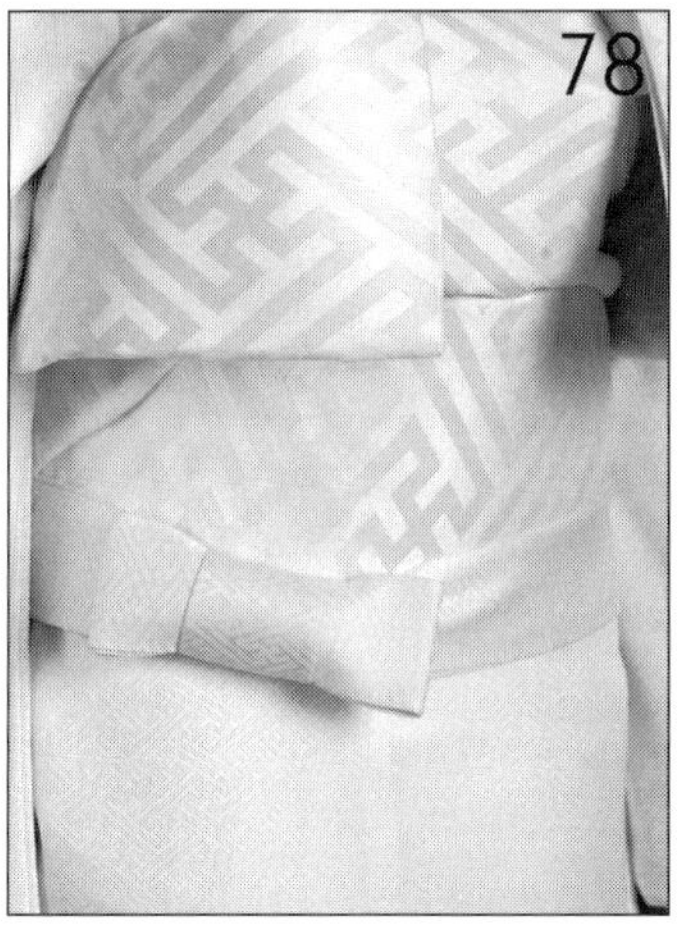

78

抱え帯の結び上がり。

花嫁の小物のおさめ方

所定の位置に、角度や房の長さなどに気をつけておさめていきます。

技術者として、それぞれの小物の名称と意味も覚えておきましょう。

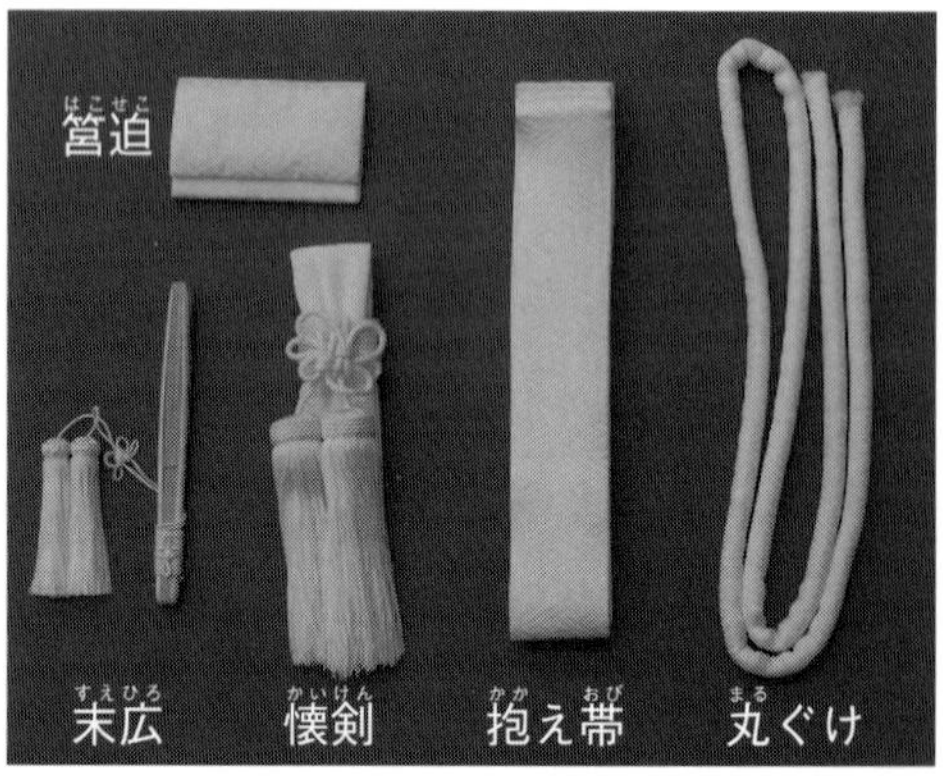

右手で上前の衿を軽く開け、筥迫のカドを差し入れ、

上前の衿付まで入れ込む。
＊今日では、筥迫に付属するビラビラ簪、筥迫止めを省略し、筥迫のみを使用することが多い。

懐剣を、前中心と左脇の間、帯板の内側に差し込み、

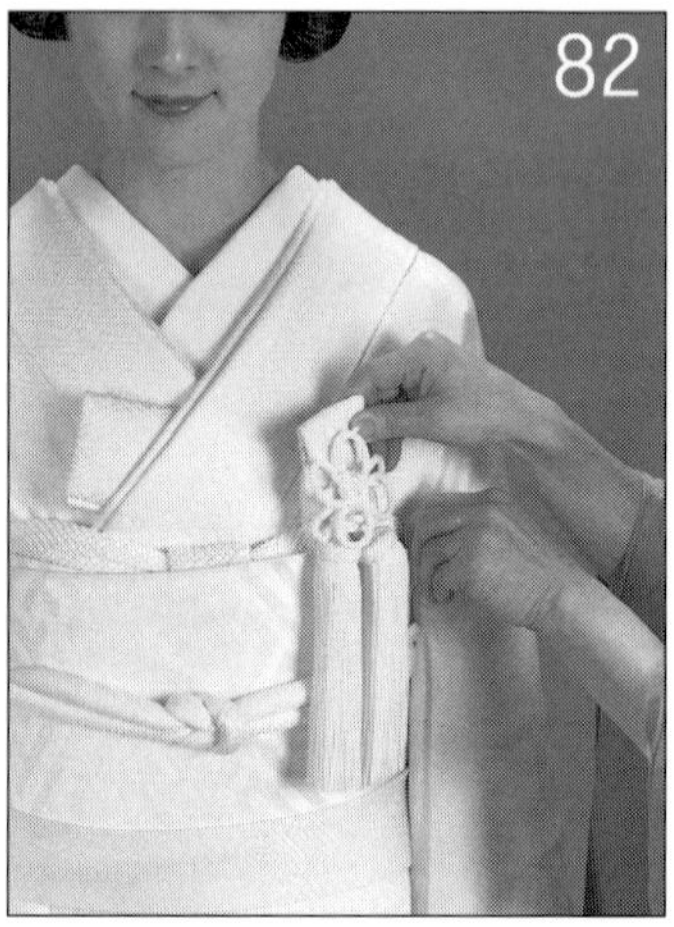

上部を中心側に少し倒す。懐剣と筥迫の高さを揃えるとバランスよくおさまる。

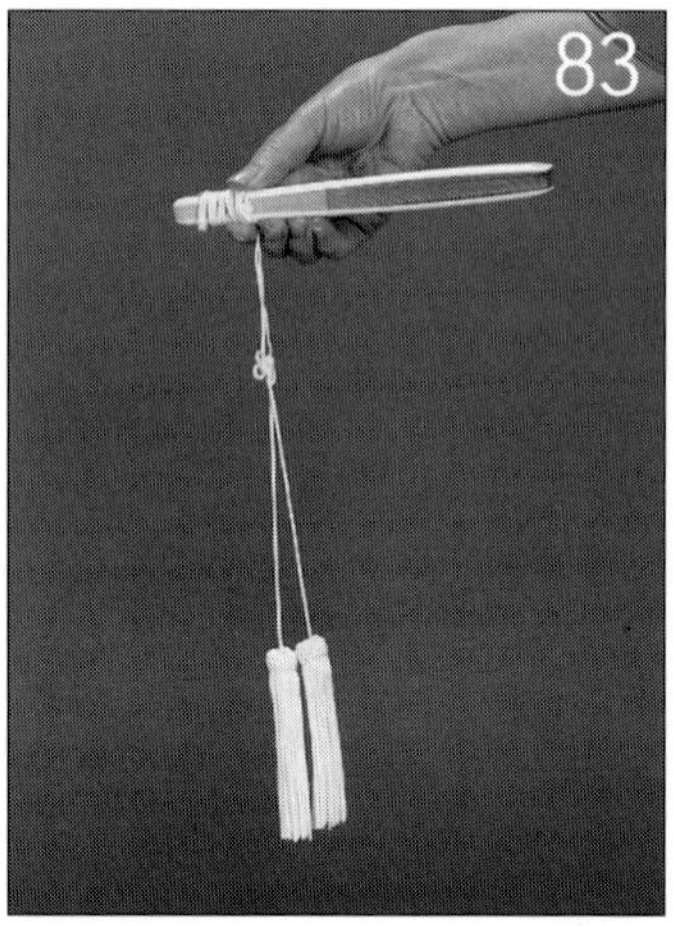

末広は、手に持たせる場合は、紐を末広の長さの約1.5倍にして、

末広の金地部分が見えるように、持っていただく。

手に持たない場合は、金地部分を表にして、帯板の奥、懐剣の内側に並べて差し込む。

小物をおさめた所。
筥迫と懐剣の上端の高さを揃え、また懐剣と末広の房下の高さを揃えること。丸ぐけの結び目は、下に少し落とす。

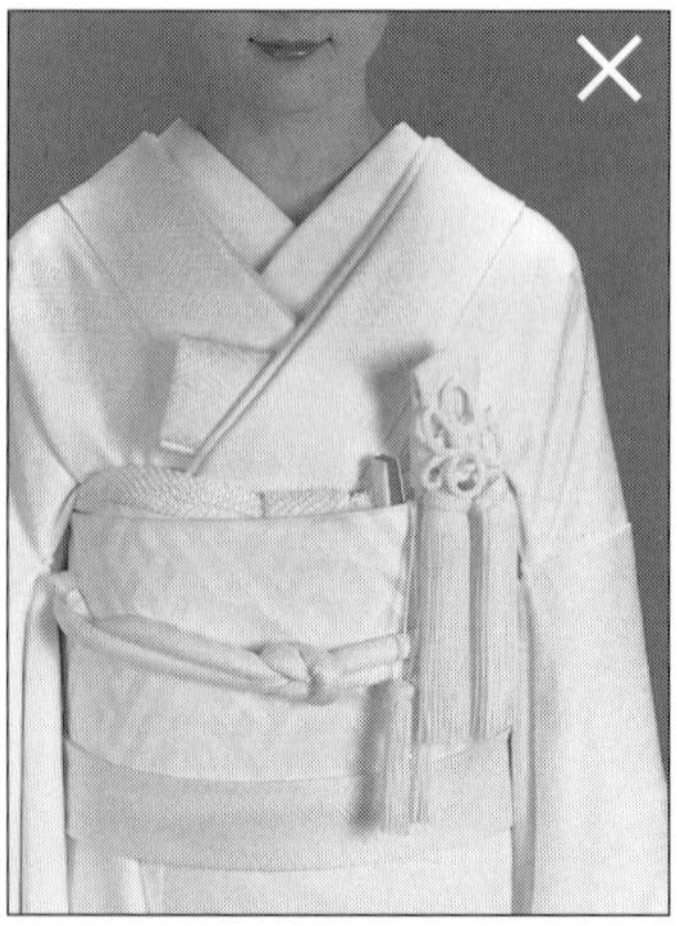

懐剣と末広の房下の高さが揃わず、末広も深く差し込みすぎ。

小物をおさめて、掛下の着せ上がり。

STEP 4 打掛を着せる

～打掛は、本来、武家女性の礼装でした。

現代では、最高格の婚礼衣装として、挙式や披露宴に着用されます。

白一色の装いを一般に「白無垢」といい、白の打掛は「白打掛」と呼ばれます。地色が白以外の打掛は、「色打掛」と呼び分けられています。

文庫をたたむ

打掛を着せる前に、文庫の羽根を小さくたたみます。

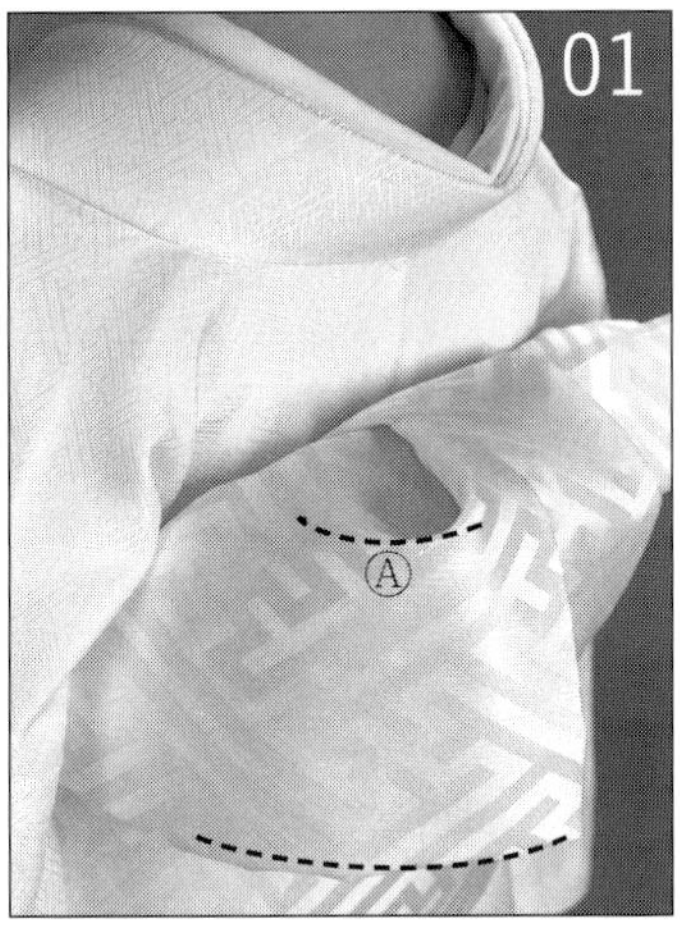

羽根元のヒダ山の線Ⓐ（羽根先の下線と平行）を持ち、

羽根先を中心に寄せるようにして、羽根をたたむ。

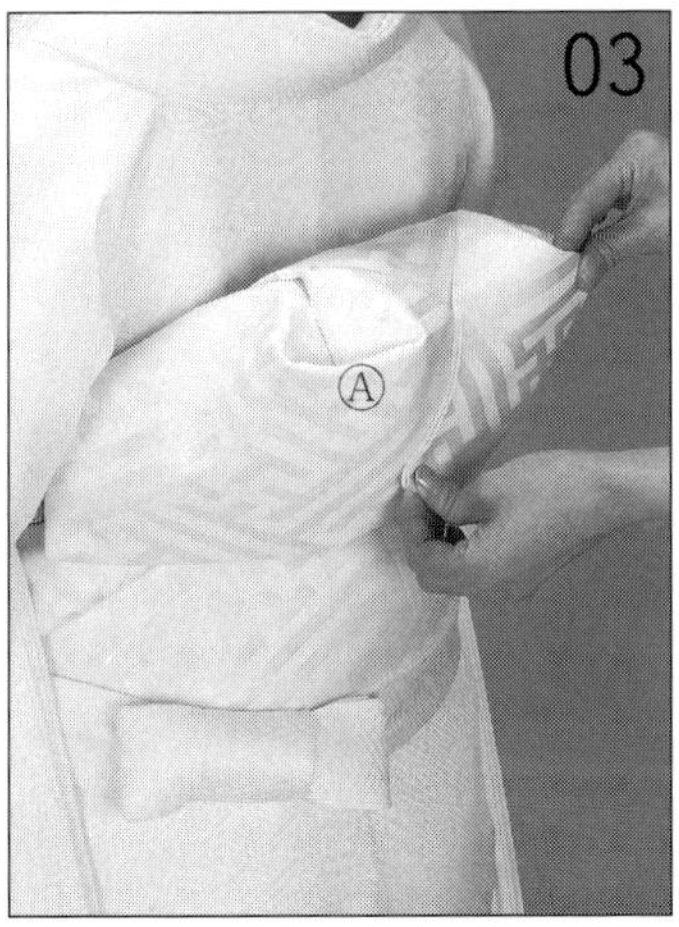

右羽根も同様にたたむ。

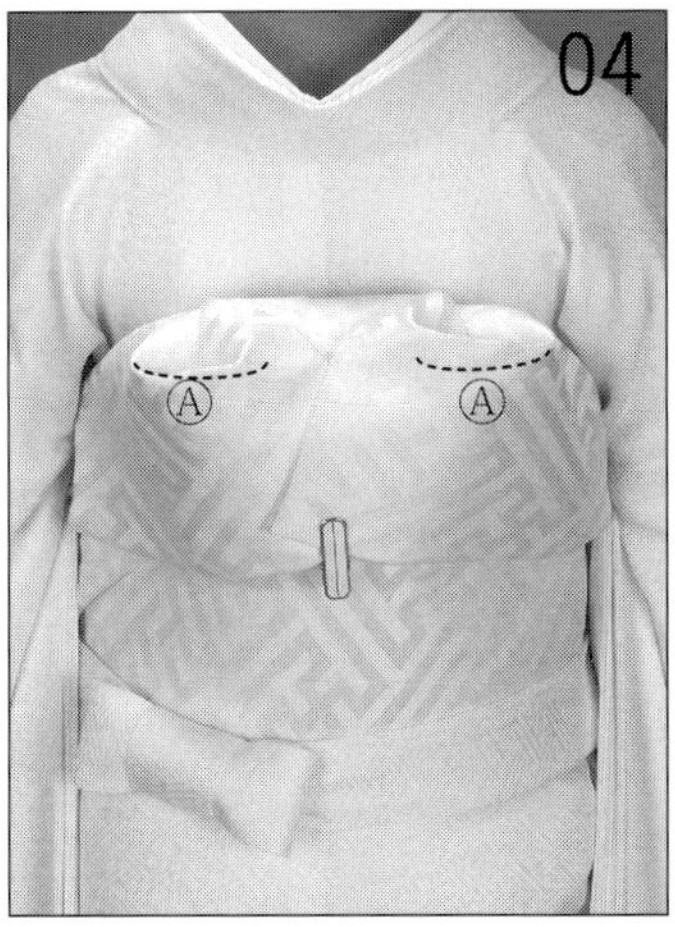

羽根元のヒダ山の線Ⓐは、羽根先の下線と平行なので、ほぼ水平になる。場合によっては左右の羽根先を、中心でクリップ止めしておく。

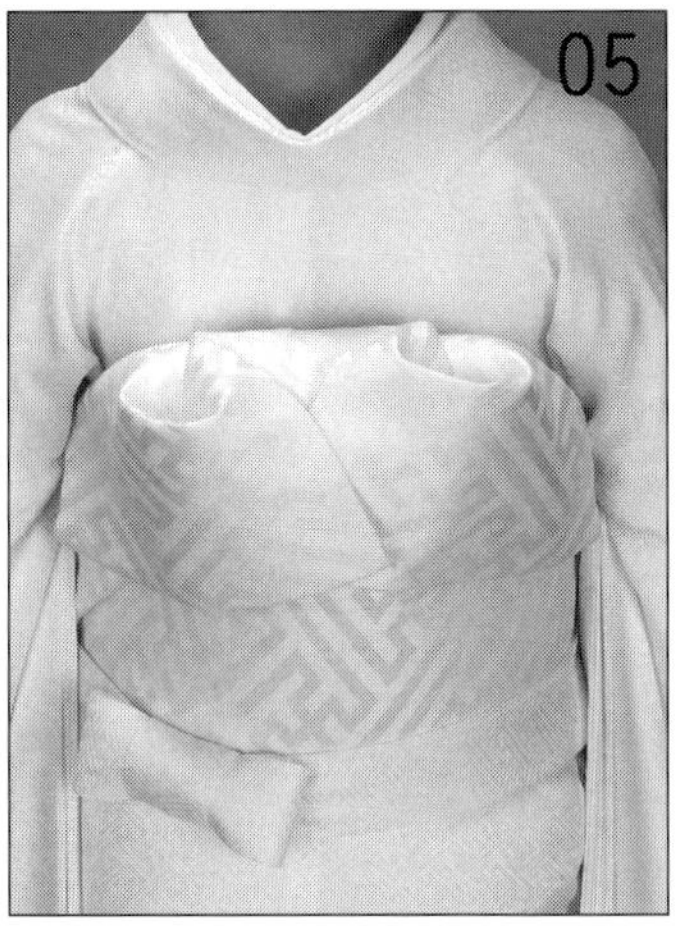

写真を撮る時は、ふつう上前側から撮影するので、上前側がきれいに見えるよう、右、左の順にたたむとよい。

打掛を着せ掛ける

掛下の袖は、丈を３つ折にたたんでから、幅を２つに折って、持っていただくとよいでしょう。

打掛の衿は、中心から肩山に向かって、半衿と同じ幅で掛下の衿が見えるように重ねていきます。

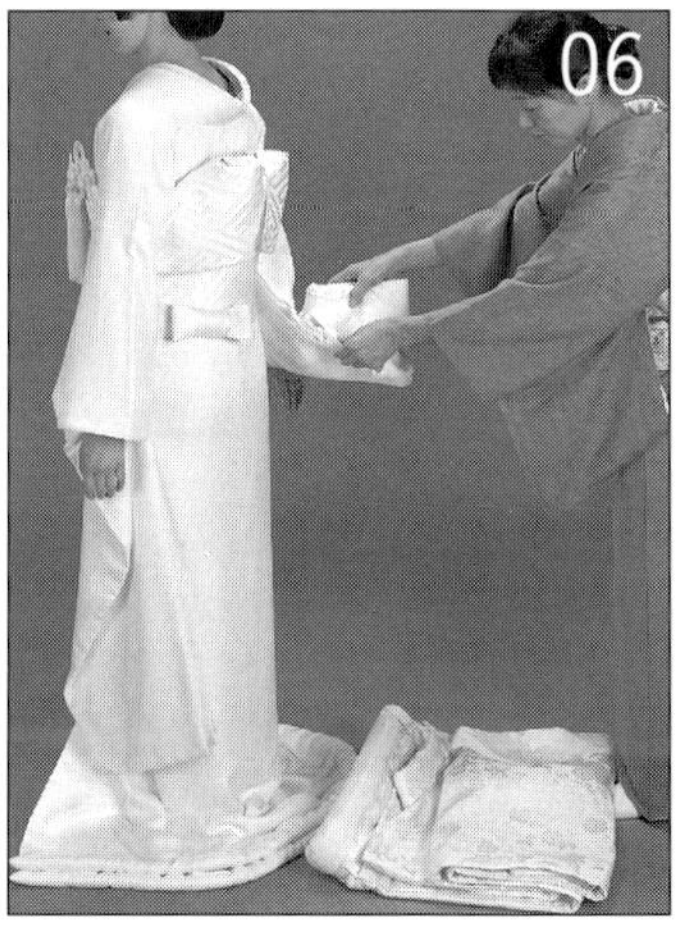

夜着だたみにした打掛を花嫁（モデル）の後ろに置く。掛下の袖は、丈を3つ折にたたんでから、幅を2つに折って持っていただく。

07 花嫁（モデル）の後ろで、着せやすいよう打掛の裾、衿を広げておく。

08 袖付が開く所で衿を持って引き上げ、花嫁（モデル）が袖付を確認出来る位置で、左、右と袖を通す。

09 帯の所では、一度衿を浮かすようにして着せ掛け、

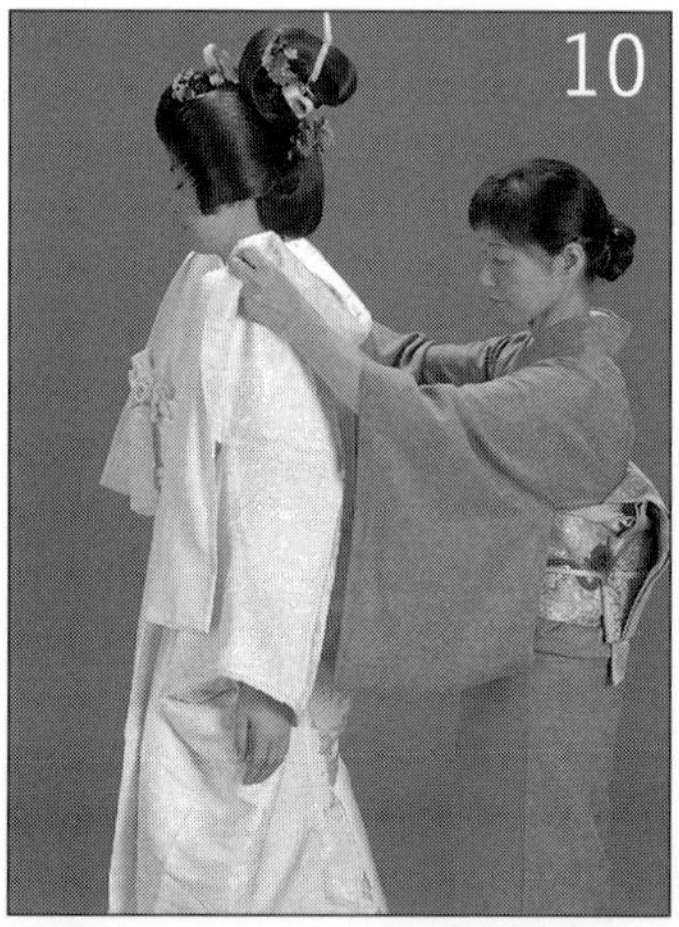

10 打掛の衿を掛下の衿付にそわせ、着せ掛ける。

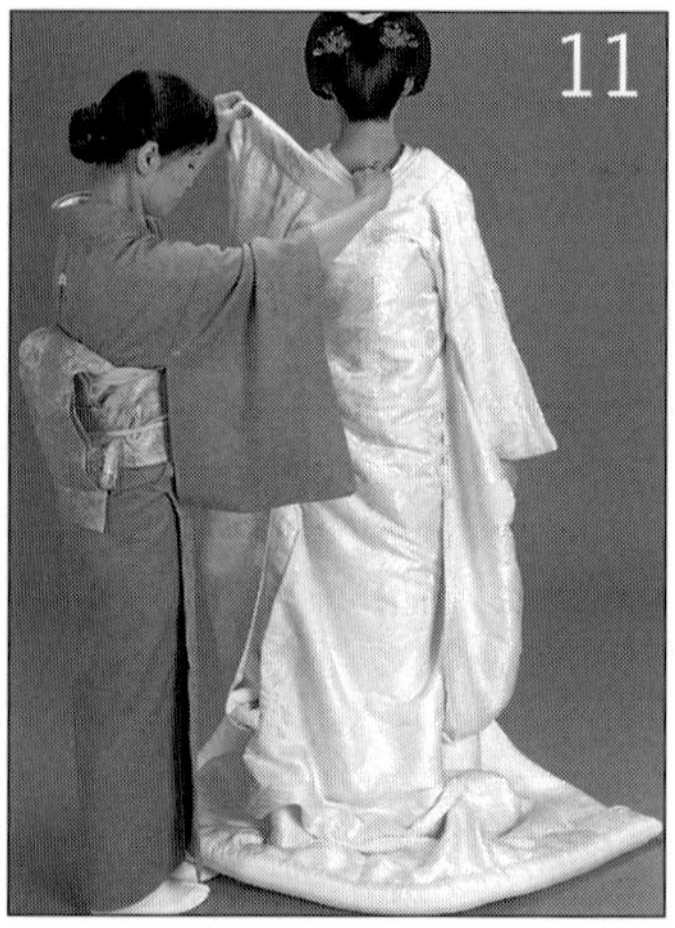

11 背中心を合わせ、片手で中心を固定し、もう一方の手で衿を持ち、後ろ衿のV字の角度に合わせて一旦上げ、

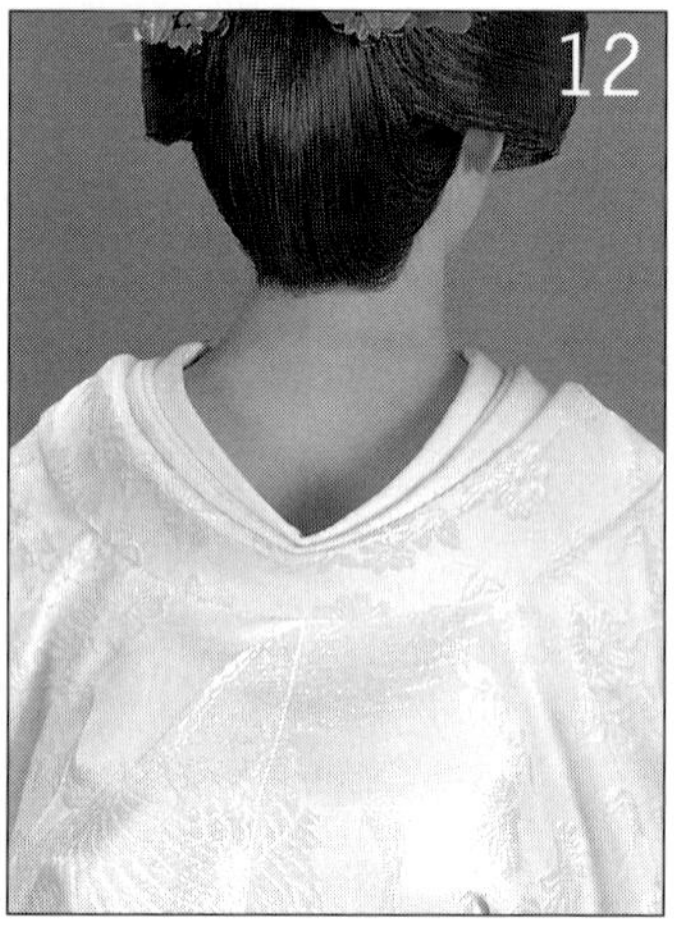

12 掛下の衿が、半衿と同じ幅で出るように、打掛の衿を重ねていく。

前を整える

クリップ（留め具）付きの打掛ベルト（コーリンベルトなど）を使って、打掛の衿合わせを止め、整えます。

袖の振りは袖下から揃えて、袖付をクリップ（小）で止めます。

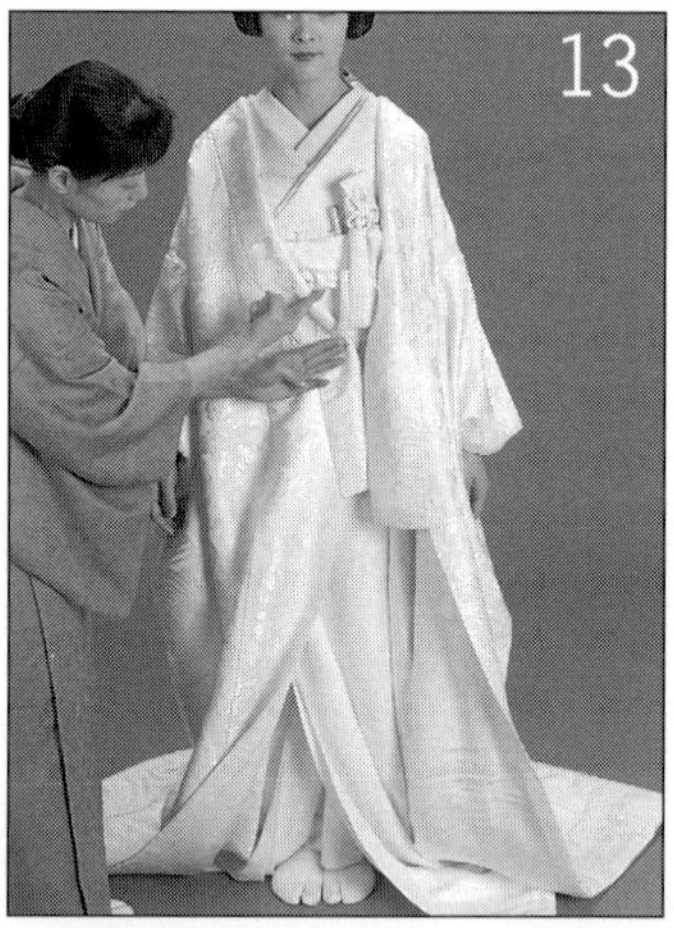

13 まず、下前から合わせていく。

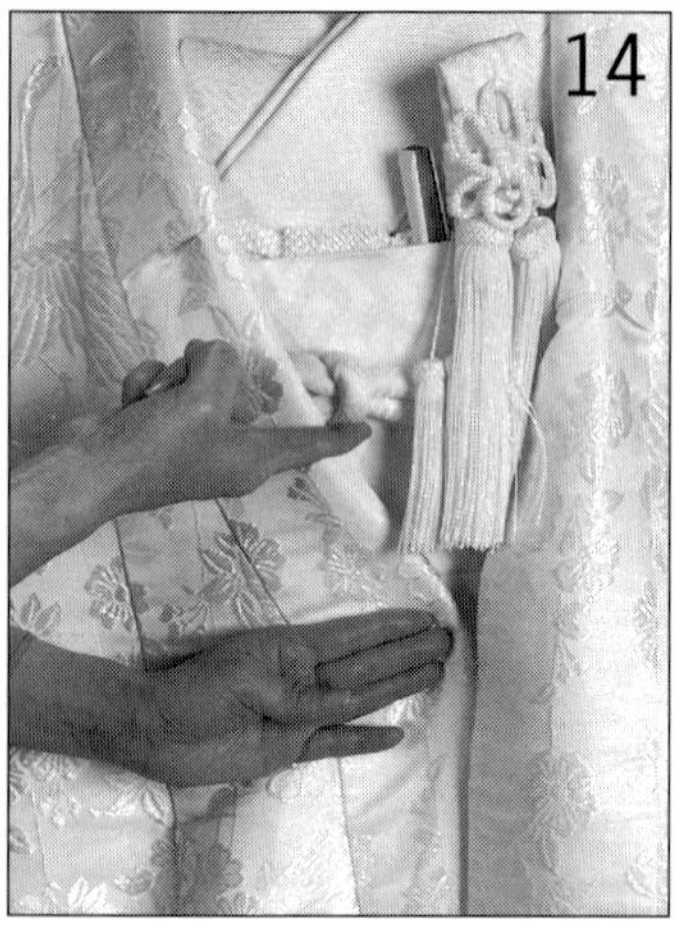

14 この時、丸ぐけの結び目が出るように合わせる。

15 打掛ベルトで、下前衿先を抱え帯と一緒に止める。打掛ベルトのもう一方の先は打掛の中を通って、

16 右脇の身八ツ口から表に出す。

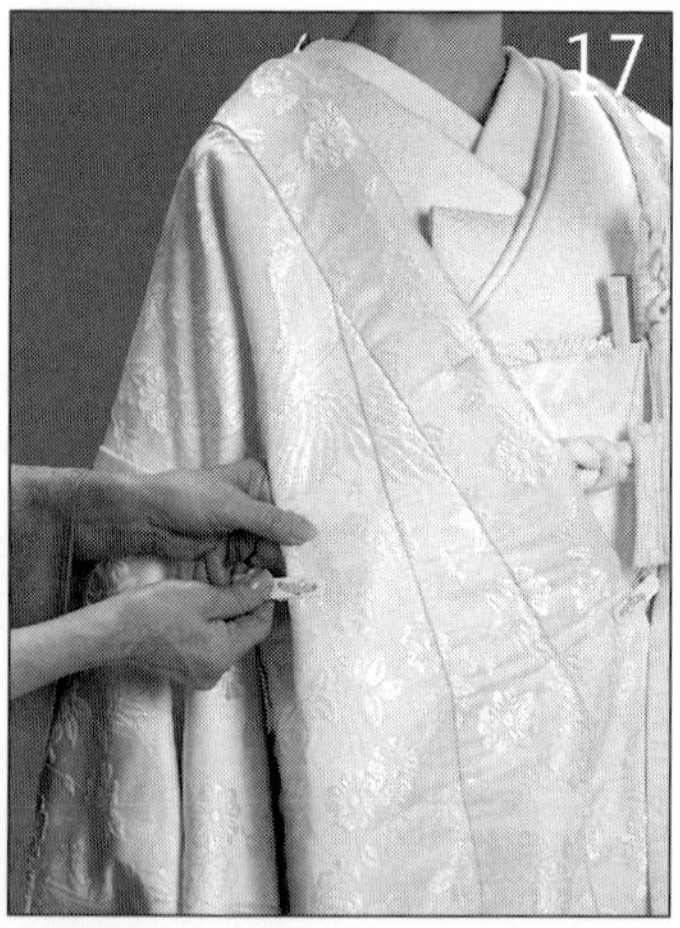

17 下前の余分は、衽線と平行にタックをとって整え、打掛ベルトで止める。

18

上前の衿を合わせて、
＊末広の房は表に出さないこと。

19

下前のタックを止めた打掛ベルトのクリップで、一緒に止める。

20

袖の振りを、袖下から揃える。

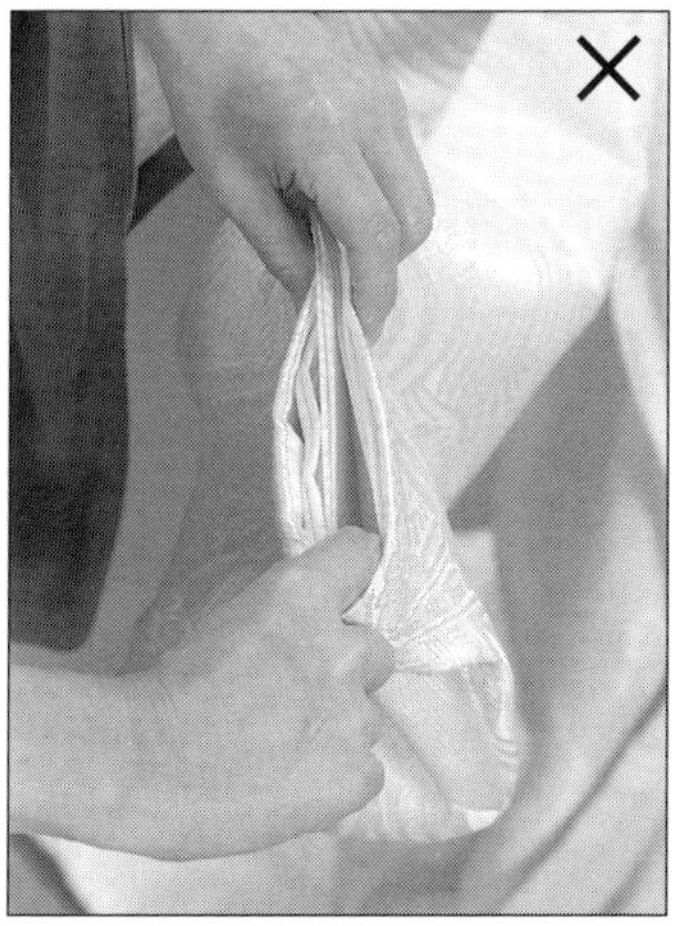

×

間に指を入れて揃えると、袖下の線がずれやすいので注意！

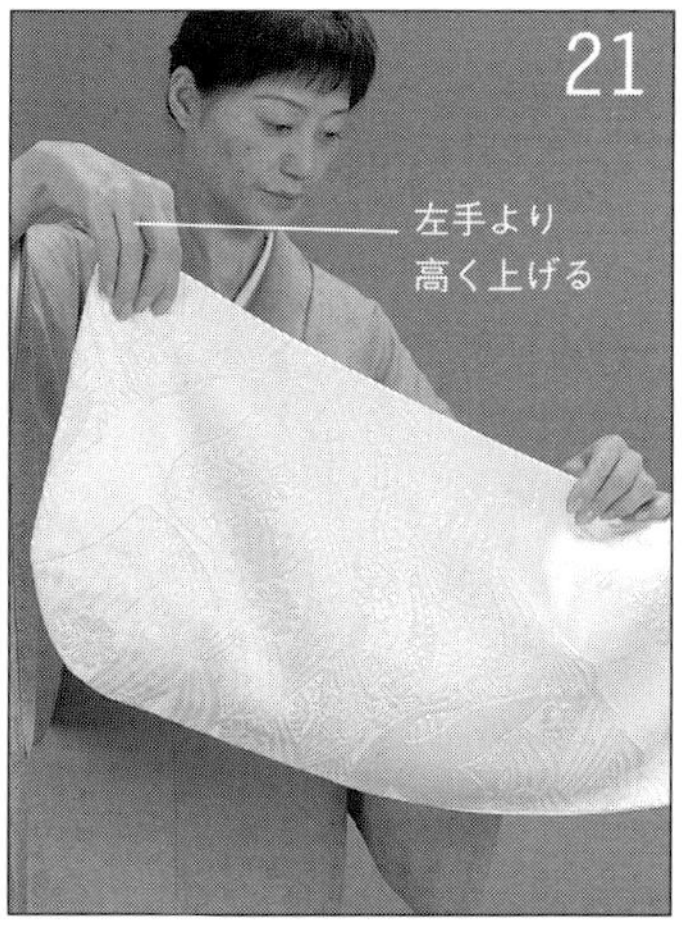

21

揃えた袖下を持って上げ、袖丈の中程までを揃え、

22

一度手を替え、袖付まで揃える。

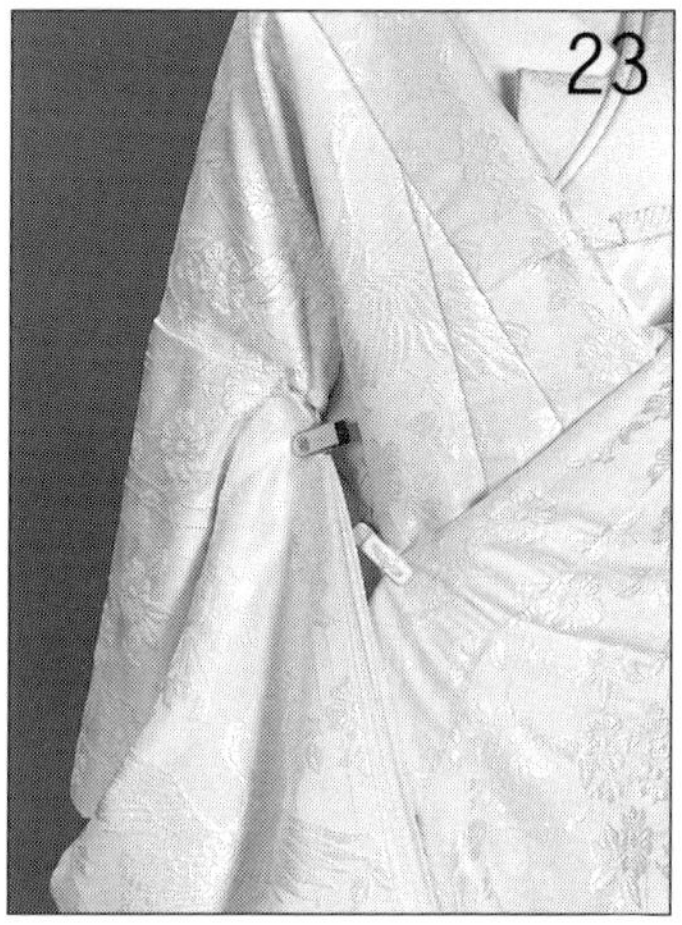

23

袖付をクリップ（小）で止める。

24

反対側の袖も同様に整え、末広を持っていただく。

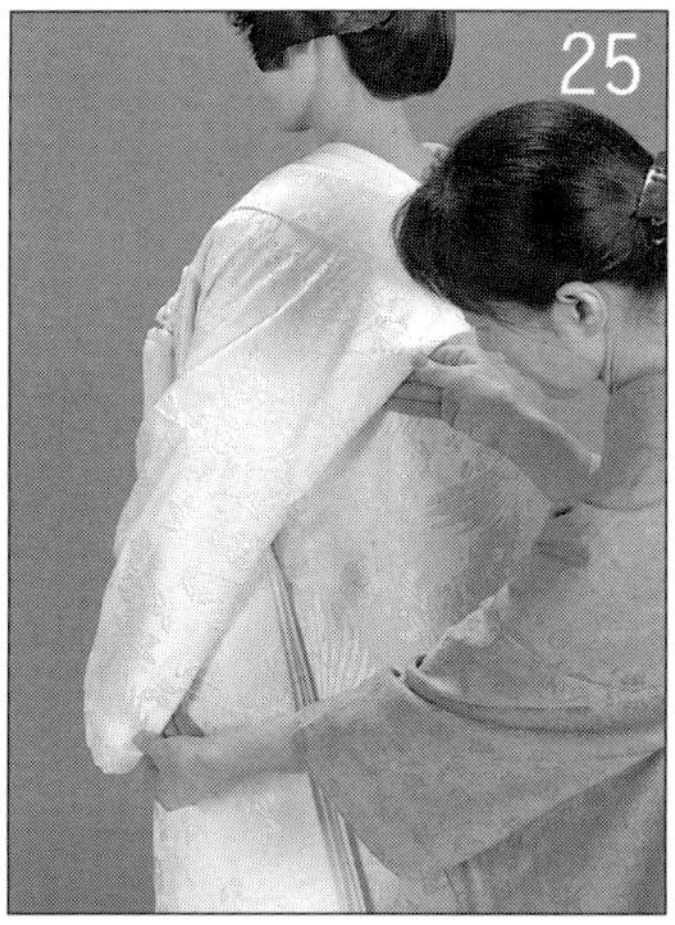

25

帯山のカドと袖口を引き合いながら整え、

26

打掛の着せ上がり。

〔打掛ベルト〕

長さ調節可能なゴム紐の両端にクリップが付いているもの。合わせた打掛の衿を止めるのに用います。

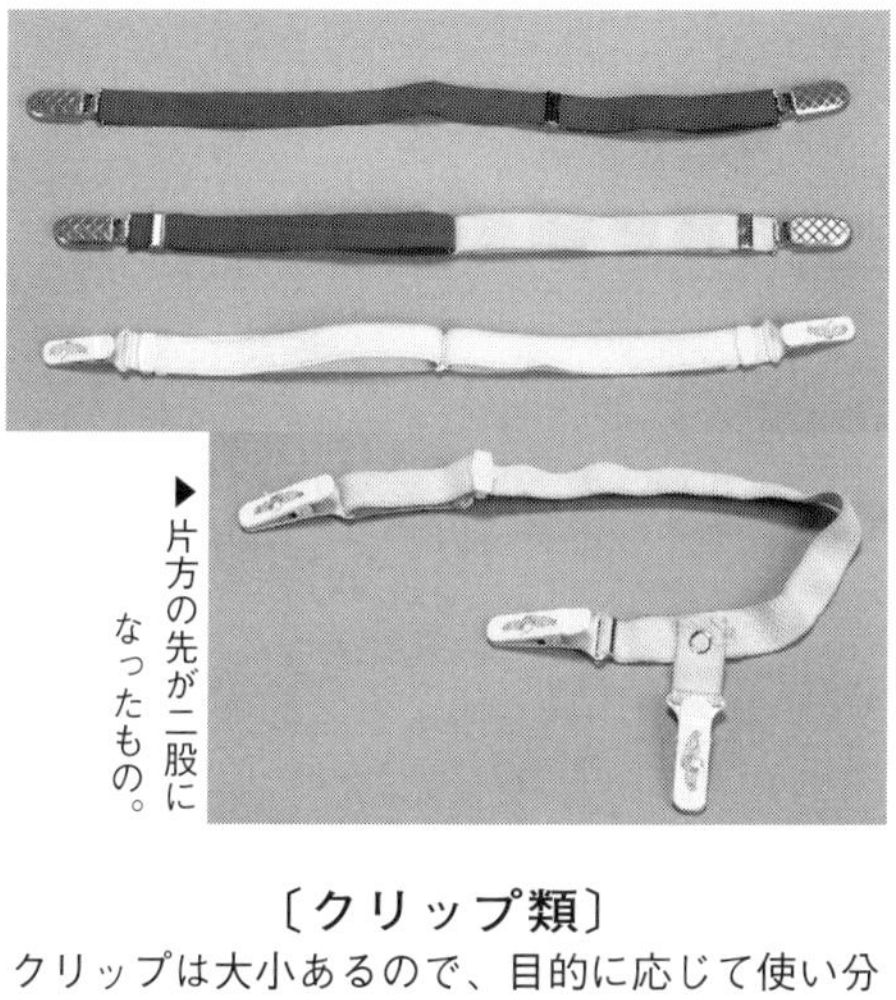

▶片方の先が二股になったもの。

〔クリップ類〕

クリップは大小あるので、目的に応じて使い分けます。袖付を止める場合は、小さいものを用います。

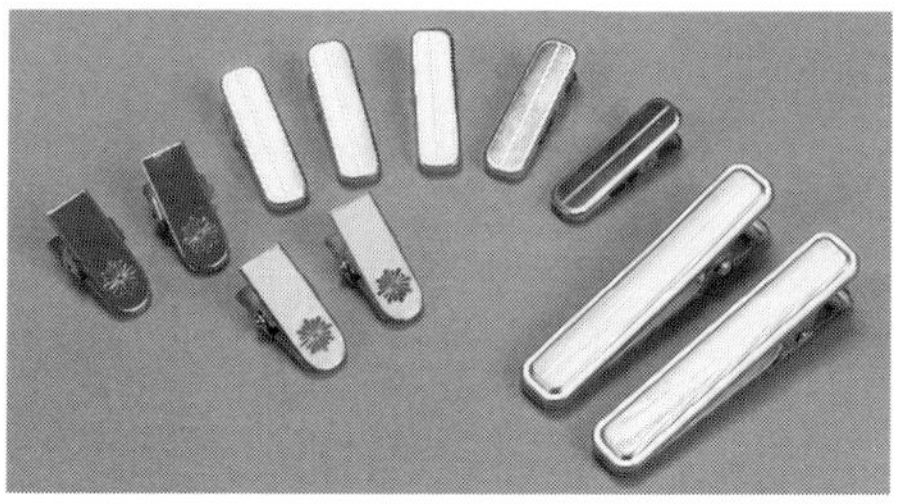

❶帯揚げ ❷抱え帯 ❸筥迫 ❹懐剣 ❺扇（末広）

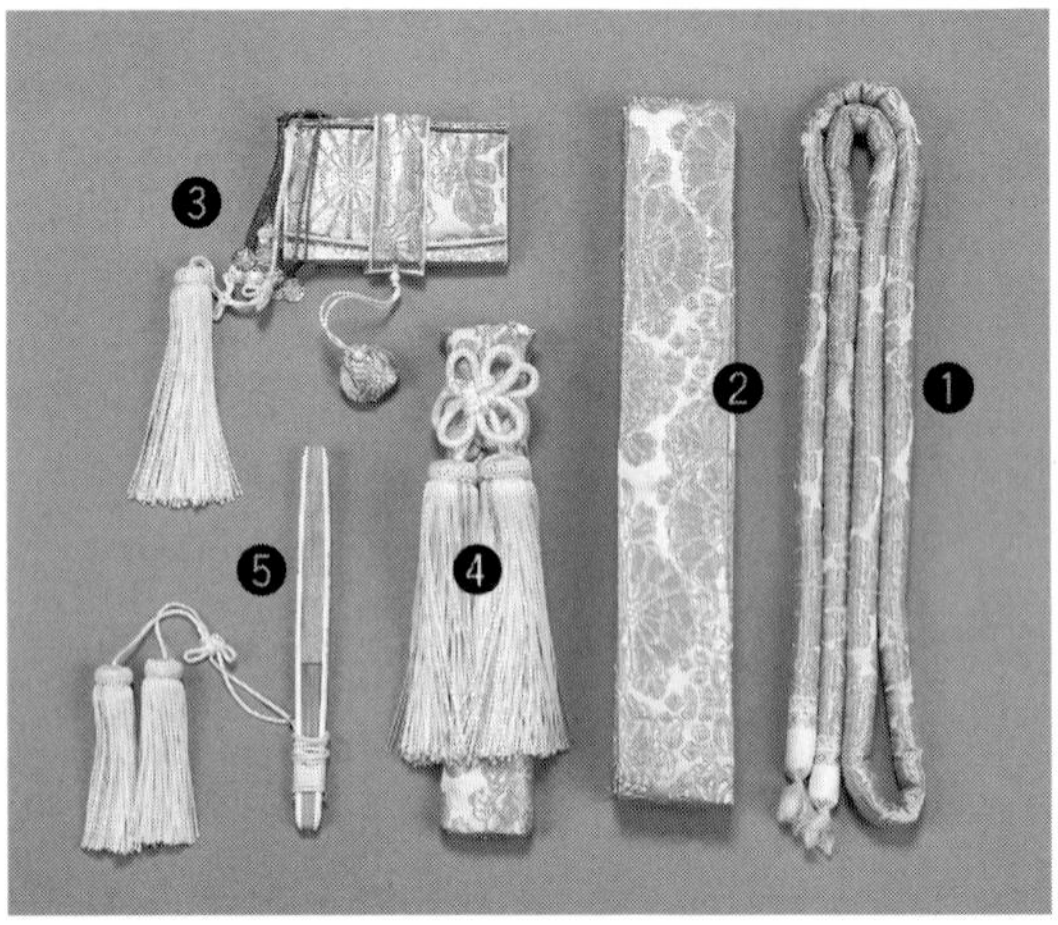

花嫁の装身具

Column

筥迫《はこせこ》

江戸時代、女性の帯が発達したのにつれ、小物を入れて胸に差し込んだもので、その中には、小銭、薬、紋、小菊紙（懐紙）、鏡、香袋などを入れていました。現代のハンドバックのようなもので、はじめは実用的な目的で携帯していたものが、次第に装飾的な効果を考えて、凝った裂地や刺繍を施したものとなり、江戸時代末期となって、胴締めに加えて、鏡やビラビラ簪を加えて、女性の装身具となりました。

それが形式化し、武家の女性が打掛姿の時には、必ず持たねばならないものとなり、その名残が、現代の花嫁・打掛姿に伝えられています。

なお、町家の娘は、紙入れを胸や帯に差し込んでいました。

懐剣《かいけん》

懐中に携える護身用の刀で、懐刀《ふところがたな》、守刀《まもりがたな》とも呼ばれます。

打掛の時に、帯に懐剣を差すのは、打掛が武家女性の装いであり、武家の娘が嫁ぐ時の習慣に由来するものです。武家の嫁である以上、自分の身は自分で守る…という意味があり、また刀自身の持つ神聖性から、花嫁を災いから守るという願いも込められています。

扇《おうぎ》（末広《すえひろ》）

扇のことを「末広」とも呼びます。本来は、「末広」は扇《おうぎ》の一種で、特に畳んだ時に、末（すそ）の広がっているものを末広と呼んでいましたが、末広がり（次第に栄えていくこと）にかけ、お祝いの意味を込めて扇を末広とも呼ぶようになりました。

扇が発明されたのは平安時代で、「あおぐ」ことが名詞となったものです。

公卿《こうけい》（殿上に奉仕する高位高官の人）が威儀《いぎ》をつくろうものとして手に持ち、また儀式の順序を貼布して備忘録（メモ）とした「笏《しゃく》」という木の板を何枚も繋いだのが、扇の始まりといわれています。

扇は、婚礼以外の祝儀の席にも用いられ、日本間での挨拶には、要《かなめ》を右前にして膝前に置きます。立ったまま挨拶する時には、右手で持ち、左手を添えて、要を人に向けないようにします。

※抱え帯・しごき帯／84頁
※帯揚げ・帯〆／90頁

Part 4

本振袖／おはしょりの着付

STEP 1 本振袖の着付

STEP 2 本立て矢を結ぶ

本振袖／おはしょりの着付

本振袖・おはしょりの着付は、基本的に中振袖の着付方法と同じなのですが、いざ着付けてみますと、中振袖では上手く合わせられた裾が、思うように合わせられず、裾合わせの時点で、きものの「重さ」を実感することでしょう。

本振袖は比翼仕立てになっていて、フキも厚いので、実際にきもの自体が重いのですが、中振袖との重さの違いは、そのままきものが持つ意味、つまり格の「重さ」の違いであるともいえます。

披露宴の華である花嫁の本振袖のお仕度は、花嫁ときものの雰囲気に合わせて、帯、小物を組み合わせ、見られる姿を意識して、美しく華やかにお着付けして差し上げたいものです。

帯を高めに結んで初々しさを表現し、帯結びは、花嫁が会場内を歩かれることも加味しますと、大胆さと華麗さをあわせ持つ「立て矢系」で、羽根がきちんと背についているものの方が相応しいでしょう。花嫁のイメージによっては、文庫系の帯結びで、若々しさ、可愛らしさを演出します。

STEP 1) 本振袖の着付

～花嫁が着用する振袖は「本振袖」と呼ばれ、
フキが厚く、比翼仕立てになっています。
成人式等に用いられる中振袖と比べ重厚感があるので
ポイントをしっかり押さえた高い技術が要求されます。

着せ掛けから背中心の確認まで

お客様を極力動かすことなく、スムーズに着物を着せ掛けます。前で、共衿、衿先を揃え、背縫いが背中心に合っているかを確認することも忘れずに…。

長襦袢の裾の長さ
▶くるぶしを目安にします。

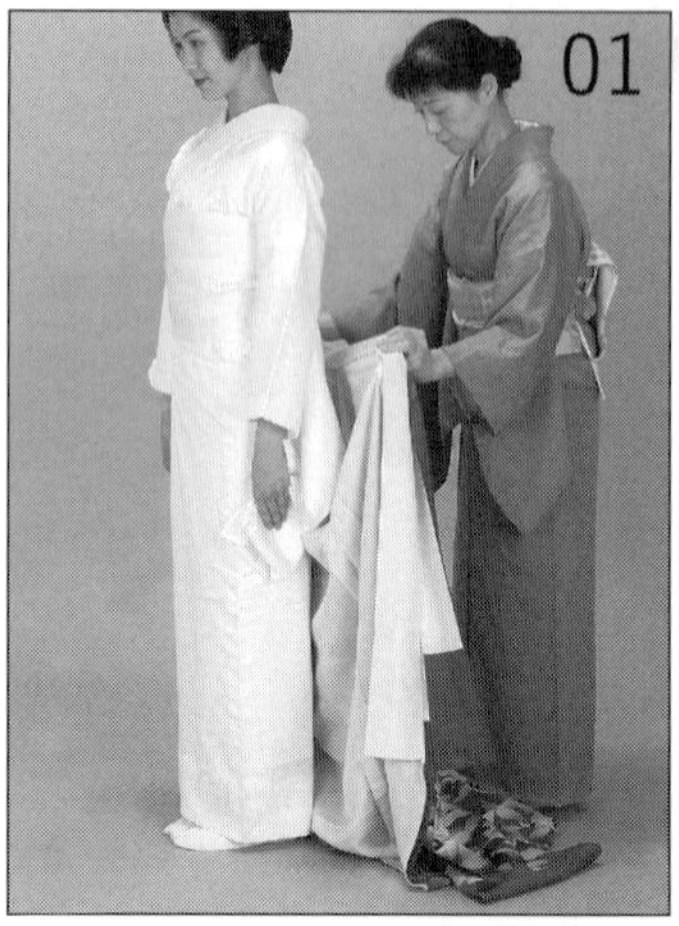

袖付が開く位置で、衿を衿付まで挟み持ち、

袖付を花嫁の横（花嫁が身体をねじらずに、目で袖付を確認できる位置）に持っていって、左、右と袖を通し、

そのまま真っ直ぐ、長襦袢の衿付まで衿を上げる。

背中心を合わせ、着物の衿付を、長襦袢の衿付にそわせて衿を肩に乗せる。背中心で半衿が表に見えないように、着物・背中心の衿を整え、

背中心を左手で固定し、下前の衿を持った右手を、後ろ衿のV字の角度に合わせて上げる。

半衿幅の目安。
背中心で半衿は見せず、肩山で半衿が約2・5㎝見えるように衿を重ね、衿肩をクリップで止める。

下前の衿も同様に重ね、衿肩をクリップで止める。衿を止めるクリップは、このようにハの字に止める。

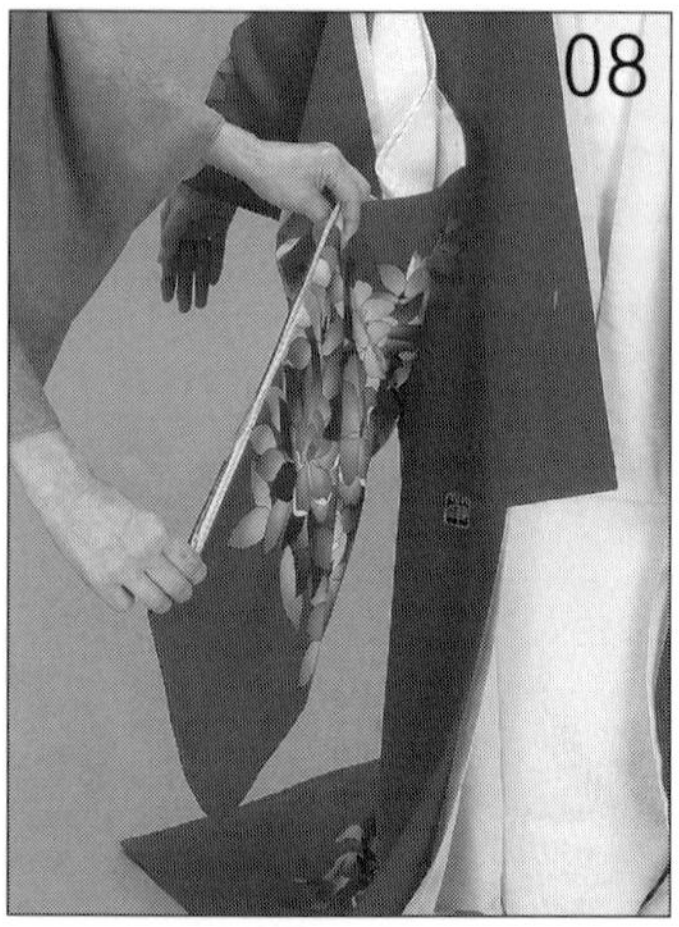

袖下から、長襦袢と着物の袖の振りを揃え、

袖丈をたたんで、花嫁に持っていただく。

裾合わせ

裾合わせの手順は、中振袖や留袖などの着物と同様ですが、本振袖は重量感があるので、衿先を持つ手が下がらないように、また逆に上がらないように意識して、裾を合わせていきます。腰紐もしっかり締めないと、裾が落ちやすいので注意しましょう。

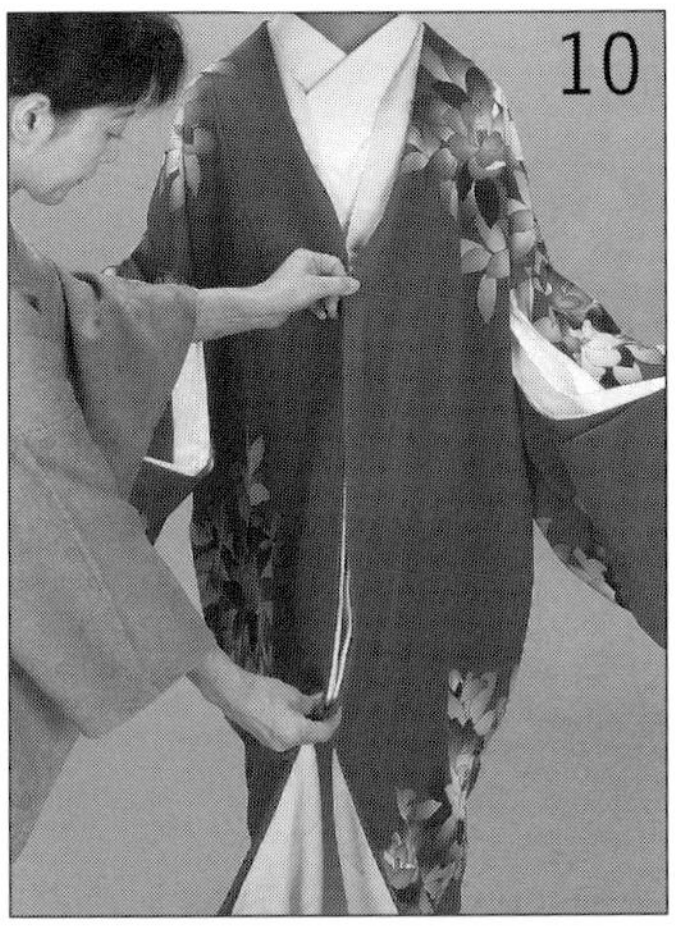

前中心で、左右の共衿、衿先を揃え、背中心が合っていることを確認し、

下前、上前の衿先（衿下から20㎝程上）を、比翼の衿と一緒に衽までたぐり寄せてしっかり持ち、

両腕を一気に上げ、長襦袢の裾上まで裾を上げ、

裾を見ながら、裾の長さを床スレスレに決め、

下前を合わせる。衿先は左腰骨の奥まで入れ込む。この時、上前衿先を持つ右手が下がらないように、また逆に上がらないように注意すること。

左手腕で下前を押さえたまま、右手で上前を合わせ、衿先を右腰骨の上にそわせる。左手を抜き、上前衿先を押さえ、裾の長さを確認し、

合わせた裾が落ちないように注意しながら、腰骨の上（UP）に腰紐を締める。

裾の長さの目安。
前▼甲に掛かり、指先がのぞく位
横▼脇縫いの線で、床スレスレ

裾の長さの目安。
後ろ▼裾の後ろが床に気持ち着く位
＊裾が短い場合は、後で裾を引いて調整できる。

着付のキメテ 1

おはしょり着付、きもの別「裾の長さの目安」

〔礼装の場合の裾の長さ〕
前▷つま先が少しのぞく位
横▷脇縫いの線で床スレスレ
後▷裾の後ろが床に気持ちつく位
＊本振袖は、中振袖よりややたっぷりめにすると着物の格とのバランスがよい。

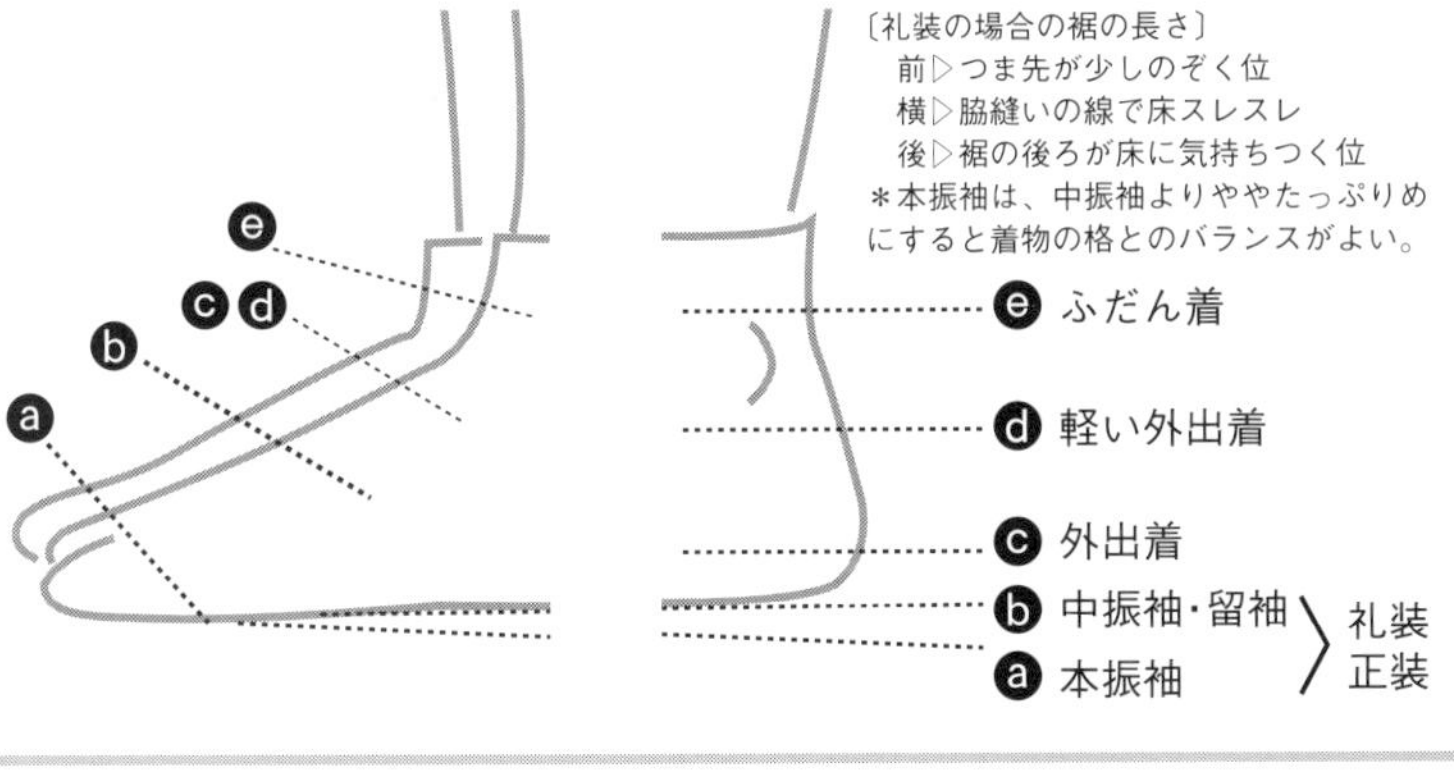

衿を合わせ
袖の振りを整える

半衿が肩山で約2.5cm、前中心で約4～4.5cmほど見えるように衿を合わせます。胸紐は脇の下いっぱいに締めます。

19 左右の身八ツ口から手を入れ、背中から脇へ両手を滑らせるようにして、腰紐上の身頃を整え、

20 そのまま前も整える。

21 下前の衿を、共衿の所で2cm内側に折り込み、着物と比翼の衿の間に右手・人さし指を入れて持ち、衿山を決める。肩山の後ろを左手で固定し、肩山で約2.5cm、前中心で約4～4.5cm、半衿を見せて衿を合わせ、

22 左の身八ツ口から手を入れ、衿先を長襦袢の伊達巻きにクリップで止めておく。
＊モデルの場合はモデル、助手がいる場合は助手が押さえる。

23 上前の衿も同様に、前中心で下前の衿とほぼ直角に交差して右脇まで合わせる。

24 下前の身頃の余分をタックにとり、

25 上前の衿に重ね、

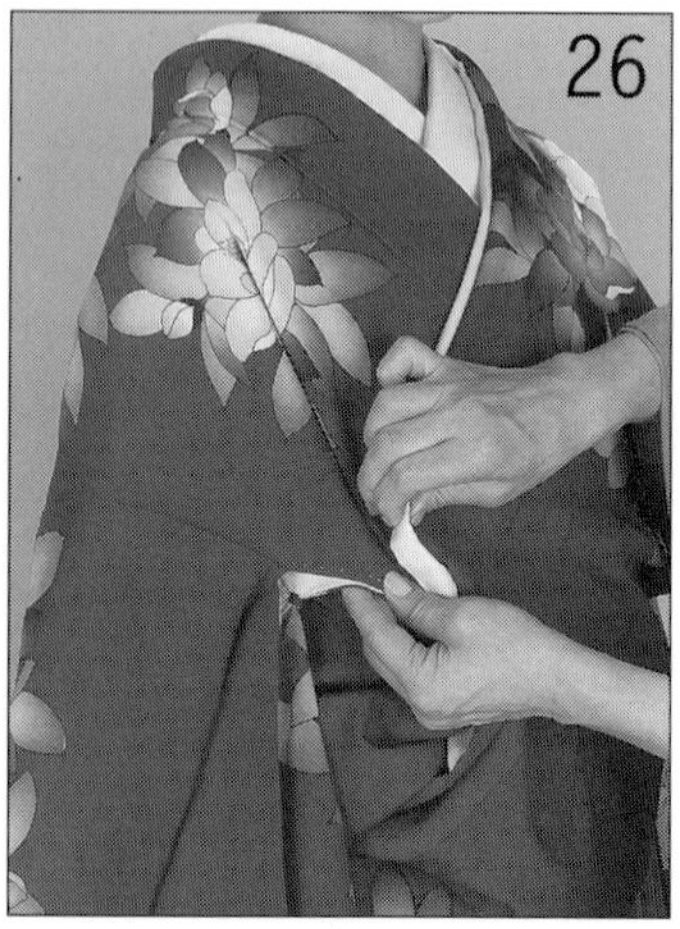

26 さらに前後の身八ツ口を揃えて、

27 上前の衿、タック、前後の身八ツ口を左手で併せ持つ。

28 左の身八ツ口から手を入れ、下前の衿を止めておいたクリップを抜き取る。

29 下前の衿を持ち、左右の衿を下に引き合い、衿合わせを整える。

30 左手・親指で腰紐中心を押さえ、右手で紐を左脇に廻す。左脇で、上前の身頃の余分も、下前と同様にタックにとる。

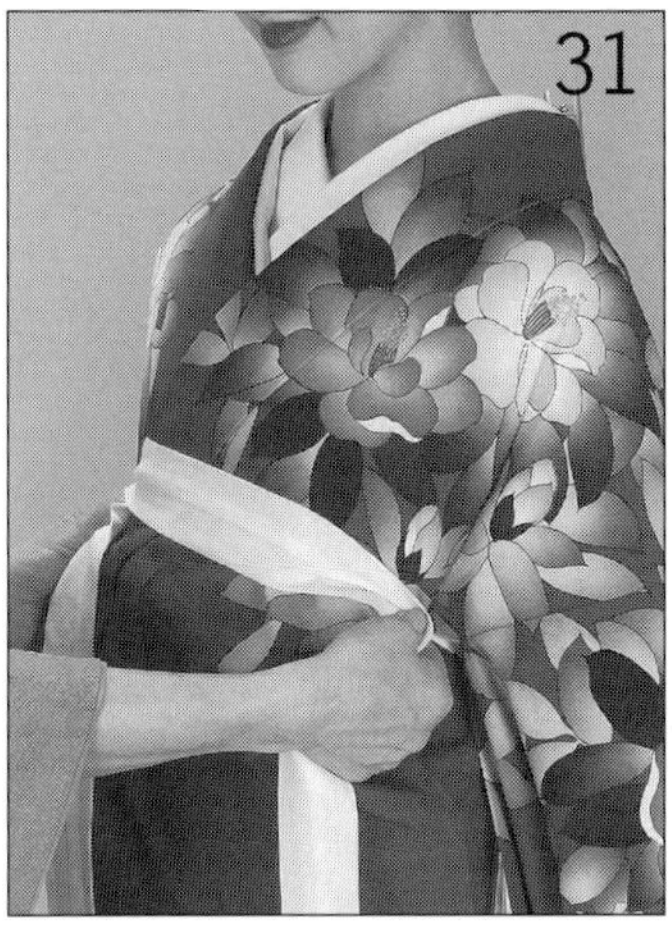

31 前後の身八ツ口を揃えてタックに重ね、前に寄せた余分を後ろに倒すようにして、

32 紐を後ろに廻す。

33 続いてもう一方の紐も後ろに廻し、

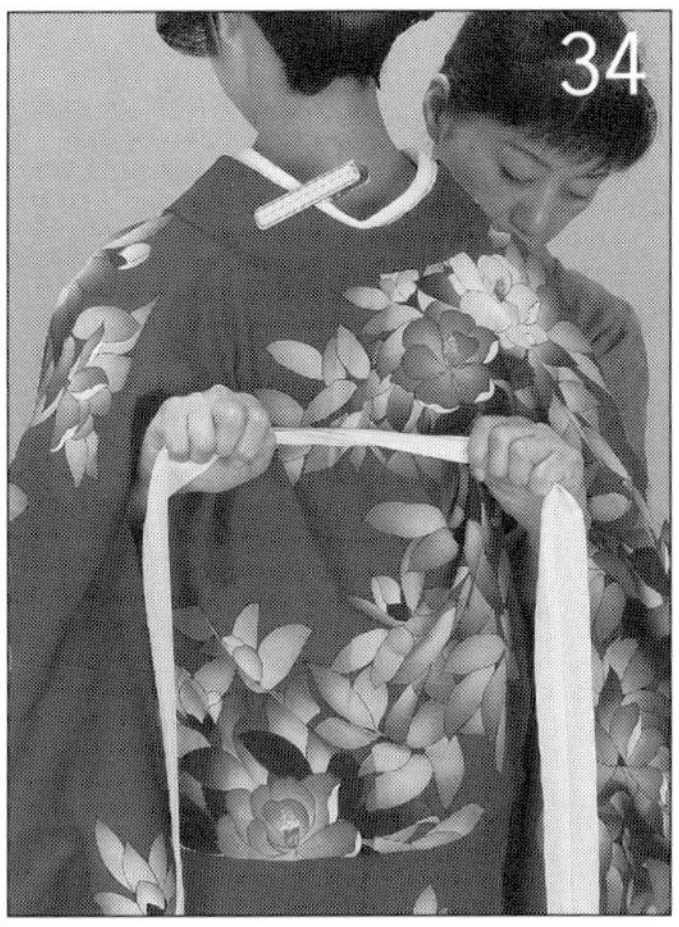

34 背中心で交差して一締めし、一巻き目の紐の上を通って、

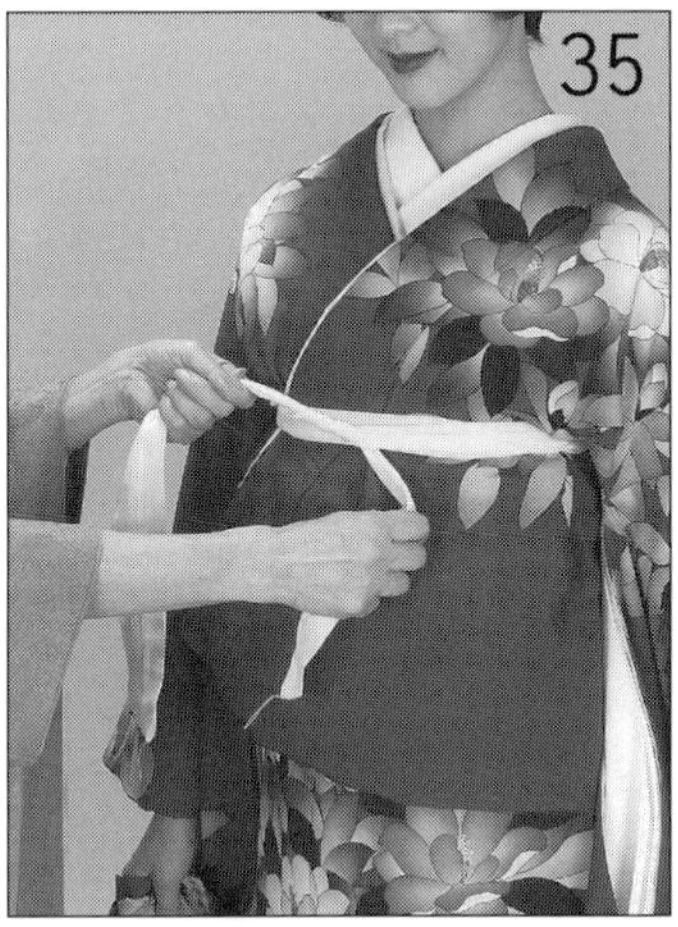

35 そのまま前に廻す。上前の衿の上で2回からげて「ねじり結び」にする。

36 胸紐の締め終わり。胸紐は脇の下いっぱいに締める。

37 袖の振りを、袖下から袖付に向かって揃える。

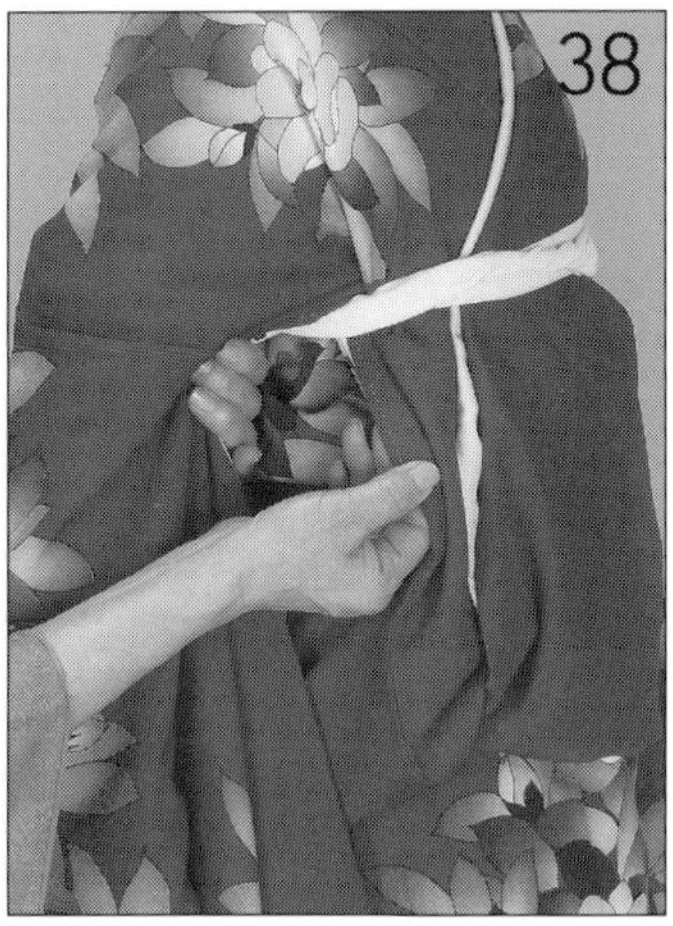

38 袖付のたるみは、身八ツ口で胸紐下に引いて、袖の振りを整える。

39 **ここまでの仕上がり。ここで、衿、裾を一度確認する。**

おはしょりを整える

本振袖の場合は、中振袖に比べて身頃の丈、幅ともたっぷりあるものが多いので、その分、おはしょりが多く残り、処理も難しくなります。整えたおはしょりを紐で押さえておくとよいでしょう。

おはしょりの下線の位置を決め、
*後ろのおはしょり位置
▼背中心の衿付から約38～40 cmが目安。

背縫いを背中心に合わせ、余分を袋状に引き上げ、

胸紐に挟んでおく。身幅の余分は前に送り、

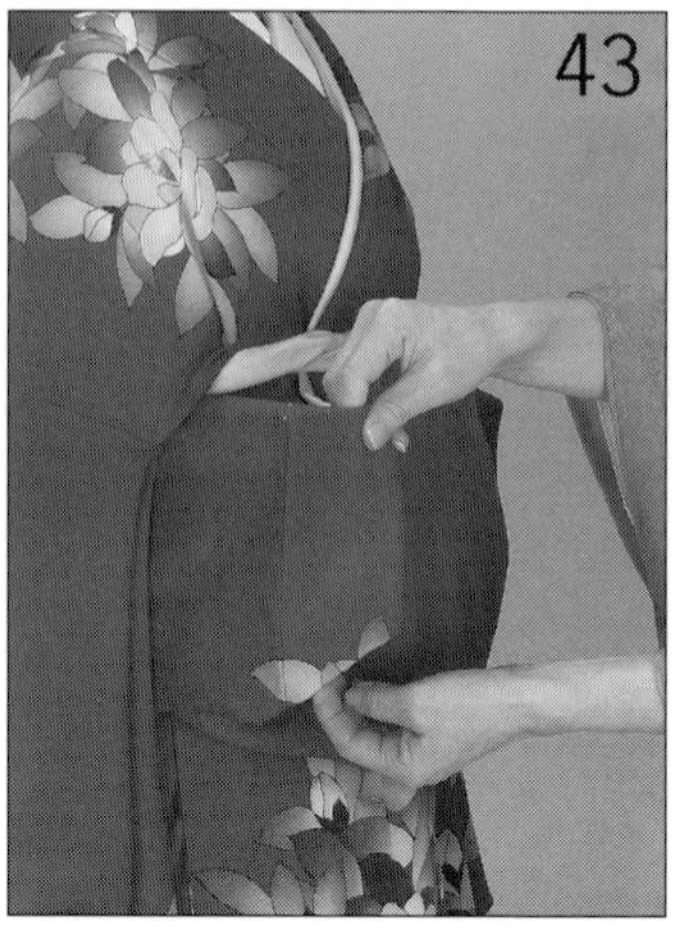

平らに整えて、

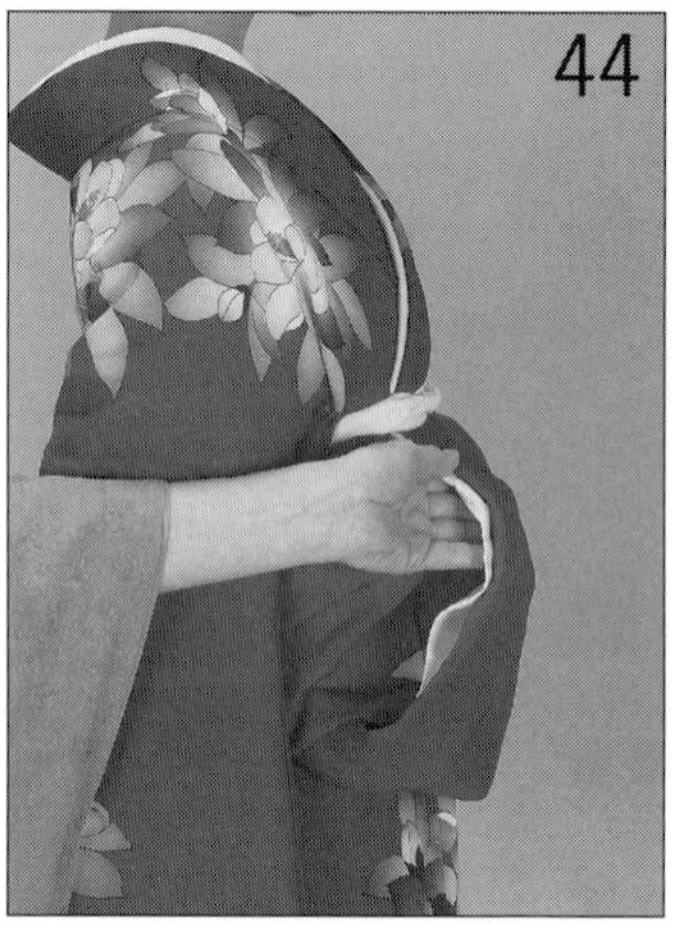

上前衿先の中に送る。そのまま、上前衿先と、

左側の余分を持って上に引き上げ、

左手を上前衿先から中に入れて余分を上げ、右手でおはしょり下線を決めていく。
*前のおはしょり位置
▼前中心の衿合わせから約38～40 cmが目安。

おはしょりを右手で押さえながら、上前の中で、左手を左脇から右に滑らせ、おはしょり下線を整える。余分はウエストの補整も兼ねて、できるだけ脇（くびれた所）に集め、

袋状に、布目を平らに整える。

整えたおはしょりの上部を紐で押さえ、左脇でタックをとり、紐を廻す。

おはしょりを整えた状態。

STEP 2) 本立て矢を結ぶ

〜左肩から右腰に、一本の立て矢を通した「本立て矢」は、立て矢系帯結びの基本型です。背に置く立て矢の角度、帯枕の当て方、丸ぐけの通し方がポイントになります。

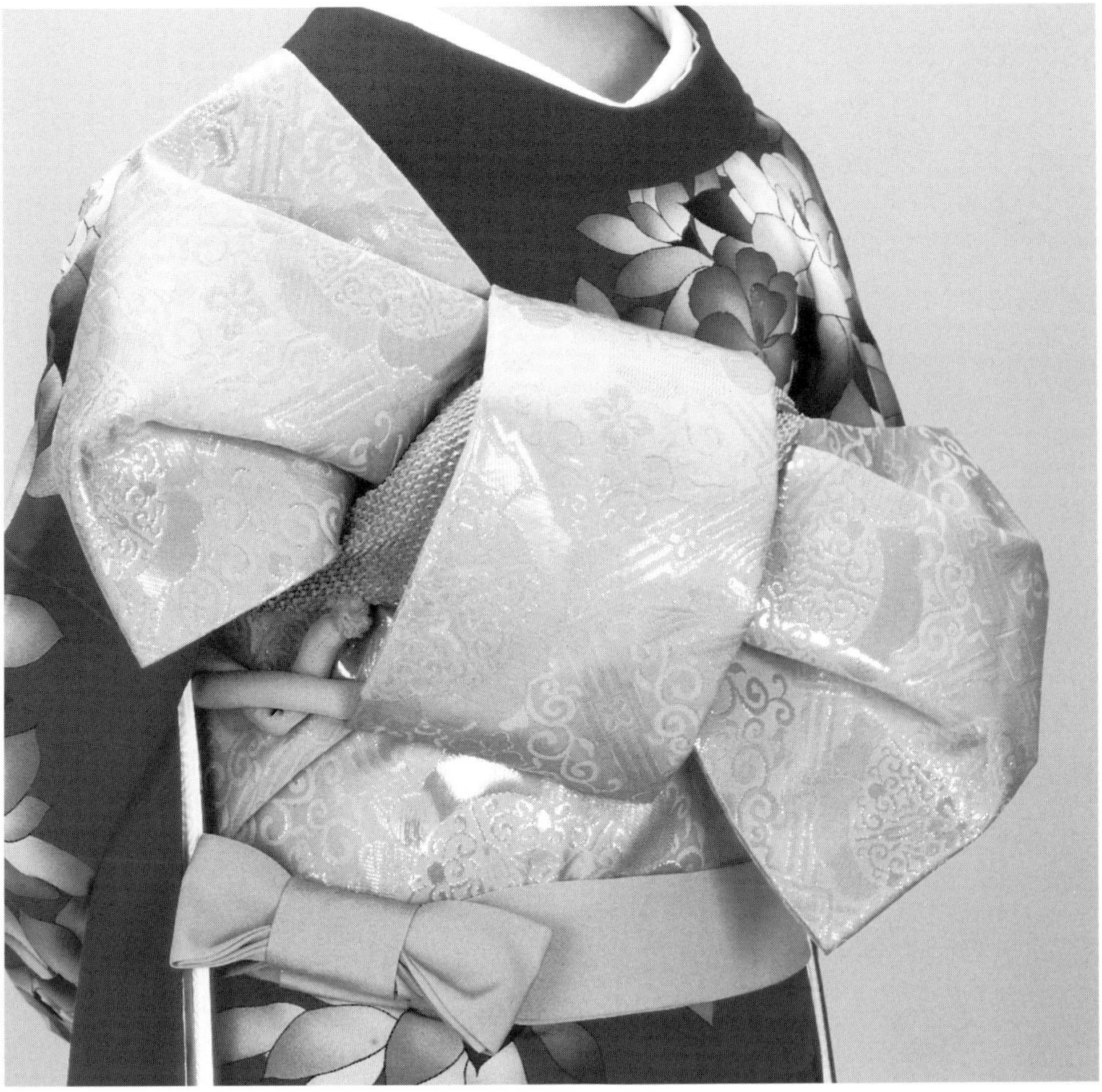

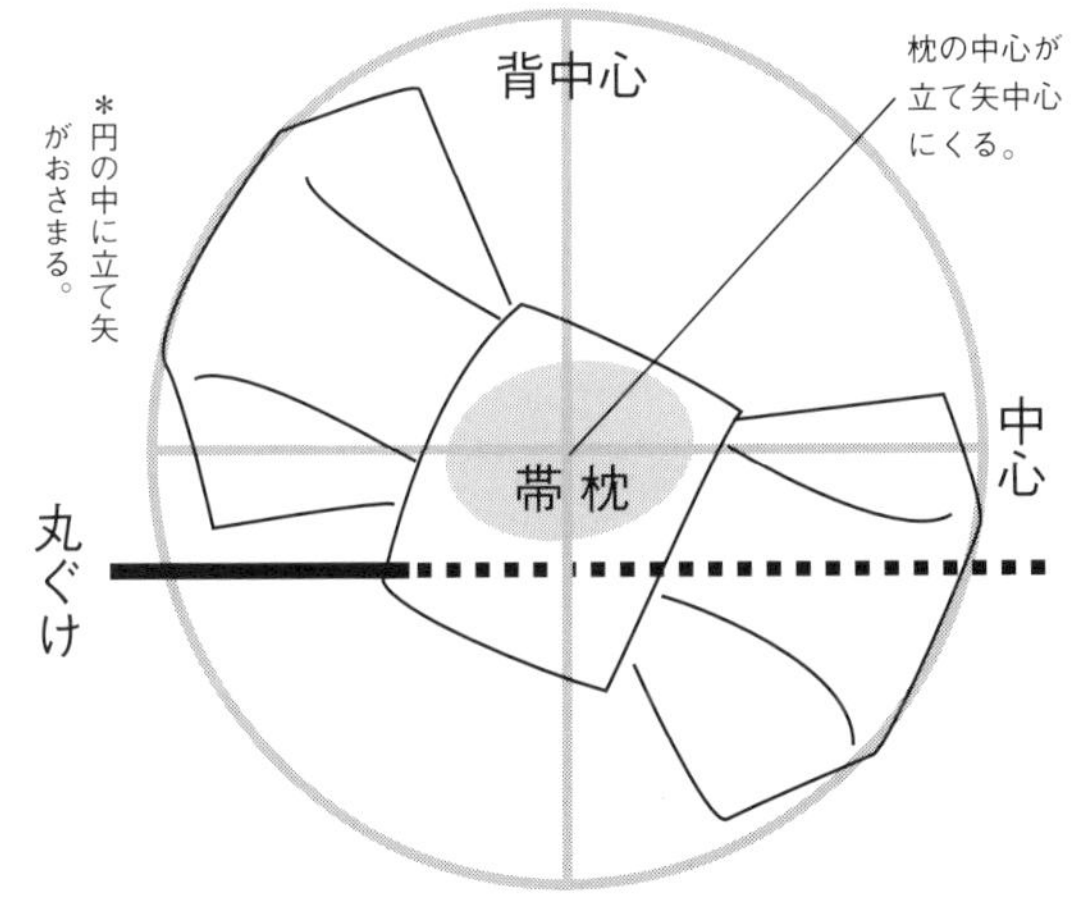
背中心
枕の中心が立て矢中心にくる。
＊円の中に立て矢がおさまる。
中心
帯枕
丸ぐけ

本立て矢のポイント

・立て矢の羽根の長さ▽約50cm（左肩から右腰まで）。
・立て矢をおさめる角度▽45度
・立て矢中央のお太鼓部分▽立て矢の羽根に対して垂直に下ろす。
・丸ぐけ▽胴帯に水平に廻す。
・帯枕▽上部を背にぴったり付ける。

伊達巻を巻く

伊達巻は下から上に、胴帯幅の内側におさまるように巻いていきます。

51

伊達巻は、下部を締めていく感じで、下から上に巻いていく。

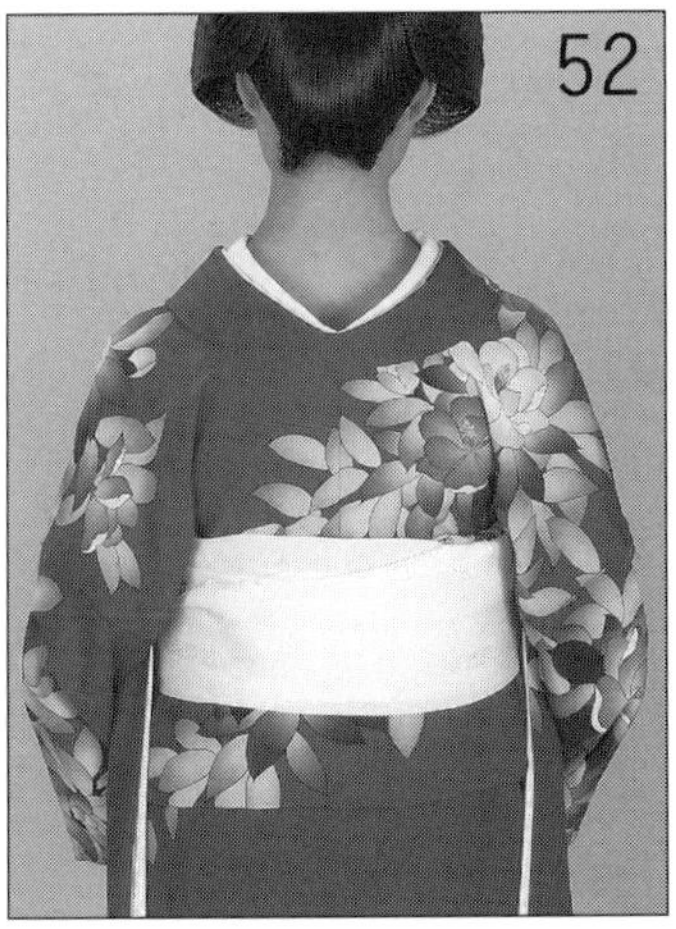
52

後ろは布目を平らに巻いていき、

53

帯幅の内側におさまるように巻く。

丸帯を胴に廻す

帯は、胴に廻しやすいよう前もってたたんでおきます。

ただし、帯の柄に上下がある丸帯で結ぶ場合は、タレ側をテとしてたたんでおきます。テ先をそのままテとすると、結び上がった時に、立て矢・お太鼓部分の柄が逆柄（柄が下を向いてしまう）になってしまうからです。

01 たたんだ丸帯を、帯板2枚と共に左腕で持ち、テの輪を左脇下から前に通す。右脇下からテの輪を後ろに引き抜き、帯を胴に一巻きする。

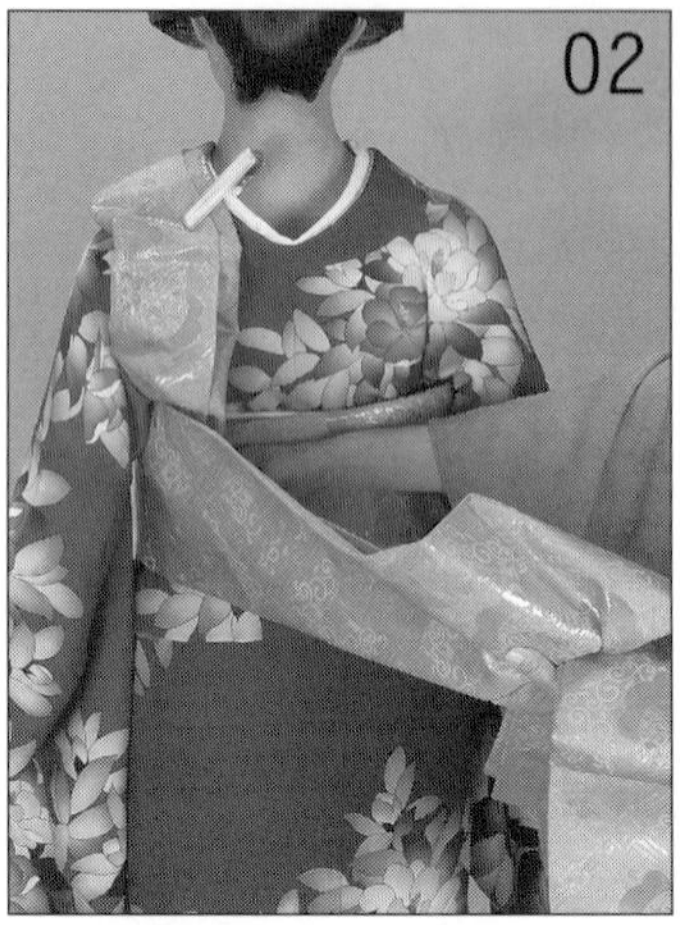

02 テの長さを約60cm程とって左肩にあずけ、テ元を右手の甲と指先を使って左脇まで廻し、

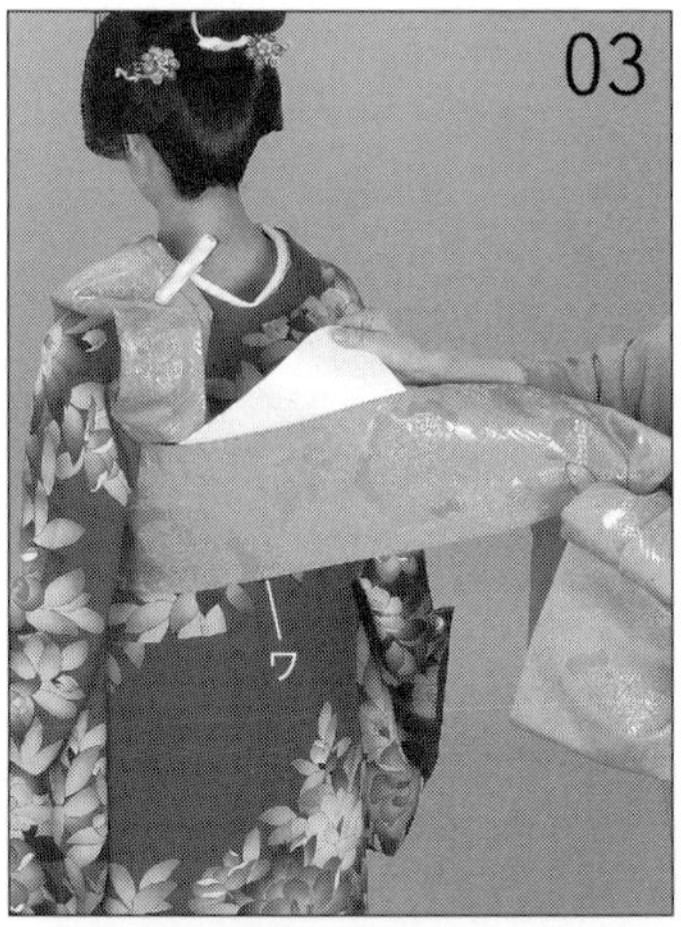

03 帯板を胴帯下部のワまで差し入れる。

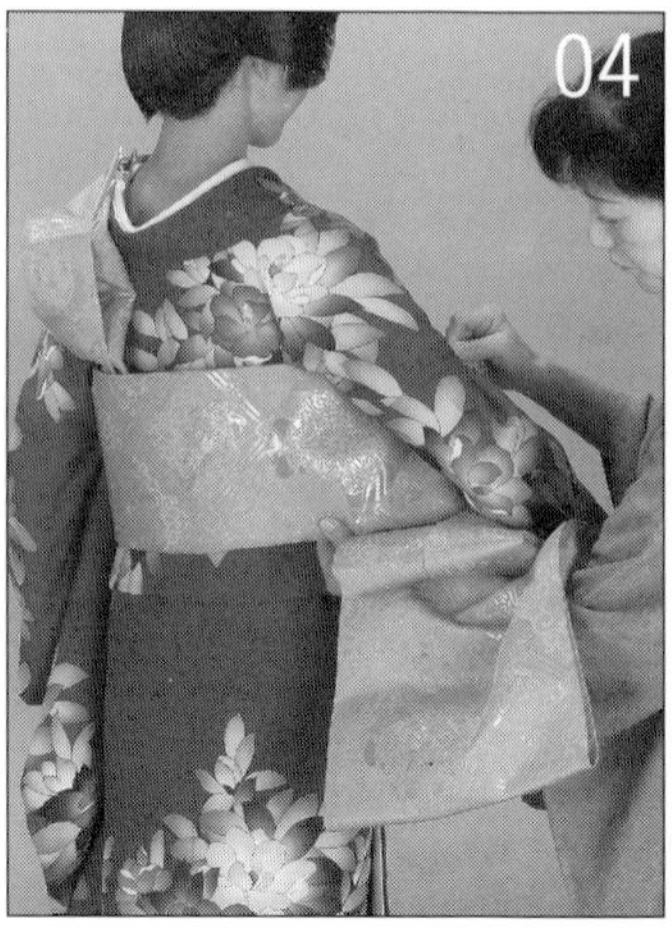

04 胴帯幅を整えて右脇まで廻し、右脇の下で胴帯下部のワを押さえ、帯を前に廻す。

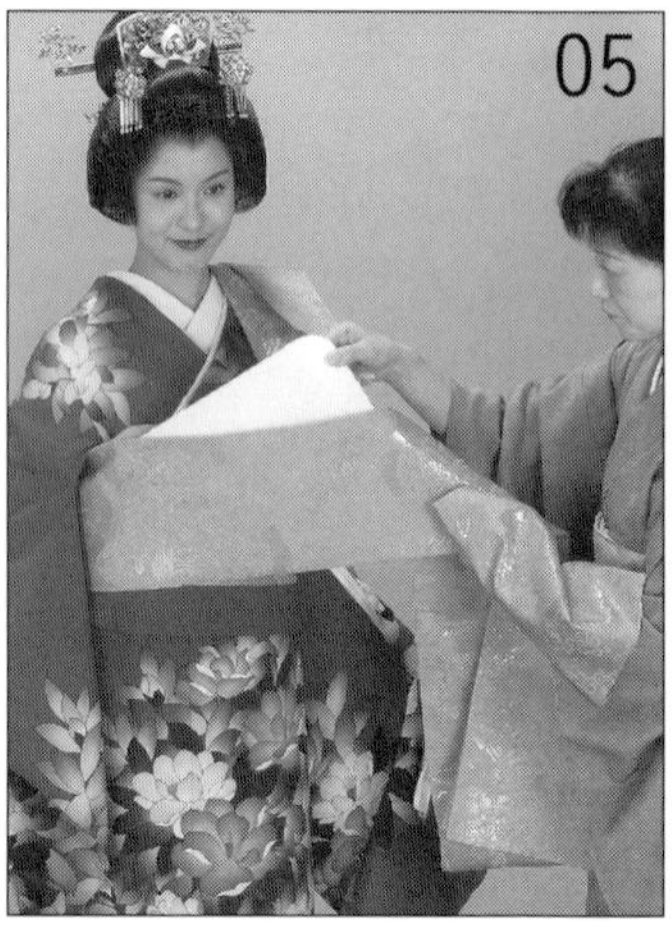

05 前で、帯板を胴帯下部のワまで差し入れ、

06 胴帯幅を整えて左脇まで廻し、

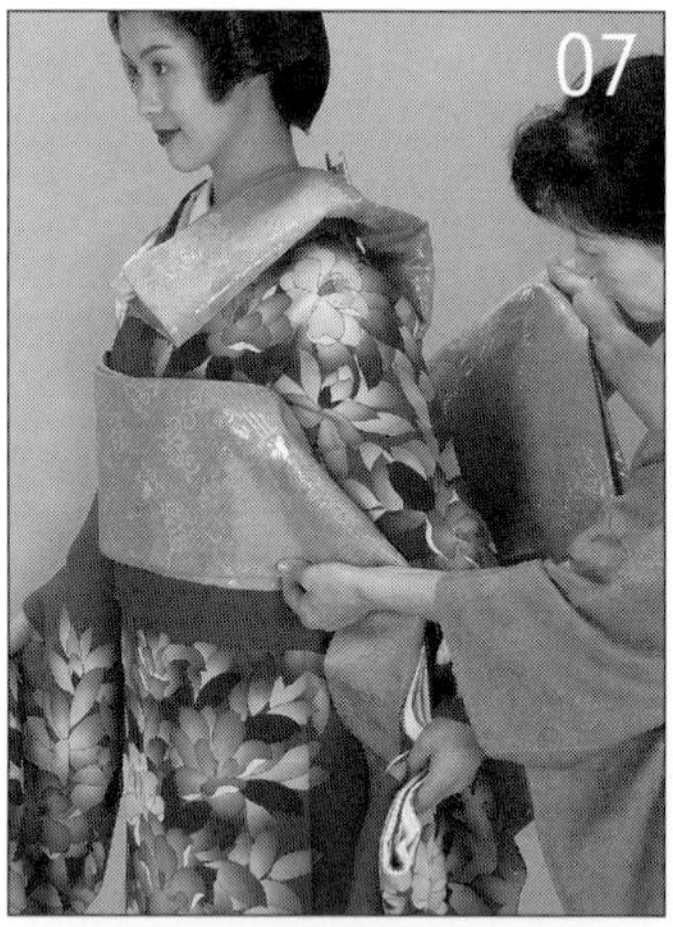

07 左脇で胴帯下部のワを押さえて、残りの帯を左脇下から後ろに廻す。

08 帯幅を、左脇から斜めに折り込んで細く整え、

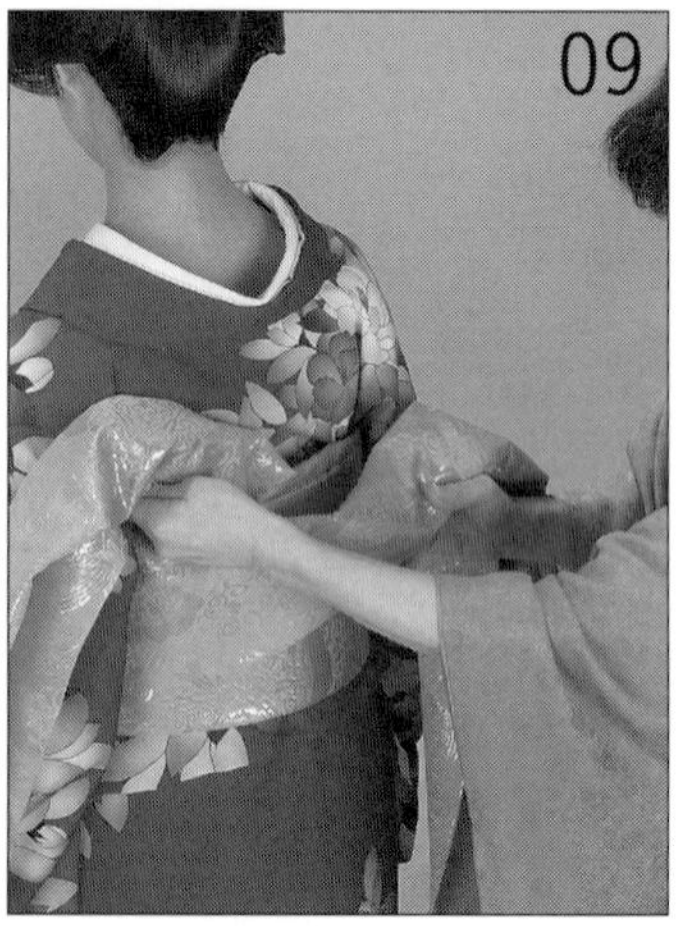

09 テ元とタレ元を持って一度締め、

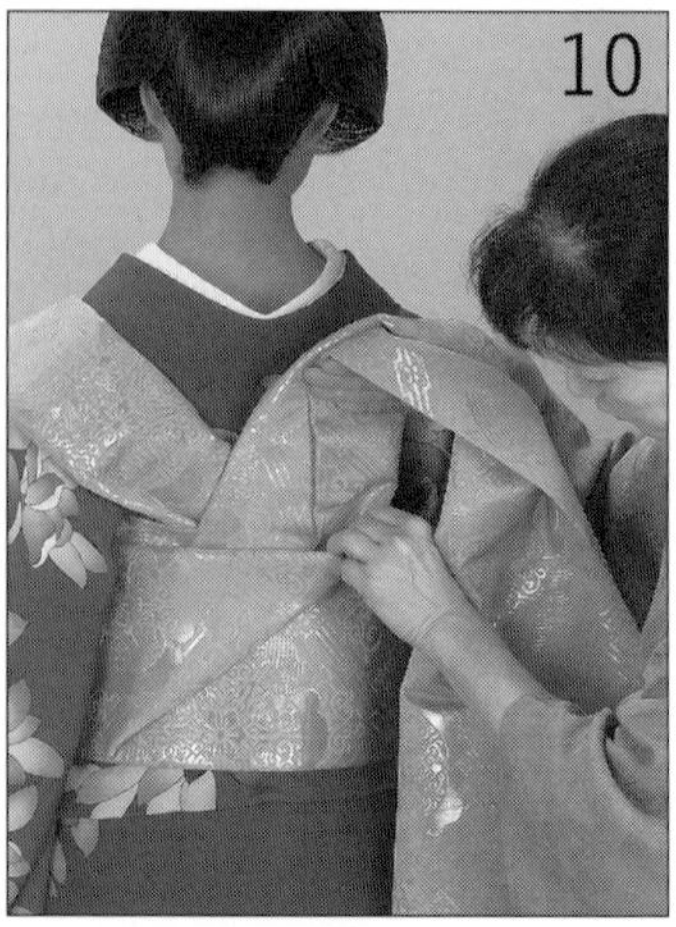

10 タレ元を左脇から、内側に三角に折り上げる。

11 さらに折り込んで、タレ元を細く整える。

立て矢を結ぶ

立て矢の羽根の長さの目安は約50cm（体型に応じて加減する）。左肩から右腰までの長さです。柄に上下のある帯で結ぶ時には、立て矢の羽根の柄が下を向かないように注意しましょう。

帯枕はやや右上がりに、枕の上部を背にピッタリつけるようにして、背におさめます。

テ元を、背中心から5cm引き戻し、

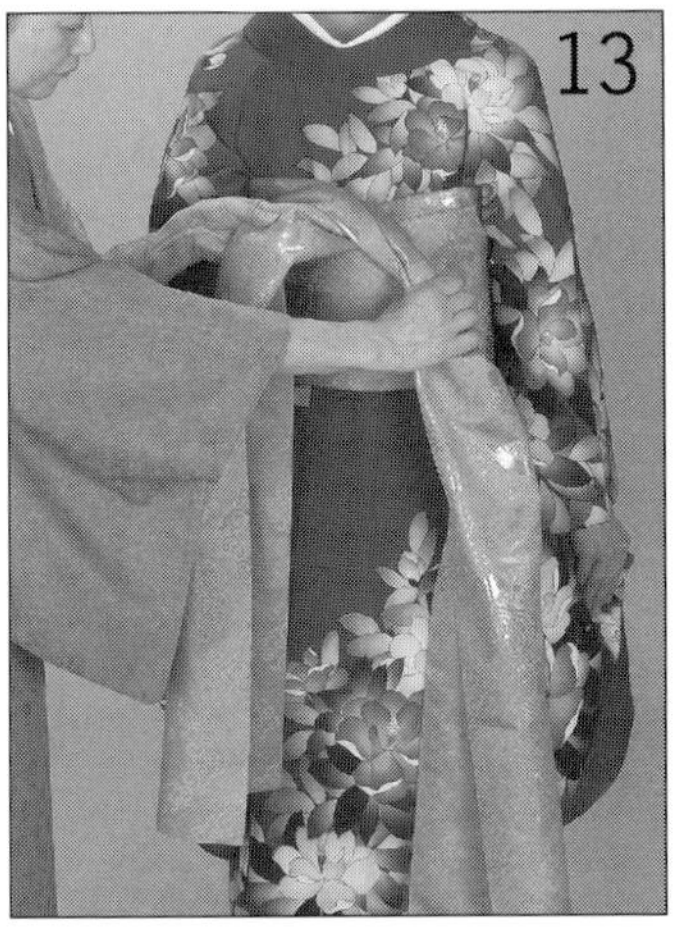

背中心で、タレを上に交差し、テ幅の左1/3の所が背中心にくるようにテ元を上げ、

三重ゴム紐で押さえる。テ先は右肩にあずけておく。タレで立て矢、テ先で中央のお太鼓部分をつくっていく。

タレ元の余分は小さくたたんで、

胴帯・帯板の奥に入れ込む。

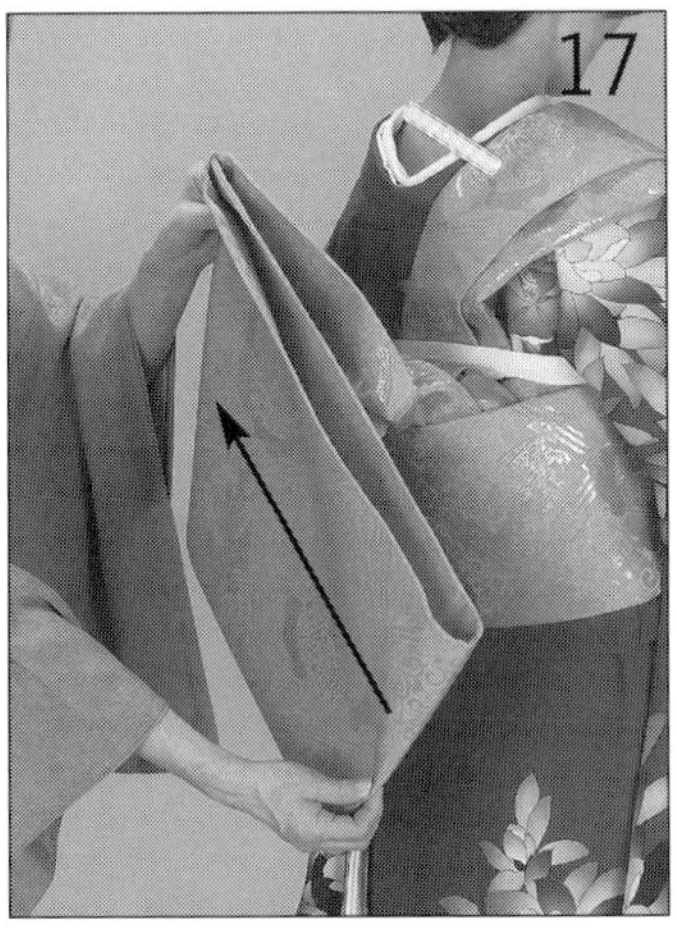

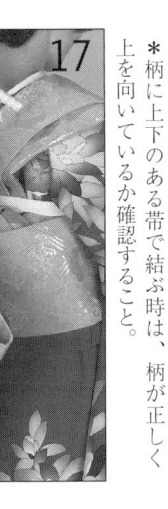

タレ先を背に当て立て矢の寸法（約50cm）を決め、タレ元までたたむ。

＊柄に上下のある帯で結ぶ時は、柄が正しく上を向いているか確認すること。

テ元を上げる時　帯結びのキメテ1
テ幅の左1/3の所を背中心に

※背中心で、テを下、タレを上に交差して、テ元を上げる時に、テ幅の左1/3の所が背中心にくるようにすると、結び上がった時に、立て矢中央のお太鼓部分が背中心におさまる。

柄に上下のある丸帯で結ぶ時のポイント　帯結びのキメテ2

①立て矢中央のお太鼓部分の柄が正しく上を向くように…
▶前もって帯をたたむ時に、タレをテとしてたたむ。

1 「テ」で、立て矢中央のお太鼓部分を、「タレ」で立て矢を作る。

2 柄に上下のある丸帯の場合は、テの柄が逆柄（柄が下向き）になるので、正柄（柄が上向き）になるよう、タレをテとして用いる。

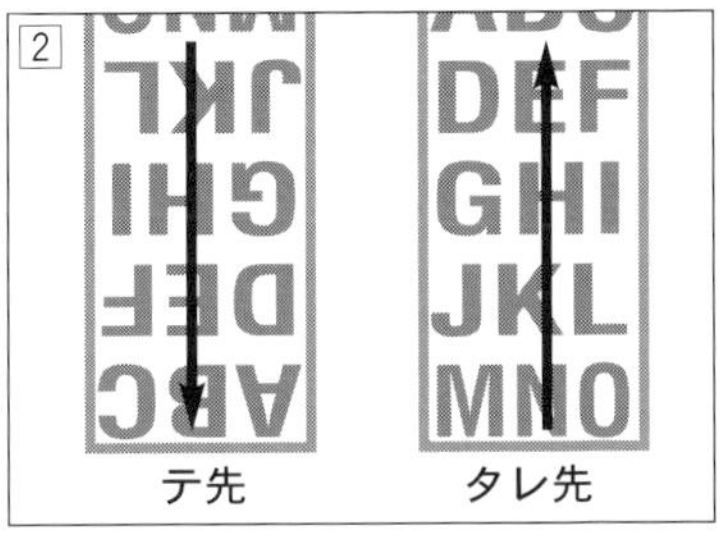

②立て矢の柄が正しく上を向くように…
▶たたんだタレの内側にあるタレ先を下にして、背に置く。

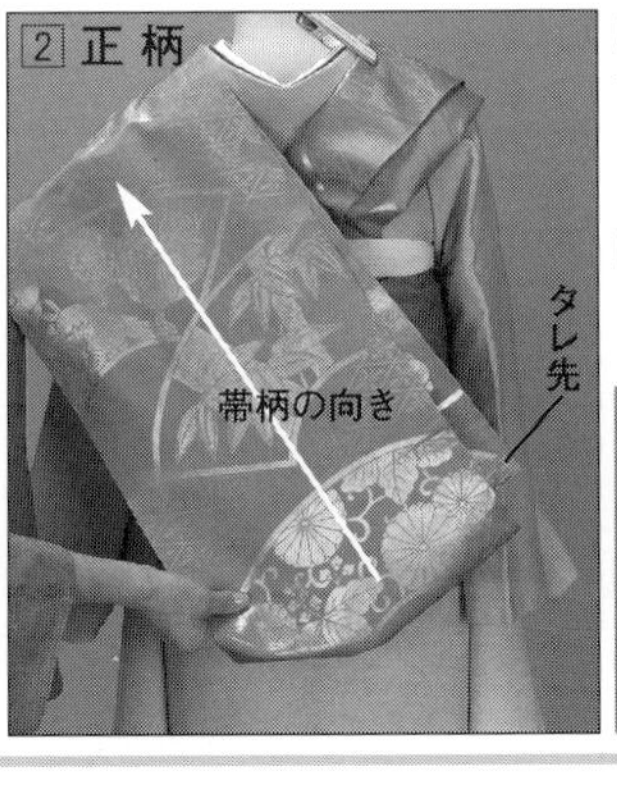

1 本来はテとして用いられる方をタレとしているので、タレ先を左肩においてしまうと、帯の柄が下を向いてしまう。

2 タレ先を右下におけば、帯の柄が上を向き、立て矢の柄がきちんと上を向く（正柄）。

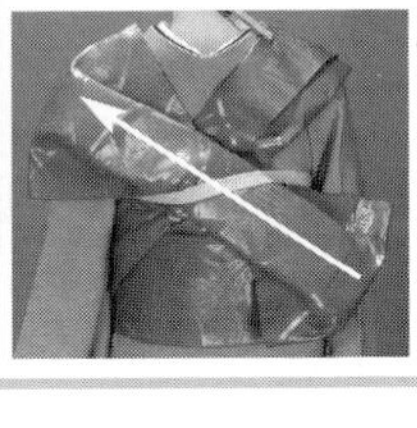

◀タレ先を右下におき、立て矢を形づくって背におさめたところ。

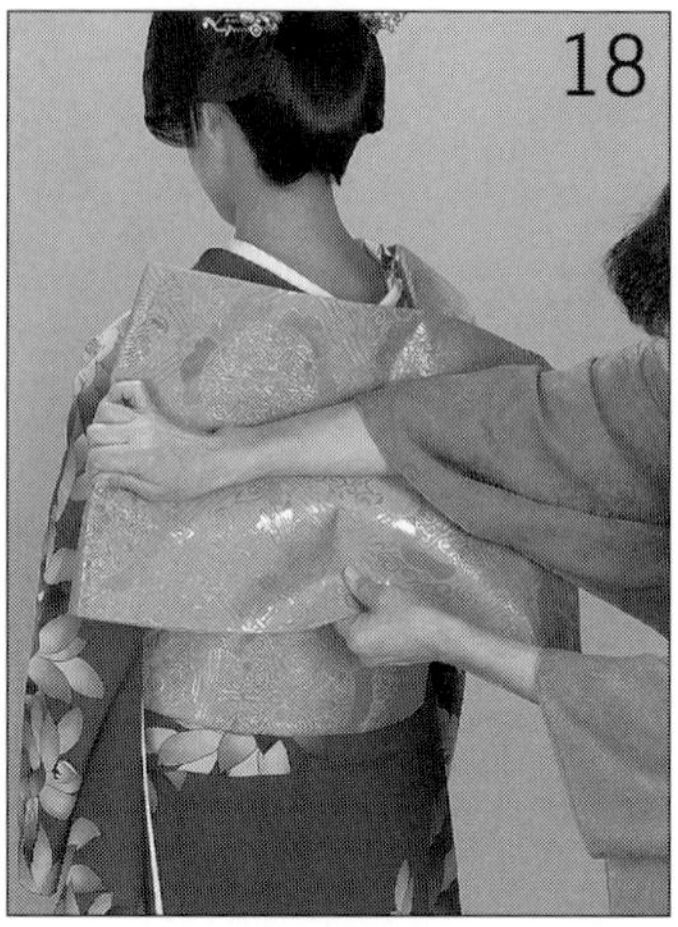

たたんだタレを背に置き、右手で左の折り山・下1/3の所を持ち、右腕で立て矢の中心を背に押さえて、

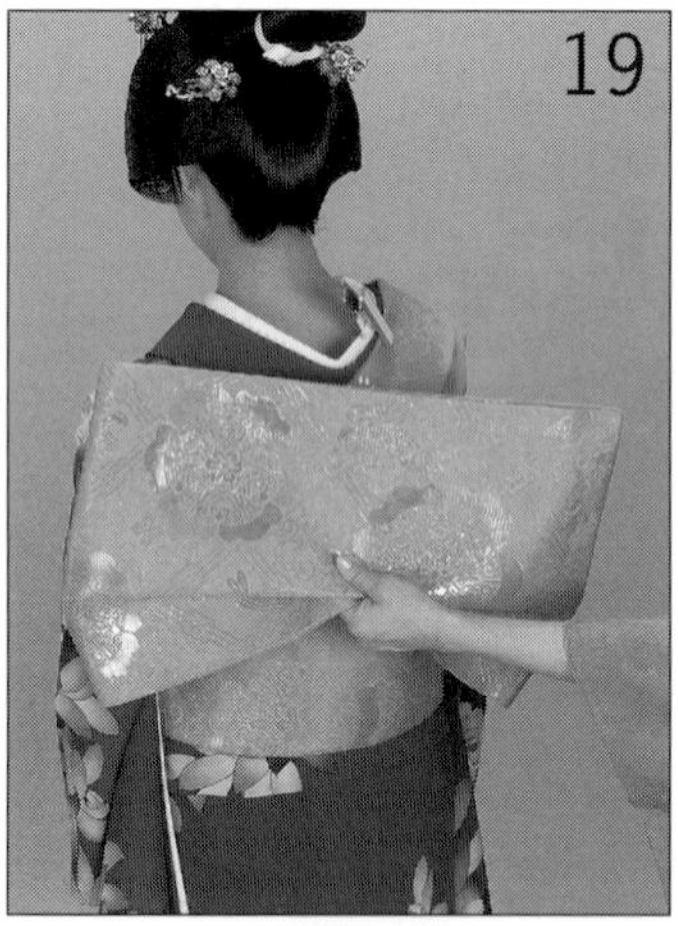

立て矢中心の下1/3を内側に折り上げ、立て矢両端までヒダを通す。

上部にも同様にヒダをとり、両端までヒダを通す。

立て矢中心のヒダ元・上下に、深くヒダをつまみ、

立て矢を背に斜めに置き、

左肩の羽根を、三重ゴム紐に下から上に通して背におさめる。

＊クロス掛けにしないこと。

帯揚げを掛けた帯枕を、背中心に、やや右上がりに当てる。枕の上部を背にピッタリつけるようにして、枕の右紐は右羽根の上、

左紐は左羽根の下を通して前に廻し、締める。

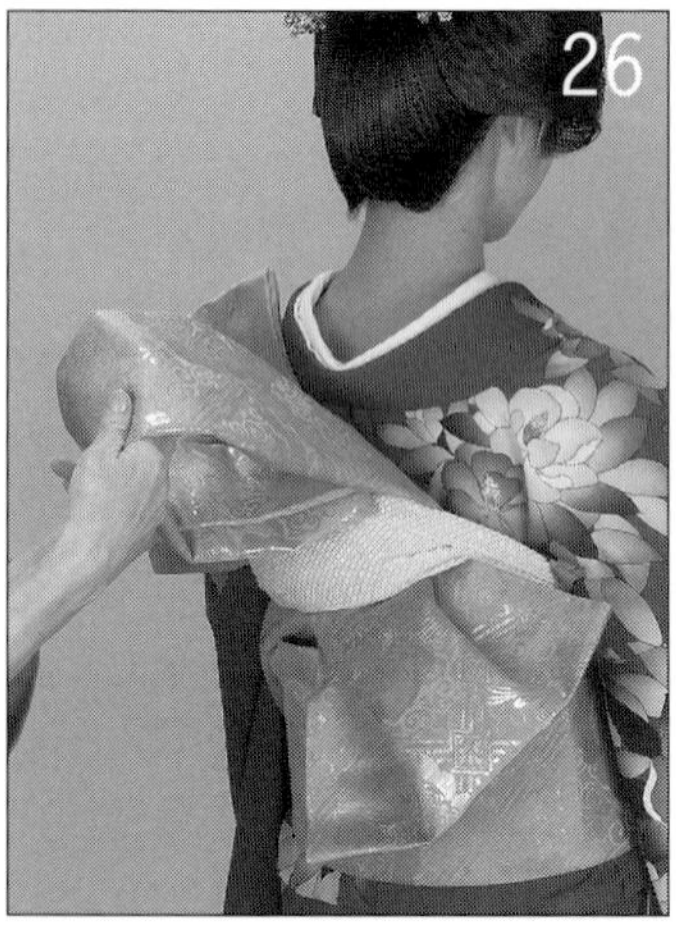

テ先を、立て矢に対して垂直に下ろし、お太鼓の長さを決め、テ先の余分は裏側（帯枕の上）に折り上げる。

＊テ先が長い場合、または帯山を高くしたくない場合には、テ先を胴帯の中に入れ込みおさめる。

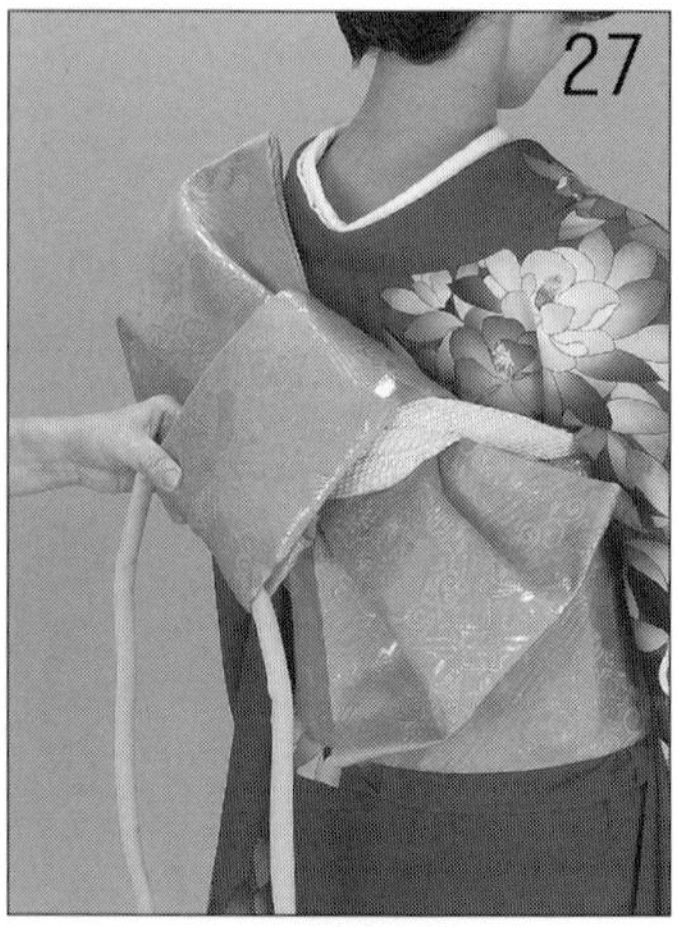

丸ぐけを通し、締める。

立て矢の結び上がり。

＊丸ぐけは、胴帯に対して水平に廻し締める。

お引摺り／黒振袖の着付と帯

Part 5

お引摺《ひきず》り／黒振袖の着付と帯

STEP 1 着付のポイント
STEP 2 立て矢系「相生結び」
STEP 3 花嫁のしごき

黒振袖・お引摺りのお仕度は、床に引いた裾の流れるようなライン、褄をとった時の裾、しごきの揺れ動く様が、打掛とはまた違った美しさ、愛らしさを感じさせます。

立ち姿のシルエットがポイントとなる装いですので、黒振袖の着付では、黒縮緬裾模様のきものの重さを生かした技術が求められます。

本来、お色直しに着用していた黒裾模様の振袖が、挙式に着られるようになったのは、開国以降、江戸末期から明治にかけてのことで、髪は御殿女中風の髪型を真似て高島田となり、櫛、笄、花笄を飾りました。

大正時代になると、打掛はよほど裕福な家庭の子女に限られ、一般の婚礼では留袖か中振袖の黒縮緬裾模様のきものが花嫁の装いとなります。

昭和三十年代後半以降の高度成長期には、打掛やドレスが人気となり、黒振袖の花嫁姿はあまり見られなくなりますが、最近ではまた、黒振袖の裾を引いた姿、褄をとって歩く姿に憧れ、挙式やお色直しで黒振袖のお引きのお仕度を希望されるお嬢様が増えてきています。

STEP 1) 着付のポイント

長襦袢の衿と裾

▼喉下の凹みを隠して衿を合わせる。前中心で、左右の衿がほぼ直角に交差する。
▼肩山／衿山と首の間には指1本分の余裕を。
▼衿先は脇の下いっぱいに合わさる。

▼衿抜きの角度／背に対して60度。
▼タボ先～背中心・衿山までの距離／一手分（約13～15cm位）

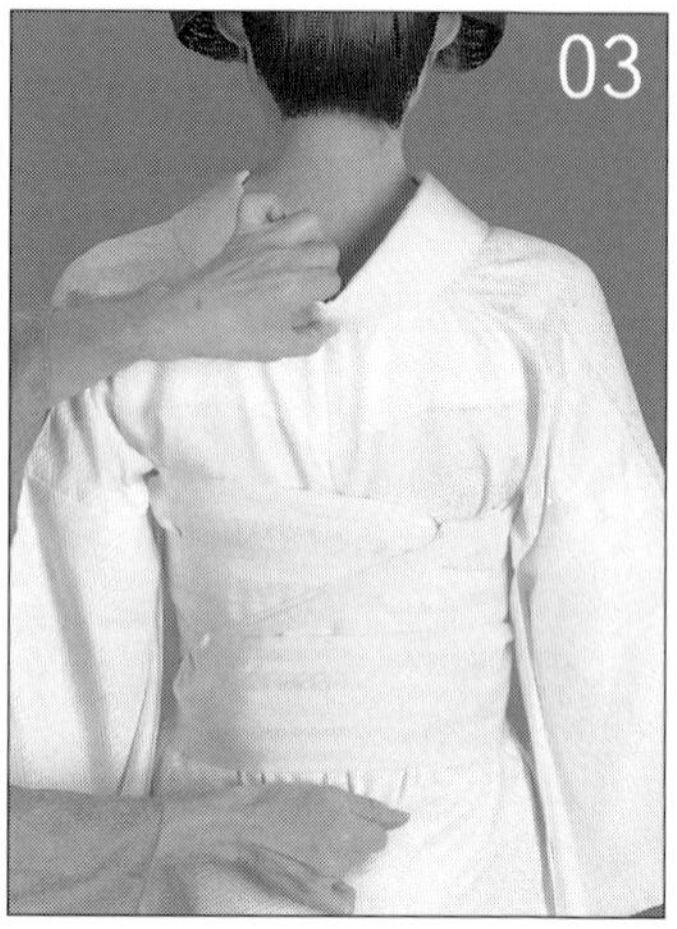

背中のたるみをとり、衿くずれを防ぐ。
▽背中心の衿付を固定し、伊達巻の下に残しておいた身頃の余分を、背縫いの所で下に引く。左右の衿肩の所も同様に下に引いておく。

▼背縫いは背中心に。
▼衿の形／丸みのあるV字型に、衿山を内側に向け、すっきり整えると、衿を抜いていても背中が広く開かず、首も細く見える。

横から見た着せ上がり。
裾丈▽くるぶしが隠れる位の長さ。お引摺りに着付ける場合、裾の前が開くので、足首が見えないように、やや長めにする。

前から見た着せ上がり。
長襦袢は着物姿の土台となる大切な部分。左右対称にきちんと着せる。

お引摺り 着付のポイント

基本的に、掛下着付と同じです。

床に引く裾の長さの目安は、約18～20cm位。半衿幅は、肩山で約2.5cm、前中心で約4～4.5cm位、見せます。

衿先（衿下から約20cm位の所）を持ち、前中心で左右の共衿、衿先を合わせ、背中心を確認する。

着付のキメテ 1

打掛と振袖、半衿の幅は振袖の方が広くなる!?

※同じ花嫁に、打掛と振袖を着せる場合のことを考えてみましょう。

❶打掛の場合は、長襦袢、掛下、打掛の、3枚の衿が重なります。

❷振袖の場合は、長襦袢、振袖の2枚の衿が重なります。

❸同じ花嫁に着せる場合、肩幅は変わりませんから、肩に乗る衿の枚数と肩幅を考えると、半衿幅の目安は前中心で4～4.5cmを目安としますが、実際には、打掛よりも振袖の半衿の幅の方が若干、広くなります。

片手で左右の衿先を前に引いたまま真横に立ち、もう一方の手で背縫いの所を持って、裾の長さを見ながら引き上げ、裾丈を決める。

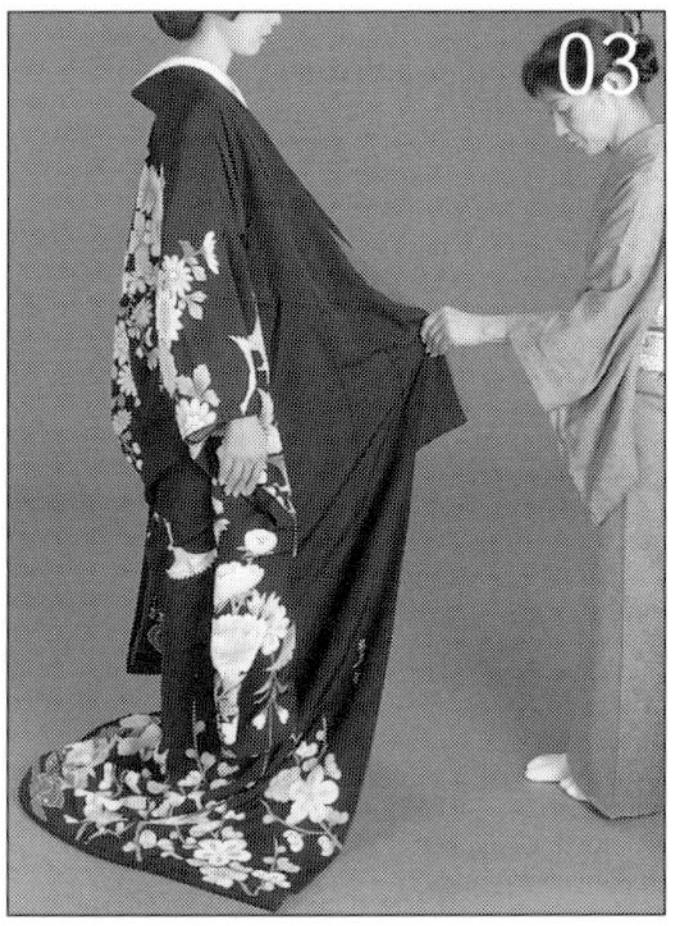

決めた裾が下がらぬよう、衿先を前に引いたまま、左右の衿先をそれぞれ持つ。

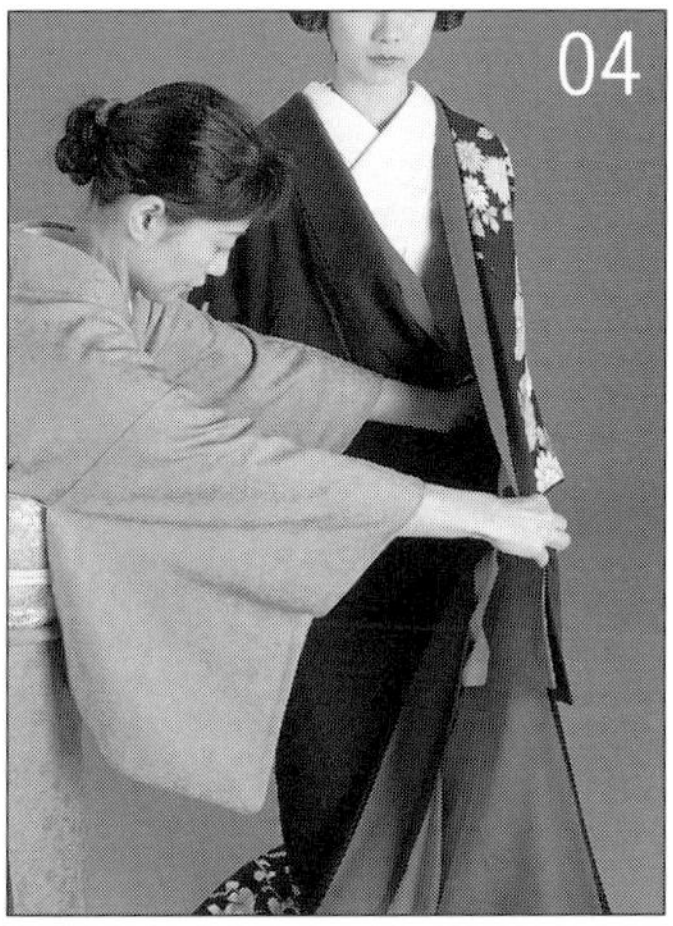

下前衿先を、左腰骨・上の奥まで深く合わせ、

左手腕で下前衿先を押さえたまま、上前を合わせる。

裾を合わせた所。

上前衿先は、右腰骨・上、やや前寄りの位置で、余分をこのように一折りする。

腰紐を締め、衿元、胴回りを整える。この時、裾の長さを再度確認し、衿先を引いて裾丈を調整する。

衿を合わせ、タック、前後の身八ツ口を合わせて（左右とも）、

胸紐で押さえる。

胸紐と腰紐の間の身頃の余分を、伊達巻で押さえる。伊達巻は下から上に、胴帯幅の内側におさまるように巻いていく。

お引摺り着付の仕上がり。

STEP 2) 立て矢系「相生結び」

～立て矢の上に扇二枚を飾った「相生《あいおい》結び」は、夫婦が深い契りで結ばれて、ともに長生きすることの象徴とされる“相生の松”に由来する結婚式にふさわしい、お目出度い帯結びです。花嫁の基本的な帯結びとして、きっちり結べるようにしましょう。

帯結びのキメテ 1

胴帯・両脇の上端を斜めに折り込んでおけば当たらないし苦しくない

前中心で一巻目と二巻目が交差するように帯を廻せば前上部が空いて苦しくない

テを60cm位とり、帯を胴に二巻きし、タレ元を左脇から斜めに細くたたみ、

背中心で、内側に三角に折り上げ、

さらに、もう一折りしてタレ元を細くたたむ。

テを下、タレを上に交差し、テ元を上げて、

三重ゴム紐で押さえる。タレ元20cm位を一折りして、

胴帯・帯板の奥に入れ込む。

タレ先に六枚ヒダをたたんで扇をつくり、

三重ゴム紐に、下から上に通して、右の背におさめる。

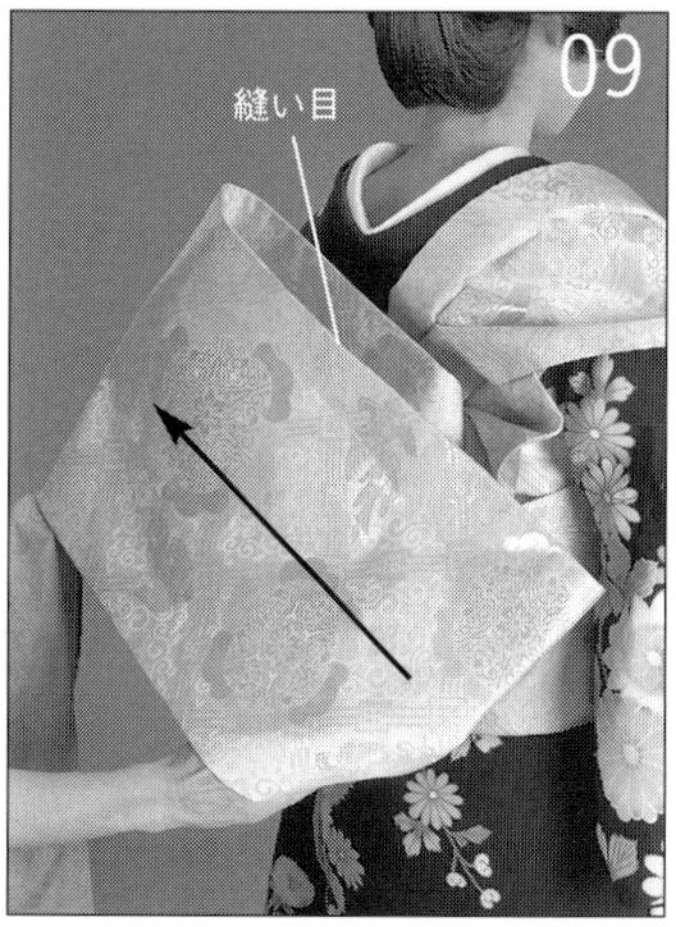

残りのタレの輪を、柄の向きに注意して背に広げ、柄行き、体型を考慮して立て矢の羽根の長さを決める。

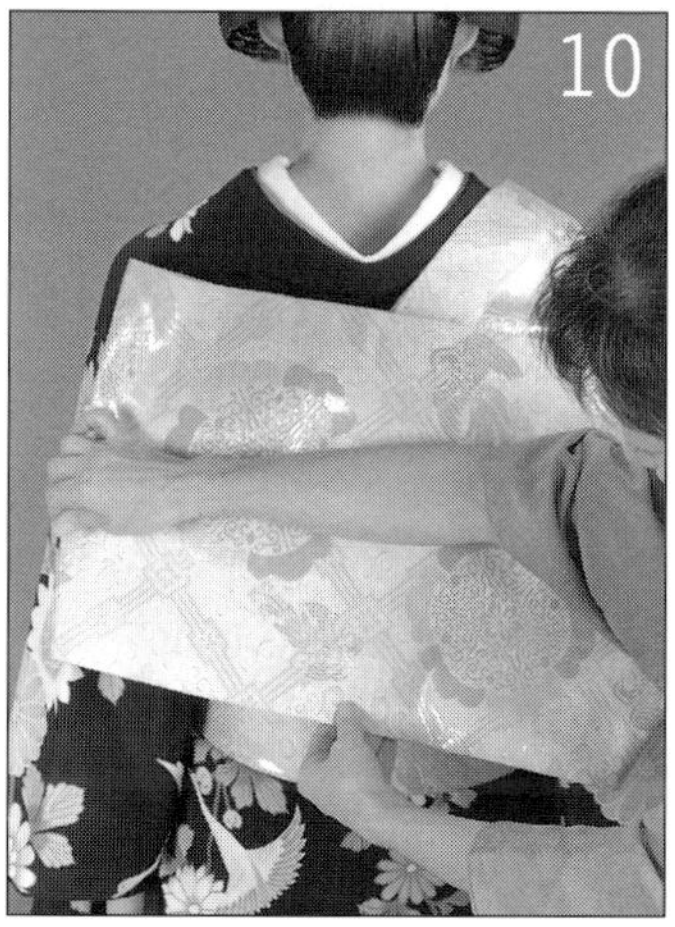

立て矢・左端の折り目を通し、下1/3の所を右手で持ち、右腕で立て矢中心を押さえて、

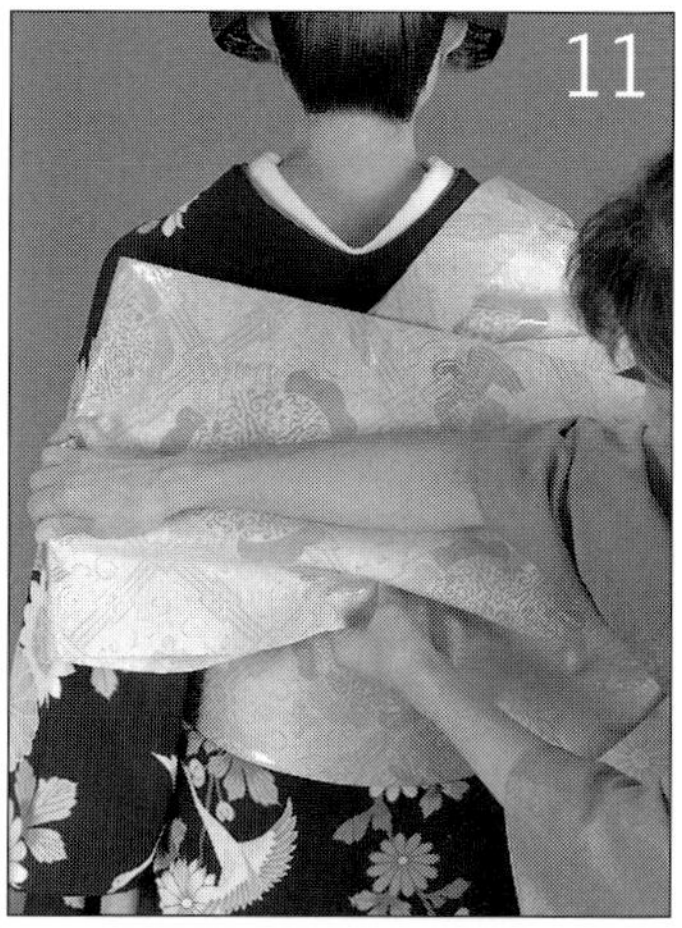

背中心で、帯の下端二枚を、一つ折り込み、

中心から左、右と、折り目を通す。

帯の上端二枚も、背中心で一つ折り込み、中心から左、右、と折り目を通す。

帯の下端を中心でつまんで陰ヒダをとり、

上端も同様に、ヒダを取り、箱ヒダの下に入れ込む。

立て矢の羽根を通し、背中心に対して45度に置く。

立て矢中心に、帯揚げで包んだ帯枕を置き、

その上にテを下ろす。

テ先も、六枚ヒダにたたんで扇をつくり、先を内側に一ひねりして、

帯枕の左紐に下から上に通して、左羽根の元に出す。

枕の紐から帯揚げを外し（脇まで）、枕の紐をもう一度締め直す。紐先は胴帯・帯板の奥に入れ込みおさめる。

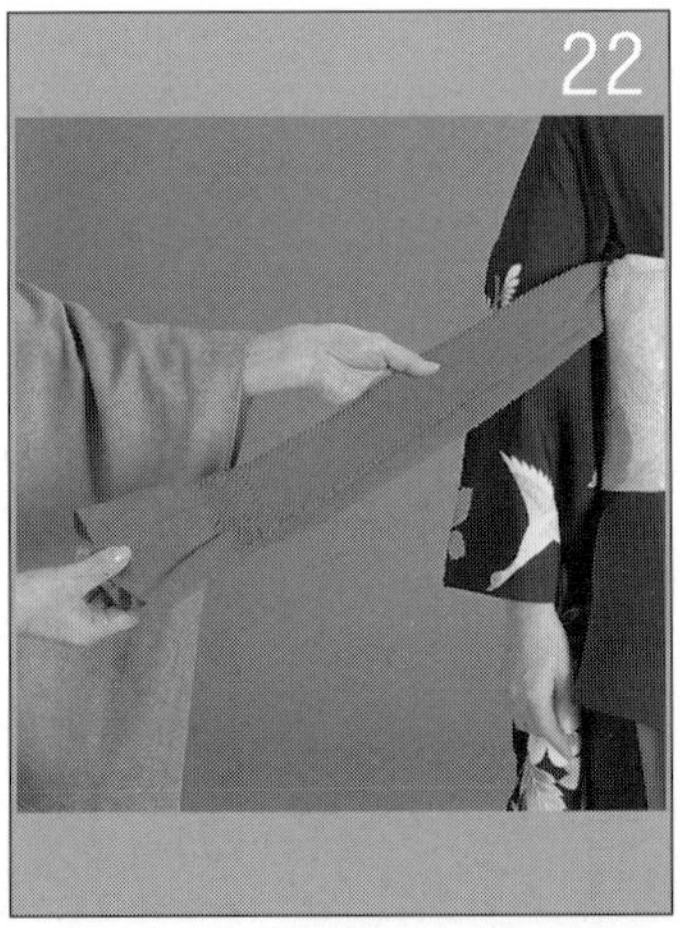

帯揚げを、右脇から幅1/3にたたみ、

帯の上端にかけ、左胸下で、先を帯と着物の間に入れ込みおさめる。

反対側も同様に、左脇から幅を1/3にたたんで帯の上端にかけ、前中心で下の帯揚げと交差し、

右脇で、先を帯と着物の間に入れ込み、おさめる。

お太鼓になる部分を亀甲にたたみ、テ先の残りは裏側に折り上げる。丸ぐけを通し、胴回りの帯に水平に、前に廻して結ぶ。

丸ぐけの先は、最初に廻した帯〆にそわせて脇まで廻し、脇で紐先が上を向くように、はさみおさめる。前中心の結び目を少し下に落とす。

丸ぐけの結び上がり。

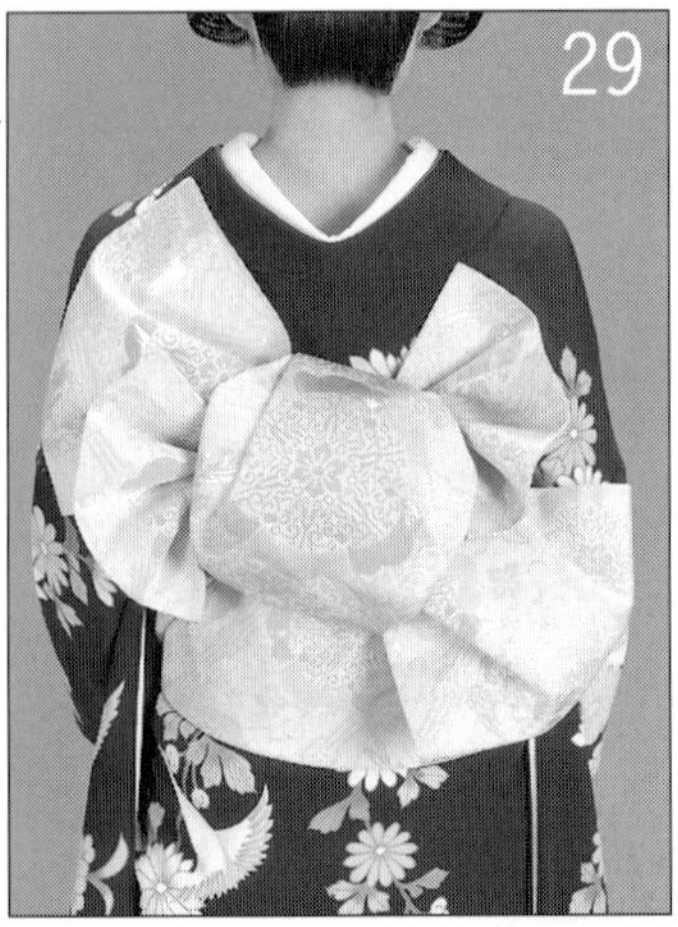

「相生」の結び上がり。

しごきを締め、筥迫をおさめる。筥迫は上前の衿に、筥迫のカドが上前・衿付までくるようにおさめる。

STEP 3) 花嫁のしごき

〜しごき帯は、主に、お引摺りに着た花嫁の黒振袖と
七五三・七歳女児の晴れ着に用いられ、
後ろ姿を、美しく、また可愛らしく飾ります。
左腰に、左右のしごきの先を揃えて、
結び目が下がらぬよう「両花」に結びます。

＊場合により、胴に廻すしごきの前にのみ、半紙を芯に入れることもあります。

01

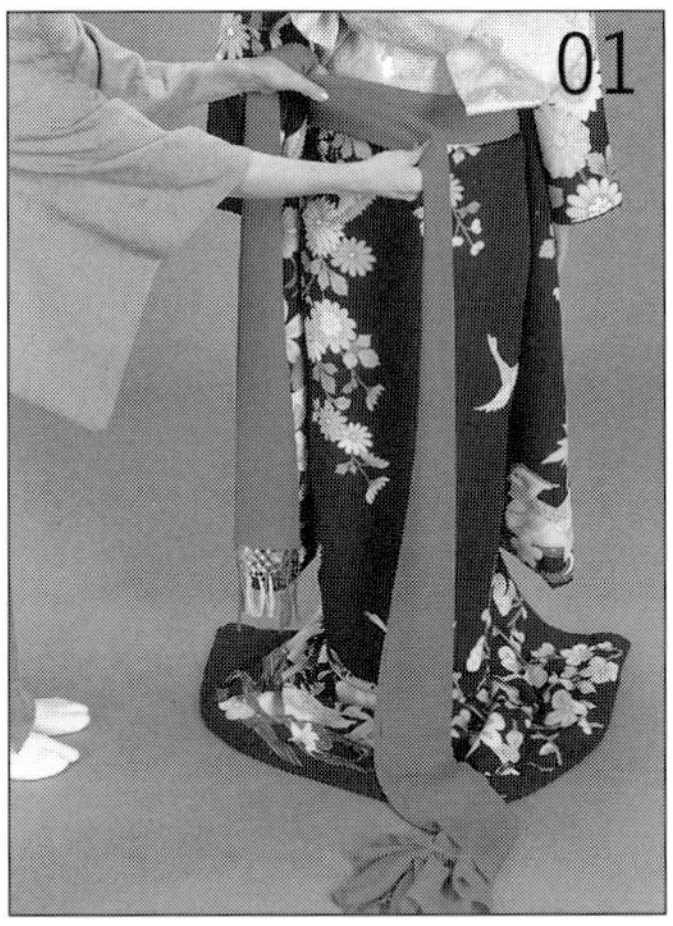

しごきの帯幅（約30 cm）を2つに折り（約15 cm）、さらに2つに折って（約7 cm）、抱え帯の幅に折りたたむ。
しごき帯の帯丈の約1/4の所を後ろ左腰に置き、その左側を胴帯下部に一巻きし、

02

ずれないように、帯元をしっかり押さえ、

03

もう一巻きして、左右が揃う。

04

衿合わせに交差し、左腰（胴帯下部の上）で一結びする。

05

上のしごきを輪にとり、下のしごきも輪にとって、

06

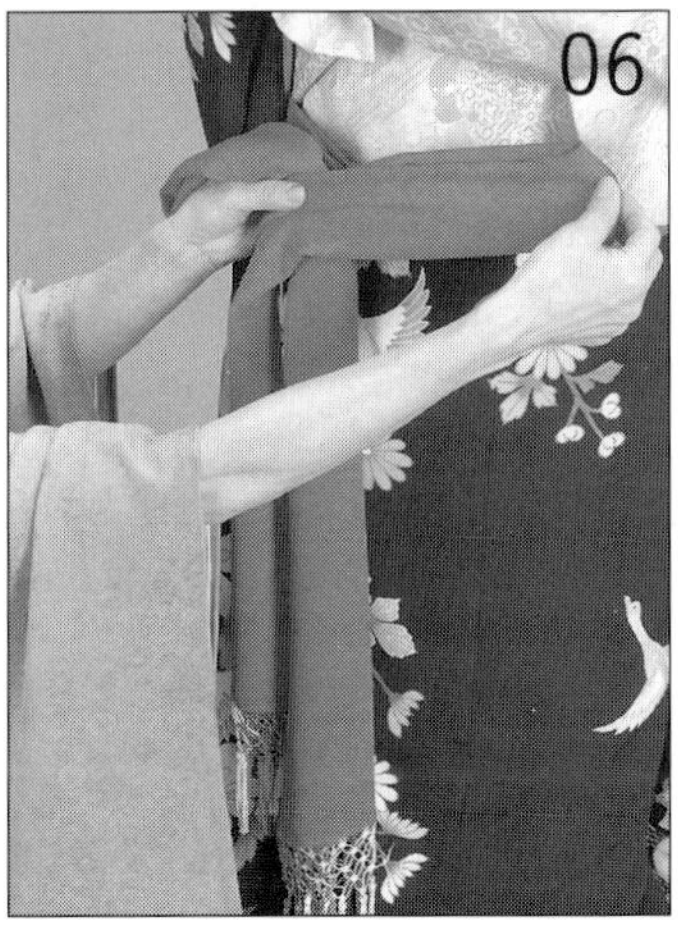

下のしごきを上のしごきに重ね、

07

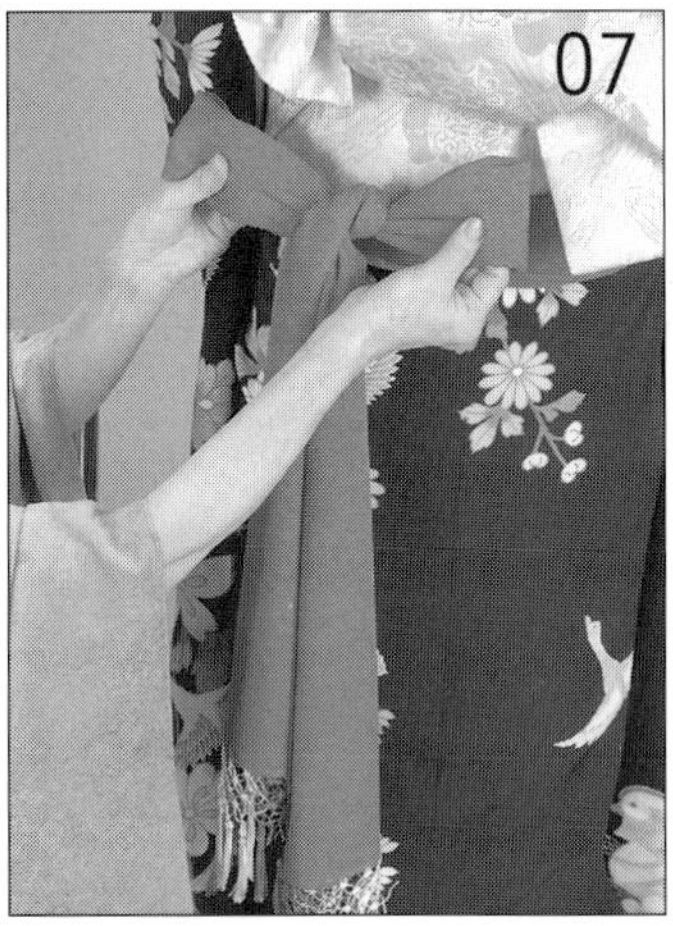

輪と輪を結ぶ。両方の輪と輪を引き合って、長さを整え、

08

結び目の上に出たしごきの先を、結び目の上にかぶせ、

09

結び上がり。

抱え帯 しごき帯

Column

江戸中期、室内では裾を引いて「きもの」を着ていたので、外出の際は、裾を端折るために、腰に紐を結びました。

「抱え帯」は、きものを抱える…という着装法からつけられた名で、抱え方は、前や後の身頃全体を抱えるのではなく、足さばきがよいように、前身頃だけを抱えました。

また抱え帯は、しごき帯（扱き帯）、手細、助帯などとも呼ばれます。しごき帯というのは、布のまま、しごいて巻き結んだことから生まれた名で、はじめは前で結んでいましたが、立居振舞に不便なため、横結びに移りました。

そして抱え帯は、次第に紐状に変化して腰紐となり、きものは裾を引かずに、おはしょりに着るようになります。裾を抱えるための抱え帯、しごきは必要なくなり、江戸末期には、単なるアクセサリー的存在となっていきます。

そして現代では、花嫁や七五三の後ろ姿を飾るものとして、装飾的に用いられています。

Part 6

本振袖の変わり結び

立て矢系「春《しゅん》霞《か》」
立て矢系「熨《の》斗《し》結び」
文庫系「蝶文庫」

本振袖の変わり結び

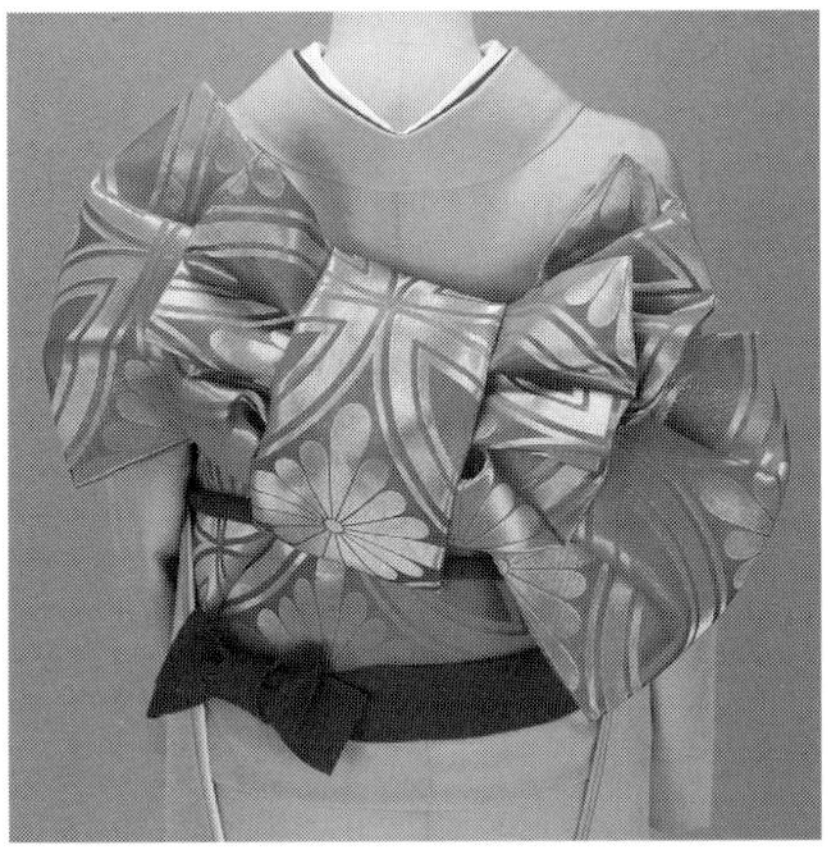

このパートでは、三種類の本振袖の変わり結びの技術を解説していきますが、帯結びの形は、きものを選んだ段階である程度決まってしまうものです。

　きものは、花嫁の個性、雰囲気に似合うものが選ばれます。そして、その「きもの」に合わせる帯の色や柄も、「きもののイメージ」に合うものが選ばれます。

　帯結びも同様です。ですから、帯を結ぶ時には、「きものと帯のイメージに合うもの」、言い換えれば、花嫁が持つ個性や雰囲気に合った形に結び上げることで、トータルのイメージを効果的に表現することができます。

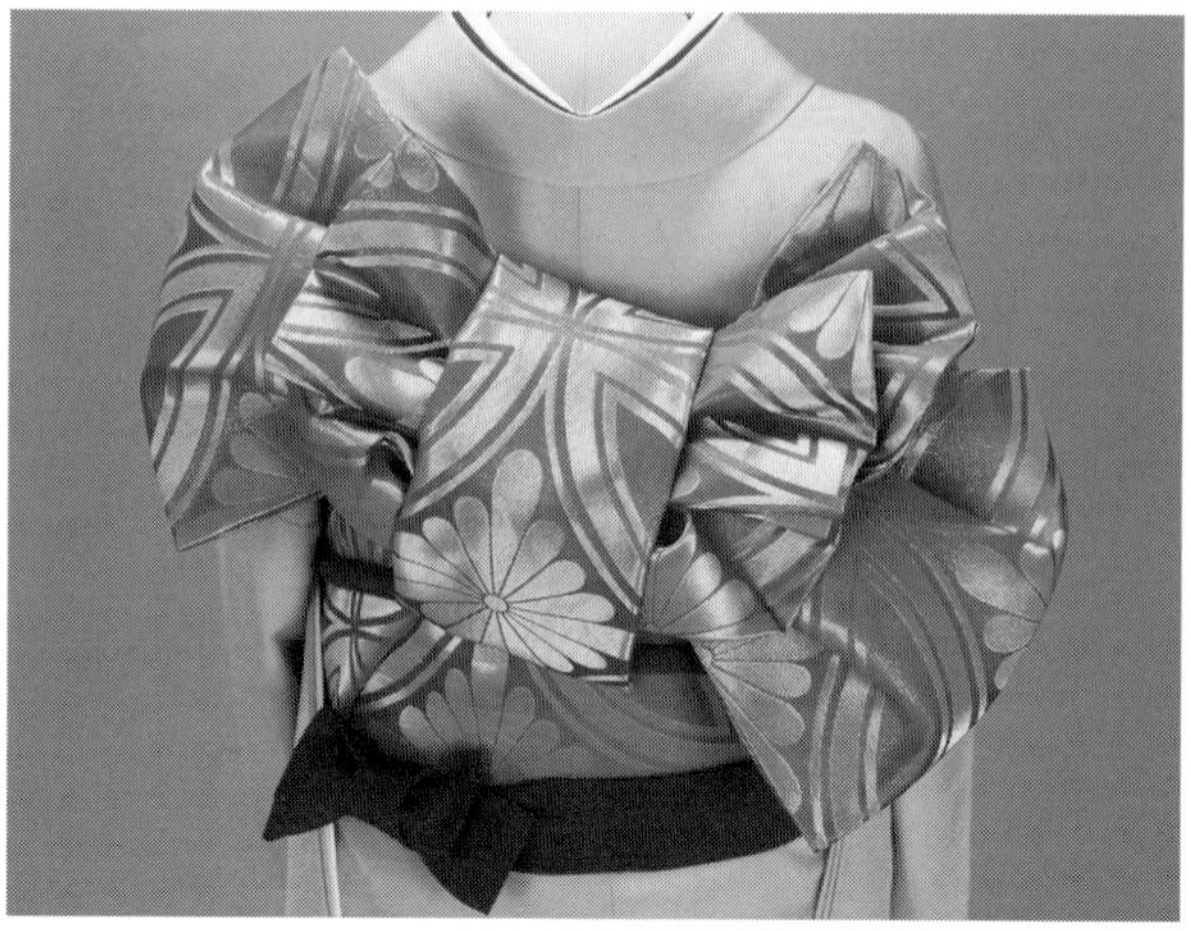

立て矢系

春《しゅん》　霞《か》

柄に上下のある丸帯で結ぶ場合は、立て矢の羽根、お太鼓部分の柄が正しく上を向くように、テとタレのとり方、羽根のたたみ方に気をつけましょう。

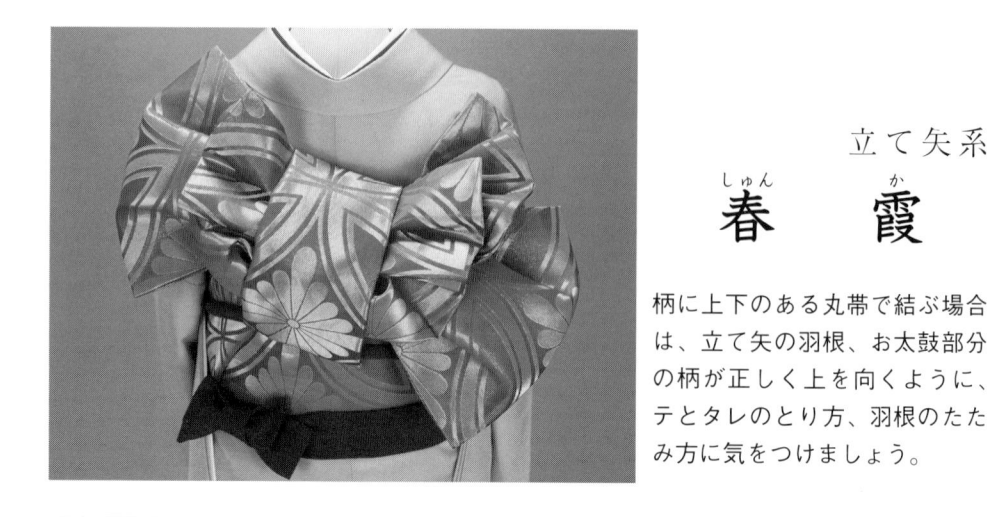

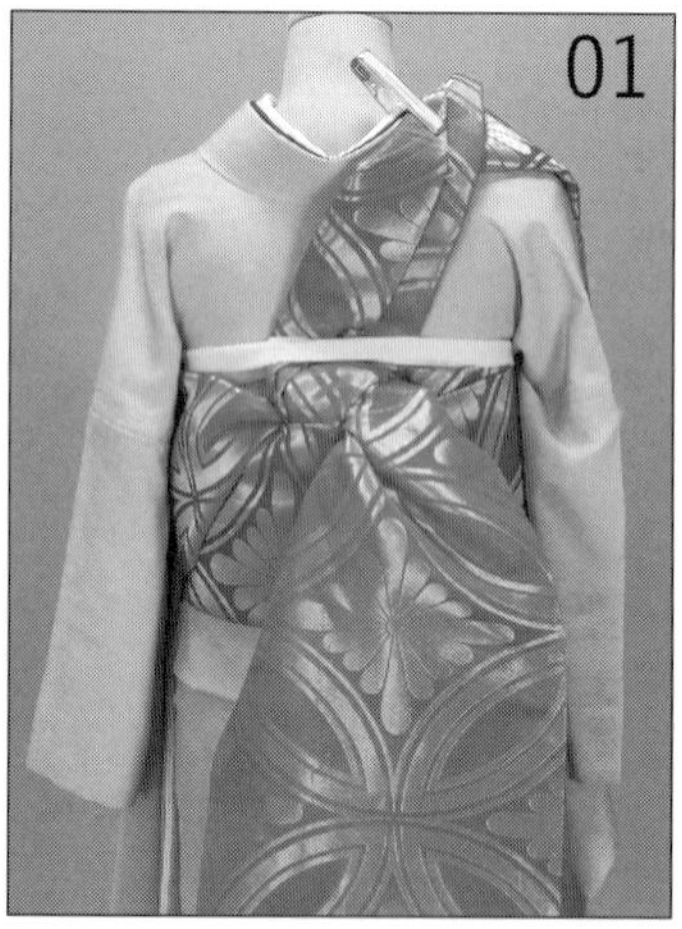

01　テを約80cm程とり、テを上、タレを下に、結ばず交差して、テ元を三重ゴム紐で押さえる。

02　タレ元・約20cmを、胴帯・帯板の奥に入れ込む。タレ先に六枚ヒダをとり、

03　三重ゴム紐に下から通して、右肩に出す。残りのタレの輪で、長さ約50cmの立て矢の羽根をつくる。タレの輪を、縫い目を上にして背に広げ、

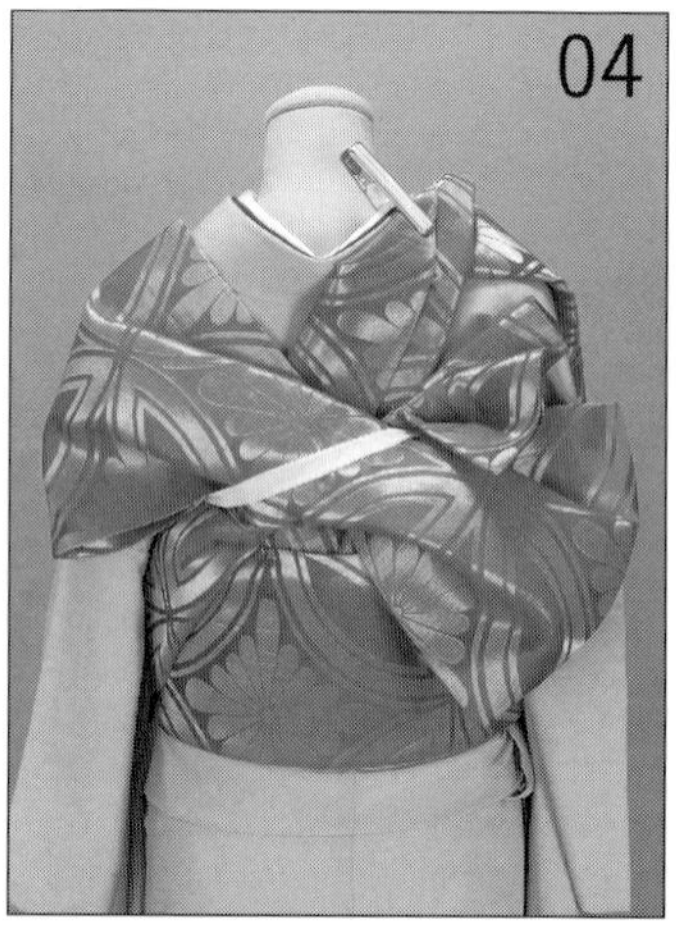

04　箱ヒダをたたんで、長さ約50cmの立て矢の羽根をつくり、三重ゴム紐に、下から上に通して背におさめる。
＊クロス掛けにしないこと。

05　帯揚げで包んだ帯枕を、やや右上がりに背に置き、枕の上部を背に付けるようにして、左紐は左羽根の下を通し、右紐は右羽根の上を通して前に廻し、結ぶ。

06　テ先を立て矢に対して垂直に下ろし、

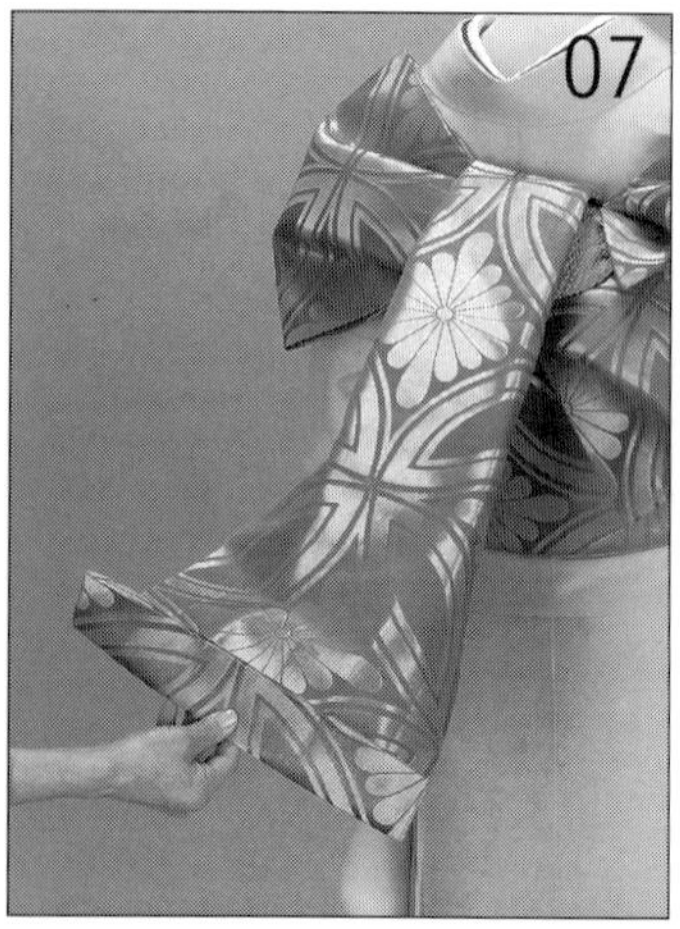

07　テ先を約4cm幅で折り上げ、

08　お太鼓に必要な長さを残して屏風だたみ（屏風ヒダ）にする。

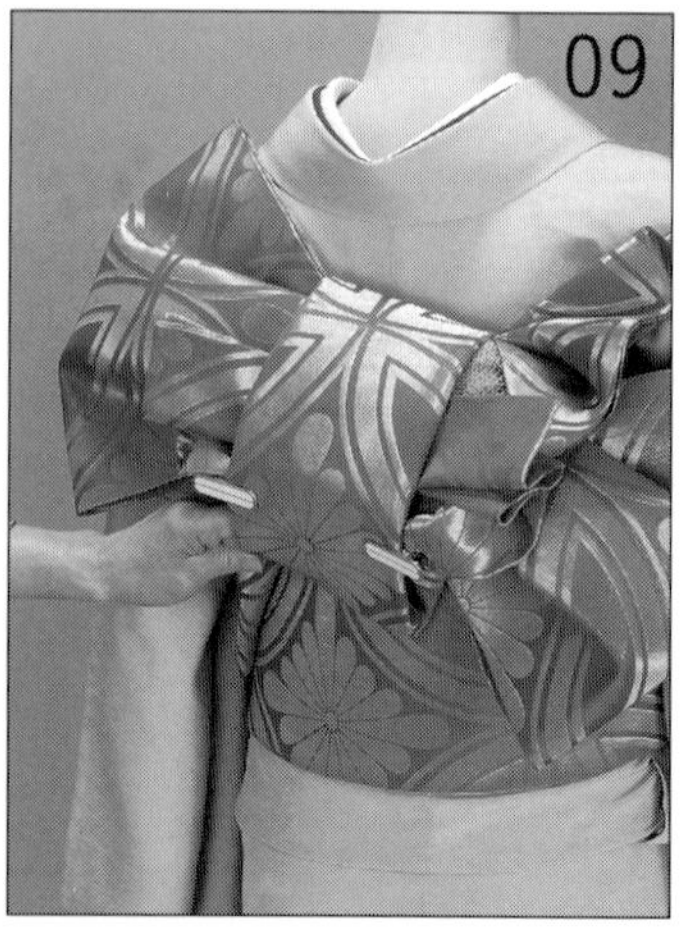

09　屏風ヒダを内側に折り返して、お太鼓の大きさを決め、

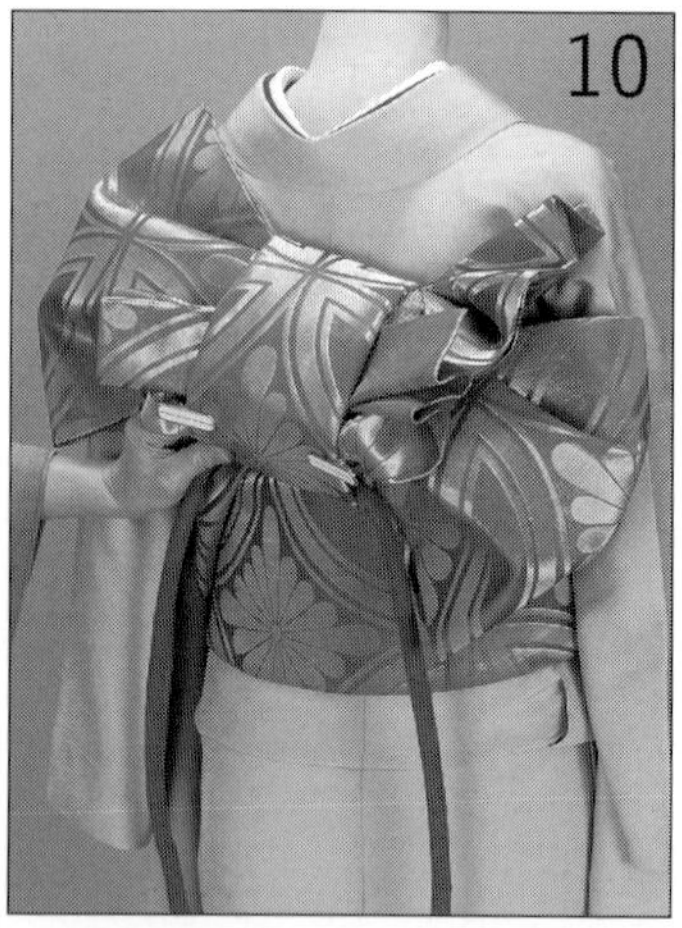

10　お太鼓の下線の輪に、丸ぐけを通し、

立て矢系

熨《の》斗《し》結び

お太鼓の部分を、お祝事の進物につける「熨斗」風にたたみ、すっきりと凛々しく結び上げた立て矢結びです。「熨斗」は本来、方形の色紙を細長い六角形にたたみ、その中に熨斗鮑《あわび》を入れ、進物に添えました。

テ先を約60cm程とり、幅を2つに折り、折り山のワが背中心側にくるように、テを上、タレを下に交差し、テ元を三重ゴム紐で押さえる。

タレ先・約60cmの帯幅を2つ折りにし、折り山のワが背中心側にくるように、三重ゴム紐に上から下に通して左下に出す。

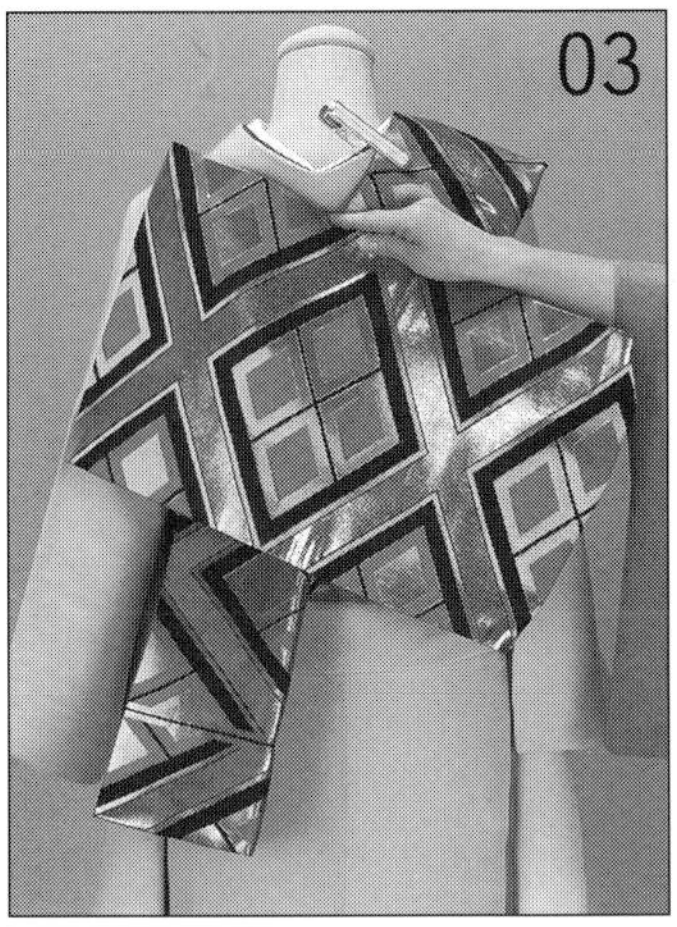

タレの輪を背に広げ、立て矢の羽根の長さを計り（約50cm）、

羽根を箱ヒダにたたんで、左の羽根を三重ゴム紐に下から上に通して背におさめる。

＊クロス掛けにしないこと。

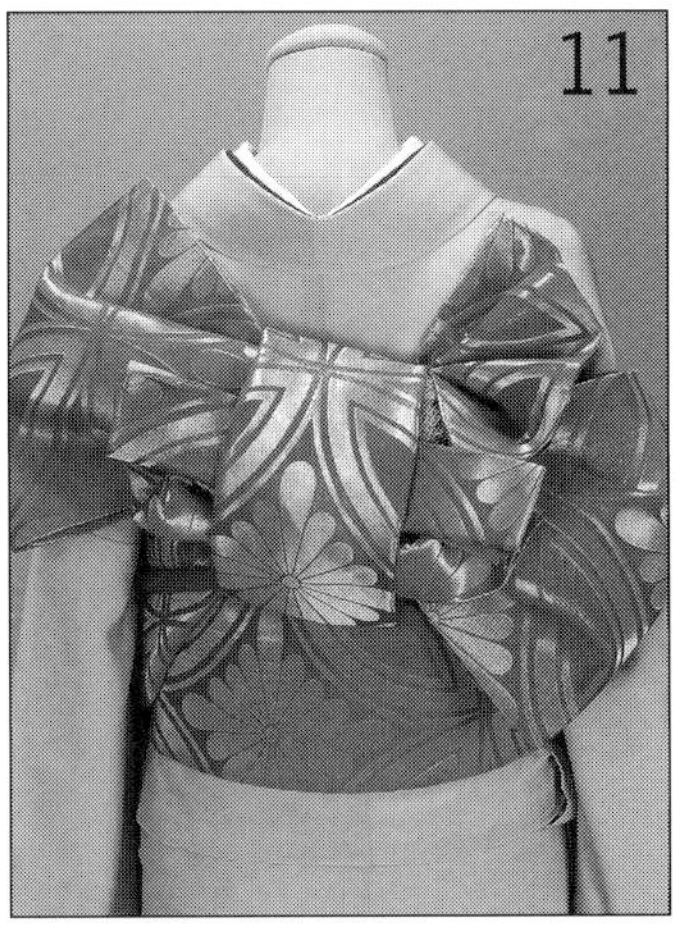

胴帯の上に水平に廻し、前で結ぶ。

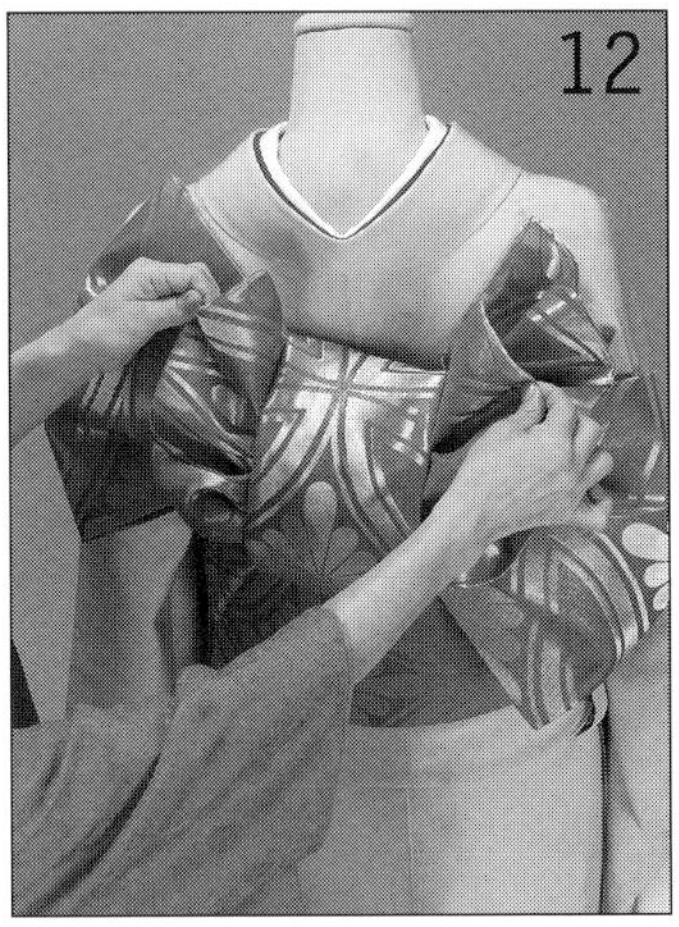

テ先の屏風ヒダを、お太鼓左右に広げ、バランスよく整えて、仕上がり。

抱え帯／アレンジ

抱え帯の羽根のとり方や飾り方をちょっと工夫して、後ろ姿をより華やかに演出してみましょう。

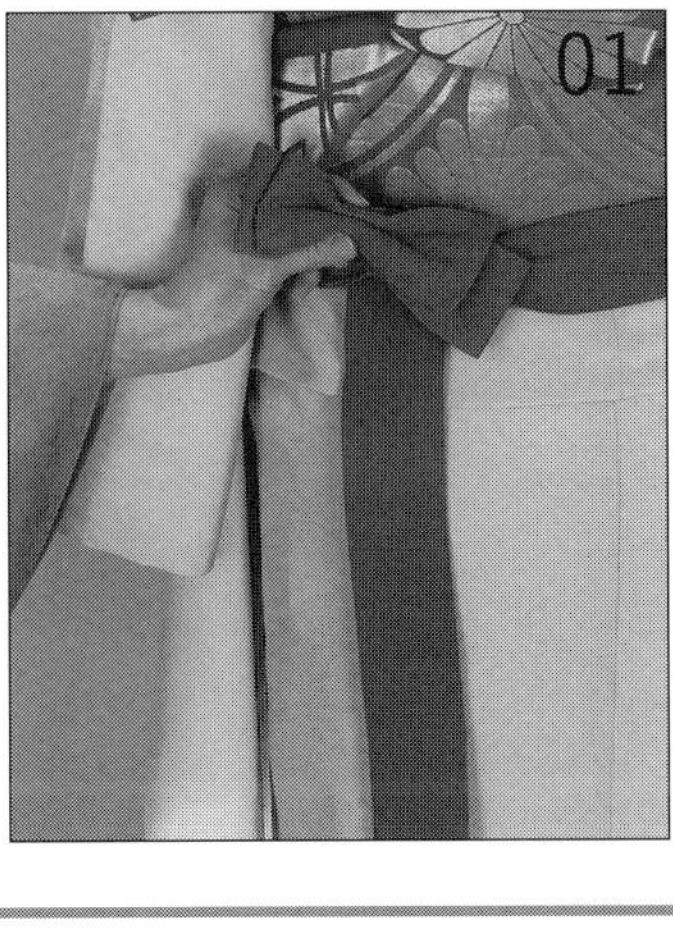

リボンを二枚つくって重ね、中心をつまみ、

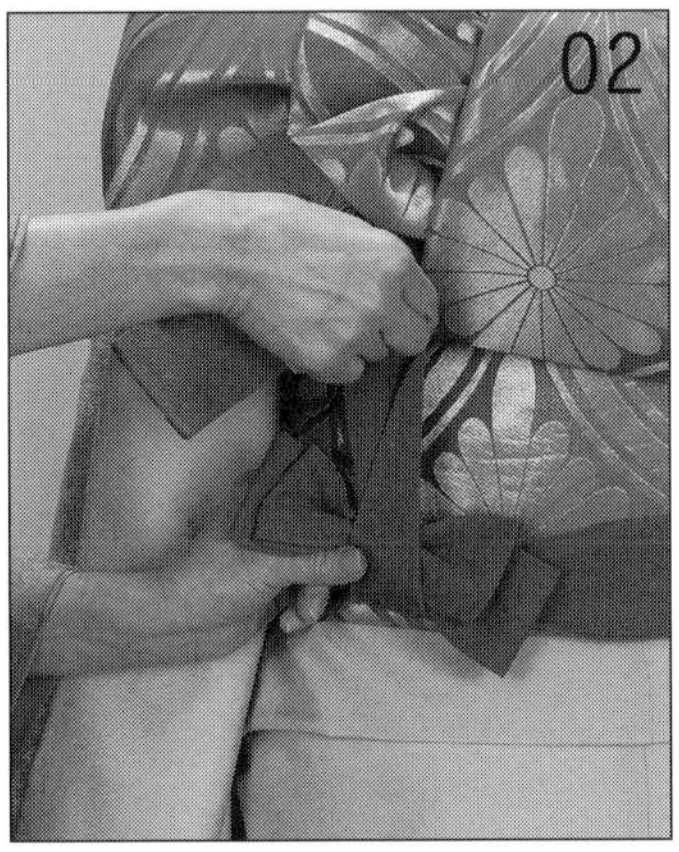

下に出た帯を、元から上げ、結び目の奥に上から通して下に引き抜く。

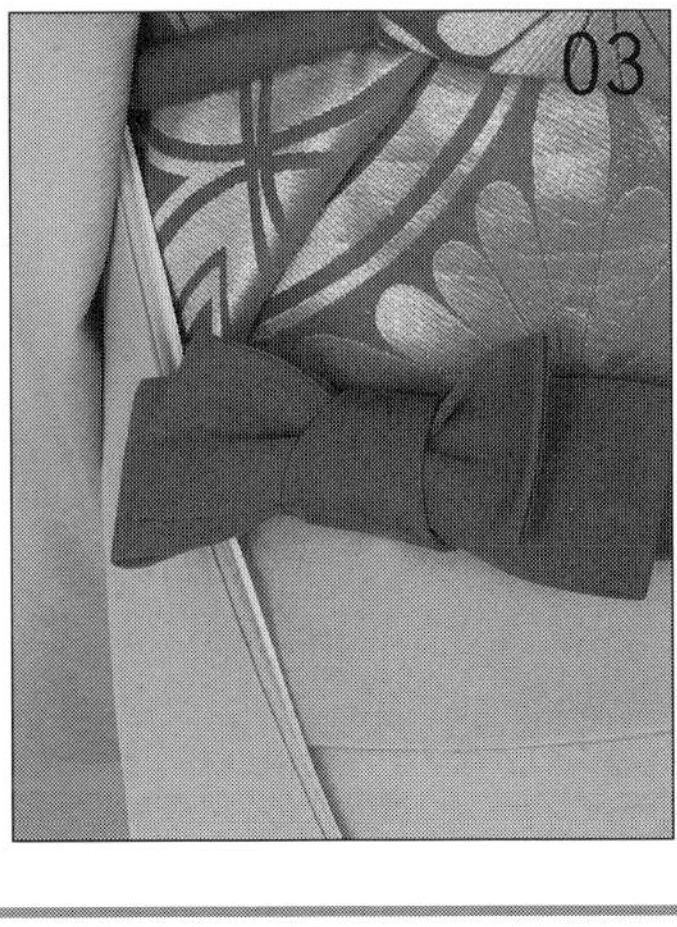

帯の先を下に引いて元を締め、帯先の余分はたたんで、胴帯と着物の間に入れ込む。リボンを可愛らしく飾って、結び上がり。

文庫系

蝶文庫

六枚ヒダでつくった大小二枚の文庫を左右対称に飾った、華やかで可愛らしい文庫系の帯結びです。上の文庫のヒダを大きく広げれば華やかに、ヒダ山を通してコンパクトに整えると可愛らしく仕上がります。下の文庫を斜めに背におけば立て矢系の帯結びになります。

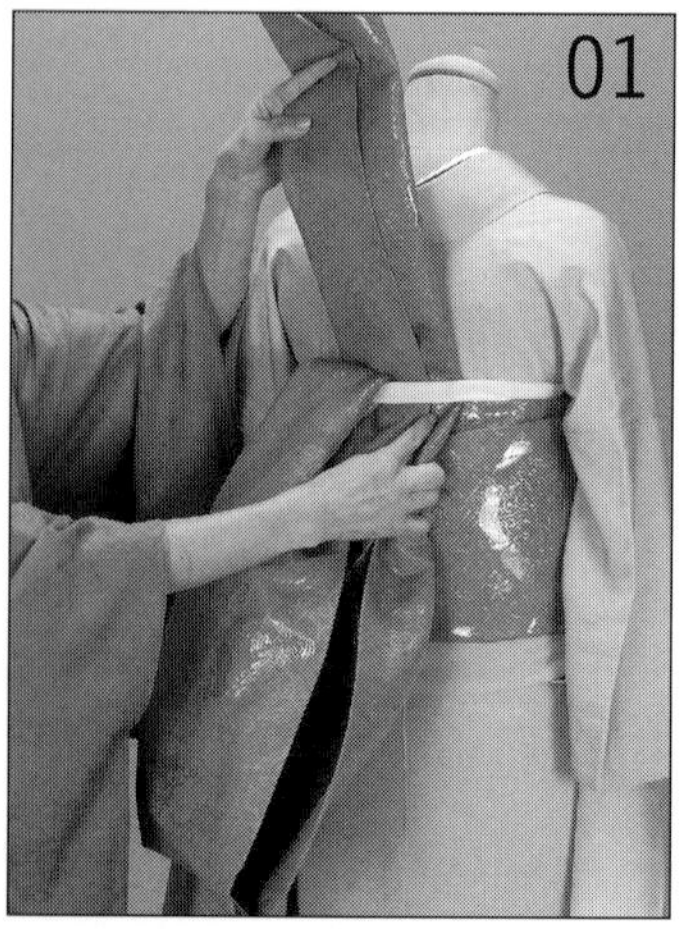

テを下、タレを上に交差して三重ゴム紐で押さえ、タレ先は幅を3つ折りにして、三重ゴム紐に下から上に通し、

タレ先・約60cmを引き出し、右肩に預けておく。残りのタレは輪になる。

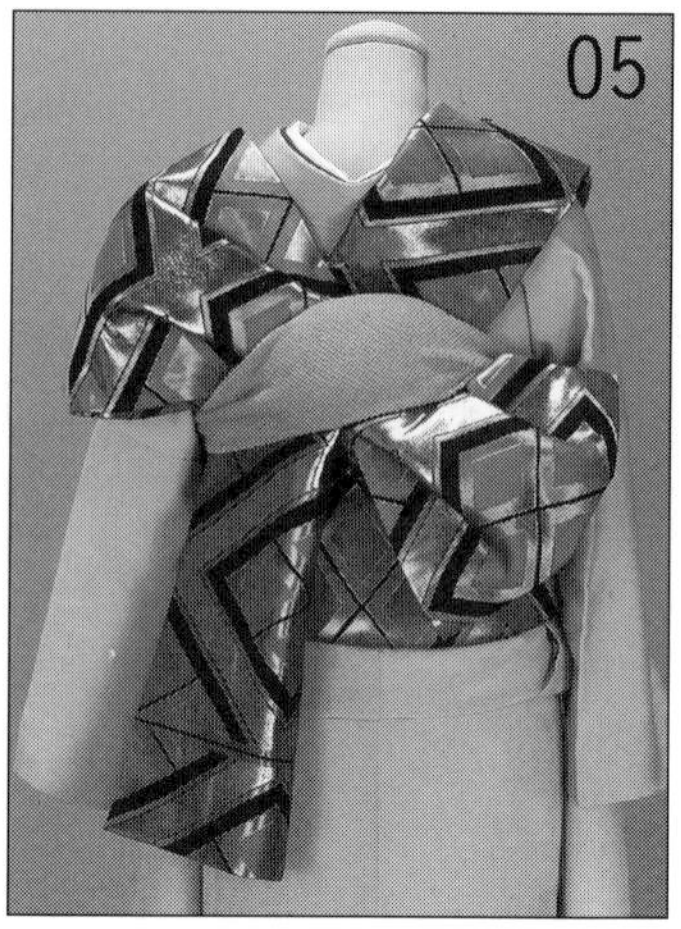

帯揚げで包んだ帯枕を背におさめる。

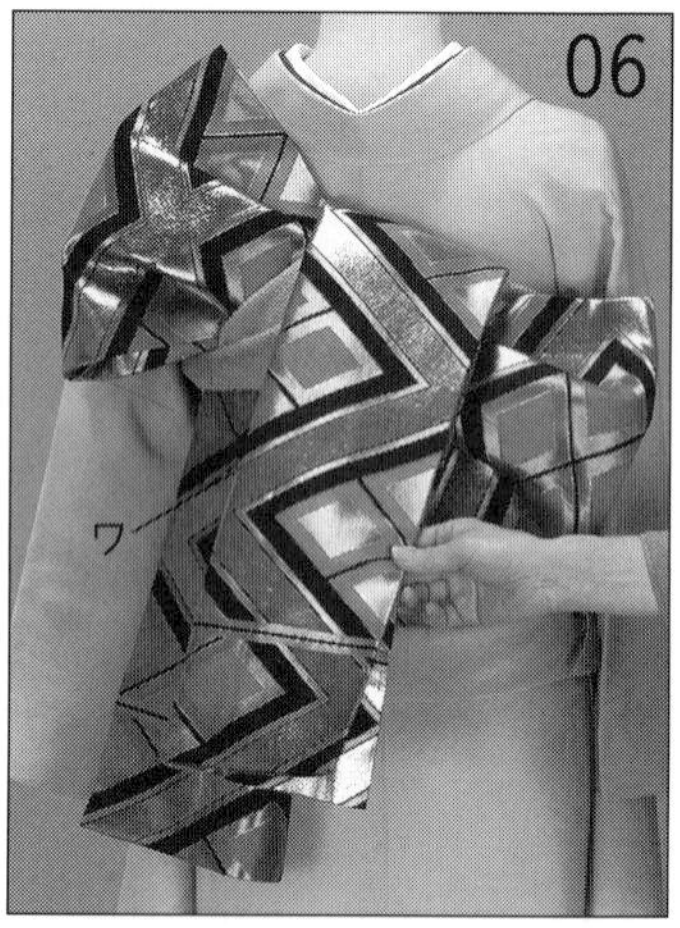

テ先を下ろす。

テ先を内側に、左肩に向けて折り返す。

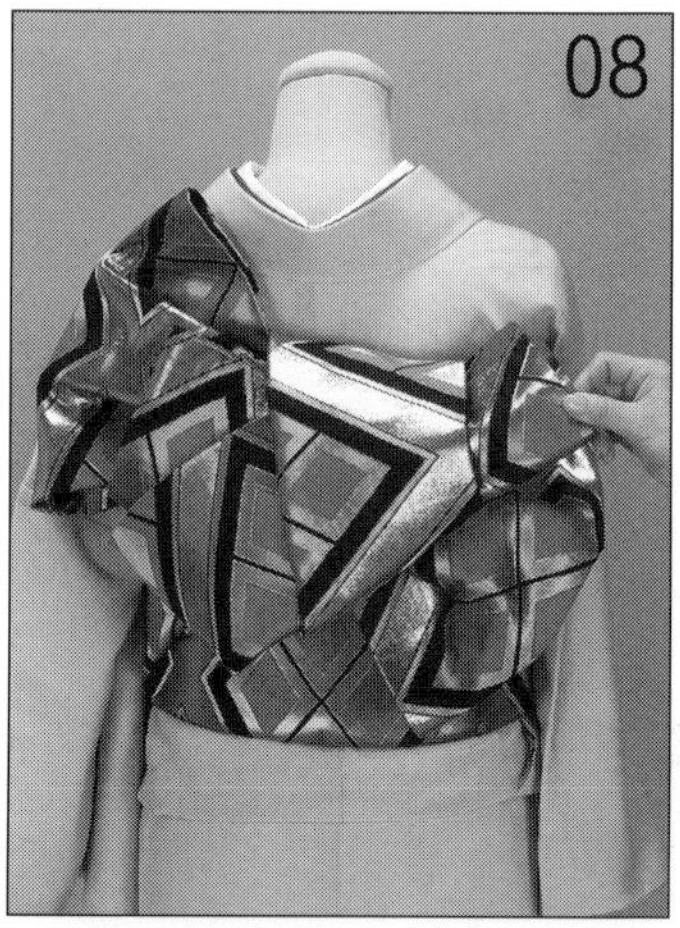

タレ先を左脇で折り返し、できたテ元の輪に通して右肩に出す。

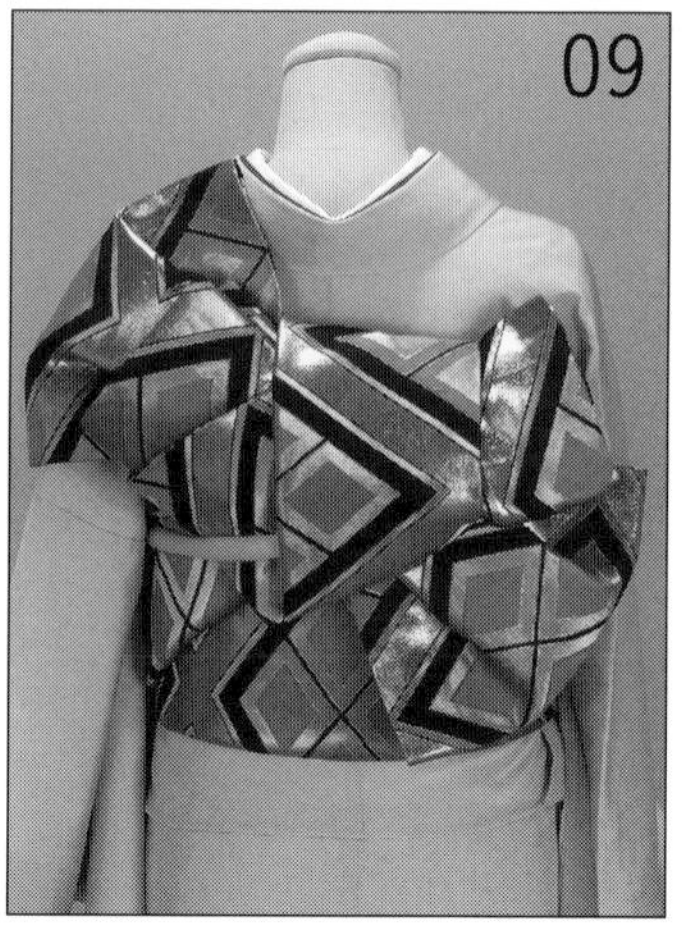

テ元の輪（タレ先の上）に丸ぐけを通し締める。

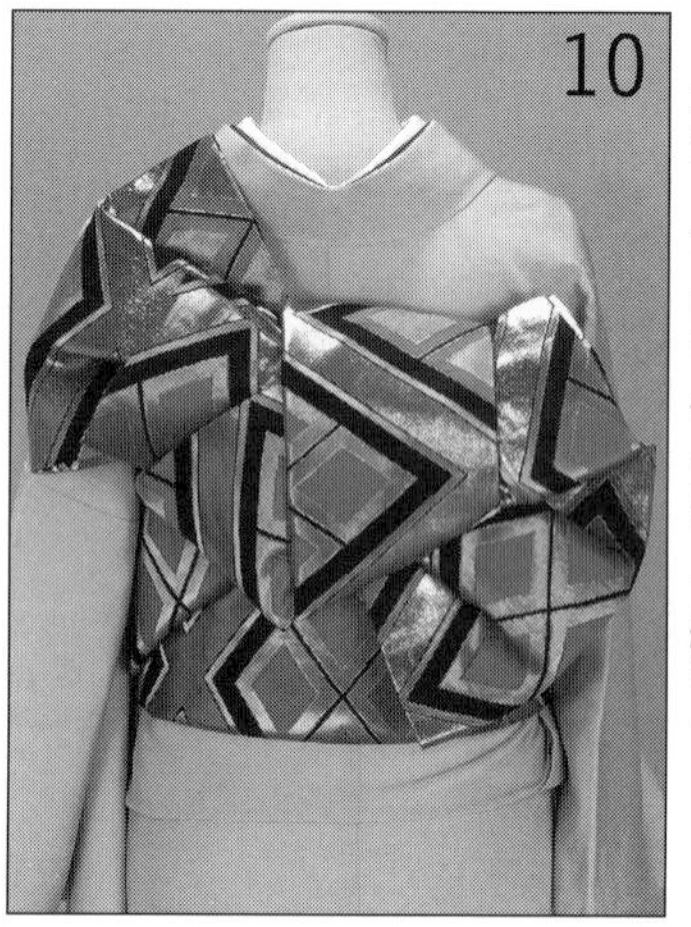

丸ぐけを表に見せたくない場合は、テ先、タレ先の下（テ先の上）を通して締める。

帯結びのキメテ 1

「熨斗結び」はカドをきっちり合わせて線をきちんと出す。

※「熨斗」の部分の折り山の線、カド、交差点など、ポイントをきっちり決めてたたみおさめれば、バランスよく仕上がる。

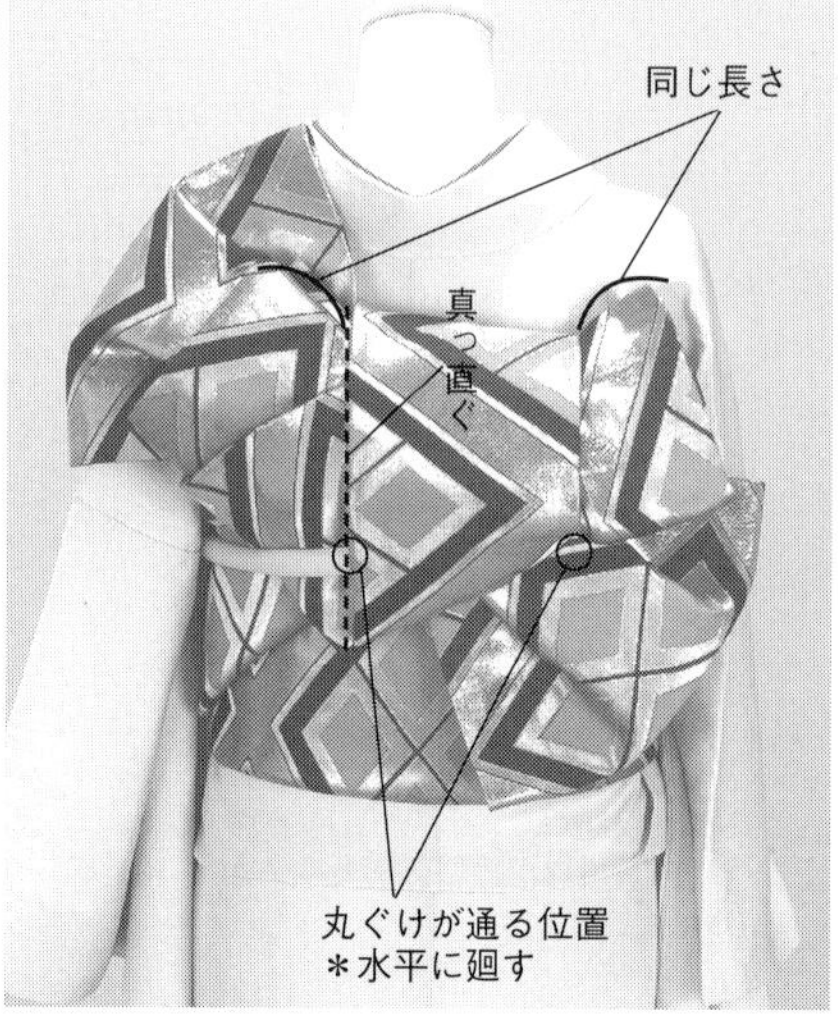

タレの輪を背に広げ、文庫の羽根の長さを約45～50cm位に決め、

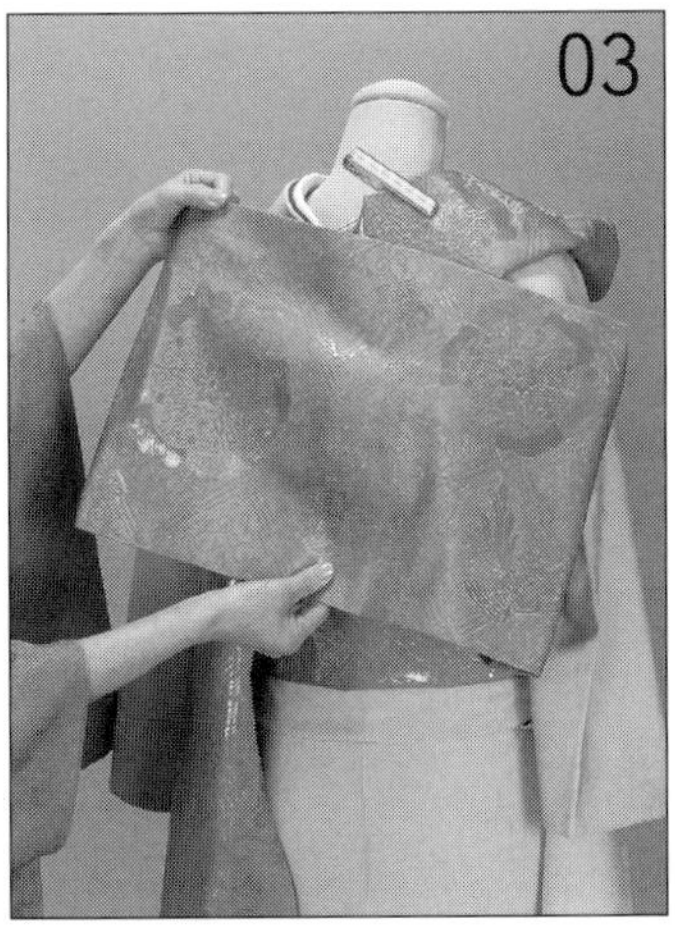

羽根の中心に六枚ヒダをとって、両羽根先までヒダ山を通す。

左の羽根を三重ゴム紐の1本にかけ、

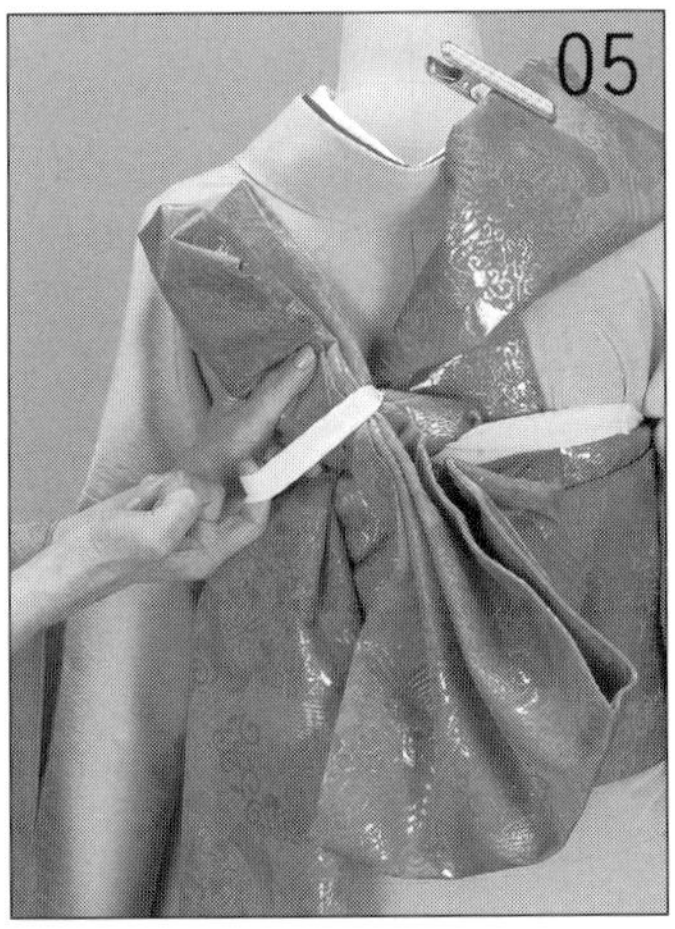

さらに右の羽根を、三重ゴム紐の別の1本にかけて、

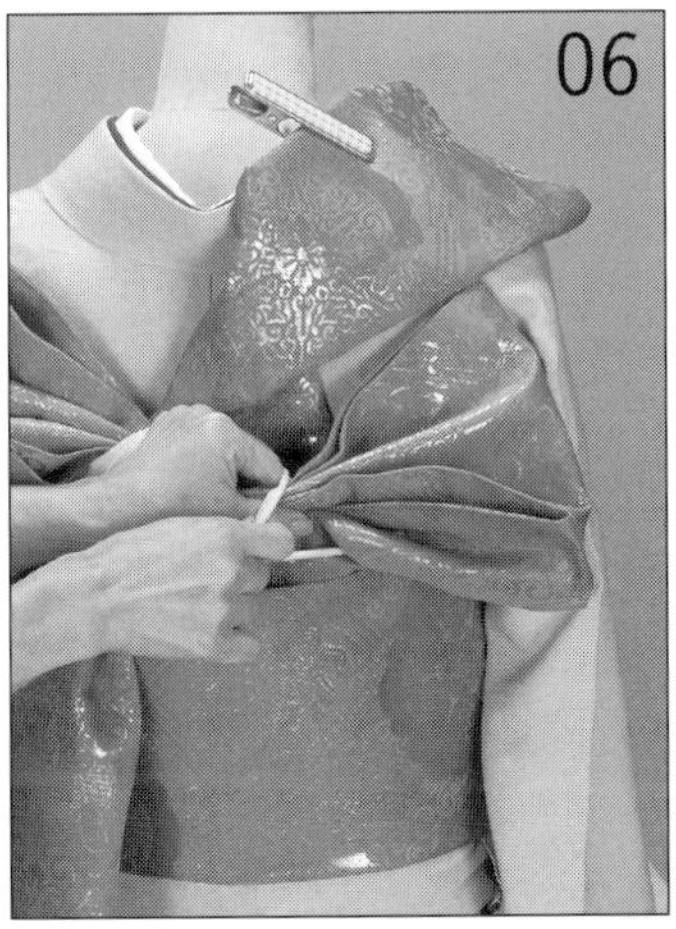

背におさめる。
下に下ろしておいたテで、上の文庫をつくる。

テ先を右脇で表に折り返して、羽根の長さを決め、下の文庫と同様に中心を六枚ヒダにたたんでヒダ山を通し、中心をゴム紐で止めておく。

左の羽根を、三重ゴム紐の1本に下から上に通し、

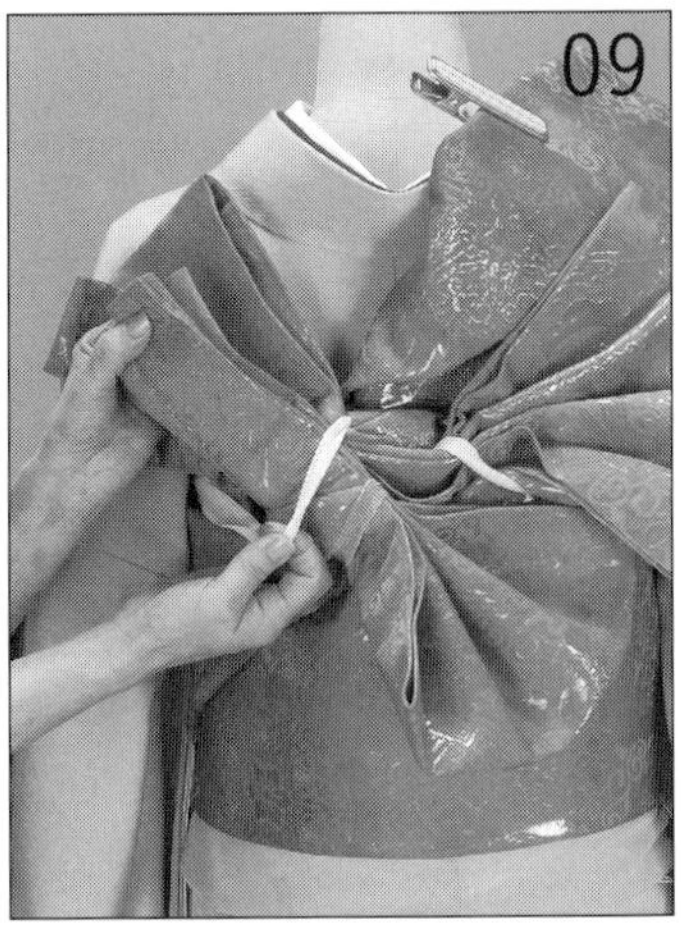

右の羽根も同様に、三重ゴム紐の別の1本に、下から上に通して、先につくった文庫の羽根の上に重ねる。

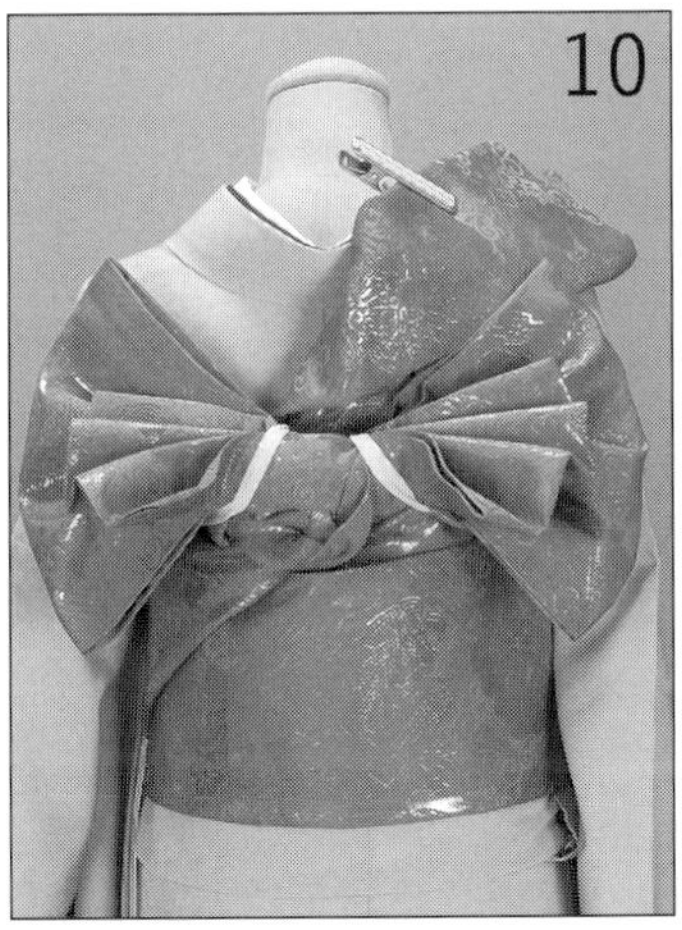

帯揚げで包んだ帯枕を背におさめ、ヒダを整えて、文庫の羽根を形づくる。

タレ先を、背中心から真っ直ぐ下ろし、下をやや広げて、

内側に折り上げ、丸ぐけを通して仕上がり。

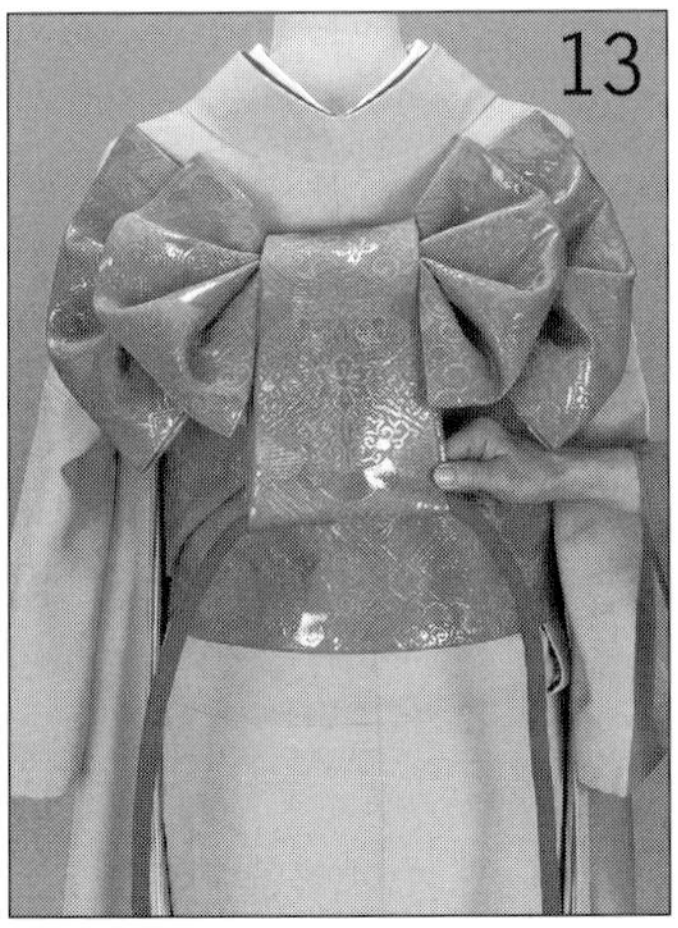

Column

帯の変遷と帯揚げ、帯〆の発生。

和服の装いは、長襦袢、きもの、帯と重ねていきますが、自分の身長より丈の長いきものを着付けていくには、その都度、小物が必要です。

腰紐、伊達巻・伊達〆、帯板、帯枕など、中に隠れて着付を助ける小物とともに、帯〆（丸ぐけ）、帯揚げなど、帯をきっちり身体に止め付け、結んだ帯の形を美しく保ち、着くずれを防ぐために重要な役割を果たす和装小物もあります。

帯揚げは、帯枕に掛けて用い、きものと帯の間を飾ります。その素材や色はさまざまで、組み合わせ次第で格調高くも、おしゃれにも演出できます。洋服でいえばスカーフのようなもので、華やかで軽やかで、わずかに見せる色でセンスが感じられます。

また帯〆は、着物姿の一番外側を締めている紐で、この一本で、帯が落ちないように止めています。一番強く締めるべき紐です。

帯〆、帯揚げの発達は、帯の変遷と非常に深い関係があります。

室町時代、十二單の下着だった小袖が、次第に表に現われてきますが、この頃は帯も細く、衣服を合わせ止めるための実用的な目的で帯を用いていました。

江戸も元禄の頃になると、帯幅も次第に広くなり、結びの位置も前から後ろへと変化します。後ろで帯を結ぶようになると、様々な結び方が工夫されて、帯は後ろ姿を飾るものとなっていきます。

江戸末期、表が黒、裏が白の昼夜帯（鯨帯、腹合せ帯）が生まれ、それが片面は黒のままで、もう一面には多彩な布を合わせるようになり、配色の美しさと繻子の締めやすさから、繻子の鯨帯が流行します。しかし、繻子は締めやすさと同時に引き解けやすいという欠点もありました。

江戸亀戸天神太鼓橋再建の年、崩れヤの字（後のお太鼓結び）が引き解けるのを止めるために帯留めが発生し、また腰にかかる帯を引き上げるのに帯揚げ（その使用法から背負《しょい》揚《あ》げともいう）が生まれました。

初めはしごきを帯留めとして用い、後に、端をくけた丸ぐけ、平ぐけ紐、組紐などが、帯〆として独立し、発展しました。当時は、パチン金具といったものもあり、今のベルトのように中央にバックルがついているもので帯を留めてもいました。現在、主流の組紐の帯〆は、もともと馬具、弓具、刀の下緒などに使われていましたが、明治になって帯〆や羽織紐としても使われるようになりました。

Part 7

花嫁着付／助手の仕事

A. 掛下の着せ掛けから背中心の確認まで

B. 掛下を着付ける　C. 帯を廻し、結ぶ

D. 帯揚げを結ぶ　E. 丸ぐけを結ぶ

F. 抱え帯を結ぶ　G. 小物をおさめる

H. 打掛を着せる前に 掛下文庫をたたむ

I. 打掛を着せる

花嫁着付／助手の仕事

助手は、技術者が仕事を的確に、早く進めるために必要な手助けをします。技術をするのは技術者であり、技術者の仕事をサポートするのが助手の役目です。

助手の技術は、技術者の仕事に70%影響するともいわれ、技術者の仕事が上手くいくかどうかは、助手にかかっているといっても過言ではありません。

「よい助手」とは、仕事がきちんと分かっていて、技術者が求める良い位置、良いタイミングで、押さえたり、必要なものを渡したりできる人です。技術者がどういう風にしたいかが分かり、指示される前に察知して、動けること。相手を思いやり、心配り、気配りができ、相手のペースに合わせることが大切です。技術者の癖、リズムを覚えることも必要となります。

「よい助手」になるために、技術者の仕事をよく観察し、仕事の手順、技術を学びましょう。そして技術者とそっくりの仕事ができるようにします。

さらに、お客様への心配り、気配りも忘れず、婚礼という場にふさわしい言葉遣い、声のトーンで話すよう心がけ、服装にも気を付けましょう。

完璧に助手ができるようになった時、助手は技術者になることができます。

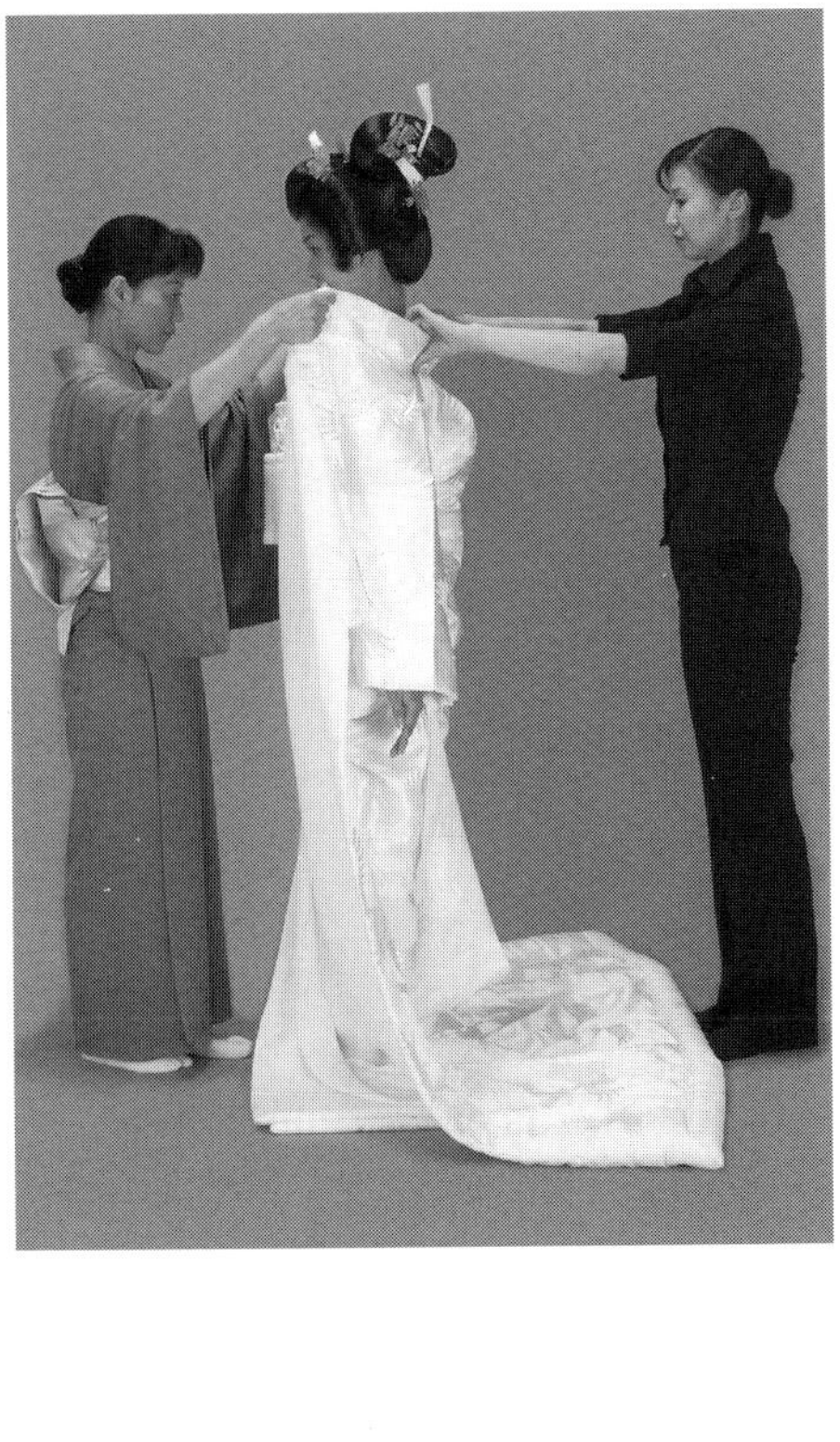

助手は、技術者の反対側のエリアで仕事をする

＊技術者が前で仕事をする時は後ろで、後ろで仕事をする時は前で、技術者の邪魔にならないよう仕事をする。
＊技術者が仕事をするエリアに身体を入れないこと。
例）後ろから下前の衿を押さえる時には、手先のみ前に回し押さえる。

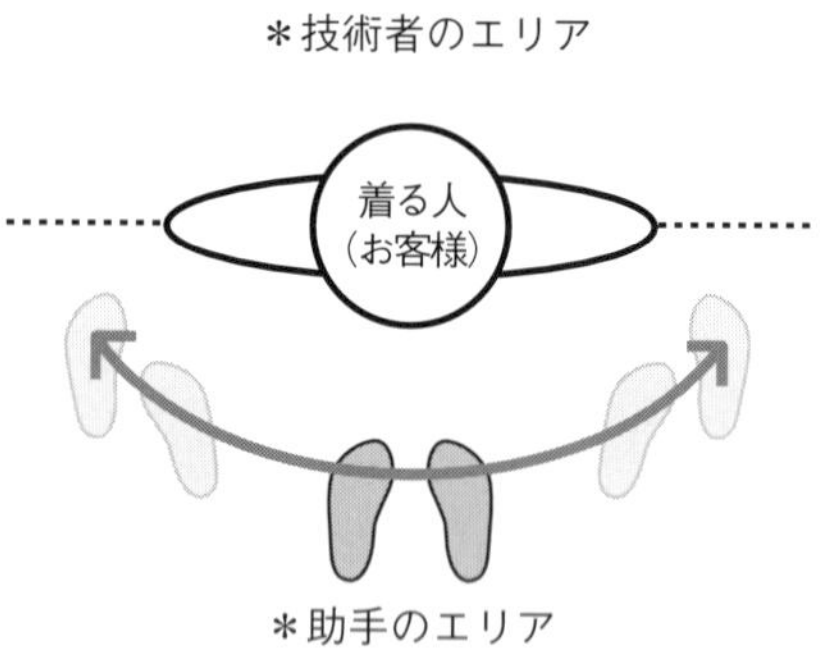

※技術の流れを**太字**で表記。
※**技術者**は**技**、**助手**は**助**と省略して表記。

A. 掛下の着せ掛けから背中心の確認まで

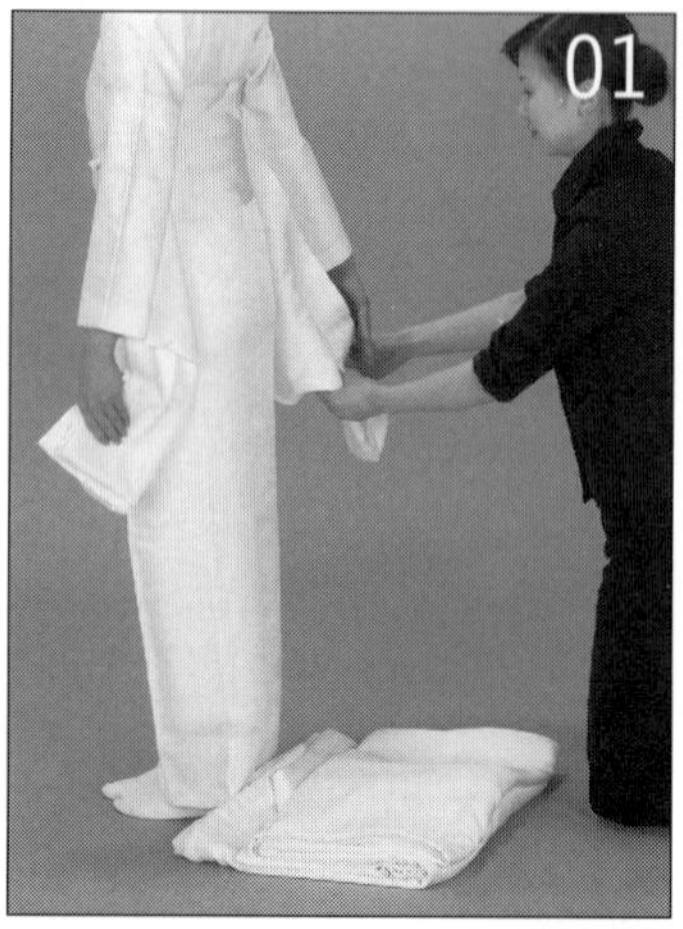

掛下（着物）を、花嫁の後方に置き、長襦袢の袖をたたんで、花嫁に持たせる。
助▼花嫁が袖を持ちやすいよう、袖丈を3つ折、さらに袖幅を2つ折にする。

左右の袖を通す。
助▼袖付が開く位置で、比翼と掛下の衿の間に人さし指を入れ、掛下の衿を、衿付まで挟み持ち、袖付を花嫁の横（花嫁が袖付を確認できる位置）に持っていき、袖を通す。

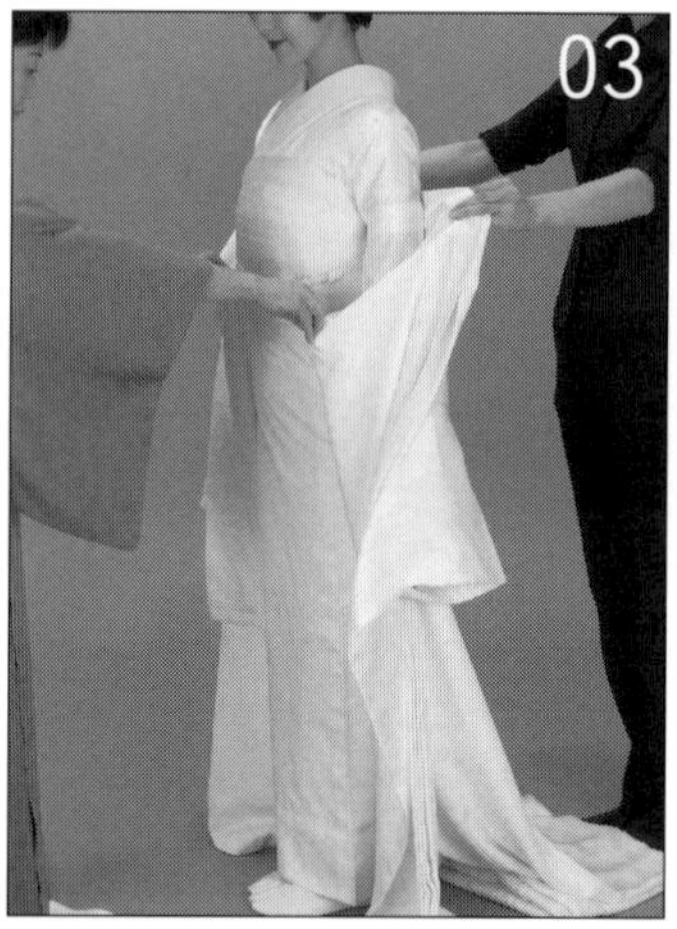

袖が通りやすいよう、技術者と連携して袖付をタテに広げ、掛下を引き上げる。
助▼衿を、真っ直ぐ引き上げる。
技▼身八ツ口に人さし指をかけて引き上げる。

背縫いを背中心に合わせ、長襦袢の衿に掛下の衿を重ねる。
助▼掛下の衿付を、長襦袢の衿付にそわせる。
技▼身八ツ口を脇の下いっぱいに引き上げる。

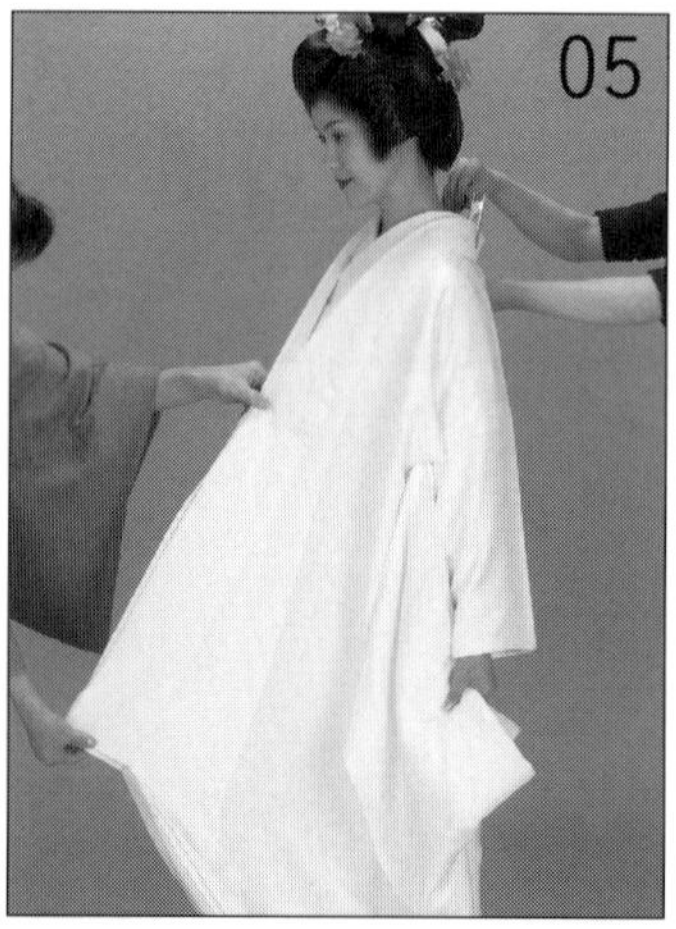

背中心を確認し、三つ衿の所をクリップで固定。
技▼前中心で、左右の共衿、衿先を揃えて、背中心が合っていることを確認。
助▼三つ衿の所をクリップで止める。

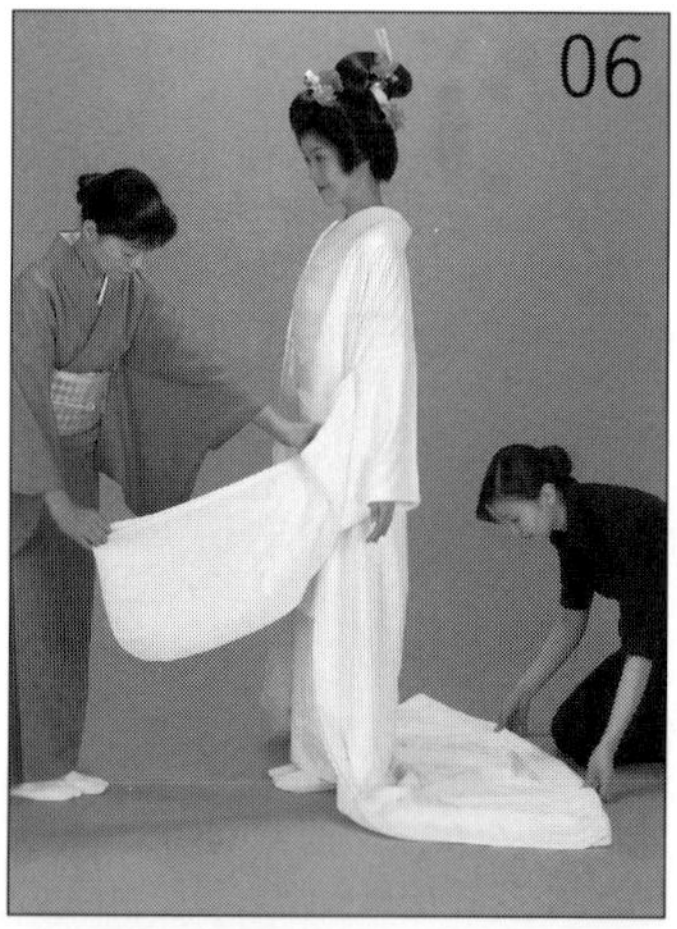

着せ掛けた掛下を整える。
助▼裾二枚（掛下、比翼）を揃え、背中心を合わせ、脇縫いの所を持って後ろに引く。
技▼袖の振りを揃える。

B. 掛下を着付ける

助手は、技術者が合わせた裾や衿を、技術の妨げにならないように注意して、後ろから押さえます。

技術の流れをきちんと把握し、技術者がスムーズに仕事ができるように、タイミングと動作を覚えましょう。

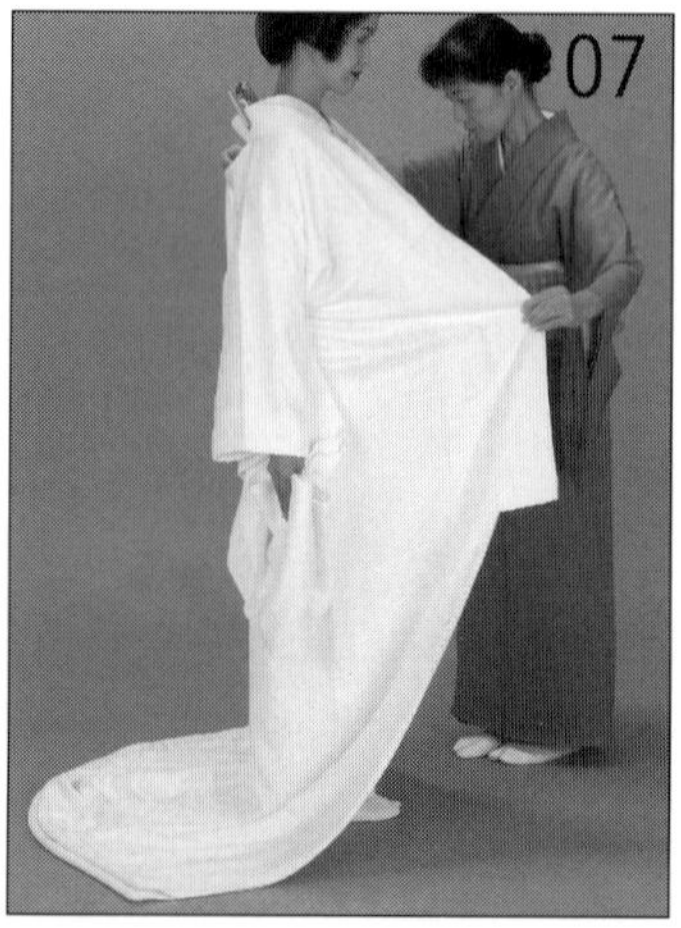

技術者が裾の長さを決め、裾を合わせる時…
技▼衿先は手前に引いたまま、背縫いの所を持って裾を上げ、裾の長さを決める。
助▼腰紐を準備。

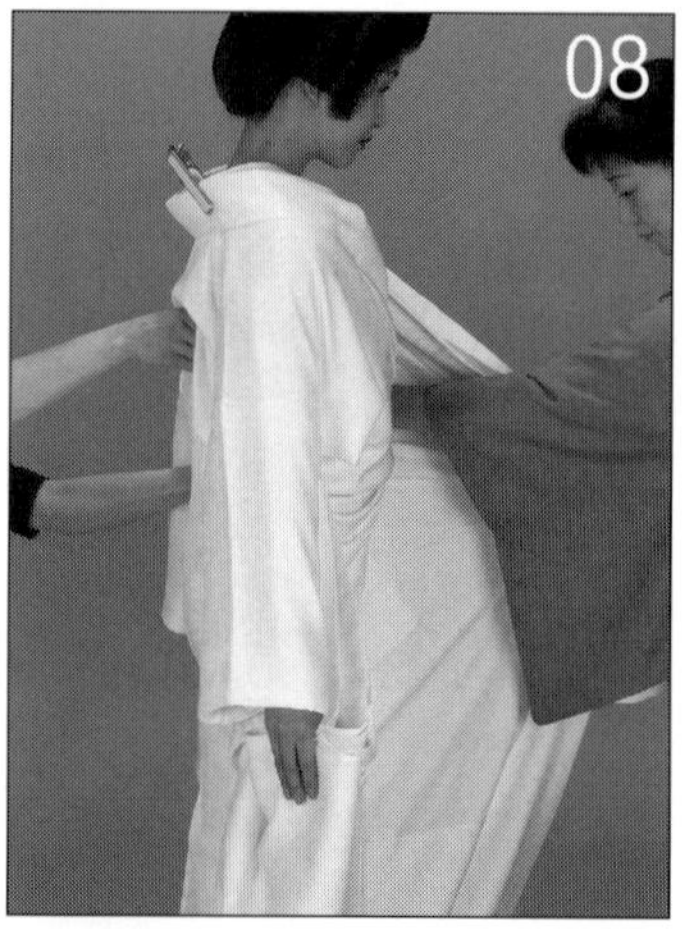

助▼決めた裾が落ちないように、右手を背に添え、上げた余分を押さえる。
技▼下前を合わせ、
助▼左手で、身頃の上から下前衿先を押さえ、

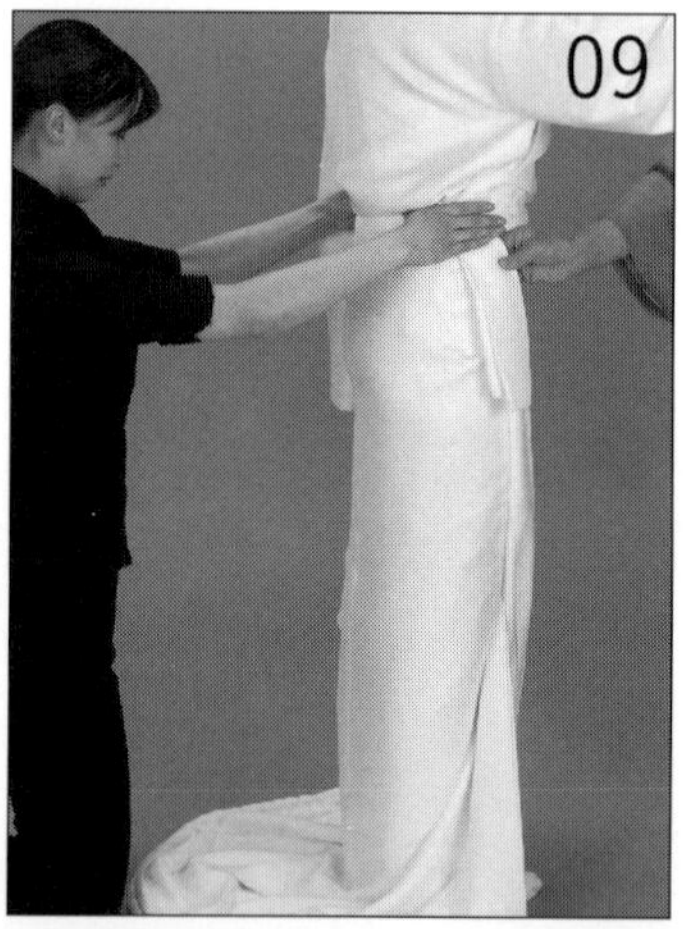

技▼上前を合わせ、
助▼右手で上前衿先を押さえる。

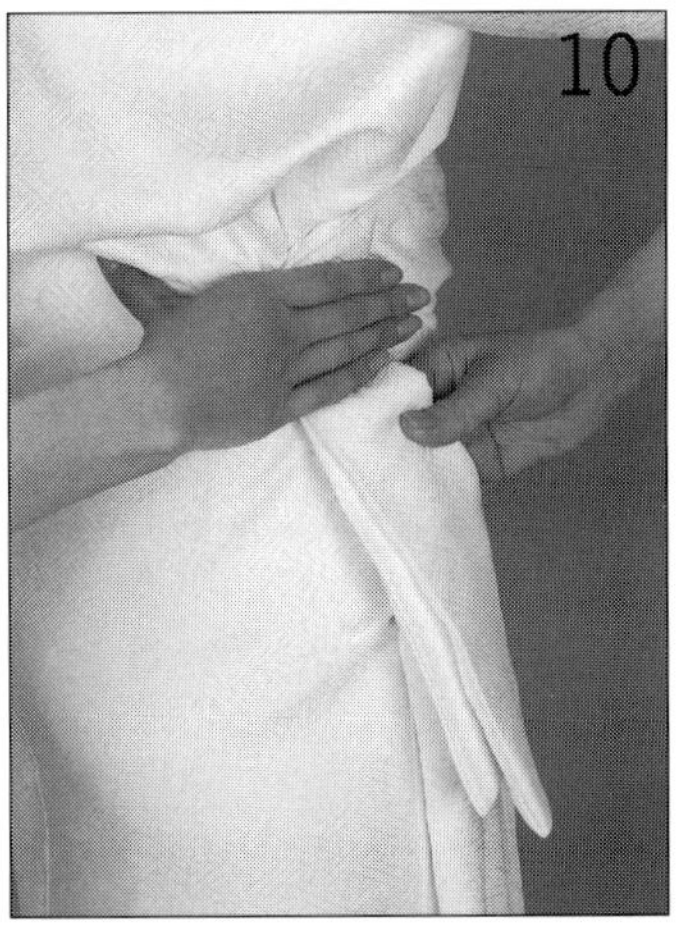

10

上前、下前の衿先を押さえる時の手の形。
助▼親指で後ろの腰を押さえ、4指で衿先を押さえる。

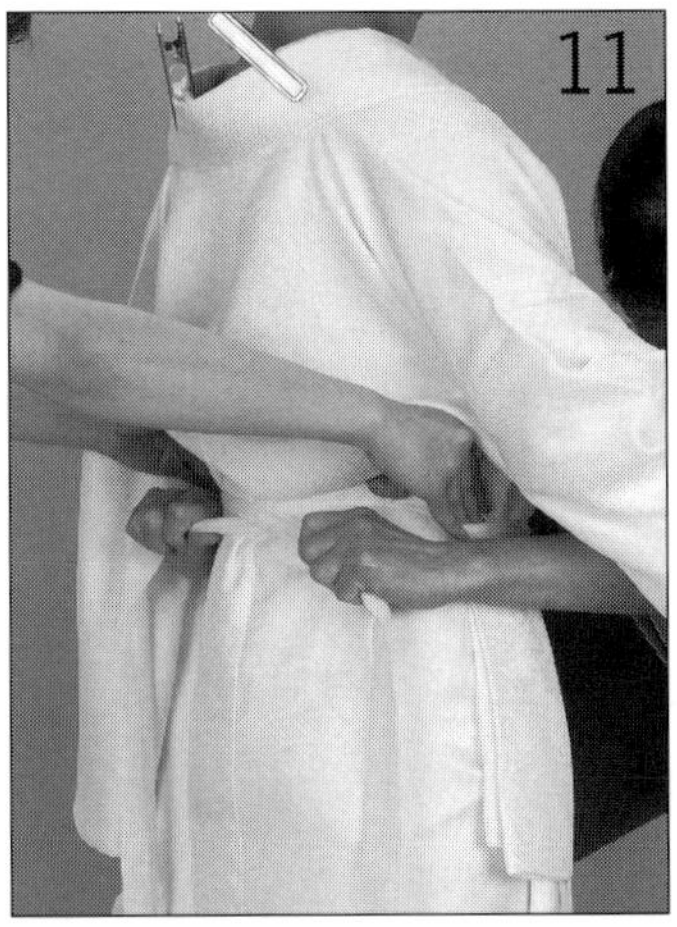

11

技術者が紐を廻す時の、助手の手の動き。
助▼紐が押さえている所の下を通る時は、技術者の邪魔にならないように、肘、手首を上げ、指先を下に向けて身頃を押さえる。

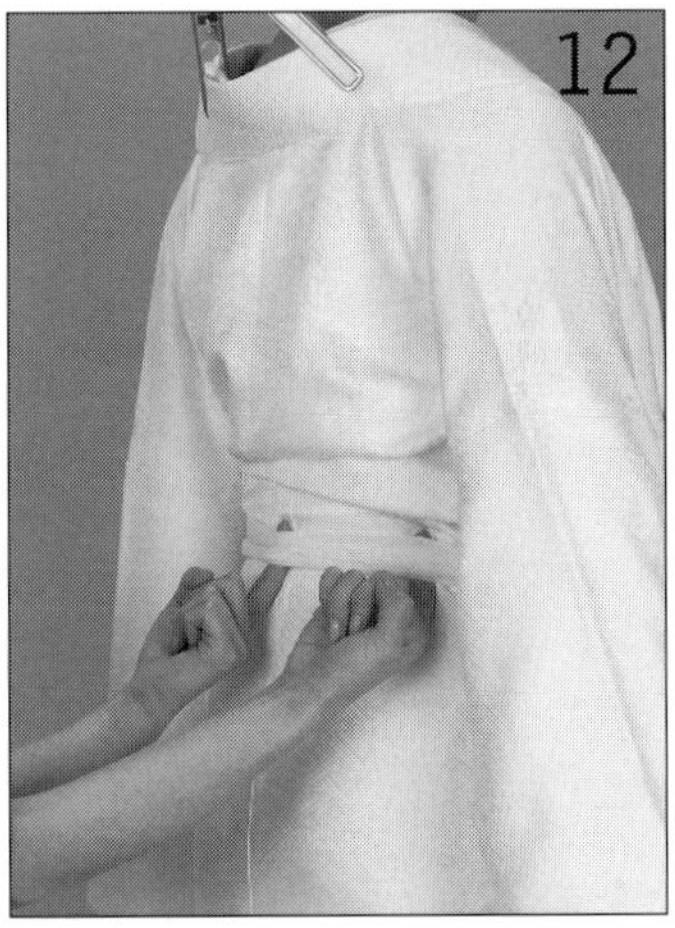

12

腰紐回りの掛下のシワをとる。
助▼腰紐と掛下の間に人さし指を入れ、腰紐側を、片方ずつ、背中心から両脇に滑らせる。掛下のシワが自然にとれる。反対側も同様にして整える。

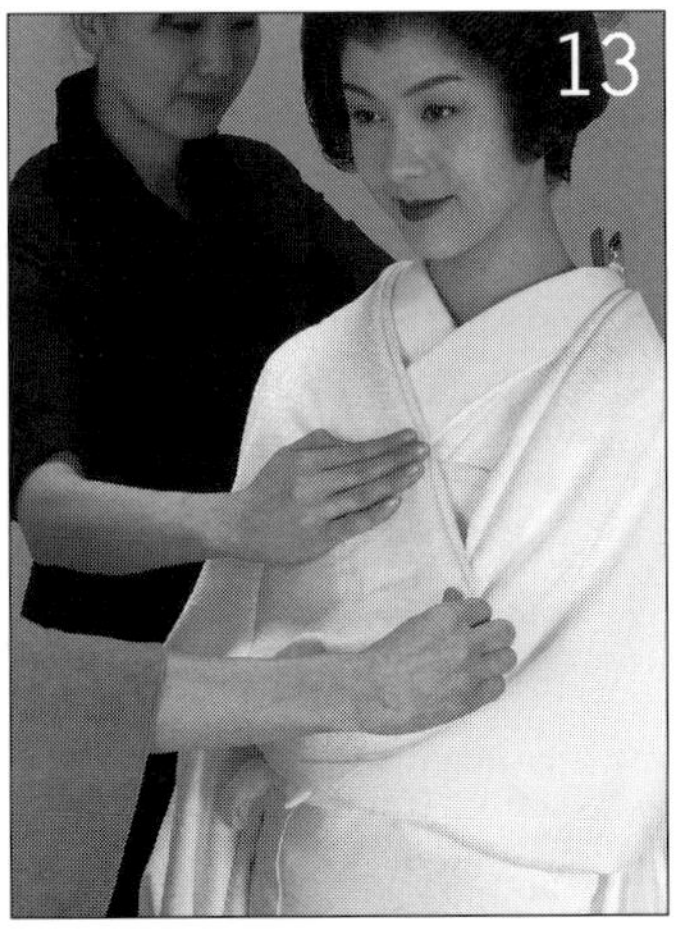

13

技術者が衿を合わせて胸紐を締める時…
助▼斜め後ろから手を伸ばし、右手を衿付に対し垂直に当て、衿を押さえる。

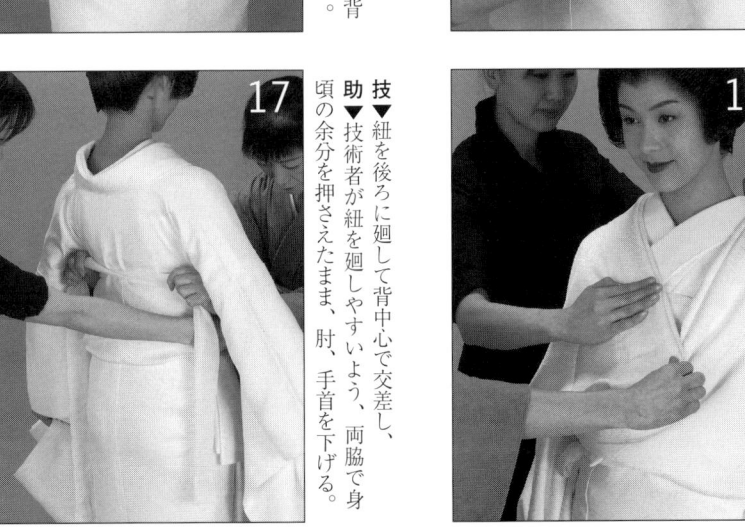

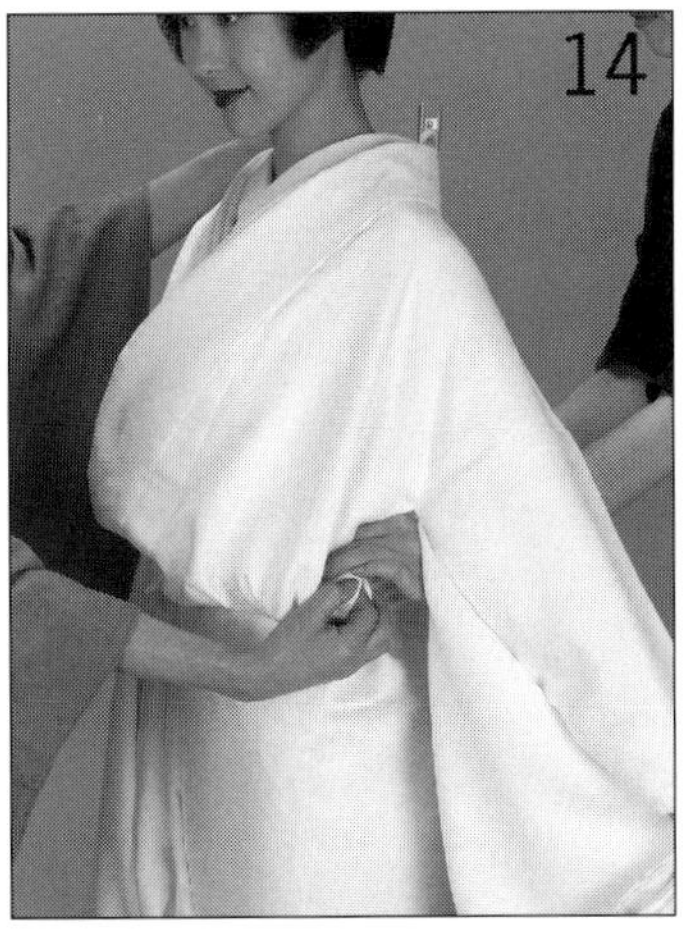

14

技▼下前の衿を合わせ、
助▼左の身八ツ口から衿先を持ち、

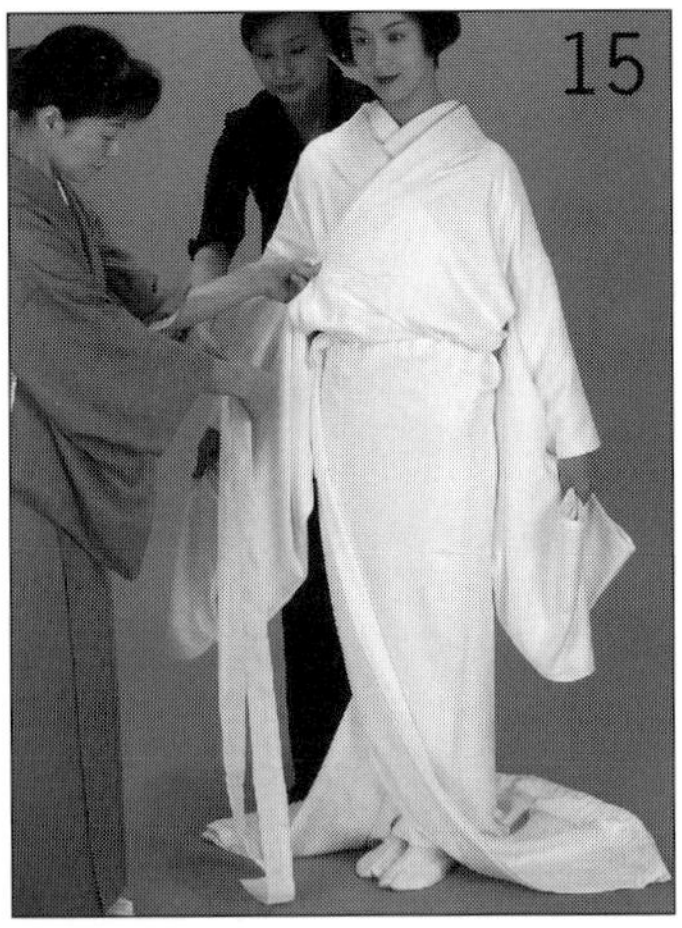

15

技▼上前の衿を合わせ、
助▼胸紐の中心を、技術者に渡す。

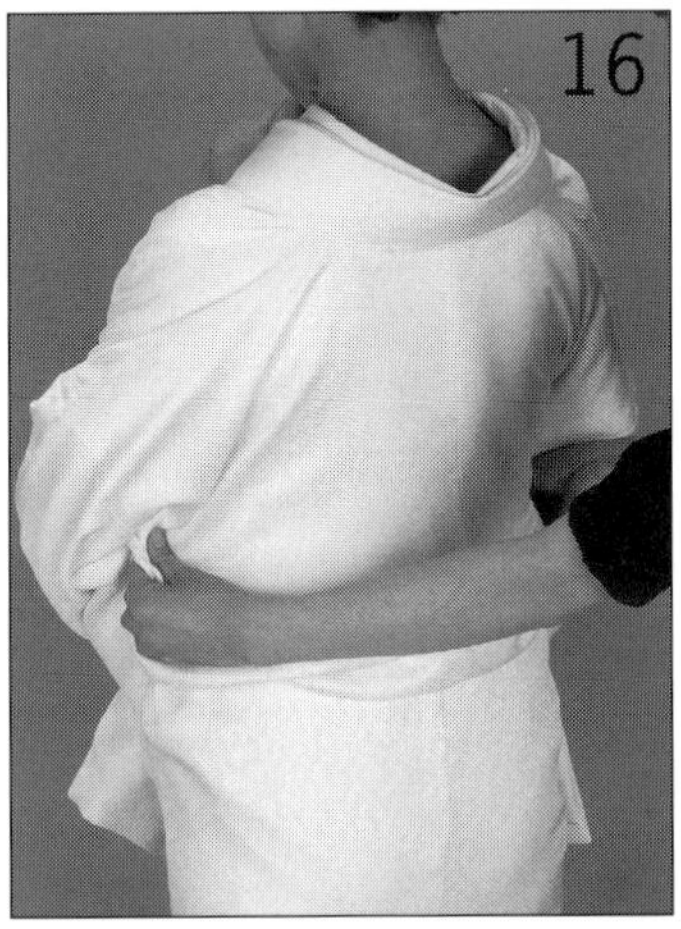

16

技▼前で、胸紐を右脇から左脇まで廻し、
助▼後ろの余分を、親指と母指丘を使って背中心から両脇に送り、4指で前の衿先を持つ。

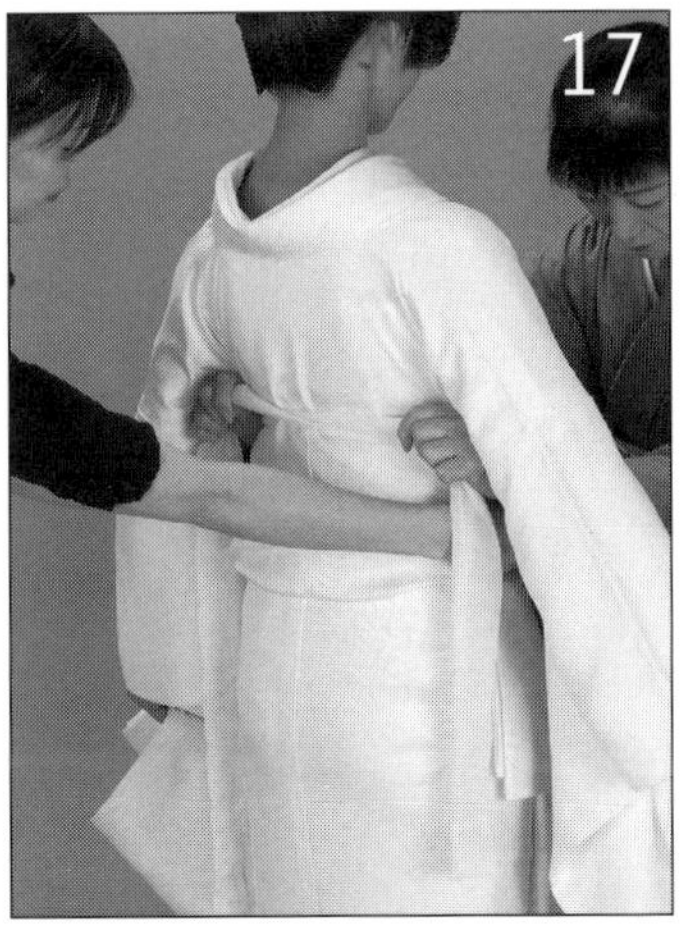

17

技▼紐を後ろに廻して背中心で交差し、
助▼技術者が紐を廻しやすいよう、両脇で身頃の余分を押さえたまま、肘、手首を下げる。

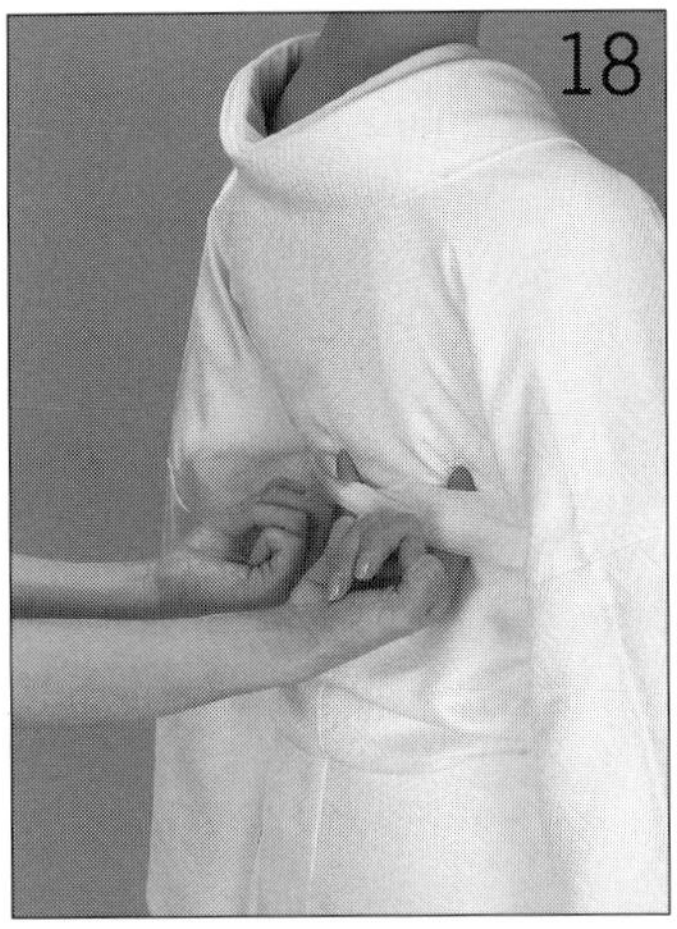

18

背中のシワをとる。
助▼胸紐下に人さし指を入れ、背中心から左右に滑らせるようにして、身頃の余分を左右に送り、背中を整える。

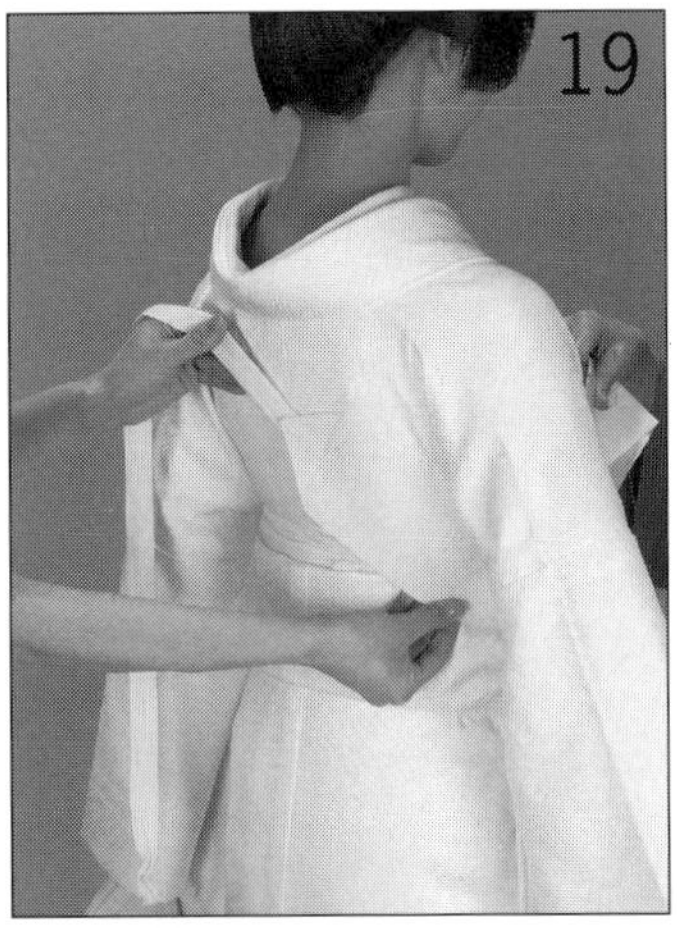

19

胸紐と腰紐の間の余分を、伊達巻で押さえる。
助▼左手で紐元を持ち、伊達巻の下部を持って、右脇から前に廻し、
技▼伊達巻を受け取り、胴に巻く。

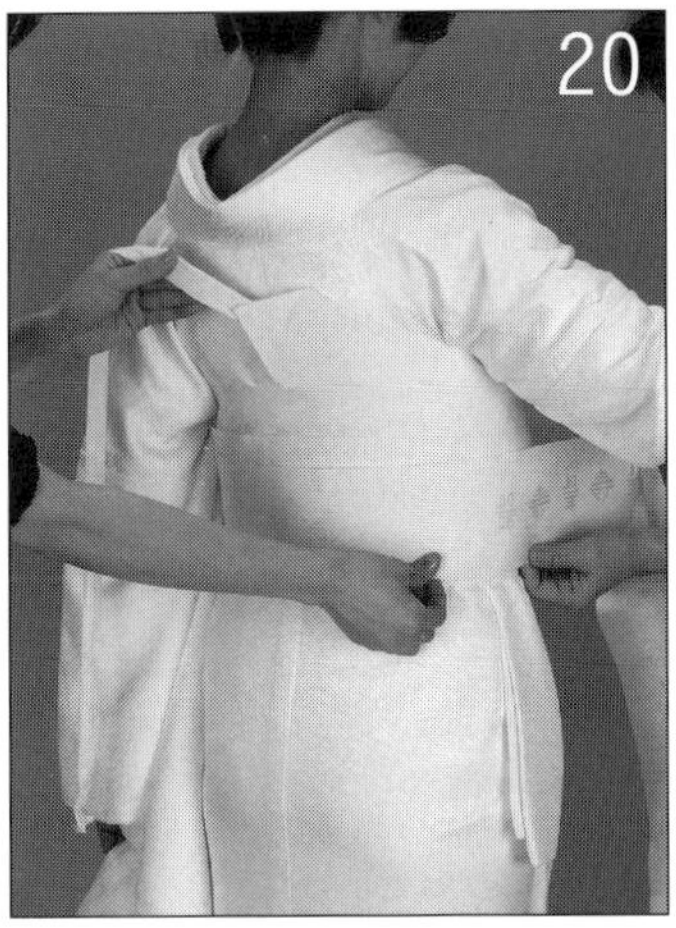

20

助▼左脇で、伊達巻・下部を受け取り、脇で締めながら前に廻していく。

着付のキメテ 1

技術者の動きを妨げない押さえ方をマスターする

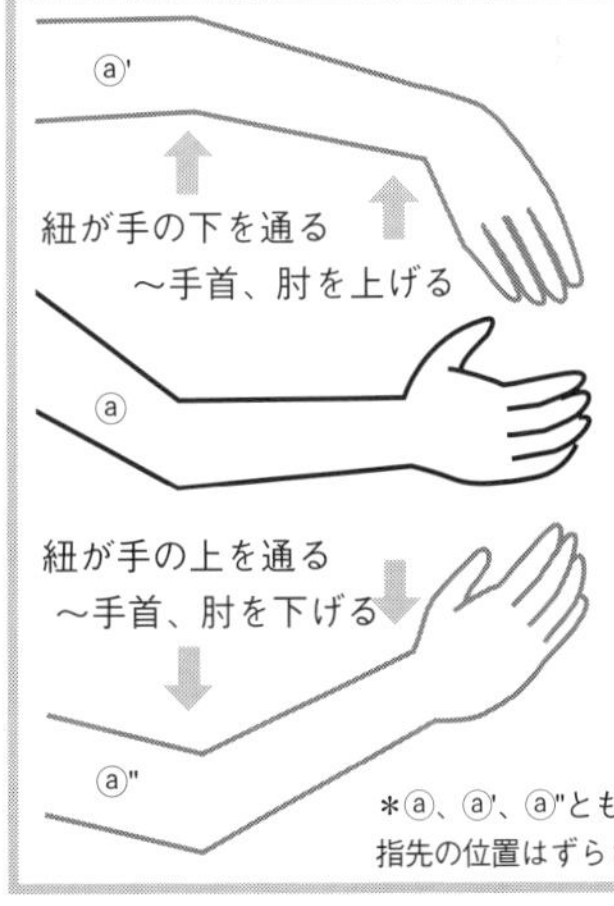
ⓐ'
紐が手の下を通る
～手首、肘を上げる
ⓐ
紐が手の上を通る
～手首、肘を下げる
ⓐ"

＊ⓐ、ⓐ'、ⓐ"とも、身頃を押さえる指先の位置はずらさないこと。

C. 帯を廻し、結ぶ

助手は、帯を胴に廻し終えるまでは後ろを、技術者がテとタレを結ぶ段階になったら前に回って、技術者を助けます。

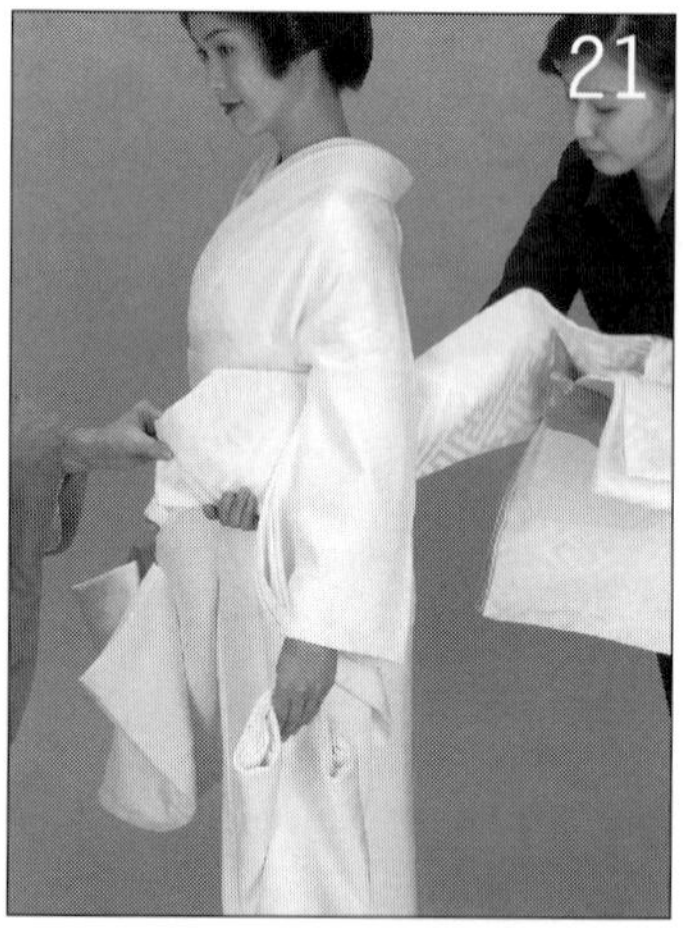

帯を胴に二巻きし、テとタレを結ぶ。
助▼たたんだ帯を左腕で持ち、左脇下からテ先の輪を差し入れ、
技▼テ先の輪を受け取る。

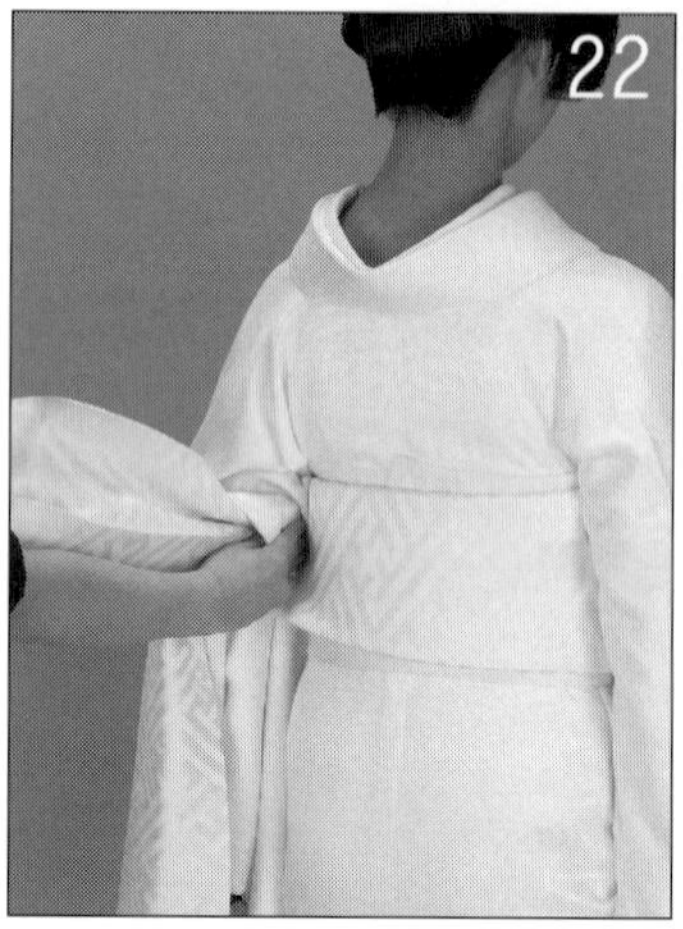

助▼一巻きして、テ元を、右手の甲で左脇いっぱいに廻し、左手はタレのワを持ち、

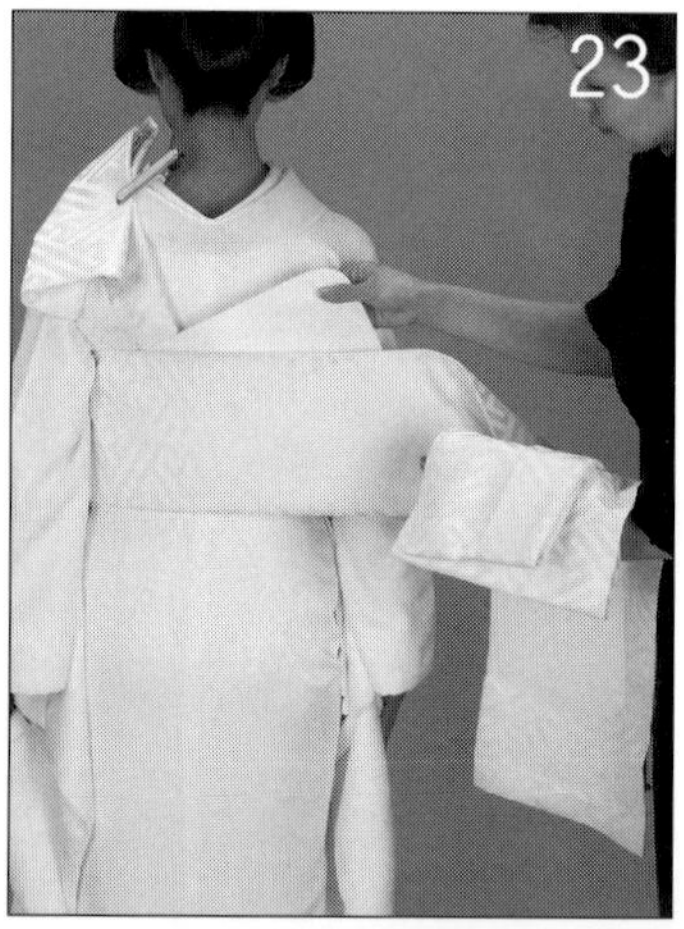

助▼タレを右脇に廻し、帯板を、胴帯下部のワまで差し入れる。

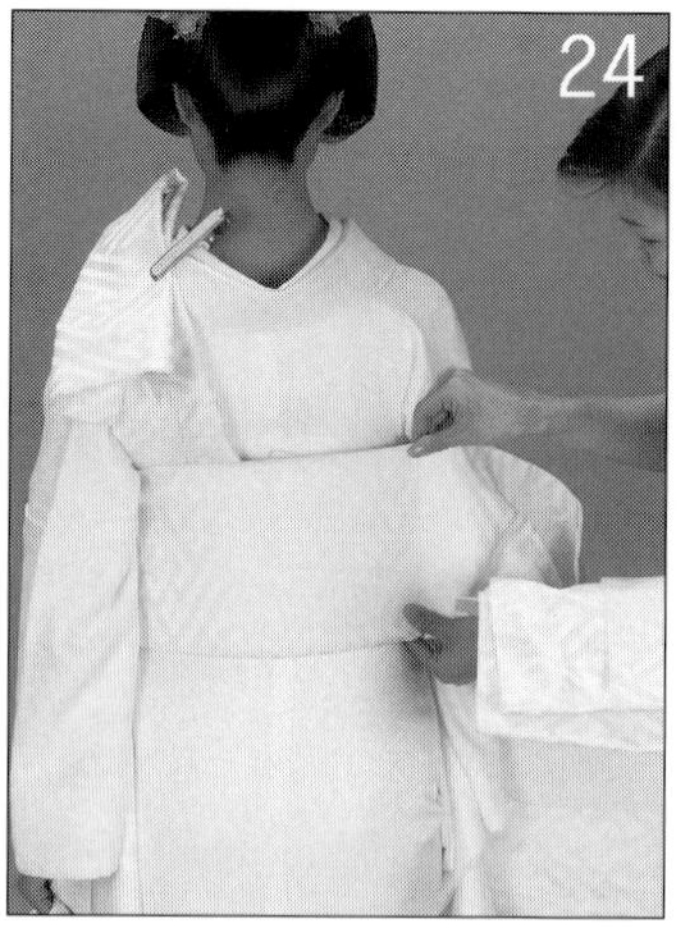

助▼左手でタレのワ、右手で帯の上端を持ち、胴帯の幅を整える。左手でタレのワを固定したまま、右手でたたんだ帯を持ち、

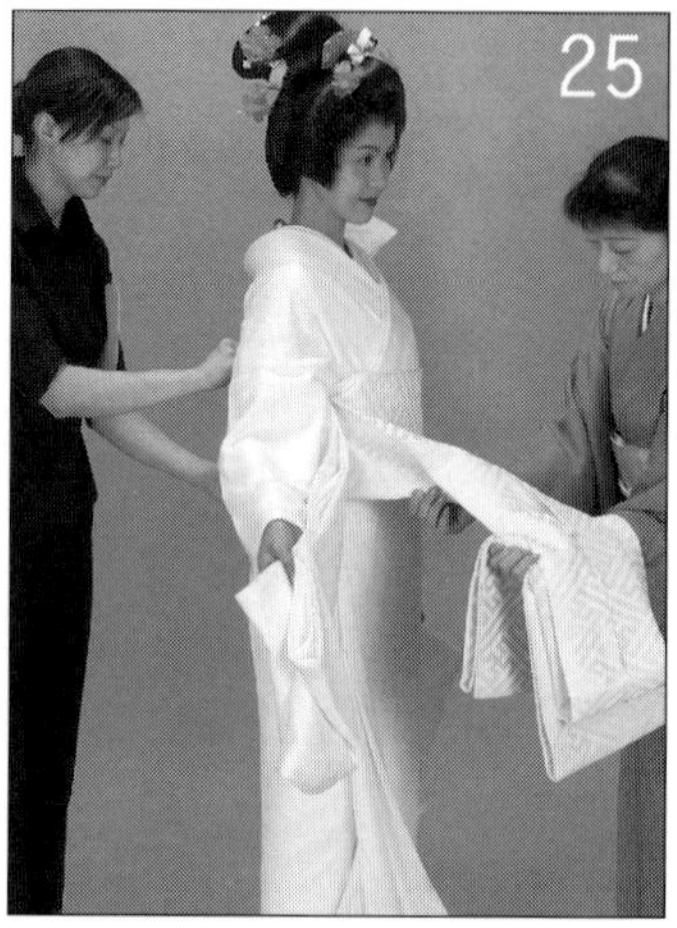

助▼右脇下から、たたんだ帯を技術者に渡す。
技▼帯を左腕で受け取り、
助▼胴に廻した帯が下がらないように、タレのワを支え、

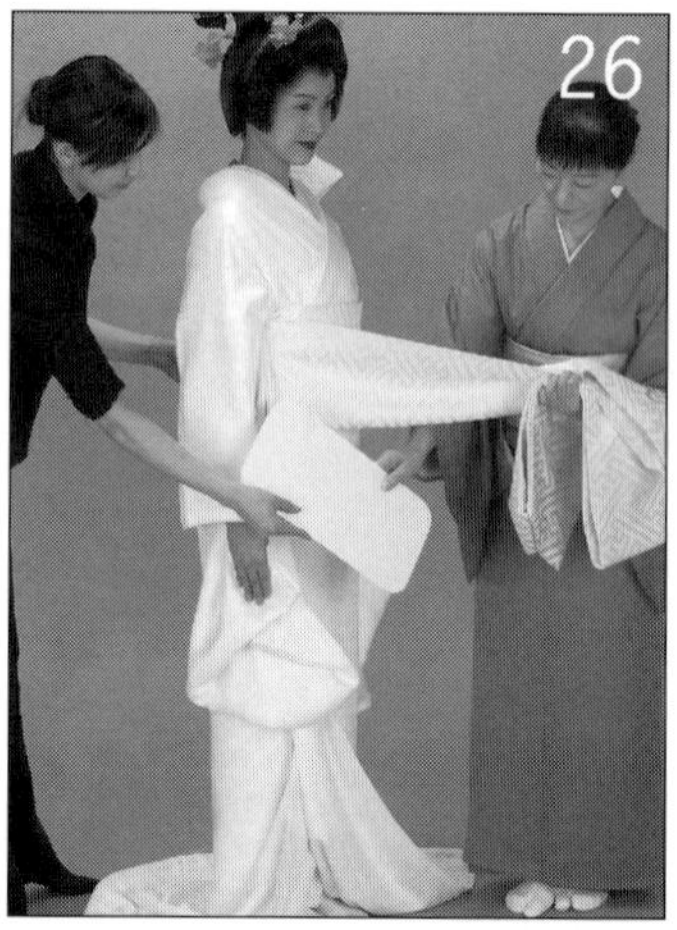

助▼右手で、帯板を技術者に渡す。
技▼帯板を受け取り、帯の中に差し入れる。

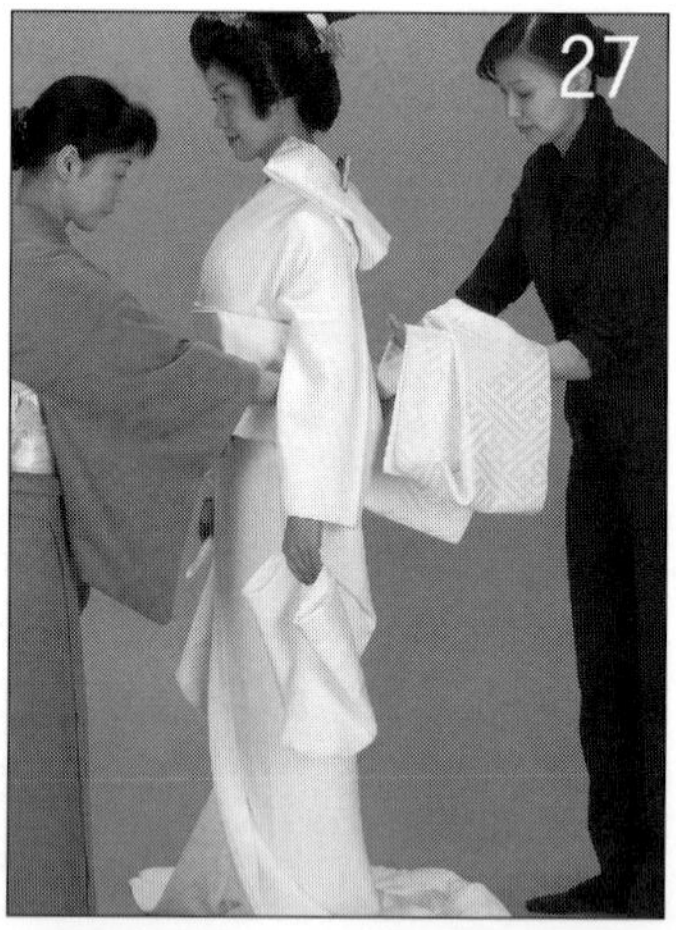

技▼たたんだ帯を、左脇下から助手に渡し、
助▼左腕で受け取る。右手でタレのワを受け取り、背中に廻す。

技▼前中心で、右手は胴帯下部のワを支え、左手は帯の上端を、胴帯上部に指4本が入る位の空間をもたせて持ち、
助▼テとタレのワとワを持って、締める。

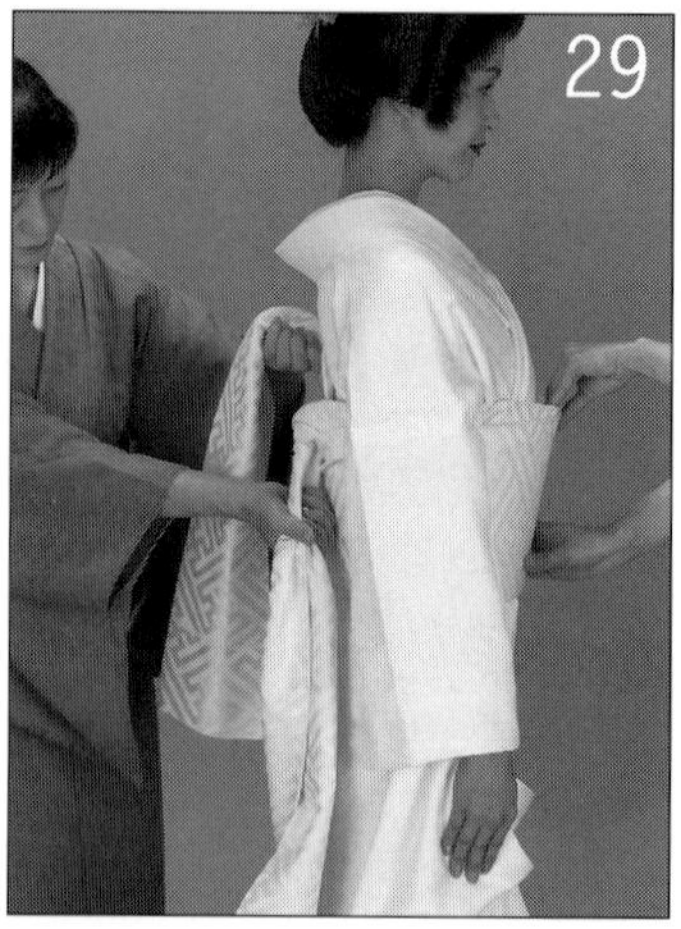

技術者と助手の立ち位置を入れ替える。
助▼右手で胴帯下部を支え、左手は胴帯上部に指先を入れて帯上端を持つ。
技▼テを上に結ぶ。テを左肩に預け、

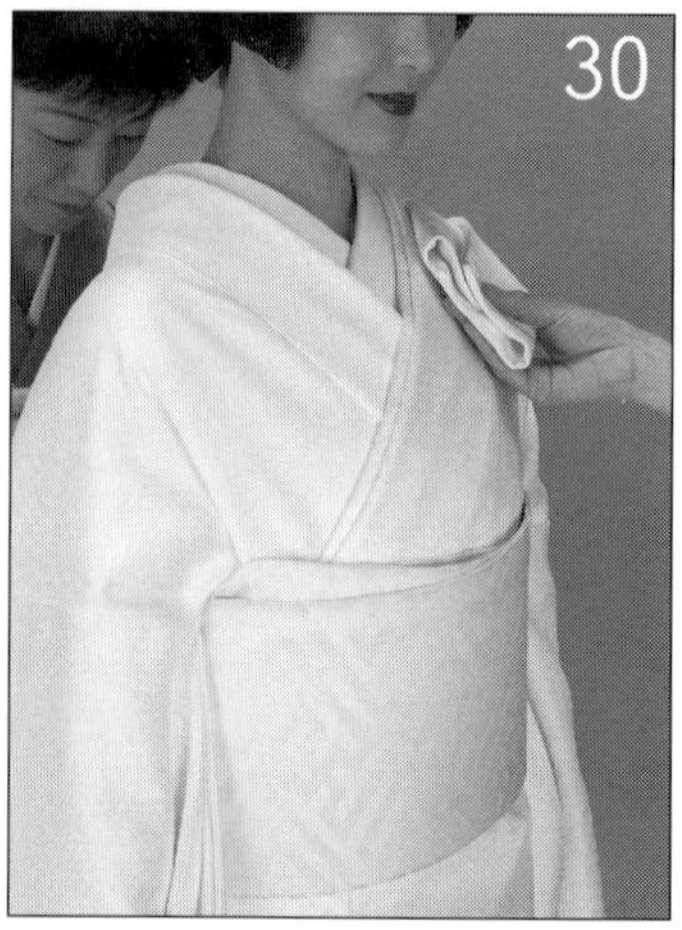

掛下文庫を結ぶ。
助▼テ先を受け取る。
技▼掛下文庫を結んでいく。

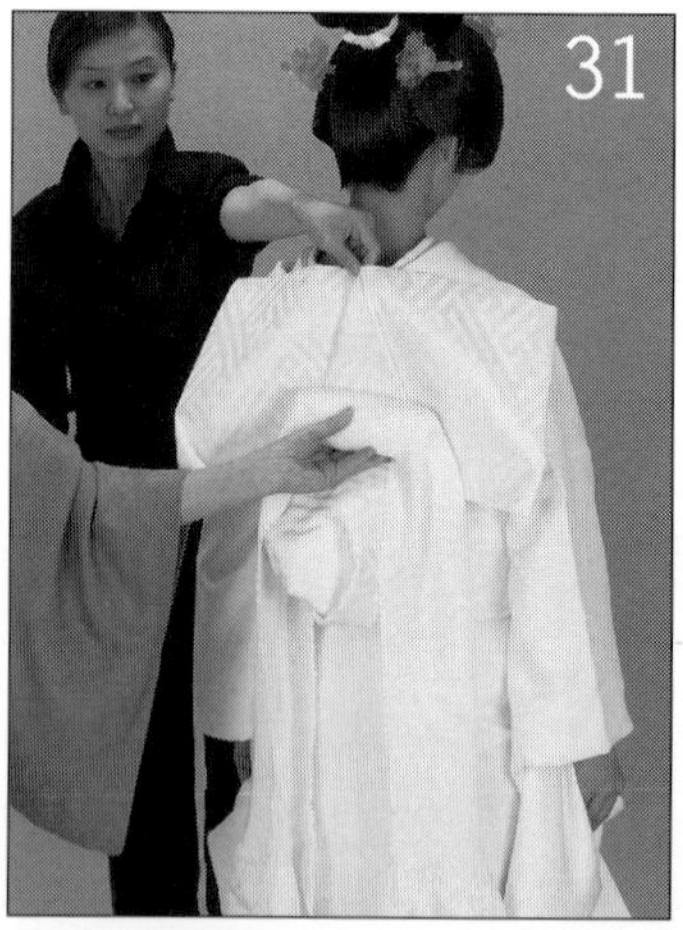

技▼文庫の羽根をたたみ、背に上げ、
助▼文庫の羽根の中心を持ち、
技▼帯揚げで包んだ帯枕を背に置く。

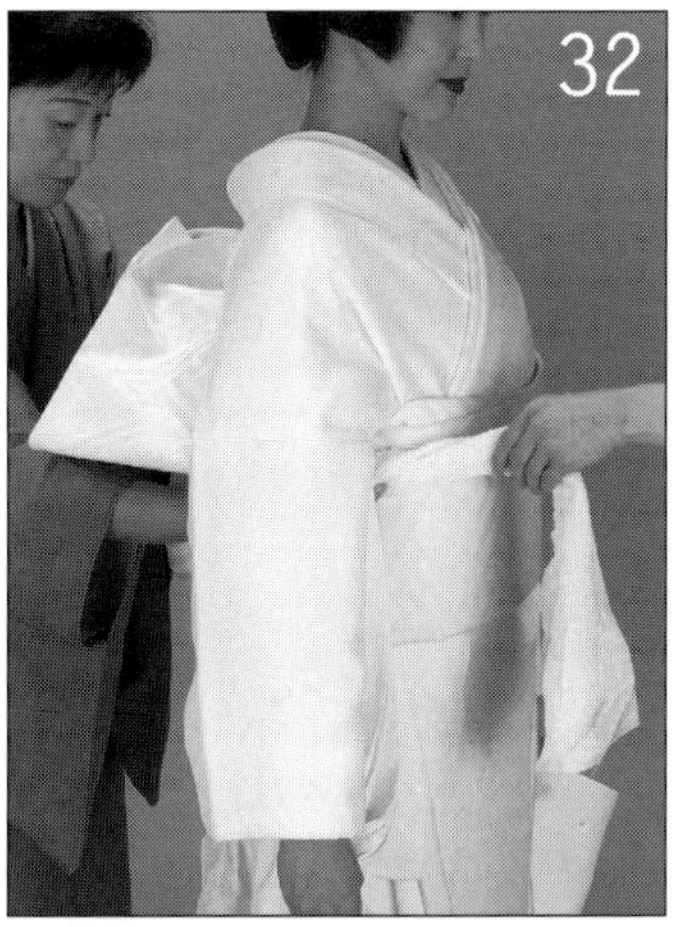

32

技▼枕を背に当て、紐を前に廻し、
助▼枕の紐を帯揚げと一緒に前で受け取る。

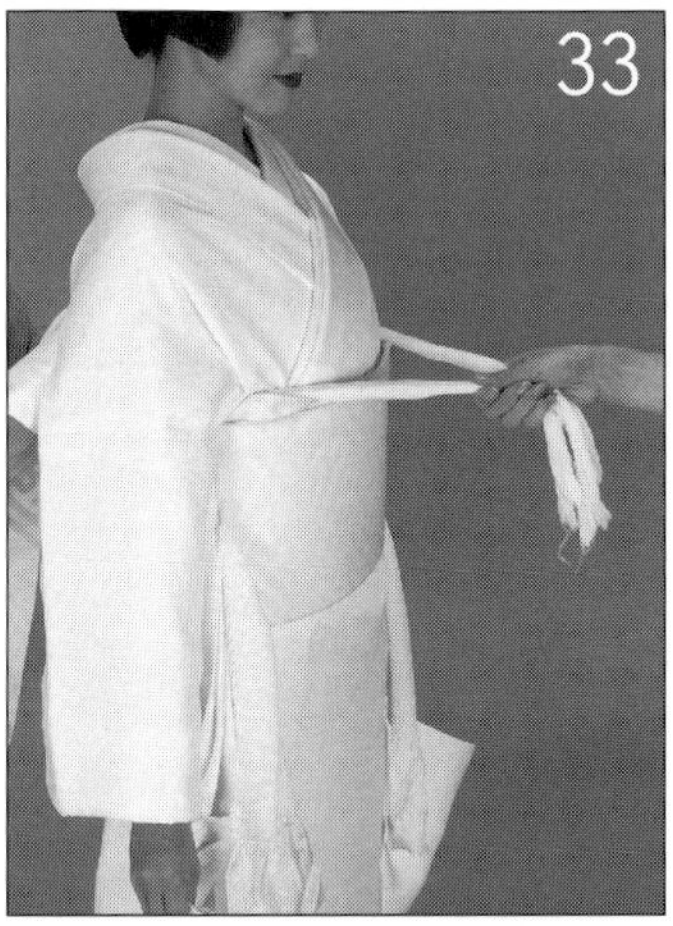

33

技▼枕を背にぴったり当て、
助▼枕の紐から帯揚げを外し、前中心で左右の紐を引く。

34

技▼文庫を形づくる。
助▼枕の紐を結び締め、右手で左右の紐を併せ持つ。左手は胴帯下部に添え、枕の紐を手前に引いてゆるみをとり、もう一度締める。

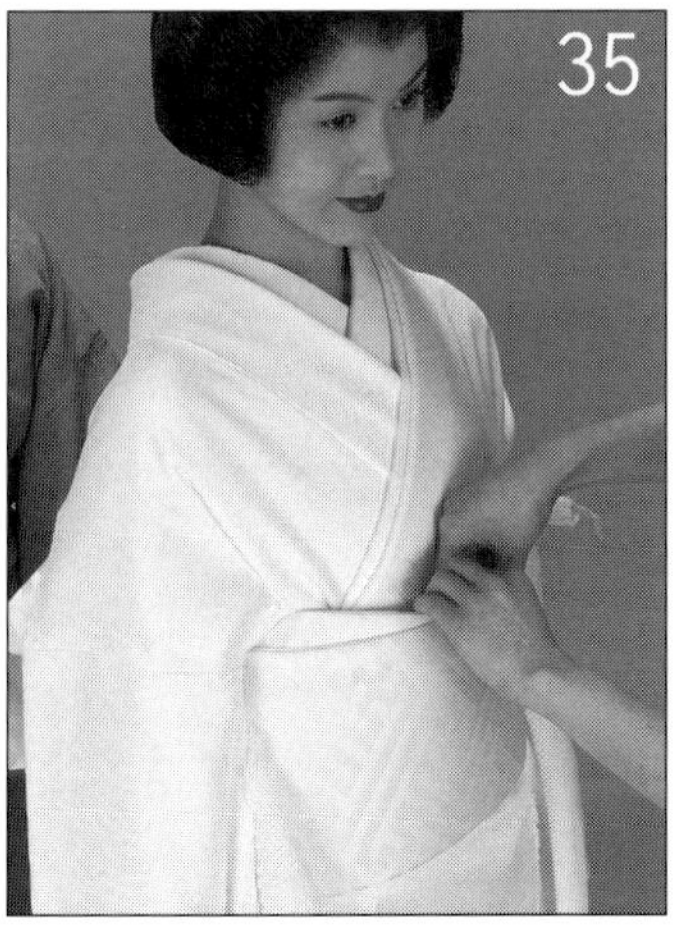

35

助▼枕の紐先を片花に結び、結び目を胴帯の中に深く入れ込み、おさめる。

D. 帯揚げを結ぶ

助手は、帯揚げ、丸ぐけの処理など、前の仕事をしていきます。

帯揚げは、中央の結び目上端を平らに、胴帯上端と同じ高さに揃えます。その左右はふっくらと整えます。

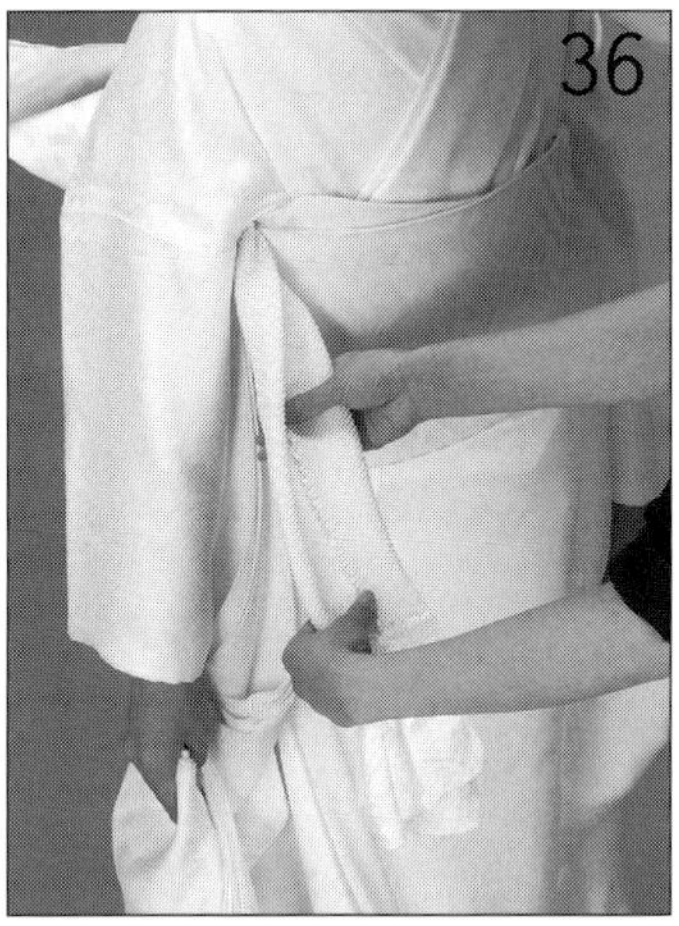

36

帯揚げを結ぶ。
助▼脇から先まで、帯揚げの幅を3つ折（帯揚げが厚い場合は、帯揚げ左右の端を、中心で向かい合わせに折る）にし、

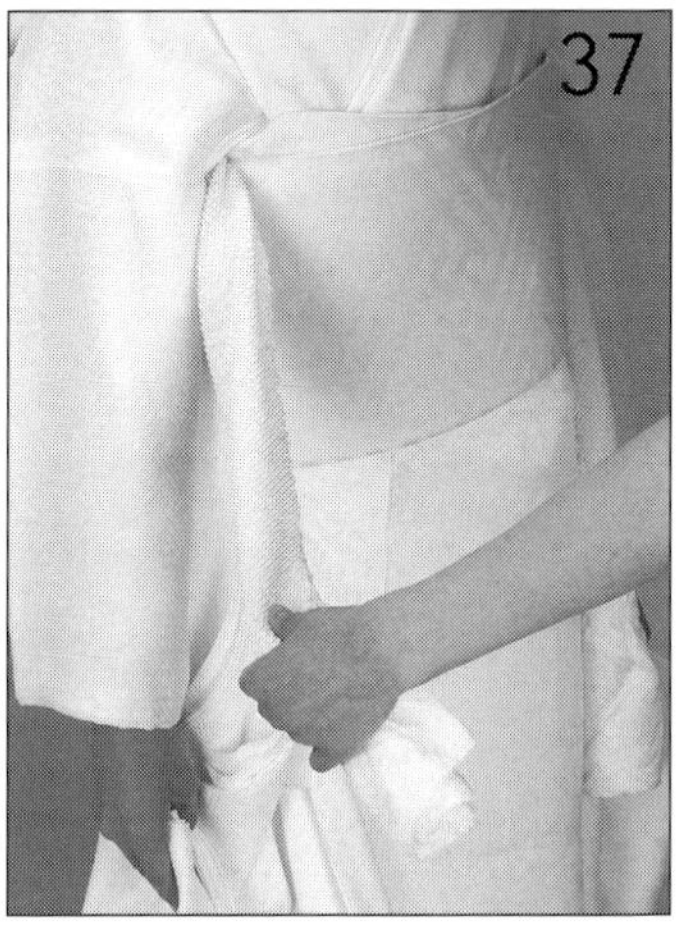

37

助▼さらに2つ折にする。反対側も同様に整え、

38

助▼前中心で衿合わせに交差し、

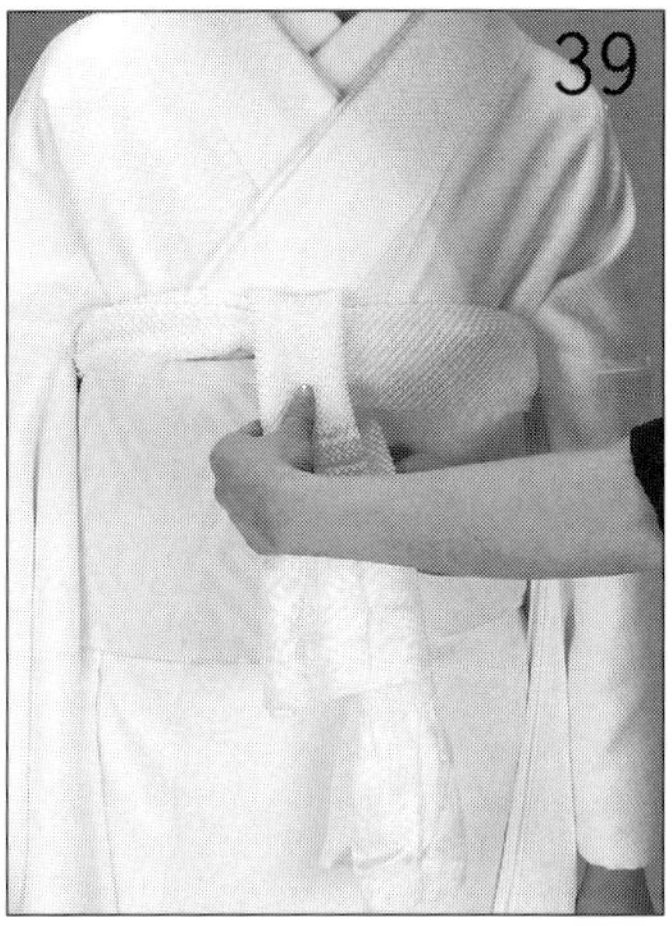

39

助▼結び目・中央上部がねじれず平らになるように軽く一結びする。さらに帯揚げの先を軽く結び、

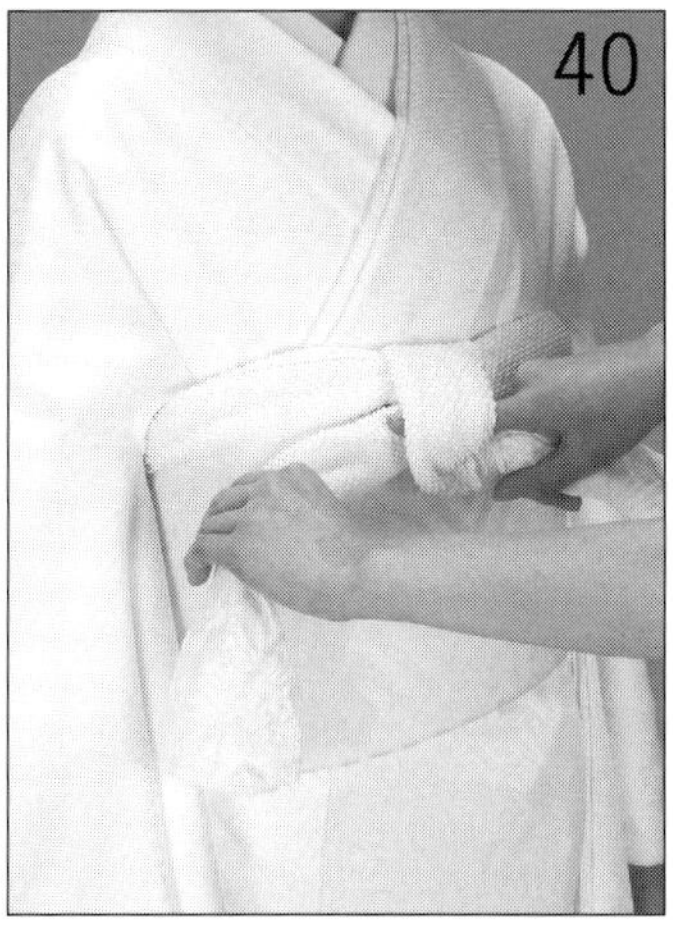

40

助▼結び目の中に人さし指を入れ、中央の結び目を手前に回しながら、左手側の帯揚げの先を引き、

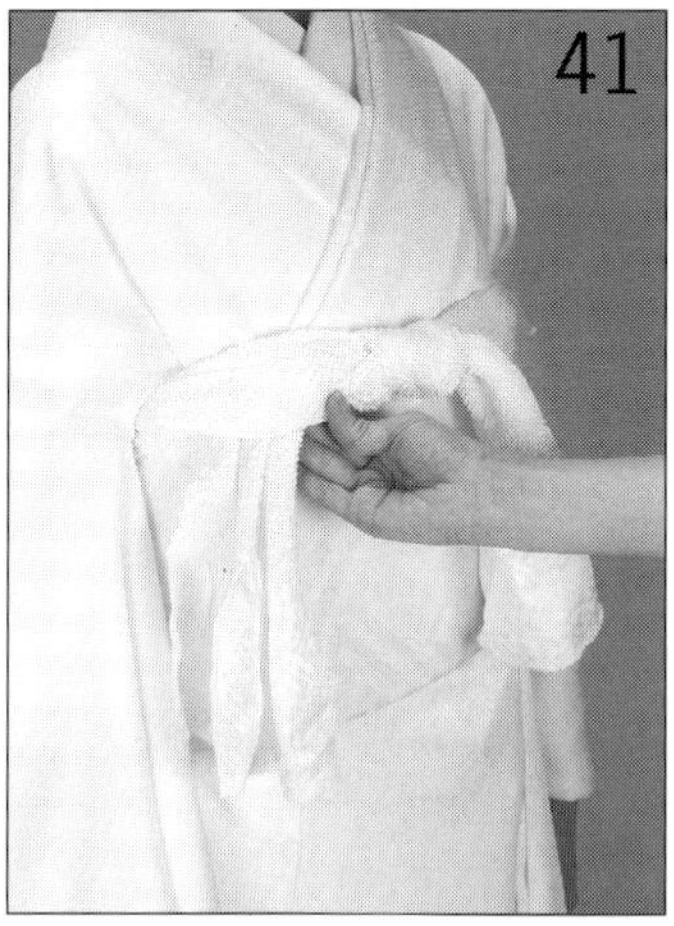

41

助▼結び目上端を平らに結ぶ。残りの帯揚げは、結び目の元から、最初に廻した帯揚げの中におさめていき、

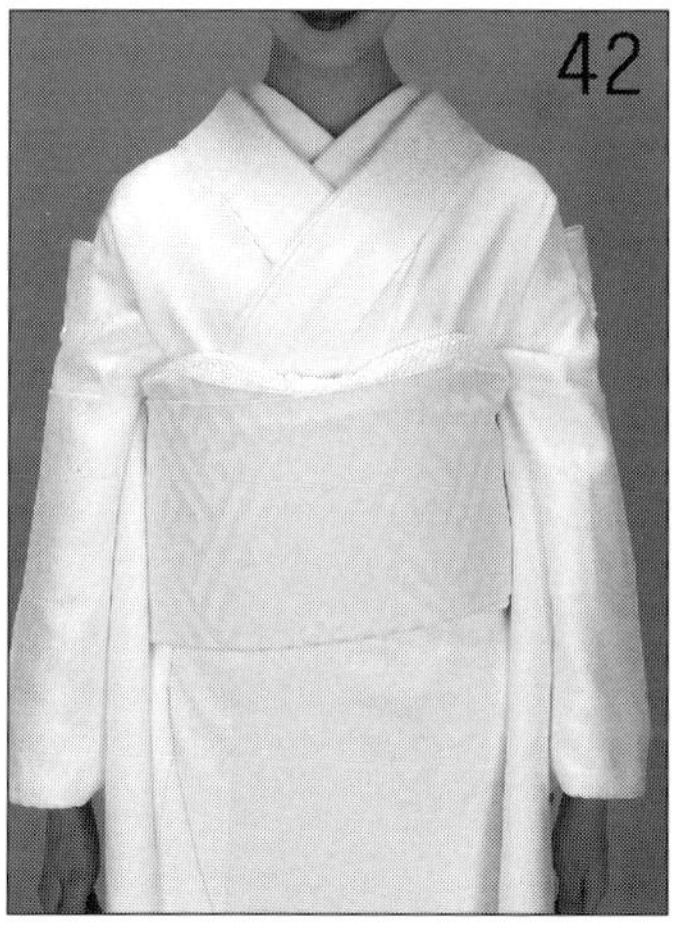

42

助▼余分は胴帯の中に入れ込む。反対側も同様に整える。結び目の左右はふっくらと、中央の結び目は平らに、胴帯上端と同じ高さに揃え、帯揚げの結び上がり。

E. 丸ぐけを結ぶ

丸ぐけは、帯結びをまとめる働きを持ち、強く締めて良い紐です。帯板を入れた胴帯の上に締めるので、強く締めても苦しくありません。ただし、あまり強く締めすぎると胴帯にシワが寄ってしまいます。

43 **丸ぐけを結ぶ。**
助▼前中心で左右の長さを揃える。

44 **助▼**衿合わせに交差して、一結びし、

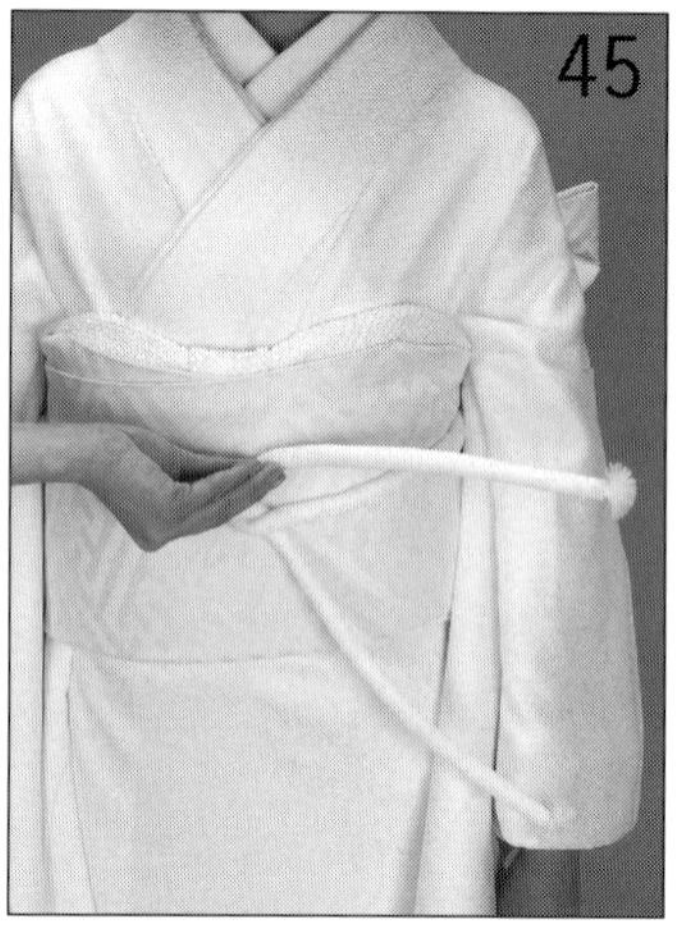

45 **助▼**上を左に向け、

46 **助▼**前中心でコマ結びにする。

47 **助▼**結び目の先は、先に締めた丸ぐけに添わせて脇に廻し、房を上に向けて挟み込み、丸ぐけの結び上がり。

F. 抱え帯を結ぶ

助手は前で、前に廻ってきた抱え帯を左脇から後ろに廻します。

抱え帯の下線（ワ）を、胴帯下線に揃え、前を整えます。

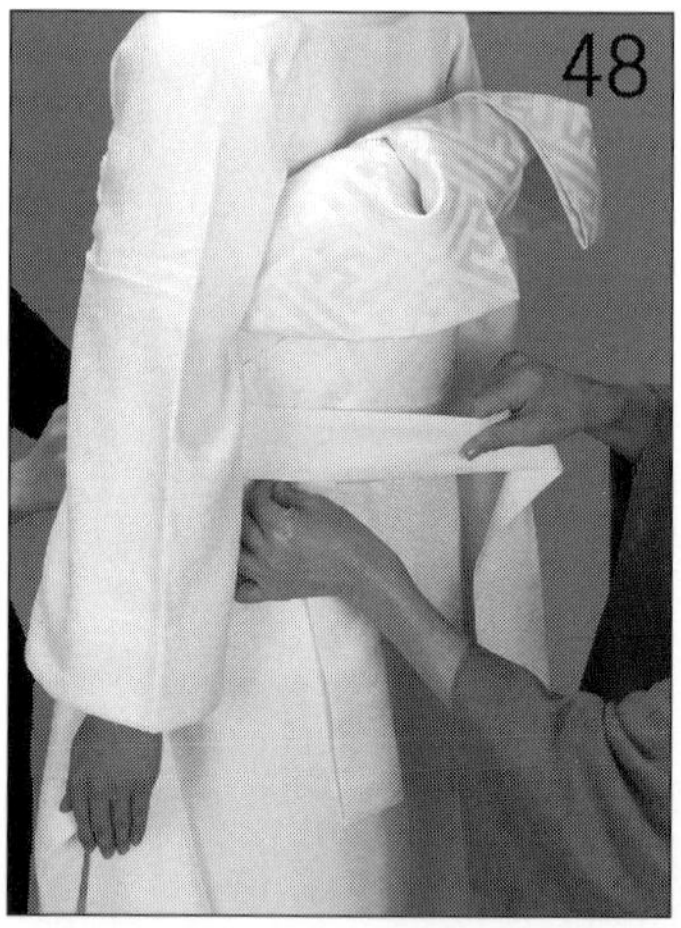

48 **胴帯下部に、抱え帯を締め、結ぶ。**
技▼抱え帯はワを下、縫い目を上にして、ワを胴帯の下線に添わせて前に廻し、
助▼ワを胴帯の下線に添わせて後ろに廻す。

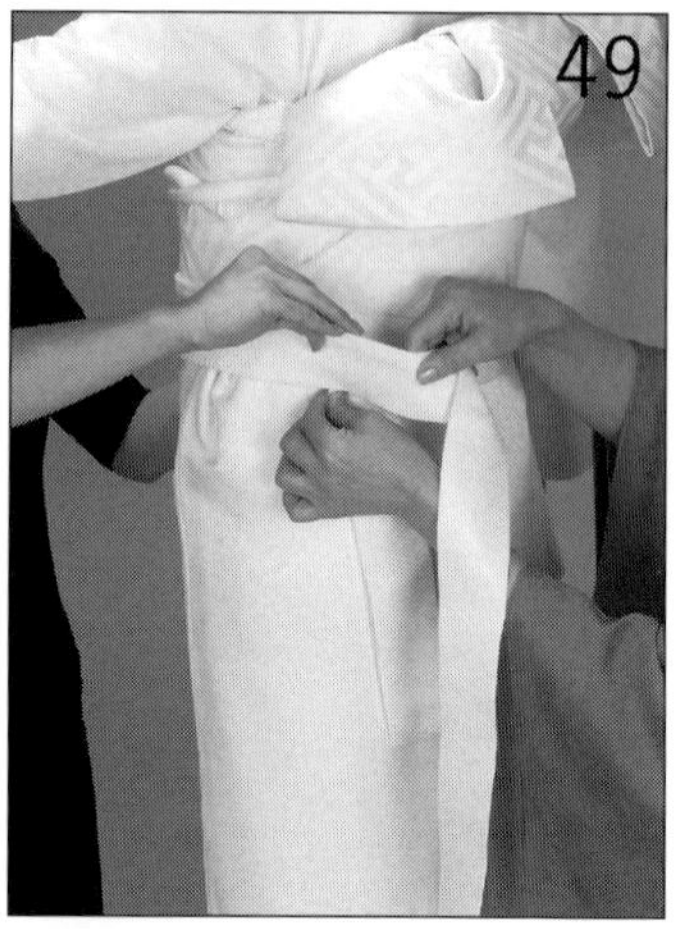

49 **左脇での、抱え帯の渡し方。**
助▼左手で二巻き目を重ね、右手で抱え帯の上部を持って、技術者に渡す。
技▼右脇で、抱え帯の下部を左手で支え、右手で受け取る。

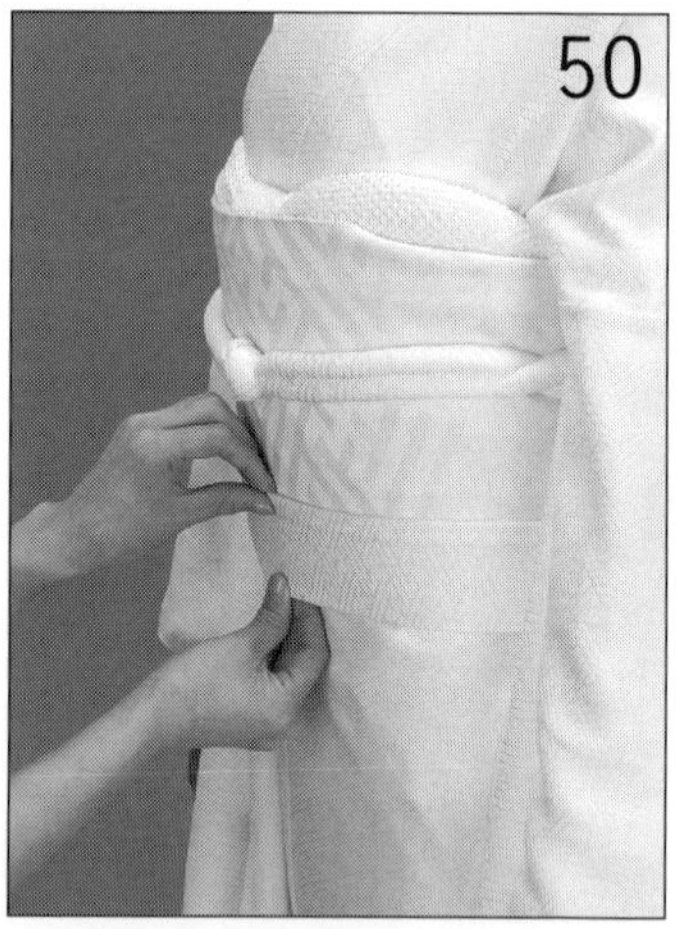

50 **助▼**胴帯下部に廻した抱え帯を揃える。

G. 小物をおさめる

花嫁の小物を一つずつ、筥迫、懐剣、末広の順に、技術者に渡します。

二つ、三つとまとめて差し出さないこと。

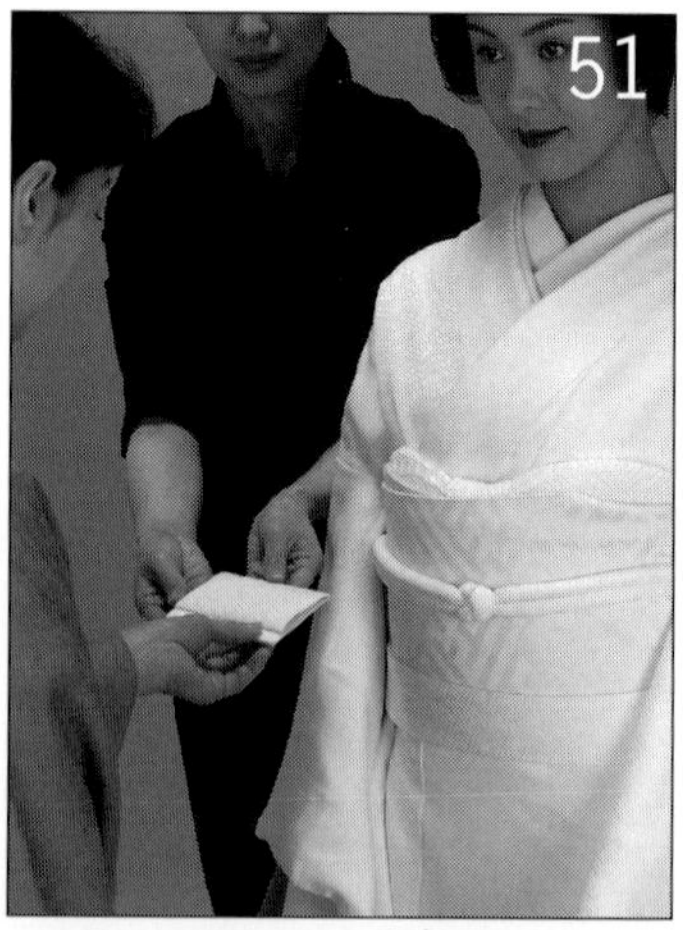

51 **小物をおさめる。**
助▼筥迫、懐剣、末広の順に、一つずつ小物を渡す。
技▼小物を受けとり、所定の場所におさめる。

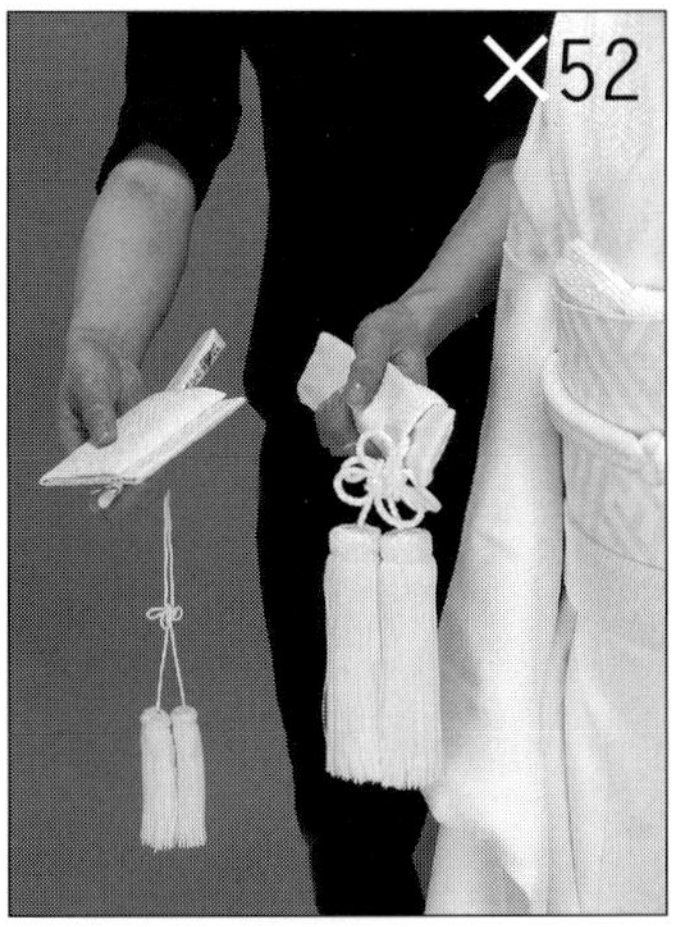

× 両手に持って3つを一緒に渡すのは、見た目にも美しくなく、技術者も小物を受け取りにくい。

× 片手でまとめて渡すのも、見た目に美しくなく、技術者も小物を受け取りにくい。

花嫁の小物をおさめた所。

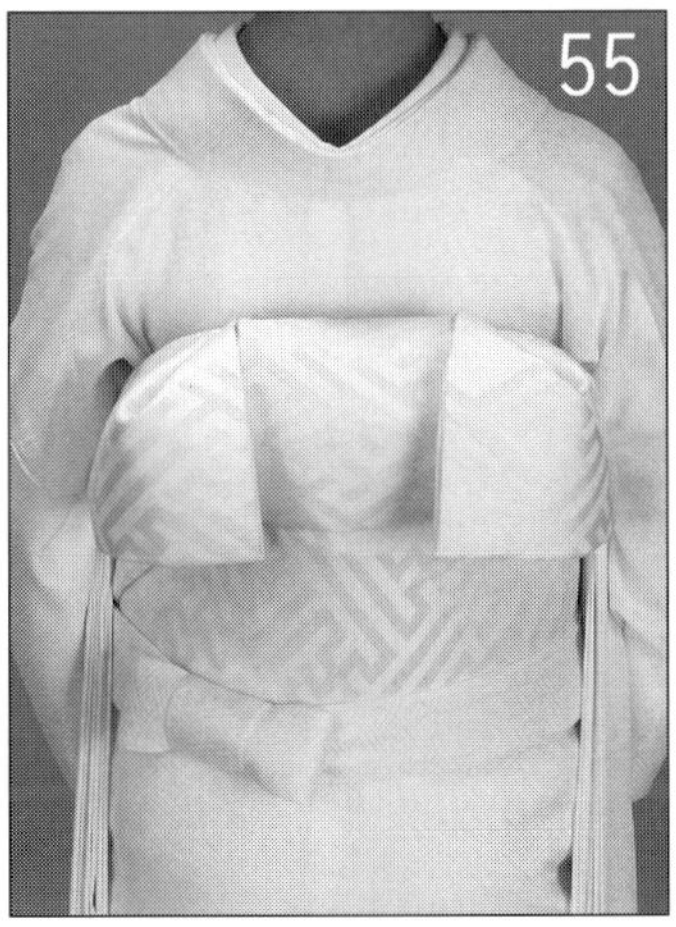

後ろの仕上がり。

H. 打掛を着せる前に掛下文庫をたたむ

助手は、打掛を着せる前に、掛下文庫をたたみます。ふつうは、右の羽根を上に重ねますが、写真の撮影角度等によって、左の羽根を上に重ねることもあります。羽根が開いてしまう場合には、小さなクリップで中心を止めておきます。

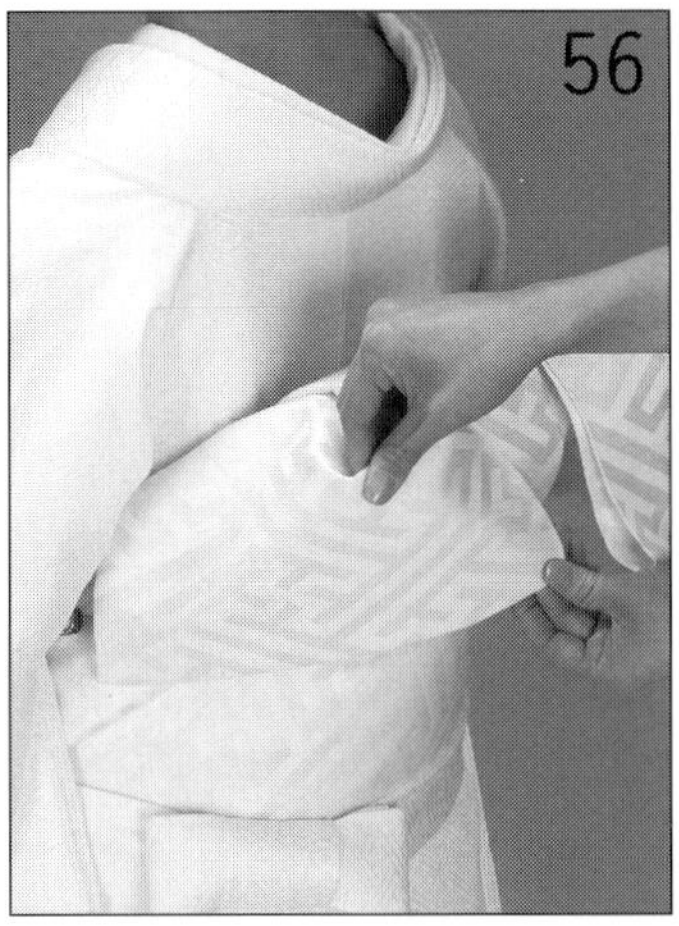

打掛を着せる前に、文庫の羽根をたたむ。
助▼右手でヒダ山を押さえて、左手で羽根先を背中心に寄せる。

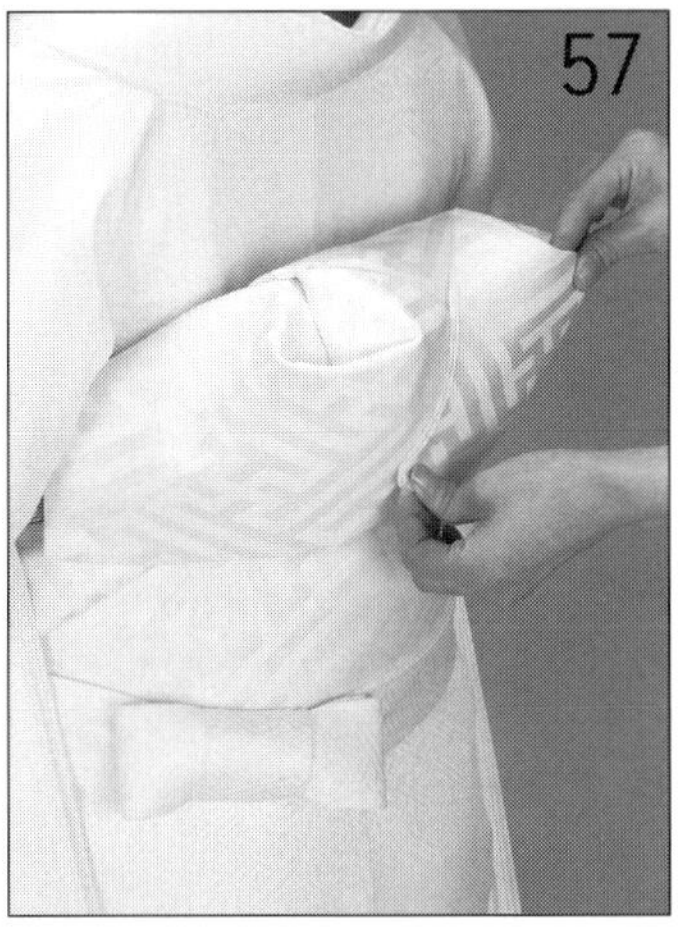

助▼反対側の羽根も同様にして、背中心側の羽根先を、最初にたたんだ羽根に重ねる。

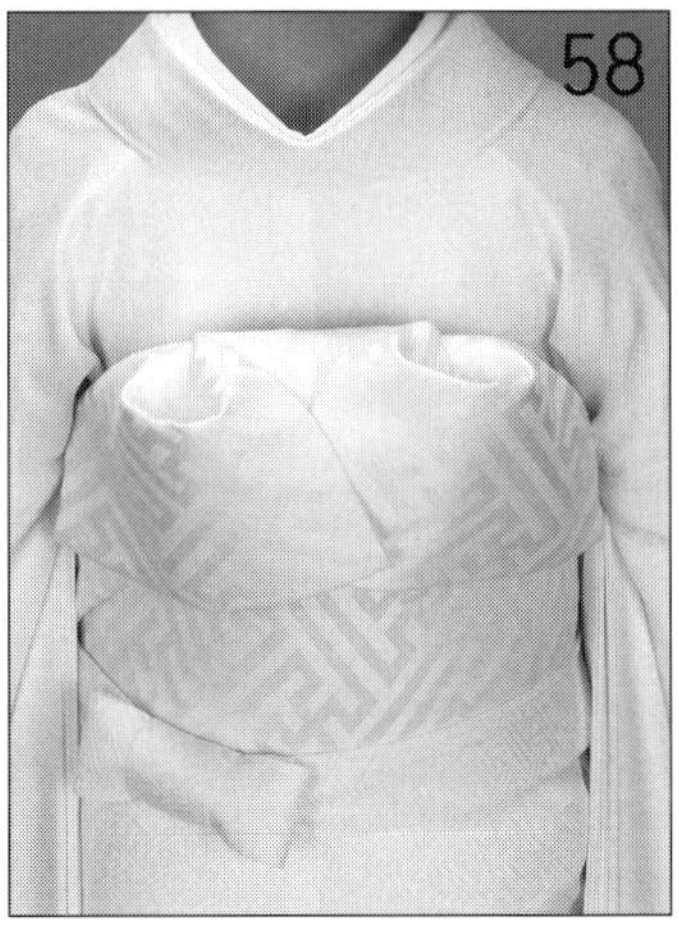

＊写真撮影の時は、ふつう上前側から撮影するので、上前側がきれいに見えるよう、左の羽根を上に重ねると良い。

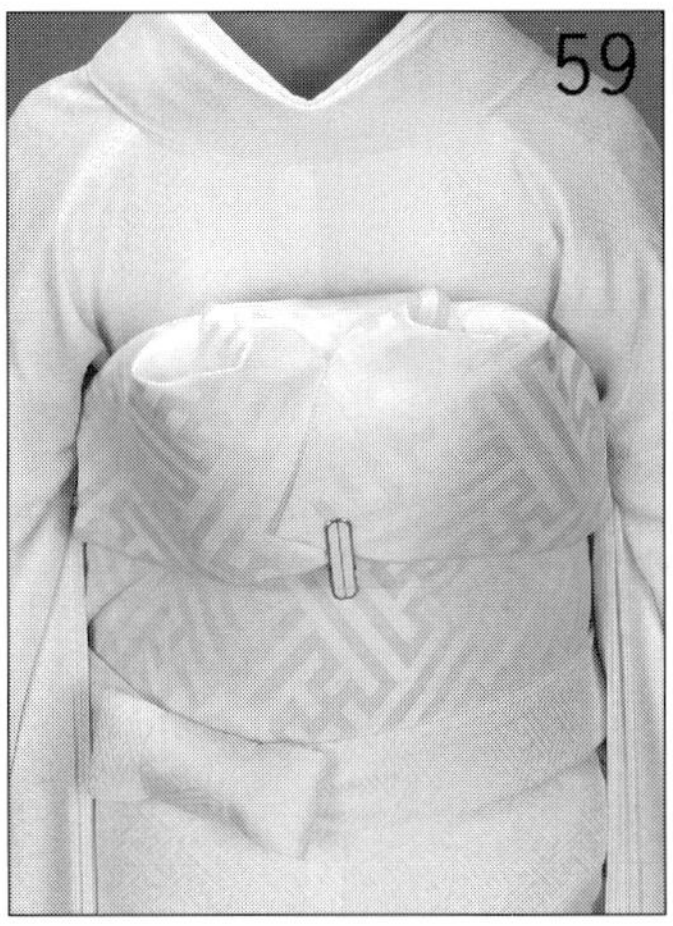

＊羽根が短い場合や、固く張りがある帯の場合は、羽根先が開きやすいので、中心を小さなクリップで止めておく。

I. 打掛を着せる

打掛は重く、厚いので、着せ掛ける時には、衿と衿先をしっかり挟み持ちます。

下になる掛下や帯など、先に着付けたものを崩さないように注意して、着せ掛けていきます。

着せ掛ける時の、打掛の持ち方。
助▼夜着だたみにした打掛を床に置き、袖付の開く位置で、衿、衿先を、衿付までしっかり挟み持ち、引き上げる。

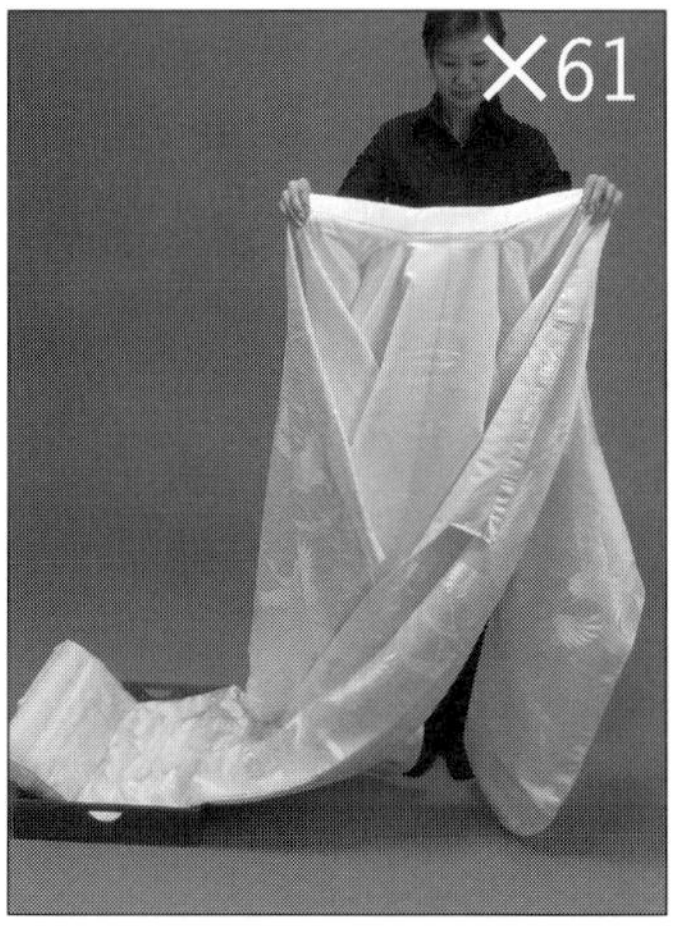

× 衣装箱に入れたまま、衿を引き上げたりしないこと。見た目に美しくなく、裾を引摺るので、衣装が痛む。

打掛を着せ掛ける。

助▼打掛の衿と衿付を挟み持ち、衿を引き上げる。

助▼袖付を横（花嫁が袖付を確認できる位置）に出し、袖を通していただく。

技▼身八ッ口に指をかけて袖付を開き、花嫁が袖を通す手助けをし、

技▼打掛の身八ツ口を持ち、

助▼技術者と一緒に、衿付を文庫の下まで引き上げる。

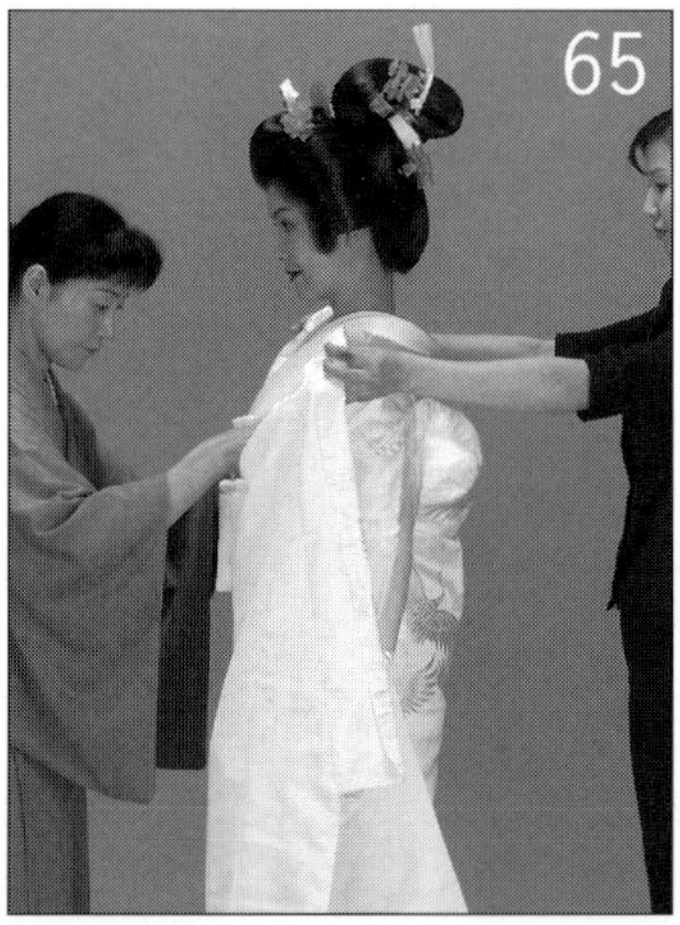

助▼打掛の衿を、文庫をくずさないように上げ、掛下の衿にそわせる。

技▼前を整える。

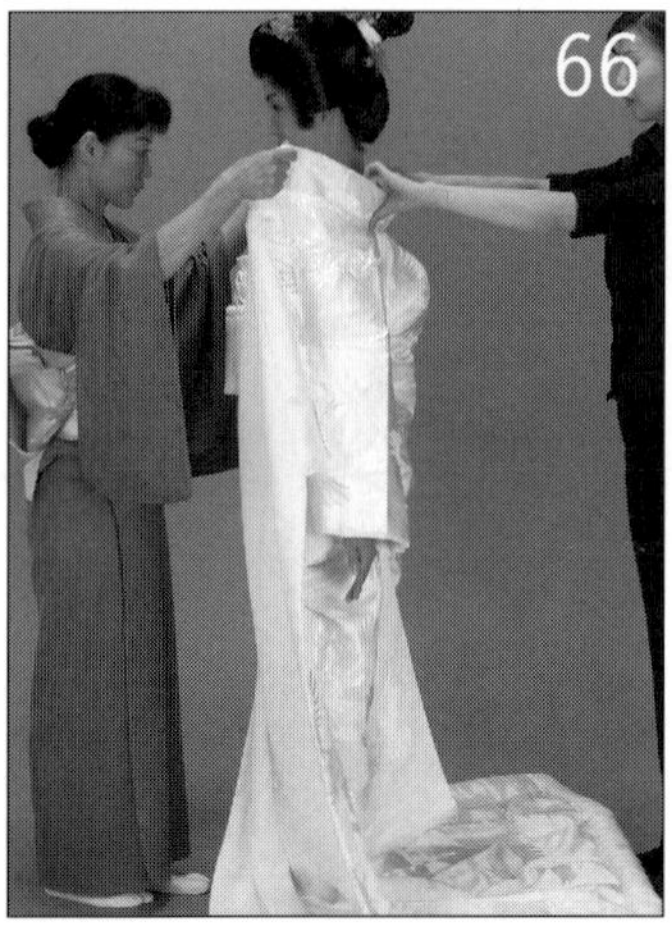

助▼背中心を確認して、左右の衿肩を固定し、

技▼衿を肩に着せ掛ける。

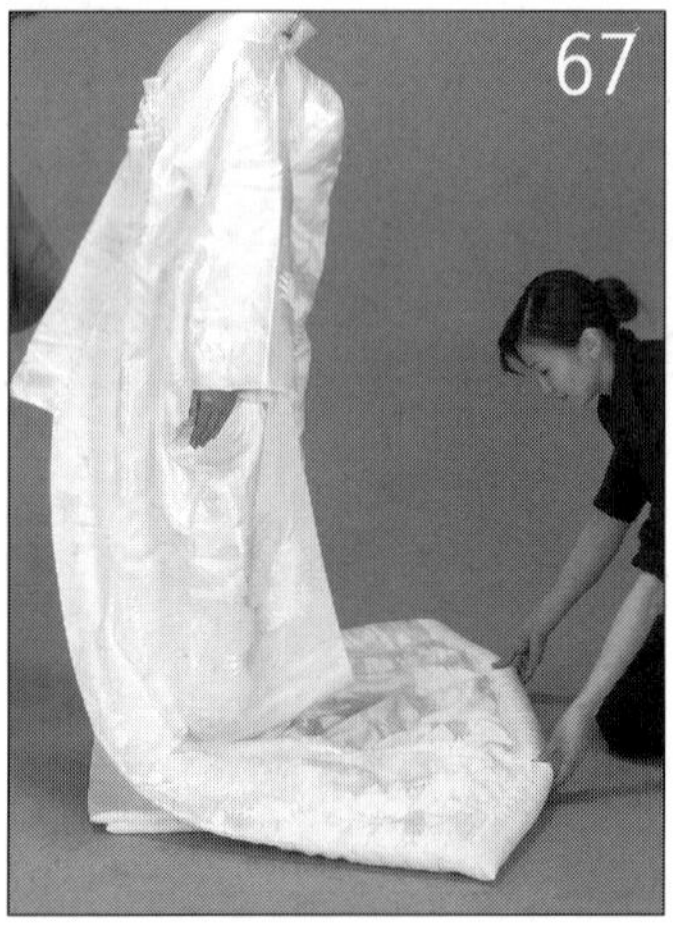

技▼前を合わせていく。

助▼背中心を真っ直ぐに、脇縫いの所を持って裾を引き、整える。

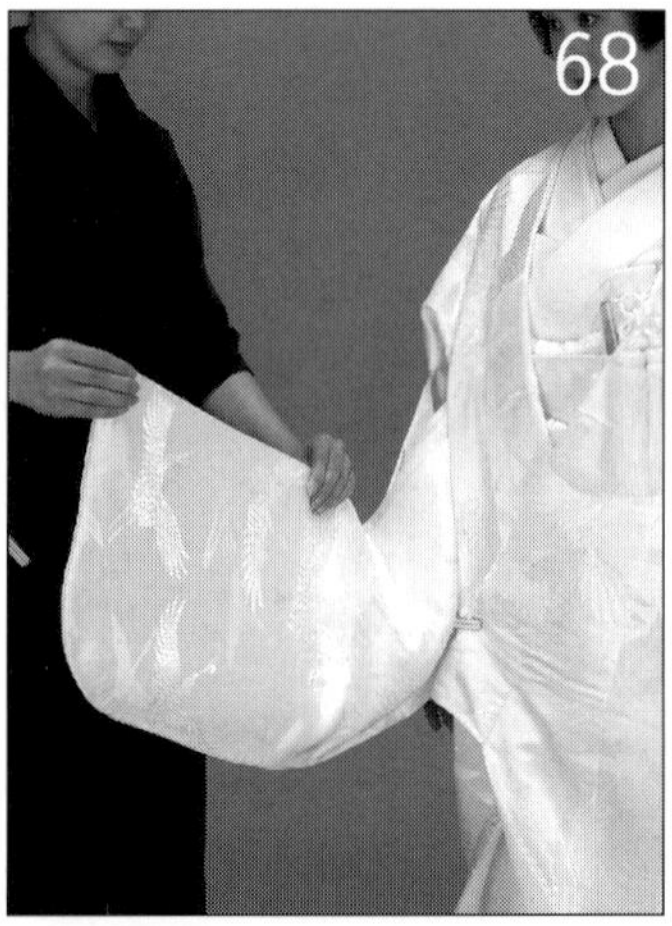

袖の振りを整える。

助▼袖の振りを花嫁に対して垂直に持ち、袖下から、長襦袢、掛下、打掛の振りを揃えていく。

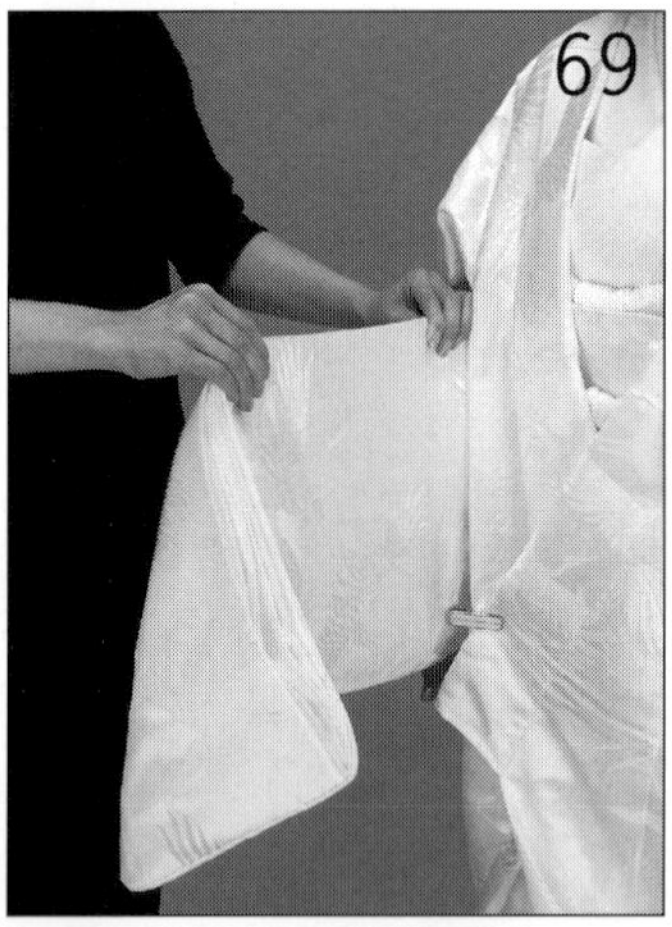

助▼一度手を替え、上まで揃えて、

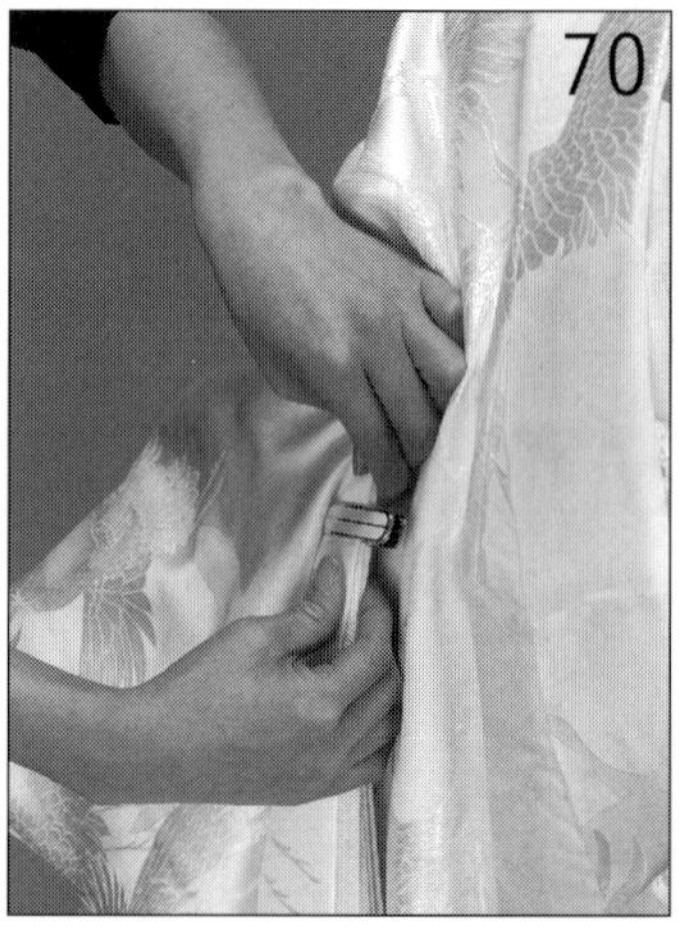

助▼たるみを調節し、クリップで止めておく。

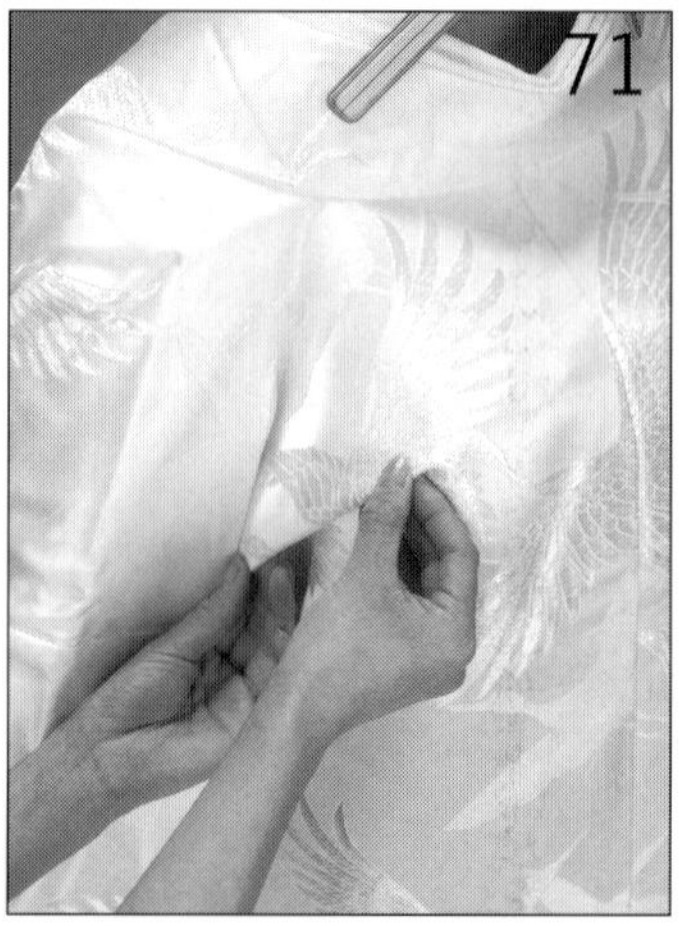

帯山左右の身頃を整える。

助▼帯山の左角で、身頃の余分を中に入れるようにして、脇まで整える。

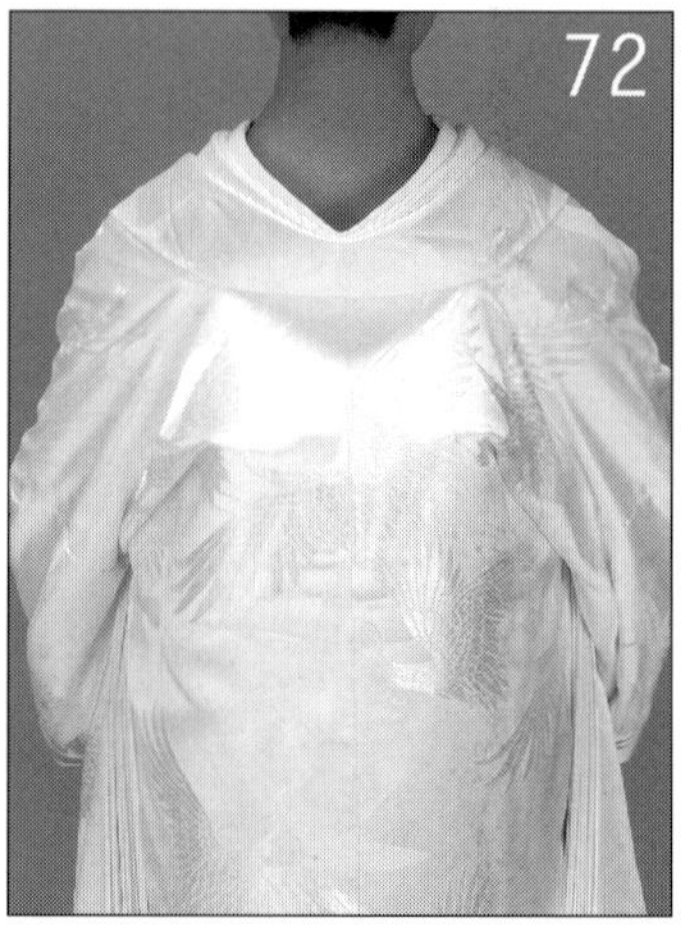

助▼反対側も同様に整える。

掛下の衿と半衿の見え幅は同寸法。

※打掛は、長襦袢（半衿）、掛下、打掛…と、着物が三枚重なる。打掛を着せた時に、半衿幅と掛下の衿が同じ幅で見えるとよい。

❶背中心で三枚の衿の高さが揃い（または外側の衿が多少高め）、❷肩山で約2.5cmほど中の衿が見えるのが標準。

ただし、体型によっては（小柄な方、なで肩の方など）、幅を少し狭くしないと打掛の衿が落ちやすい。

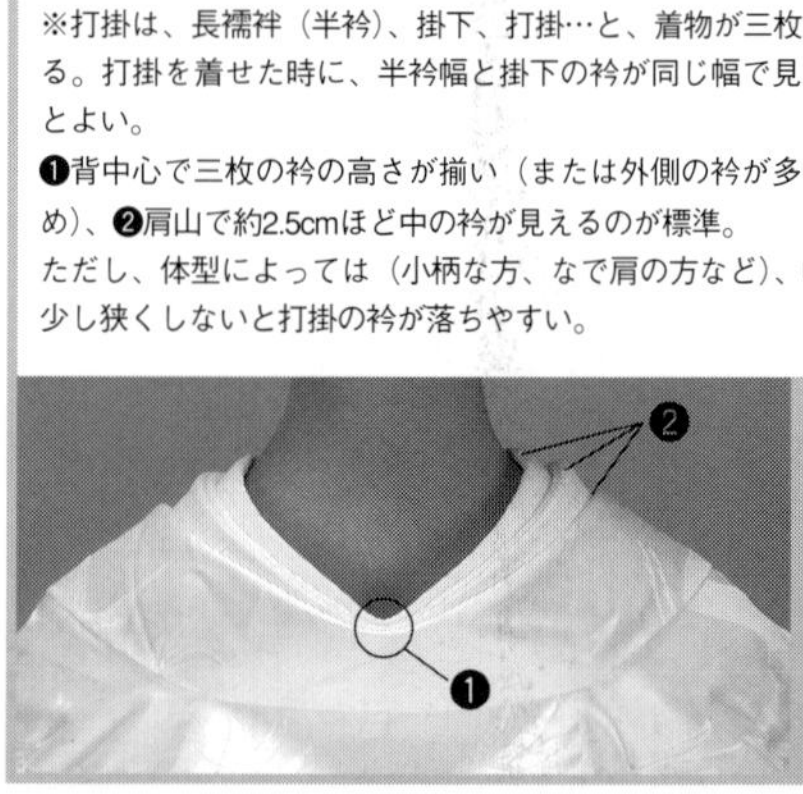

着付のキメテ 2

動きを助ける技術

Part 8

動きを助ける技術

このパートで解説している技術は、いずれも目立たず、素早くさっと行うべき仕事です。花嫁が動くための手助けを行うものであり、技術を行なう時には、黒子に徹した動きを心がけましょう。

…して控室…と、
花嫁が椅子にすわる場面は多々あります。
通常は、介添人が、その補助をしますが、
お仕度の後、お待ちいただく際や、
出張でお仕度する場合には、
美容師が補助をすることもあります。

る

01
椅子の前、スレスレに立っていただく。

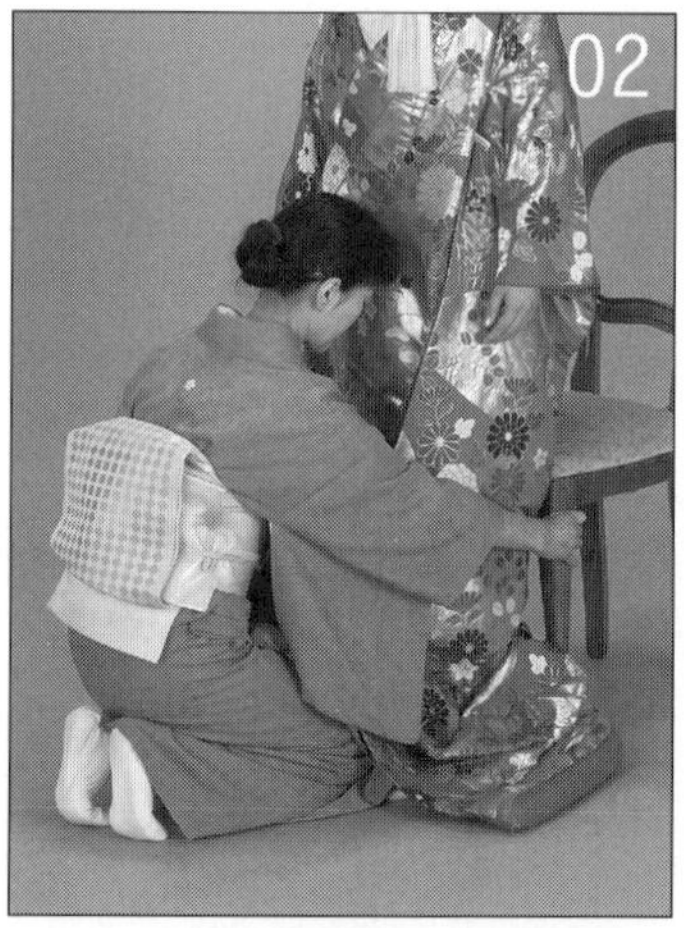

02
左手で前を押さえ、右手で椅子を引き寄せる。

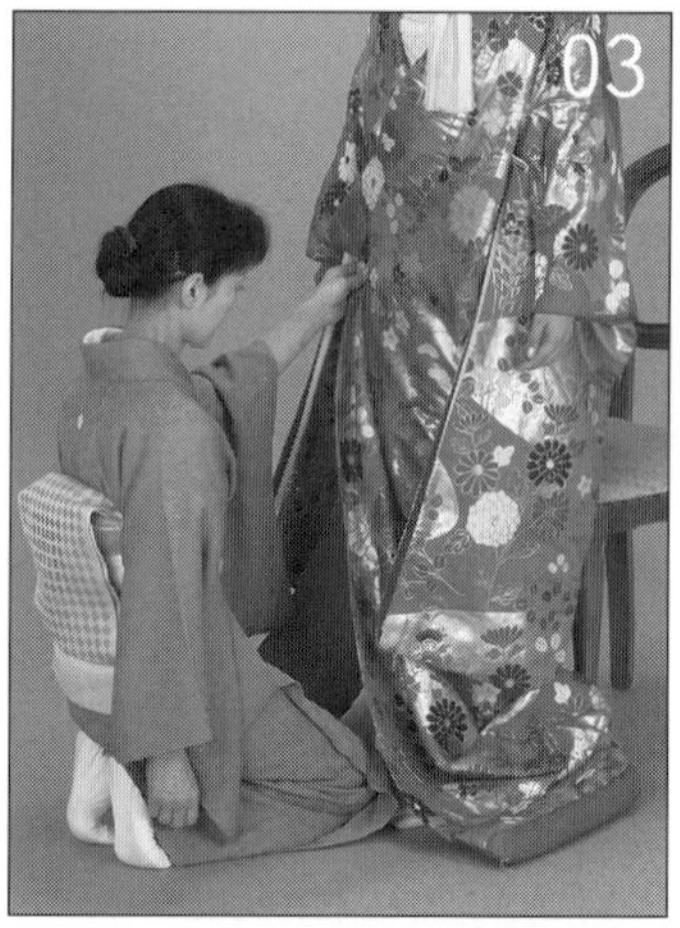

03
裾を整え、上前衿先を押さえ、

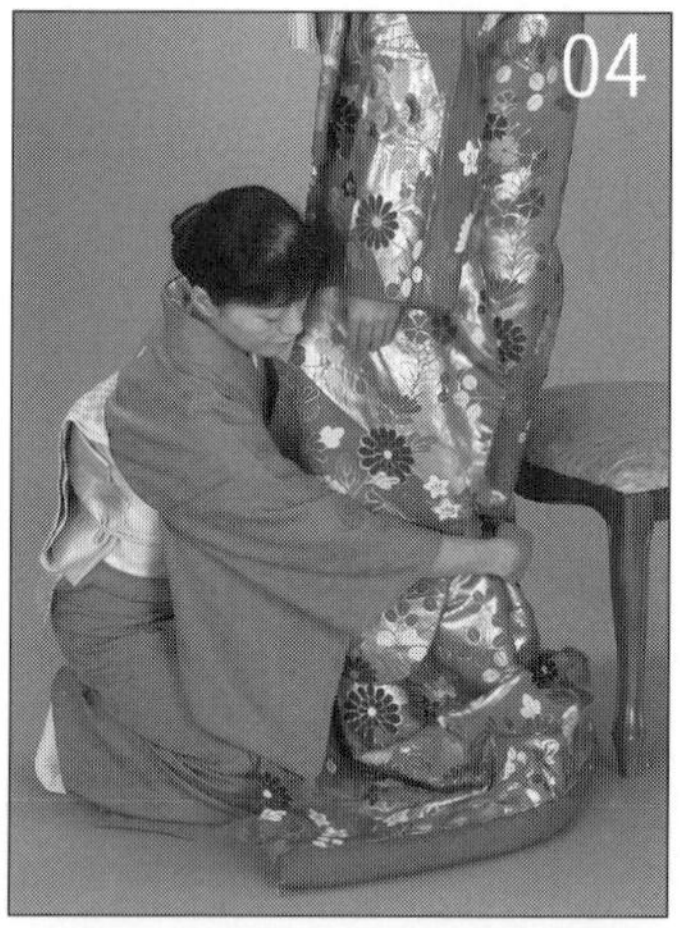

04
膝の後ろをつまみ、しぼりながら、すわっていただき、

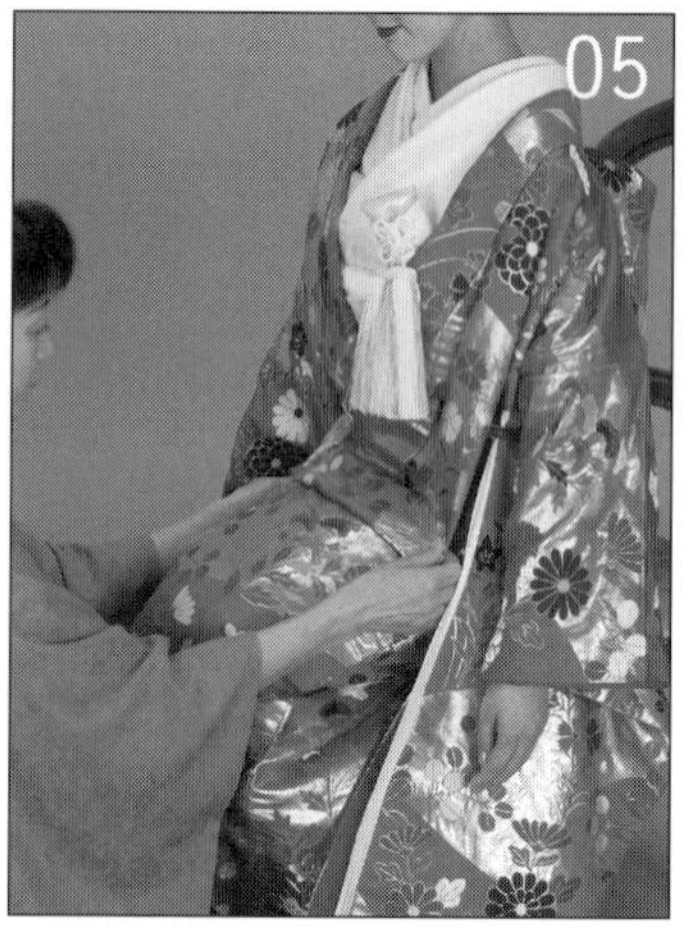

05
ひざ上の身頃を整えて、

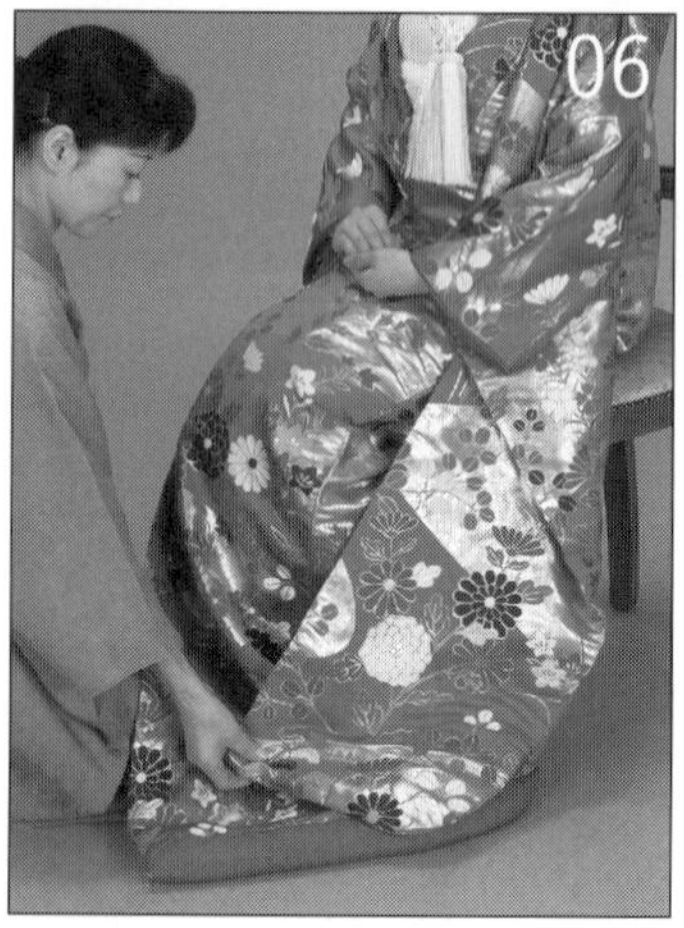

06
膝に両手をおいていただき、袖の振りを整える。

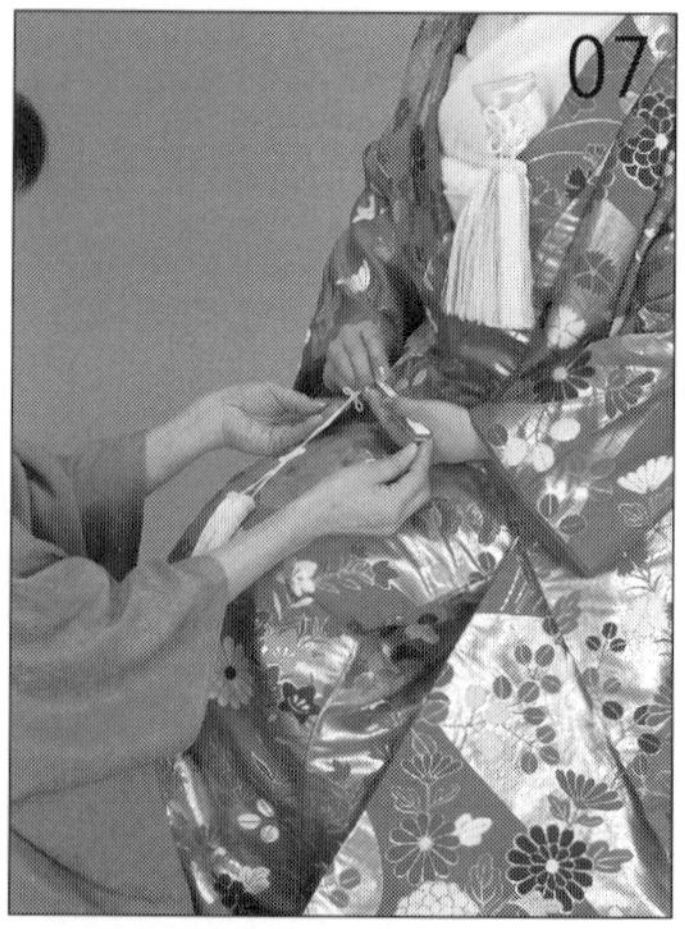

07
末広を持っていただく。

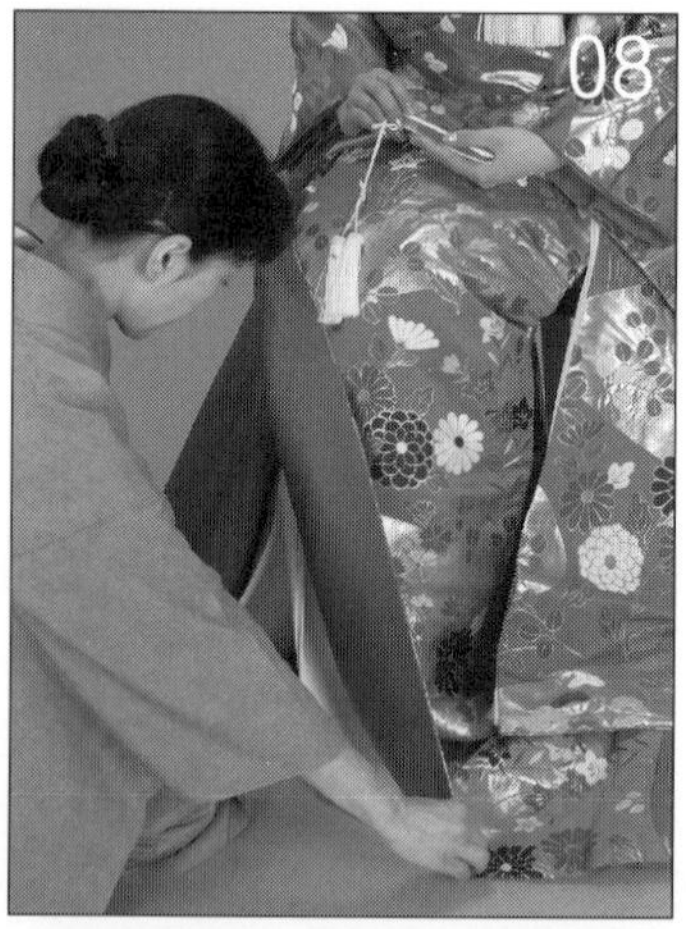

08
打掛の裾位置を決めて、整え、

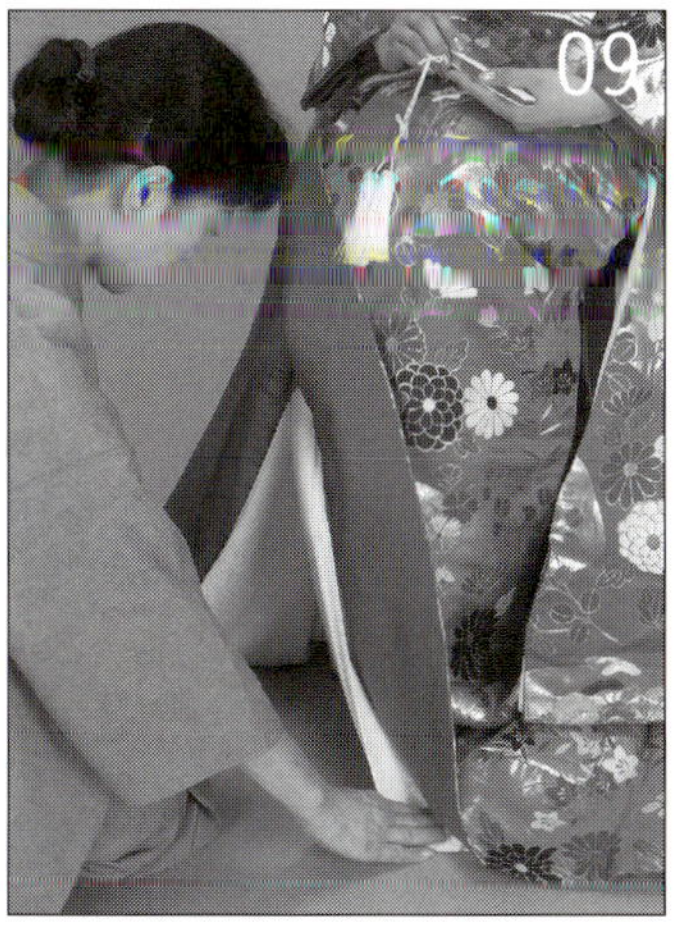

09 掛下の裾も整える。

10 後ろから衿のゆるみを前に送り、

11 引いて、整える。

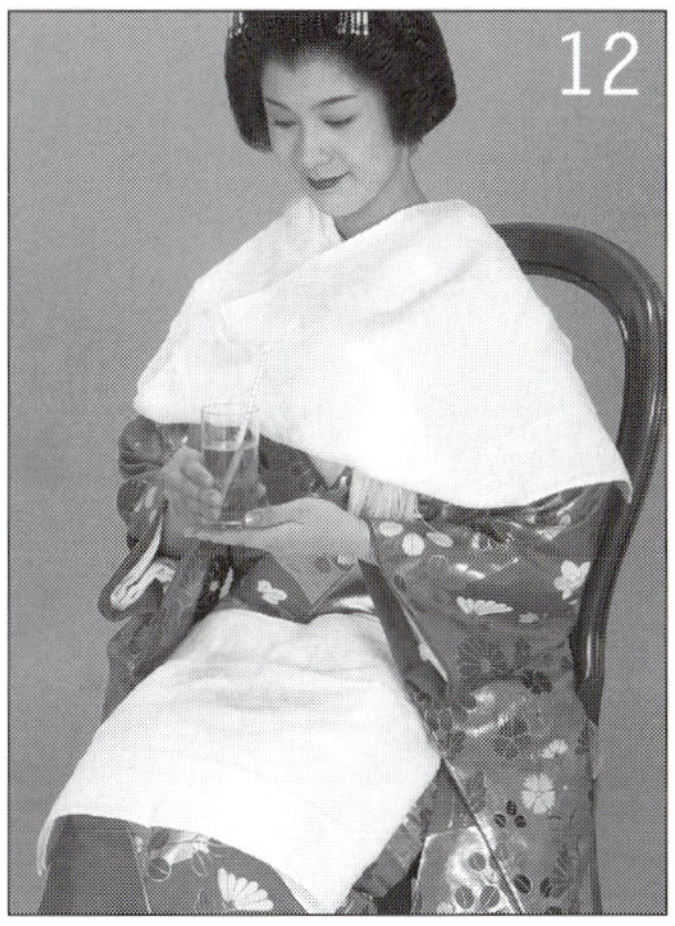

12 控室などで飲み物を飲む場合は、肩と膝にタオルをかけて差し上げる。

CASE 2) お座敷に座る

～お座敷で挙式、披露宴をされる場合には、
長い時間座っていても足が痛くならないように、
お尻の下に小さな枕などを入れるとよいでしょう。

01 座布団の前後、裏表を確認し、花嫁に座布団の後ろの端に足をのせていただく。

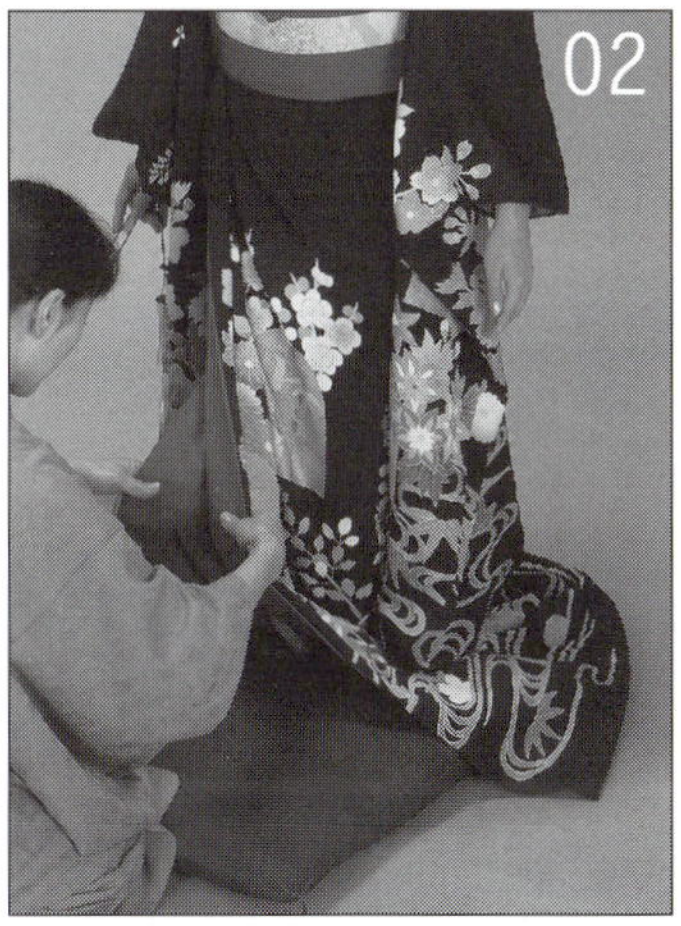

02 裾の中央（膝上くらい）を手前に引きながら、

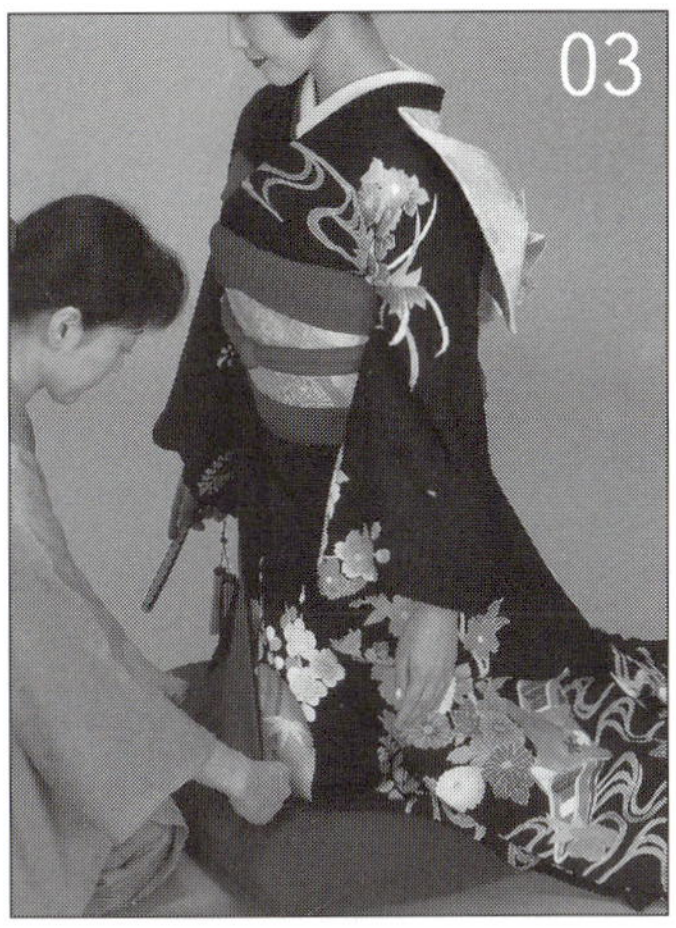

03 座っていただく。

04 前からお尻を支えて座らせ、

の乗り降り

て、
式場等に
露宴の会場が
る際は、

01

末広を懐剣の隣に差し入れ、懐剣、末広の房は、打掛の中に入れておく。長時間、車で移動する場合は、小物類を一旦外しておくとよい。

～鼻緒がきつい場合は、
親指側の鼻緒に人さし指をかけ
鼻緒を広げて差し上げますと
指先がスムーズに入ります。

01

草履の前を押さえ、履いていただく。

02

履いていただいたら、後ろから踵（かかと）を押して、指先を鼻緒にぐっと差し込む。

03

反対側も同様にする。

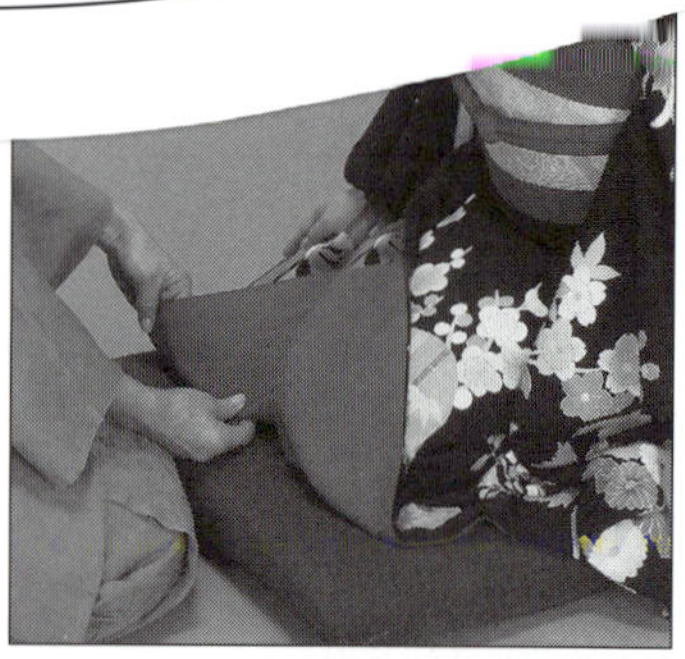

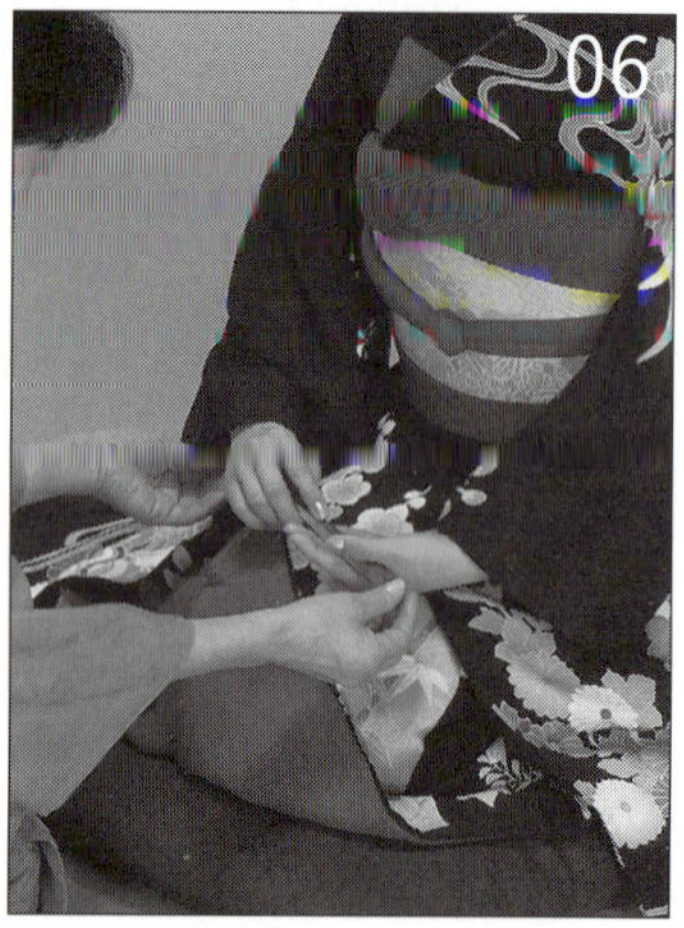

06

末広を持っていただく

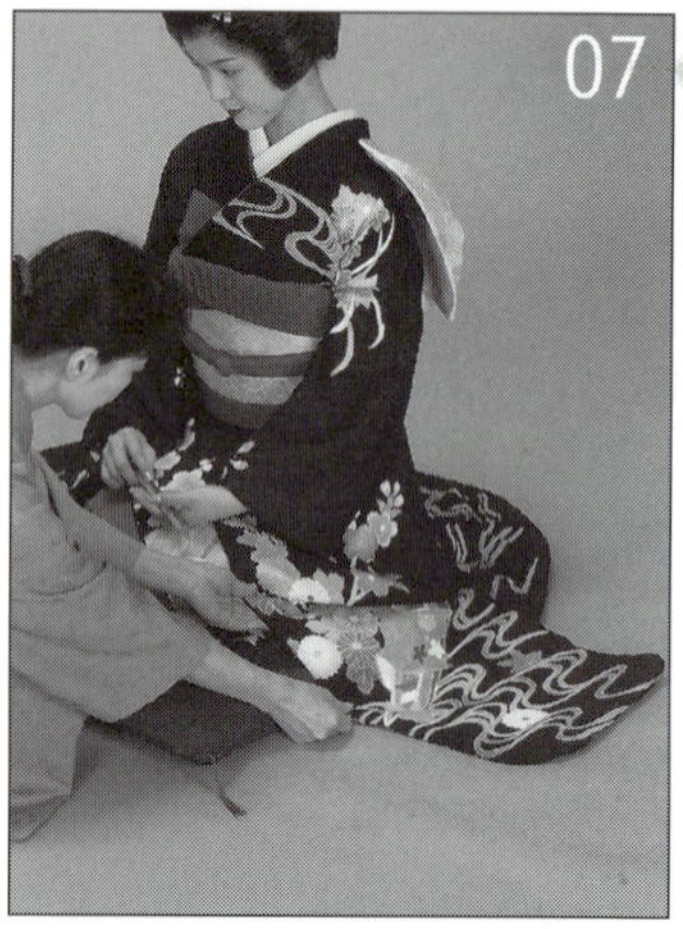

07

袖を整える。

08

長時間、座る場合は、お尻の下に小さな枕やたたんだバスタオルを入れて差し上げると、足がしびれにくく、痛くなりません。

元結いを、前に倒してオニピン。

袖二枚を重ねて揃え、袖のフリを、左手で持っていただく。

お尻を座席に向けて立ち、

右手をドアの内側の把手に添え、腰から先に座り、

たらないように、

頭を回すようにして、車に乗り込む。

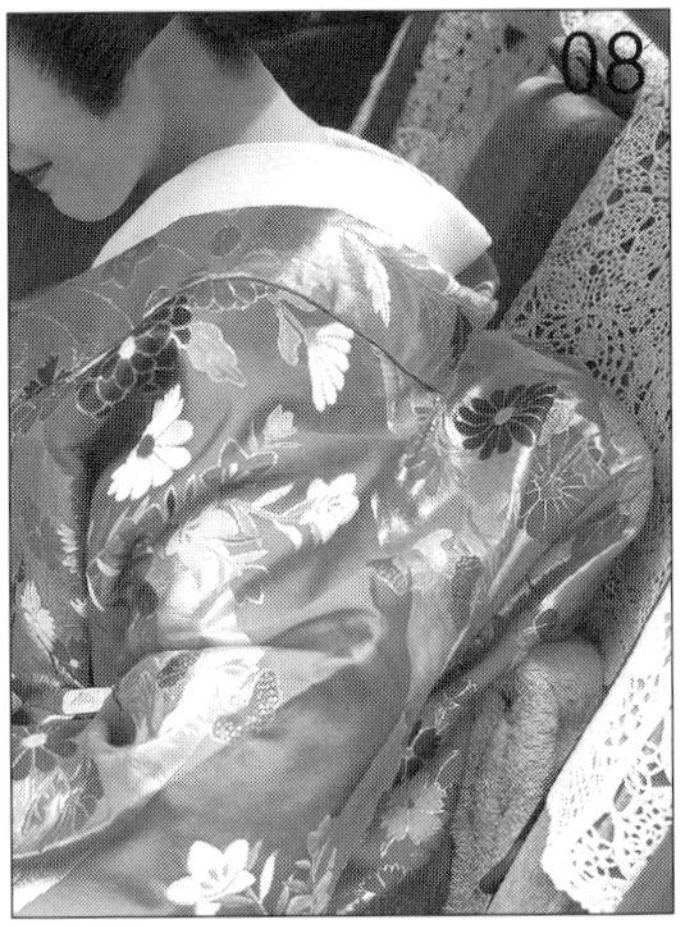

帯の下に、薄手のクッションやタオルをたたんだものを入れ、

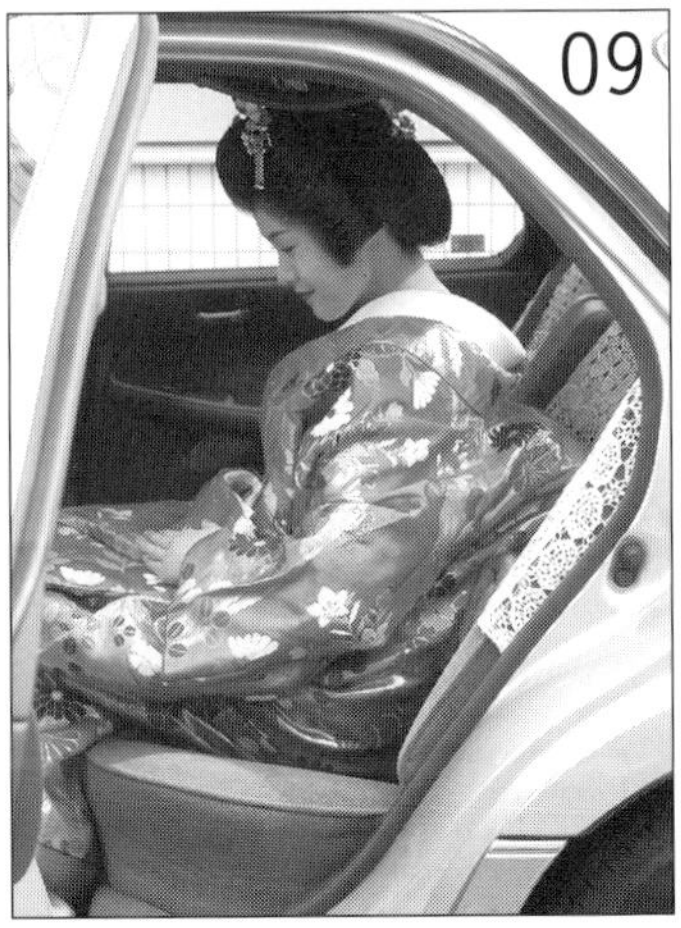

座り直して、体勢を整えていただく。

た方が楽なので、草履を脱いでい

特に衿元は、あごや口元、首回りの化粧がつきやすいので、衿元にガーゼをかけておくとよい。

車から降りたら、忘れずに、懐剣の房を表に出す（末広の房は出さない）。懐剣や末広を一旦外した場合は、もう一度差し直す。

倒した羽根元結いも、ピンを外して、上に立てる。

CASE 5

お掻《かい》取《どり》の技術

～着物の裾や褄先を、手で持ち上げることを「掻取《かいどり》」「掻い取る」などといいます。
現在は、打掛の裾を、歩きやすいように上げて着せた姿を「お掻取」と呼んでいます。
ここでは3種類の「お掻取」の技術を解説します。

お掻取の技術(1)

上げた掛下、打掛の裾を二枚一緒に、花嫁に右手で持っていただきます。掛下と打掛の裾を合わせると、かなり重く、どうしても裾が落ちやすいので、ホテルや式場内で短い距離を移動する場合などに向く「掻取」方法です。

01 掛下の衿下を左右同じ高さで持ち、引き上げて、

02 衿下の左右から、後ろに手を入れ、両腕を腰の上まで持ち上げ裾を上げる。余分は内側に折り込むようにし、

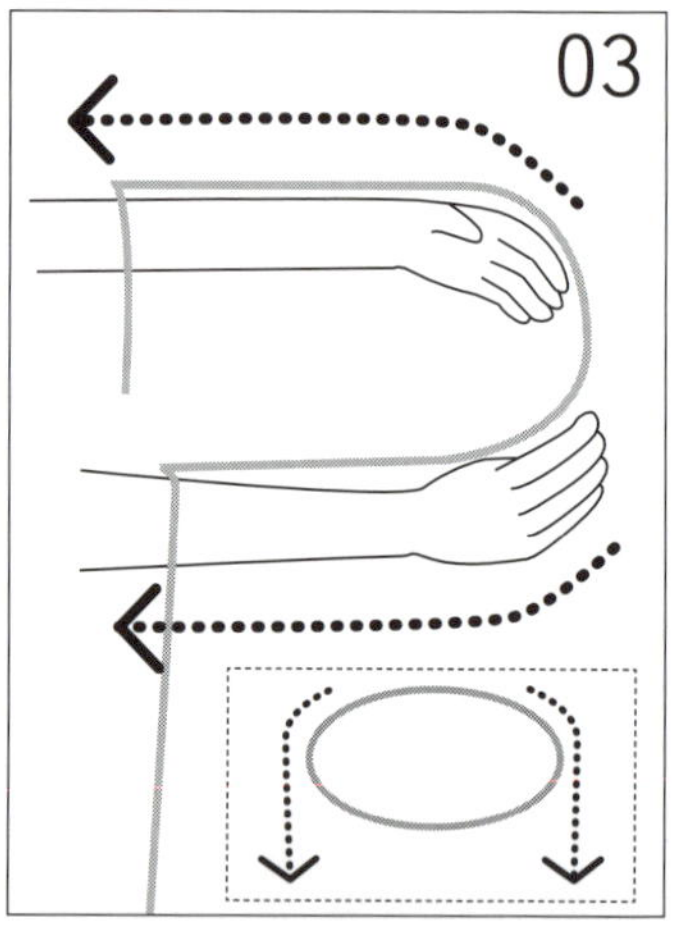

03 その高さを保ちながら、両手を腰に密着させるようにして前に引き抜く。内側の余分は、自然に腰に着く。

04 前で左右の衿下を左手で併せ持ち、持ち上げて裾の上げ具合を決める。左右の褄先を揃え、前上がり、後ろ下がりに決める。
＊衿下を持つ左手の位置は、花嫁に持たせる位置より10㎝位上。

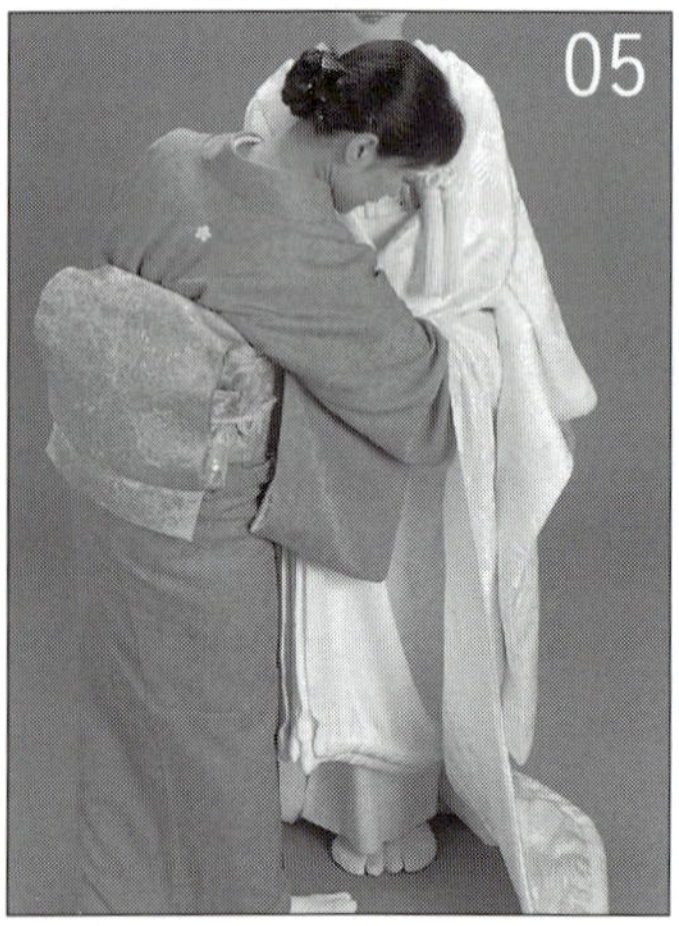

05 左手は掛下・衿下を持ったまま、右手を打掛・上前の衿下から後ろに入れ、腕を腰の上に持ち上げ、余分は内側に折り込むようにして、腕を腰に添わせて引き抜きながら、打掛・上前の衿下を前に引き、

06 掛下・上前を持つ左手に、上前の衿下を寄せ、併せ持つ。打掛の裾の長さは、掛下より7～10㎝ほど長く決め、

07 打掛・下前の衿下を右手で持ち、これを左手に寄せて合わせ、左右の打掛の裾の長さを揃える。

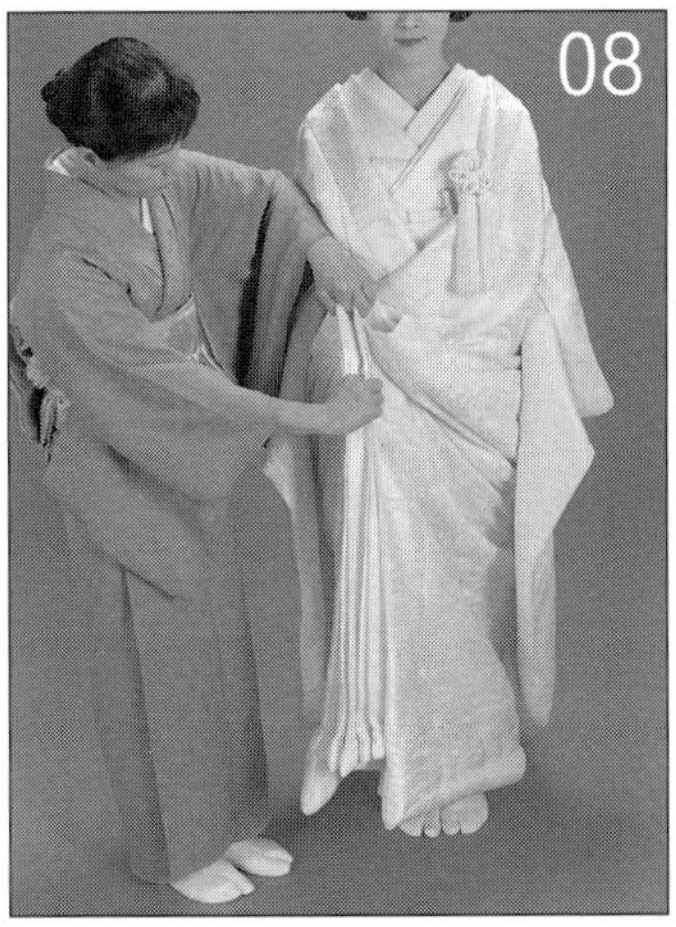

左手より15 cm位下で、左右の掛下の間に、右手の人さし指を入れて持つ。

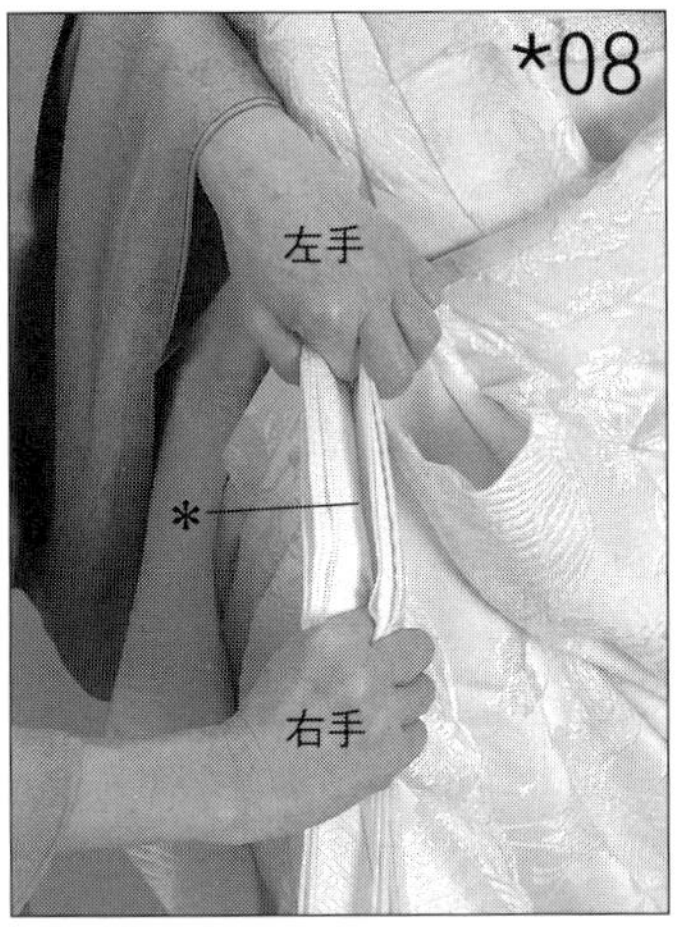

＊左手と右手の間で、人さし指を入れてできた空間に、花嫁の人さし指が入る。

花嫁に右手・人さし指を深く入れていただき、親指で内側の打掛・上前側を、残り3指で外側をしっかり挟み持っていただき、

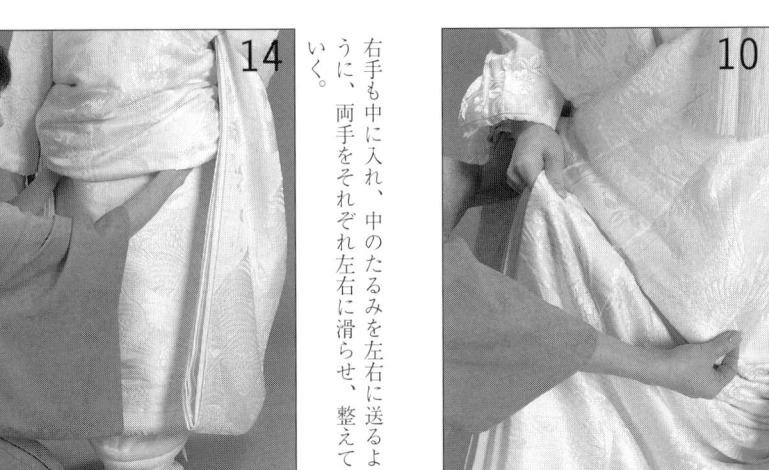

親指を上に返して、右手を右脇に持ち上げ、右腰骨の上で固定していただく。打掛・上前のたるみを下から内側に入れ込み、整える。

打掛上前のたるみを整えた状態。

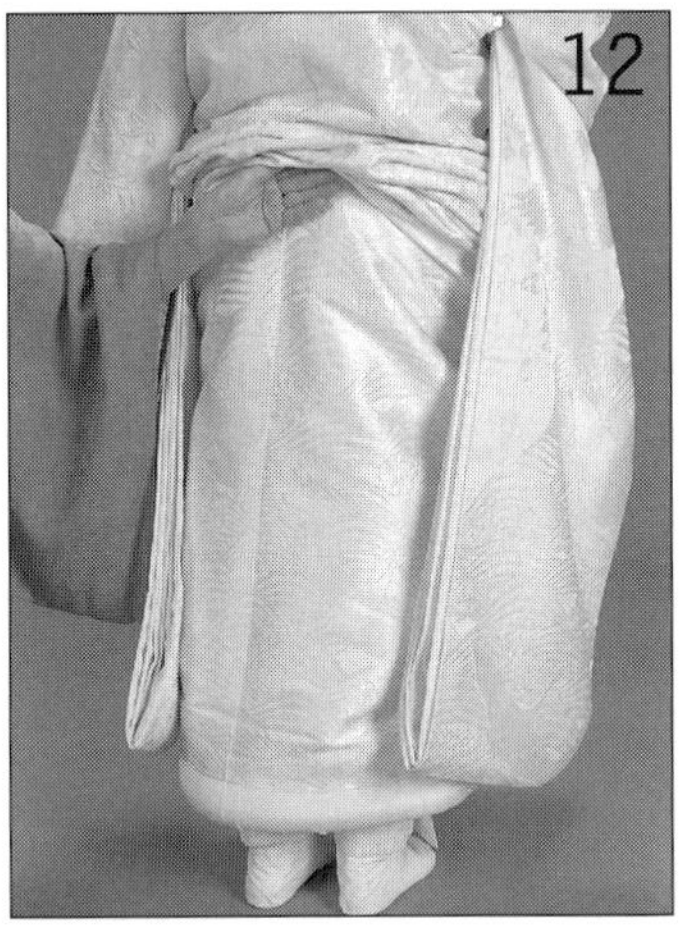

余分を腰上に持ち上げるようにして、後ろの裾を掛下の裾よりも上に上げ、余分の下を左手の甲で押さえ、

余分を袋状に、左手の甲の上に被せるようにして整え、

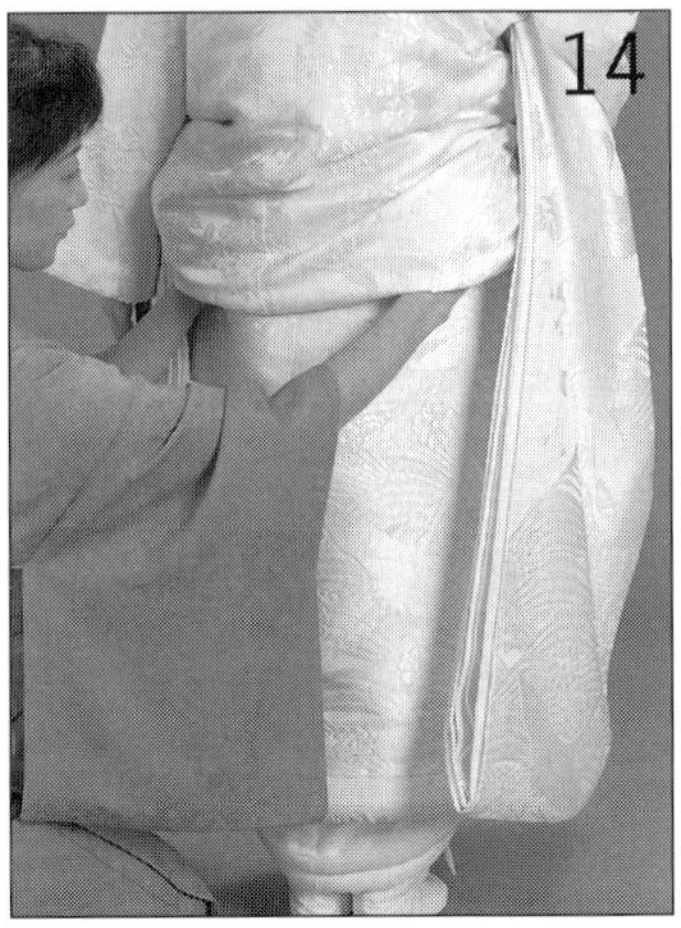

右手も中に入れ、中のたるみを左右に送るように、両手をそれぞれ左右に滑らせ、整えていく。

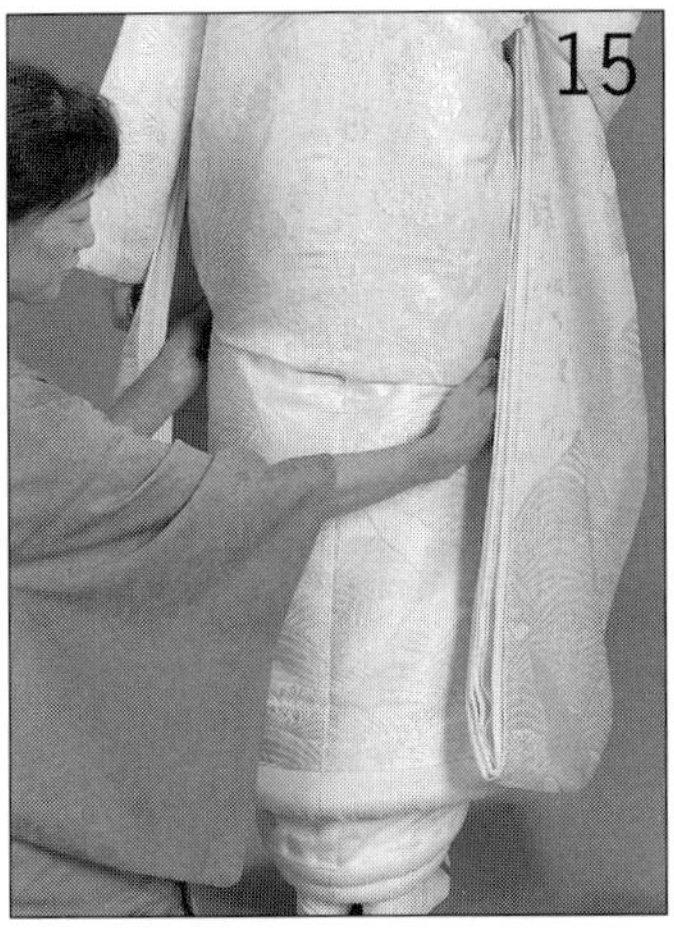

身頃の余分を、ヒップの下まで包み込むようにして平らに整え、身幅の余分はそれぞれ前に送る。

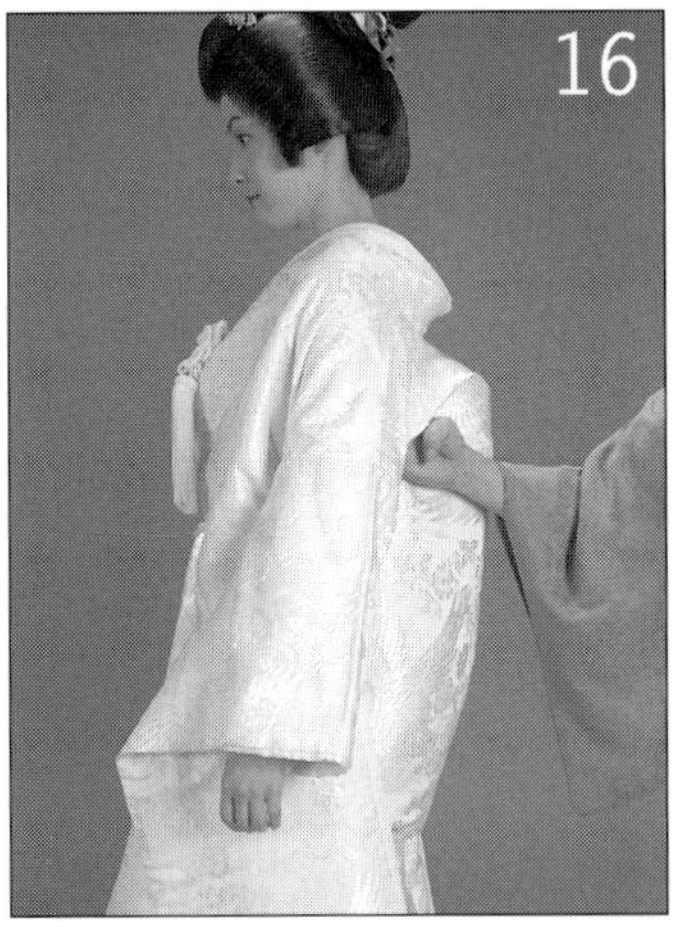

帯山のカド、帯山下のたるみを前に送って脇に寄せる。

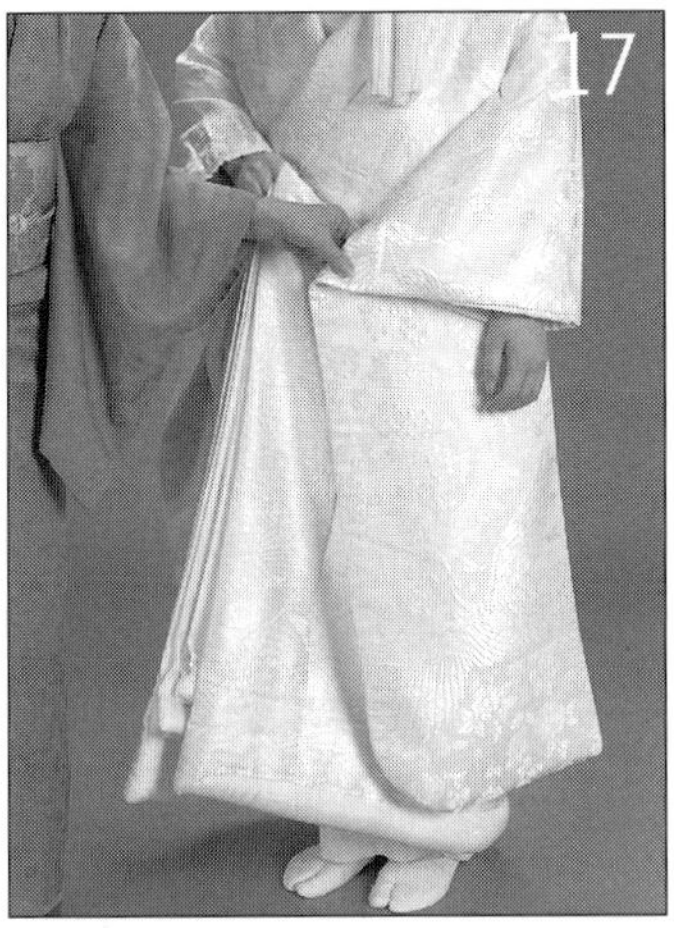

袖をAラインに形づけ、出来た折り線の所まで、

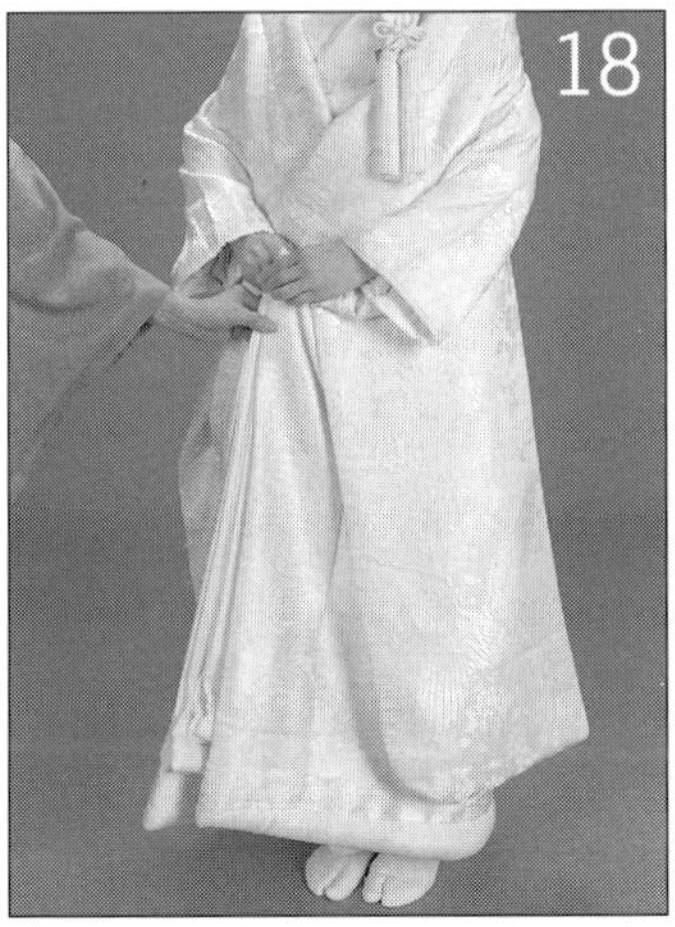

花嫁の左腕を持ってきていただく。左手は右手に添えていただく。

懐剣や筥迫がきちんとおさまっているか確認し、懐剣の房を整える。右手は右腰内側の腰骨上に置いていただくと安定が良く、裾線もきれいに決まる。

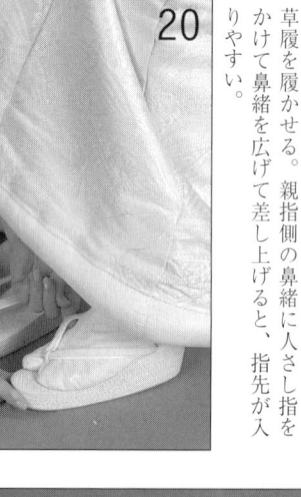

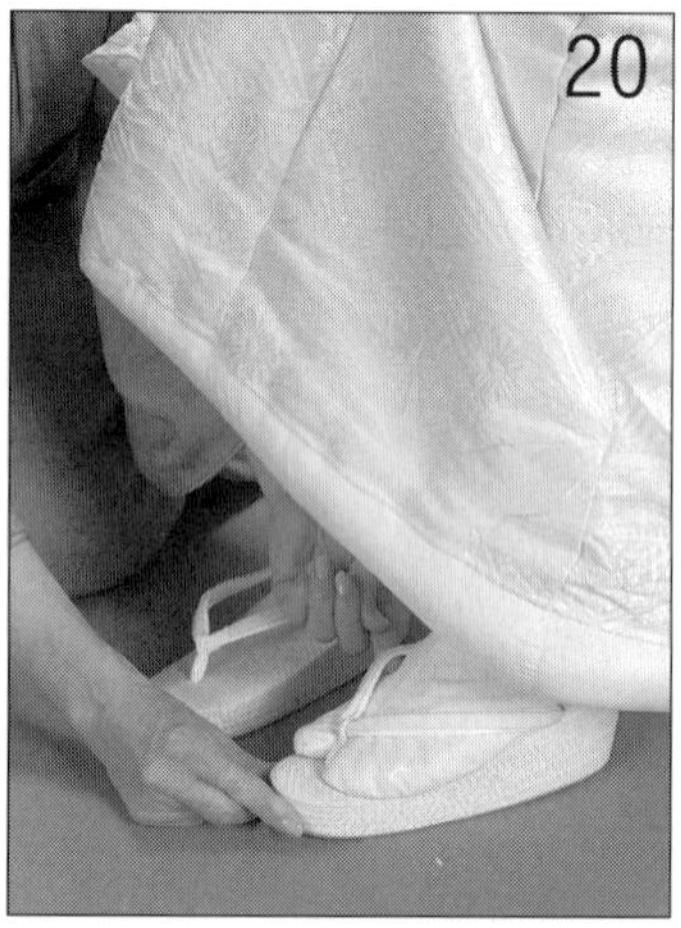

草履を履かせる。親指側の鼻緒に人さし指をかけて鼻緒を広げて差し上げると、指先が入りやすい。

お掻取の仕上がり。Aラインのシルエットに仕上げると美しい。

お掻取の技術(2)

掛下の裾を上げて紐で結び締め、打掛の裾だけを、右手で持っていただきます。

持っていただくのは打掛一枚だけですので、裾が落ちにくく、花嫁も楽です。

打掛の前を開いた状態で、

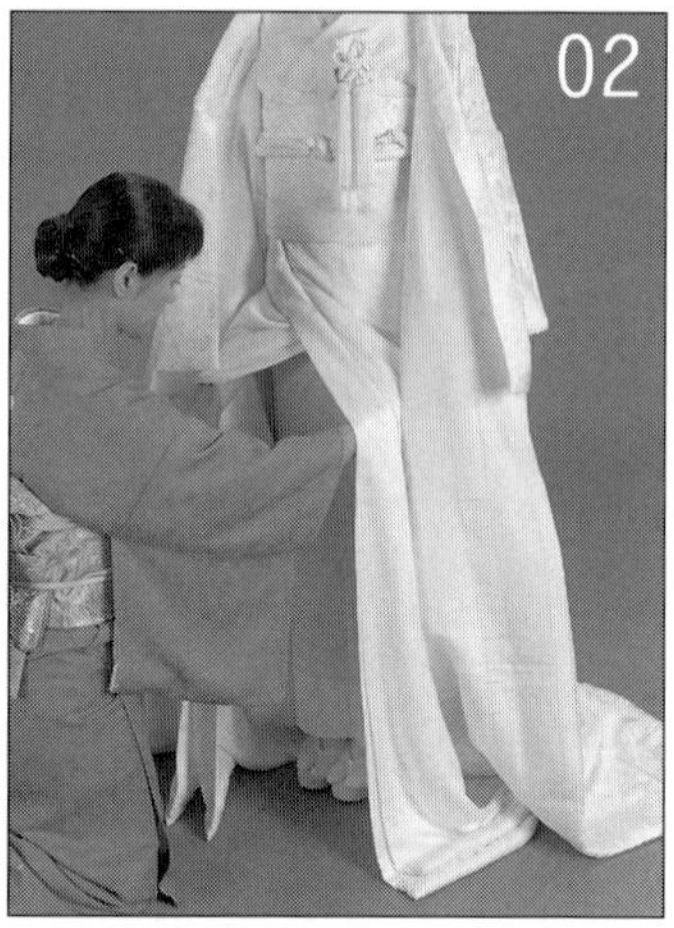

掛下・左右の衽下から脇まで手を入れ、

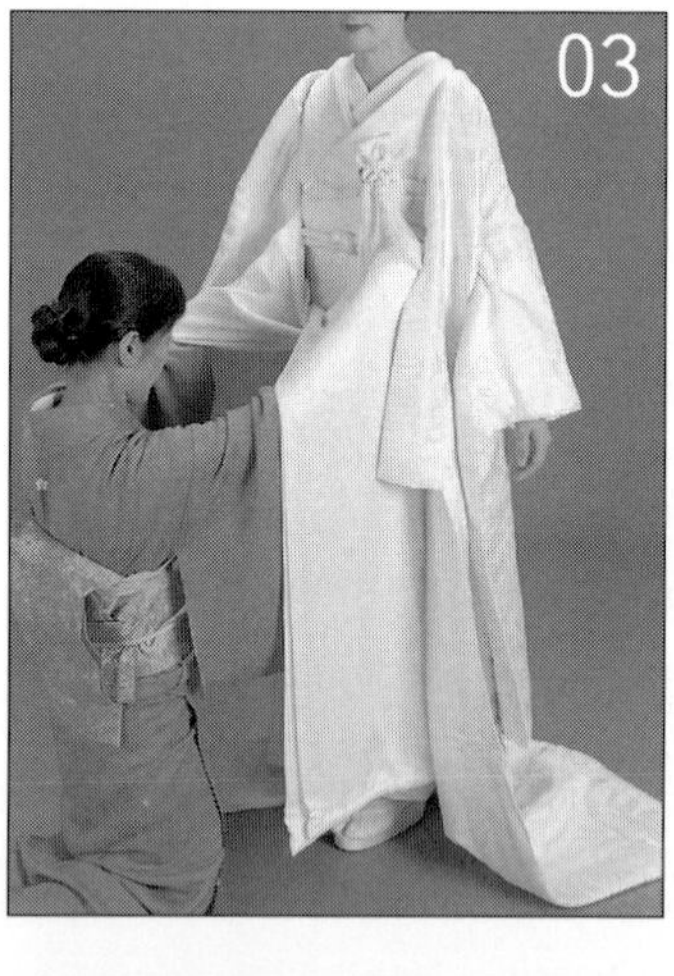

手先を丸ぐけの上まで上げて裾を上げ、

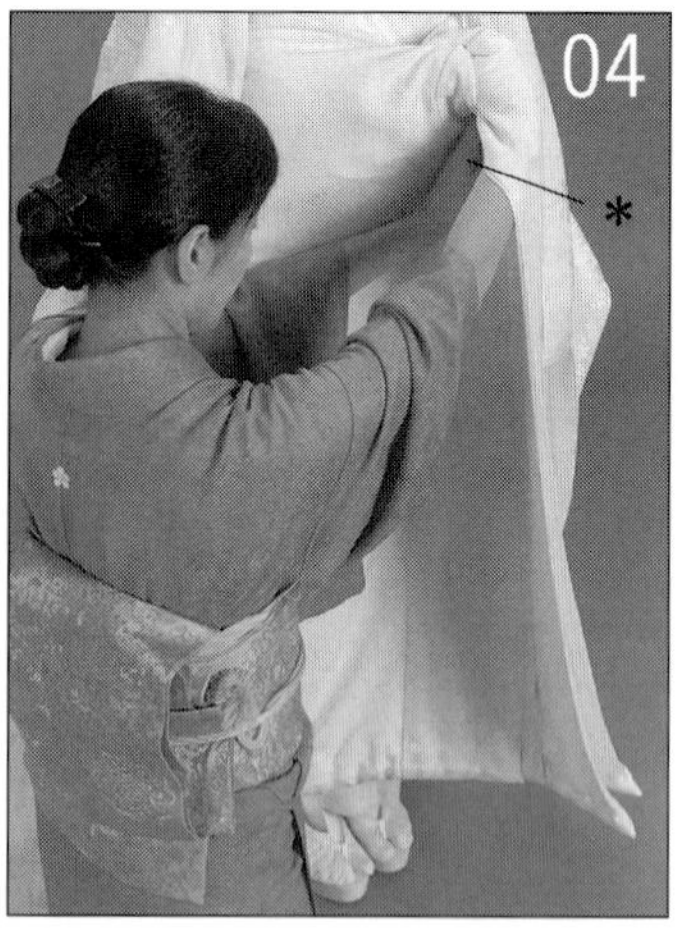

下前を中に、左腰の奥まで入れ込む。
*この時、左手・指先は、抱え帯より上の所にある。

右手は上前衽下を持ち、右手が下がらないように注意しながら、左手で下前衽下をきちんと上げて、下前の褄先が上がる。

左手はそのまま引き抜かずに、右手は左手の下を通して、

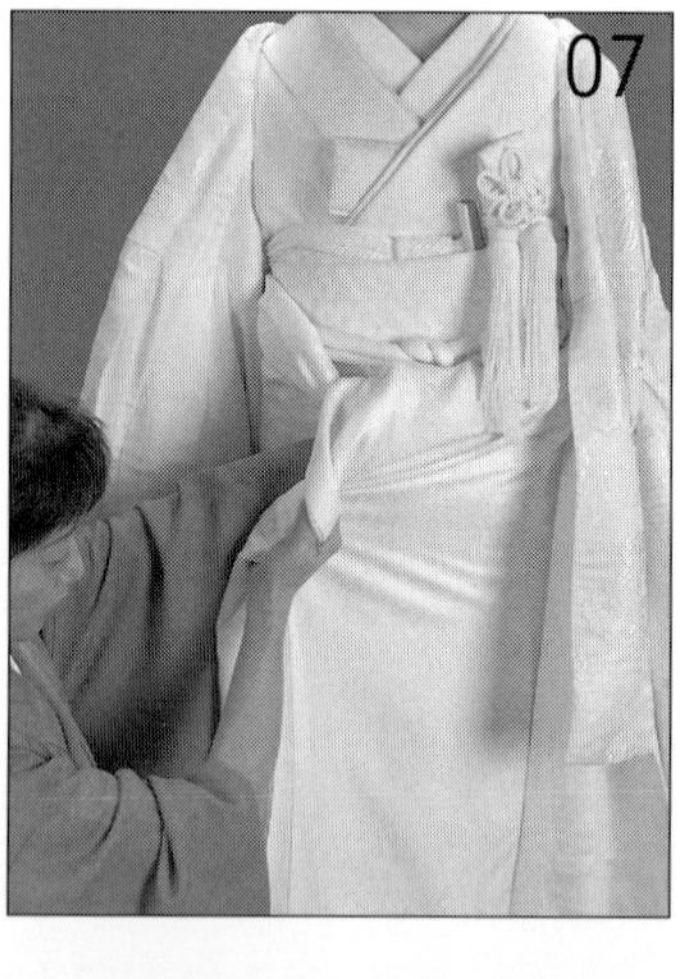

上前を合わせていく。

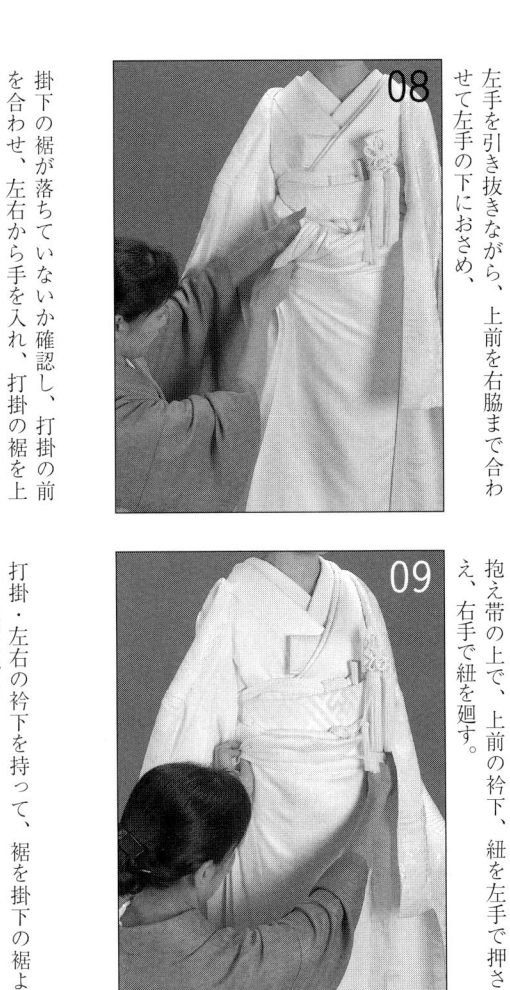

08

左手を引き抜きながら、上前を右脇まで合わせて左手の下におさめ、

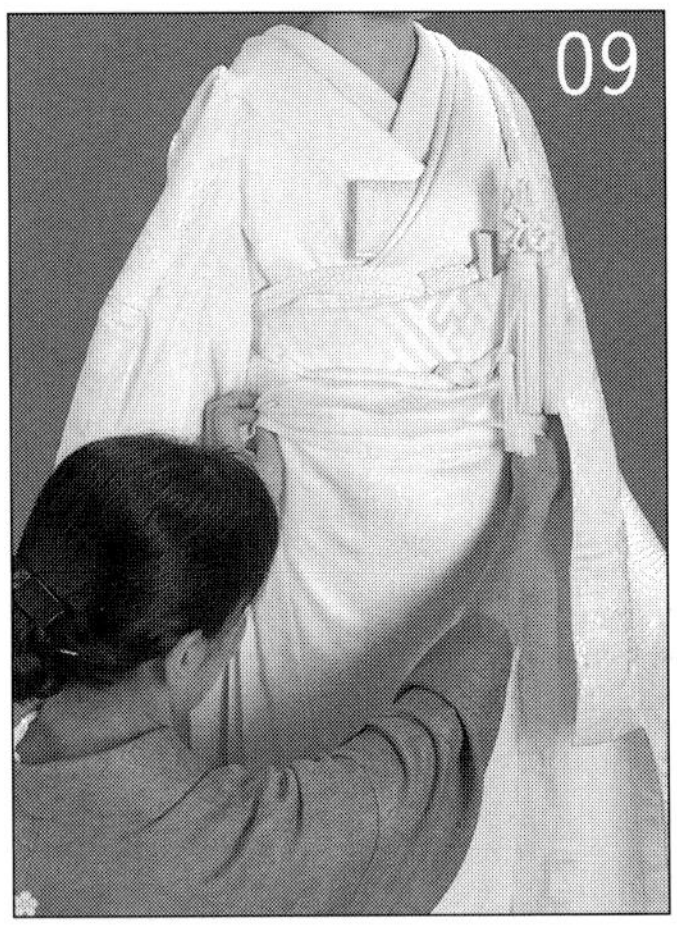

09

抱え帯の上で、上前の衿下、紐を左手で押さえ、右手で紐を廻す。

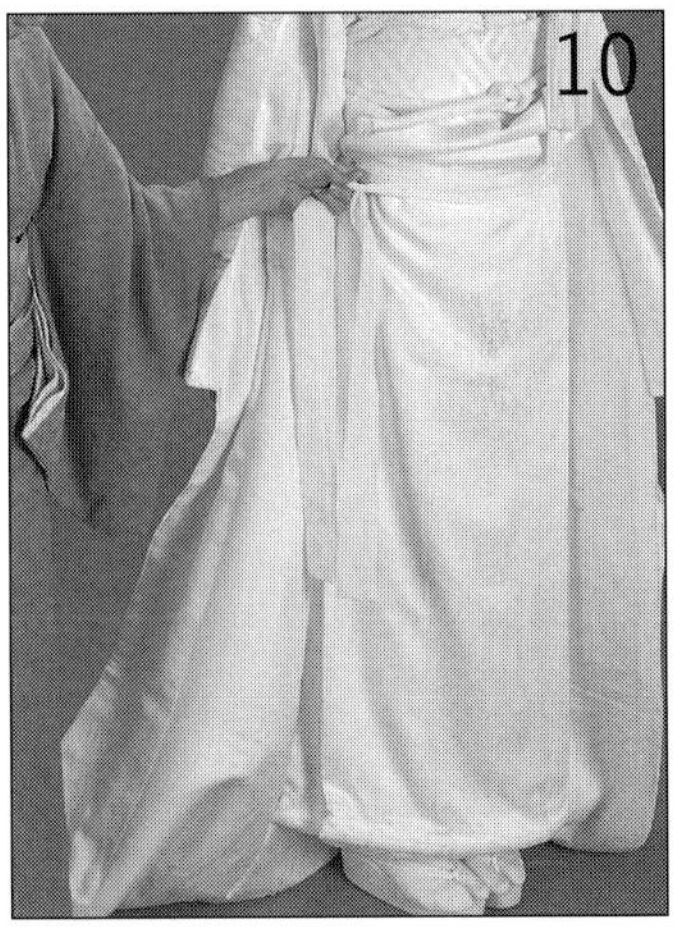

10

紐は、抱え帯の上で、裾が落ちないように強く締め、右脇で結ぶ。

11

掛下の裾は比翼仕立てになっていて重いので、裾が落ちないように、しっかり結ぶこと。帯の上なので強く締めても痛くない。

12

掛下の裾が落ちていないか確認し、打掛の前を合わせ、左右から手を入れ、打掛の裾を上げる。

13

打掛・左右の衿下を持って、裾を掛下の裾よりも上に上げ、

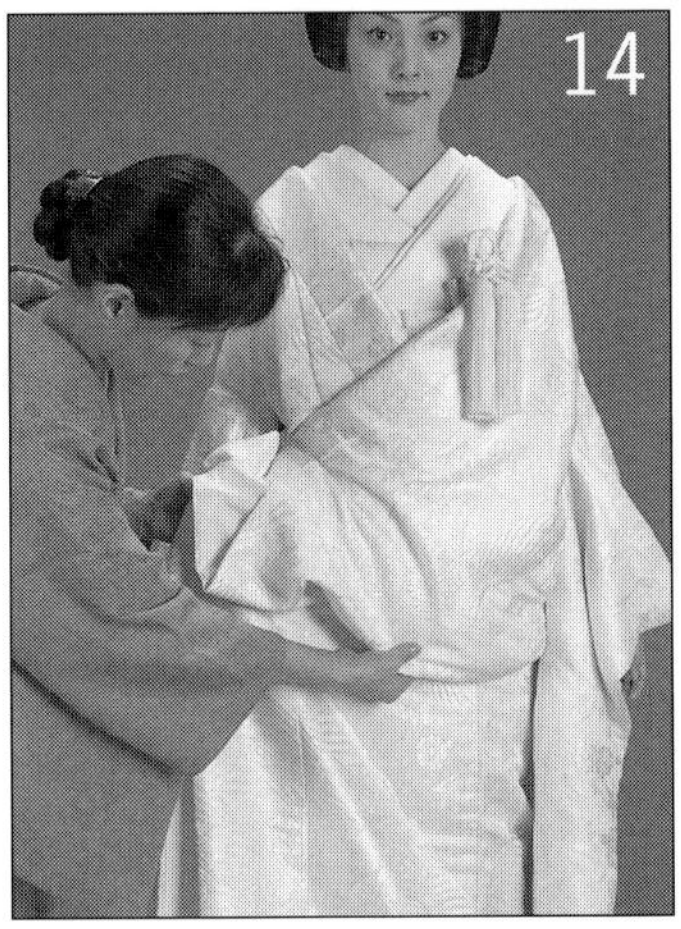

14

左手で、打掛・左右の衿下を右脇上に持ち上げたまま、身丈の余分を外側に出し、左脇から整えていき、

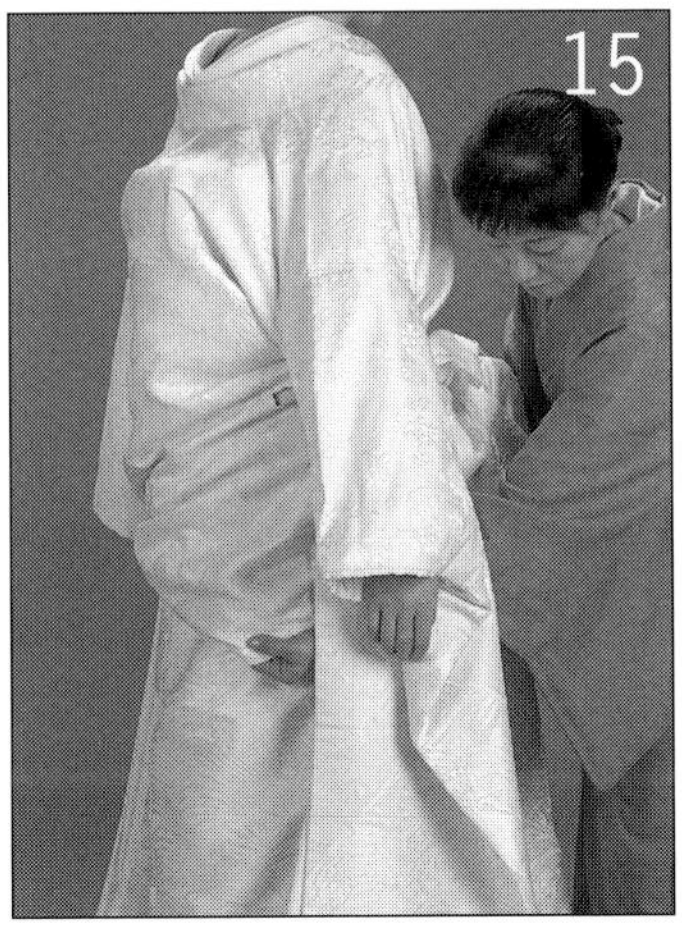

15

打掛・左右の衿下を持つ手を右手に持ち替え、右脇上に持ち上げたまま、左手で後ろの余分を、技術⑴と同様、ヒップを包むように整え、

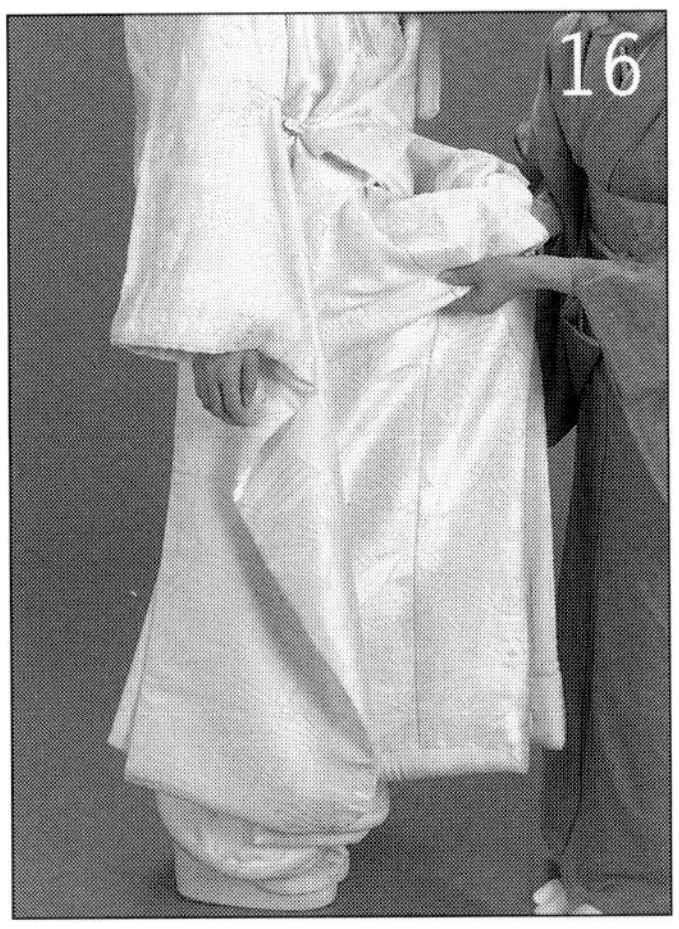

16

余分は前に送る。

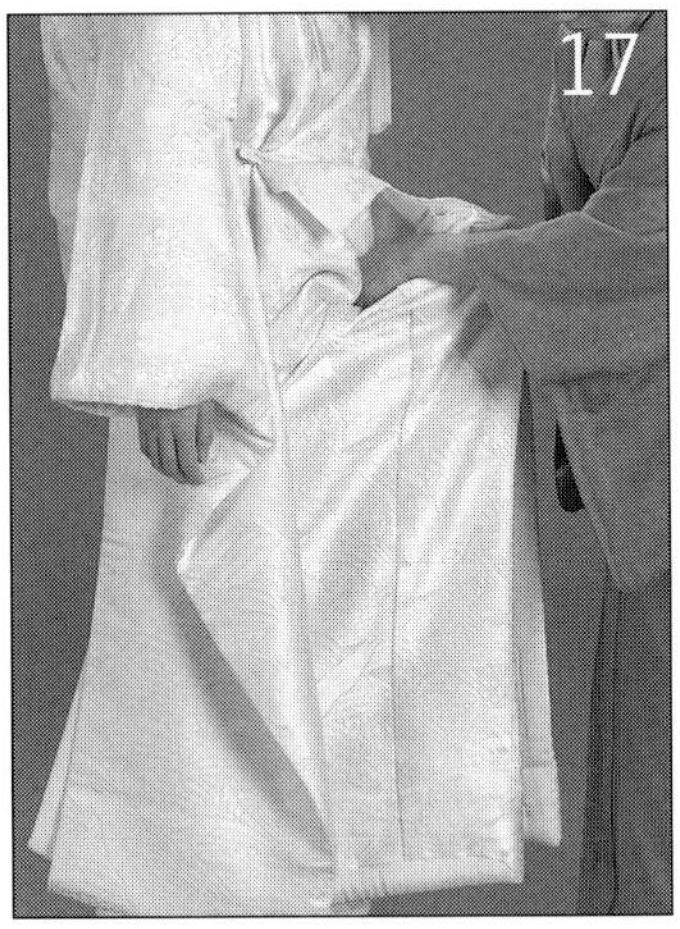

17

合わせた裾が落ちないように、右手を前に引きながら、左手で下前の余分を中に入れ込み整える。

18

左右の裾の長さを揃え、右手で持った所を右脇に持っていく。

19

花嫁に、打掛・左右の衿下を一緒に、右手で、親指を上にして持っていただく。

お掻取の技術(3)

掛下、打掛とも、上げた裾を紐で結んでおく掻取方法です。裾を手で持たなくてもよいので、両手が使えます。車に乗る時や長距離の移動時に向く掻取方法です。

＊掛下は、技術(2)と同様に裾を上げ、紐で押さえておきます。

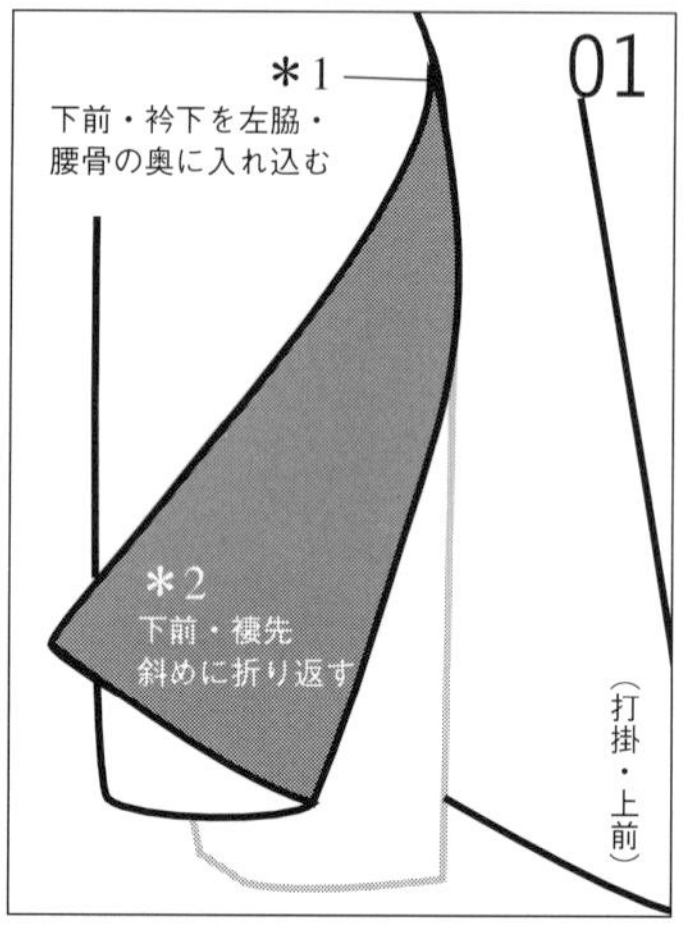
01
＊1
下前・衿下を左脇・
腰骨の奥に入れ込む
＊2
下前・褄先
斜めに折り返す
(打掛・上前)

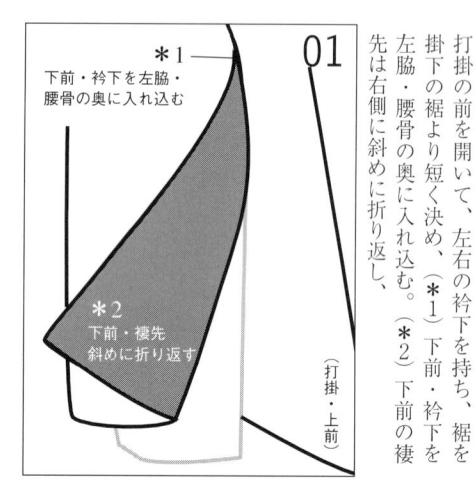

打掛の前を開いて、左右の衿下を持ち、裾を掛下の裾より短く決め、(＊1)下前・衿下を左脇・腰骨の奥に入れ込む。(＊2)下前の褄先は右側に斜めに折り返し、

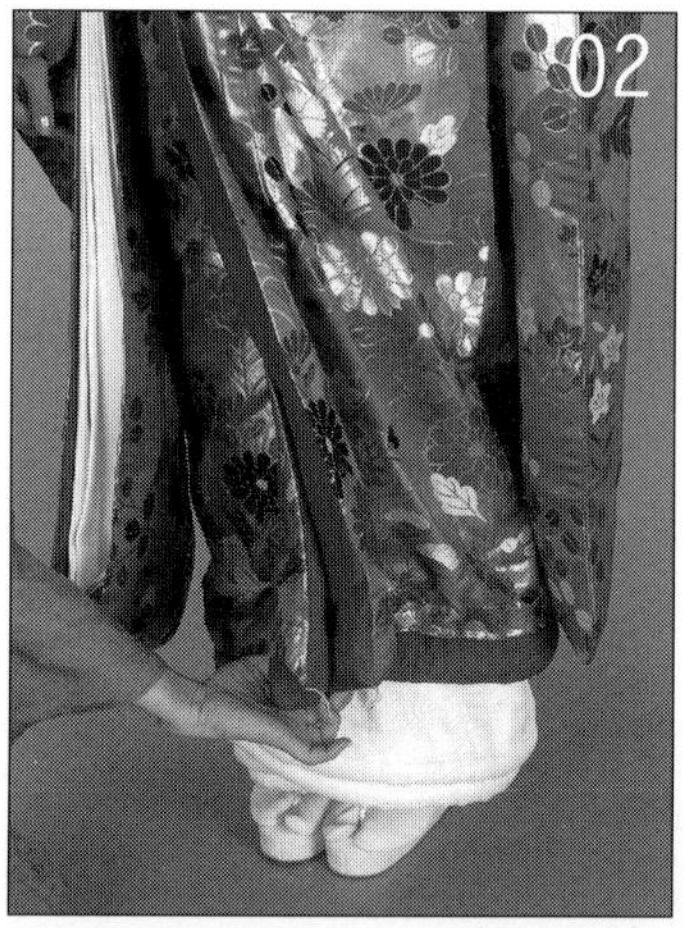
02

上前を合わせる。上前、下前の裾の長さを揃えること。

03

合わせた裾を紐で結び止める。紐を締める位置は帯の上、結び目は右脇。打掛の下前、上前の裾はこのように合わさる。

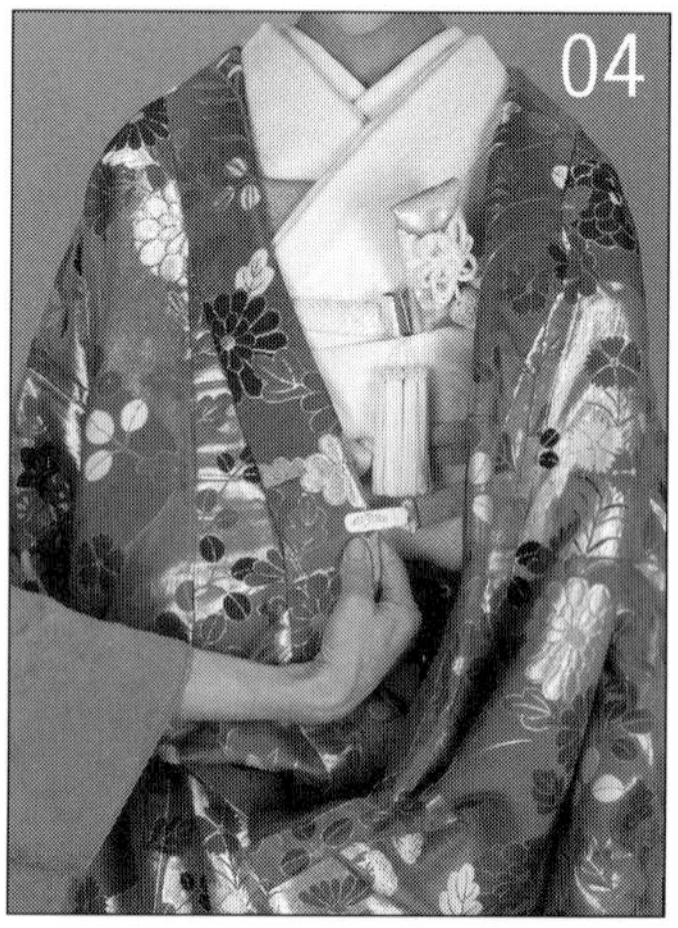
04

下前の衿を、丸ぐけの結び目の下に合わせ、衿先を打掛ベルトのクリップで止める。ベルトは、中を通して、

05

右の身八ツ口から表に出し、下前の身幅の余分は右脇でタックにとり、上前を合わせて、ベルトのクリップで衿先を止める。

06

上前の余分を、下から内側に入れ込むようにして整える。

CASE 6)

褄をとる

～お引摺りに着た着物の裾を上げ、上げた裾を、歩きやすいように手で持つことを「褄をとる」といいます。花嫁の場合は、打掛のお掻取と同様に、上げた裾を右手で持ちます。

褄のとり方

❶お掻取の技術と同様に、着物の前を開いて左右から手を入れ、裾を上げる。

❷左右の衿下を合わせ、花嫁に、合わせた所を右手で親指を上にして持っていただく。

❸裾のラインを、前上がり、後ろ下がりに、全身のシルエットをAラインに仕上げるとよい。

補整の考え方と方法

Part 9

補整の考え方と方法

STEP 1 補整は何のためにするのか？

STEP 2 タオル補整

STEP 2 コットン補整

よく、補整は必要最少限に…といわれますが、必要最少限度の適切な補整をするためには、まず、

①きものの種類と着用の目的 から、

②仕上がりをイメージ し、次に

③そのきものを着る方の体型 を考えて、

求められる仕上がりのイメージに近づけるように補整をしていきます。

　きものは、その種類によって、そのきものを着る目的があり、雰囲気があり、きものに応じた動き、美しさがあります。

　例えば、花嫁衣装（打掛、黒振袖、本振袖など）は、動くためのきものではなく、儀式や披露のための「活動範囲の狭い静」のきもので、そのお仕度には「花嫁らしい気品と優雅さ」が求められます。花嫁の場合、衿を抜き、前で深く合わせるので、紐を適切な位置に締めて衿崩れを防ぎ、衿合わせを美しく整え、花嫁らしい気品と優雅さを表現するためには、衿元に、タオルやコットンで、ある程度しっかり補整をする必要があります。

　では、この花嫁の補整を、そのまま浴衣にしたらどうでしょうか？

　浴衣は、ふつう夏に着るもので、TシャツにGパン感覚で着られるカジュアルで活動的なきものです。着付には「風の通るような涼しさ」が求められます。それなのに、コットンやタオルが衿元に重なっていたら、本人はもちろん、見た目にも暑苦しく、動きにくく、浴衣のイメージとは全く逆の仕上がりになってしまいます。

　つまり、花嫁の時には、体型に合った必要最少限の適切な補整であったものが、浴衣になると過度な補整となってしまうのです。

　ですから、きものによって補整の必要最少限度は異なり、適切な補整とは、まず、きものに合わせて、そしてきものを着る方の体型を考えて、行うということなのです。

STEP 1) 補整は、何のためにするのか？

〜補整は、着崩れを防ぎ、きものを美しく着こなし、さらに紐や帯が必要に応じて締まっていて、苦しくなく、安定よくおさまる為にします。技術者は、補整の前に、花嫁の体型を見極め、必要な所に必要最少限の補整を行います。

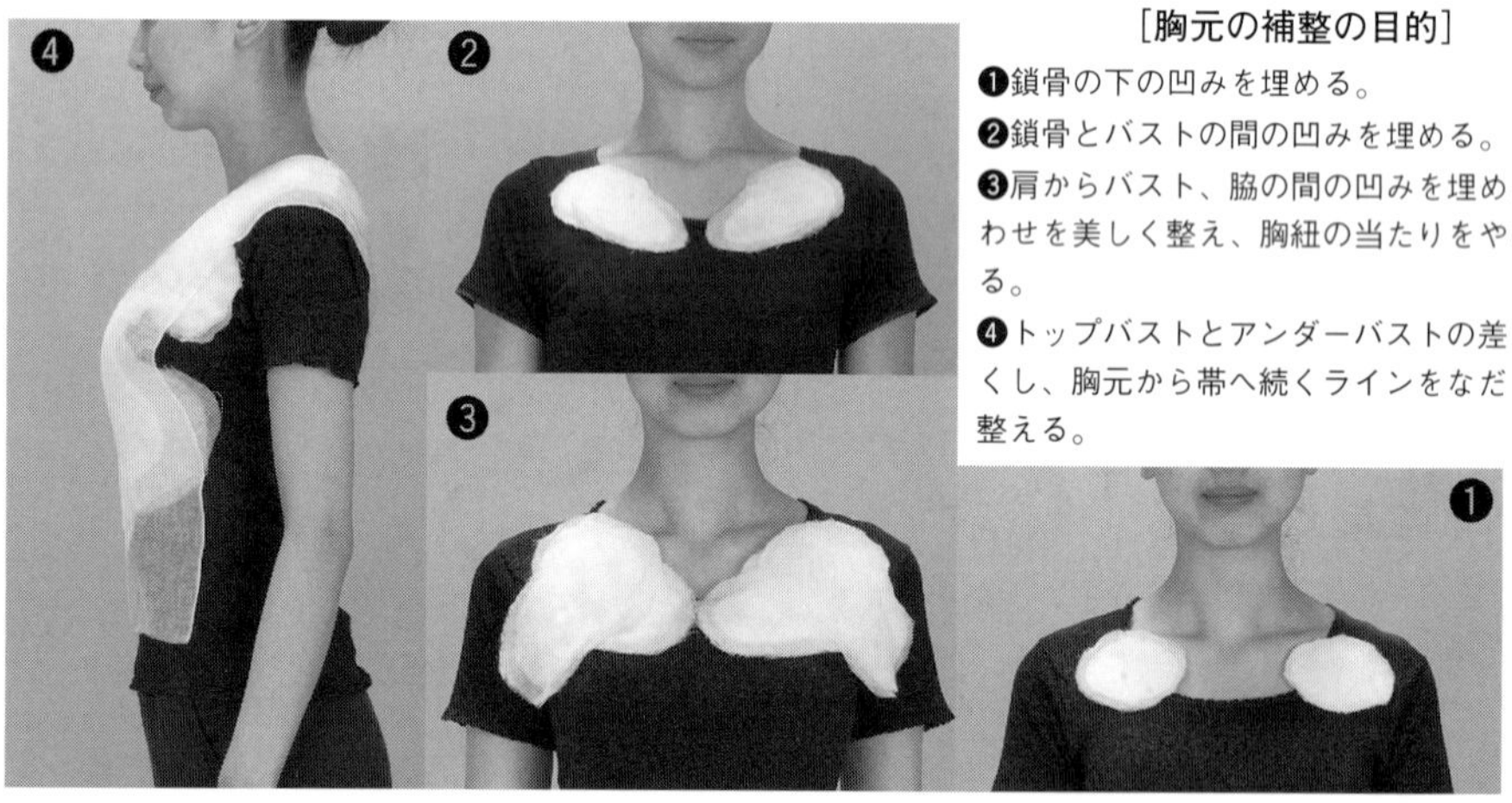

［胸元の補整の目的］

❶鎖骨の下の凹みを埋める。
❷鎖骨とバストの間の凹みを埋める。
❸肩からバスト、脇の間の凹みを埋め、衿合わせを美しく整え、胸紐の当たりをやわらげる。
❹トップバストとアンダーバストの差を少なくし、胸元から帯へ続くラインをなだらかに整える。

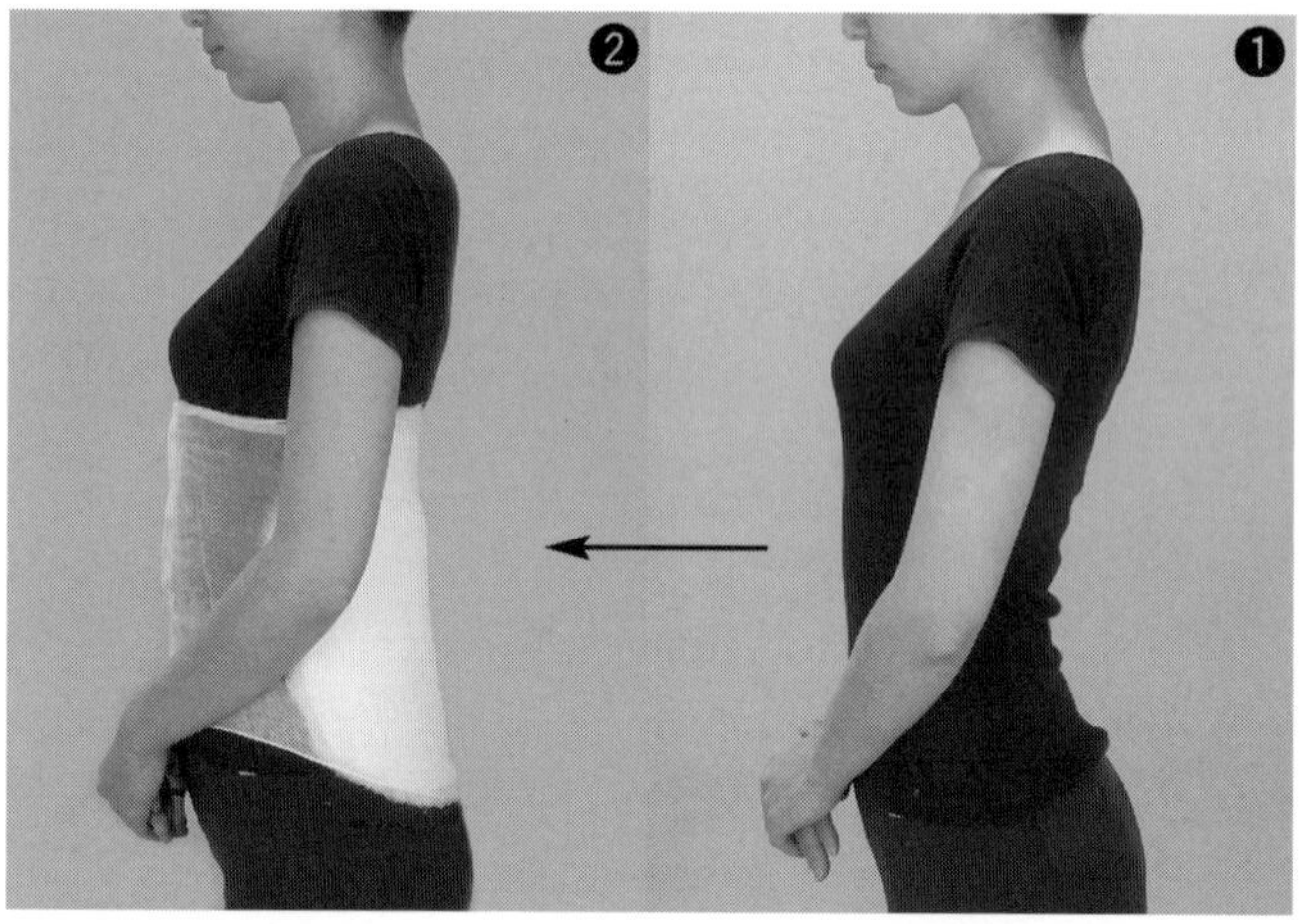

［胴部（ヒップの上の凹み）の補整の目的］

❶平面的な帯を胴に安定させるために、ヒップの上のくびれた部分を埋め、
❷肩甲骨からヒップへと続くラインをなだらかに整える。

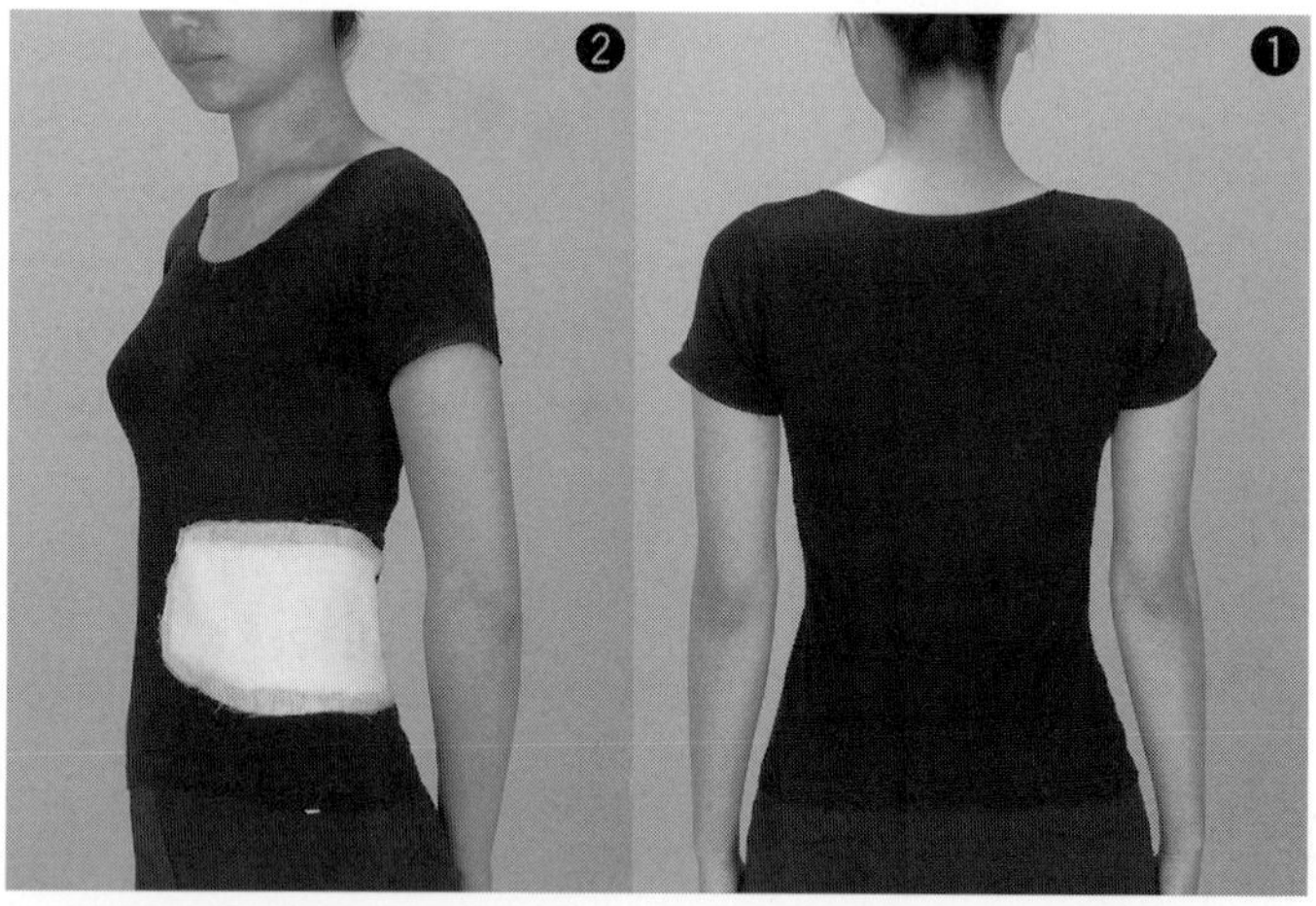

［胴部（ウエスト）の補整の目的］

❶平面的な帯を胴に安定させるために、ウエストのくびれた部分を埋め、
❷ウエストの凹凸の差を少なくする。

STEP 2) タオル補整

〜たたみ方や使用枚数、組み合わせを変えることで、いろいろな体型に合わせて補整することができます。手軽で簡単、花嫁の負担も少なく、補整しすぎることもあまりありません。

＊タオル補整の方法（着付の技・44〜46ページも参考に！）

A 胴部の補整方法

タオルを用いた基本的な補整方法を技術解説していきますが、全ての補整をする必要はありません。それぞれの体型に応じて、加減して下さい。

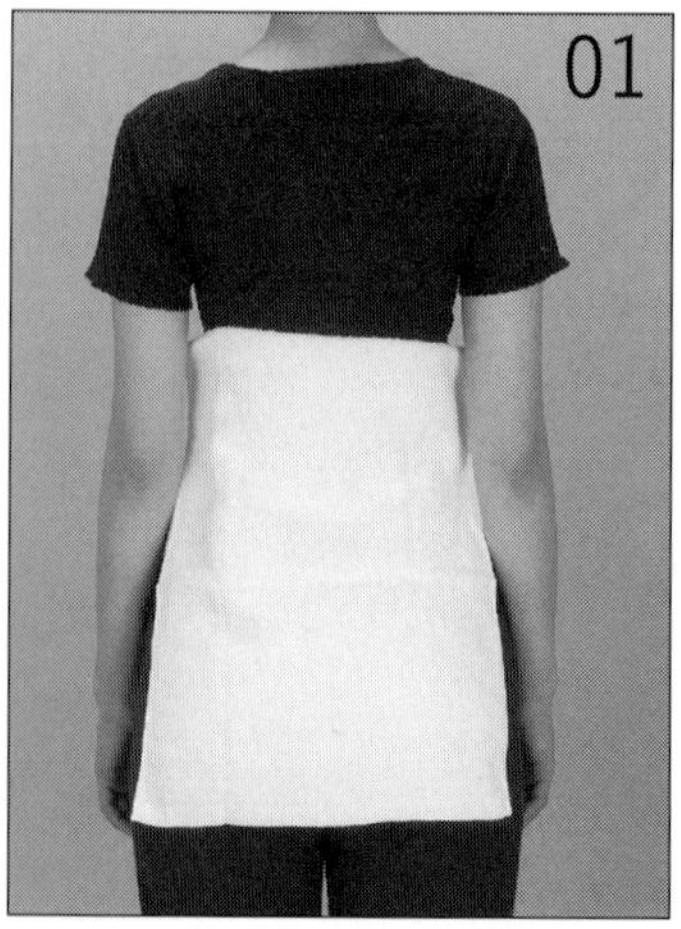

タオルの丈を半分にたたんだものを、ウエストからヒップの上に当て、

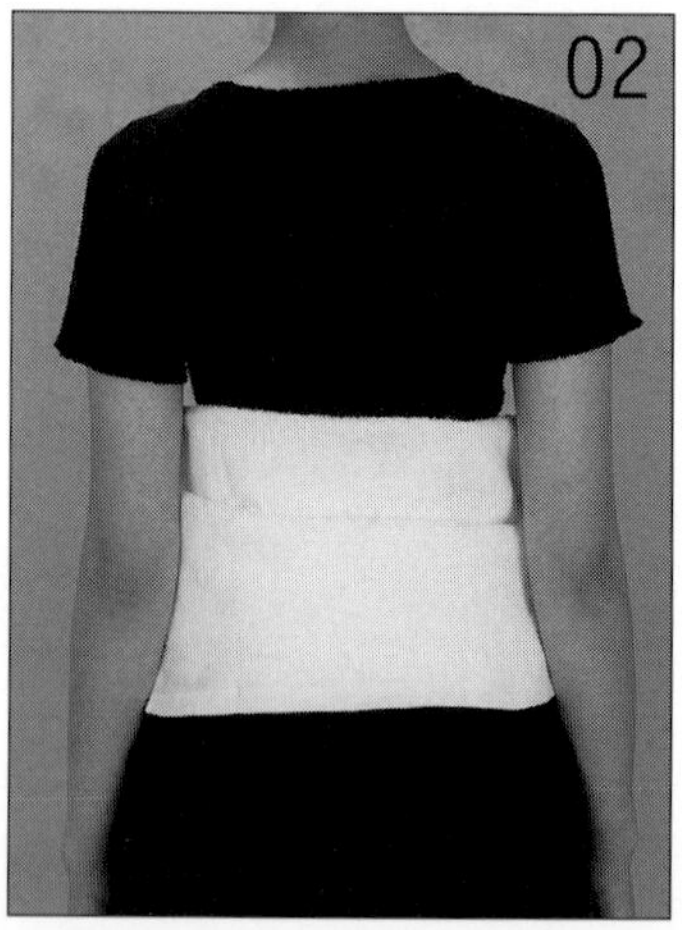

最も凹んでいるところに厚く、あまり凹んでいない所には薄く重なるように折りたたみ、**ヒップの上の凹みを補整する。**

[胴部の補整について]

胴回りは身体の中でも、最もくびれている部分です。これに対して、胴に巻く帯は、平面的で幅があります。

花嫁の場合は、帯を胸高に、脇の下から腰骨の上の間に締めますが、最もくびれている部分に平面的な帯を安定良く巻くためには、そのくびれた部分を補整する必要があります。凹凸の差は人によって違うので、各々の体型を見極め、必要に応じて補整することが大切です。

▶凹凸の差があまりなければ、🄰-01,02 ヒップの上の凹んだ所に丈をたたんだタオル一枚を当て、🄰-05 ウエストにタオル一枚をバイアスにたたみながら巻いておく程度でよく、

▶現代女性に多く見られる、ヒップの上が大きくくびれている方は、 🄰-01,02,03 タオルのたたみ方を工夫し、使用するタオルの枚数も増やして、凹んだ部分を補整する必要があります。

＊イラストⒶ

1枚のタオルをホームベース型にたたんだもの（裏側）。

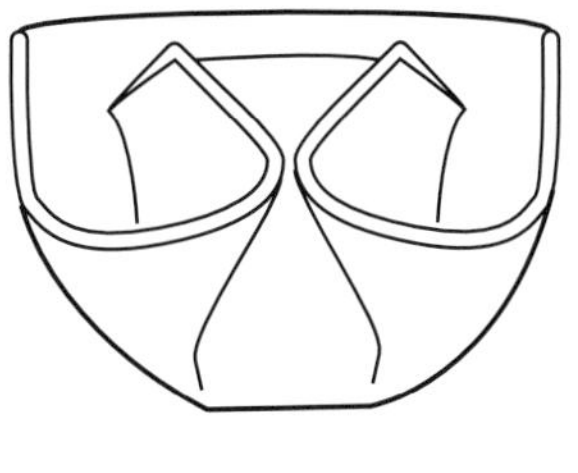

＊イラストⒷ

中央で上部が水平になるように逆三角形に一折りしたもの。

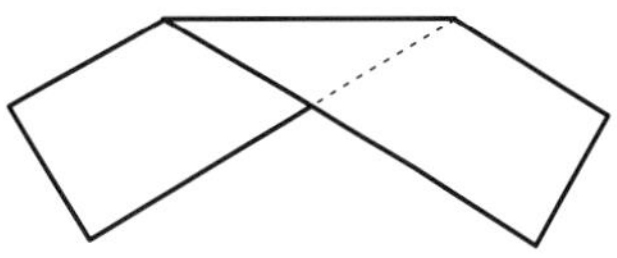

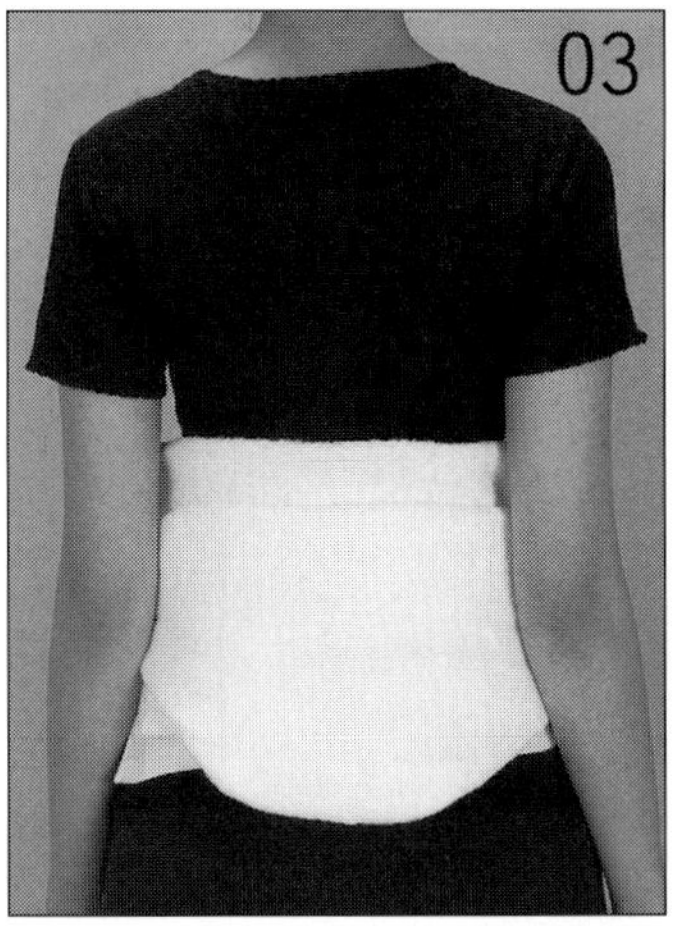

さらに凹んでいる場合は、ホームベース型にたたんだタオル（イラストⒶ）で補整する。

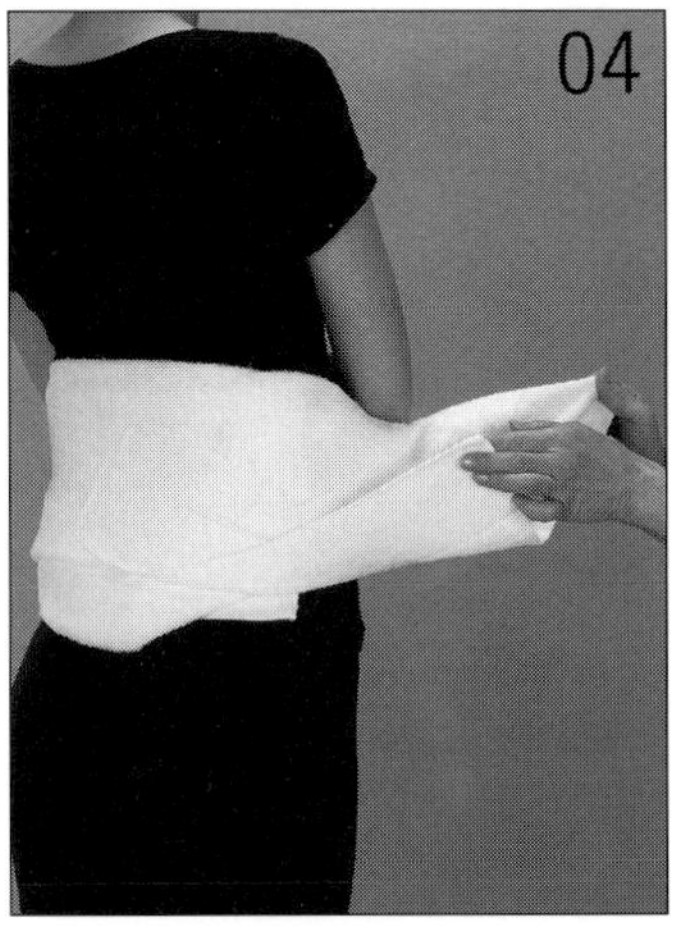

ウエストのくびれを補整する目的で、バイアスに折ったタオル（イラストⒷ）の中央部分を腰上に当て、さらにウエストのくびれに合わせて、タオルの下のカドを折り上げ、幅を狭く使い、胴に巻いていく。

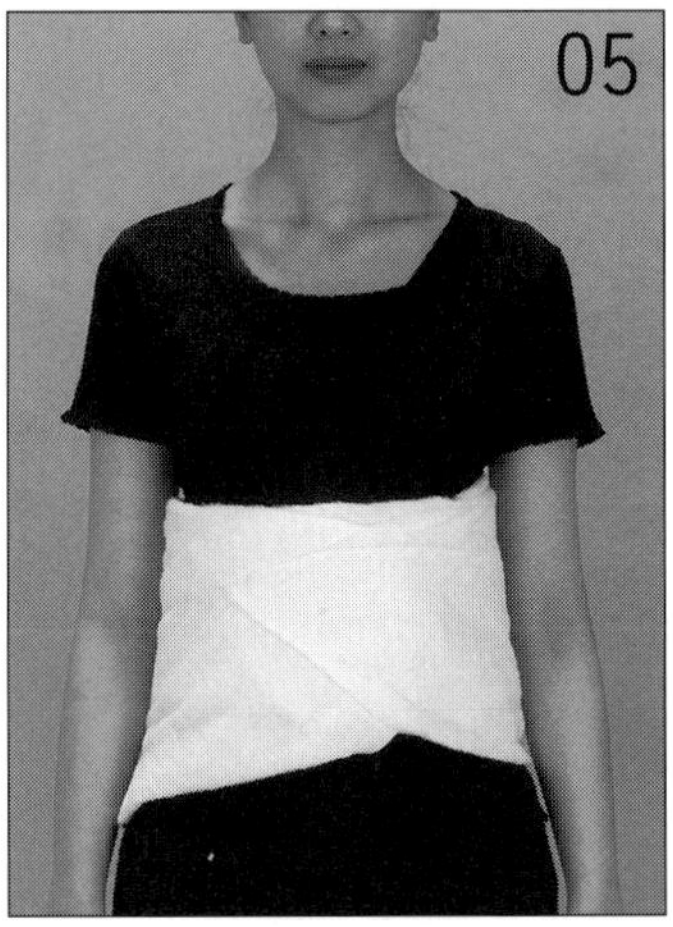

補整したものを安定させる目的で、バイアスに折ったタオル（イラストⒷ）を、厚くならないように、幅いっぱいに巻いていく。

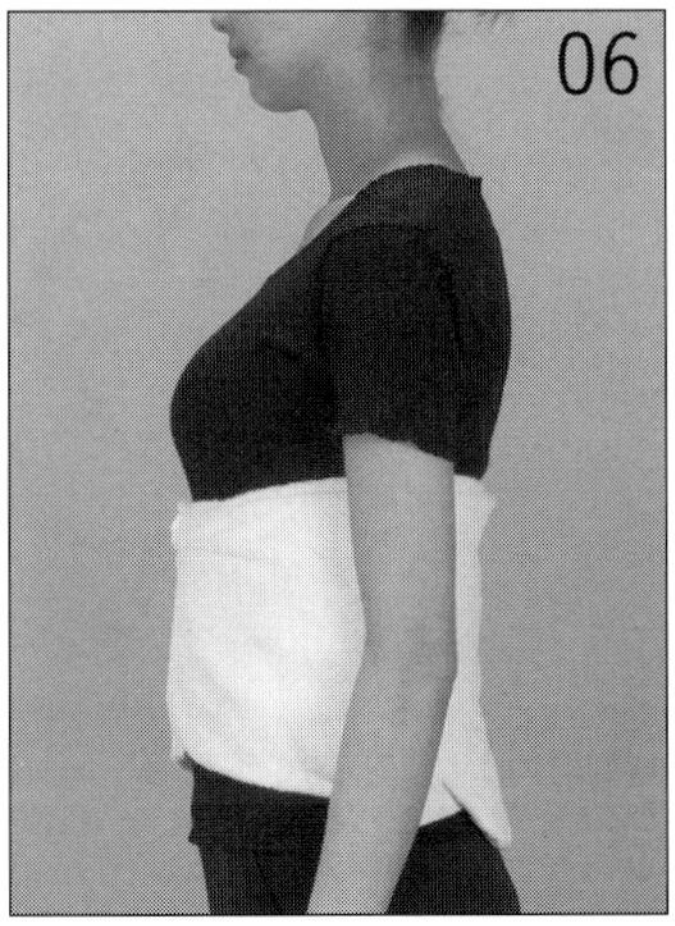

横から見た補整の状態。ヒップの上のくびれが補整され、肩甲骨からヒップまでが、ゆるやかなラインで繋がる。

[胸部の補整について]

衿元は着崩れしやすい部分です。

胸部の補整は、衿合わせを安定させ、着崩れを防ぎ、さらに紐の当たりを和らげるために行います。

ただし、あまり補整しすぎますと（特にバスト上部から脇にかけて）、シワは出にくくなり、衿も安定するのですが、その人本来の体型が損なわれ、太って見えてしまい、着ている方も窮屈です。

また、左右の肩（鎖骨）の高さが違う方は、左右の肩の高さを揃えるための補整が必要になります（コットン補整が有効）。肩の高さが違うと、衿が左右対称に合わさりません。

🄱 胸部の補整方法

タオル一枚でできる、簡単な補整方法です。肩から胸、両脇…と広い範囲をカバーできるので、脇の下いっぱいに締める胸紐の当たりもやわらげます。

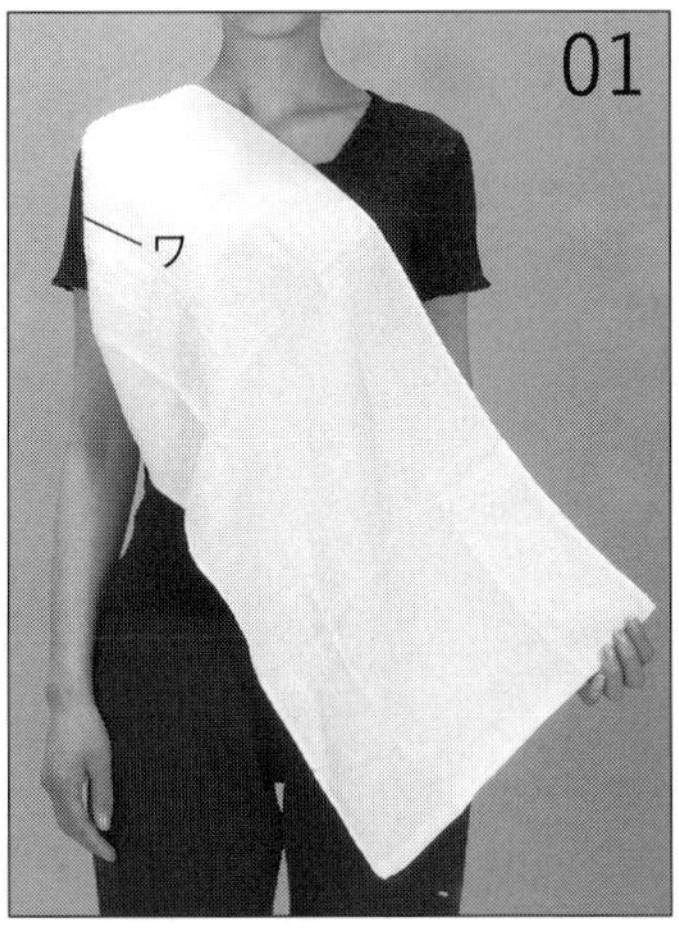

タオルの向かって左上角を裏側に三角に折り下げ、折り下げたワを外側（内側でもよい）にして、三角の角を右肩に置き、下前の衿のように合わせる。

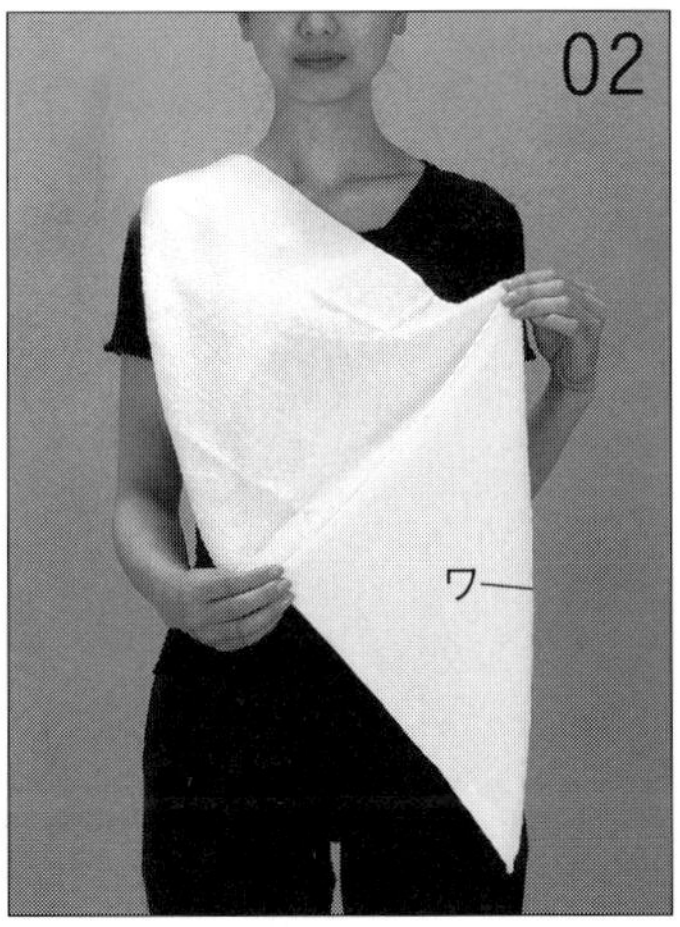

タオル・右下角を表側に三角に折り返し、下の三角の角を手前に折り上げて左肩に置き、

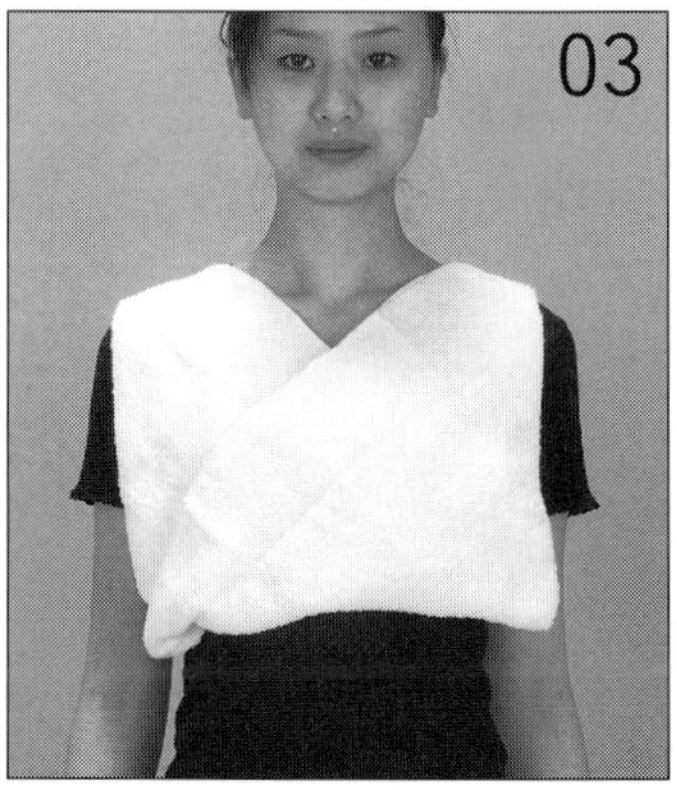

上前の衿のように合わせる。仕上がりがこのようになればよいので、ワを内側にして折りたたんでもよい。

➊「着付の技」46ページ参照

STEP 3 コットン補整

〜コットンを使った補整は、各部に合わせてカットした大小さまざまなコットンで、凹んだ部分を埋めていくもので、細かい所まで補整できますが、コットンを乗せすぎてその人本来の体型ではなくなってしまっているケースもよく見られますので、注意が必要です。

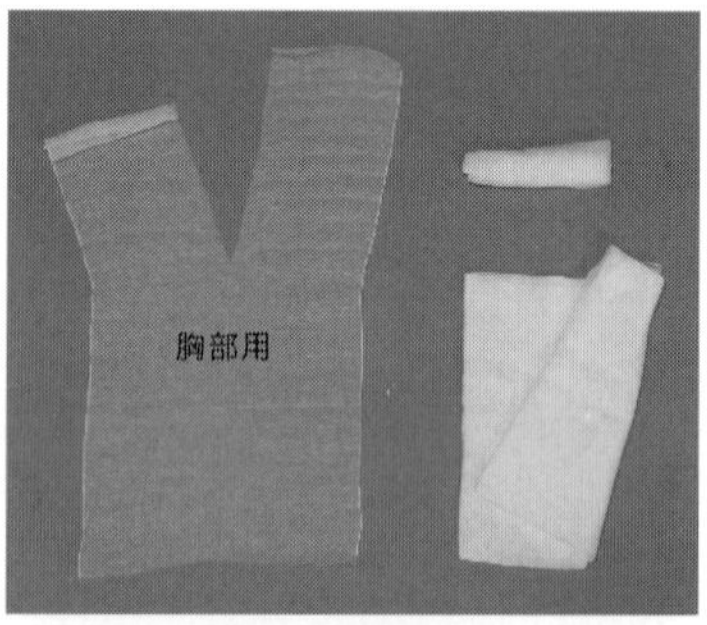

◀ガーゼ
胴部、胸部を補整したコットンを押さえたり、カットしたコットンの両面をカバーするのに用いる。

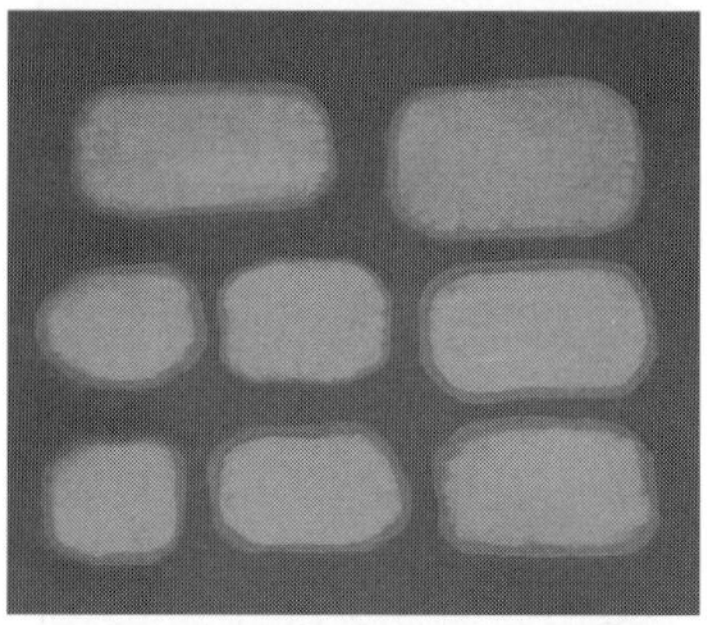

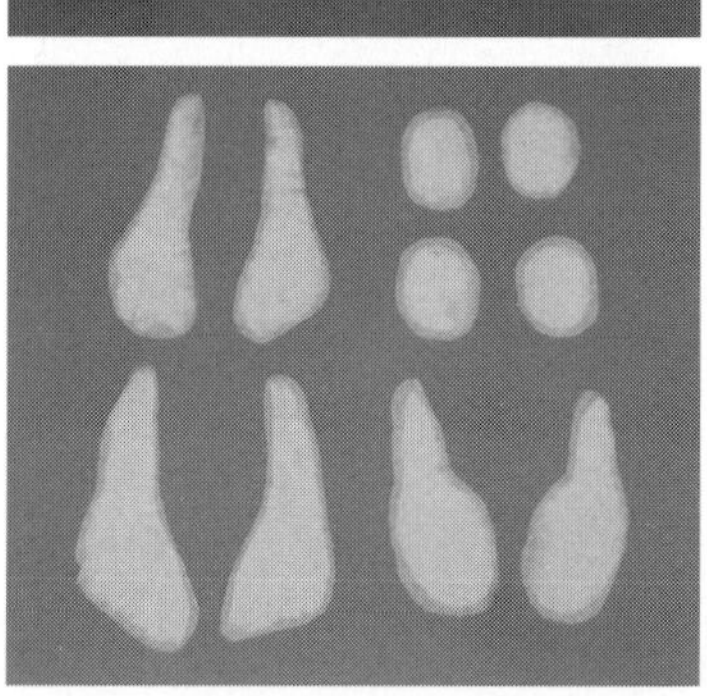

◀胴部用（上）
胸部用（下）
のコットン
コットン（市販の脱脂綿等）を平らに広げ、各部に合わせてカットし、両面をガーゼではさんで、中のコットンより5mmほど大きめにカットする。

A 胴部の補整方法

❶ウエストの両サイド。❷ヒップの上のくびれ（凹み）を埋め、平面的な帯を胴に安定させる。

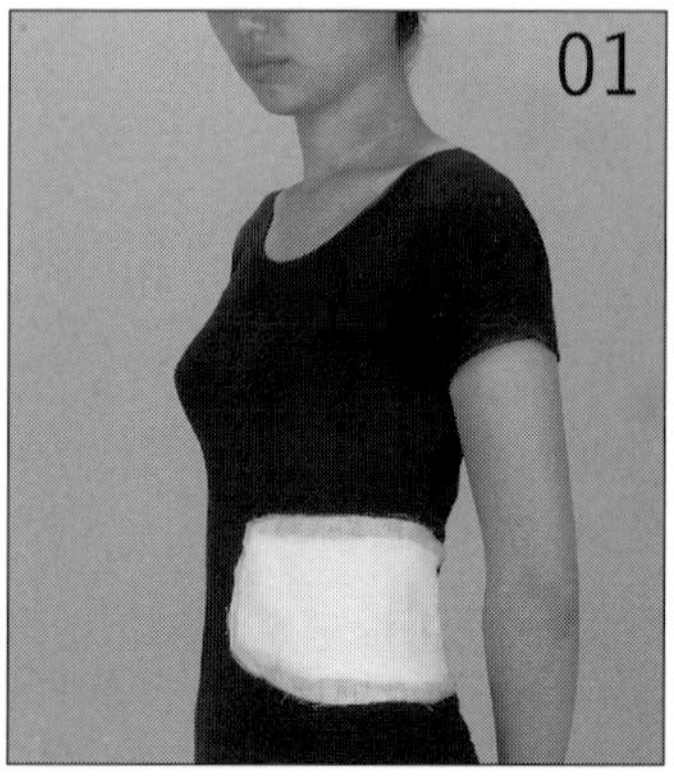

ウエストのくびれにコットンを当てて、サイドの凹みを補整し、

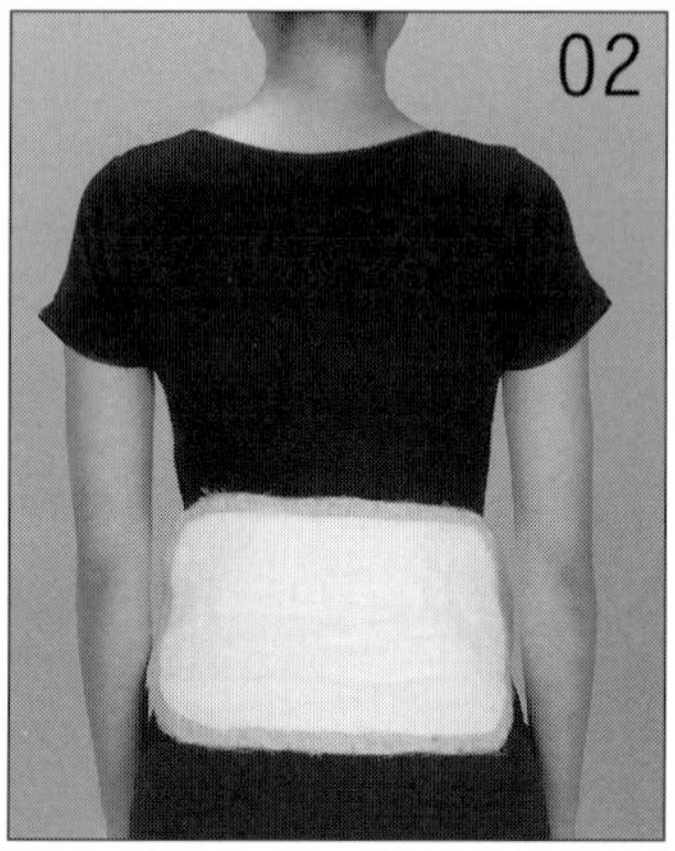

ヒップの上の凹みの、最も凹んだ所に、腰用にカットしたコットンを乗せる。

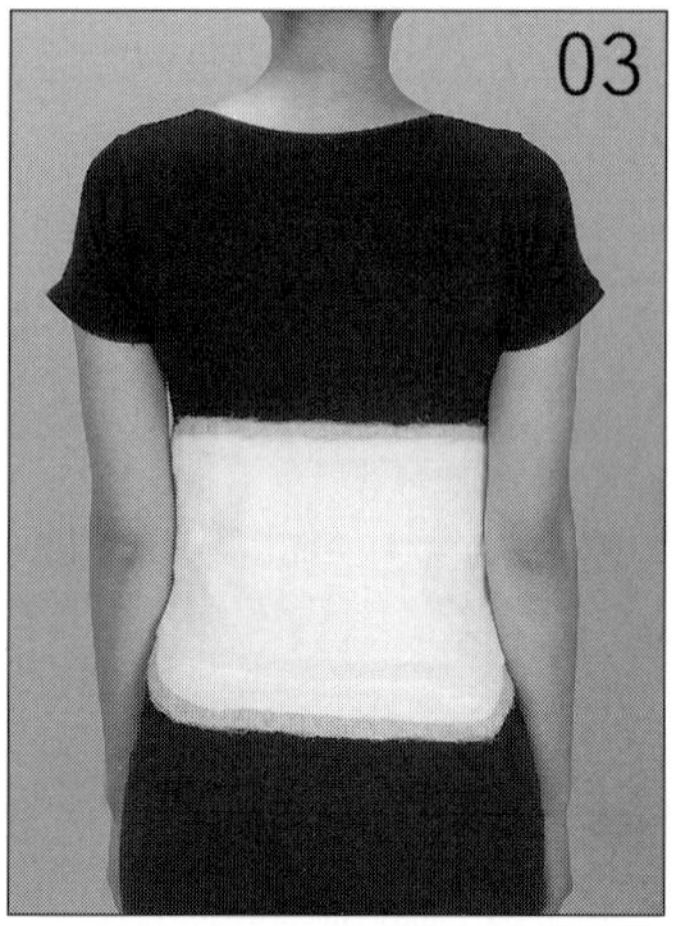

さらに大きなコットンを乗せて補整する。このように大小のコットンを組み合わせて、凹んだ所をなだらかに整えていく。

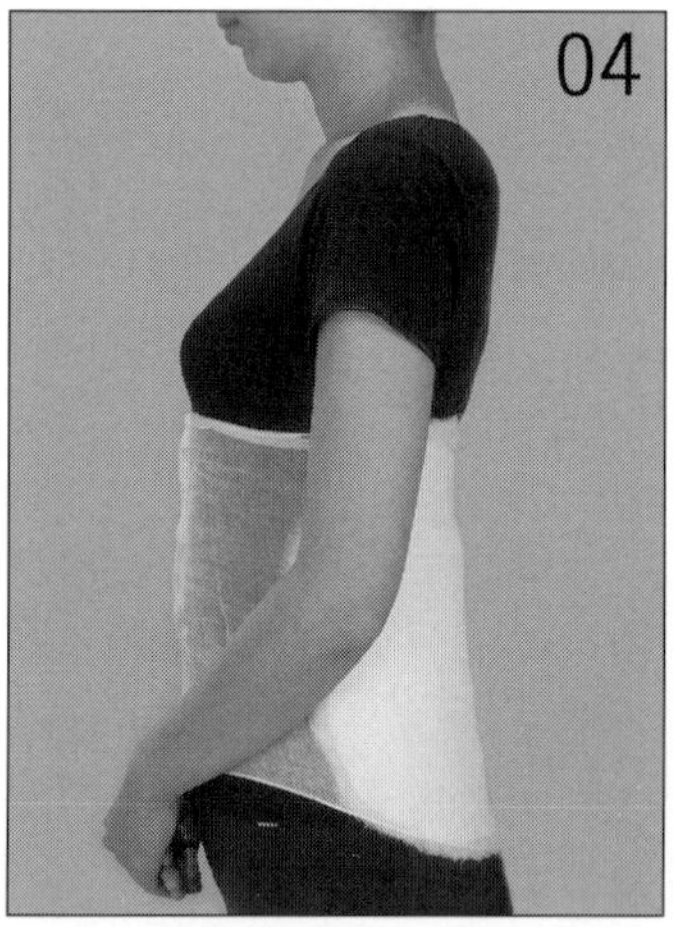

横から見た補整の状態。肩甲骨からヒップにかけて凹凸の差を少なくし、なだらかなラインに整える。ウエストにガーゼを巻き、コットンを押さえる。

B 胸部の補整方法

❶鎖骨の下の凹み。❷鎖骨とバストの間の凹み。
❸肩の骨とバストの間の凹み。
❹トップバストとアンダーバストの差。
などを、大小さまざまな大きさにカットしたコットンで埋め、凹凸の差を少なくし、胸元から帯へと続くラインを整え、衿崩れを防ぐ。また紐の当たりをやわらげる。

※以下は、花嫁の場合の胸部補整の一例です。

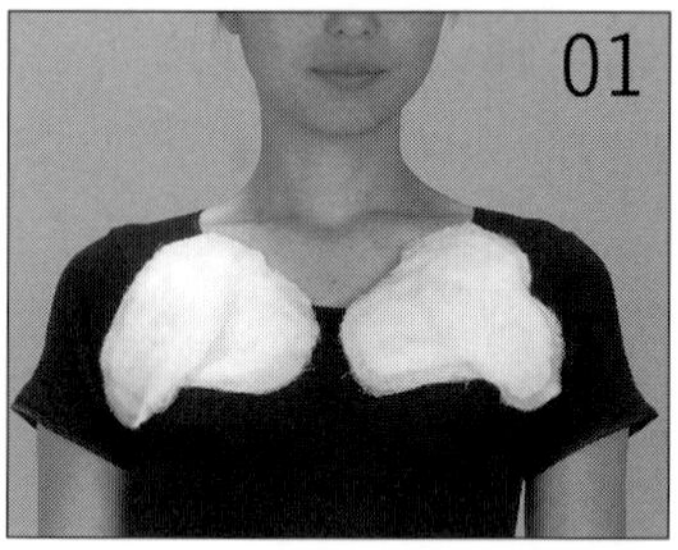

鎖骨の下の凹みを埋めていく。

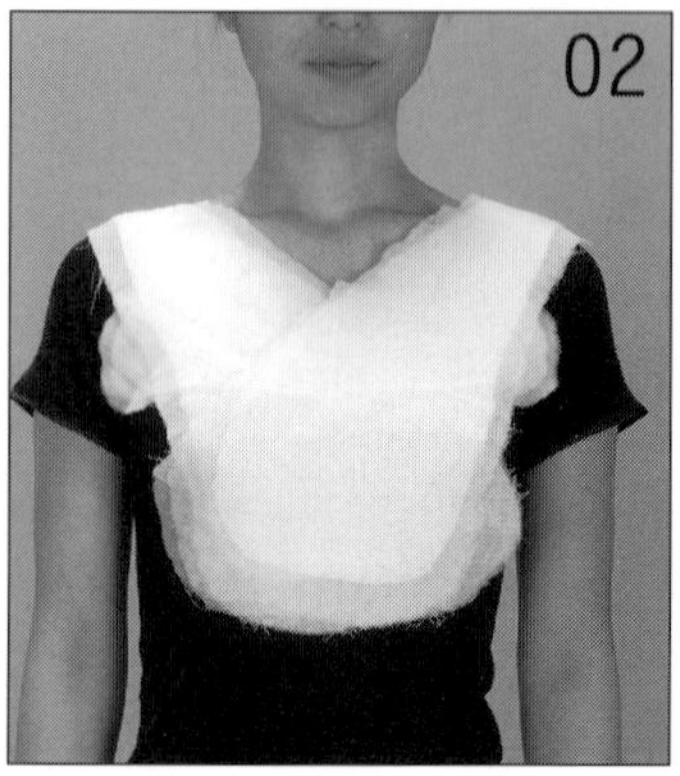

トップバストとアンダーバストの凹凸の差を埋め、肩から胸元用につくった大きめのコットンを、前で着物の衿合わせと同じように交差させる。

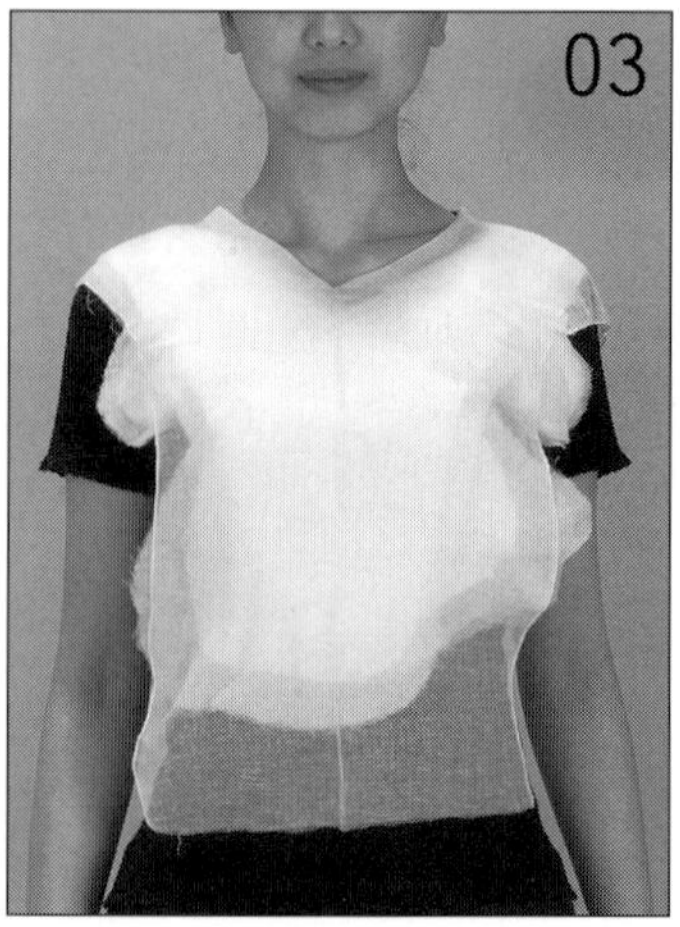

身体に当てたコットンを、胸部用にカットしたガーゼで被い、押さえる。

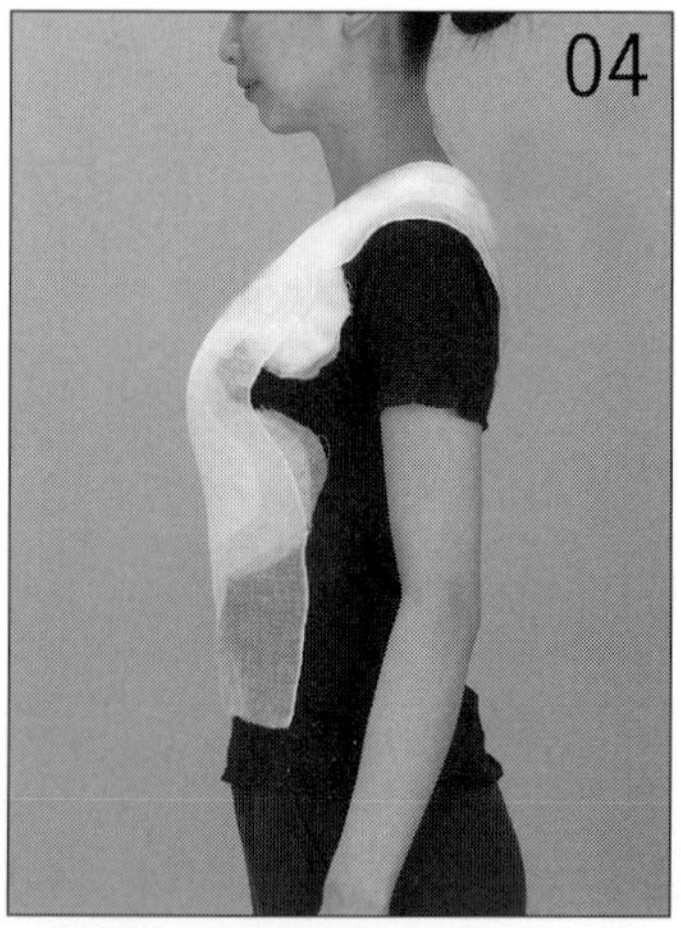

横から見た補整の状態。肩から胸、ウエストにかけてのラインをなだらかに整える。

着付の準備と後始末

Part 10

着付の準備と後始末

STEP 1 着付に必要なものを準備する

STEP 2 着せる前の準備

STEP 3 着せる前の帯のたたみ方

お仕度の準備

○挙式・披露宴の進行、装い（衣装）を確認し、ヘアスタイルを決め、髪飾りやかつら、ヘアメイクに必要なものを準備する。衣装とともに着付に必要なものを揃える。

○新品の場合はしつけ糸をとる。布で、打掛のフキをカバーしてある場合は、それもとる（返却時には、最初と同じようにフキを布でカバーしておく）。

○アイロンをかける。／たたみジワやたるみは、必ずあて布を置いて、上から軽く押さえるように、熱に気を付けてアイロンをかける。箔の部分にはアイロンはかけないようにする。打掛にはあまりアイロンはかけない。

○必要に応じ、長襦袢や掛下の衿を整えておく。

○帯は胴に廻しやすいように、あらかじめたたんでおく。また着付に使用する紐類も着付しやすいように巻いておく。

後始末

○衣装の数と状態（汚れや破損はないか）を確認する。

○衣装は借りた時と同じようにきちんとたたみ、借りた時と同じ状態で返却するようにする。なお、破損や汚れがある場合は、すみやかに衣裳店に伝えることも必要。

※衣装を扱う方は、返ってきた衣装を見て、着付けた人の技術が分かる…といわれるほど、厳しい眼を持っています。誠実に、大切に衣装を扱いましょう。

STEP 1）着付に必要なものを準備する

〜花嫁のお仕度、挙式・披露宴の進行を考えて、着付に必要な衣装、かつら、髪飾り、紐、小物、道具類を準備します。

また、お仕度の段階で、無駄な動きをしなくてもよいように、事前にできることは事前に済ませておきます。

最後に、準備品に漏れがないかを確認することも大切です。

1 挙式・披露宴の進行と衣装・ヘアスタイルを考える

＊挙式、披露宴の流れを把握し、使用する衣装とともに、ヘアスタイルは「かつら」なのか、「洋髪」なのかも確認します。

◀ホテルや結婚式場での挙式・披露宴進行と衣装チェンジの一例

教会式		神前式			
ドレス	ドレス	黒振袖	白無垢	白無垢	挙式
色打掛	色打掛	ドレス	本振袖	色打掛	披露宴
ドレス	本振袖	ドレス	ドレス	本振袖	
ドレス	ドレス	ドレス	ドレス	ドレス	

◀以下、和装の場合を考えていきます。

2 衣装を確認し、それに合わせてかつら・髪飾りなどを準備する

●「かつら」を被る場合は、事前にかつら合わせをし（➡花嫁のかつらと化粧／125頁〜参照）、衣装（白無垢、色打掛、黒振袖、本振袖）に応じて、必要な髪飾りを用意します。
●角隠しや綿帽子を被る場合は、それも用意します。
※衣装は、同じホテルや式場の衣装室を利用される方が多いのですが、持ち込みの場合は、事前の打ち合わせで持ち込むものは何かをきちんと確認し、サロンで用意するべきものを考えます。

3 花嫁が用意するもの

●直接、肌に触れる「肌襦袢」「裾除け」「足袋」「和装ストッキング」は、花嫁が用意します。事前に必要品を伝えます。
※洋装の場合も、下着類（ビスチェ、ストッキングなど）は花嫁が用意します。

4 着付に使用する紐、小物、道具類を準備する

＊着付けていく順番に、何が必要か考えていくとよいでしょう。

共通のもの

1 着付に必要な道具

＊花嫁が用意する肌着類、衣装を除き、着付に使用する紐や道具類はサロンに常備してあります。
●着付に使用する紐、小物類（腰紐、伊達巻、帯板、帯枕、三重ゴム紐、ゴムバンド、打掛ベルトなど）

2 補整に必要なもの

＊花嫁ごとに用意するのが一般的（衣装チェンジで補整をし直すことはあまりない）。1と一緒に、一つにまとめておくと使いやすい。

●タオル
●ガーゼ
●コットン（胴部、胸部用）
●その他

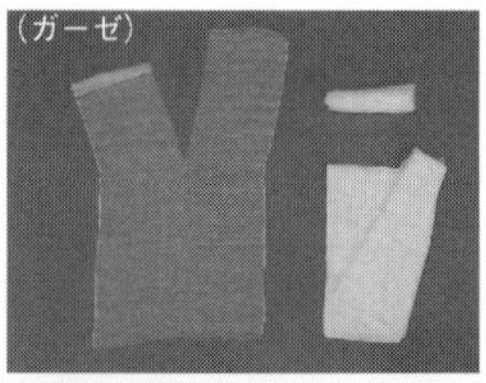
（ガーゼ）

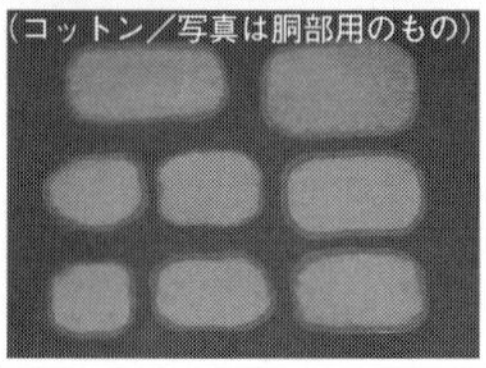
（コットン／写真は胴部用のもの）

▼着付に使用する紐、補整具、道具類は使いやすいようにたたむなどして、一つにまとめておくとよい。

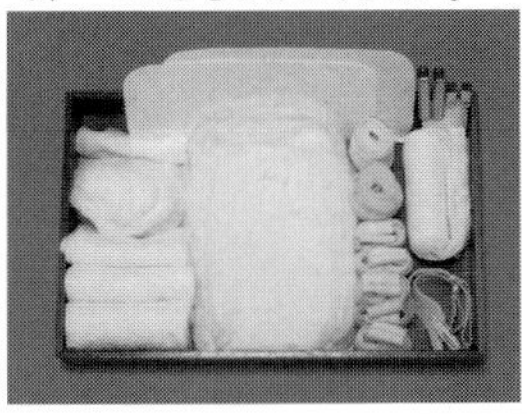

●着付に使用する道具類（クリップ（大、中、小）など）
○補整に使用するもの（2参照）
●裁縫道具（針、糸類）
●アイロン、アイロン台など
●たとう紙、ゴザなど
●きものハンガー
○長襦袢（3参照）

◀以下、衣装によって、着付に必要なもの、数量が多少違ってきます。

打掛の場合

4 掛下着付

■掛下
●腰紐／2本～
●伊達巻／1本
◇クリップ

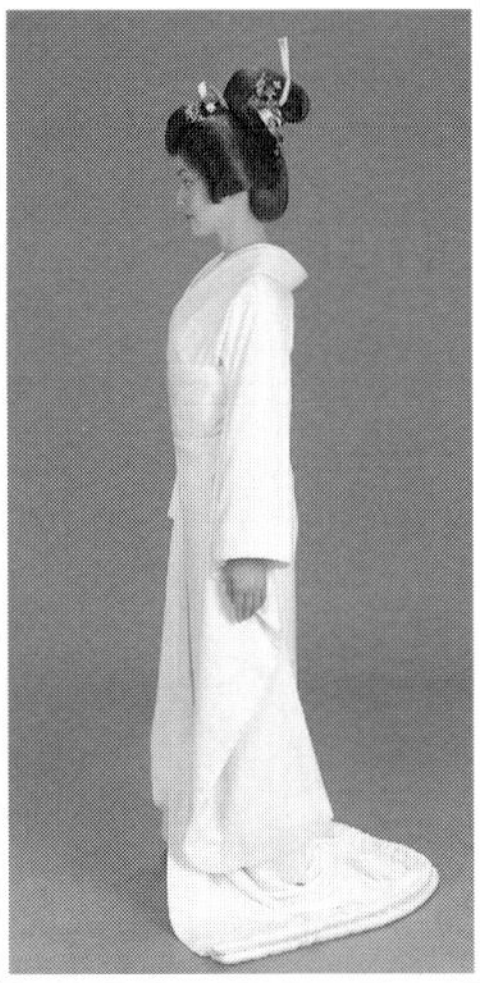

5 掛下文庫

■掛下帯
■帯揚げ、帯〆
●帯板／2枚
●帯枕／1個
●仮紐（三重ゴム紐など）
◇クリップ

6 小物をおさめる

■花嫁小物5点セット
（帯〆、抱え帯、筥迫、懐剣、末広）
＊最近は筥迫についているビラビラ簪等は省略して使わないことが多い。

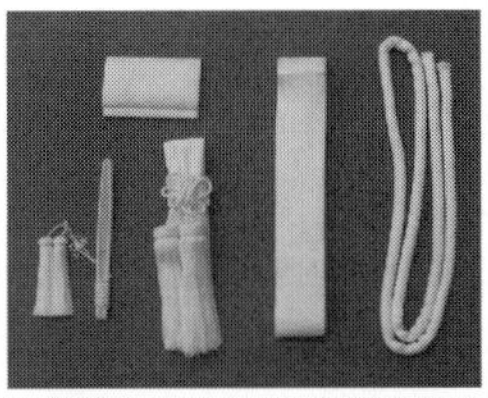

7 打掛着付

■打掛
■草履
●袖止め用クリップ／2コ
●打掛ベルト／1本
▽掻取をする場合
●腰紐(長いもの)／1～2本

3 長襦袢着付

＊長襦袢はきものハンガーに掛けておいて、当日、花嫁に合わせて選ぶことが多い。
■長襦袢
○腰紐／2本～
○伊達巻／1本
◇クリップ

黒振袖の場合

4 黒振袖着付

■黒振袖
●腰紐／2本～
●伊達巻／1本
◇クリップ

5 帯結び

■丸帯
■しごき帯（黒振袖以外は抱え帯）
●帯板／2枚
●帯枕／ハマグリ型1個
●仮紐（三重ゴム紐など）
○ゴムバンド
◇クリップ

6 仕上がり

■花嫁小物4点セット
（帯〆、しごき帯、筥迫、末広）
■草履

5 事前にできることを済ませておく

➡STEP2へ…

STEP2) 着せる前の準備

A 長襦袢の準備

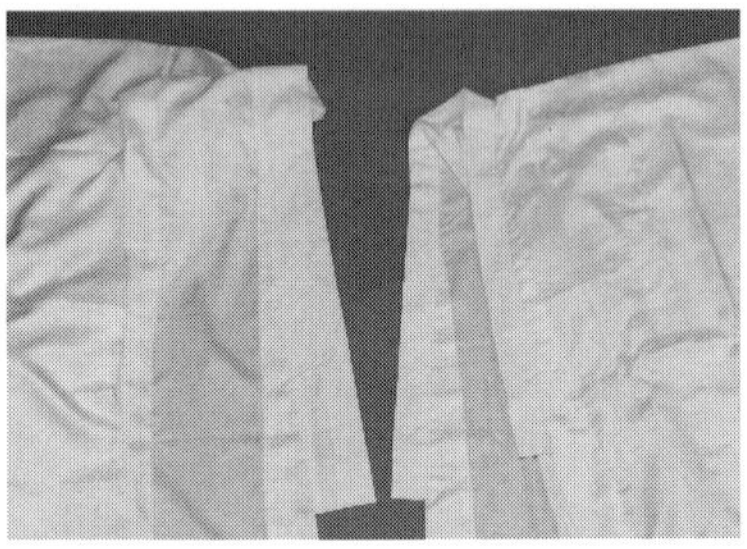

▶長襦袢には、広衿とバチ衿のものがある。

長襦袢は、半衿を付け、三つ衿の所（衿肩あきから衿肩あきまで）を綴じて、衿芯を入れます。

衿芯は、衿になじむように、入れる前によくしごいておきます。

衿芯のたたみ方（衿先部分）

●奉書紙3枚必要。
○衿に入れた時に滑らないようにするため、ザラザラした面が表にくるようにたたむ。

奉書紙2枚を左右に広げ、

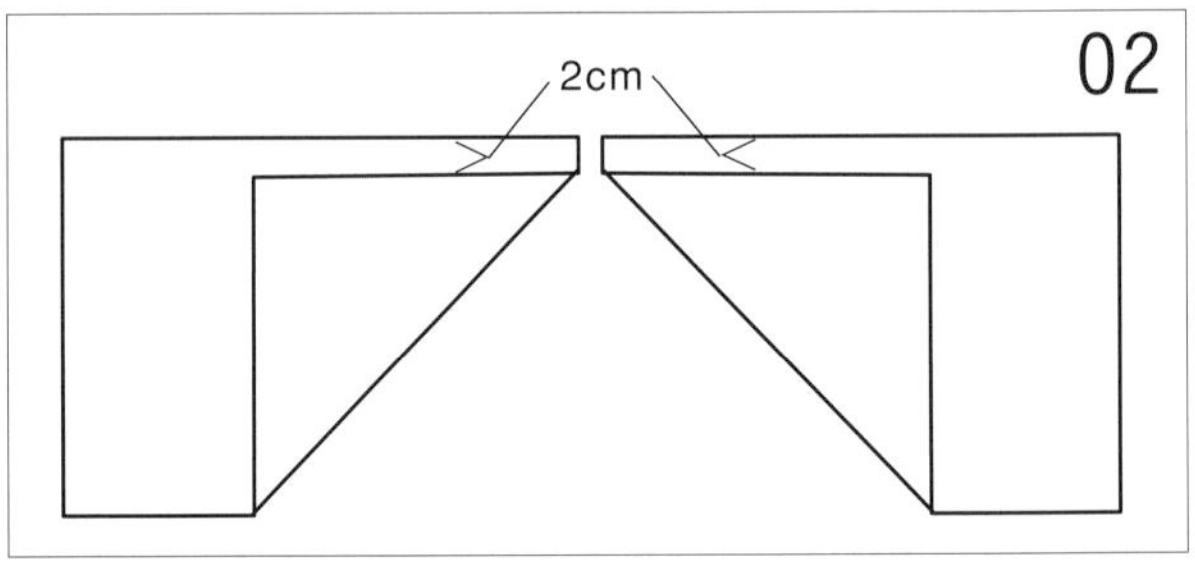

上部に2cm残して、内側の角を三角に折り返す。

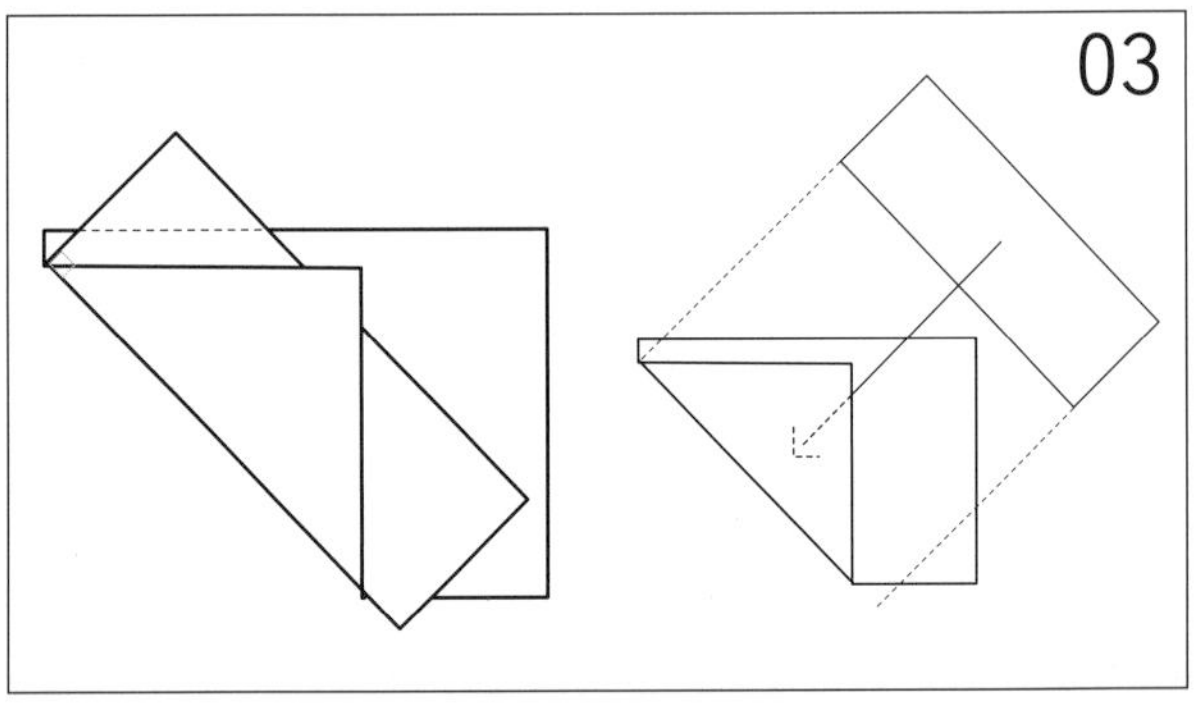

奉書紙1枚を1/2幅にカットしたものを、左右に1枚ずつ入れる。

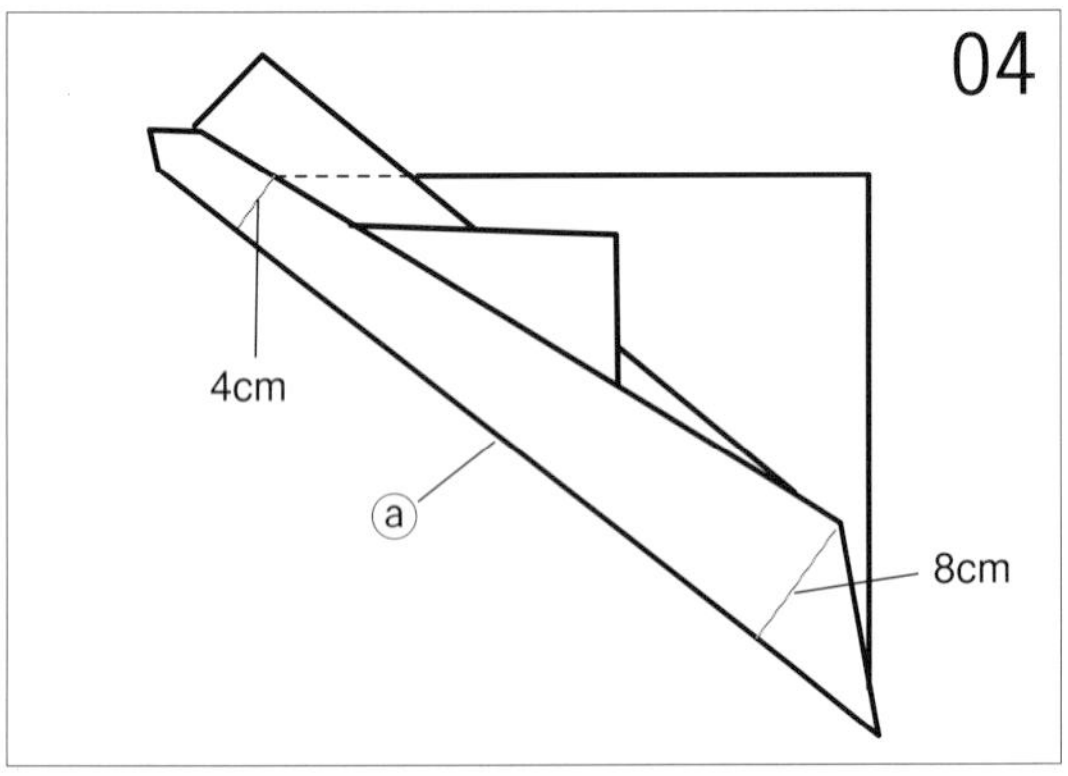

上4cm、下8cmで折り上げる。
＊ここで折り上げた山（ⓐ）が、衿山にくる。

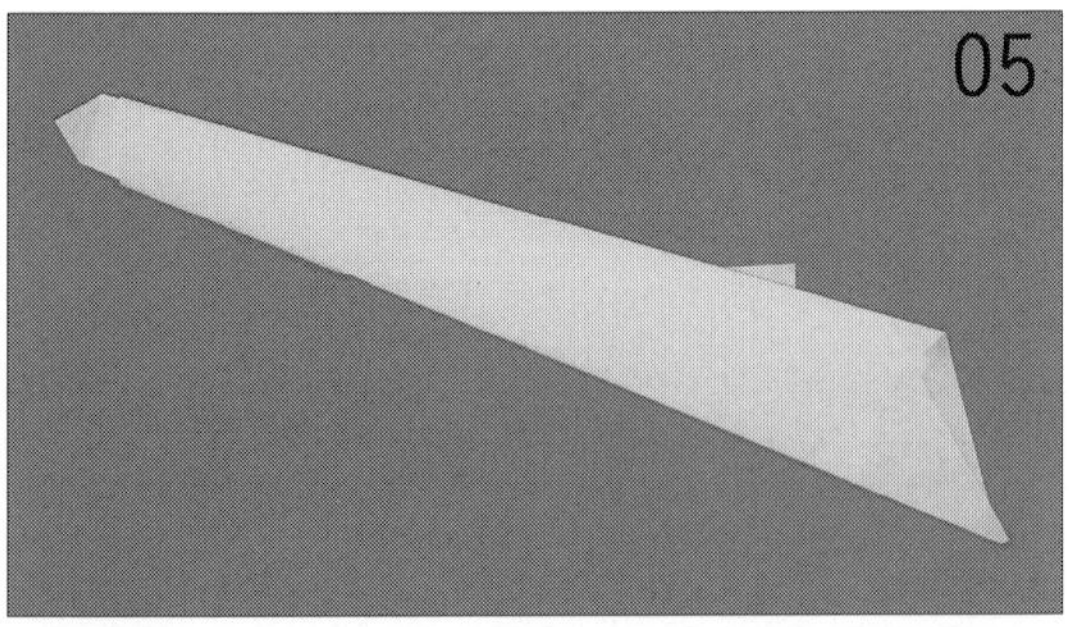

折り上げた幅で、上の先までたたんでいく。

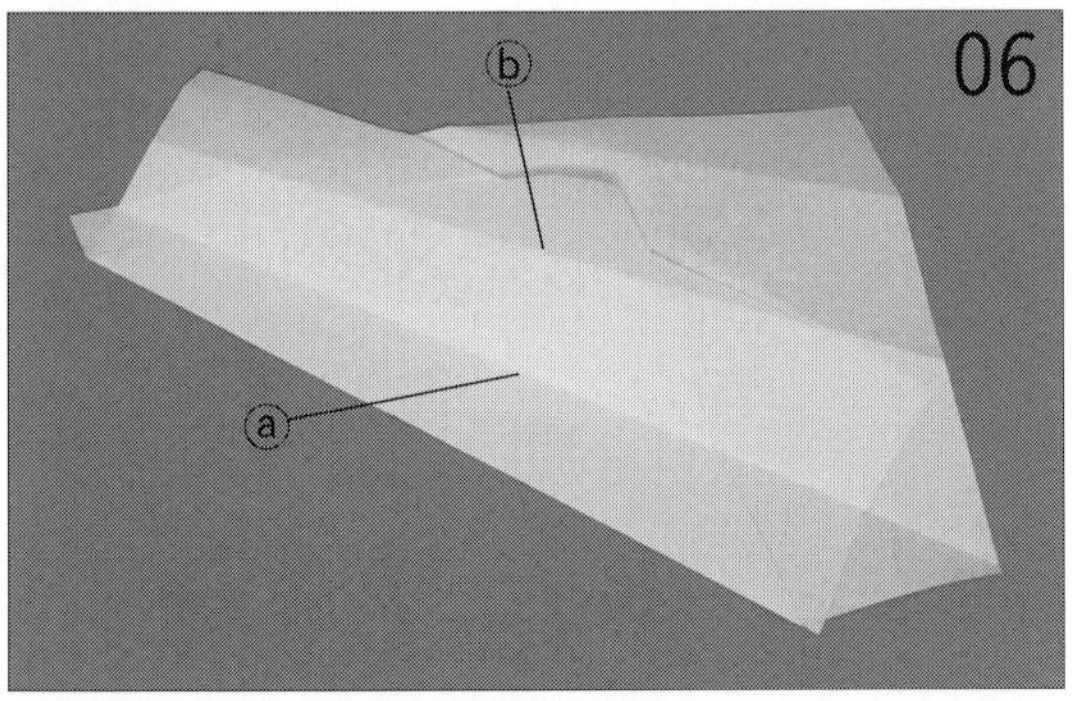

一度広げて、手前から2つ目の折り山（ⓑ）を軸にして、最初に折り上げた所（ⓐ）を山に、余分を内側に折り込む。

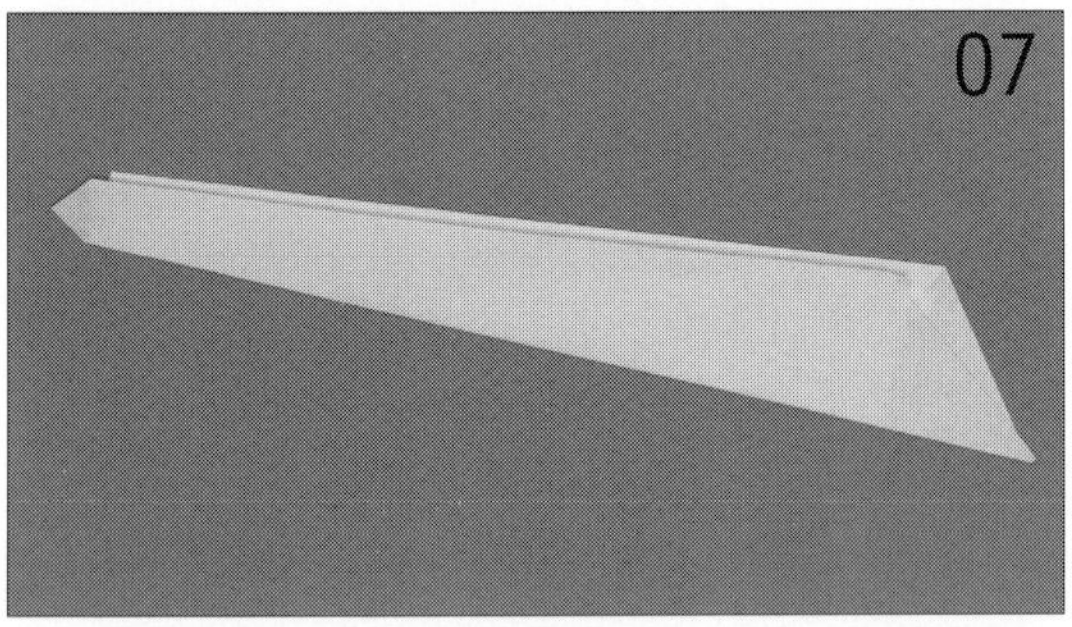

できあがり。
反対側も同様にたたむ。

4.5〜5cm幅で折り上げた状態。

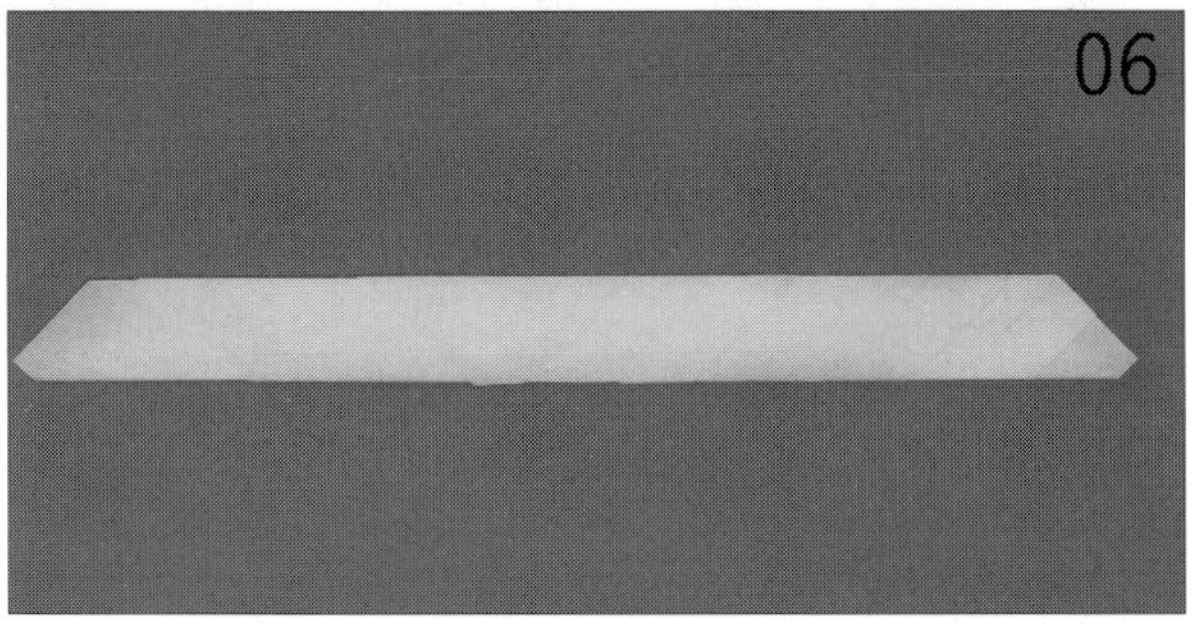

山の先まで折り込み、たたんでいく。

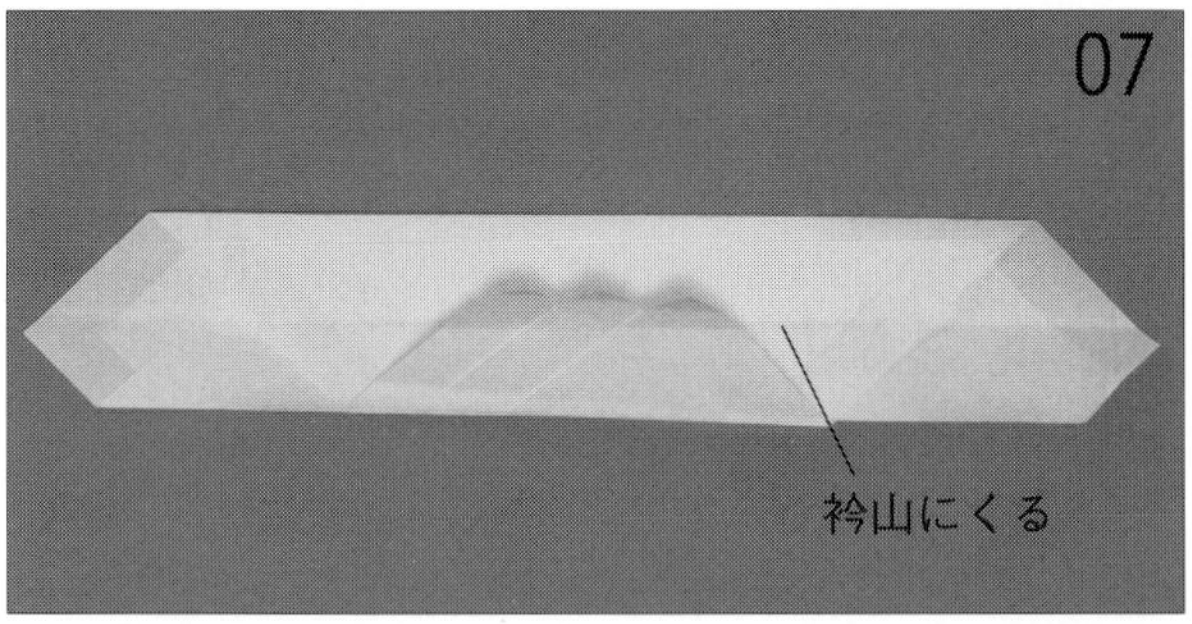

折りたたんだものを一旦開き、最初に折り上げた所を山（衿山にくる）にして、

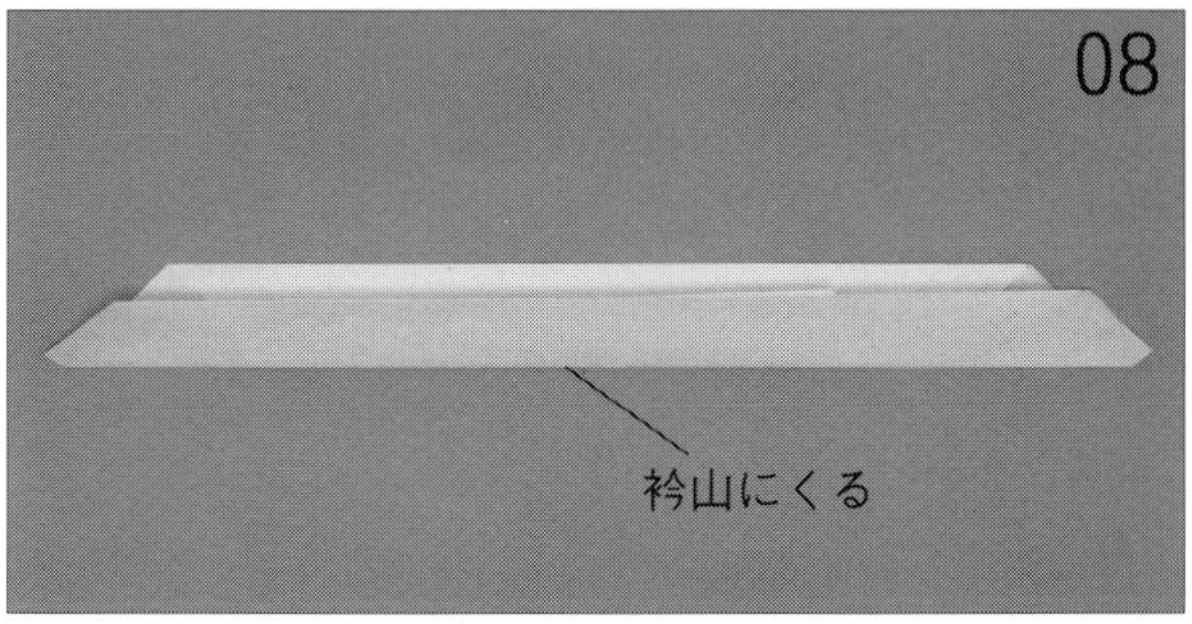

余分を内側に折り込み、たたむ。

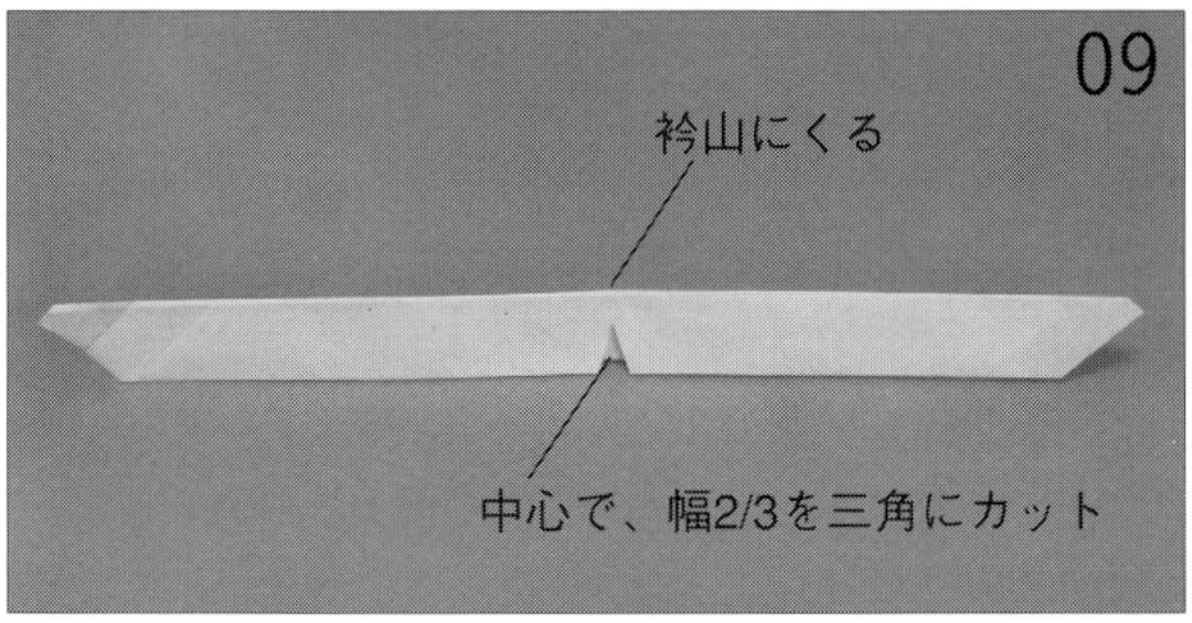

中心で幅2/3を三角にカットする（こうすると後ろ衿のV字のカーブがきれいに出る）。

衿芯は、このように組み合わせて使用する。
＊衿芯中心の2/3カットした所が、後ろ衿・中心下部にくる。
＊3枚の折り山（衿山部分）を揃えること。

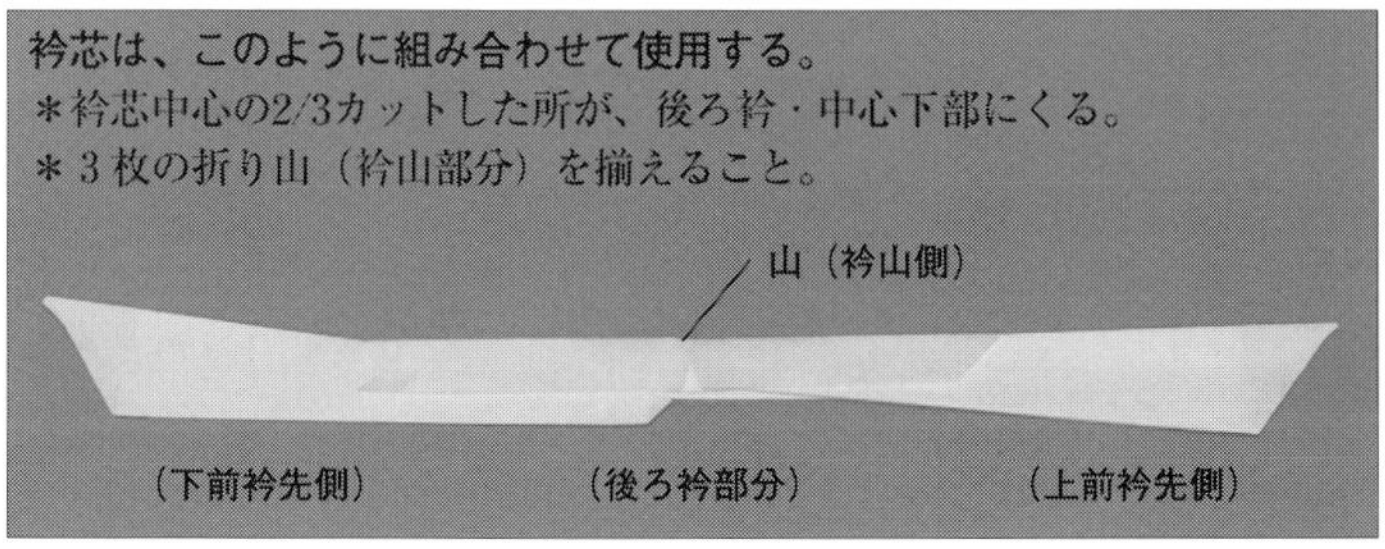

衿芯のたたみ方（後ろ衿部分）

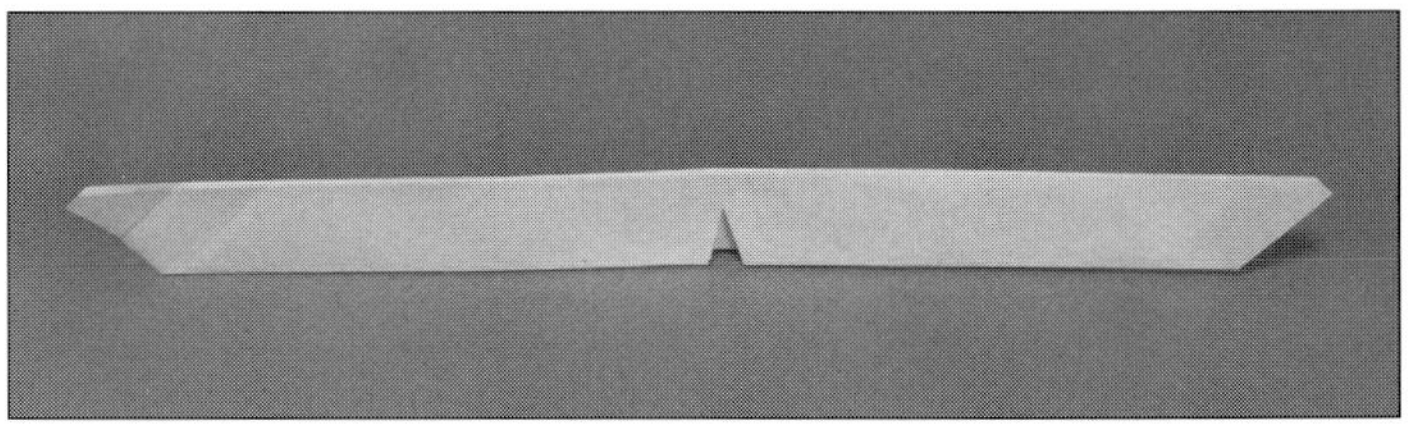

●奉書紙1枚と1/2が必要。
○衿に入れた時に、滑らないようにするため、ザラザラした面が表にくるようにたたむ。
○最終的に半衿幅（約5cm）いっぱいの幅になるように、たたむ。半衿に入れた時に、衿芯が半衿に、きっちり隙間なくおさまるとよい。

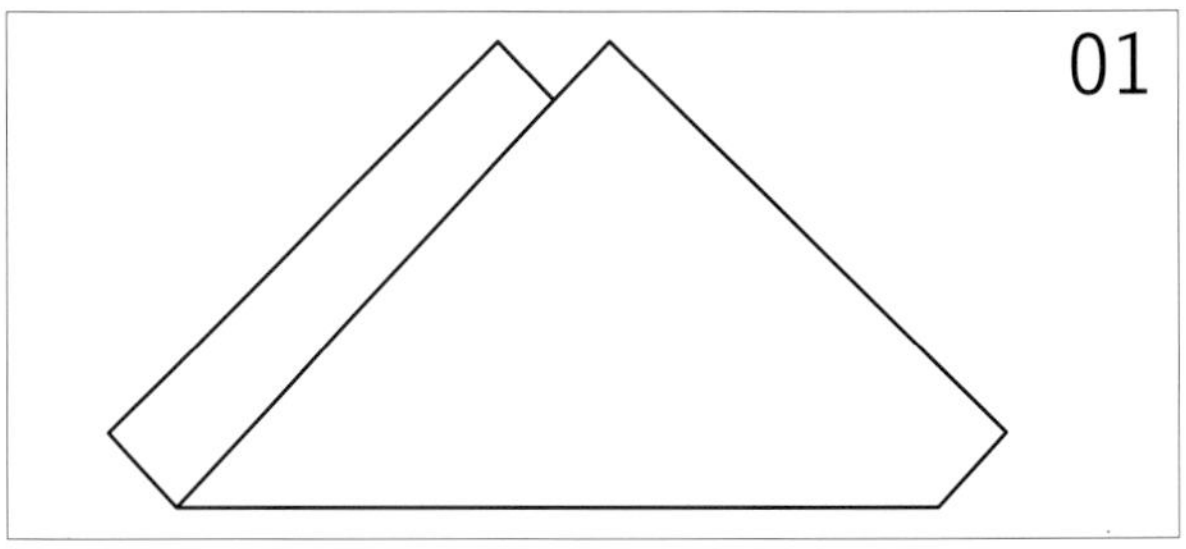

奉書紙2枚を重ね、上の2つのカドが直角に交差するように折り上げ、

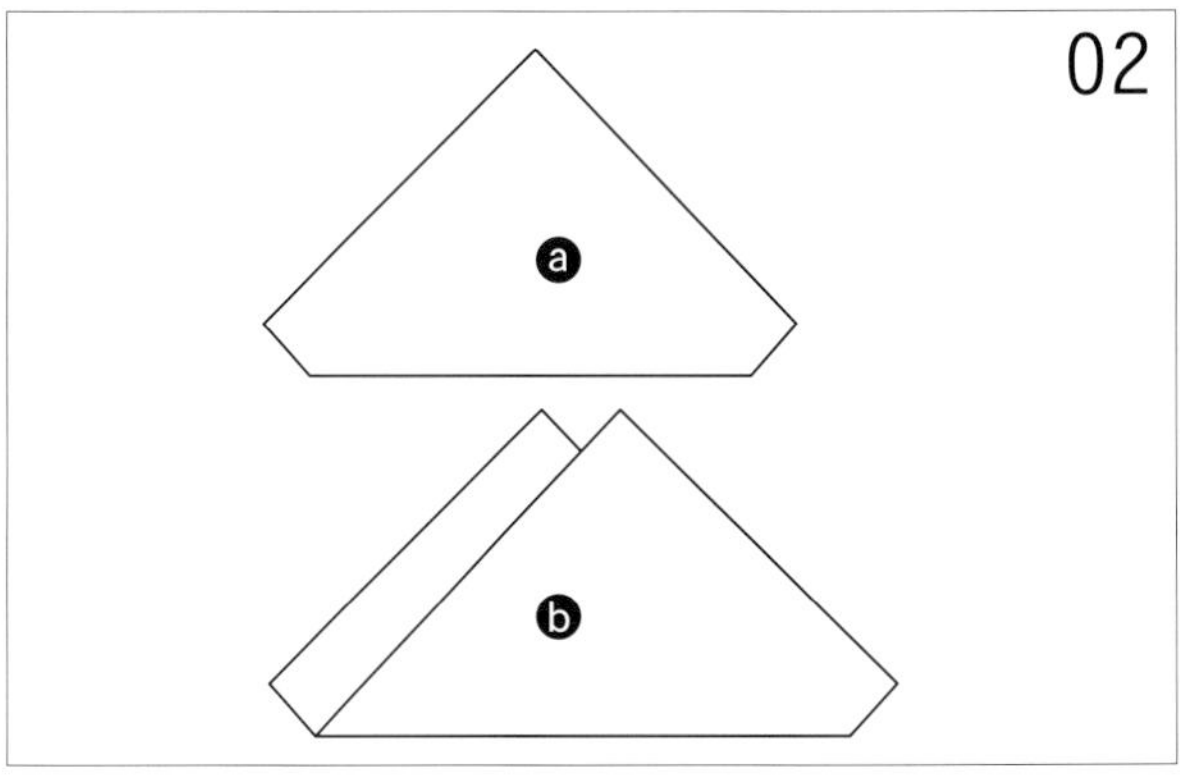

その内、1枚は折り山でカットし、左右同じようにカドを落とす（ⓐ）。もう1枚はそのまま利用する（ⓑ）。

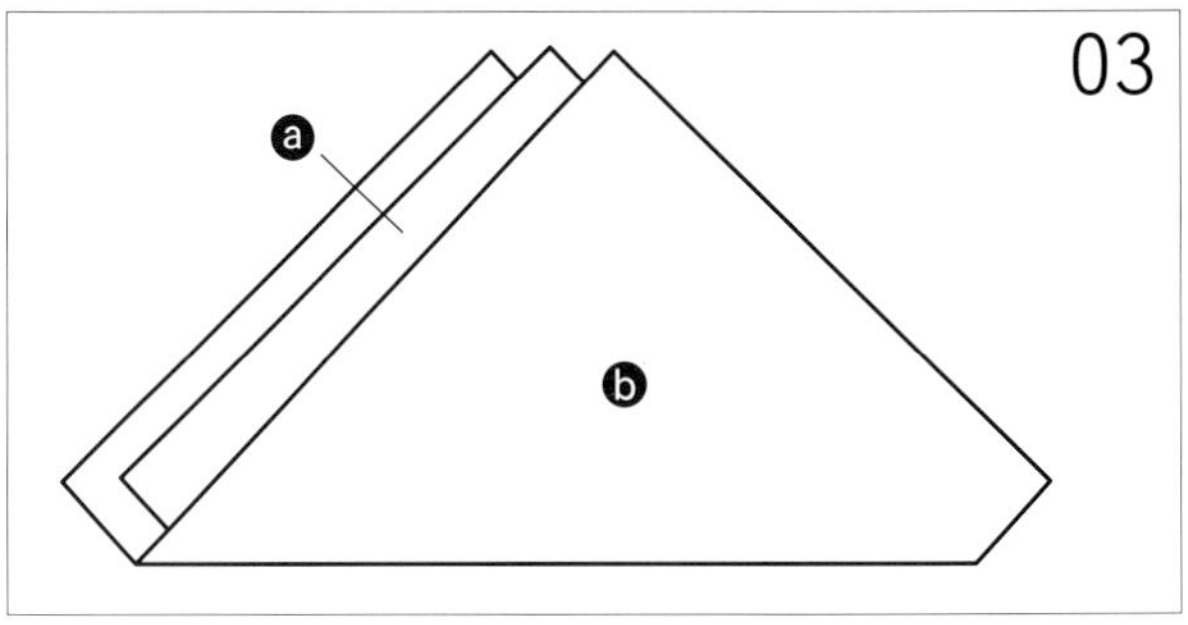

ⓑの山と山のちょうど中間にⓐの山がくるように、ⓐをⓑの間に入れる。

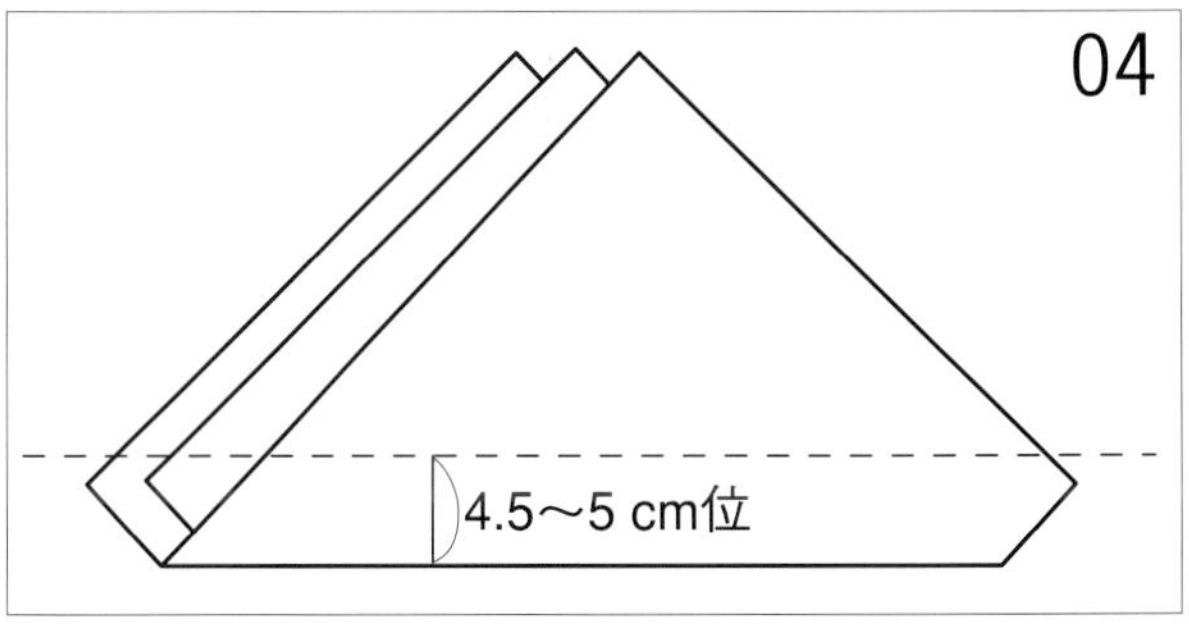

手前の折り山から、幅4.5〜5cm位を折り上げる。

半衿の付け方

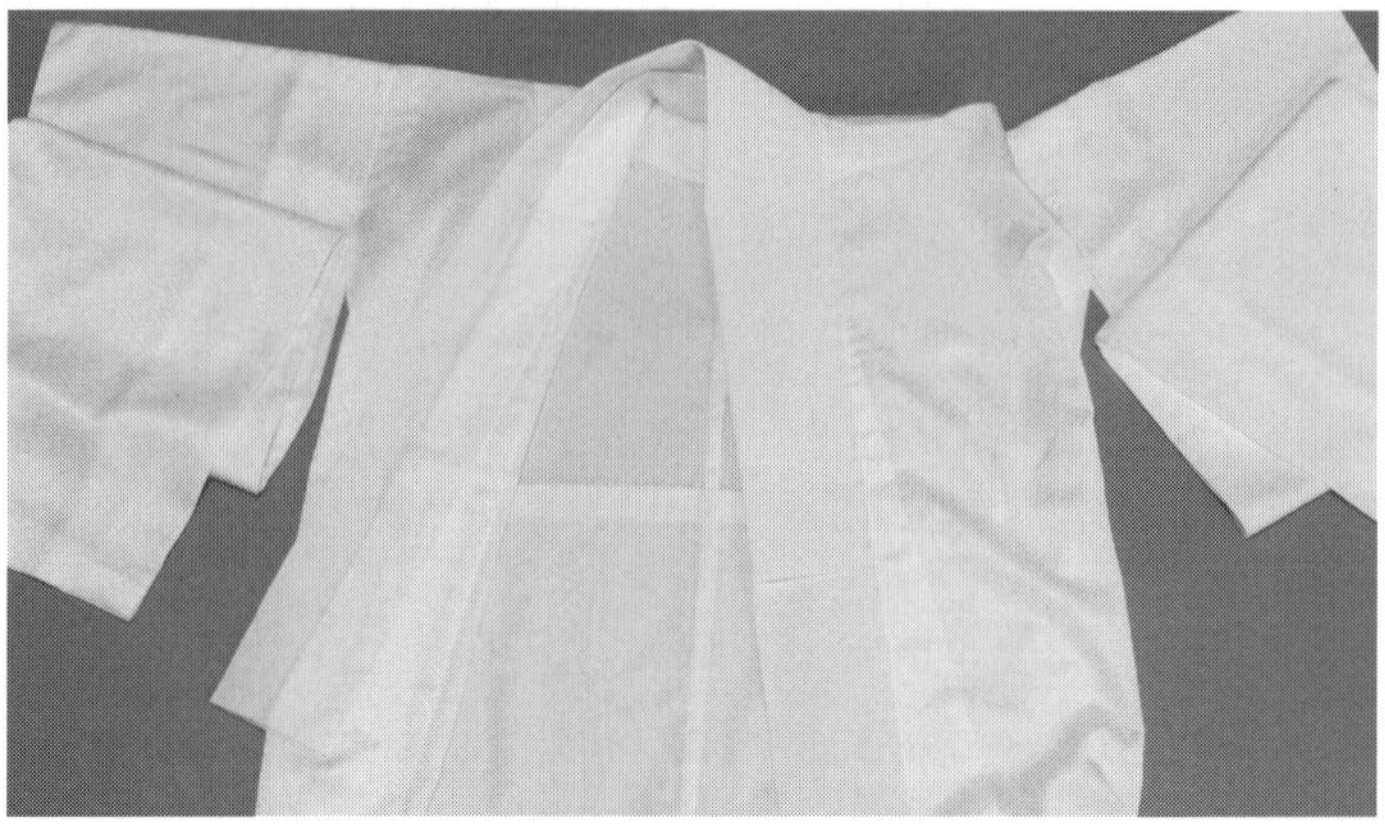

●必要なもの：

半衿、衿芯（三河木綿）。マチ針、縫い針、糸など。

○半衿を綴じつける際に、後ろの衿になる三つ衿部分の内側を、つらせて綴じると、衿が美しく決まります。

01

半衿と衿芯の中心を合わせ、半衿の幅1.5cmを、衿芯（三河木綿）の上に重ねる。

02

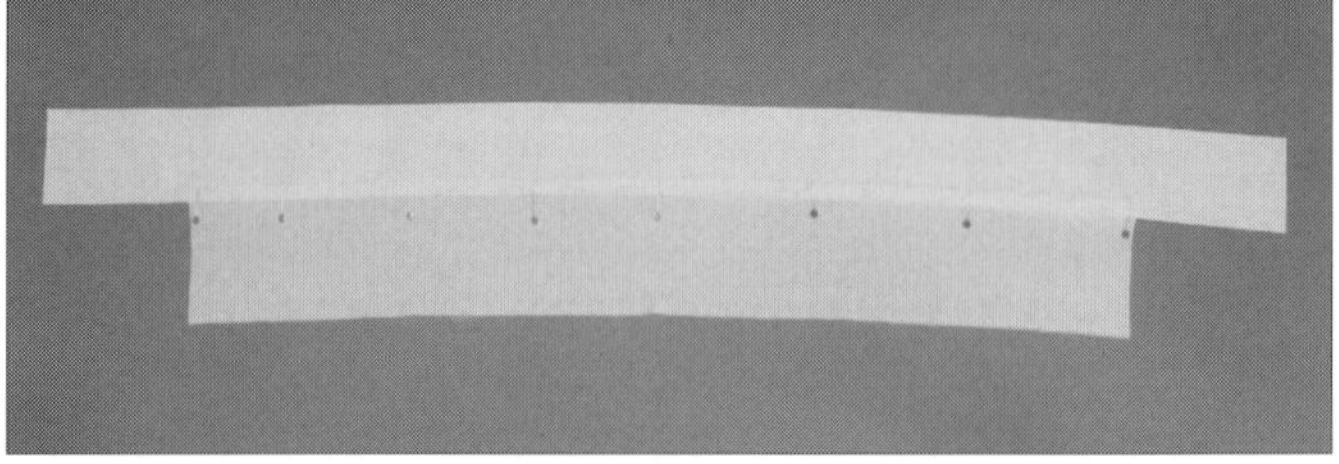

マチ針で中心を止め、さらに左右を止めて、

03

端から2cm間隔で、一目落としで縫っていく。

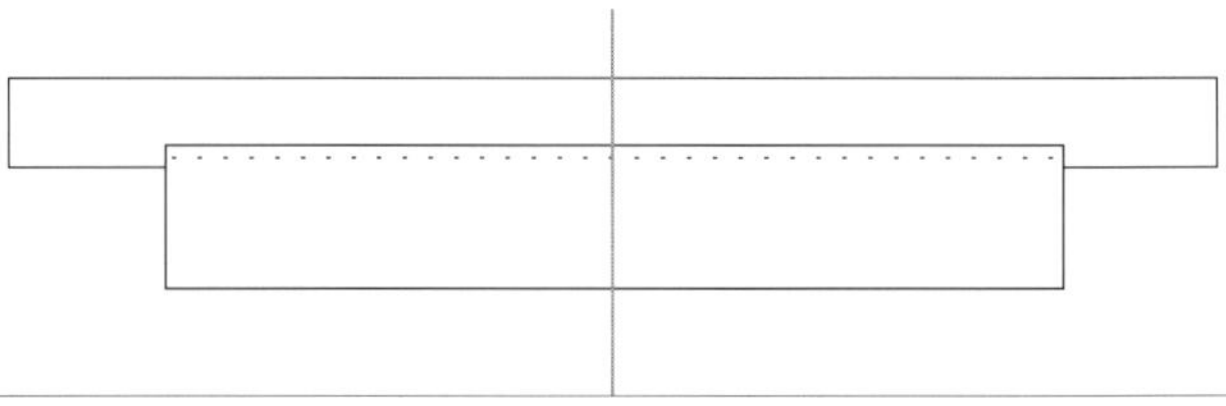

04

半衿を折り返して、もう一方の端を衿芯に被せ、

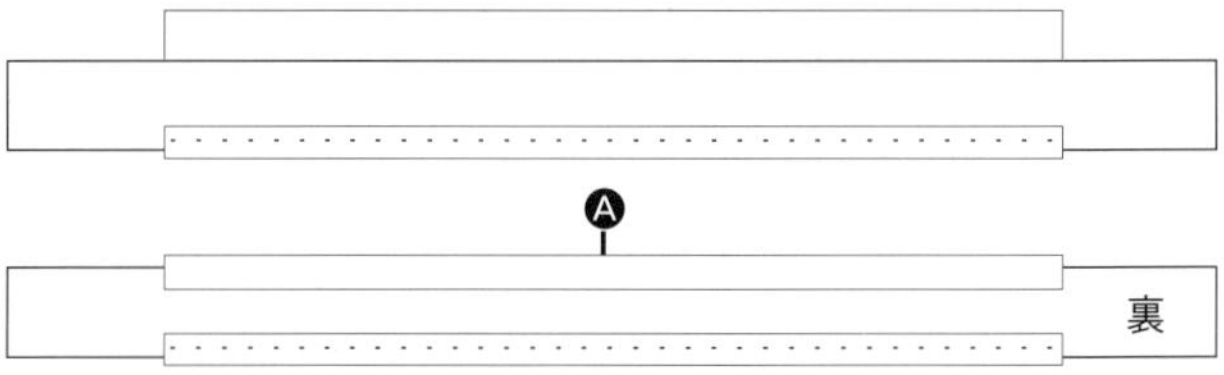

05

長襦袢・表側の衿中心に、半衿の中心を重ね、背中心から左右の衿先までマチ針で止める。

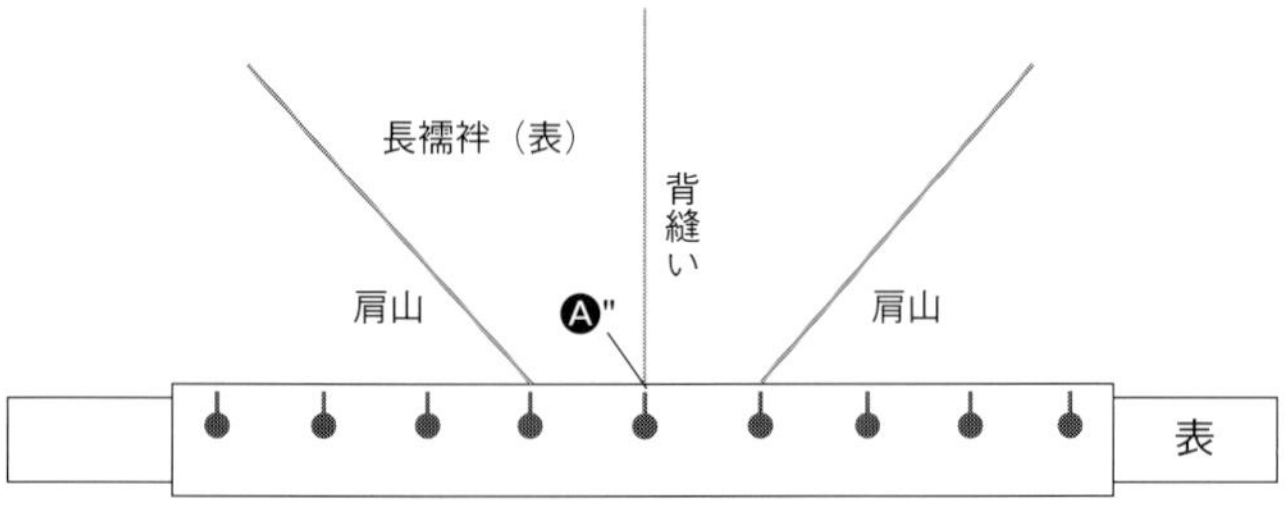

06

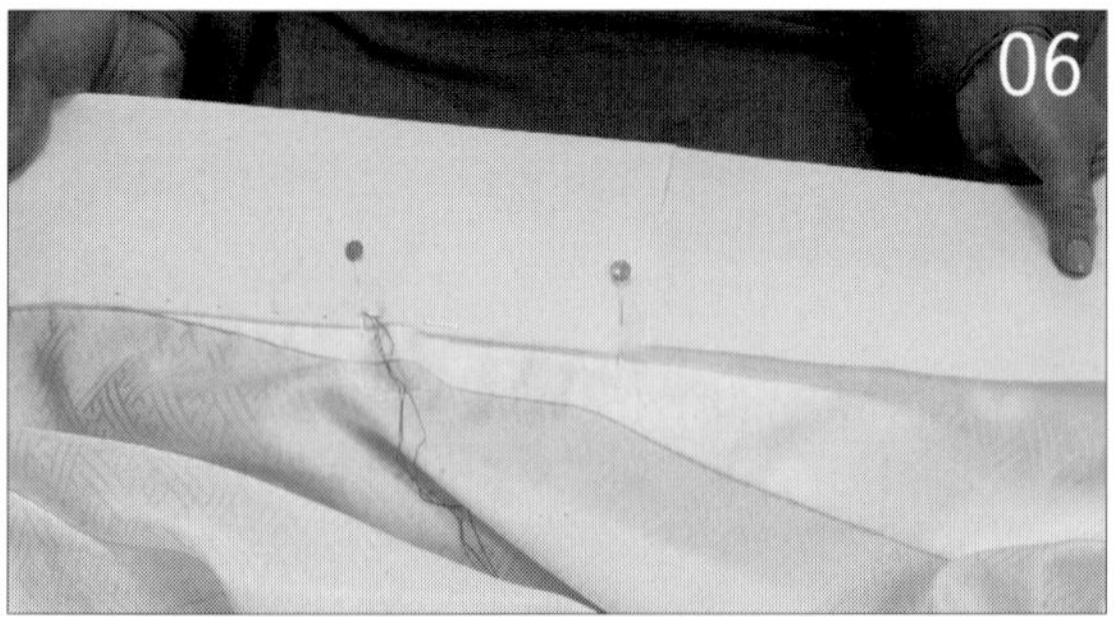

2cm間隔、一目落としで、背中心から衿先までを綴じつけていく。

07

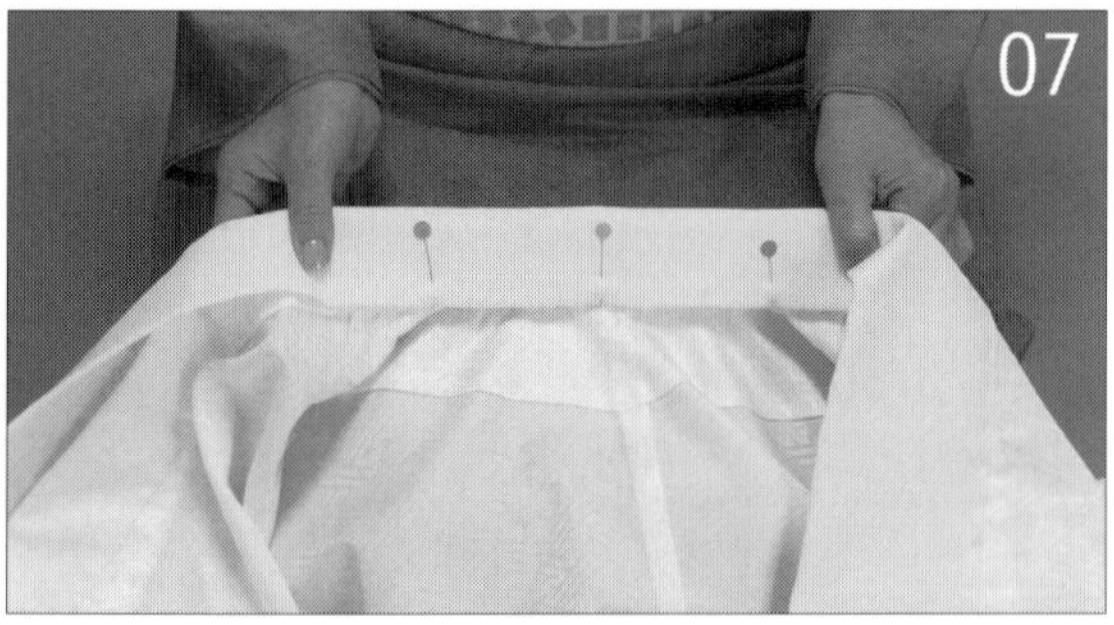

半衿の幅を裏側に折り返し、背中心と左右の衿肩（三つ衿の所）をマチ針で止める。

08

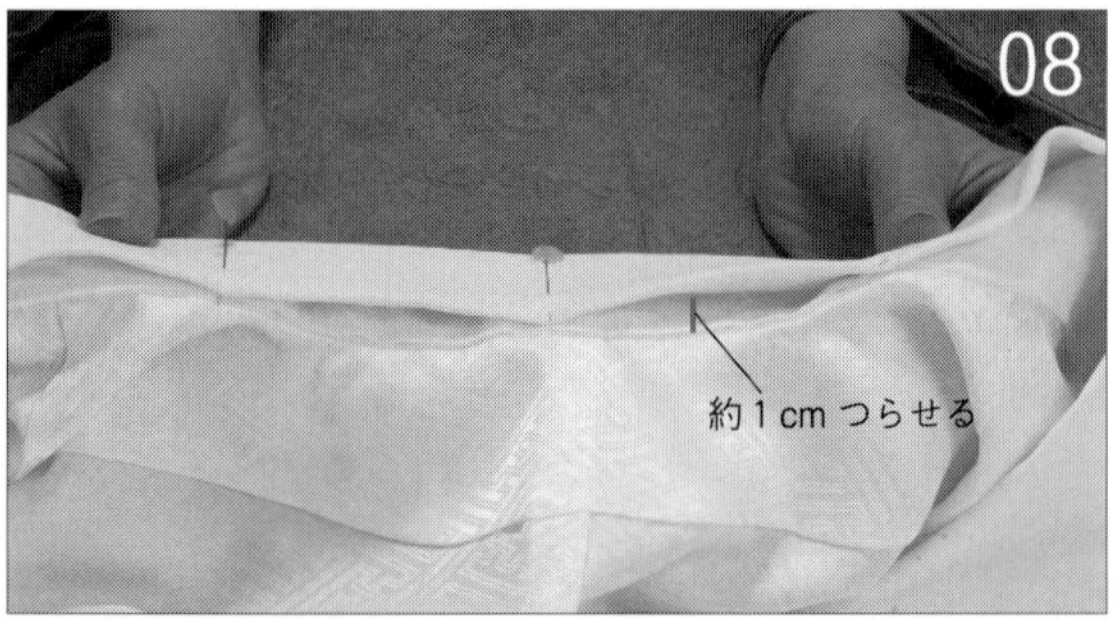

内側にカーブをつけるため、半衿をややつらせ気味にして、綴じつける。

09

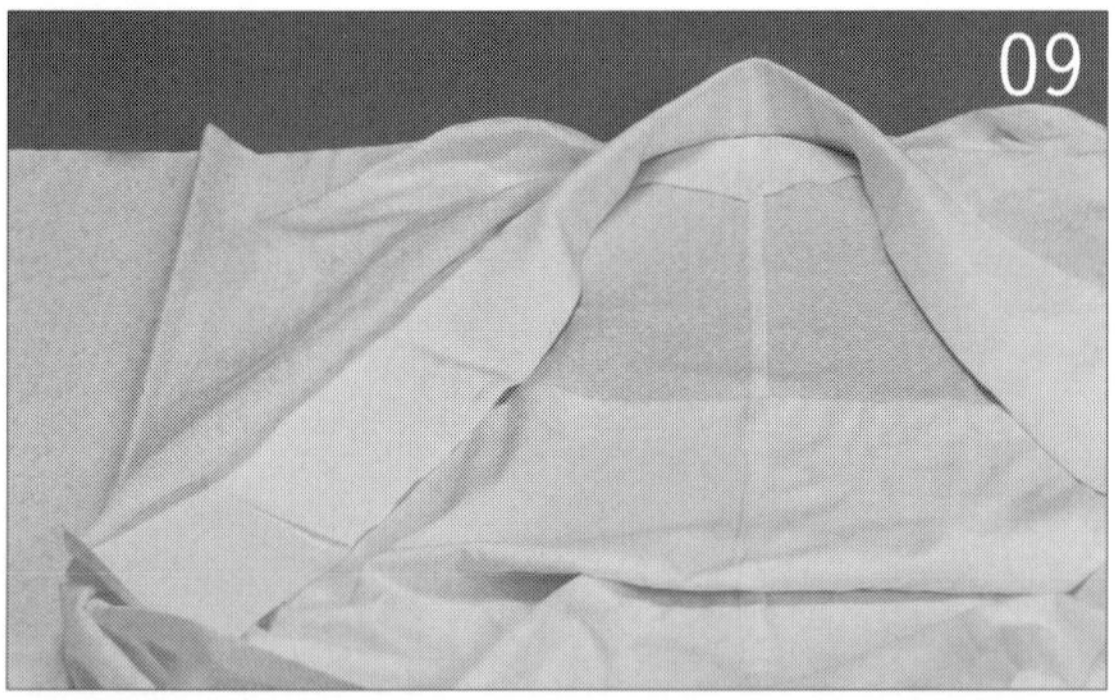

三つ衿の所の半衿をつらせ気味に綴じつけると、後ろの衿がきれいなカーブを描く。

衿芯を入れ、半衿を整える

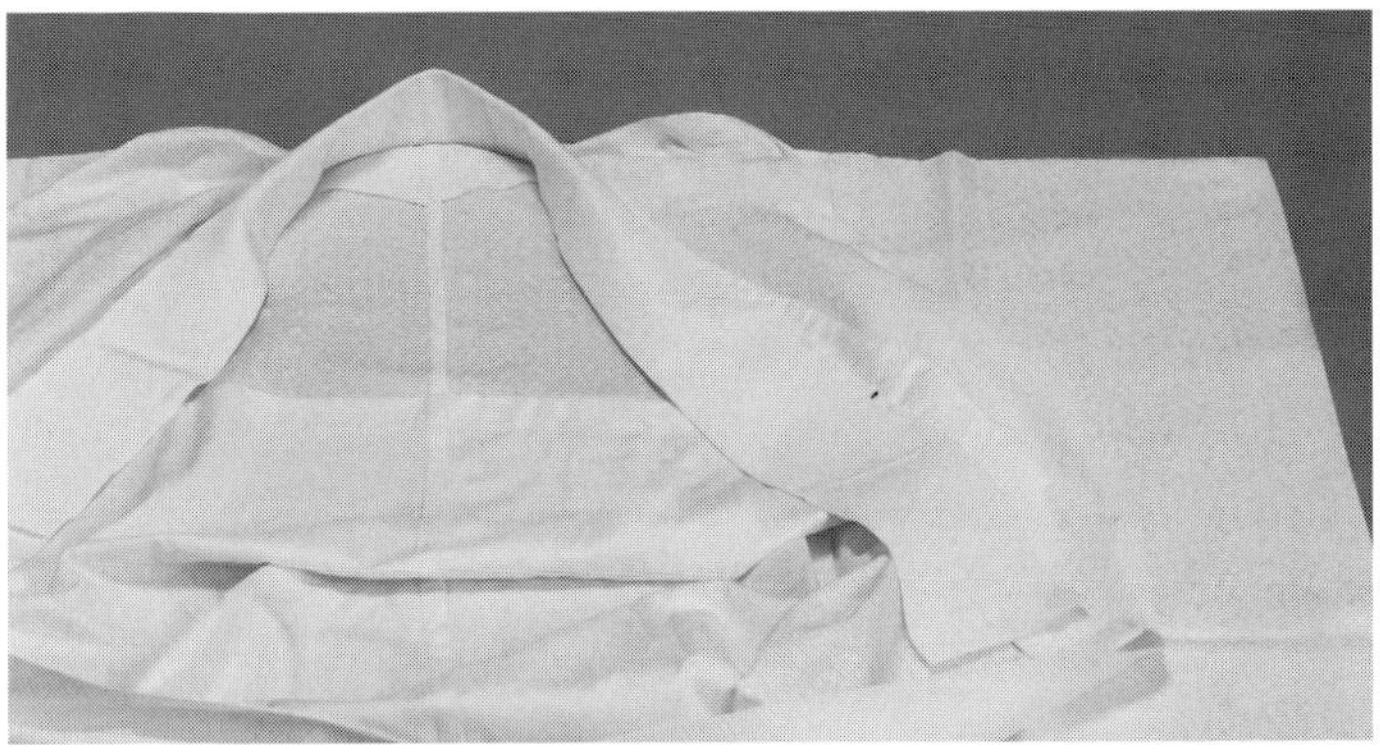

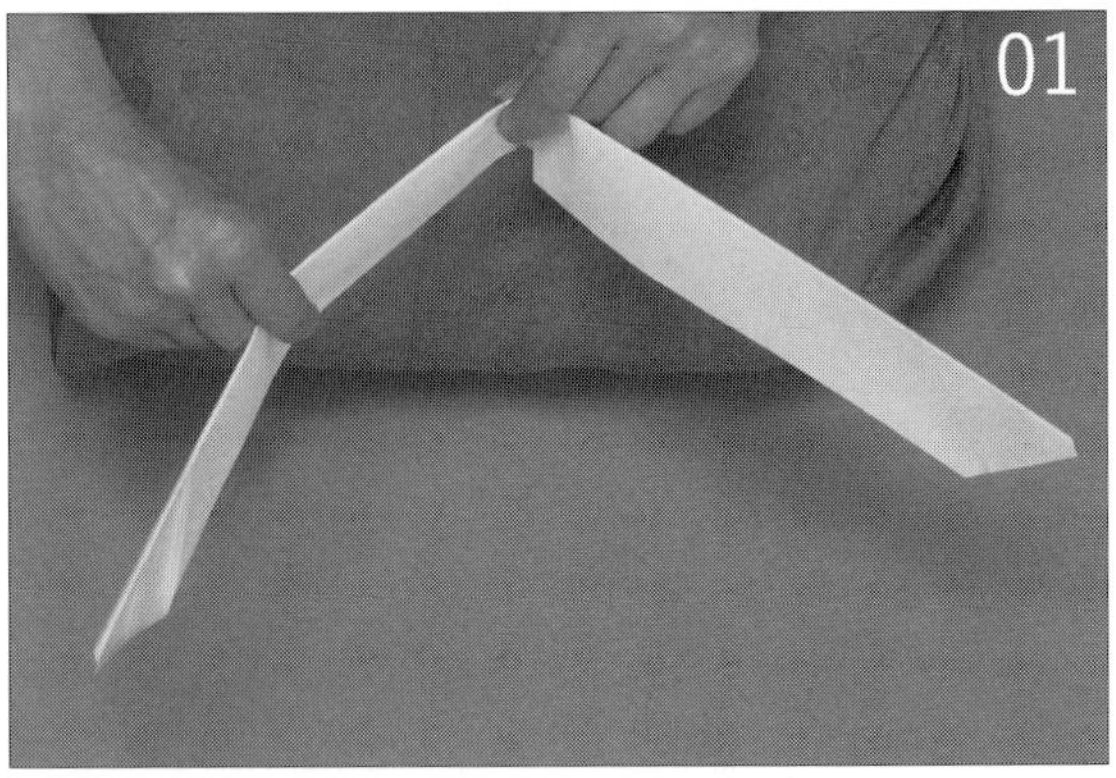

衿芯（後ろ衿部分）の中心を左手で持ち、右手で中心から衿先に向かってしごく。

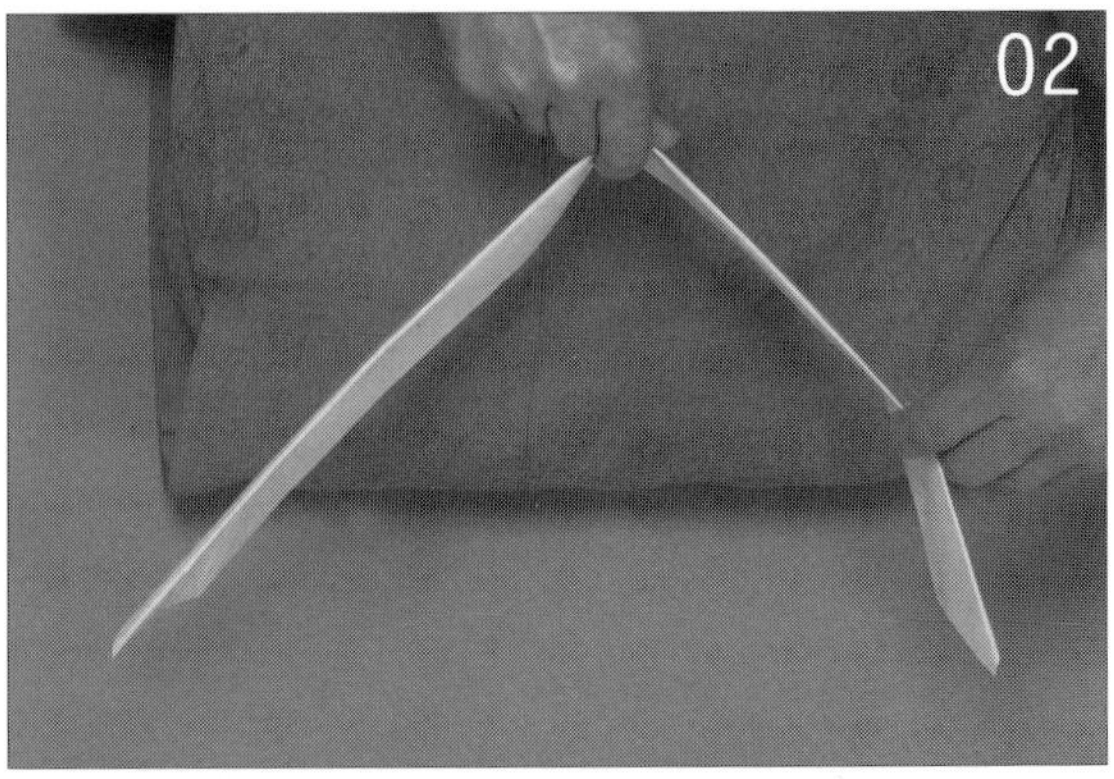

反対側も同様にしごいてなじませておく。

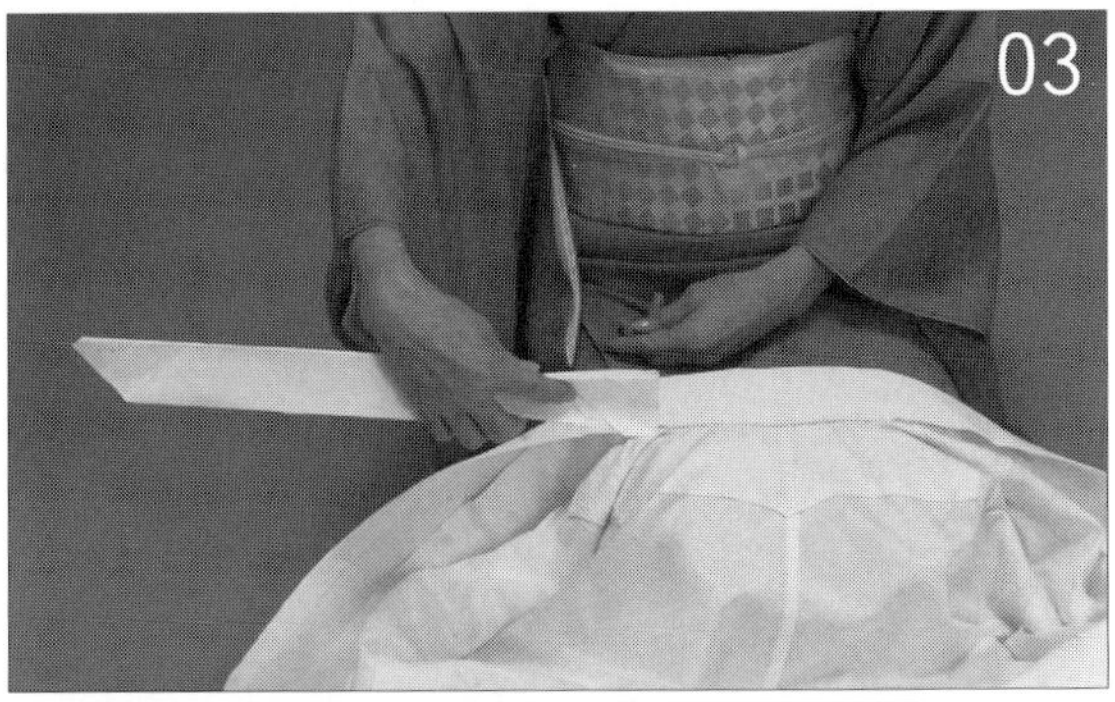

半衿内側に衿芯（後ろ衿部分）を入れる。衿芯の先を一折りし、さらに幅も半分に折ると入れやすい。

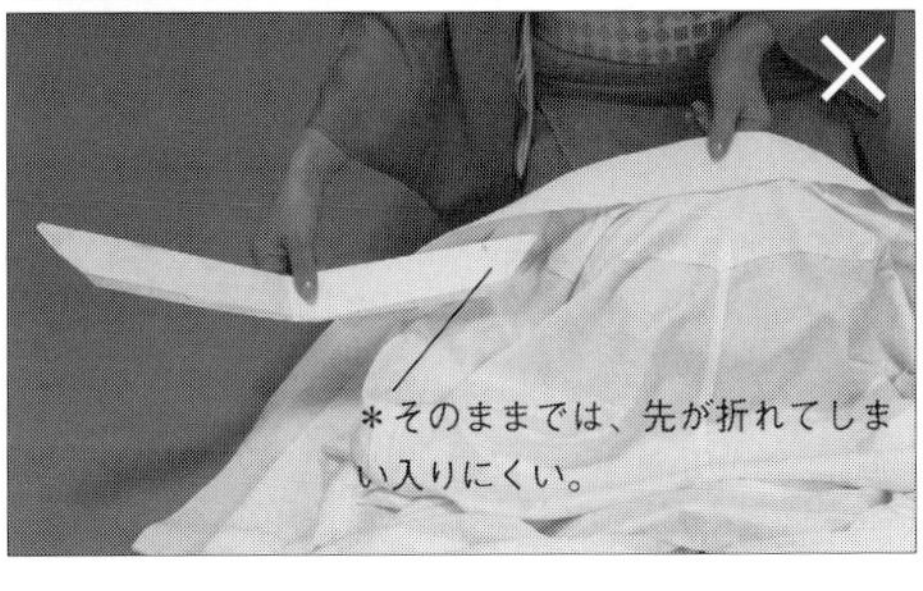

衿芯３枚は、このように組み合わせて使用する。
＊衿芯中心の2/3カットした所が、後ろ衿・中心下部にくる。
＊３枚の折り山（衿山）を揃えること。

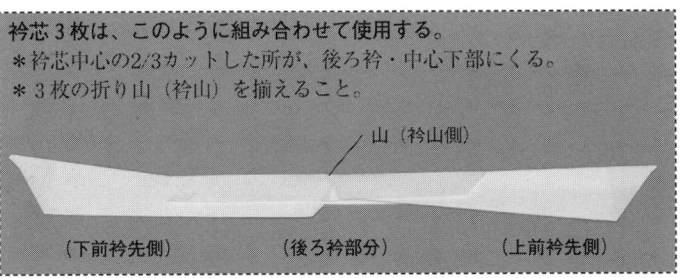

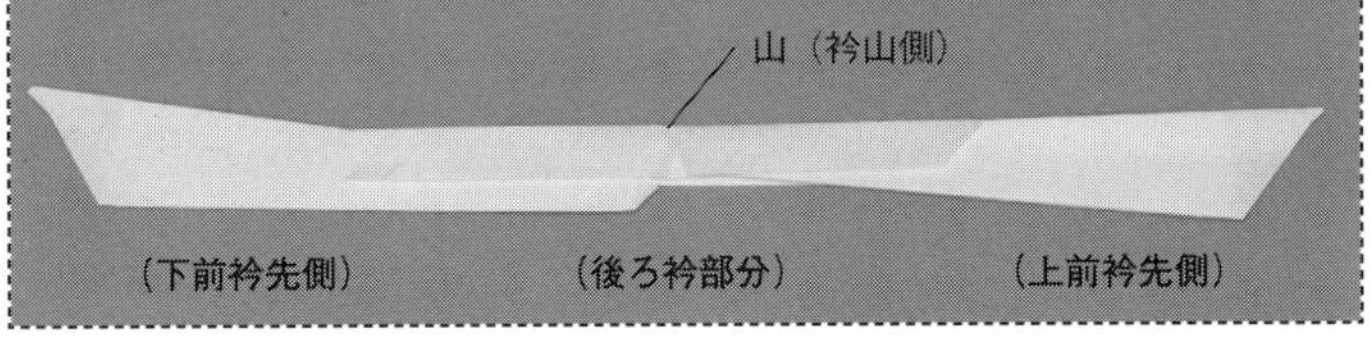

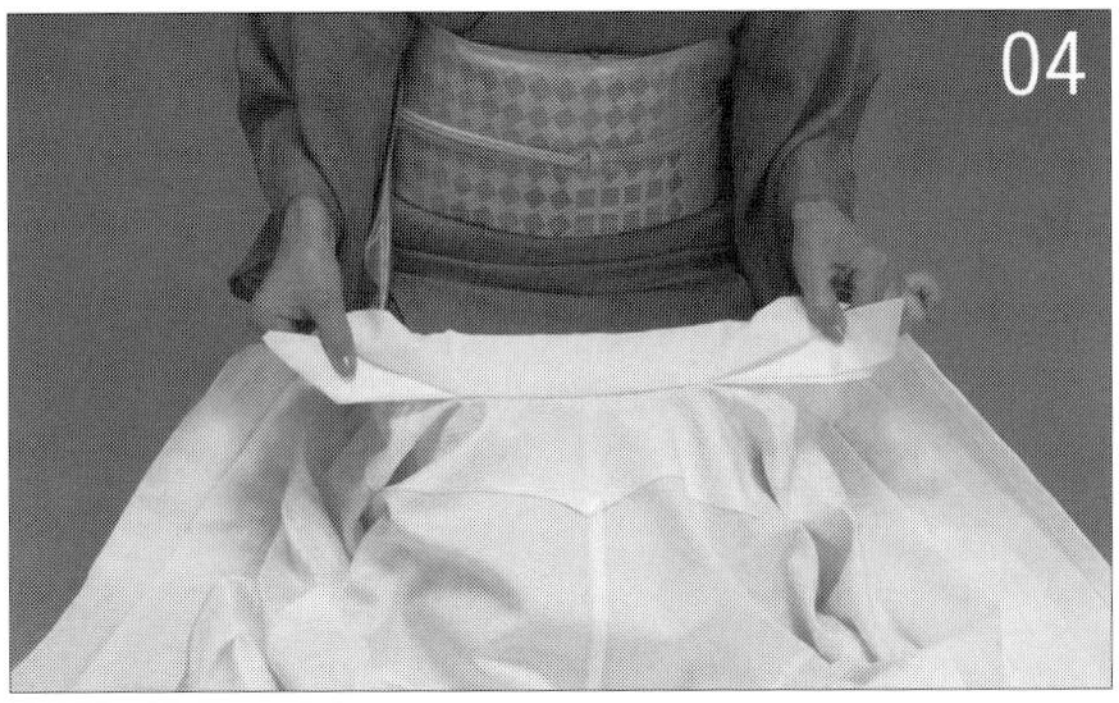

衿芯の先を背中心まで通したら、先を引き出して、左右を引き合い、衿芯の中心を背中心に正しくおさめる。

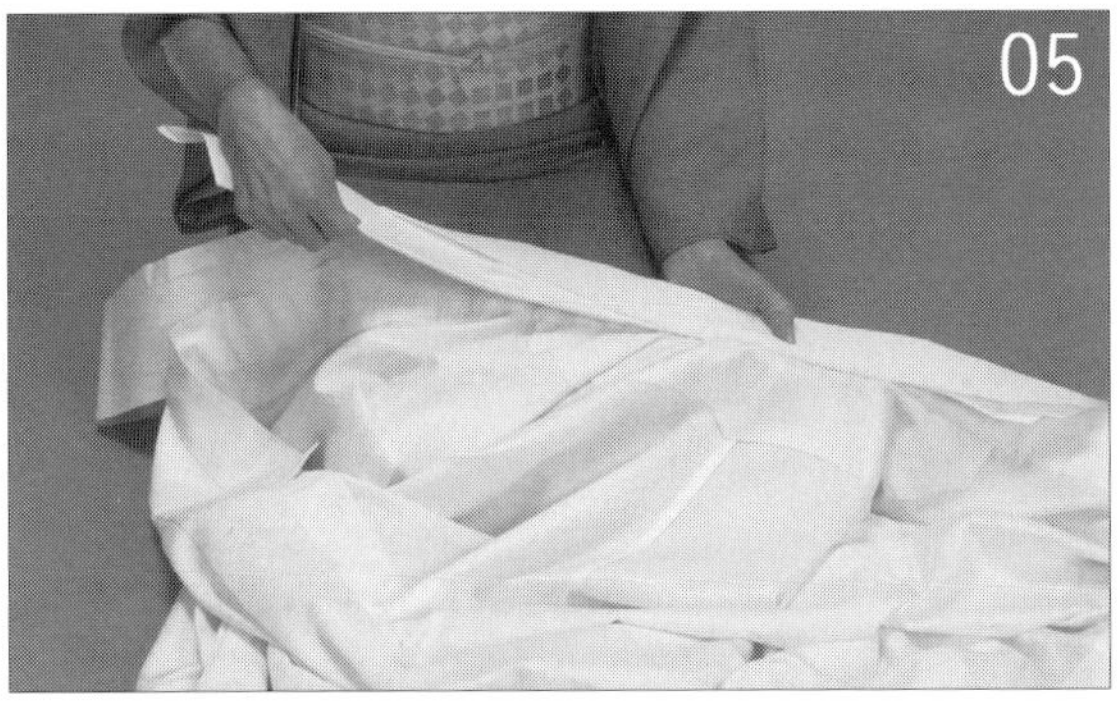

左右に、衿先側の衿芯を差し込み、折り山（衿山側）を揃える。

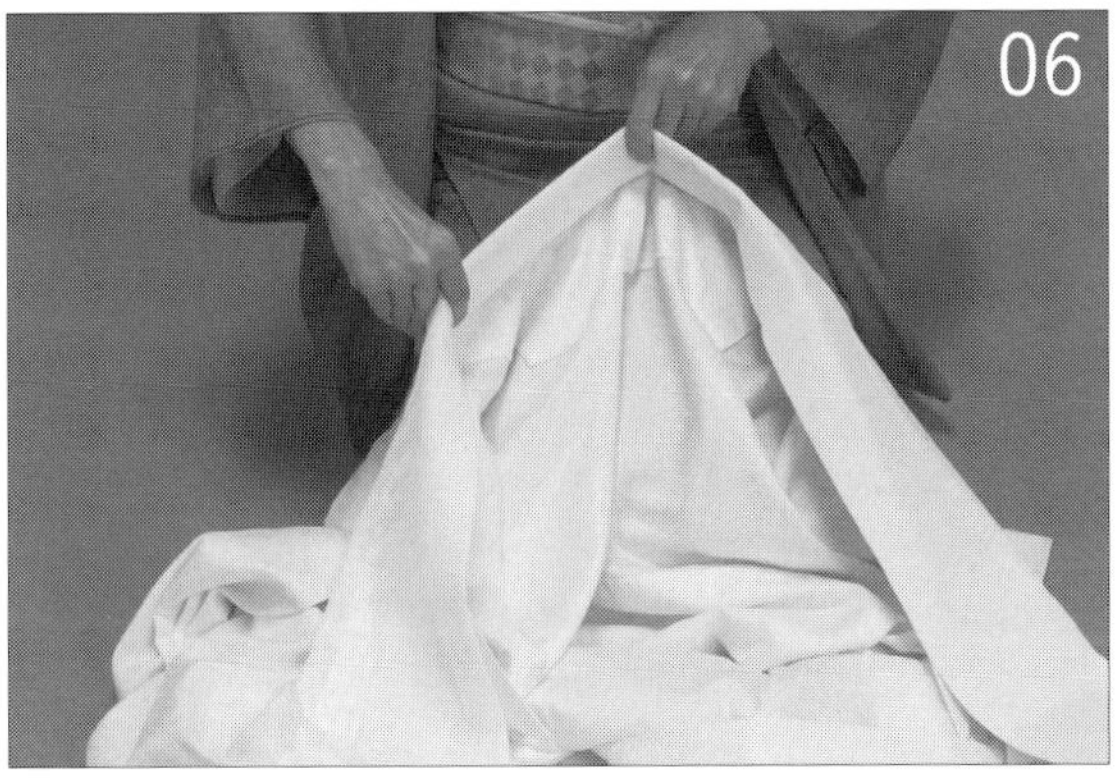

後ろ衿の中心を持って、中心から衿先に向かって半衿をしごき、衿芯を長襦袢の衿になじませる。

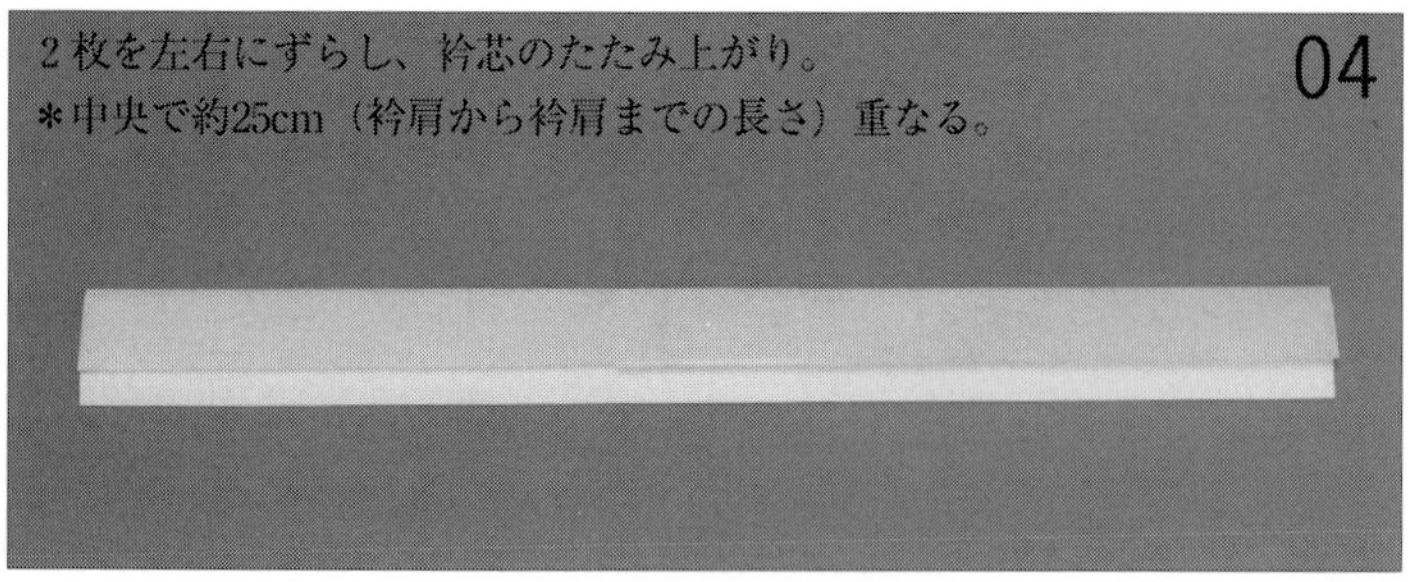

2枚を左右にずらし、衿芯のたたみ上がり。
＊中央で約25cm（衿肩から衿肩までの長さ）重なる。

衿芯のたたみ方2
（薄めの衿芯の作り方）

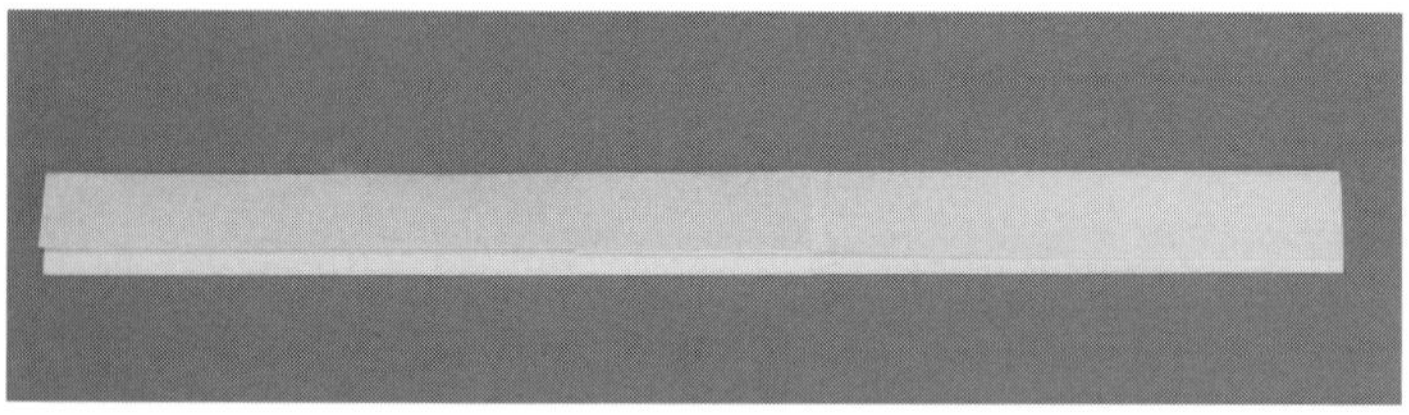

●奉書紙1枚（半紙の倍の大きさのもの）必要。
○奉書紙1枚を半幅に折り、折り山でカットして2枚にし、その2枚を重ね、たたんでいく。たたみ方1と同様に、たたみ上がりが掛下の衿幅（約5.5cm幅／5.8cmより狭く）になるようにたたんでいく。最後に2枚を左右にずらして、衿肩から衿肩までの長さ（約25cm位）を重ねる。

奉書紙1枚を半幅に折り、折り山でカットして2枚にし、

2枚を重ねて、約5.5cm幅で折り上げ、

さらにもう1つ折り上げて、中央が約25cm重なるように左右にずらす。

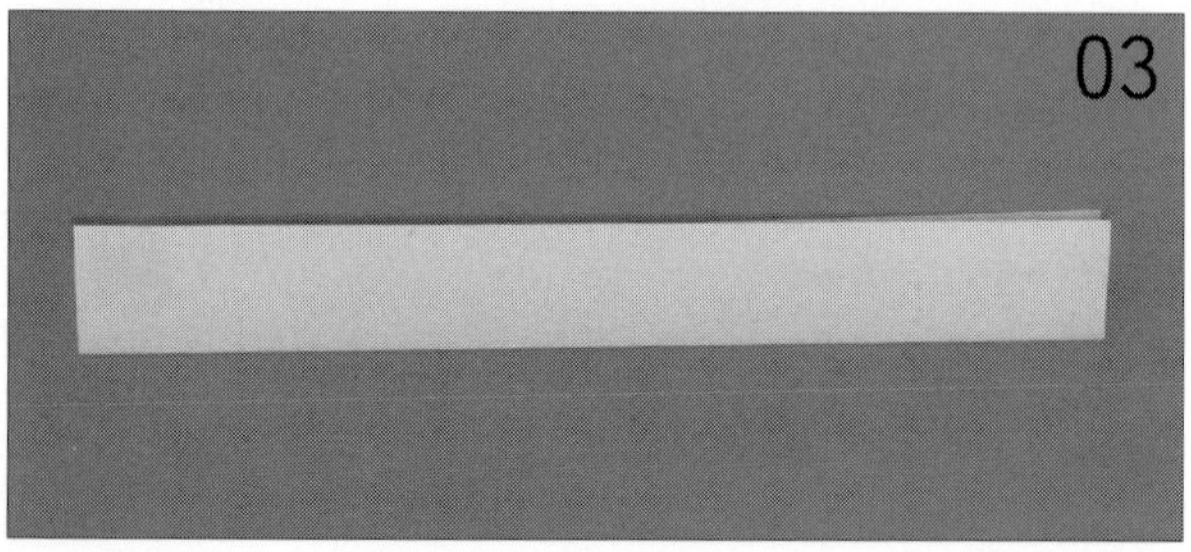

B 掛下の準備

掛下は比翼仕立てになっているので、比翼、掛下の衿をそれぞれ内側に折り返して、三つ衿の所を綴じておきます。

衿芯は、比翼の衿の中に入れ、掛下の衿と厚みを揃えます。比翼の衿の厚さに応じて、厚めの衿芯、薄めの衿芯を使い分けるとよいでしょう。比翼と掛下の生地の素材・厚さに違いがない場合は、衿芯を入れないこともあります。

衿芯のたたみ方1
（やや厚めの衿芯の作り方）

●奉書紙2枚必要。
○奉書紙2枚を重ね、たたみ上がりが掛下の衿幅（約5.5cm幅／5.8cmより狭く）になるようにたたんでいく。最後に2枚を左右にずらして、衿肩から衿肩までの長さ（約25cm位）を重ねる。

奉書紙2枚を重ねて2/5（約11cm）を折り上げ、

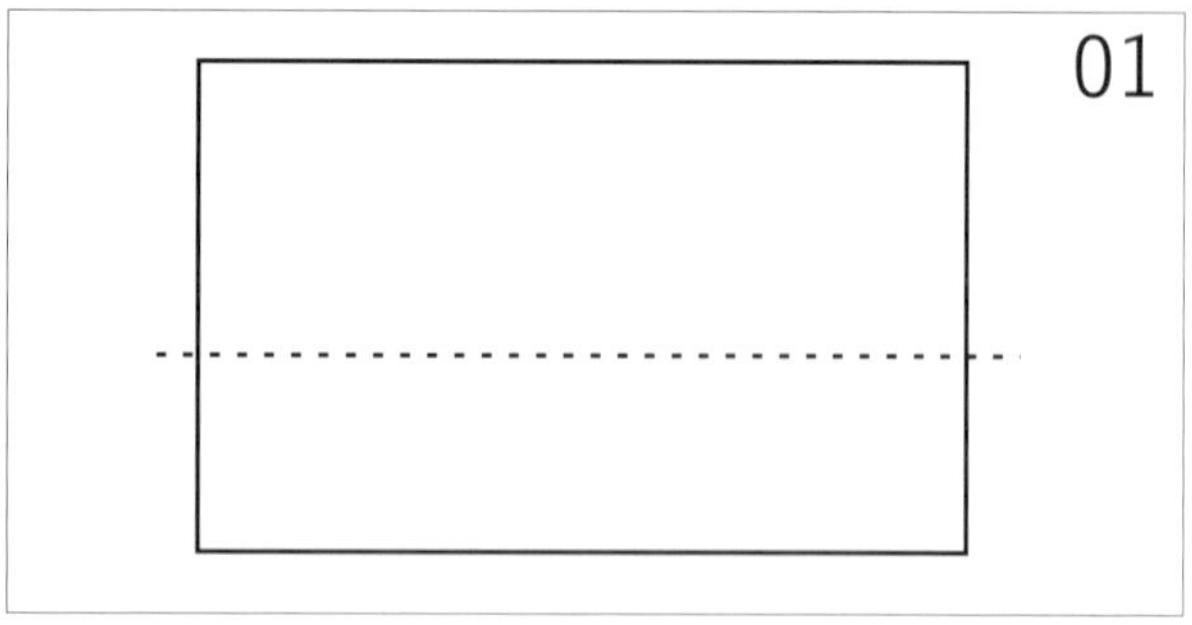

さらにもう1つ折り上げる（約5.5cm）。

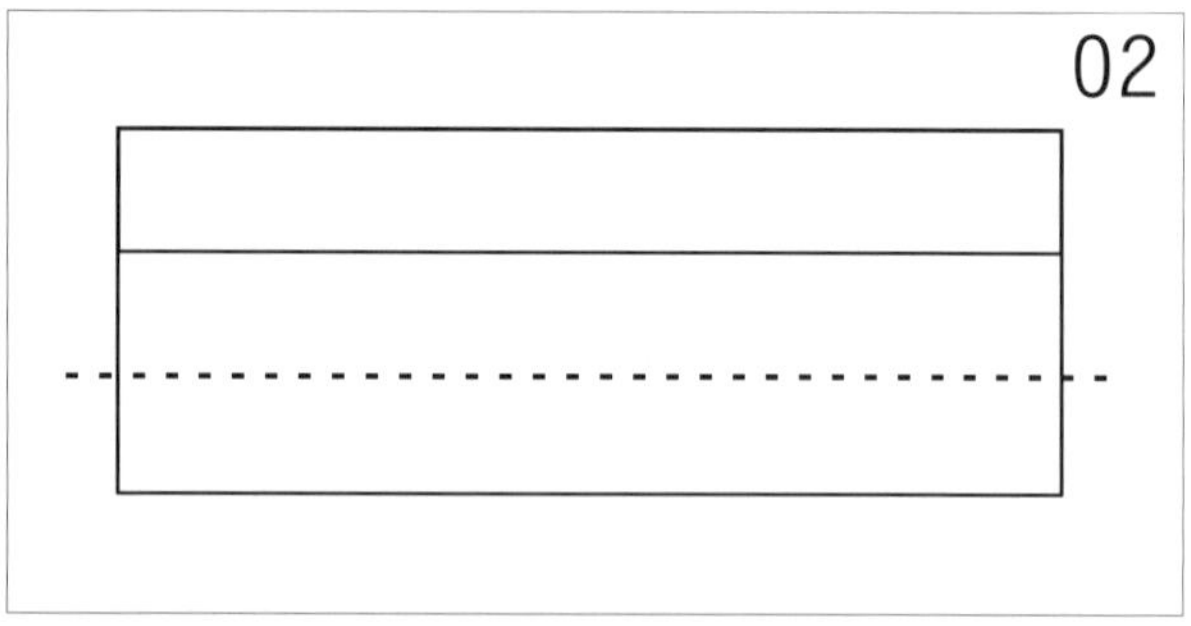

残りを折りたたむ。手前の折り山が、掛下の衿山にくる。

○比翼、掛下とも、衿幅を5.8cm幅に決め、三つ衿の所をくけておきます。比翼の衿幅を掛下の衿幅より広くとる必要はありません。着付ける時に、自然と中の比翼の衿が出てきます。

掛下の衿の綴じ方

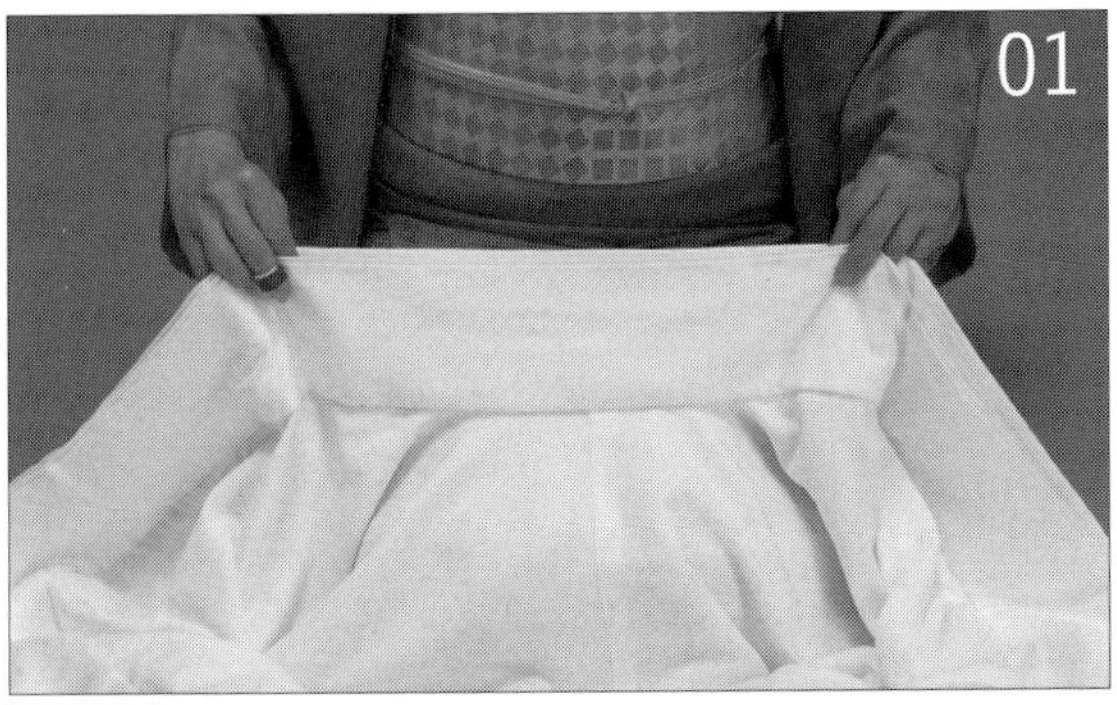

掛下は、掛下の衿の裏側にもう1枚、比翼の衿がついている。先ず、比翼の衿から綴じていく。

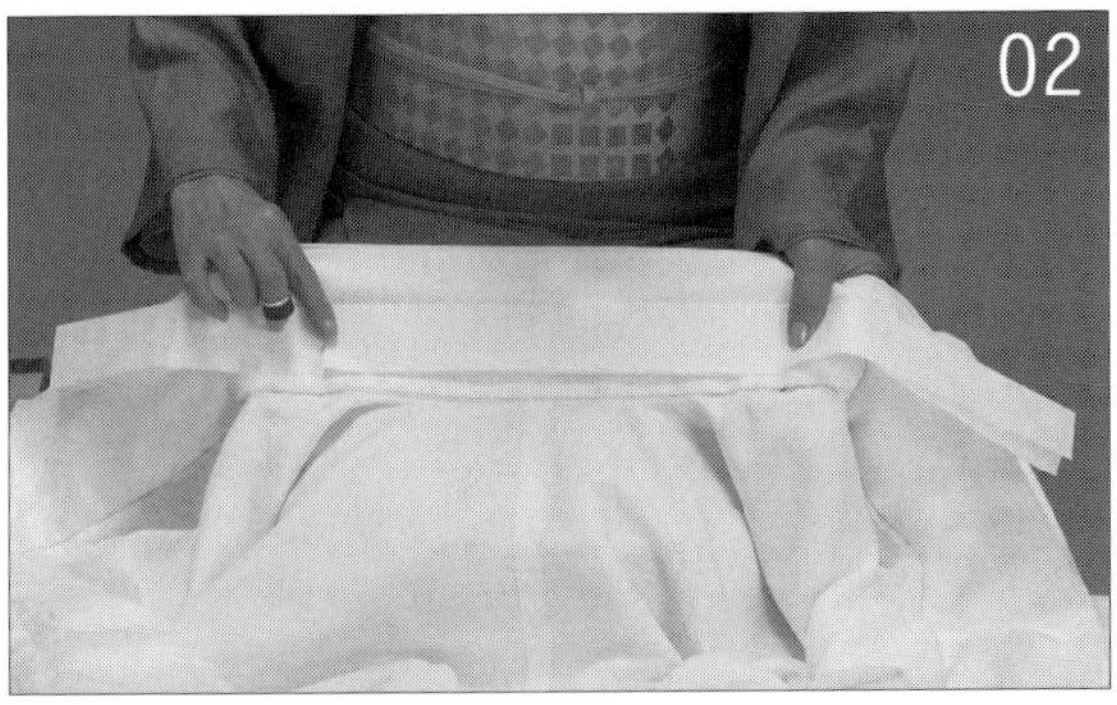

比翼の衿が薄い場合は中に衿芯を入れて（中心を背中心に合わせること）、衿幅を約5.8cmに決め、端を内側に折り返し、

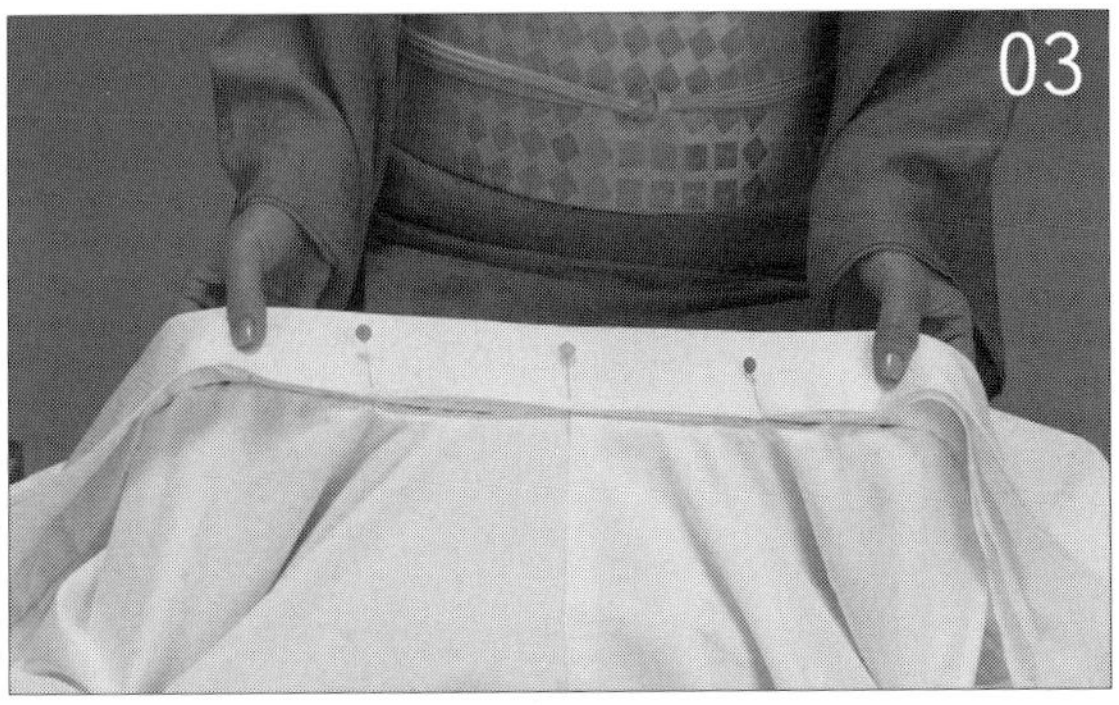

背中心と左右の衿肩をマチ針で止め、

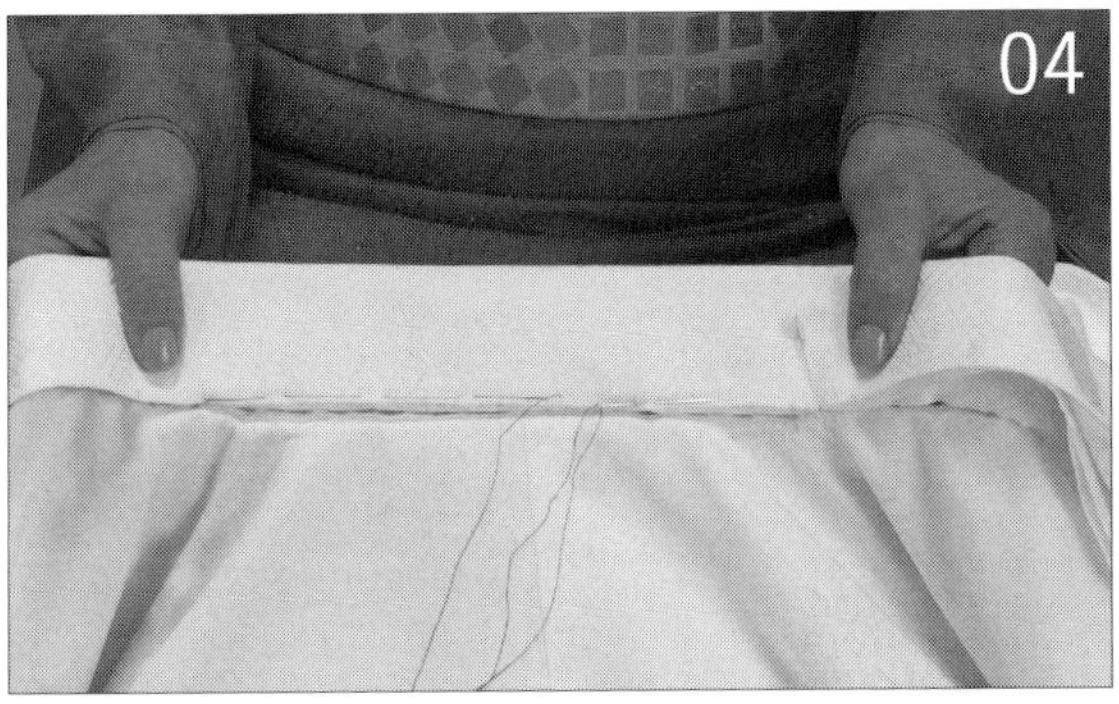

衿肩から衿肩までを粗く（縫い目・約2cm）くけていく。
＊分かりやすいよう色糸で綴じているが実際は白糸で綴じる。

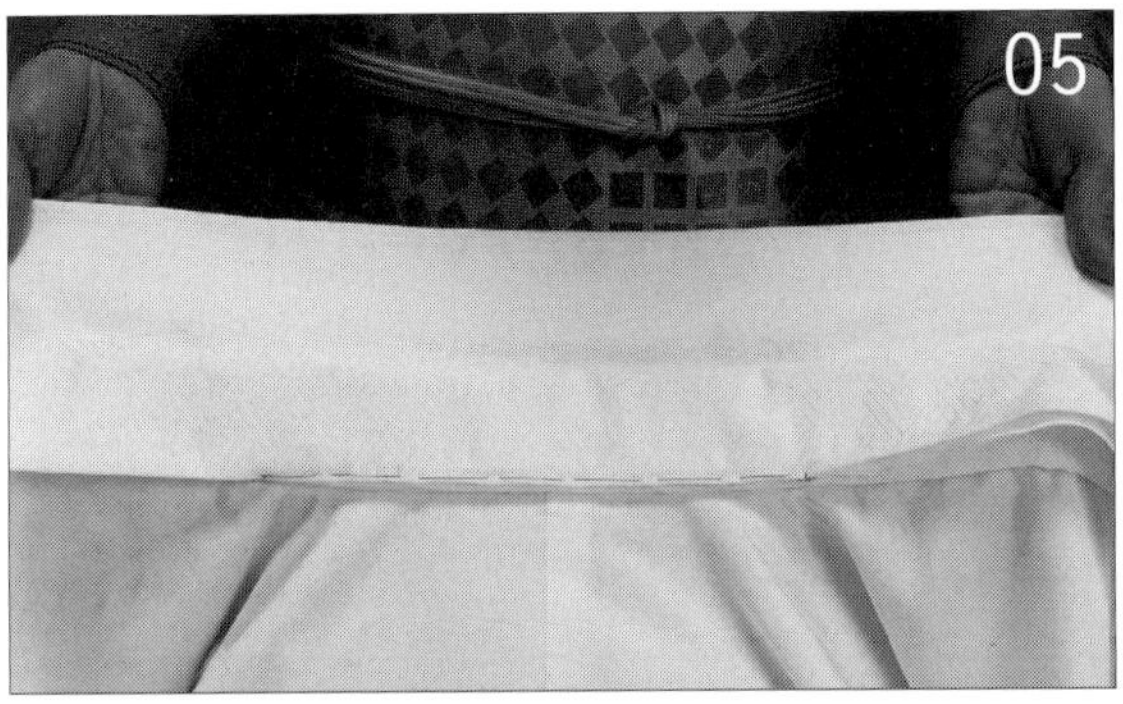

比翼の衿の綴じ終わり。

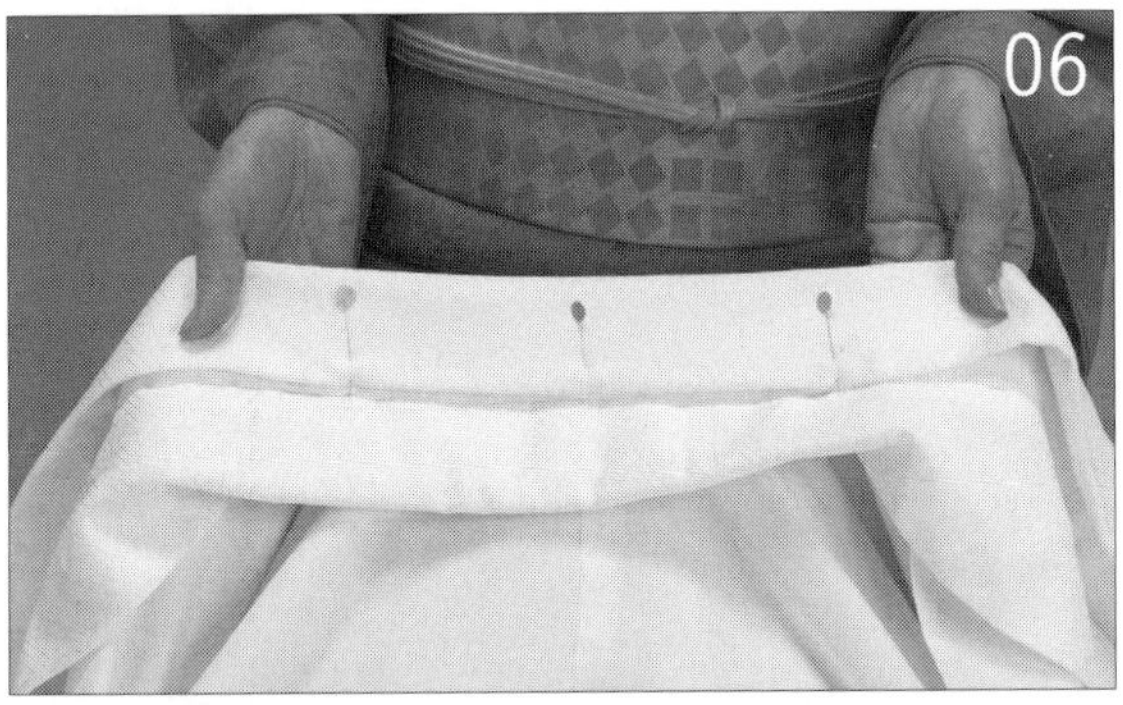

掛下の衿も同様に、衿幅を約5.8cmに決め、端を内側に折り返して、背中心と左右の衿肩をマチ針で止める。

比翼、掛下の衿幅は同じでよい（約5.8cm）。着付けた時に中の比翼の衿が出て、ちょうど良いバランスにおさまる。

掛下の衿も、比翼の衿と同様に綴じつける。

背中心で、掛下と比翼の衿の間に人さし指を入れて持ち、2枚の衿を整える。反対側も同様にする。

C 打掛の準備

打掛の衿も広衿になっているので、衿幅を決めて、粗くくけておきます。

打掛の衿の綴じ方

○衿幅の目安は、三つ衿の所（衿肩から衿肩まで）が約6.4cm、共衿で端1/3、衿先で端1/4（細身の方は端1/3）です。

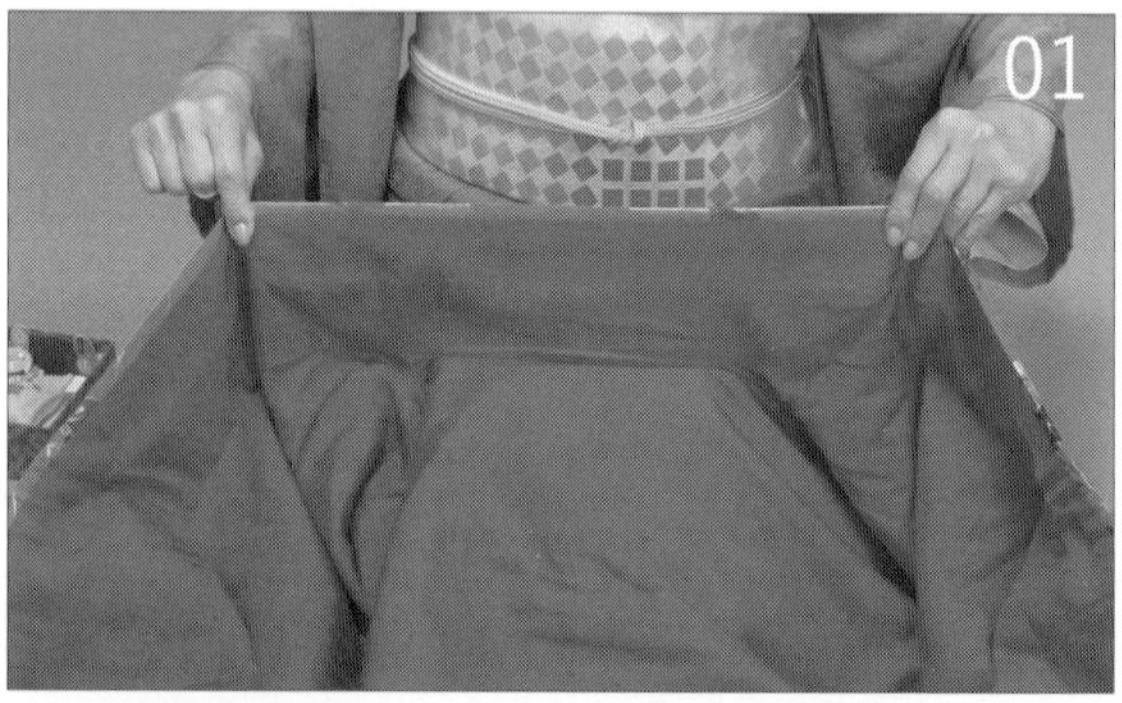

打掛の衿は、このように広幅に仕立てられている。

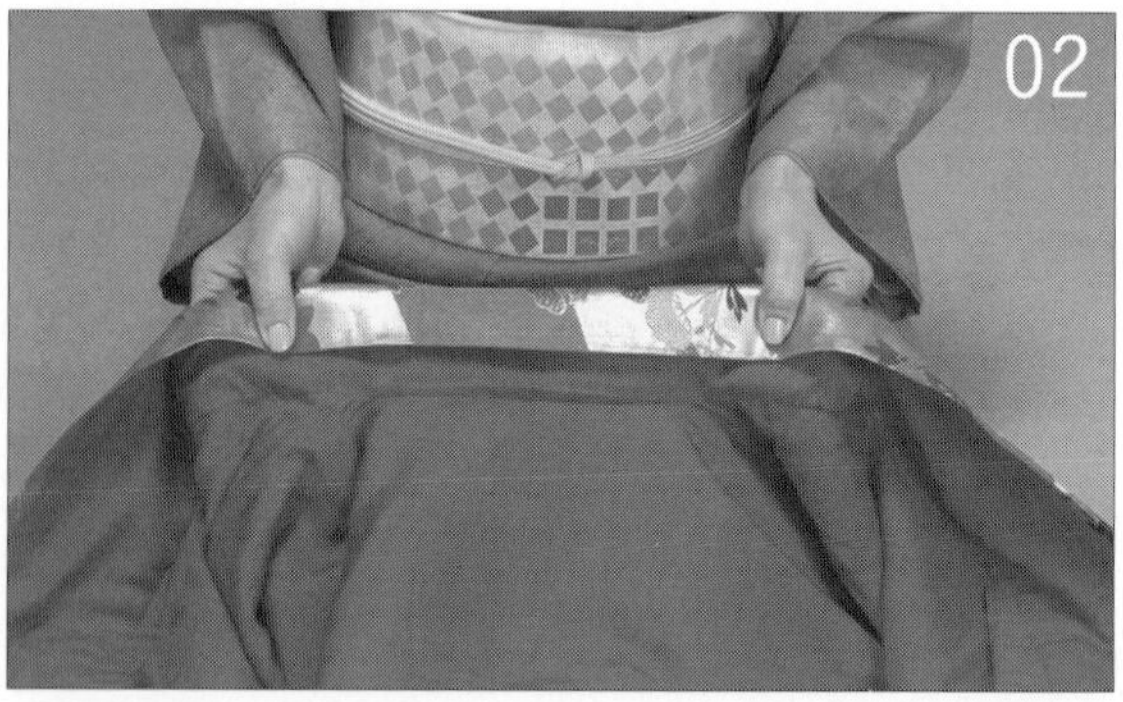

背中心で、衿幅を約6.4cmに決め、端を内側に折り返してマチ針で止め、

左右の衿肩の所も同じ幅で折り返してマチ針で止める。

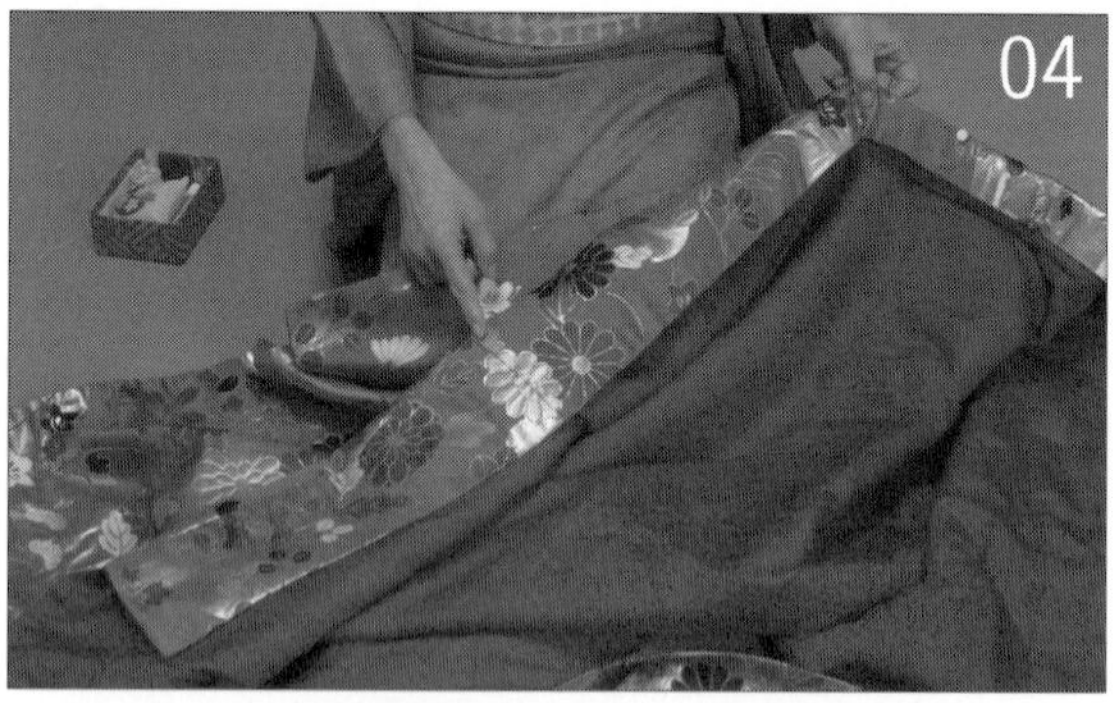

共衿の所で、端を1/3、内側に折り返す。

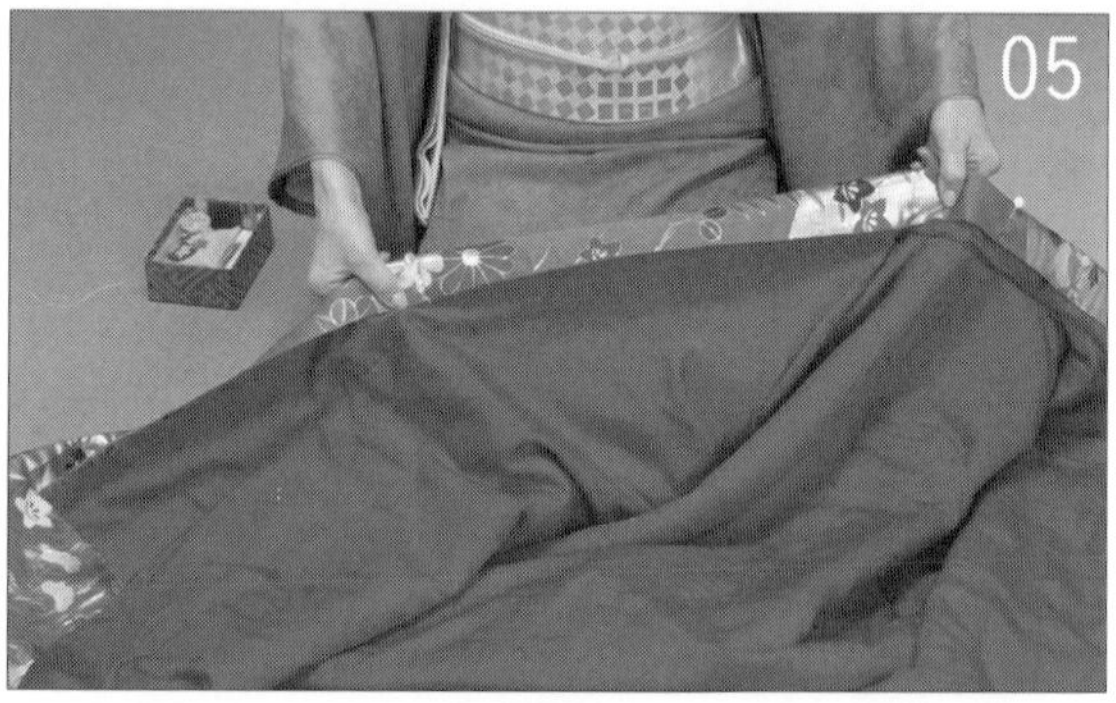

衿肩と共衿の間を折り返して、マチ針で止め、

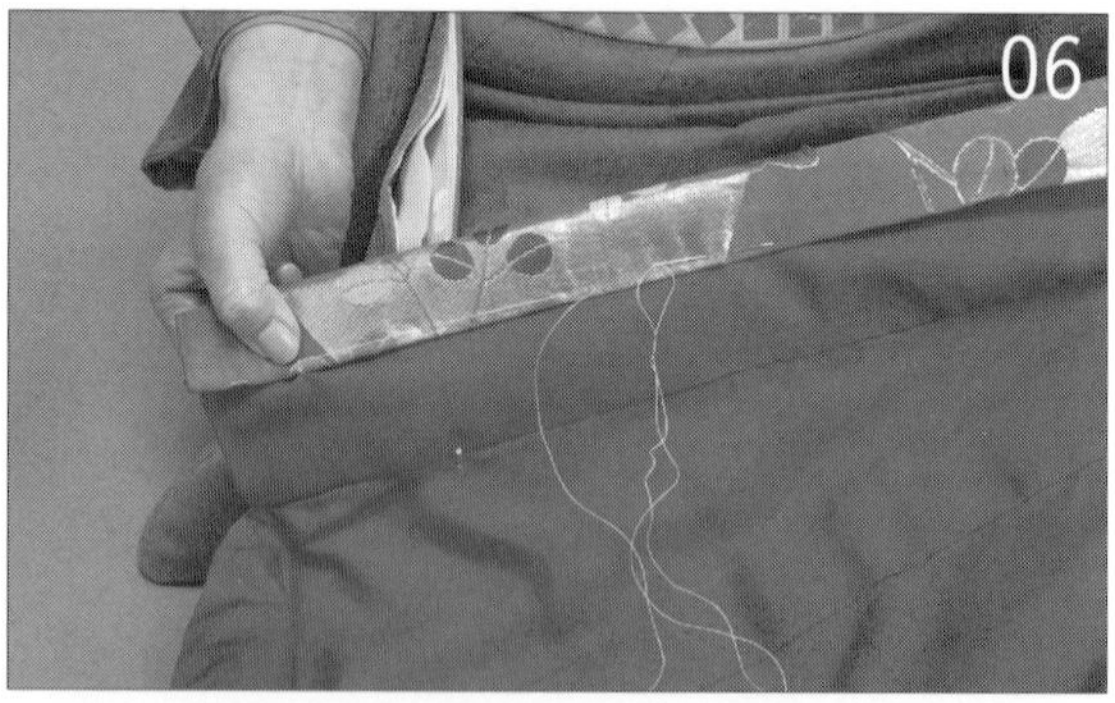

衿先は、標準で端を1/4、細身の方は1/3折り返す。衿先から少し上がった所から縫い始め、5cm位の縫い目で、もう片方までくけていく。

打掛の衿の綴じ終わり。

STEP 3) 着せる前の帯のたたみ方

掛下帯のたたみ方

●胴に廻した時に、縫い目が上、ワが下にくるようたたみます。
●テ先を右、縫い目を上、ワを下に床に置き、屏風だたみに、たたんでいきます。

01
テ先を右、縫い目を上、ワを下に置き、手前の帯幅1/3程を折り上げ、さらに上部の帯幅1/3程を折り下げて、テ先・約80cmの所まで、帯幅を３つ折りにする。

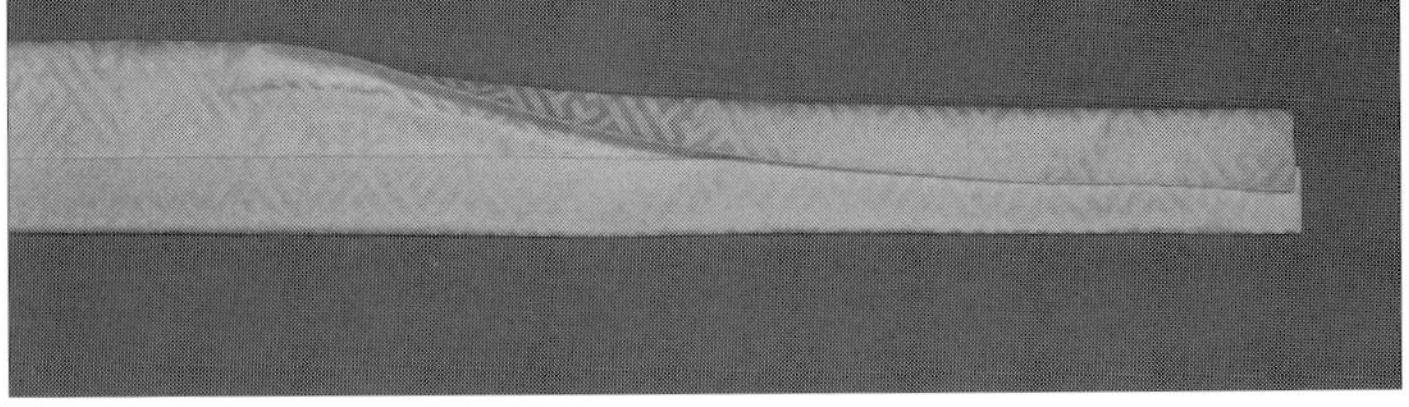

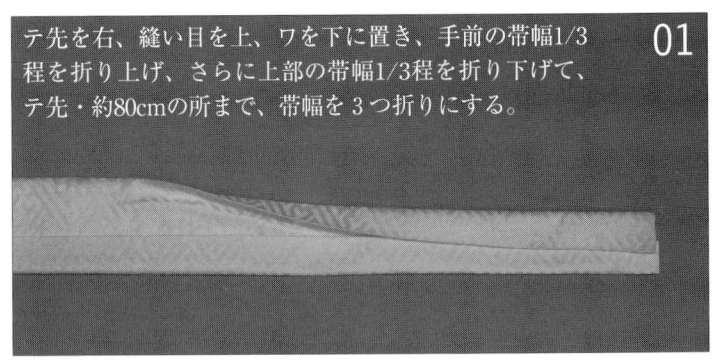

02
胴に巻く部分につながる所は、上部を自然に斜めに開いて、帯幅を約20cmにする。
３つ折りにしたテ先を、

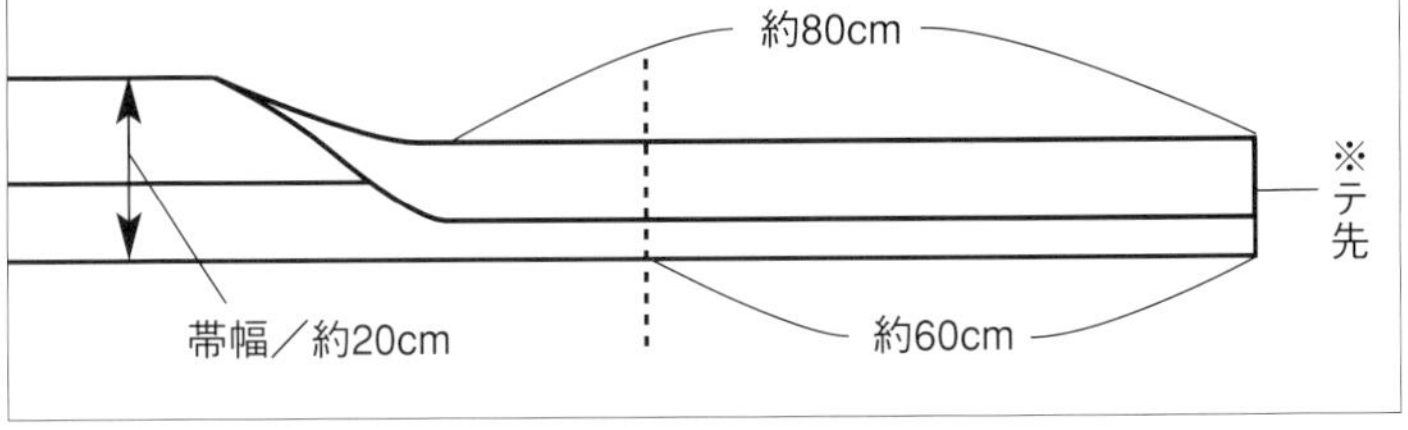

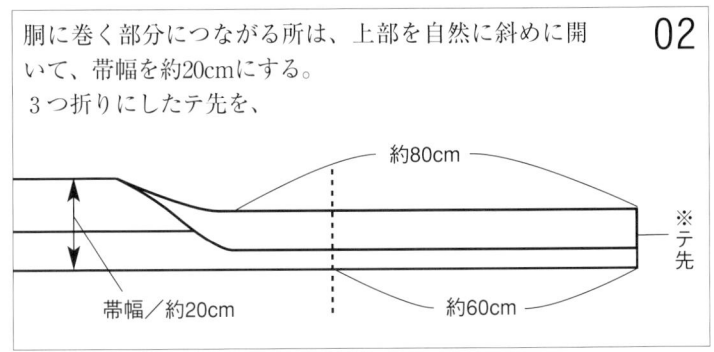

03
約60cmの所で、左に折り返す。

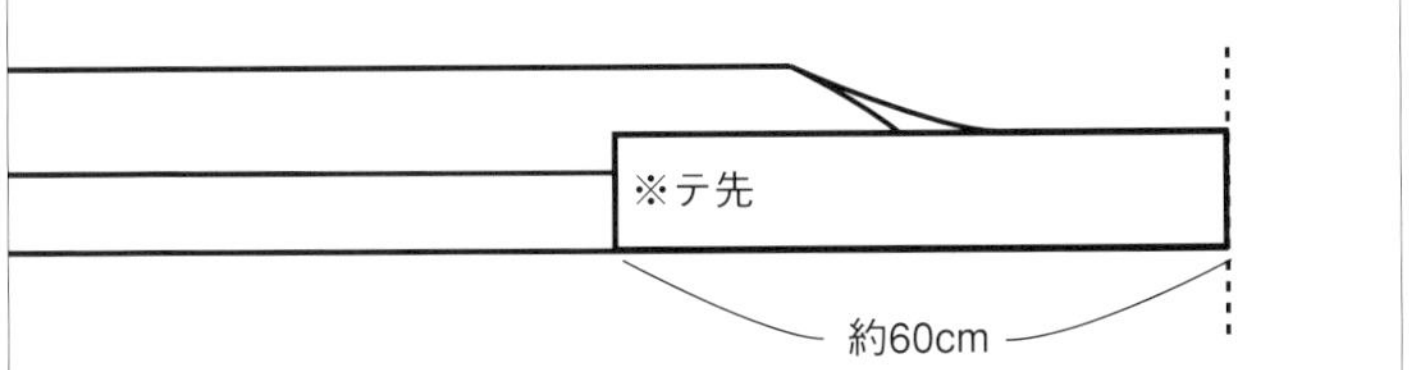

04
続いて胴に巻く部分を、折り返したテ先の長さに合わせて、帯の下に屏風だたみにたたんでいき、

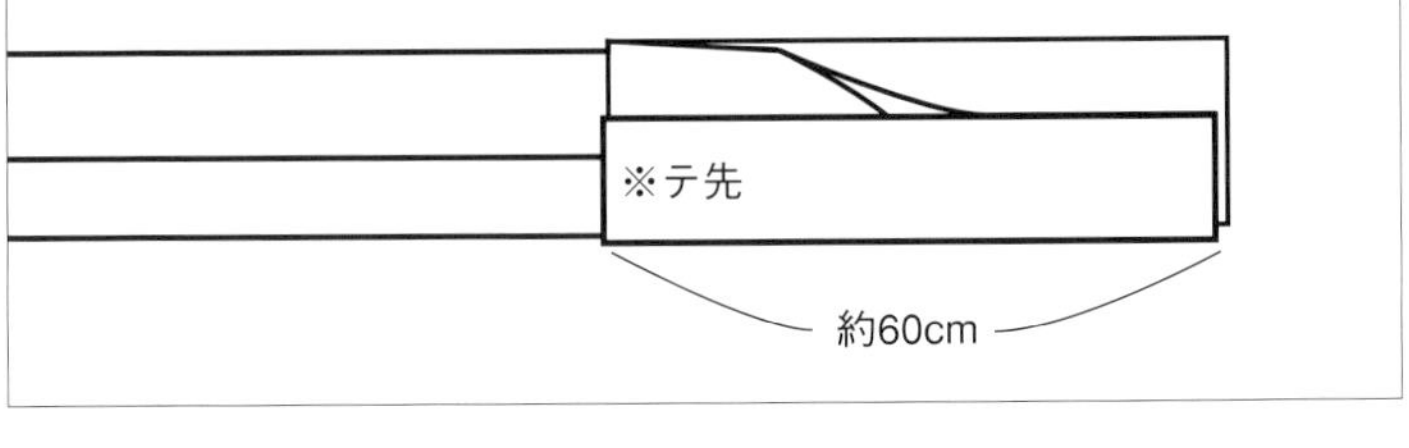

05
残り二枚の所で、手前を斜めに折り、帯を帯幅をいっぱいに広げて、

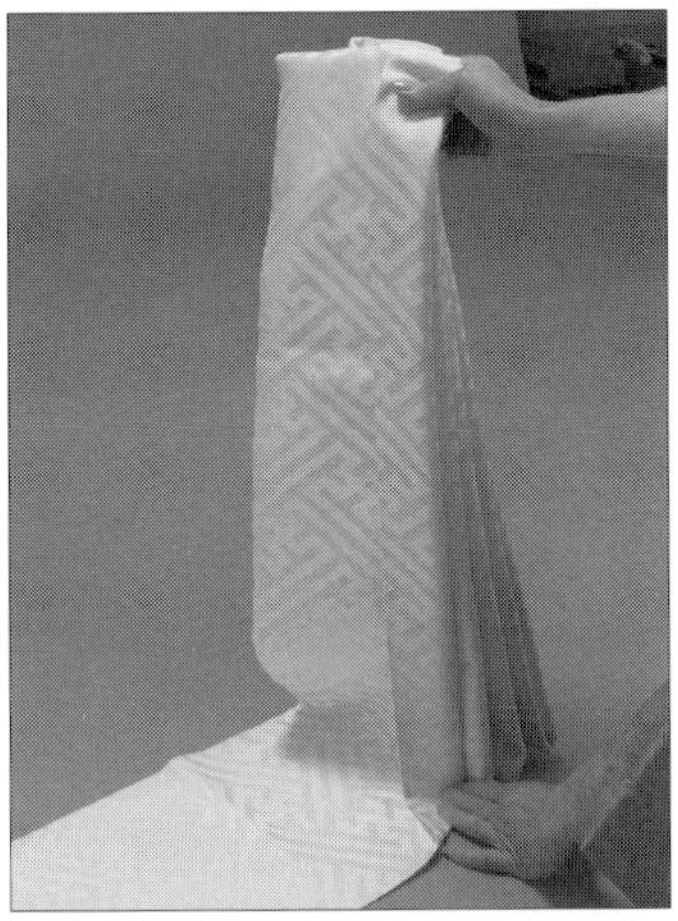

06
たたんだ帯の下にたたみ、残りのタレ先を、

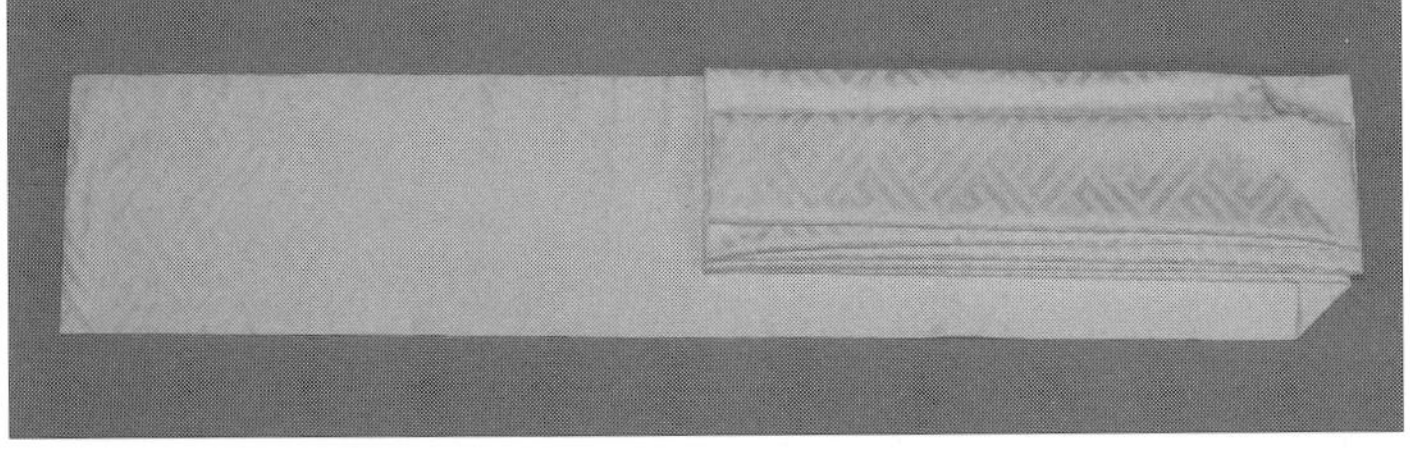

07
裏側に折り返す。屏風だたみの左右の折り山を揃え、掛下帯のたたみ上がり。

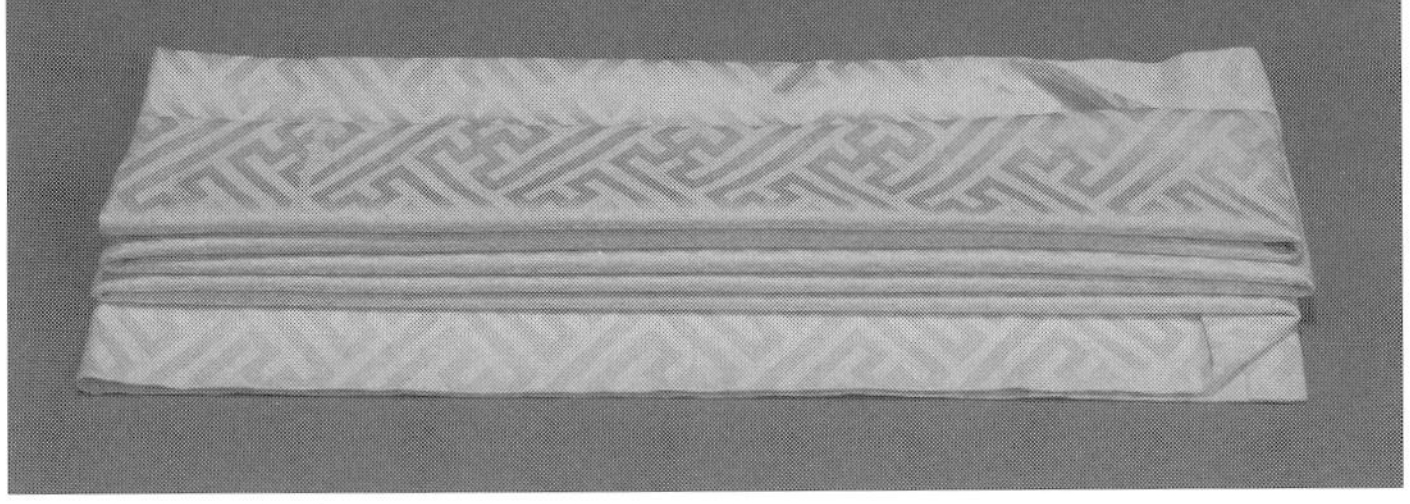

丸帯のたたみ方

●胴に廻した時に、縫い目が上、ワが下にくるようたたみます。
●基本的に掛下帯と同様の手順で、たたんでいきます。
●柄に向きのある丸帯で立て矢や文庫を結ぶ場合は、柄が正しく上を向くように、本来、垂れとして用いる方をテにとり、たたみます。

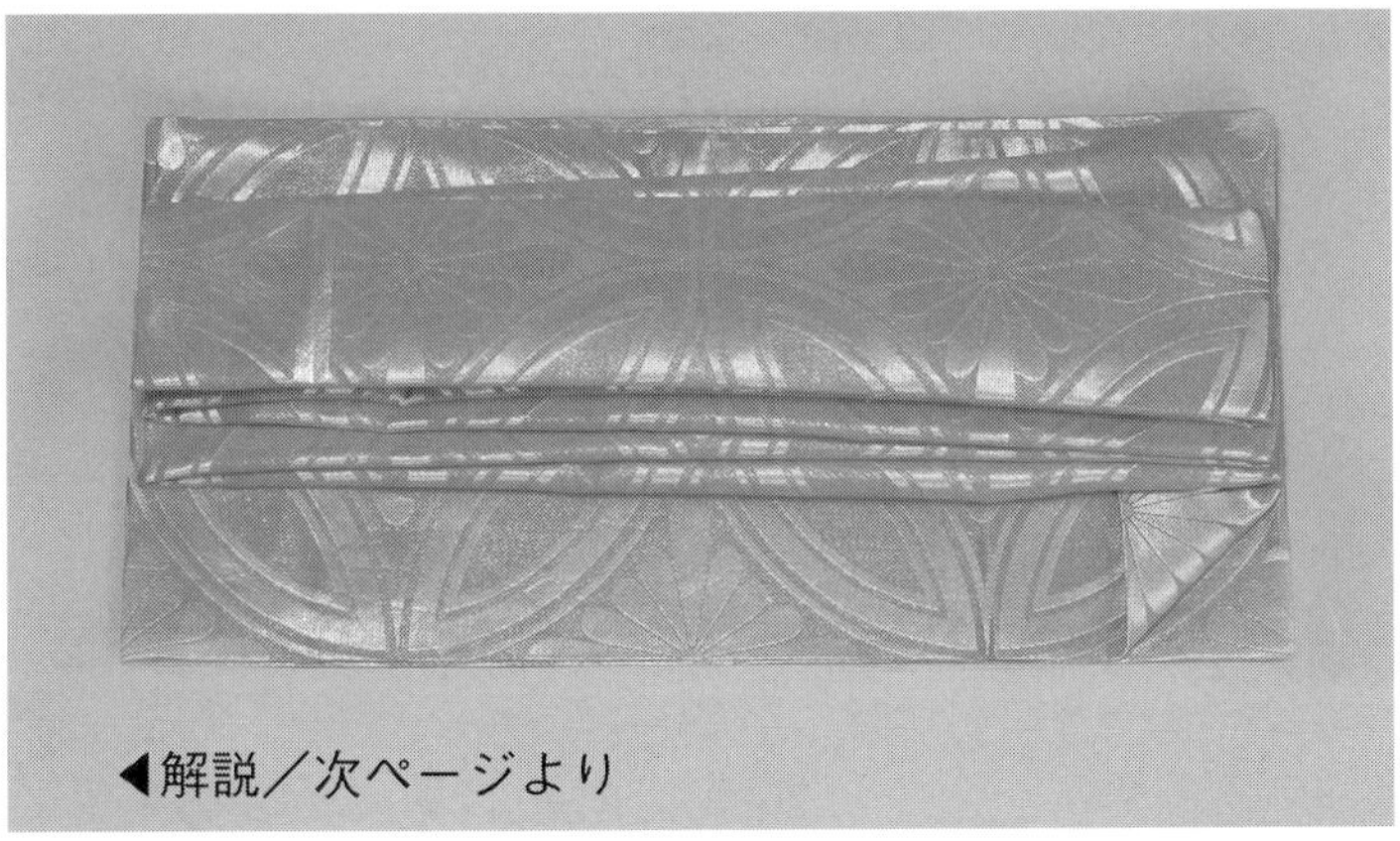

◀解説／次ページより

丸帯のたたみ方

テ先から約120cm位の所まで、帯幅を３つ折りにし、

01

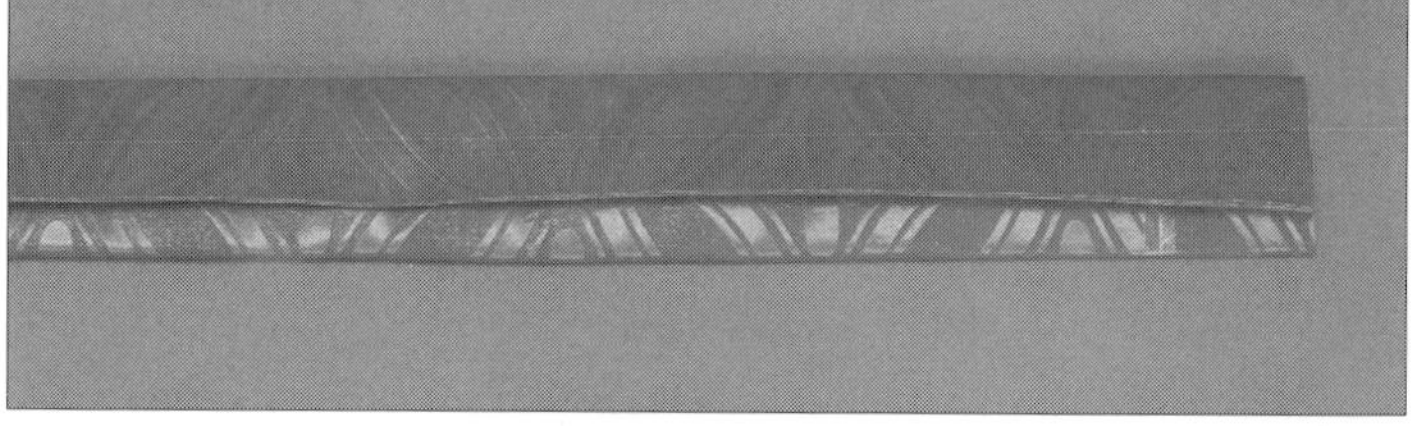

テ先・約60cmの所で、左に折り返す。

02

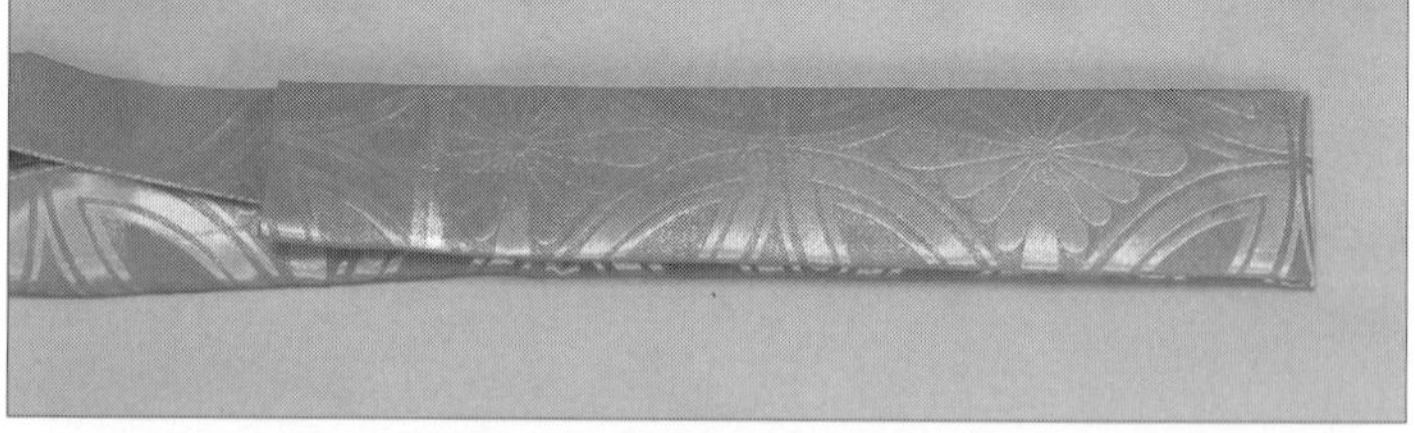

それに続く帯の上部を、斜めに開いて帯幅を広げ、テ先の下に、屏風だたみにたたんでいく。

03

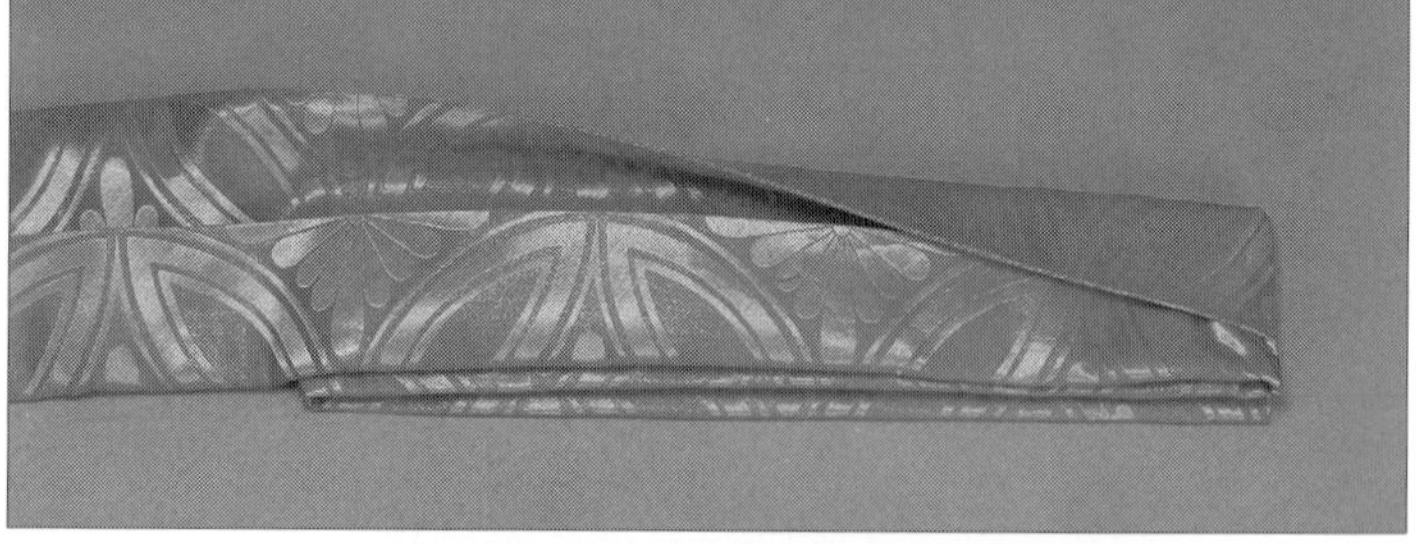

04

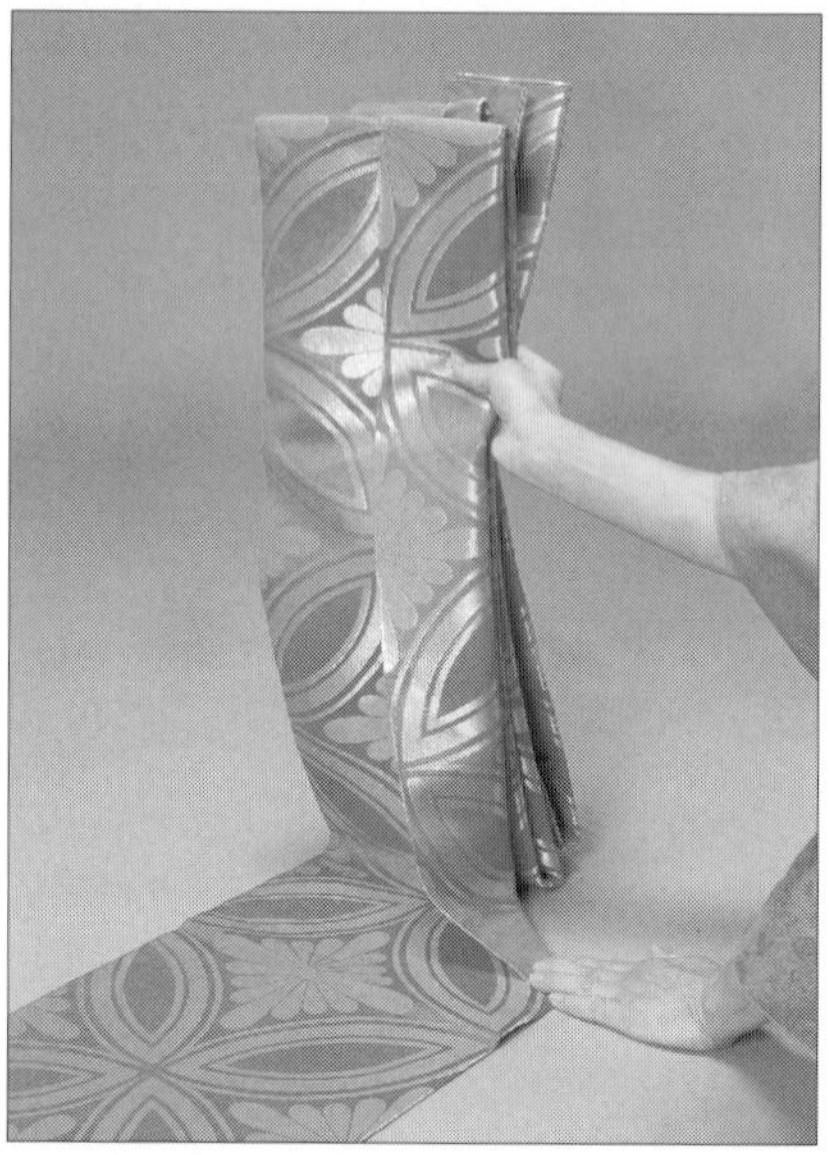

残り二枚の所で、手前を斜めに折って、帯を帯幅いっぱいに広げて、

たたんだ帯の下にたたみ、残りのタレ先を、

05

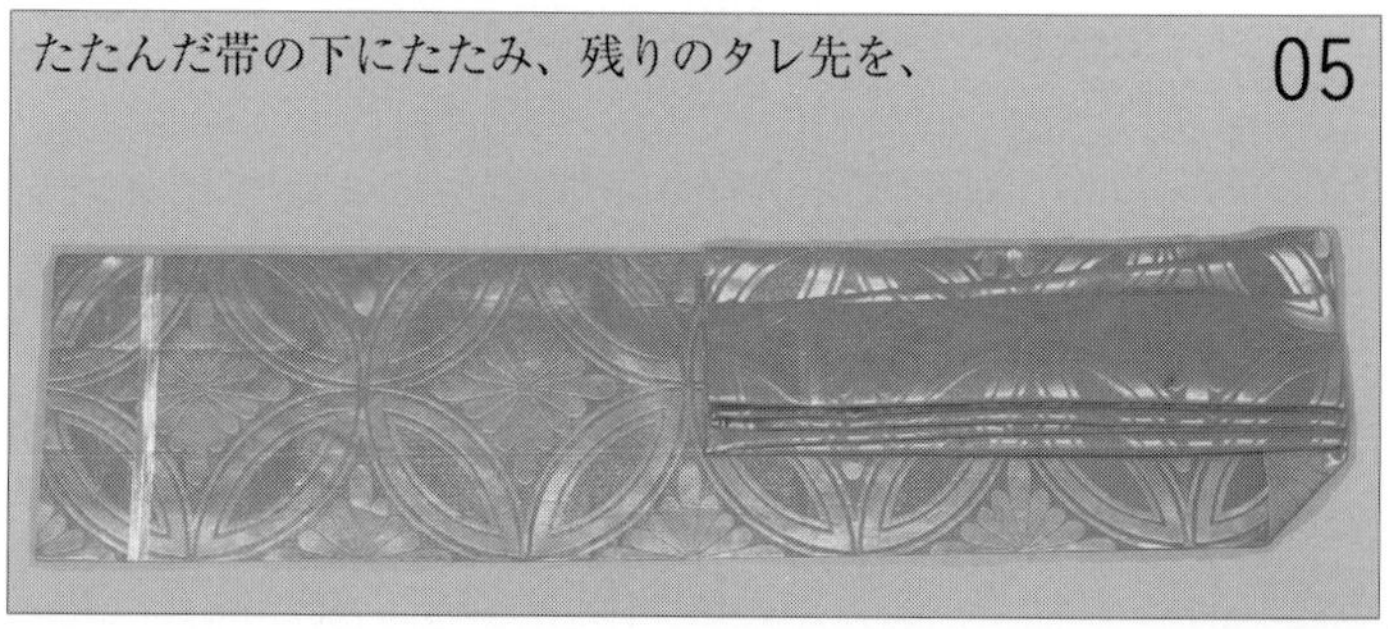

06

帯の裏側に折り返す。屏風だたみの左右の折り山を揃えて整え、丸帯のたたみ上がり。

打掛のたたみ方（夜着だたみ）

01

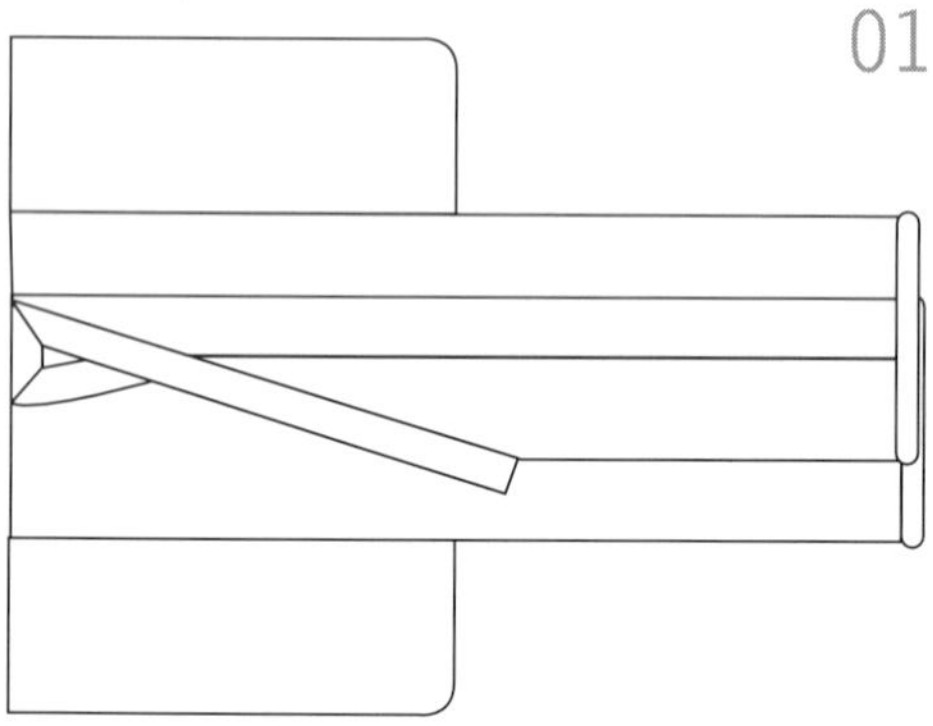

打掛を平らに広げ、下前、上前の順にたたむ。

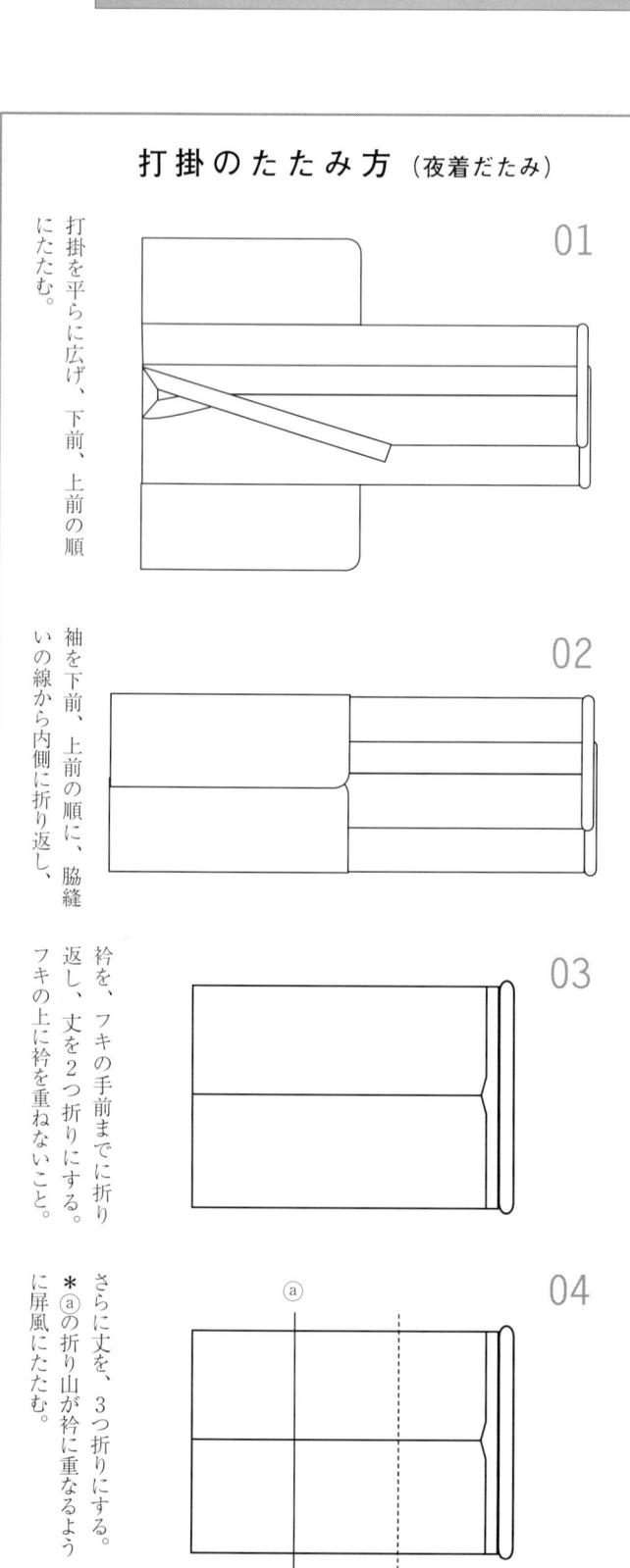

02

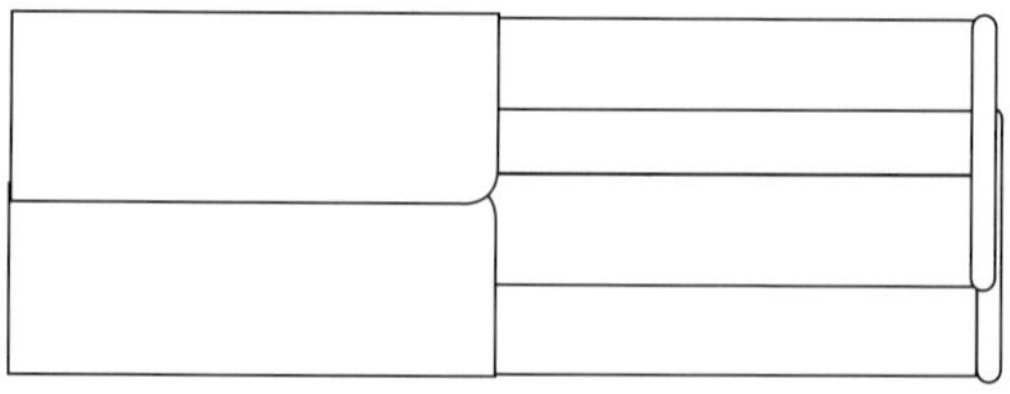

袖を下前、上前の順に、脇縫いの線から内側に折り返し、

03

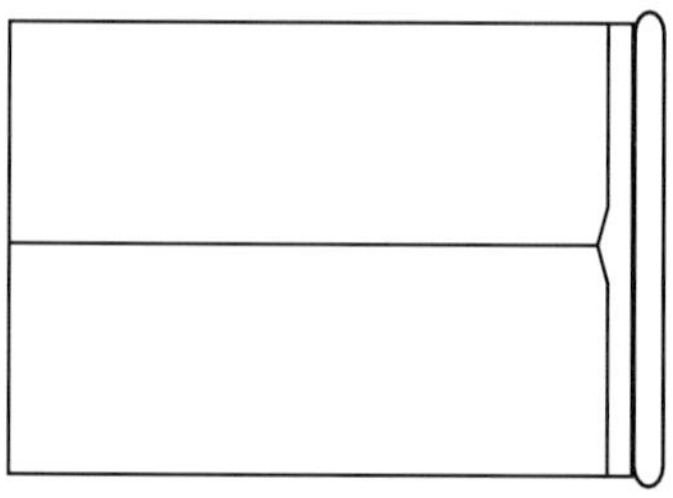

衿を、フキの手前までに折り返し、丈を２つ折りにする。フキの上に衿を重ねないこと。

04

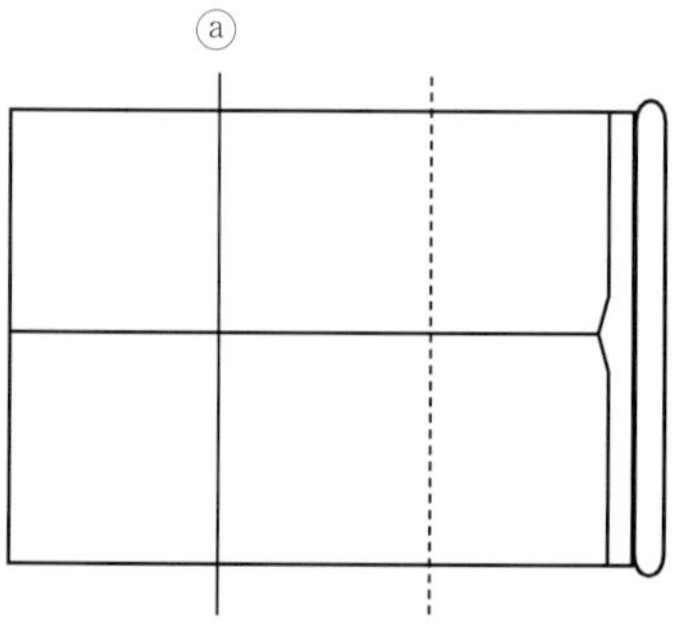

さらに丈を、３つ折りにする。
＊ⓐの折り山が衿に重なるように屏風にたたむ。

花嫁のかつらと化粧

Part 11

花嫁のかつらと化粧

STEP 1 かつらの構造と各部名称

STEP 2 かつらの下地づくり

STEP 3 かつらの扱い方

STEP 4 髪飾りと被り物

STEP 5 美しく見える、姿勢とかつらの角度

STEP 6 和装花嫁の化粧

STEP 1) かつらの構造と各部名称

～日本髪は、前髪《まえがみ》・鬢《びん》・髱《たぼ》・髷《まげ》の４つの部分で構成されています。
そして正面から見て、左右対称になっています。（一部例外あり）
日本髪の種類は何十種類も何百種類もあるといわれ、その分類方法も様々ですが、
多くは髷の形状によって呼び分けられています。花嫁の代表的な髪型である「文金高島田」は、
島田ものの一種で、髷の毛束を前後に折り曲げ、中間で結んであります。

髷による分類

髷を分類すると、①島田もの ②輪もの ③笄もの ④その他 の４つに分けることができる。
①島田ものは、髷の毛束を前後に折り曲げて中間で結んだもので、その前の部分を前髷、後ろの部分をいち（後髷）という。島田ものには、花嫁の代表的な髪形である「文金高島田」をはじめ、中高島田、つぶし島田、結綿など、多数ある。また、同じ髪形でも、掛け物が違うと、別の名称で呼ばれることもある。

かつらの種類

構造で分類すると、①地がつら ②総アミがつら ③三分アミがつら ④その他 の４つに分けることができる。

総アミがつらは、生え際が目立たない網でできていて、自然な髪に結い上がる。現在、花嫁のかつらとして、最もポピュラーなタイプ。

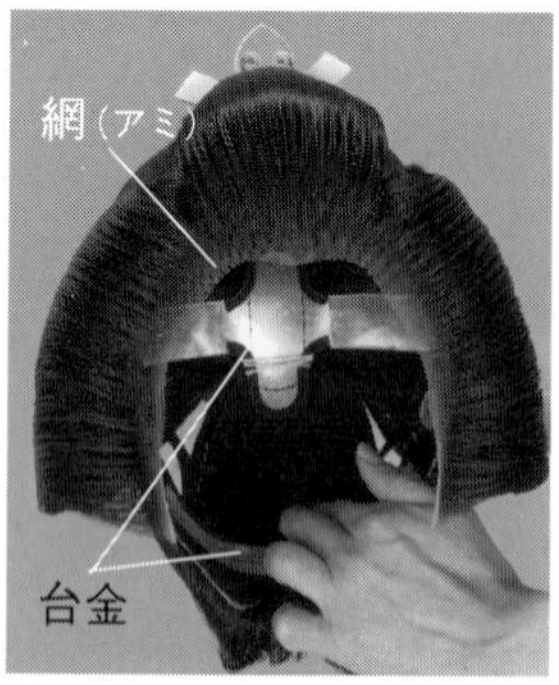

▲かつらの中を見ると台金があり、また髪の生え際は網（アミ）になっている。

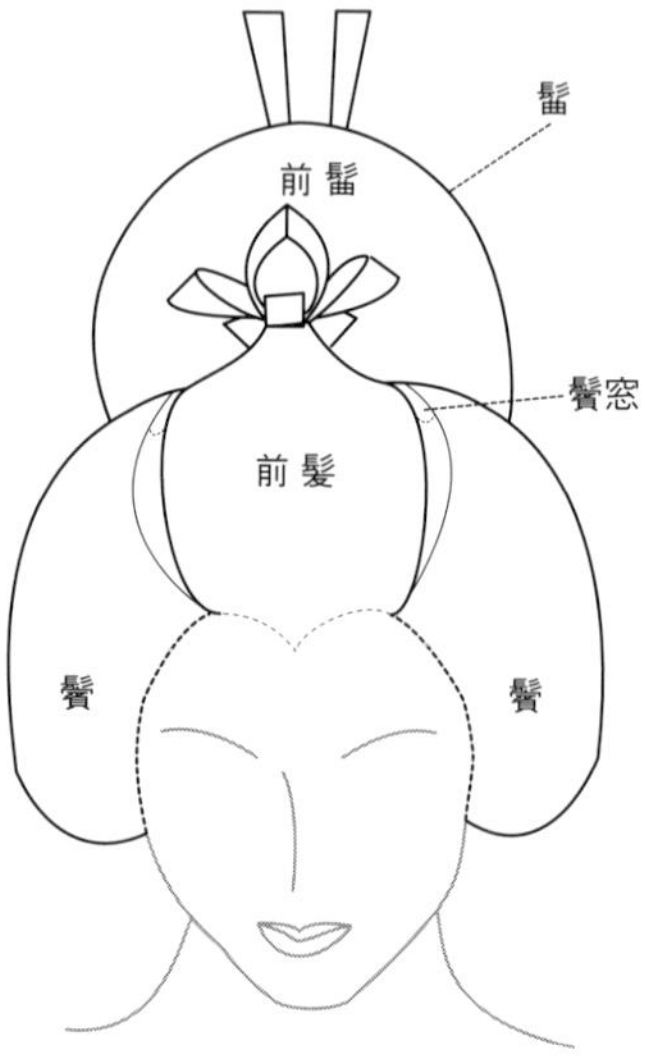

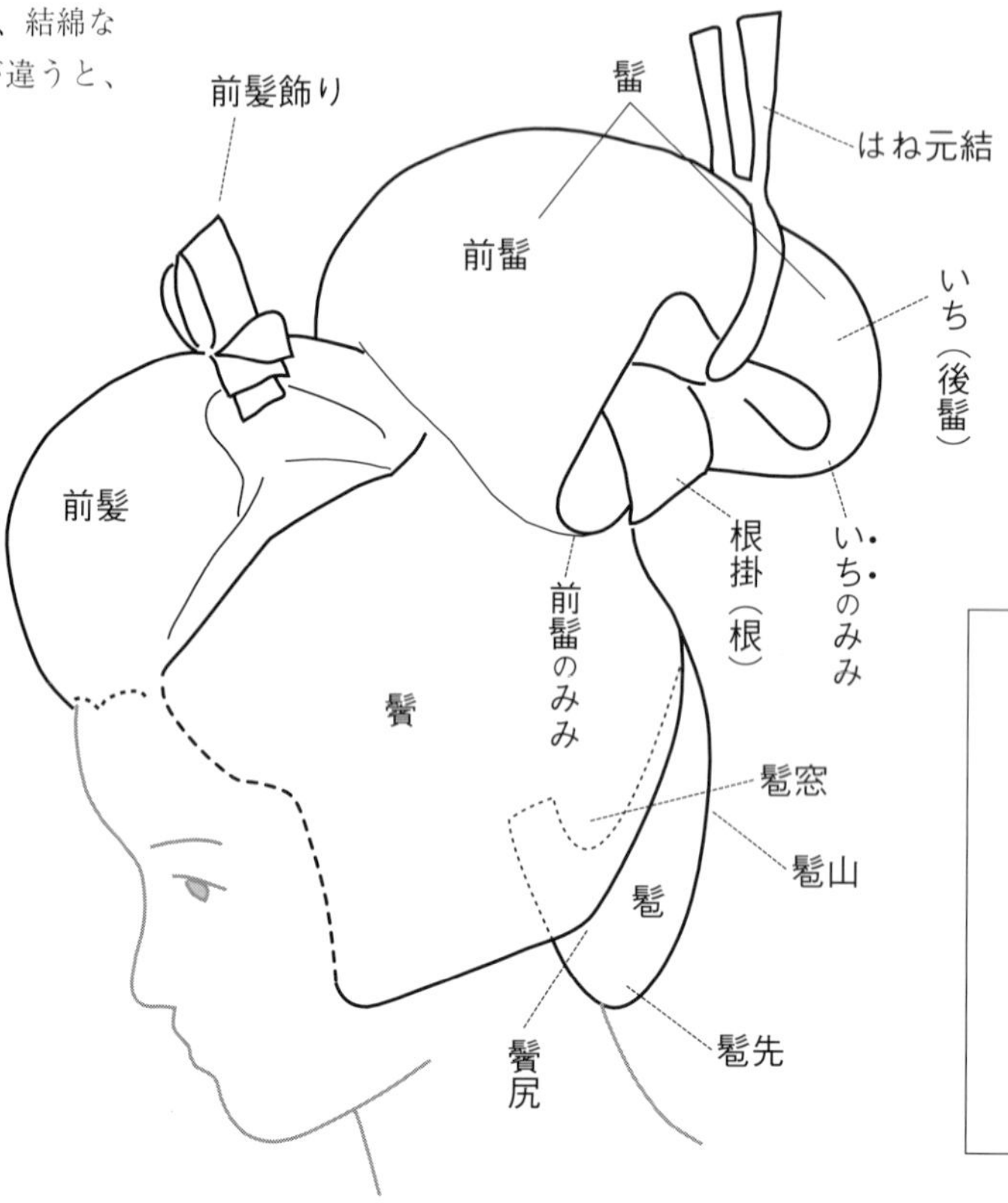

地髪の構成

４パート（根、前髪、鬢、髱）

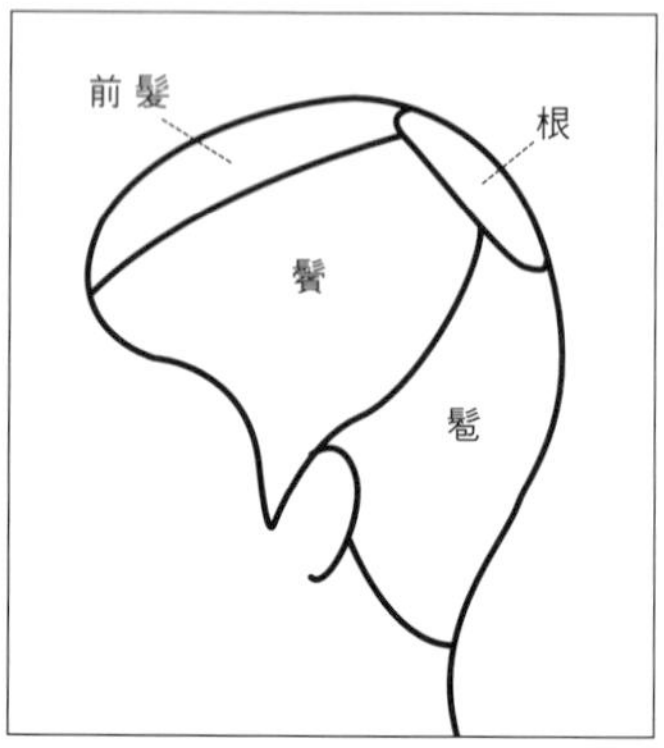

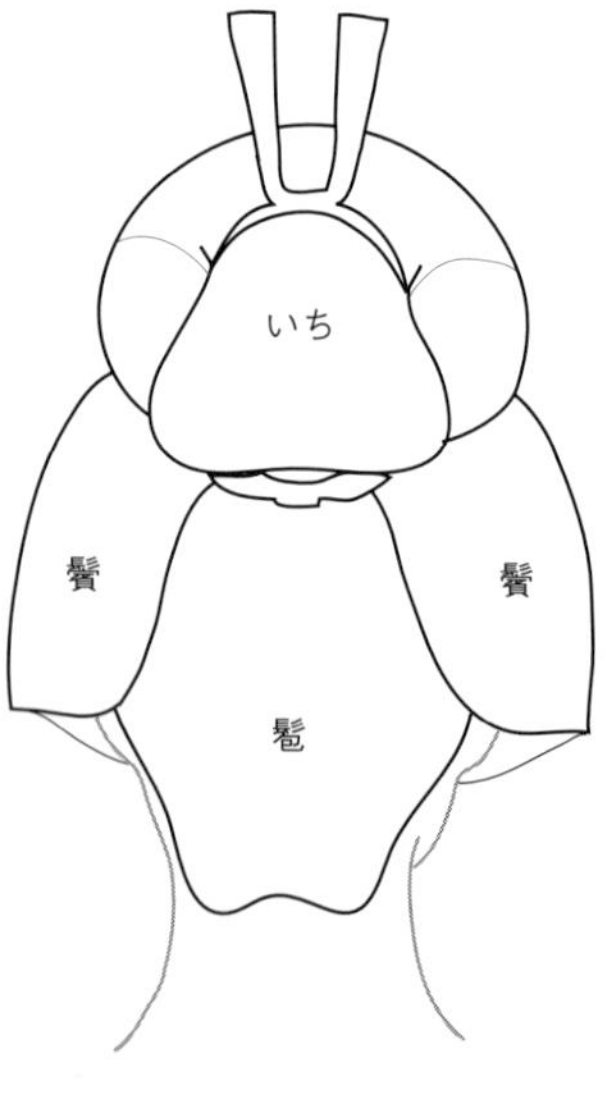

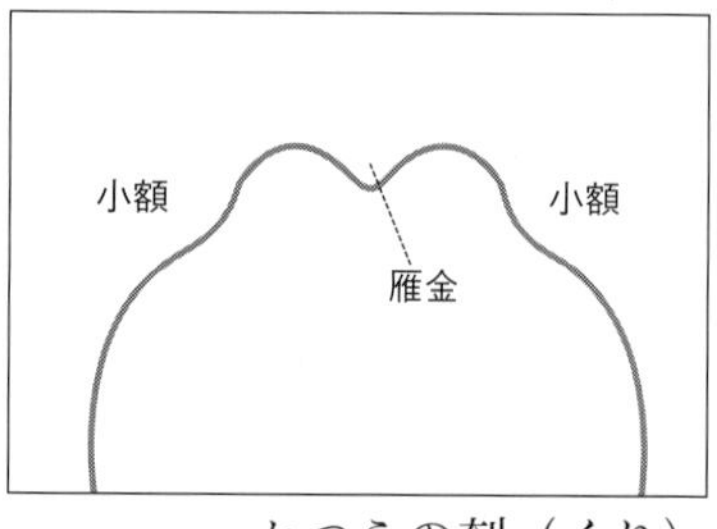

かつらの刳（くり）

刳（くり）とは、かつらの額部分の形を刳って形づけることで、刳の形によってフェイスラインや雰囲気が変化する。中央のとがった部分が「雁金」、左右を小額という。

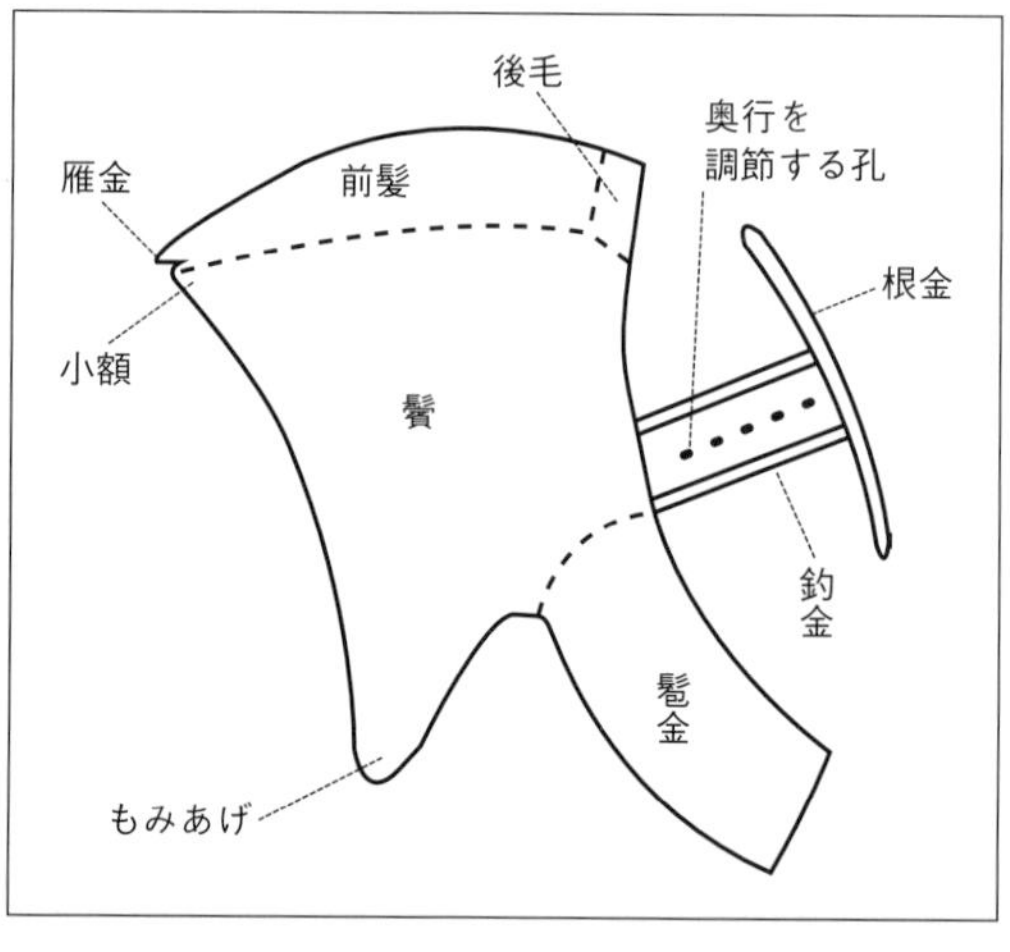

かつらの台金

かつらの毛を植える部分で、前髪、鬢、髱金、根金の４つのパートで構成されている。

STEP 2) かつらの下地づくり

～頭の形は人それぞれです。それに対して、かつら（台金）の形は決まっています。かつらの下地づくりでは、頭の形がかつらの形になるように、膨らみのないところに地毛やスキ毛で膨らみをつけ、仕上がりが、かつらの形になるよう補整します。かつらを被った時に、かつらのどこに隙間ができるかを観察し、地毛の配分やおさめる位置を決め、さらに足りない所にスキ毛を足して整えていきます。

いろいろな頭の形と下地づくりのポイント

頭頂部が突出している頭

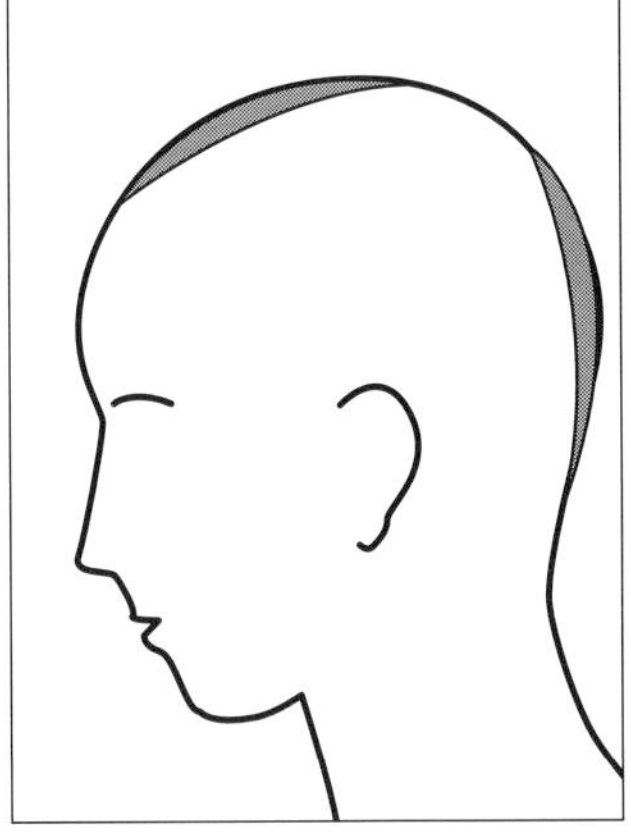

●かつらの形に、そのまま合う部分がほとんどなく、かつらが不安定になりやすい。かつら合わせが難しい頭の形。
▷頭頂部の毛を前後に振り分け、前頭部、後頭部にふくらみを出し、かつらの形に近づける。ショートの場合は、スキ毛を使ってふくらみを出す。

前頭部が真っ直ぐか平らな頭

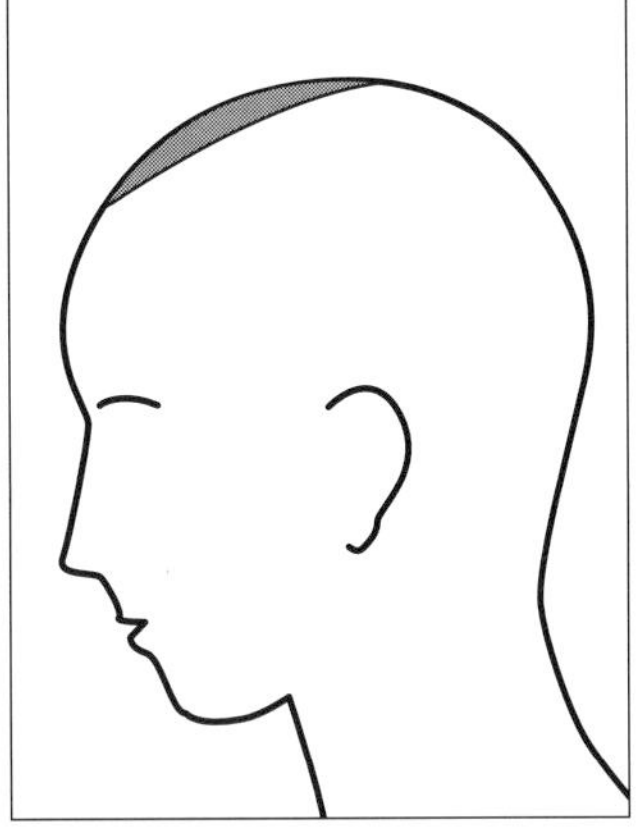

●前頭部にふくらみのない方はかつらがずれやすいので、かつらを安定させるために、前頭部にスキ毛を足して、ふくらみを付ける。
▷スキ毛を巻いたピンカール、または固くまとめたスキ毛を置いて、前頭部にふくらみを出す。

後頭部が低い頭

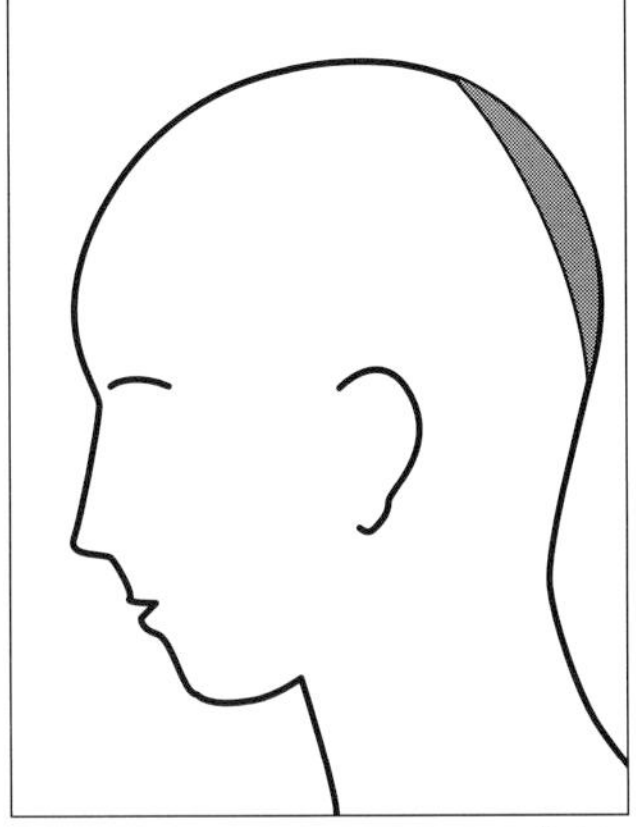

●日本人の約90%の方が、後頭部が低い（ふくらみが足りない）。
▷ショートの場合はピンカールのピンは抜かずに、ロングの場合はカギピンで土台をつくり、毛束をふくらみの足りない所に振り分ける。

かつらの中の形（標準型）

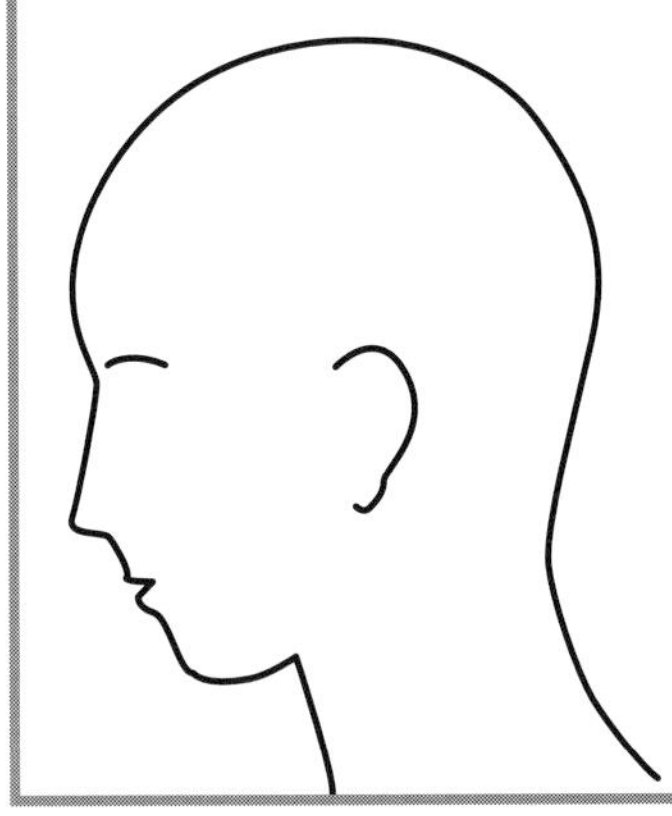

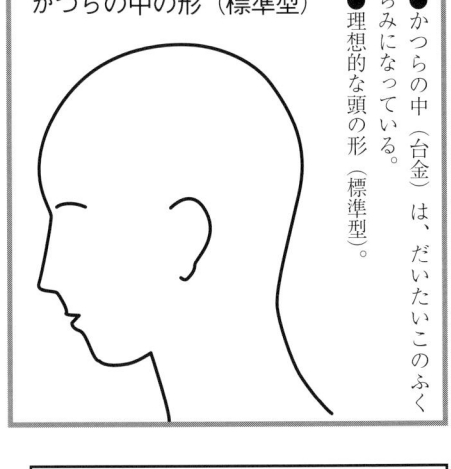

●かつらの中（台金）は、だいたいこのふくらみになっている。
●理想的な頭の形（標準型）。

横が張っていて、後ろにふくらみがない頭（巾着頭）

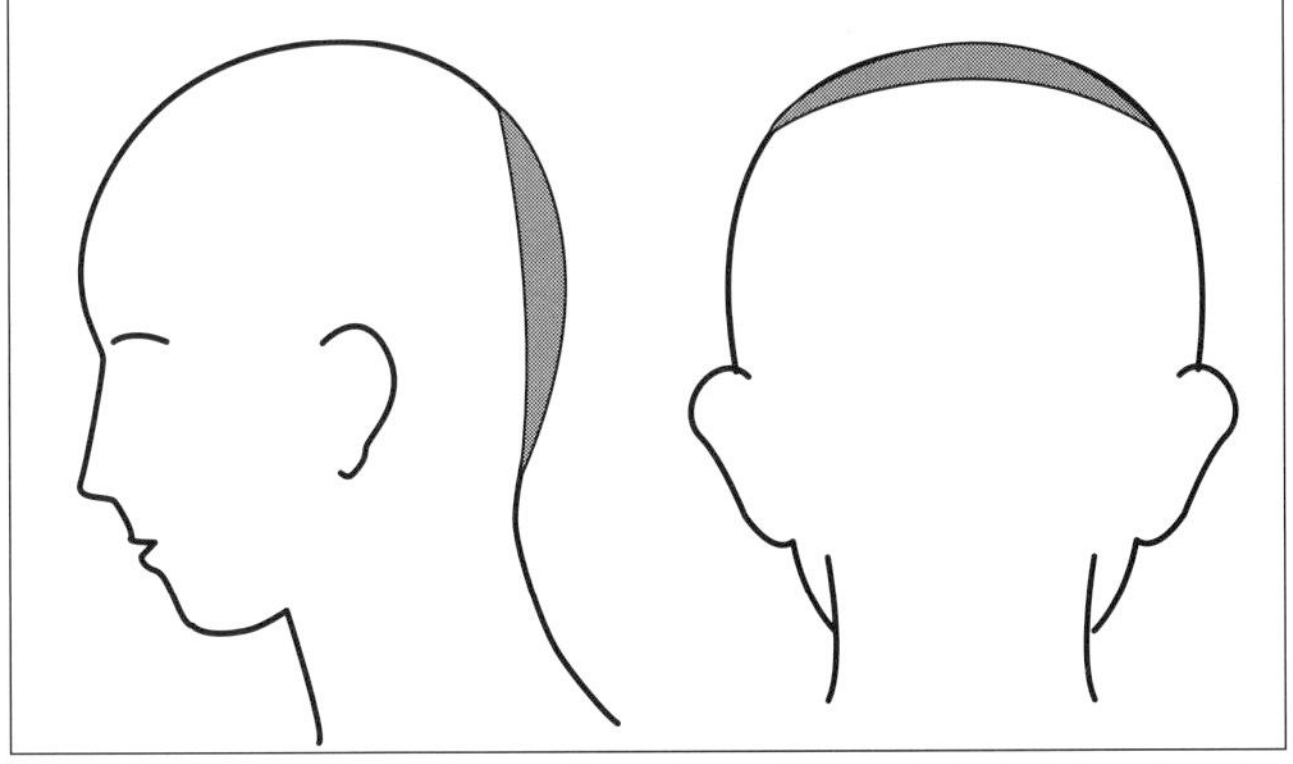

●「巾着型」の場合、かつらをサイドの張りに合わせると、センターが浮いてしまう。かつらが不安定になりやすく、生え際も浮きやすい。
▷地毛やスキ毛で後頭部を補整するとともに、前頭部もピンカールやスキ毛で薄く補整し、両サイドとセンターをつなげ、かつらを安定させる。

いびつな頭（左右非対称）

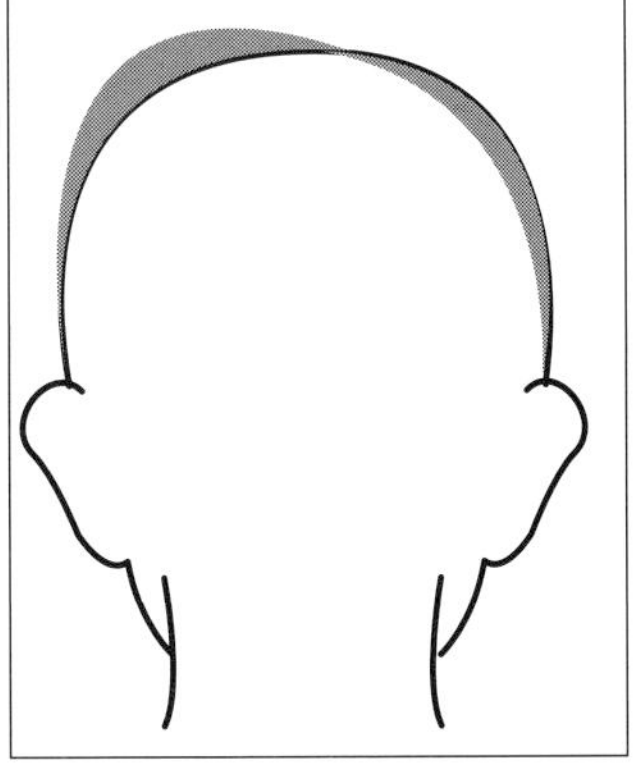

●左右がゆがんでいると、かつらが回り、左右対称でなくなる。
▷左右対称になるように、地毛、スキ毛で補整する。
▷例えばロングの場合は、ふくらみの足りない方に毛束を多く振り分ける。

かつら合わせについて

●かつら（台金）のサイズは、特大、大、中大、中、中小、小、極小とあります（メーカーによって、サイズ、台金の形は多少異なる）。事前に「かつら合わせ」をして、実際にかつらを被せてみて、それぞれの花嫁の頭の大きさ、形に合ったかつらを選び、補整の必要な箇所をチェックしておきます。
●遠方のお客様で、事前にかつらを合わせられない場合は、①頭回り（ハチマキを巻く位置／ⓐⓑを通る）、②フロント（ⓐ）から頭頂部を通りネープ（ⓑ）まで、③イヤー・ツー・イヤーの寸法を計っていただき、目安とします。

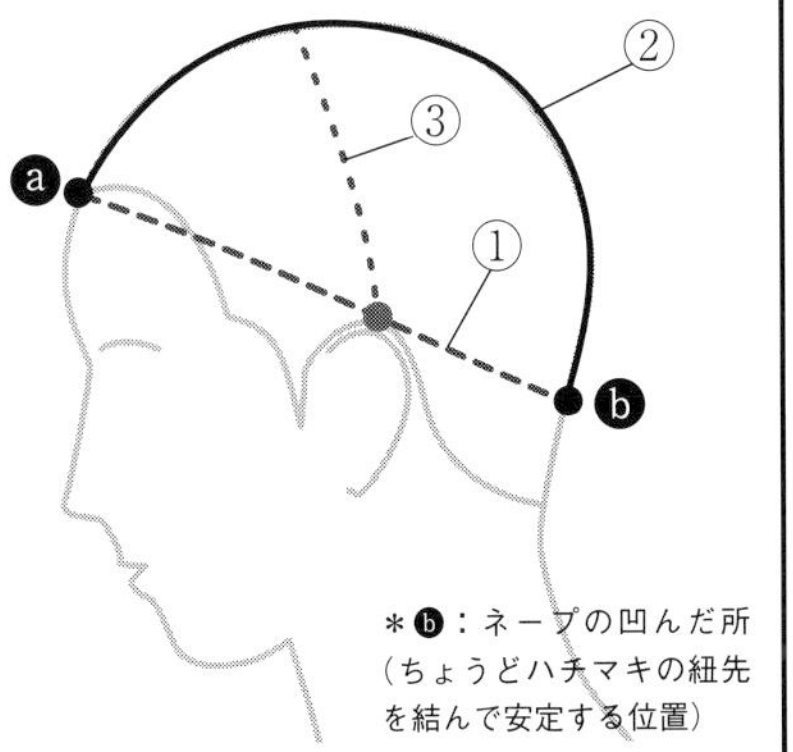

*ⓑ：ネープの凹んだ所（ちょうどハチマキの紐先を結んで安定する位置）

下地のつくり方

かつらを安定良く、楽に、美しく被っていただくためには、下地づくりが大切です。

▼まず、洗いたてのサラサラした髪ですと、まとめにくいので、スプレーなどで髪をまとめやすくします。

▼ふくらみの足りない所に地毛やスキ毛などでふくらみをつけ、かつらの中の形に合わせて補整します。

▼髪やスキ毛を止めるためにはピンを用います。かつらの形に合っている所は空間がないので、ピンがあると痛いのですが、補整の必要な凹んだ部分はピンを置いても痛くありません。

▼ショートヘアの場合はあまり問題はなく、ピンカールでまとめ、足りない部分をスキ毛で埋めていきます。

▽問題となるのは、地毛の襟足がちょうど髱先から出てしまう位の長さの方で、特に髪が硬い場合です。スプレー、ワックス、ピンを用いて処理します。

▼ロングヘアの方で毛量が多い場合は、毛のおさめ方が悪いときつく痛かったり、毛束を後ろにまとめ過ぎると髱を壊してしまうことがあるので、毛束の振り分けとまとめ方がポイントとなります。

▽ロングで毛量が多い方の場合、本来の頭のサイズは小でよいのに、地毛がおさまりきれず、特大になってしまうこともあり、その場合は顔に似合わせるための細かい処理も必要になります。

ブラシは、フロント、サイドとも前から後ろに真っ直ぐかける。※下図参照

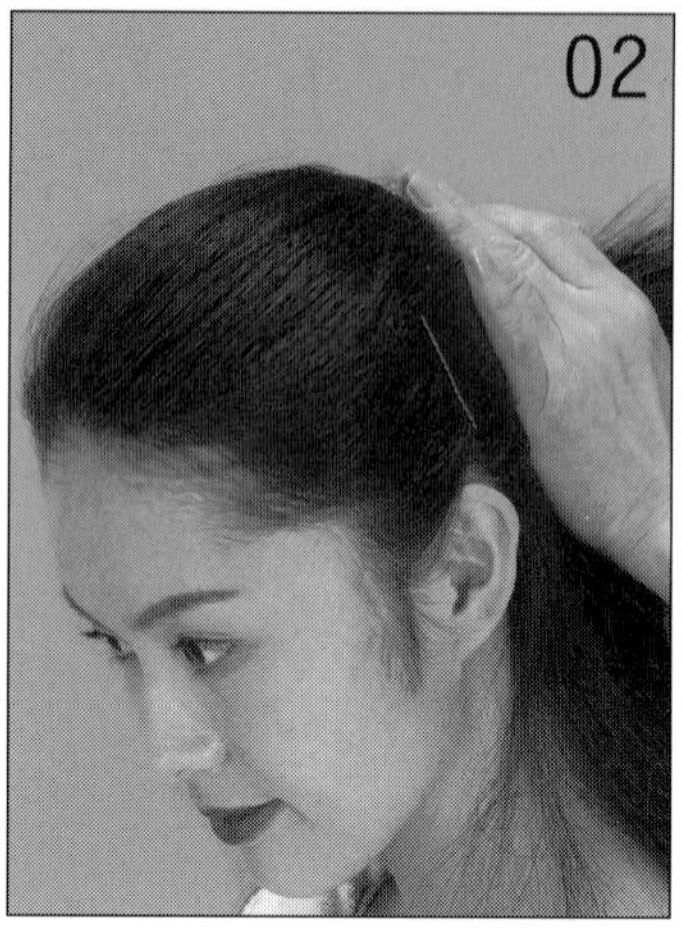

耳の後ろ1cm位の所（耳の後ろにある2本の筋の間）に、ピンを垂直に止める。この位置に止めるとピンが安定する。※下図参照

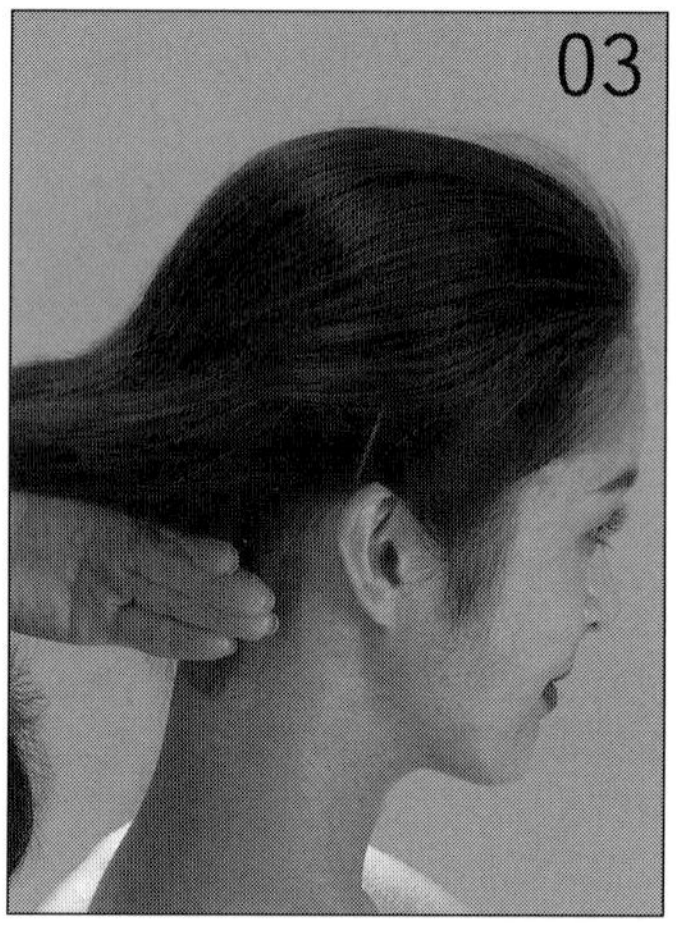

ネープに指4本入る位置で、

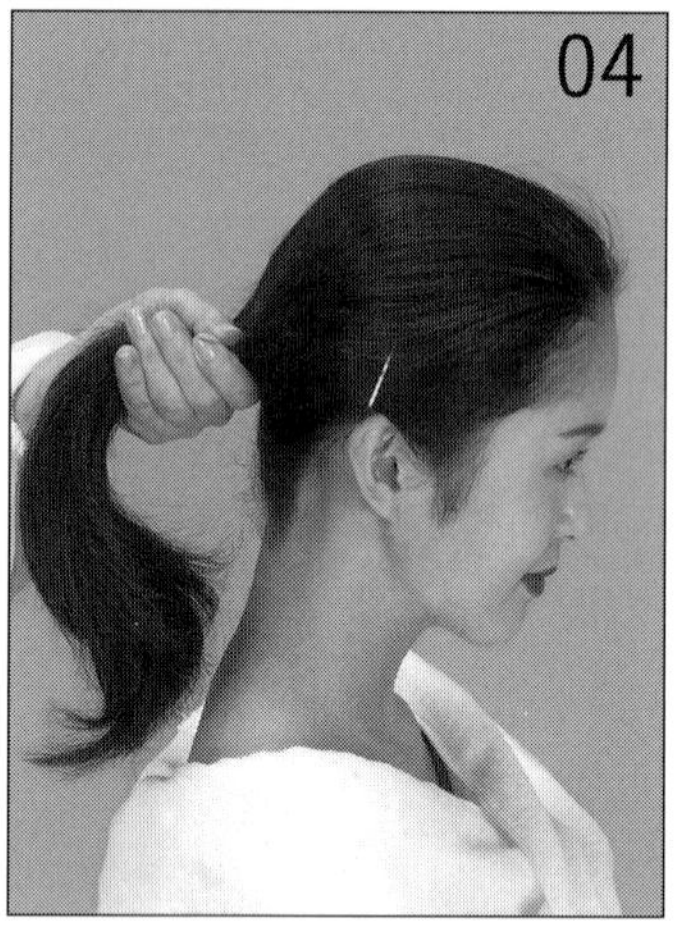

毛束をまとめ、

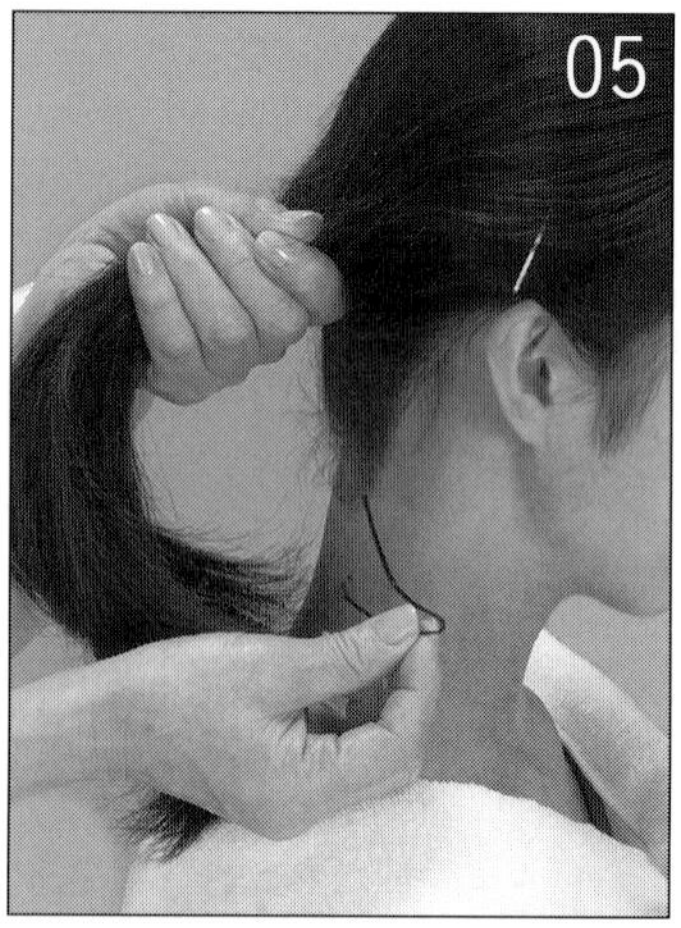

カギクリップで、下から止める。

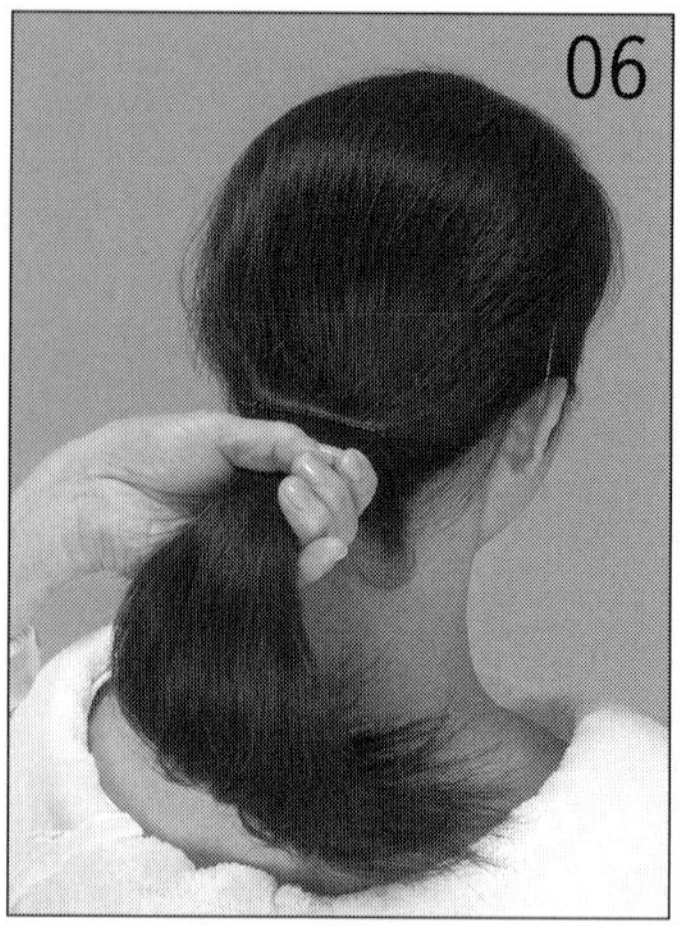

毛束を、余裕なく、きっちり止めたいので、ここで用いるクリップは、毛束がギリギリ止まる幅のものがよい。

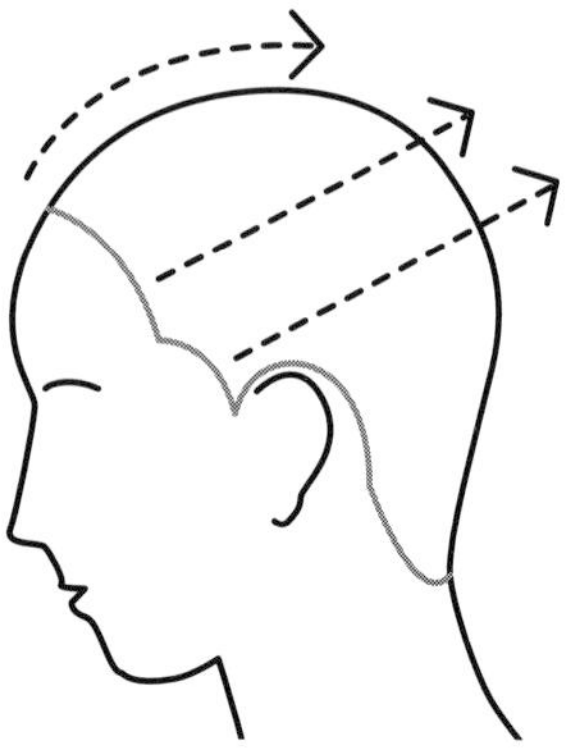

［※01＿ブラッシングの方向性］

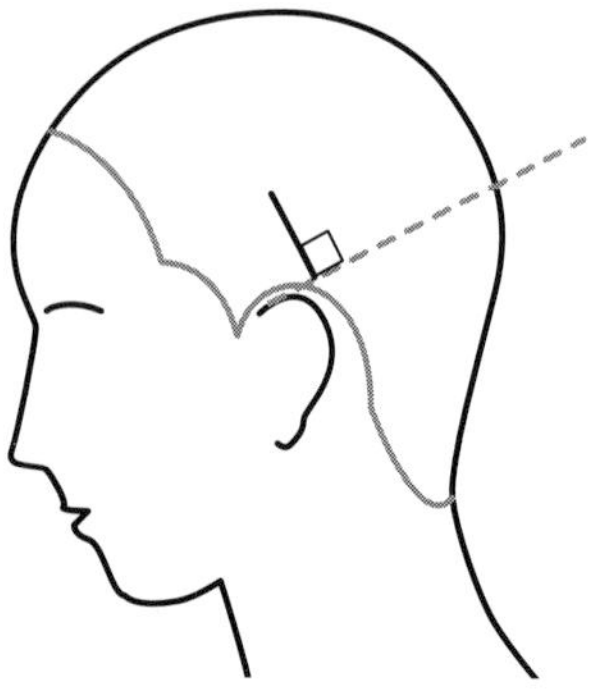

［※02＿ピニング位置］

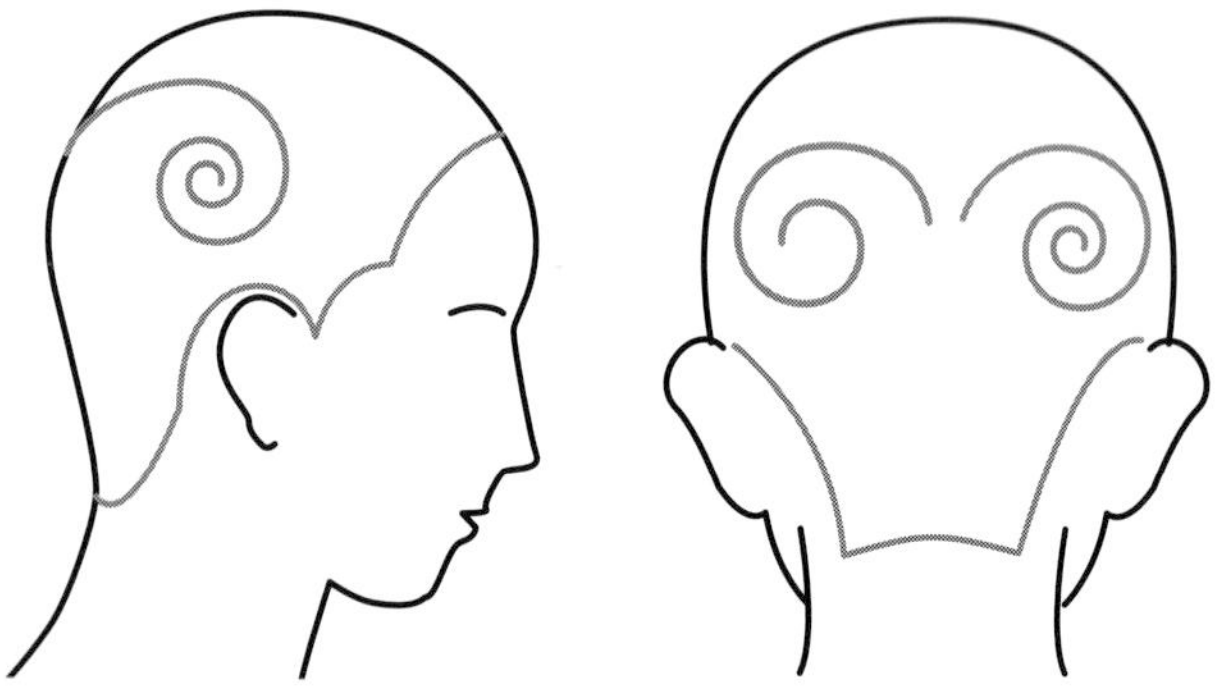

［※10＿毛束／左右への振り分け］

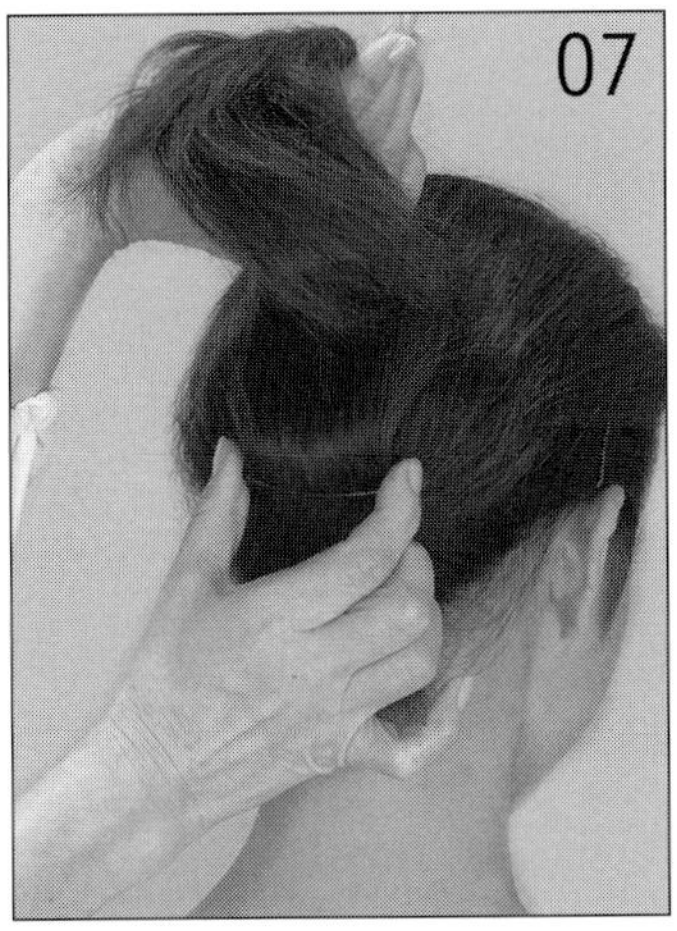

07

残りの毛束を上げて、カギクリップをぐっと元に寄せ、

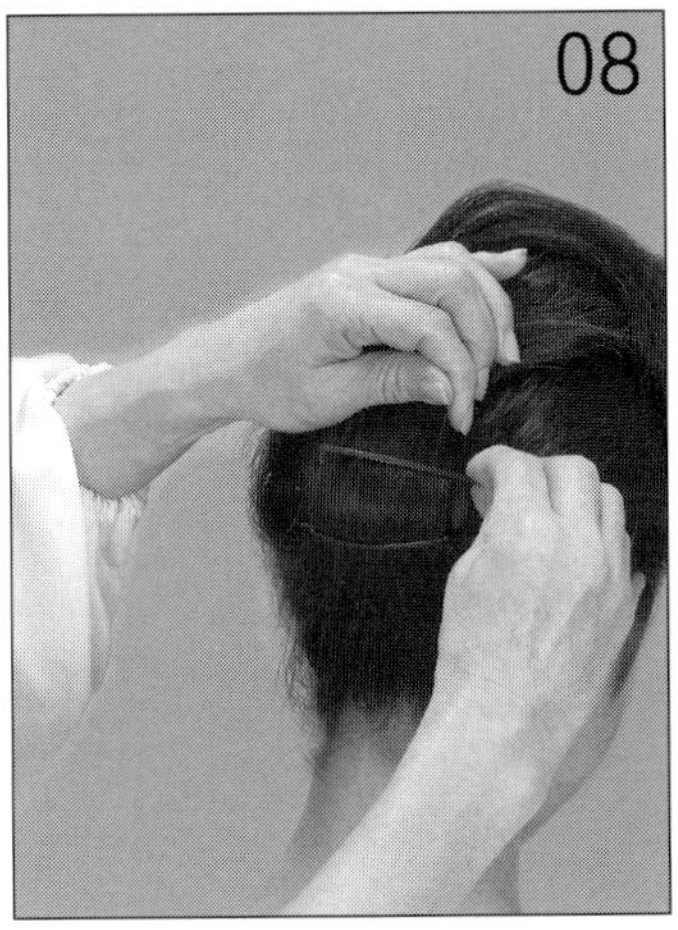

08

下のクリップの２㎝位上に、やや大きめのカギクリップを、表から平らに止める。

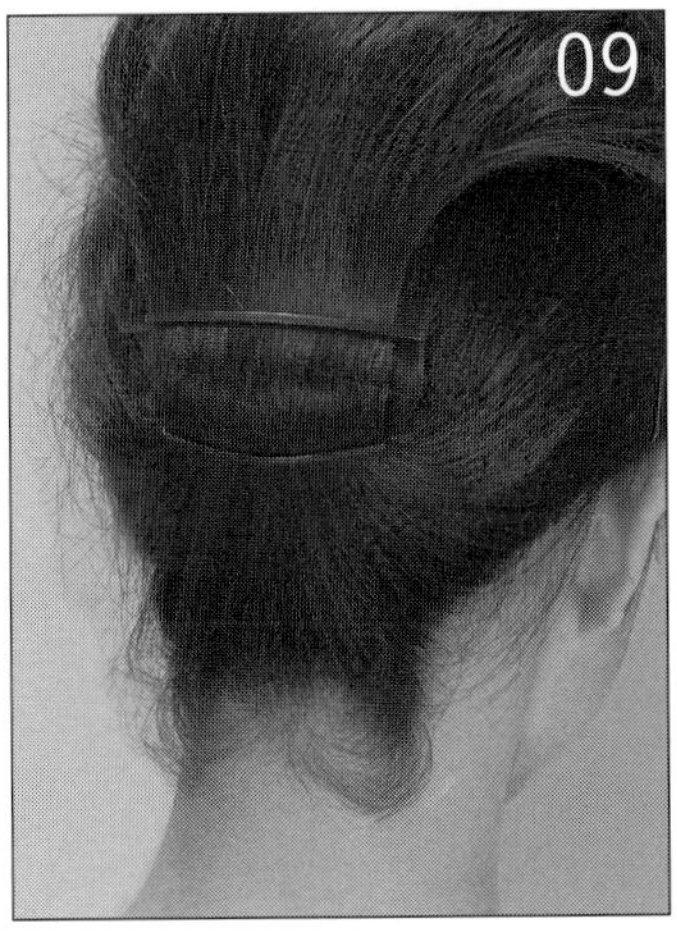

09

上のクリップは、毛束を平らに広げたいので、適度に幅のあるものがよい。逆に下のクリップは毛束をきっちり、余裕なくまとめたいので、毛束がギリギリおさまる幅のものがよい。

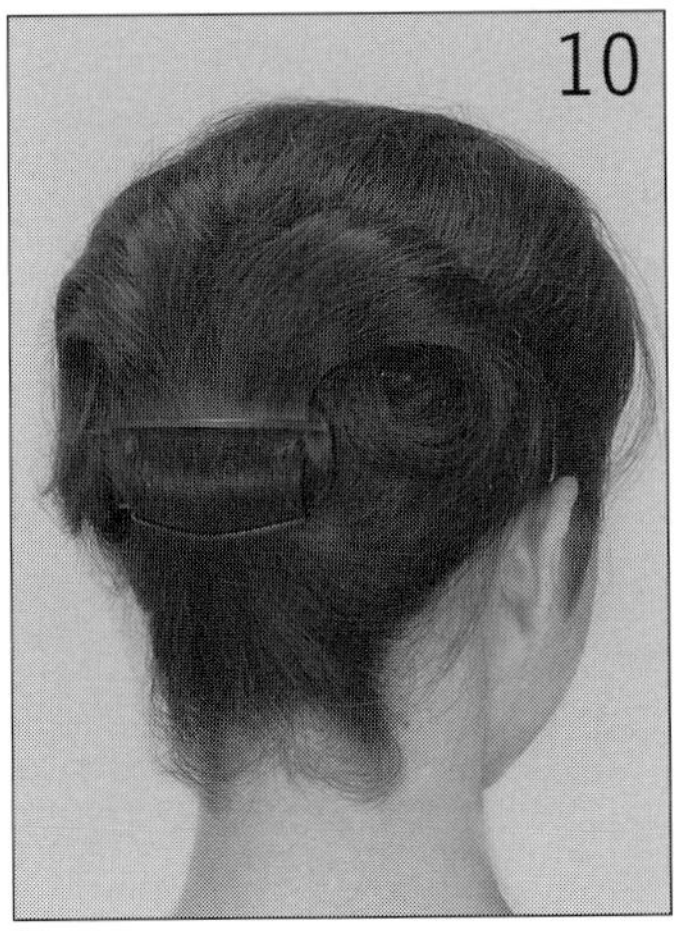

10

上に残った毛束を２つに分け、それぞれ側頭部にまとめる。毛束は、頭部左右の形に応じて毛量を振り分ける。
※右図参照

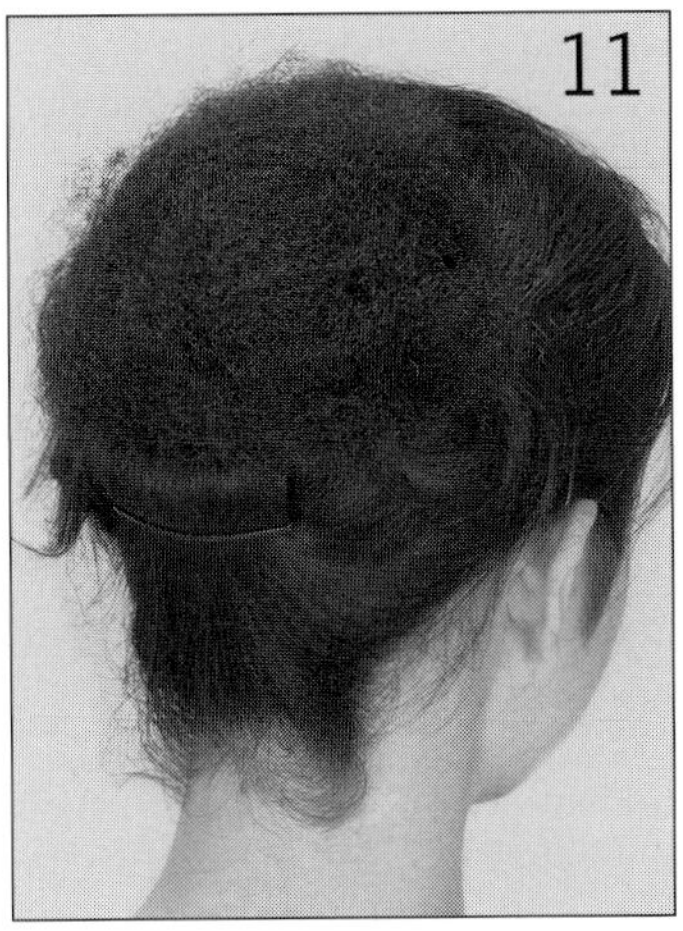

11

後頭部が足りない（低い）場合は、スキ毛を足して、ネジピンで止める。
＊凹んだ部分にはかつらが当たらないので、ピンを置いても痛くない。

12

ネットをかける。

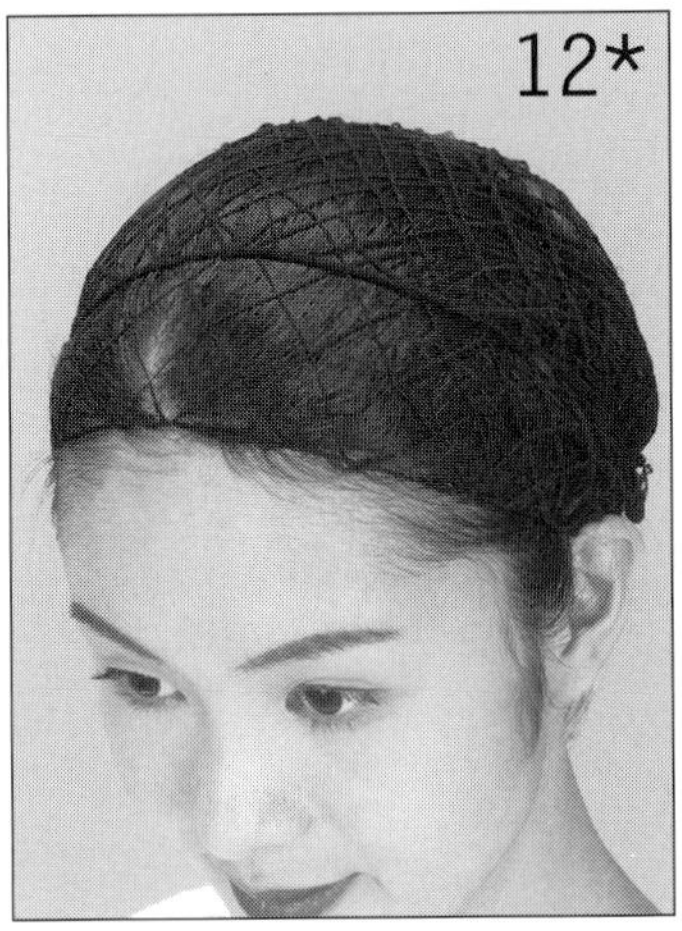

12＊

ネットの目が粗い場合は二重にかける。ただし、一度引いてから戻し、ゴムが生え際にくい込まないようにする。

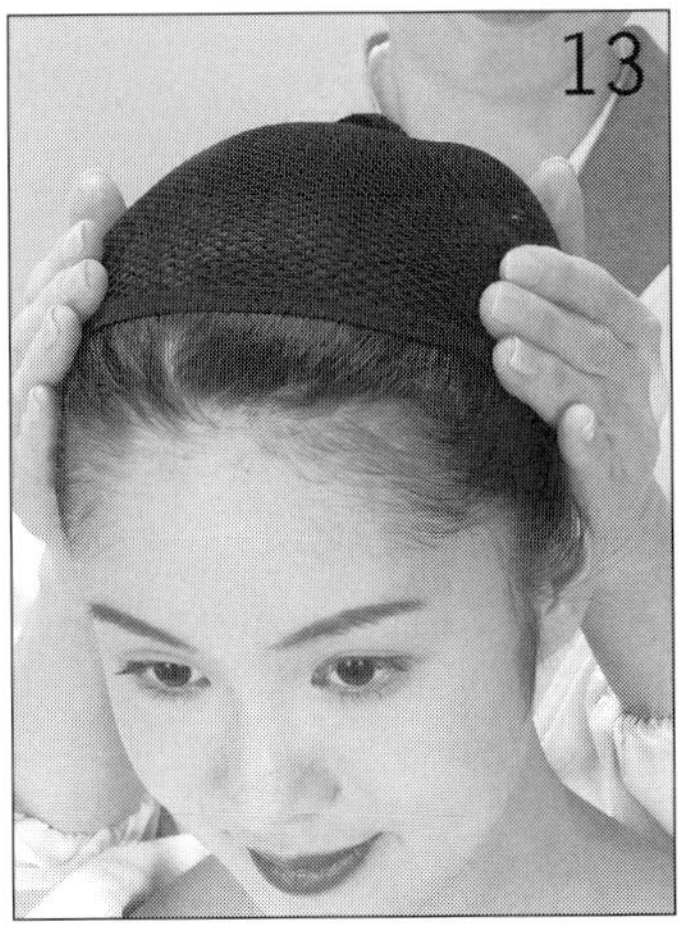

13

ネットを２㎝位上にずらし、生え際からネットが出ないようにする。

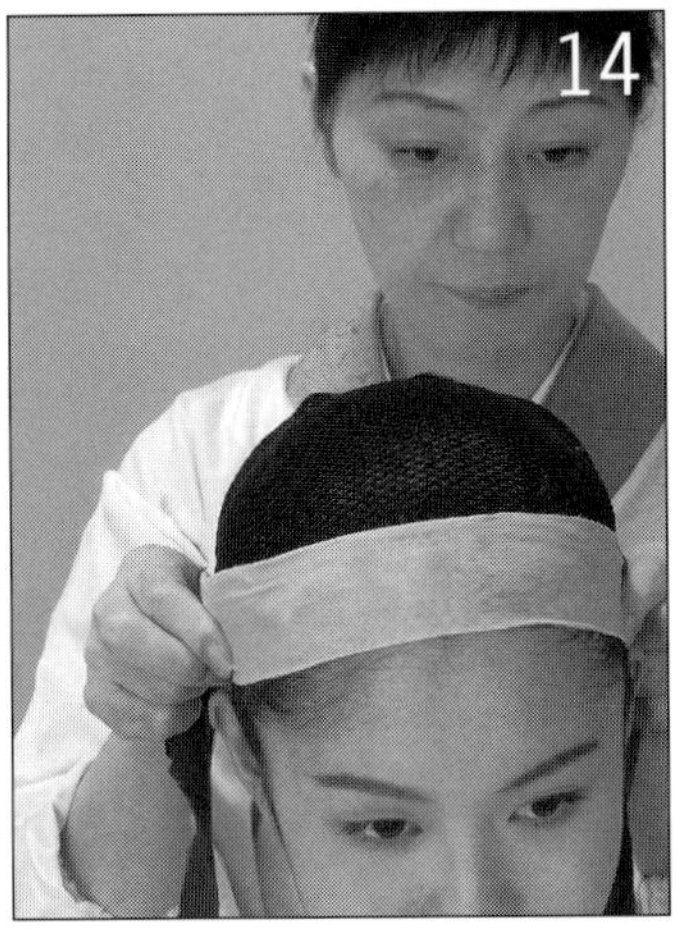

14

かつら下を当て、こめかみで引き上げるように引き、

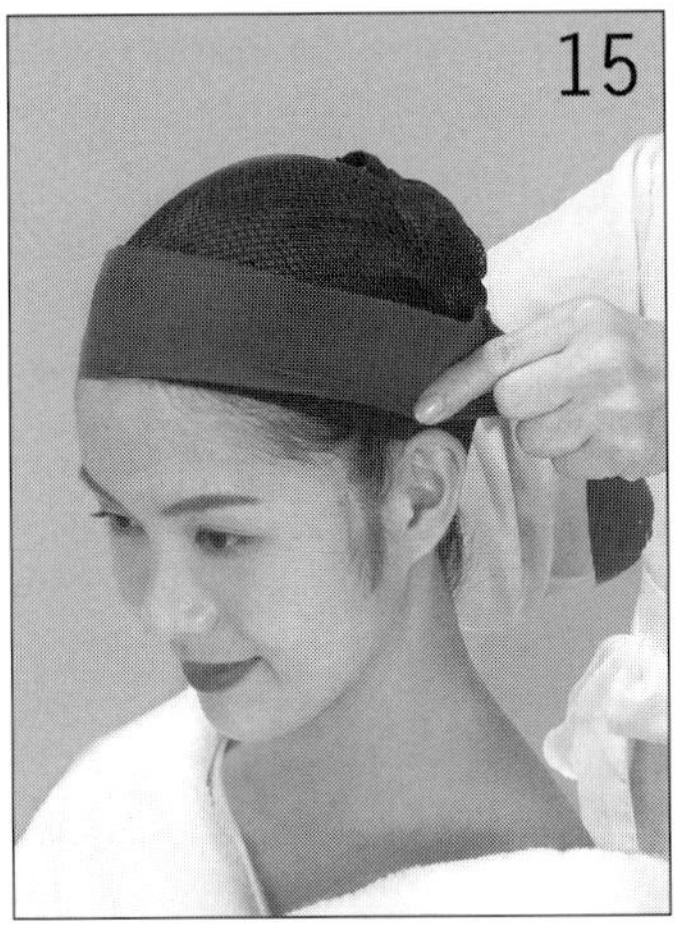

15

耳の上を通して、

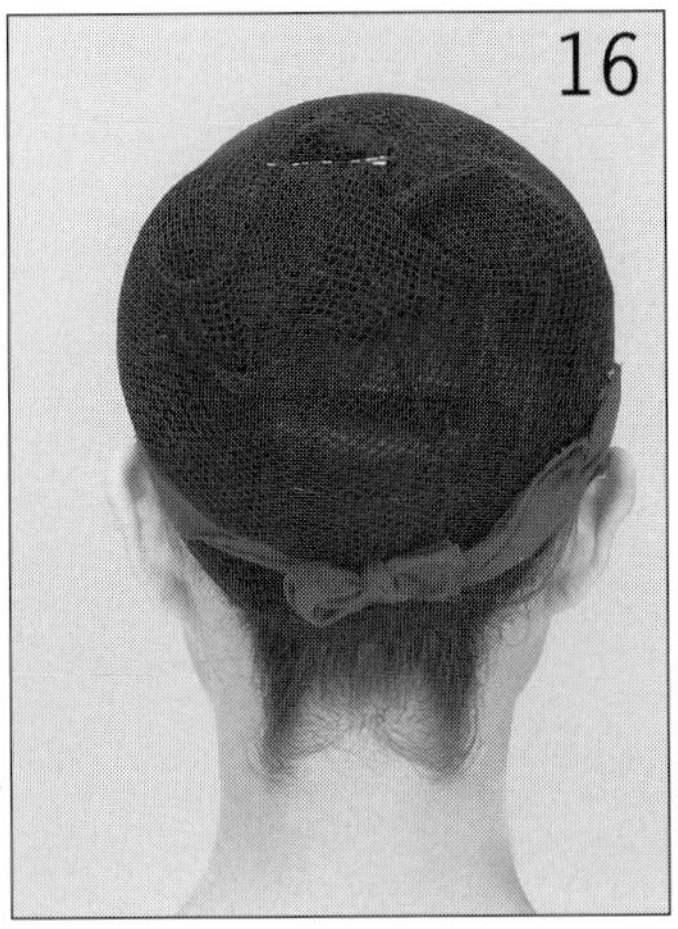

16

後ろの凹みの上で結び締める。

〈ワンポイント・アドバイス〉

花嫁の気分が悪くなったり、痛さ、窮屈さを感じる原因として「かつら」「帯（帯の上部の締めすぎや、帯枕の紐等がみぞおちを圧迫している場合）」「足袋（小鉤がきつい場合）」などが挙げられます。

「かつら」の場合は、実際にかつらの台金が当たって痛いということはあまりなく、●こめかみが圧迫されている。●ネットのゴムがきつい。●笄の先が地肌に当たっている。ことが原因で、気分が悪くなったり、痛さ、窮屈さを感じることが多いようです。

下地づくりが終わり、かつらを被せる前に、そしてかつらを被せた後にも、花嫁に痛い所、窮屈な所がないかどうか確認しておくとよいでしょう。

STEP 3 かつらの扱い方

～かつらの構造を知り、結い上げられたかつらの毛流れやフォルムを壊さないように、どこを持つか、どのように持つべきかを覚えましょう。また、かつらを被せる時、外す時には、頭に対してのかつらの角度がポイントとなります。

1 かつらのどこを持つか？

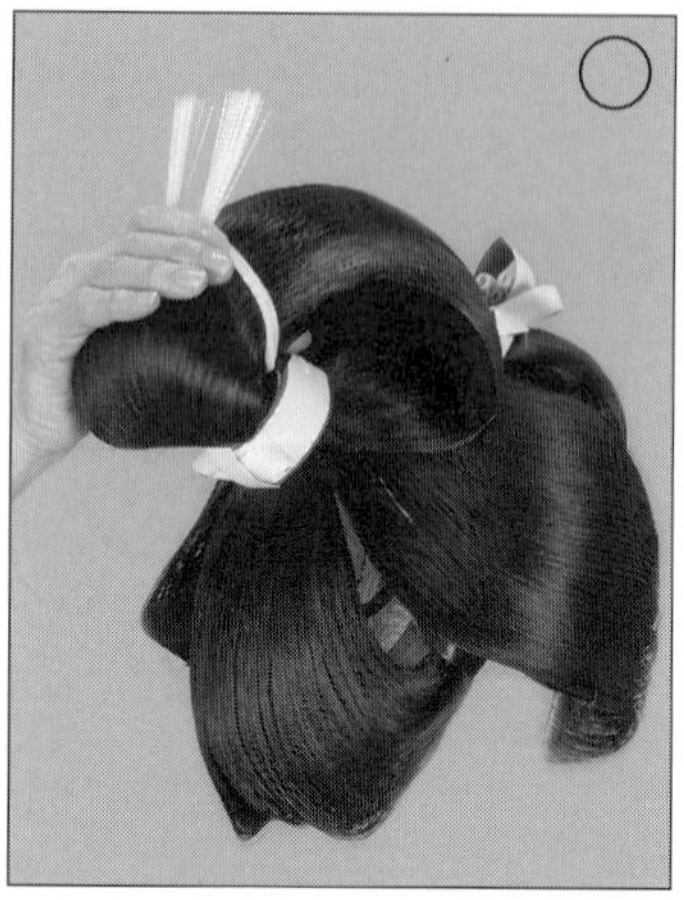

親指と4指で、はね元結の所を軽く挟み持つ。

鬢の上に4指を出して持つと、髱が乱れるので注意。根掛で持つ場合は、親指を下に、4指を上にして、髷の中に入れて持つ。

2 かつらを被せる時の持ち方

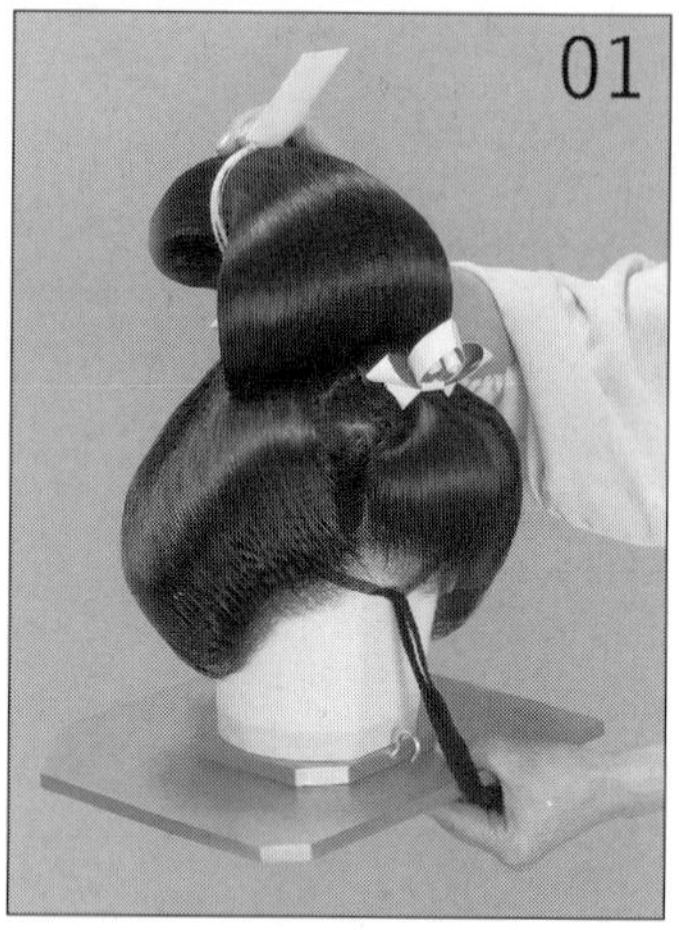

片手でかつらの台（ぼうずの台）を持って支え、もう一方の手ではね元結の所を持って、

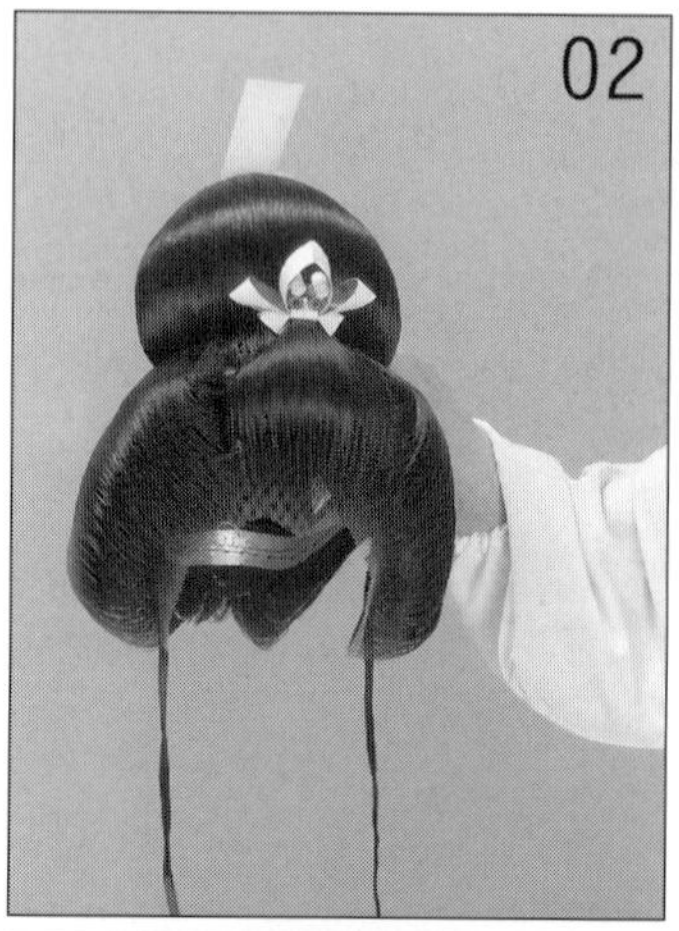

かつらを外す。

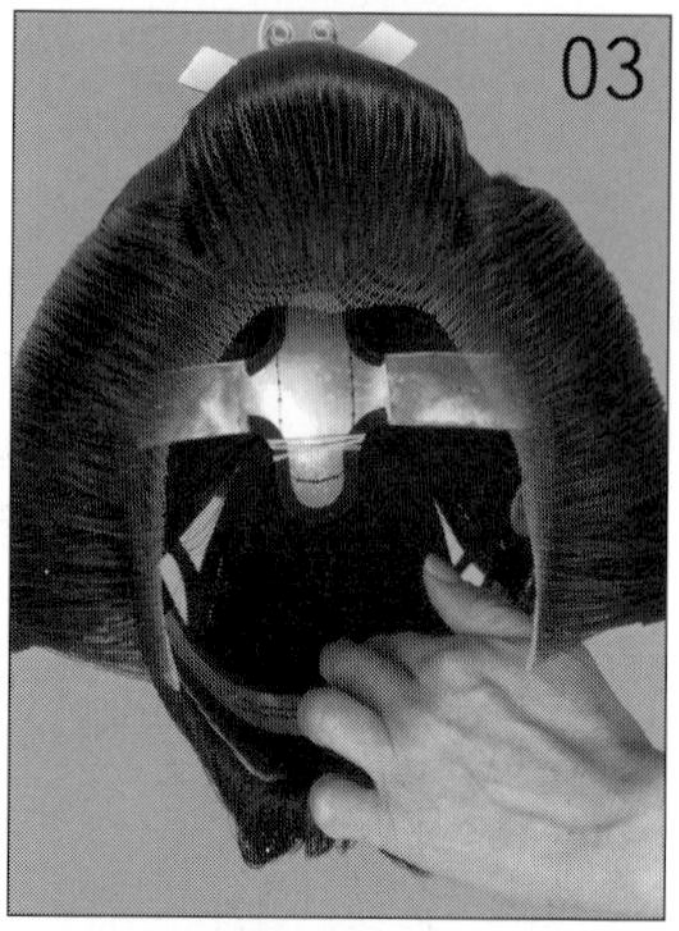

かつらの紐を使用しない場合は、髱金の中に紐を入れておく。
＊ふつうは紐を結ばないことが多く、ここでしまっておくのが一般的。

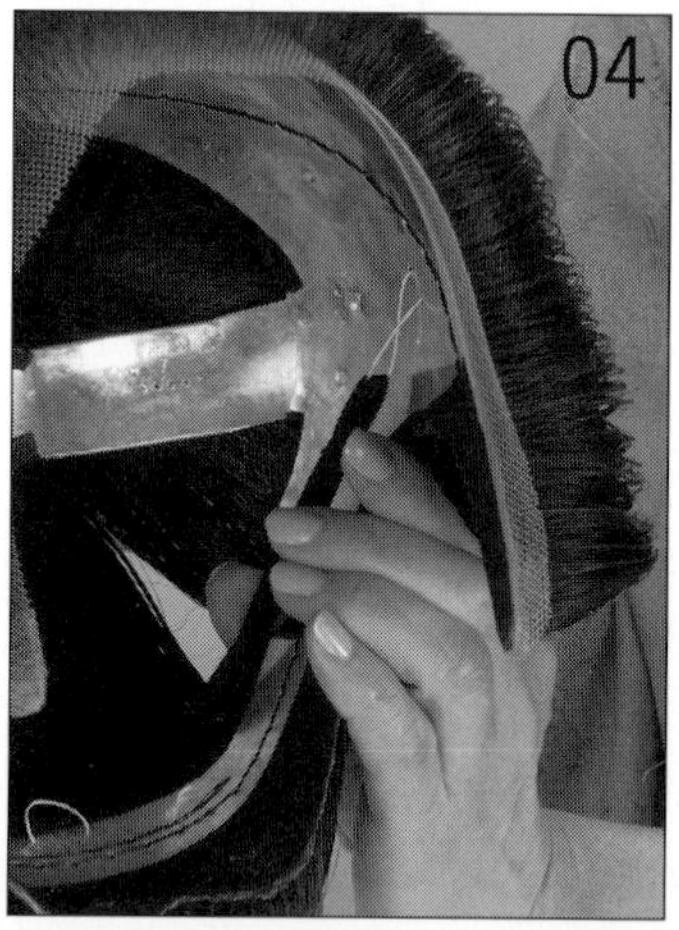

髱窓の奥に親指を入れ、一度しっかり握ってから、

後ろから、親指で髱金を押さえ、

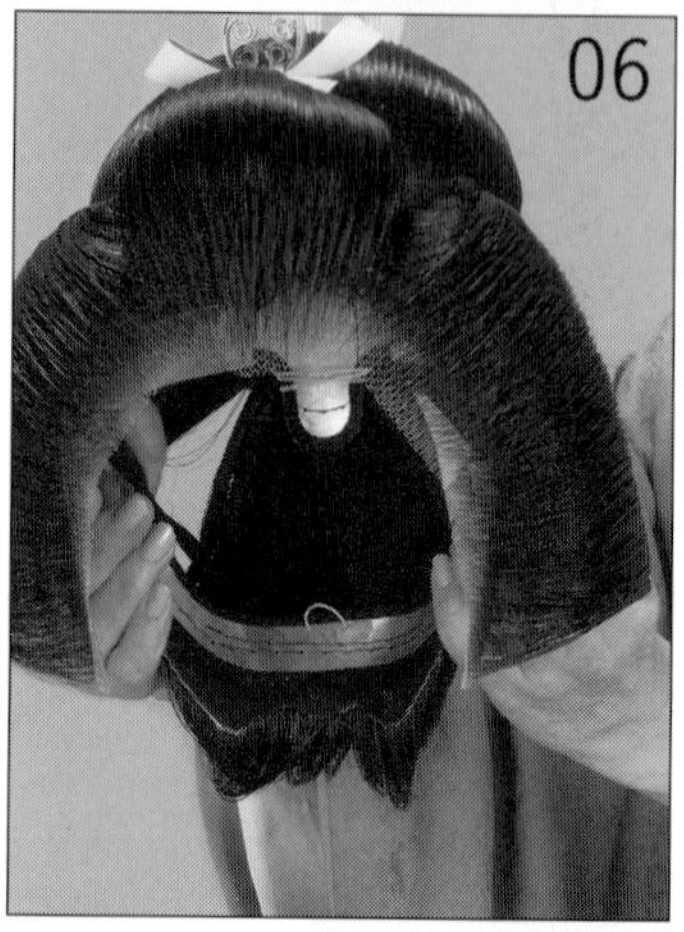

4指で髱金を持って、

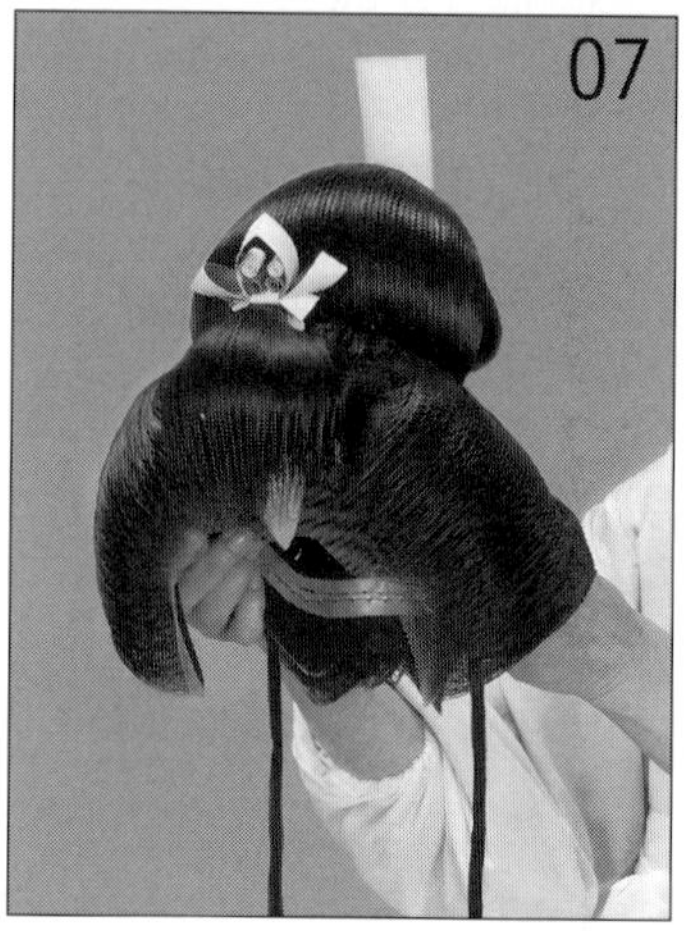

人さし指で、もみあげの所の台金を横に広げるようにして間口を広げ、後ろから前に向かって被せる。＊紐を使用する場合は、このように紐を出しておく。

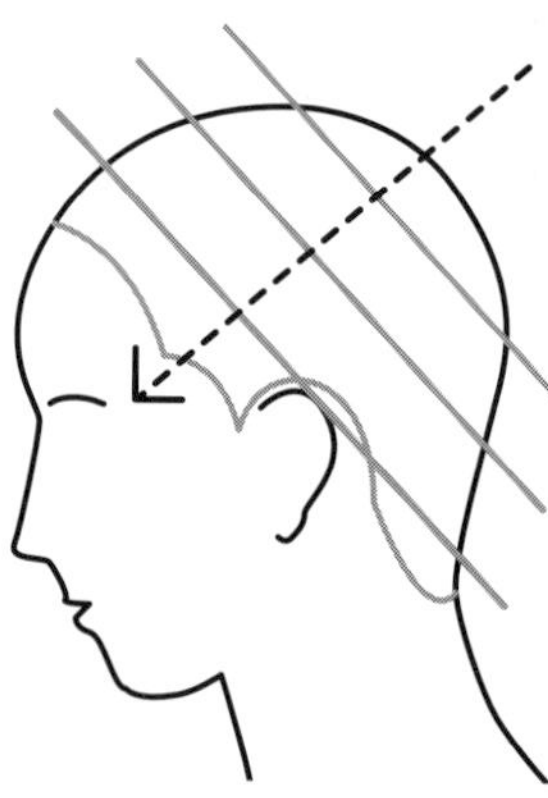

［かつらを被せる方向］

3 かつらの被せ方、外し方

かつらの被せ方

鏡を正面に見て、かつらを後ろから被せる方法です。かつらの台金を持って広げ、頭頂部から目頭に向けて被せます。

ここでは、紐を結ぶ場合の解説を加えていますが、紐を使用しない場合は、あらかじめ紐を髷の中にしまっておきます。

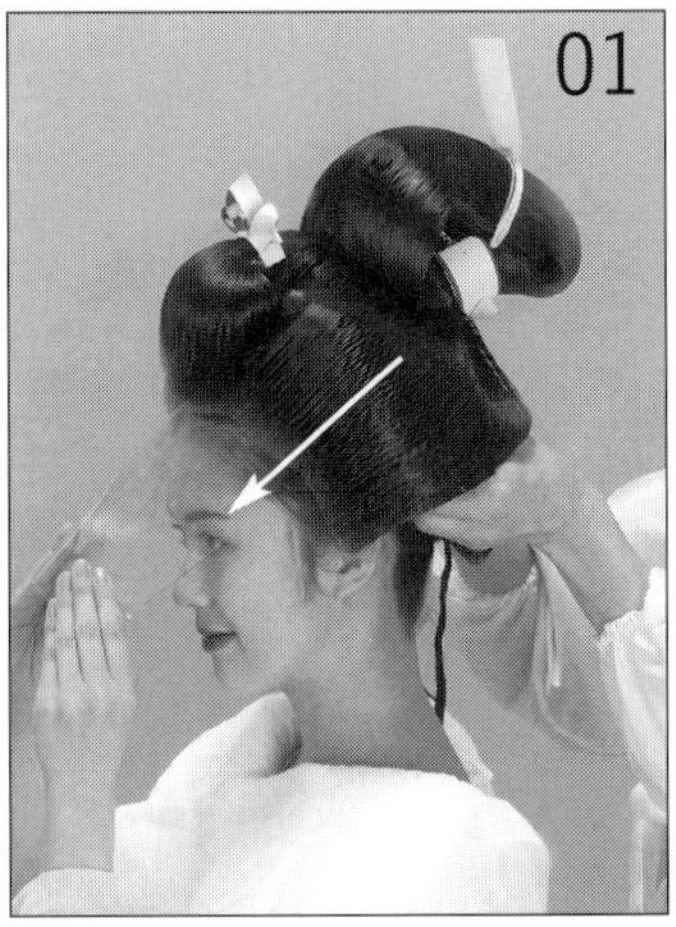

セルロイドを両手で持って額に当て、額の丸みにそわせて曲げ、セルロイドの角度に合わせてかつらを後ろから前に被せる。

前が入ったらセルを抜き、正面に鏡を見ながら、位置を確認し、手を引き抜きながら髷をおさめる。

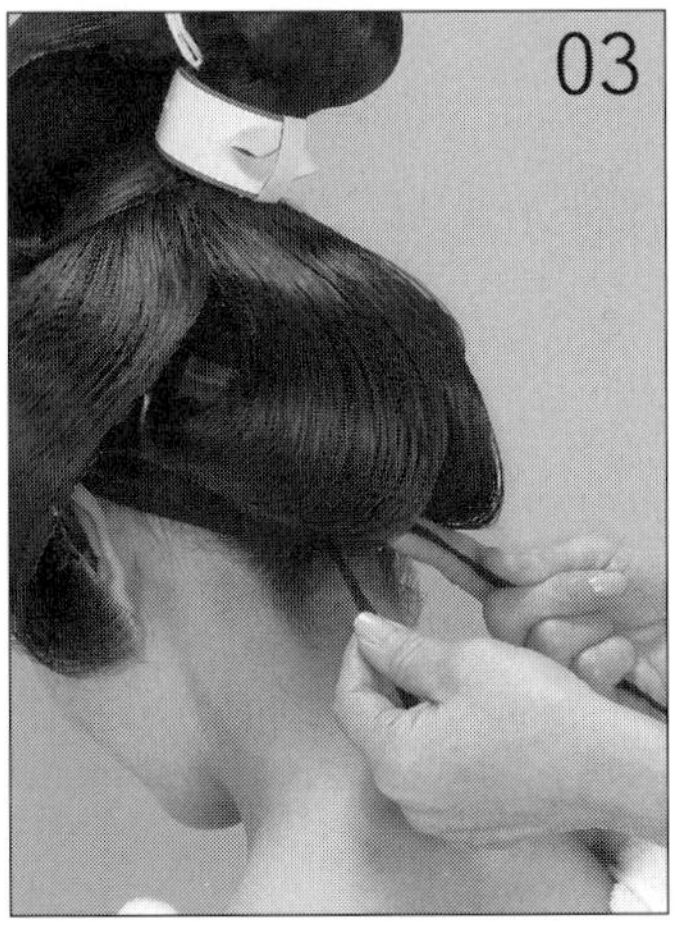

花嫁に下を向いていただき、紐を2回絡《から》げて、

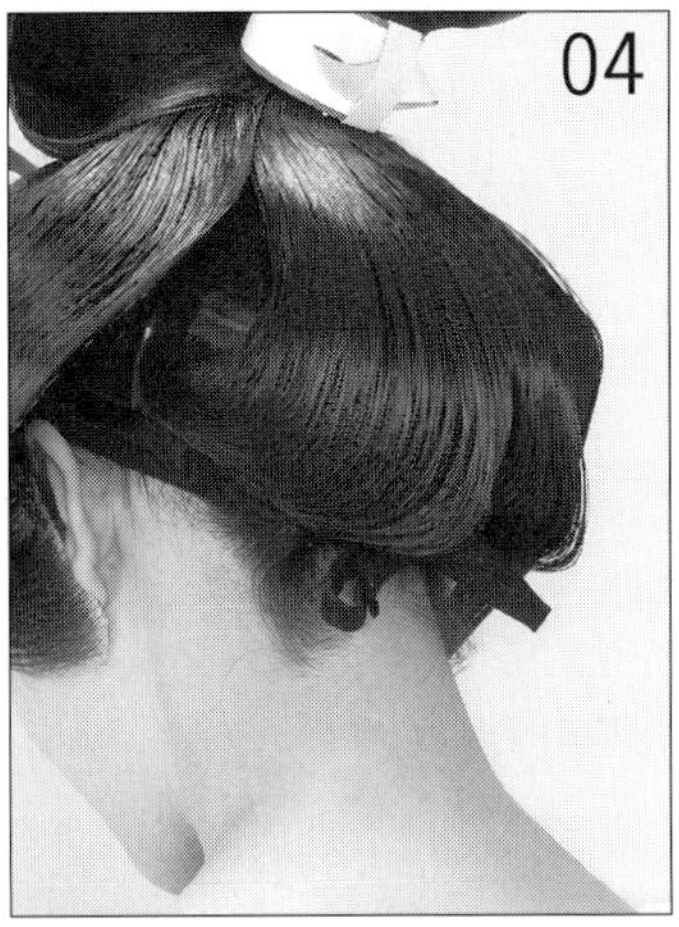

花結びにし、結び目は、

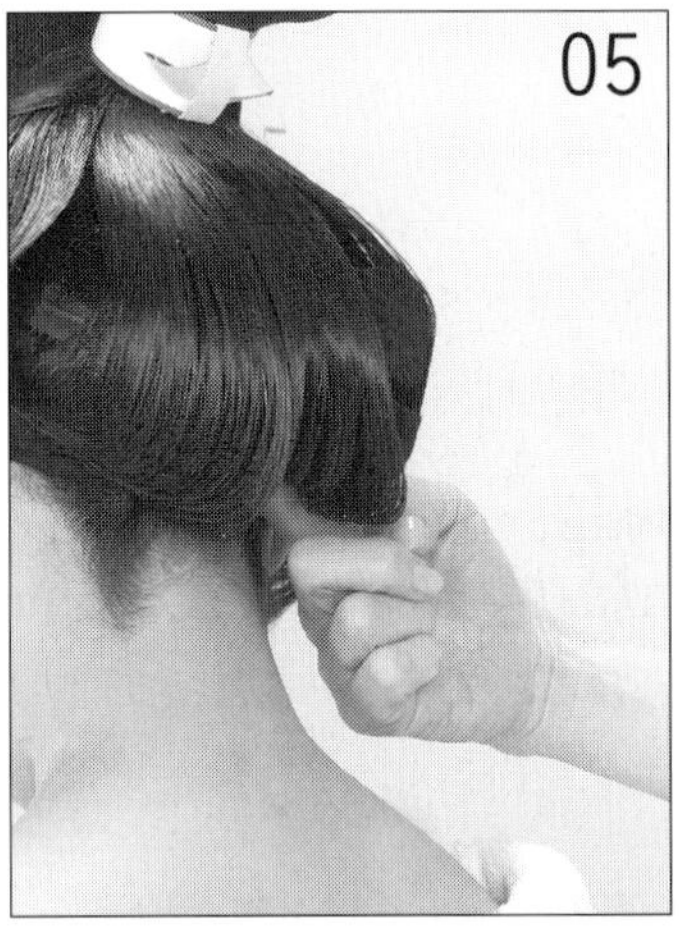

髷金の内側に入れ込み、おさめる。
＊最近は紐を結ばないことが多いが、長距離の移動時や、かつらをより安定させたい時には、紐を結んでおくとよい。

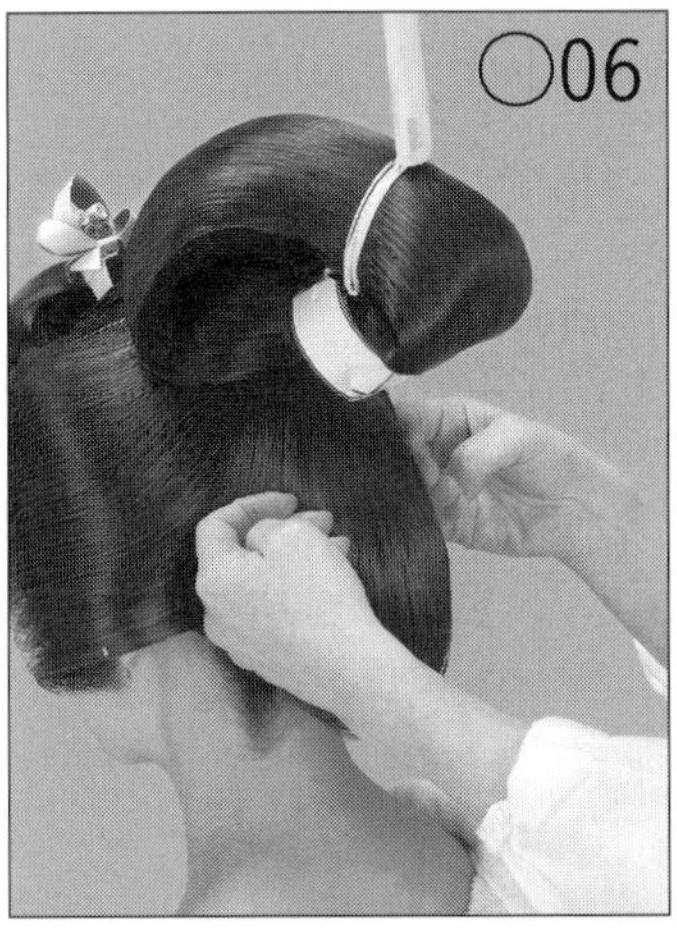

鬢尻を手の甲で軽く押さえて、整える。

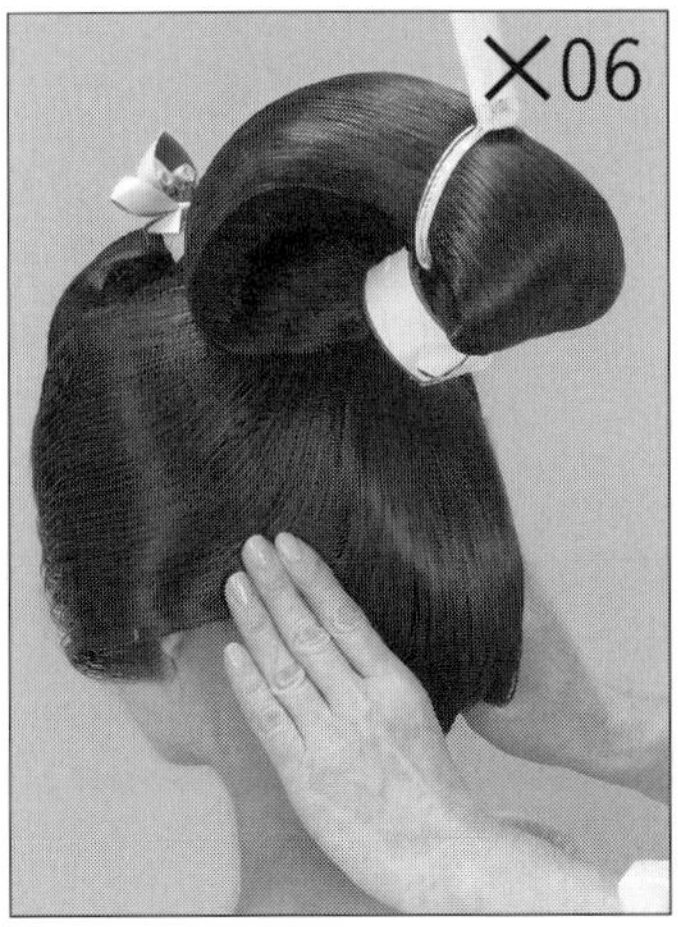

指の腹で押さえないようにする。
＊指の腹には、衿の白粉《おしろい》などが気づかない内についていることがあるので、かつらを汚さないように、指の腹で触れないようにする。

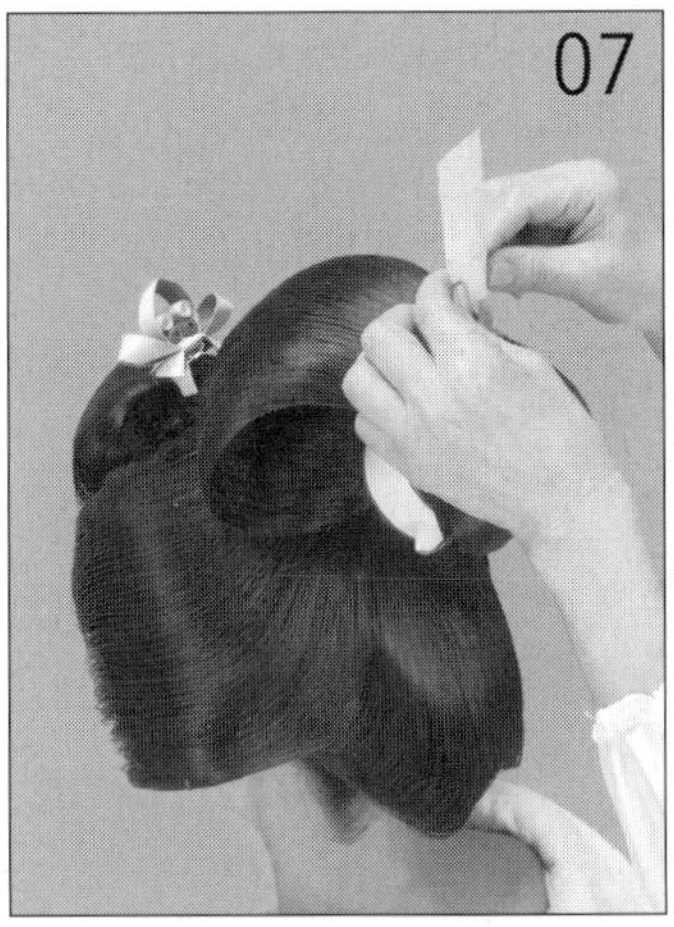

はね元結をカバーしている袋（元結で結んであることもある）を外し、

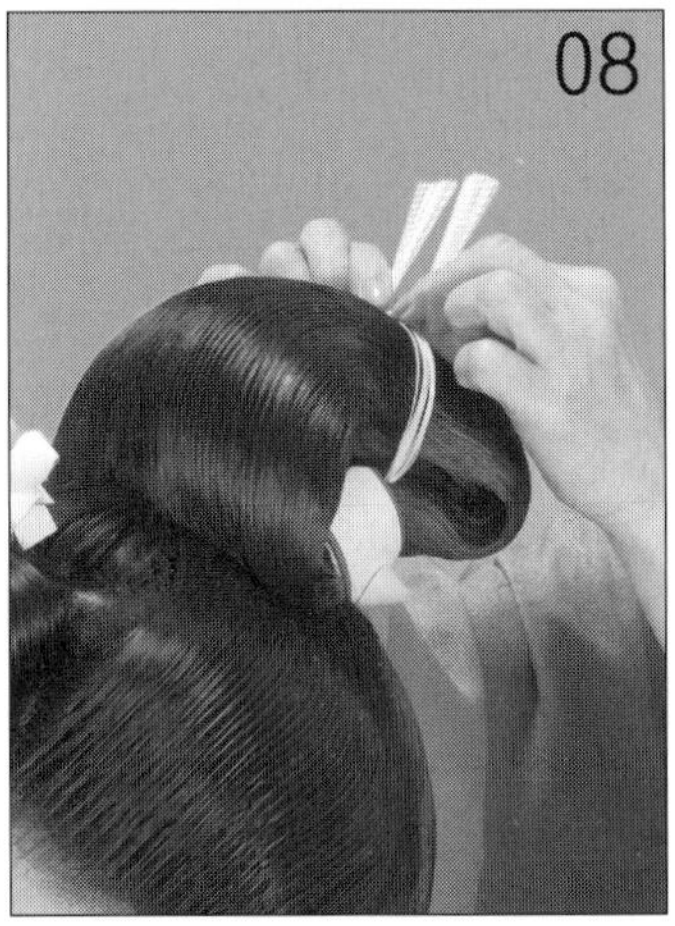

はね元結を起こす。

かつらの外し方

人さし指の腹を使って鬢を真上に持ち上げて生え際を額から浮かせ、そのまま頭頂部に向かって外します。

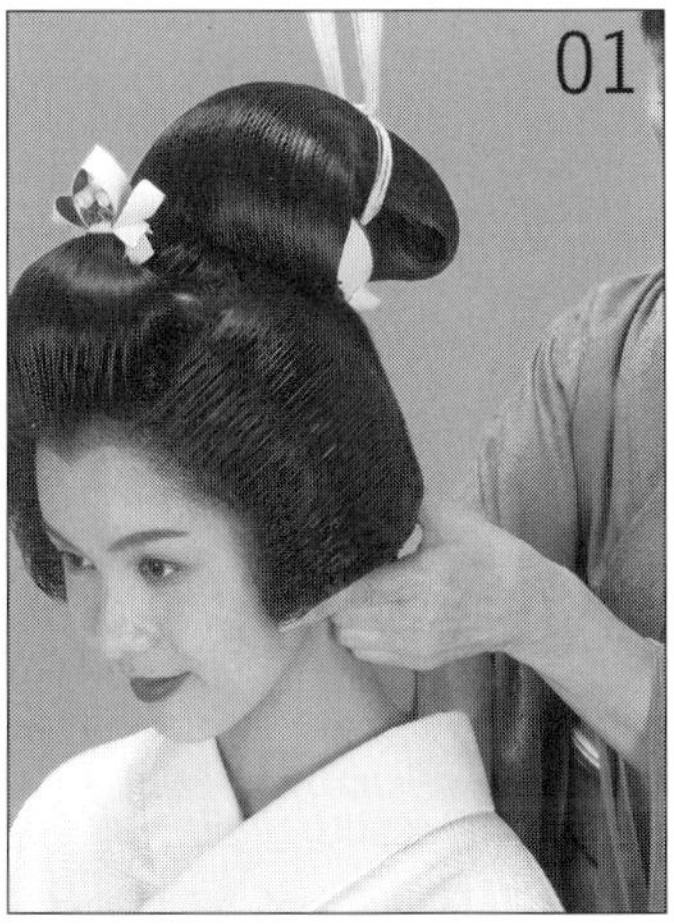

人さし指の腹を使って、鬢の下（もみあげ）を上に持ち上げ、

3 かつらの被せ方、外し方

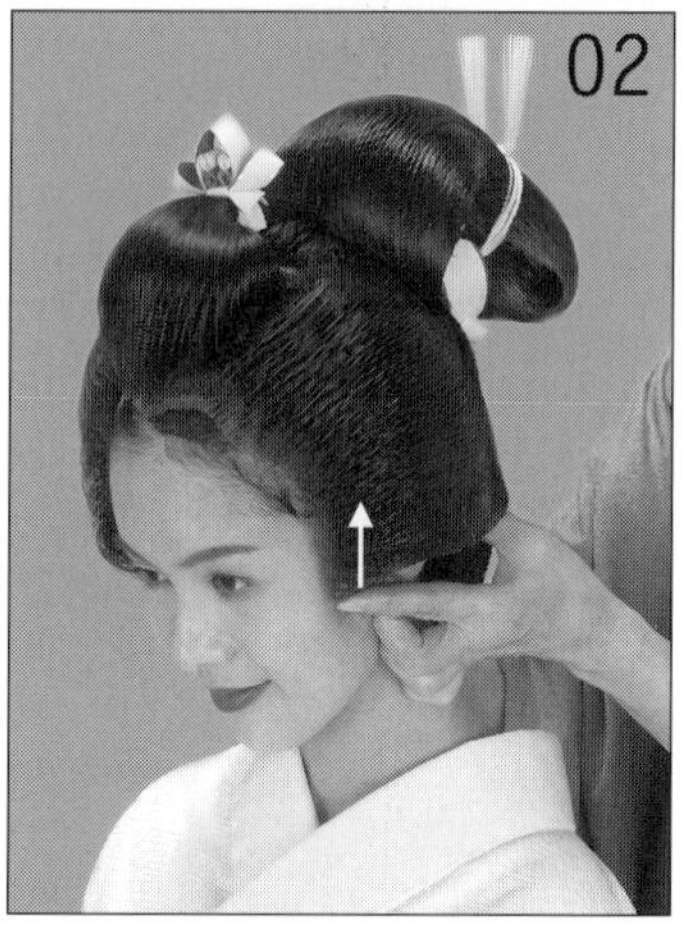

顔のフチの網（生え際）を、上に浮かせる。

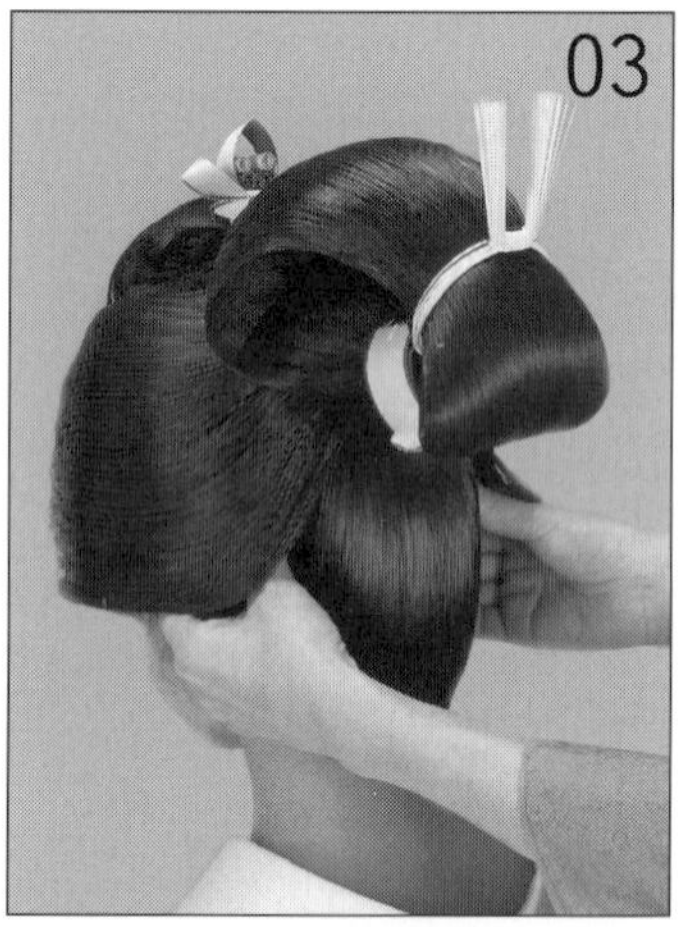

親指で後ろから髱金を押さえ、4指で髱金を中から持って、

頭頂部に向かって、かつらを外します。

4 かつらの整え方（なでつけ）

なでつけ

整える時の、櫛を入れる方向性が重要なポイントとなります。日本髪に用いる櫛は、目的に合わせて様々な形状のものがありますが、なでつけに使用するのは、主に仕上げ用のおに歯櫛、また、びんだし櫛です。

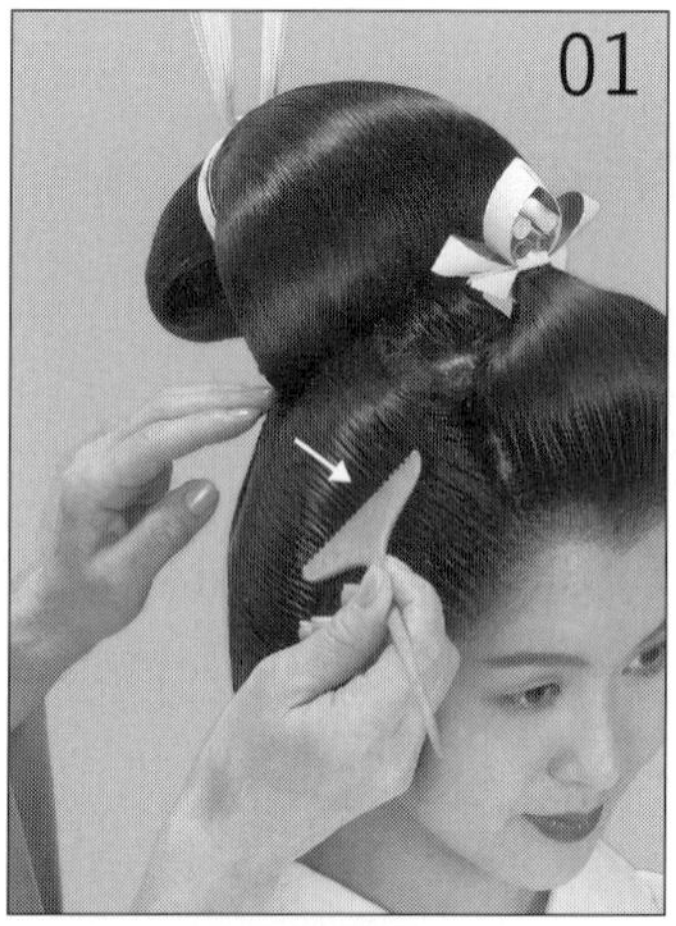

鬢の上2/3は、前（生え際）に向かって櫛を動かして毛流れを出し、表面を整え、

下1/3は前から後ろに櫛を動かし、表面を整える。使用する櫛は「おに歯（線をつくる）」。

前髪は後ろから前に、生え際に向かって櫛を動かし、整える。

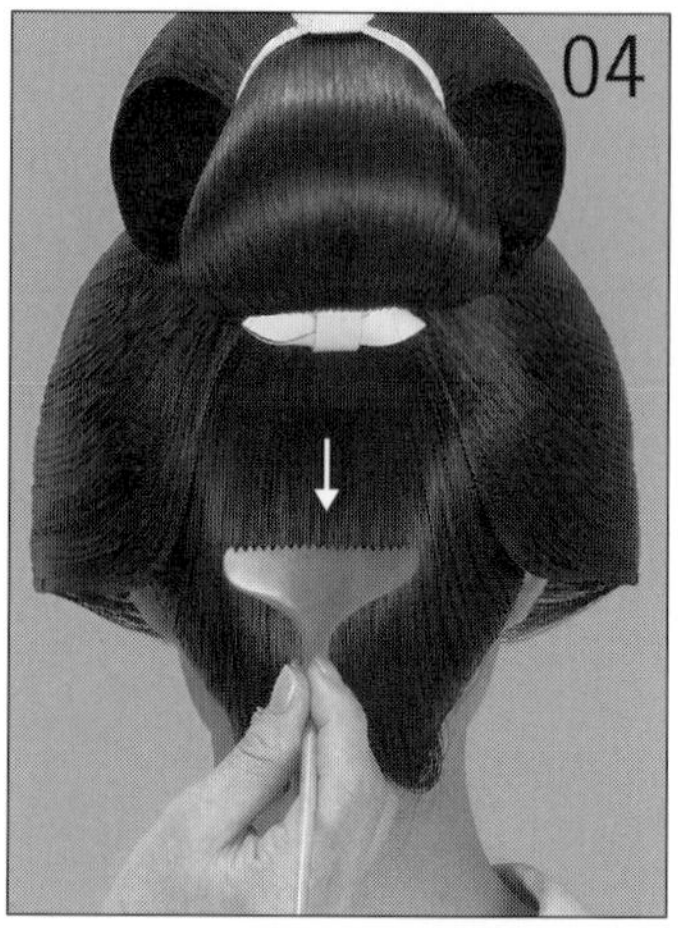

髱は根掛から下に向かって櫛を入れるが、

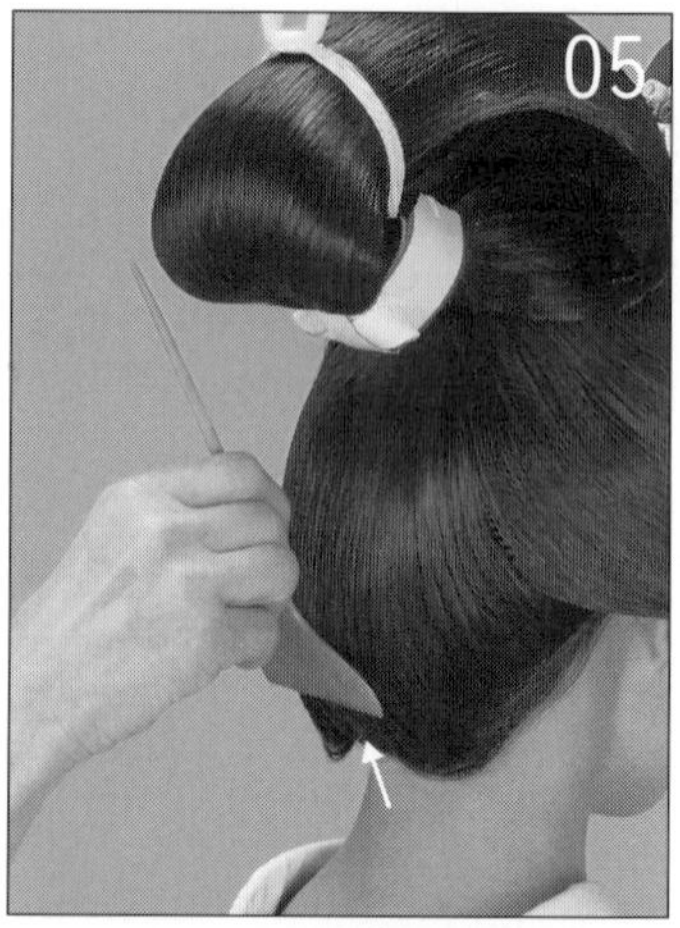

ネープ（髱先）では、櫛を上方向に動かして、下に落ちた余分な毛を、上になじませるように整える。

びんだし櫛を使って、髱の毛を引き出し、髱先を襟足につける。

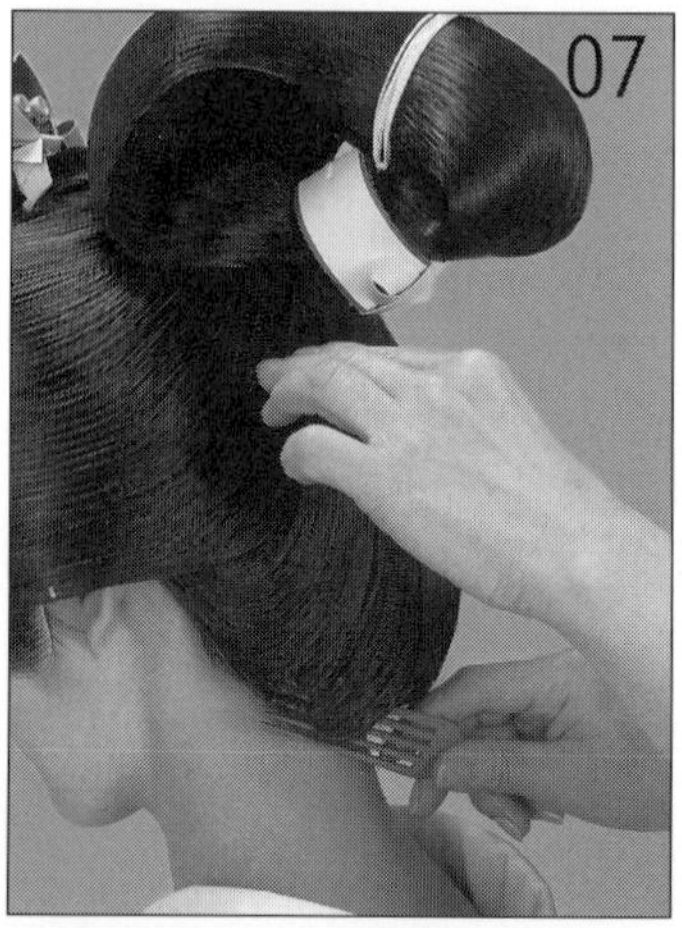

反対側も同様に、中から髱の毛を引き出し、髱を襟足につけ、表面を整えて仕上げる。

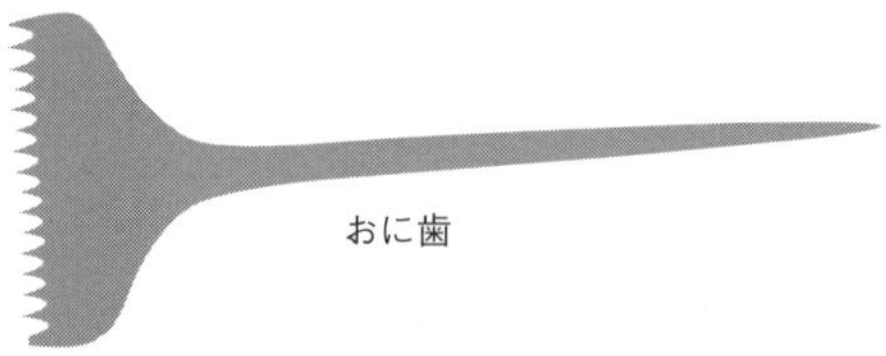

おに歯

びんだし

5 かつらのしまい方

かつらのしまい方

かつらケースを持ち運ぶ時、中のかつらがずれないように、かつらを、かつらの台（ぼうず）に安定良く乗せ、あいびき紐を結びます。

01

かつらの台（ぼうず）を、前に傾くように、かつらケースの上に置き、

02

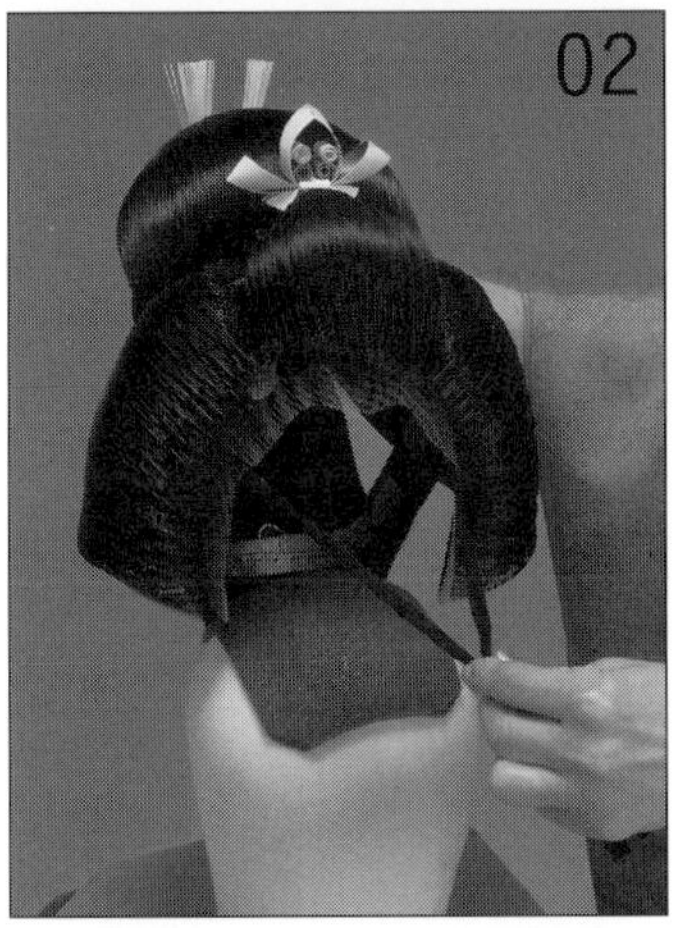

右手でかつらのはね元結の所を、左手であいびき紐を前に持ち、

03

あいびき紐を前に引きながら、かつらをかつらの台（ぼうず）に被せる。

04

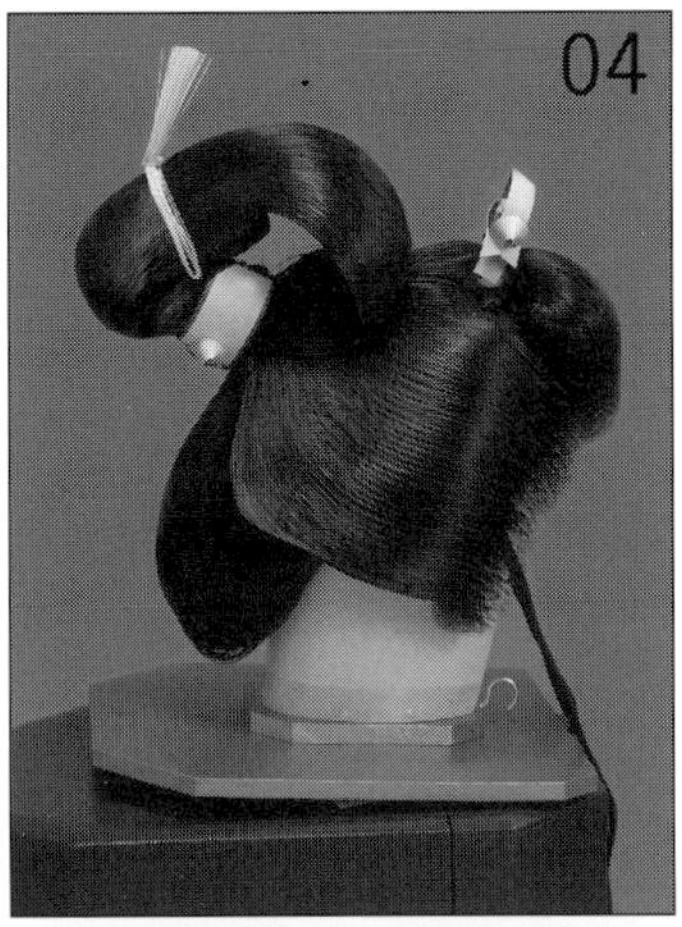

かつらは、このように正しい角度で、かつらの台（ぼうず）に乗せる。

05

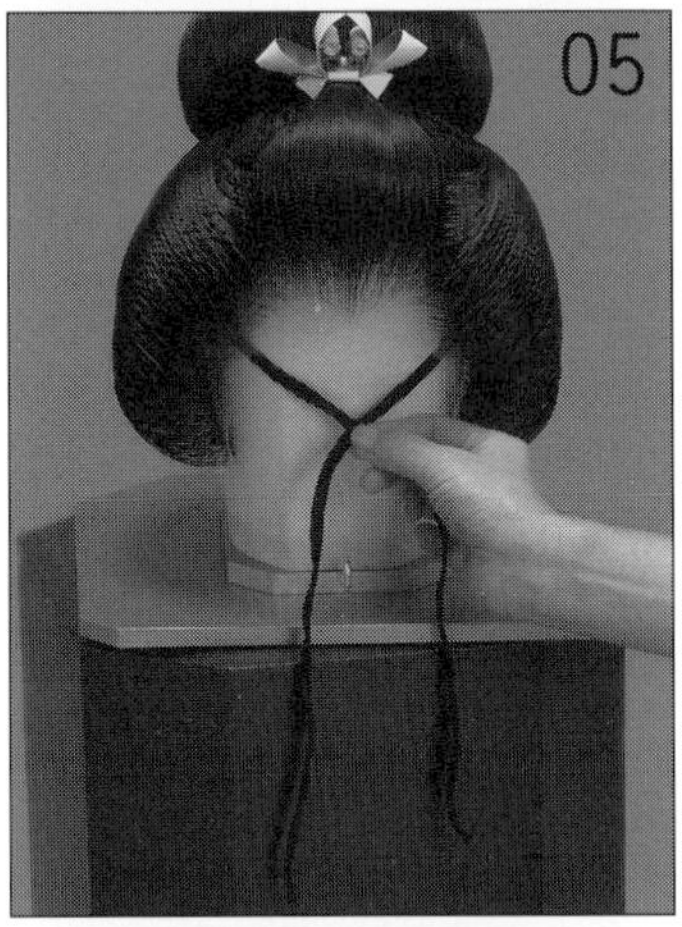

あいびき紐を、前中心で衿合わせに交差し、1つ絡《から》げ、

06

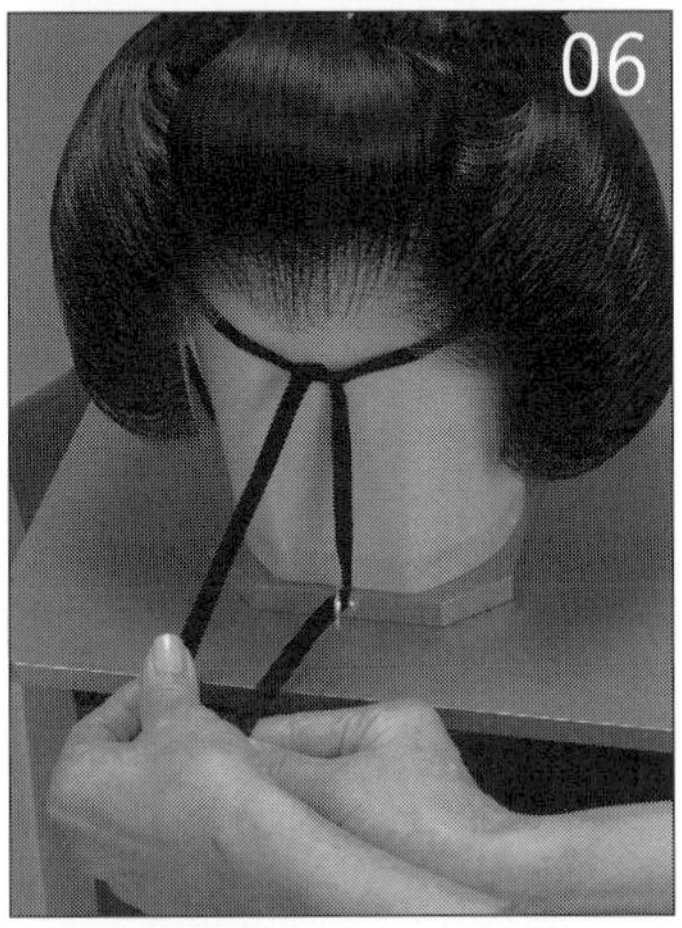

紐先を下に下ろして、紐1本を、かつらの台の金具に掛けて上に上げ、

07

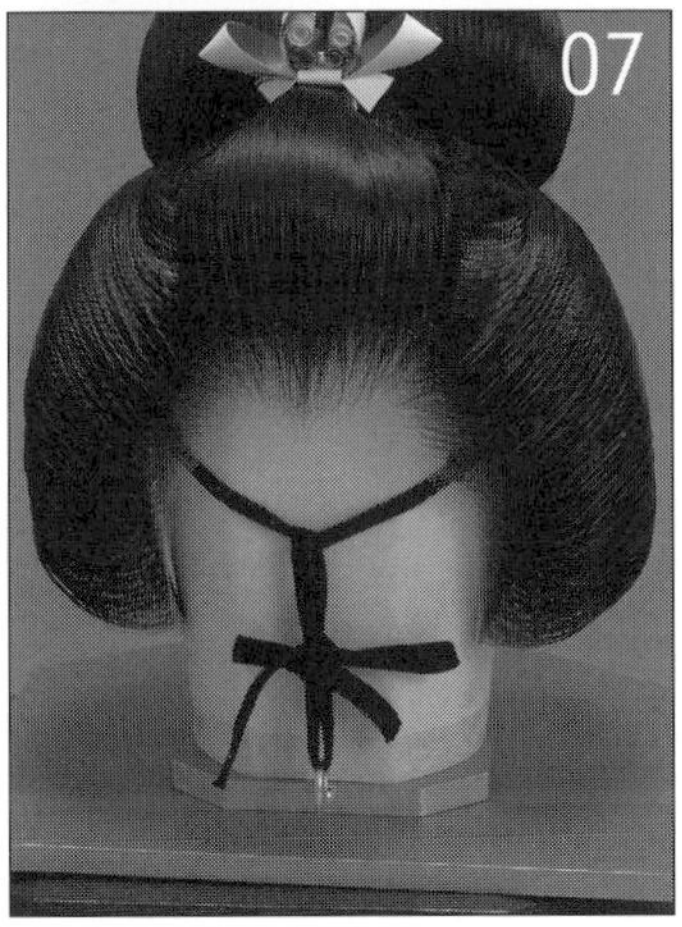

残りの紐と交差して花結びにする。

08

はね元結いが乱れないように、先を元結などで結んでおく。

08*

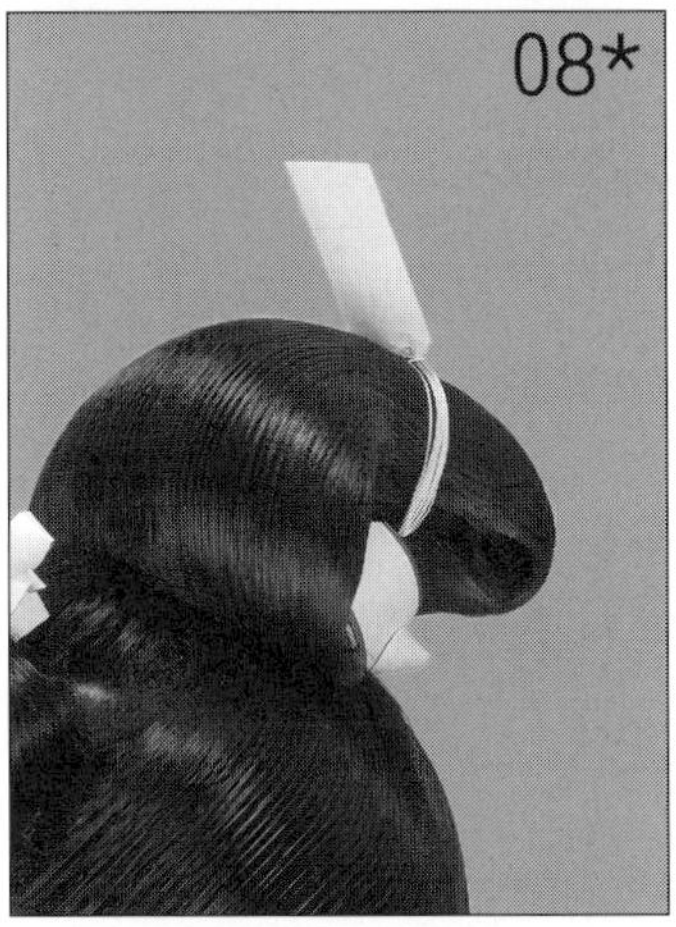

元結で結ばず、袋を被せておいてもよい。

09

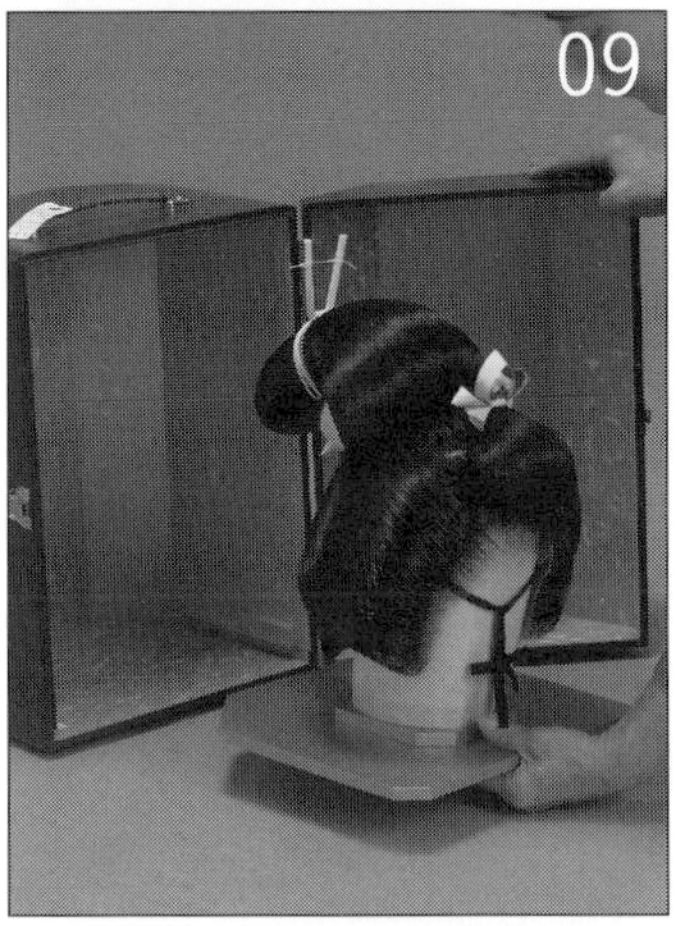

片手でかつらケースのフタを押さえ、片手でかつらの台（ぼうず）を持ち、はね元結がケースの上に当たらないように注意しながら、

10

ケースにおさめる。

髪飾りの付け方

髪飾りは装飾を目的とするものですから、付け方が細かく決まっているわけではありませんが、おおよその位置がありますので、所定の位置に左右バランスよくつけていきましょう。

花嫁の場合、中差しも後差しも高い位置に差します。低い位置に差すと粋になってしまうからです。

中差しの中心を持ち、笄どめが付いている時は、片方を止めておいて、

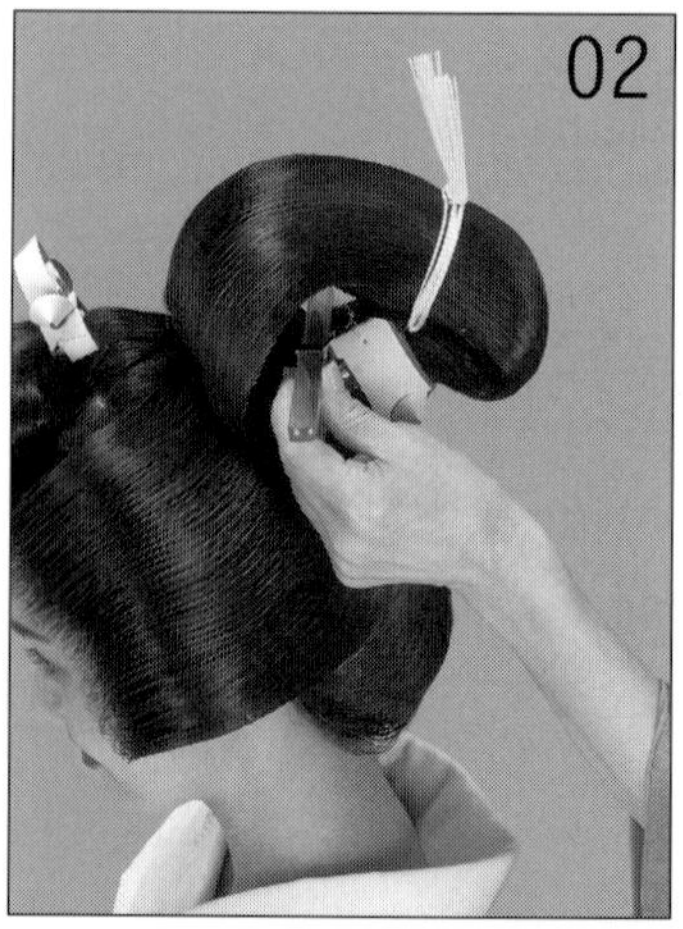

髷の中に通して、できるだけ高い位置に固定し、

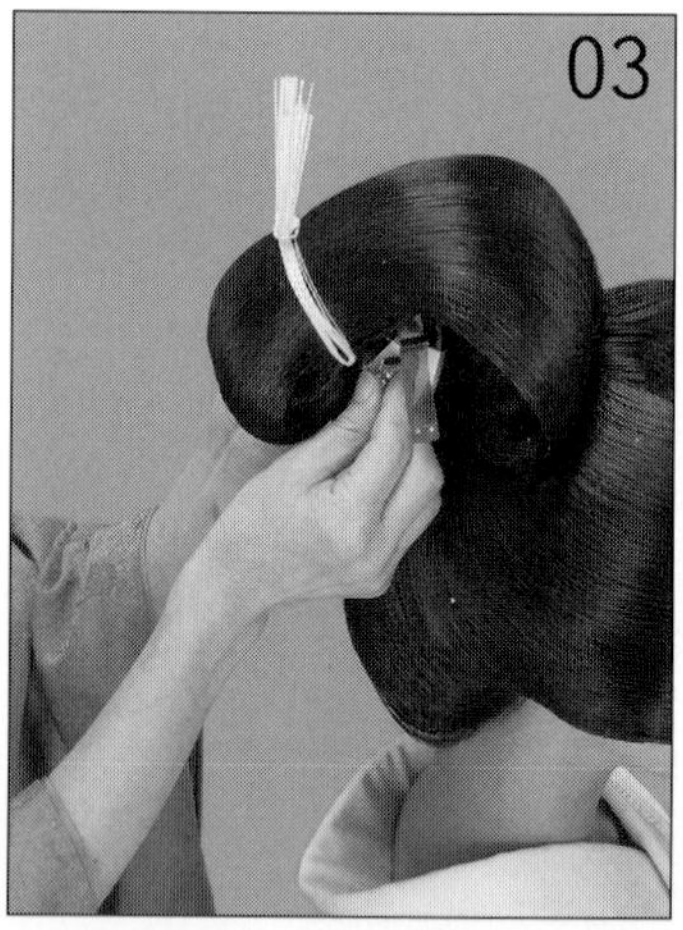

笄どめを反対側に掛ける。

STEP 4) 髪飾りと被り物

～日本髪に差す髪飾りには、櫛（くし）、笄（こうがい）、簪（かんざし）などがあります。日本髪はある程度、構成とフォルムが決まっているので、自由で変化のある髪飾りは、個性を出すのに大いに役立ちます。
被り物とは笠や帽子など、頭に被るものの総称で、花嫁の被り物には綿帽子と角隠しがあります。

櫛《くし》
前髪の元結を結んだ後ろに差す。本来は髪を手直ししたり、ほつれた毛を直すなど実用的な目的で用いられていた。

（前髪飾り）
前髪を結んだ所に飾る。

（はね元結）
日本髪の結い上げでは、最後に髷の「いち」を結ぶが、この元結が形式化して、装飾の役目を果たすようになった。

（根飾り）
高島田の髷には、1寸2分（3.5cm）の丈長を用いて高さを出すが、それを装飾化したもの。花嫁以外は、ほとんどこの飾りはつけない。

＊一般には、花嫁に用いる髪飾りをまとめて「櫛笄簪一式」とか、「笄（こうがい）」と呼んでいますが、中差しのみを、特に「笄」と呼ぶこともあります。

前差《まえざ》し
前髪に差すものを前差しと呼ぶ。これは元々、装飾的に用いられていた。

中差《なかざ》し
根の部分に差す。特に「笄（こうがい）」とも呼ばれ、笄《こうがい》ものといわれる髪形はこの棒がないと成り立たない。本来、実用的な目的で使われていたが次第に装飾化され、結い上げるのに中差しは必要ない高島田にも髪飾りとして用いられる。

後差《うしろざ》し
髷に差し、後ろ見を飾るもの。耳かきがついているのが特徴で、本来は道具の一つであった。

中差し・左右の飾りを付ける。

鏡を正面に見て、左右対称にバランスよく整える。

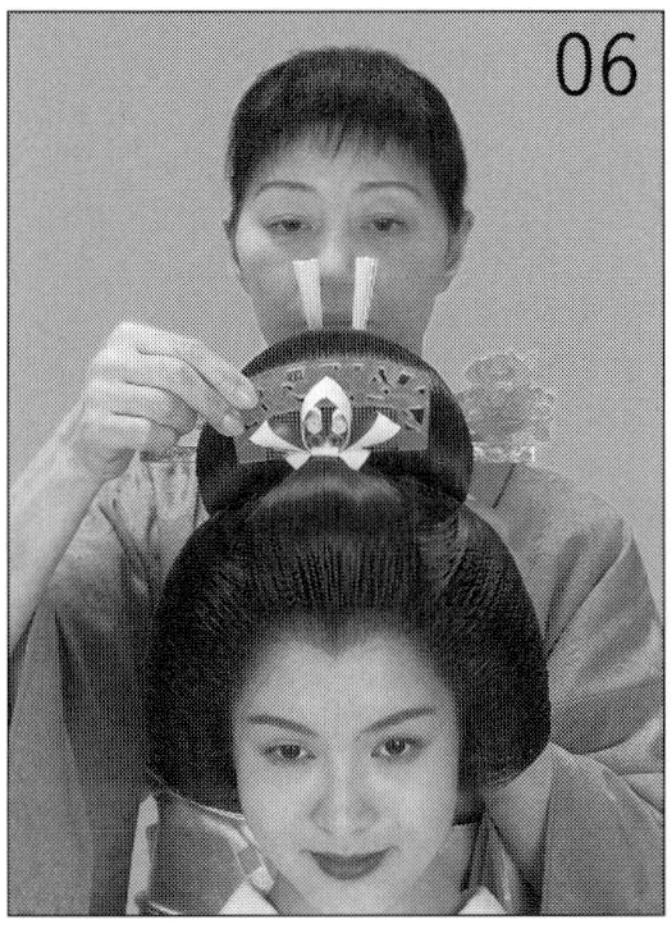

前髪飾りと髷の間に、櫛を差す。

前髪飾りの前を片手で軽く押さえ、櫛を垂直にぐっと差し込み、

前に少し倒し、おさめる。

前差しは、

前差しの脚を、鬢窓に斜めに差し入れる。

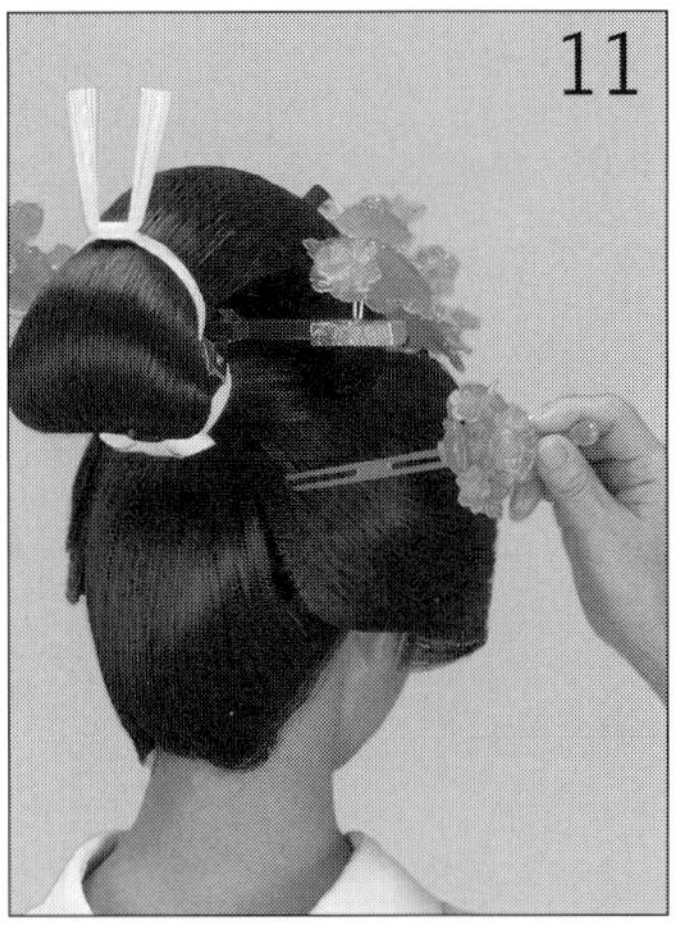

後差しは、根金の上に、できるだけ高い位置で、鬢尻より1cm位内側から水平に差す。鬢の端から差すと、鬢が割れてしまうので注意。

以前は、後差しを下から斜めに差していたが、最近は、落ちないように、水平に差すことが多い。

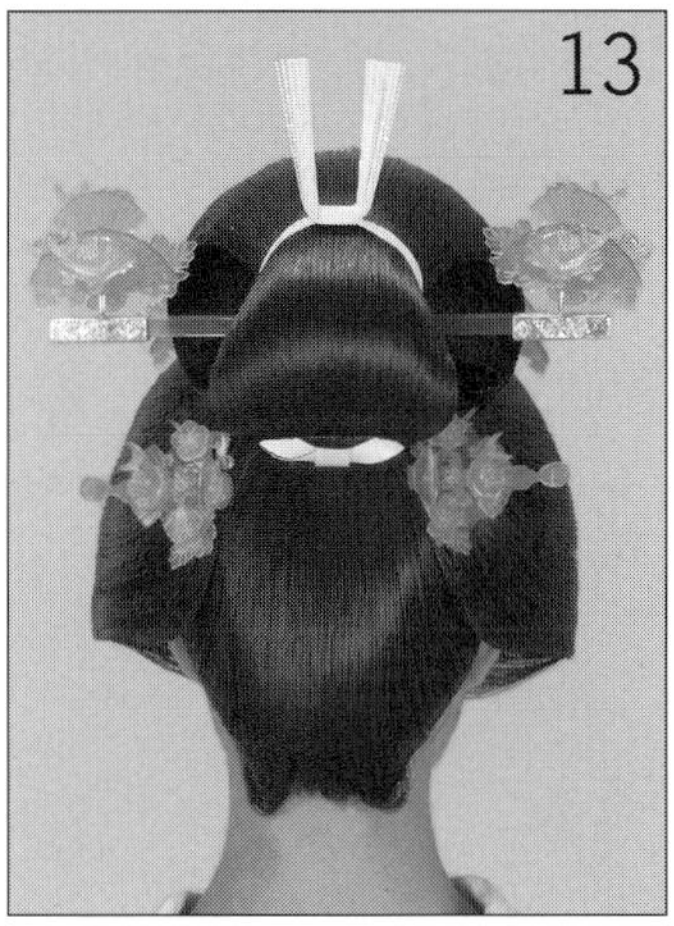

反対側も、同じ位置につける。後差しも、中差しと同様に、できるだけ高い位置におさめると花嫁らしい気品が出る。

髪飾りのつけ終わり。

角隠しの被せ方

被り物の一つで、揚げ帽子ともいい、本来は表が生絹《きぎぬ》（白色）、裏は紅絹《もみ》（紅色）で作りましたが、現在では白一色のものが多く、婚礼の時に、花嫁が用いるのみとなっています。

なお、角隠しを被せる前に、前差しを外しておきます。

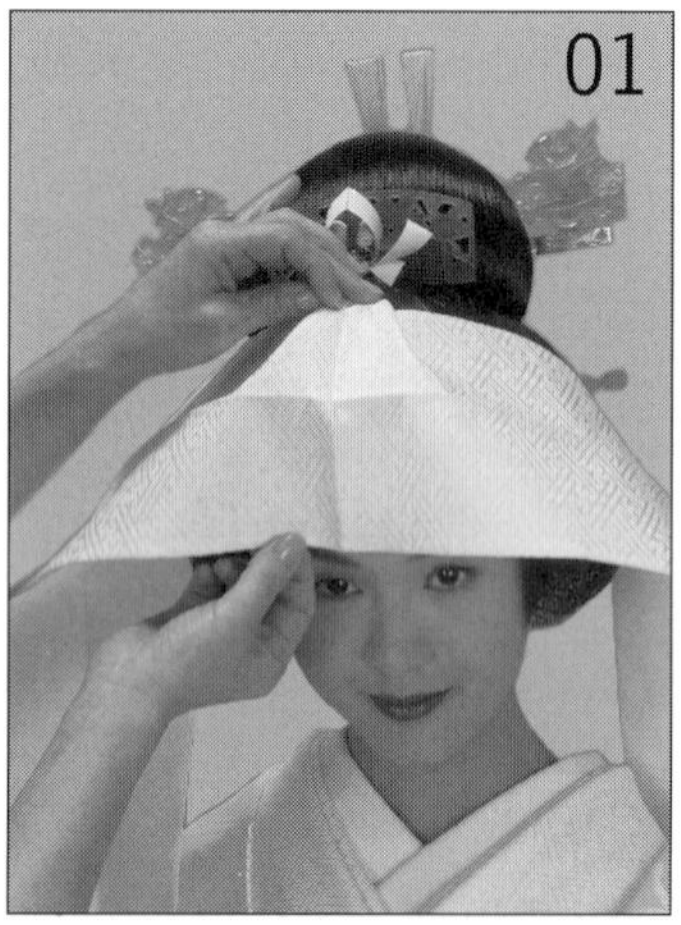

01 角隠しは長さを2つ折りにし、中央から4cmの所を浅くすくい、少し間をあけて（約2mm）止めておく。角隠しの中心を前髪にかけ、

02 前中心を額中央に合わせて、両先を後ろに送る。

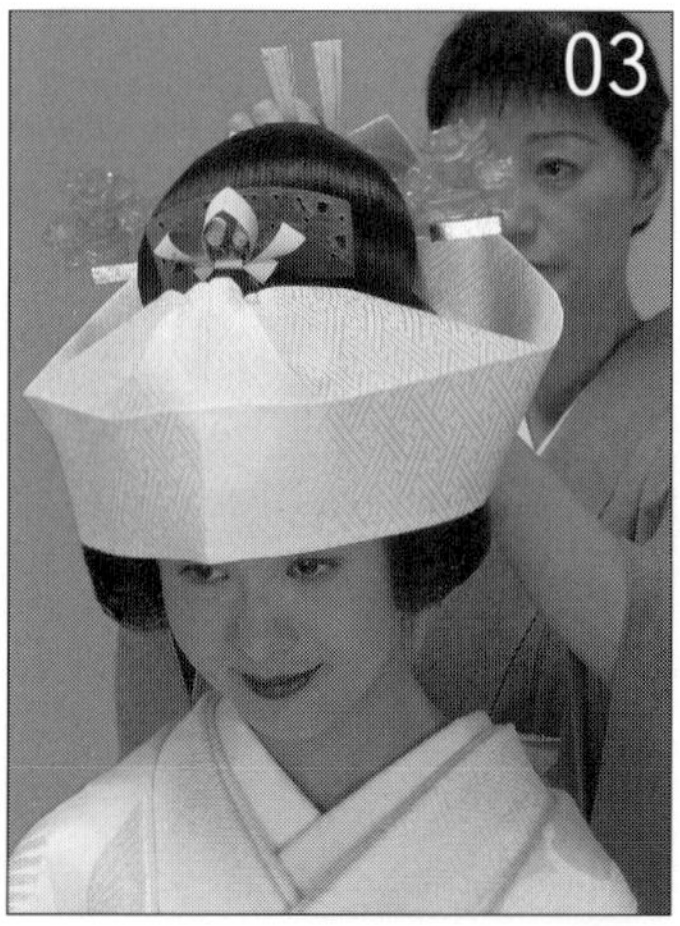

03 後ろで、先を入りの字に交差し、

04 左右同じ長さにして、いちの上で仮止めする。

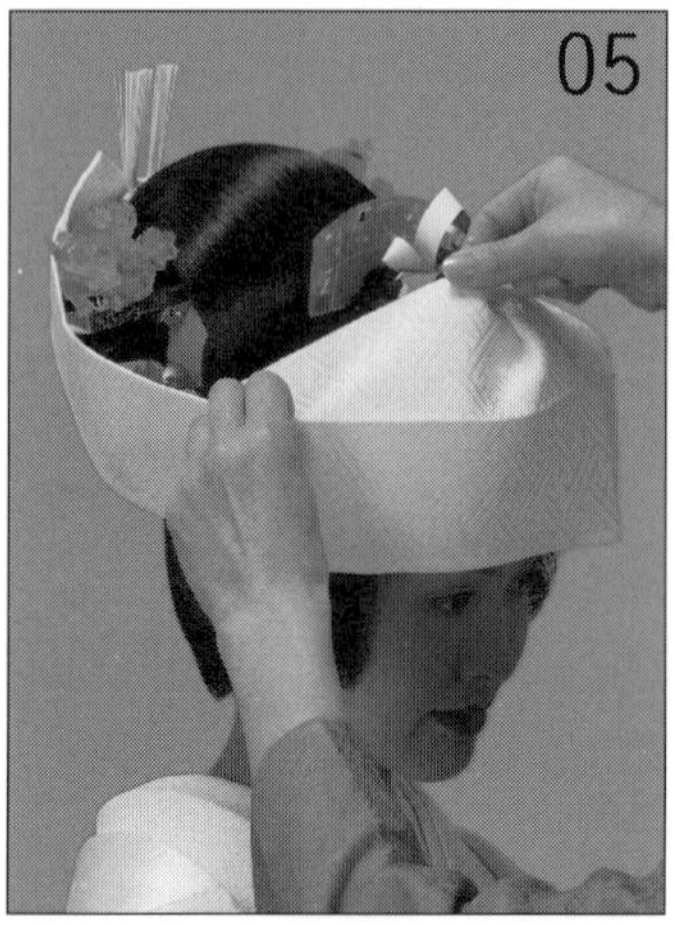

05 中心を箱ヒダにし、角隠しの下のラインを眉から少し上がった所に決め、短いマチ針で前髪に止め、前の山を整える。

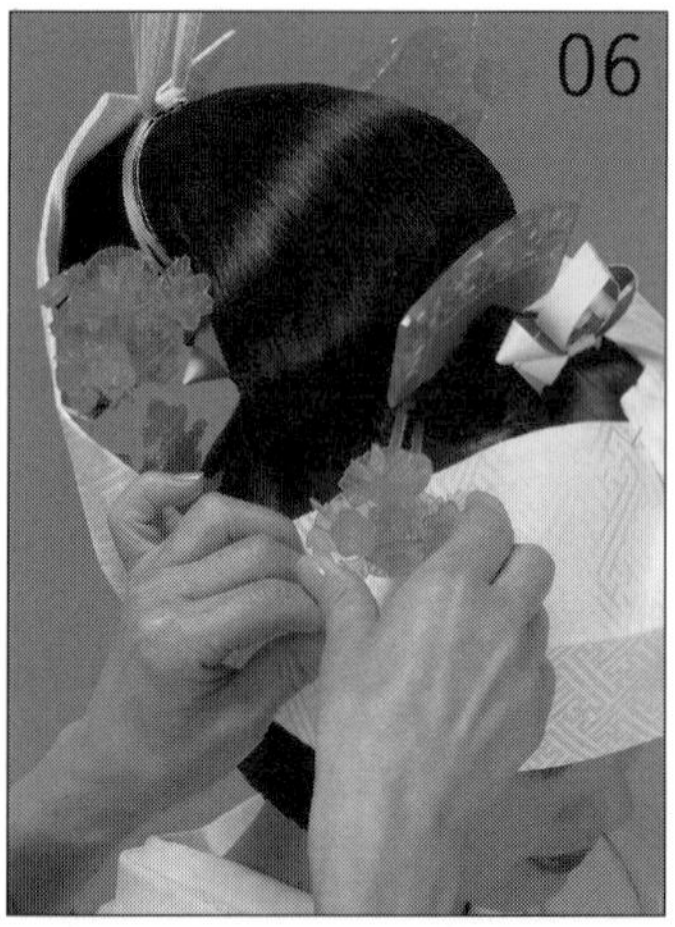

06 前差しを差し直し、

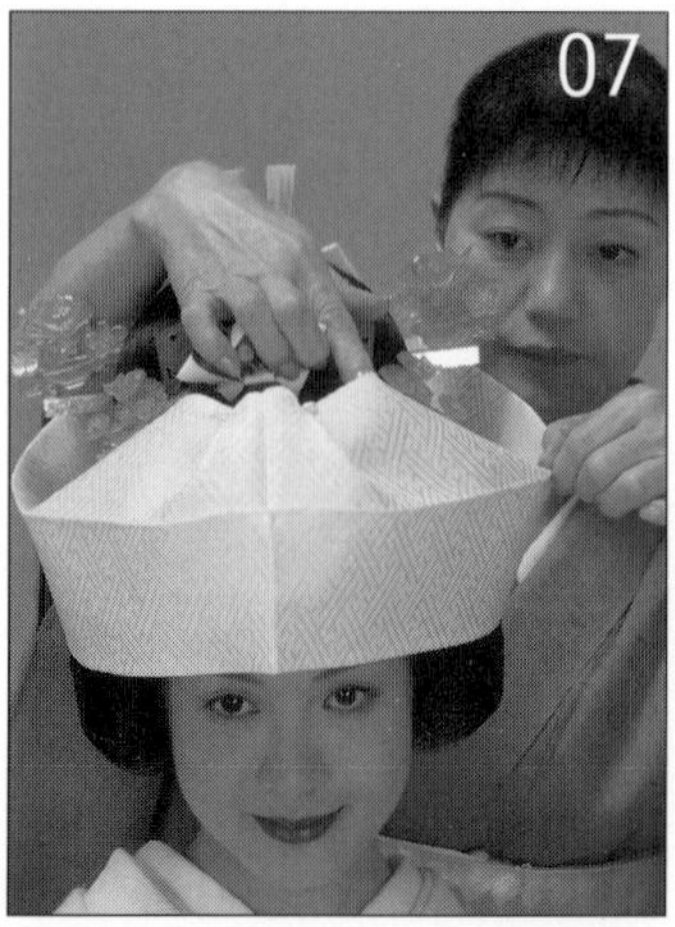

07 反対の山も整えて、もう一方の前差しも差し、

08 正面で、左右の高さを合わせ、

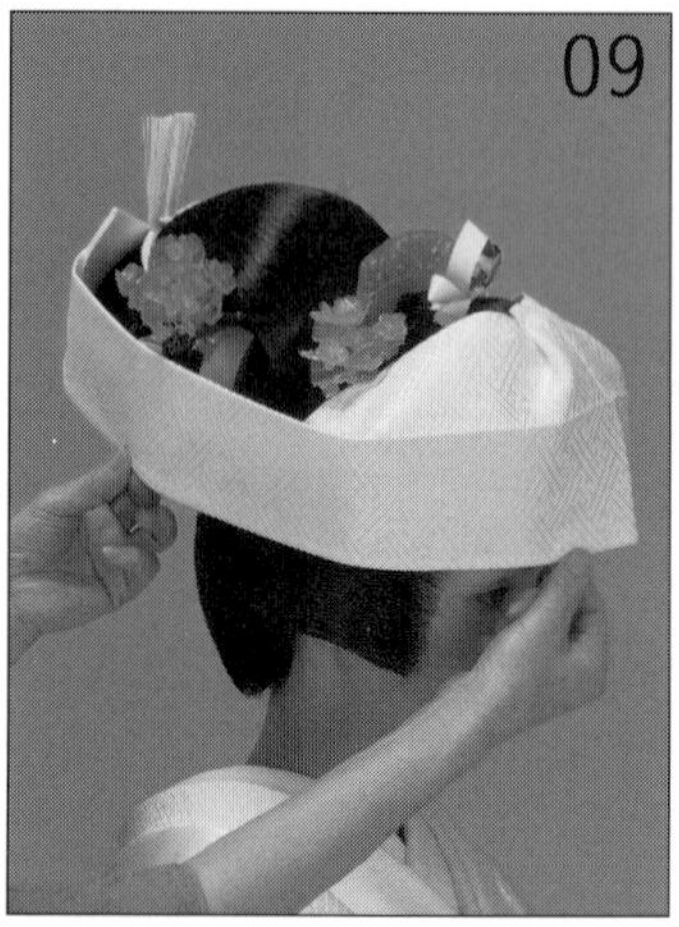

09 ゆるみを後ろに引き、いちの上に仮止めしたマチ針を止め直す。

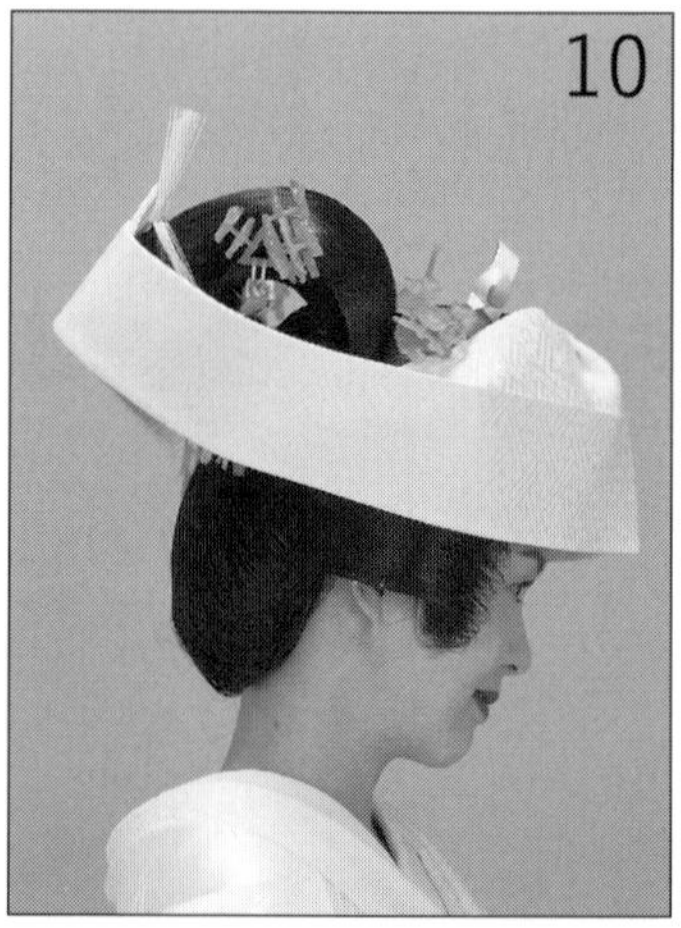

10 角隠しは、後ろ上がりに、左右対称に整える。

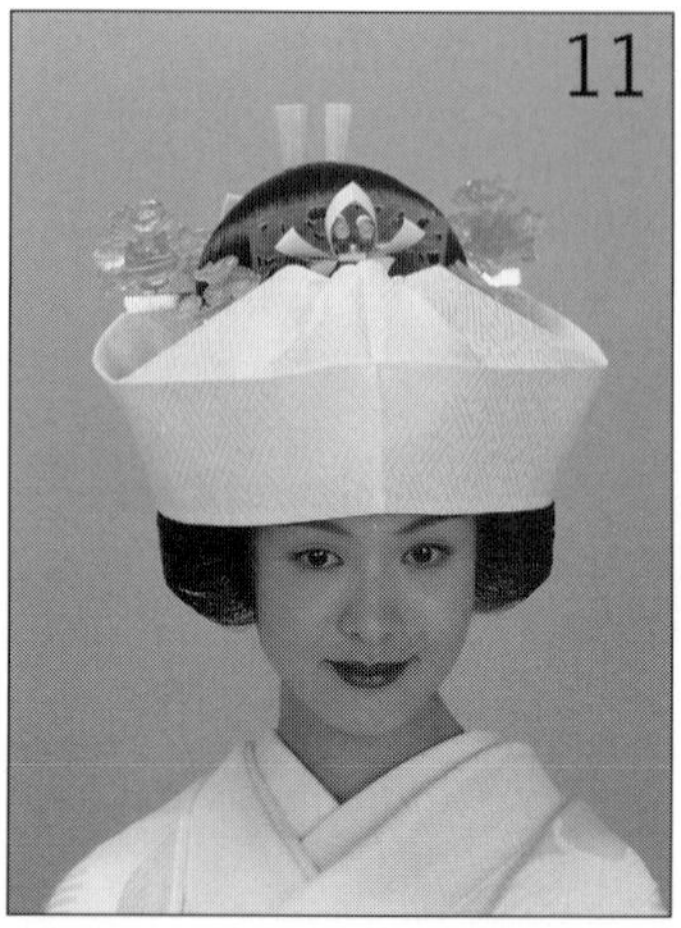

11 前から見た角隠しの付け上がり。

STEP 5）美しく見える、姿勢とかつらの角度

〜よく「きものを着た時は内股で…」と言われますが、それは何故でしょうか？

普段、洋服で生活している私達は、きものを着ても足は自然と外股になりがちですが、足先が外を向くか（外股）、内を向くか（内股）で、実は、顔の向きや胸、お尻の上がり方が違ってきます。

きものは、ややおでこを下げて、前傾姿勢で着こなしたほうが美しく見え、そのためには、内股で立ち、歩くようにすると自然とそのような姿勢になるので、美しくきものを着こなすことができます。

重いといって嫌われがちな「かつら」も、おでこを下げ、あごを引いた姿勢ですと、重さを感じず、軽く被ることができ、さらに斜めの線が強調されて美しく見えます。

実際に、かつらをつけて外股で立ち、おでこを上げた場合と、内股で立ち、おでこを下げた場合の“かつらの重さと安定感”を比べてみましょう。おでこを上げると、かつらが重くなり、後ろに引っ張られる感じがします。逆に、内股で立ち、あごの力を抜いて、おでこを下げてみると、かつらが軽くなり、楽に美しくかつらを被ることができます。

きものの姿勢と脚の向き（内股）

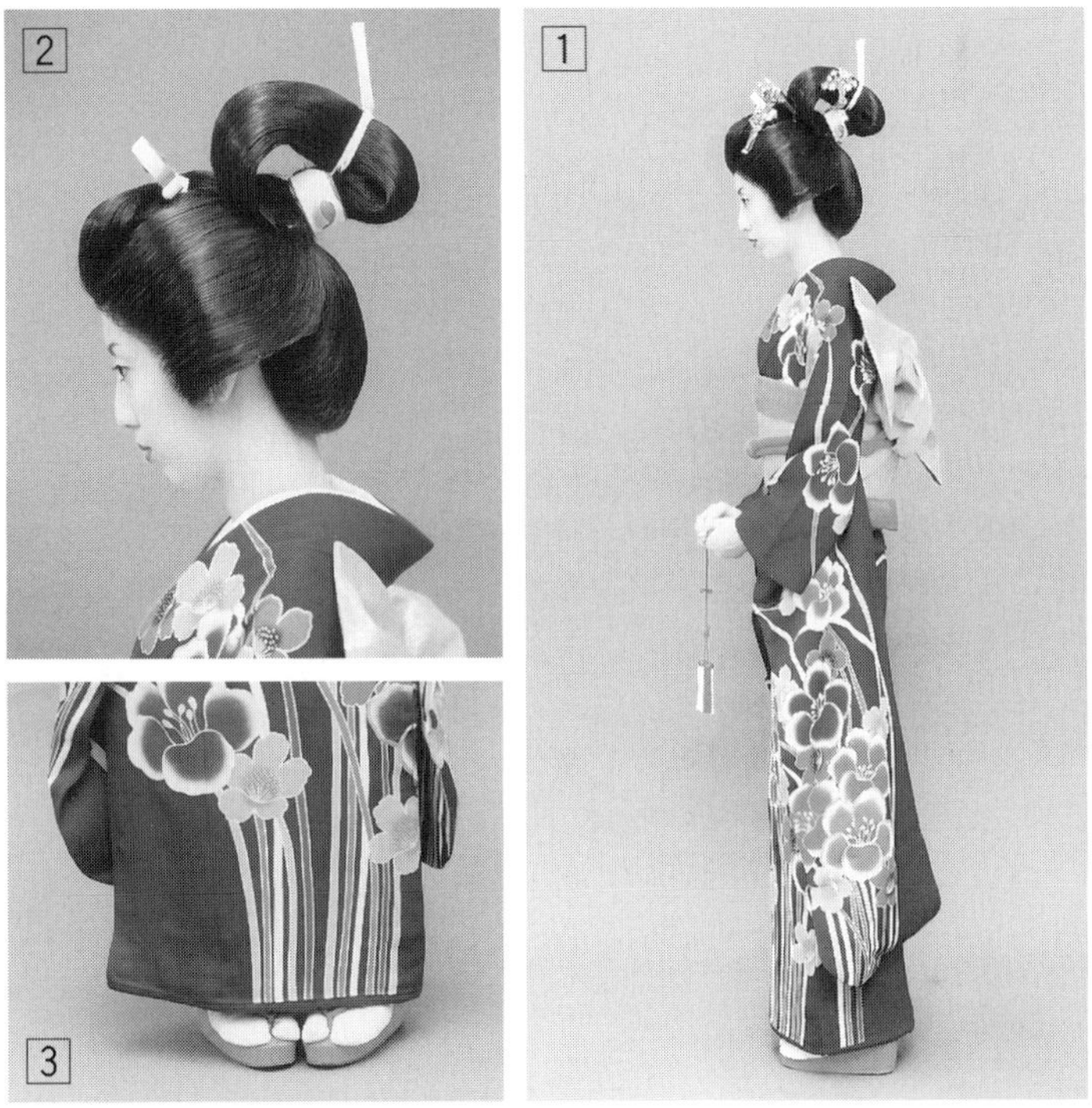

1 きものの時は、内股で、あごの力を抜いておでこを下げ、伏し目がちに目線を下げて、前傾姿勢で立つとよい。
2 鬢（びん）が斜めの線になり、首、顔、きものも斜めの線になる。身体の中心に重心がくるので、かつらを軽く被ることができる。
3 きものの時は、意識して内股になると楽に、美しくきものを着こなすことができる。かつらも軽く、楽に被れて、見た目も美しい。

角度による違い

5 被せ過ぎ／かつらは斜めの線になりますが、額が狭過ぎです。

4 内股で、あごの力を抜き、おでこを下げた時のかつらの見え方。

5 テリ過ぎ／かつらの見え方は外股の時と同じようになり、額も広過ぎます。

4 外股で、おでこを上げた時のかつらの見え方。

洋服の姿勢と脚の向き（外股）

1 洋服の時と同じように、外股できものを着てしまうと、おでこが上がり、お腹も出てしまう。
2 鬢（びん）の毛流れが水平になり、かつらの重心が後ろへいくので、後ろに引っ張られて、かつらが重くなる。
3 外股で立つと、かつらが重く感じられるだけでなく、見た目にも美しくない。

STEP 6) 和装花嫁の化粧

～和の化粧は「求心的」、洋の化粧は「遠心的」、
というのが基本のセオリーです。
今日ではほとんどの花嫁が、できるだけ
普段のお顔に近い自然なメイクを望まれるので、
かつらや衣装とのバランスを計りながら
作り込みすぎないように注意し、化粧をしていきます。

和装花嫁の化粧のポイント

眉の化粧

○「和」の眉形は「笹眉」（お雛さまや日本人形の眉）が理想。
○本来の眉の形を生かしながら、眉頭を太くしすぎず、眉頭から眉山に向かって次第に太く、眉尻は伸ばしすぎないように注意し、細く整える。
○眉山はあまり強調しない。
○眉尻をあまり伸ばさず、少し短めにすることで、日本髪に似合う、やや求心的な顔立ちとなる。
*眉の形で、顔の印象が大きく異なるため、あまりつくり過ぎると、その人らしさを損なうことになる。現代のお嬢様はナチュラルさを求める方が多いので、理想形はあくまで目安とし、つくり込み過ぎないように注意する。

口の化粧

○口角をきちんと入れ、唇の形よりやや控えめに輪郭をとり、小さめに仕上げる。
○丸みをつけて描くのがポイント。
*あまり小さく描き過ぎると不自然なので、極端になり過ぎないように注意。口紅の色はレッド系で描くのが一般的だが、打掛の色や雰囲気で、ピンク系を選ぶこともある。

襟の化粧

○花嫁の場合、着物の衿を抜いて着付けるので、首から背にかけて水溶性のファンデーションを塗り、顔との境をよくぼかす。背もぼかす。
○パウダーで押さえ、仕上げる。

手の化粧

○手の甲、指も、水溶性のファンデーションを薄めにつけ、その後、パウダーでしっかり押さえる。

Part 12

男子・紋服の着付

男子・紋服の着付

STEP 1 長襦袢着付のポイント

STEP 2 着物を着せる

STEP 3 一文字を結ぶ

STEP 4 袴を着ける

STEP 5 羽織を着せる

新郎の紋服姿は、凛々しく、男らしく、堂々とした品格を表現したいものです。

男性の第一礼装は「黒五つ紋付き羽織袴」。黒の塩瀬羽二重の染め抜き五つ紋付きのきものに、同様の羽織をつけ、仙台平の袴をはきます。

男性の礼装は慶弔両用で、女性のように未婚既婚や年齢による差がなく、本来は新郎も列席者もすべて同じでよいのですが、新郎は羽織紐を白の丸組（房が丸く大きいもの）とし、半衿、雪駄の鼻緒も白で、白扇を持つのが一般的です。

ブルー、シルバーなどの色紋服（地色が黒以外の五つ紋付き）もあります。

着付においては、まず胴部の補整が重要です。胸から腹部にかけてなだらかなラインを描くように補整し、横から見て腹部が一番高くなっていると、袴の紐のおさまりがよく、着せ上がりの姿も決まります。特に若い方は胴回りの細い方が多いので、しっかり補整します。衿は抜かず首筋にぴったりつけ、前もきっちり品よく合わせます。袴の裾は、前が足の甲にかかる位を目安に、後上がりに着せると凛々しく、格好がよいでしょう。

STEP 1) 長襦袢着付のポイント

～衿は抜かず、首筋にぴったりつけ、腰で着せる感じで衿を合わせ、腰紐一本で着付けます。長襦袢の腰紐は腰骨の上（up）に締めます。男性の紋服は「恰幅の良い方の方が堂々と風格が出て、紐も締まり安定する」といわれます。男らしい凛々しさ、新郎としての風格と品を感じさせるためには肩、胸元から腹部へと続くライン、腰の位置と線がポイントです。

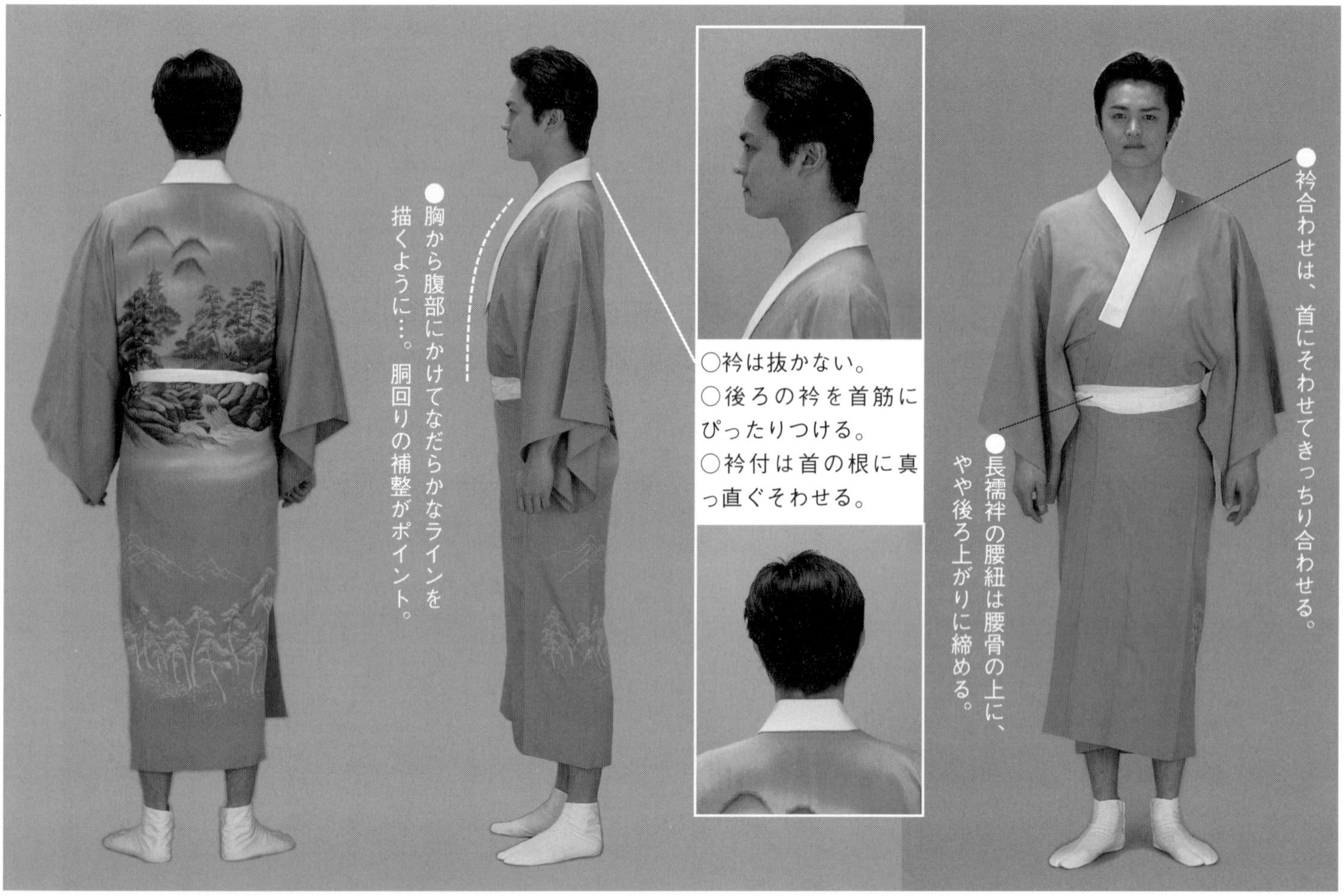
●胸から腹部にかけてなだらかなラインを描くように…。胴回りの補整がポイント。
○衿は抜かない。
○後ろの衿を首筋にぴったりつける。
○衿付は首の根に真っ直ぐそわせる。
●長襦袢の腰紐は腰骨の上に、やや後ろ上がりに締める。
●衿合わせは、首にそわせてきっちり合わせる。

男子の補整について

❶胸から腹部にかけてなだらかなラインを描くように、横から見て腹部が一番高くなっていると、袴の紐のおさまりが良く、着せ上がりの姿も決まります。
❷そのためには、胴回りの補整がポイントとなります。標準体型の方で、腹部に2枚、腰上に1枚、ウエストに1～2枚ほどタオルを使用して、補整します。
❸ベスト型の市販の補整具もあります。

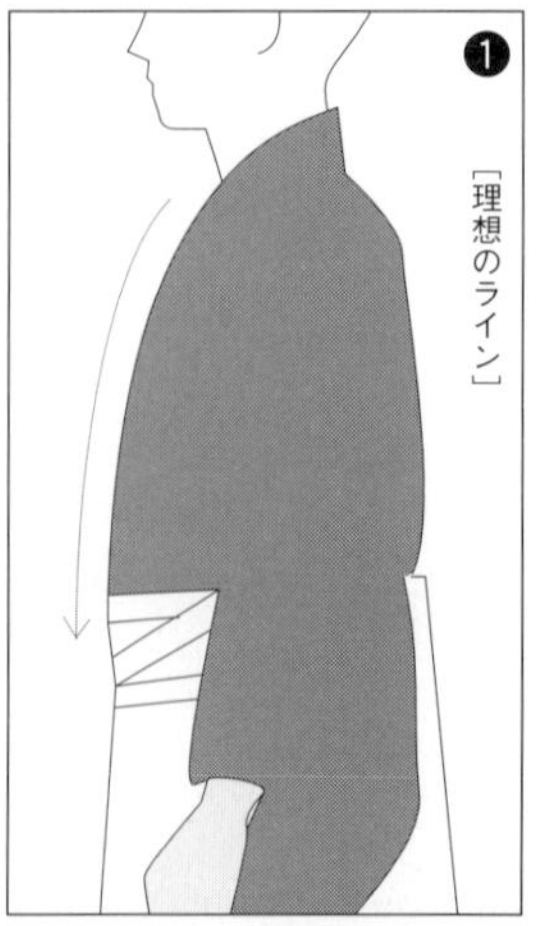
❶
[理想のライン]

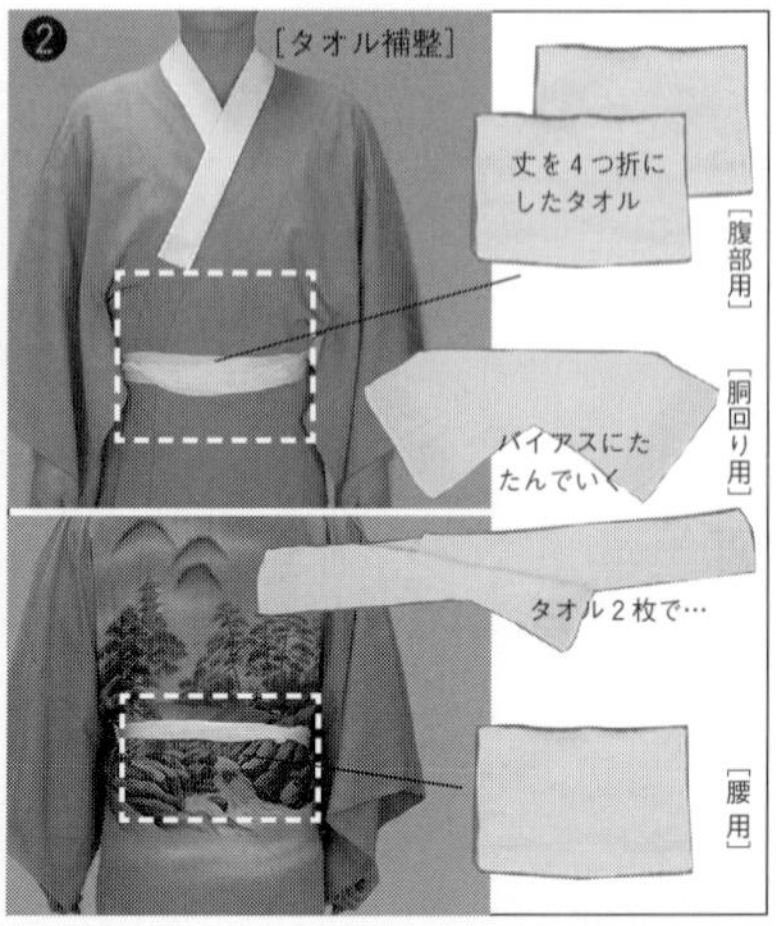
❷
[タオル補整]
丈を4つ折にしたタオル
[腹部用]
バイアスにたたんでいく
[胴回り用]
タオル2枚で…
[腰用]

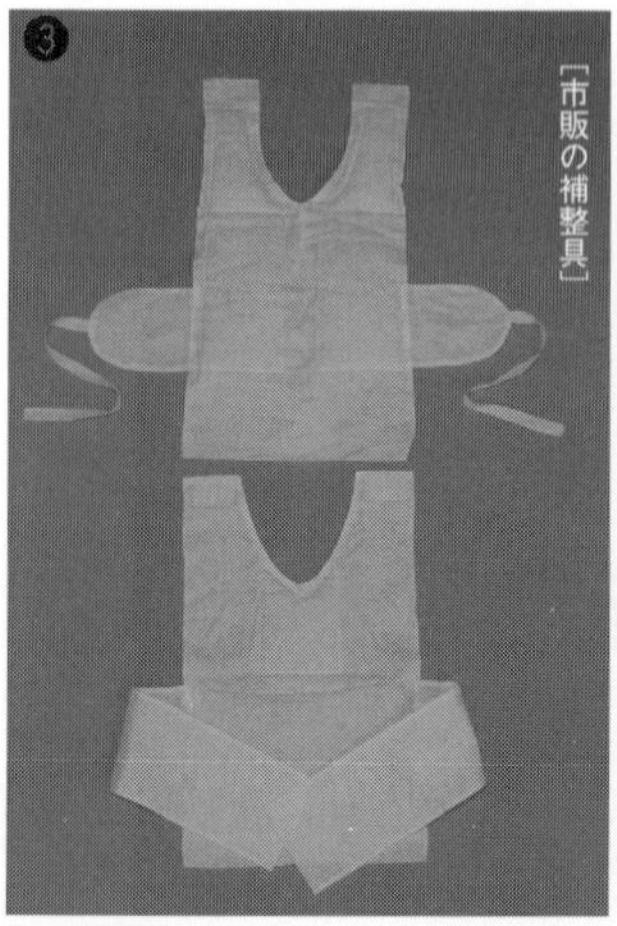
❸
[市販の補整具]

STEP2) 着物を着せる

〜背中心を合わせ、衿を長襦袢の衿にそわせます。
半衿幅は前中心で2cm弱位、肩山では半衿を出しません。
腰で着せる感じで衿を合わせ、腰骨の上にかかる位に腰紐を締めます。
衿が抜けてしまわないように、腰紐上の身頃を上に引いておきます。

01 着物を着せ掛け、肘から袖を通していただく。

02 背中心を合わせて着物の衿付を長襦袢の衿付にぴったりそわせ、前で共衿を合わせて、背中心が合っていることを確認する。

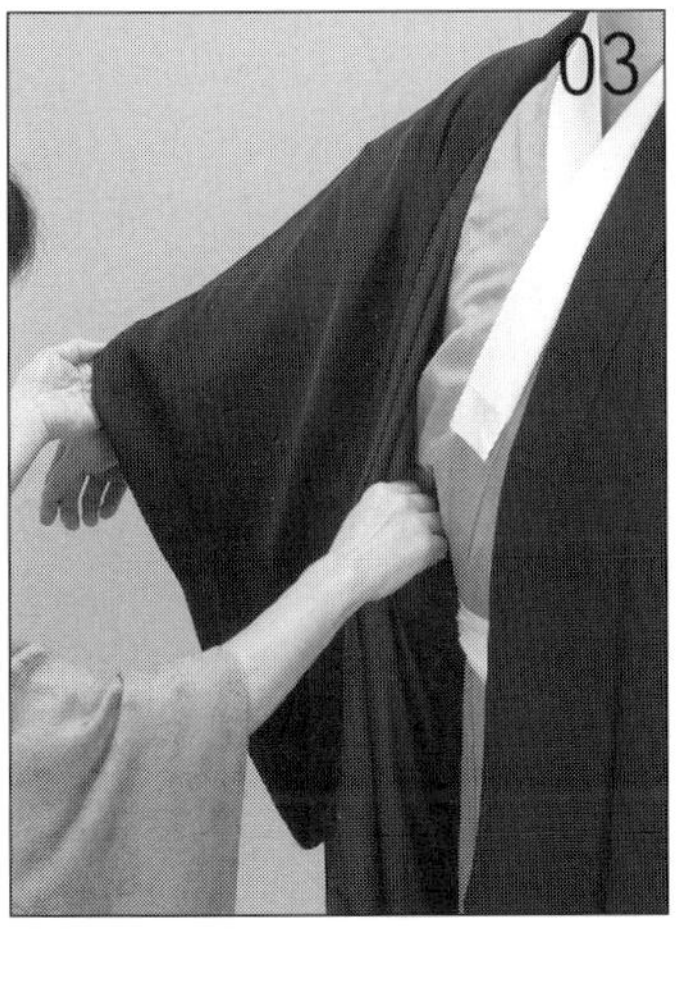

03 長襦袢の袖を、着物の袖にきちんと入れる。袖付の所を揃えて右手でつまみ、袖口から左手を入れて、肩山の線で長襦袢の袖口を引き、整える。

04 衿を合わせて、合わせた衿を押さえ、腰骨の上にかかる位に紐を締める。

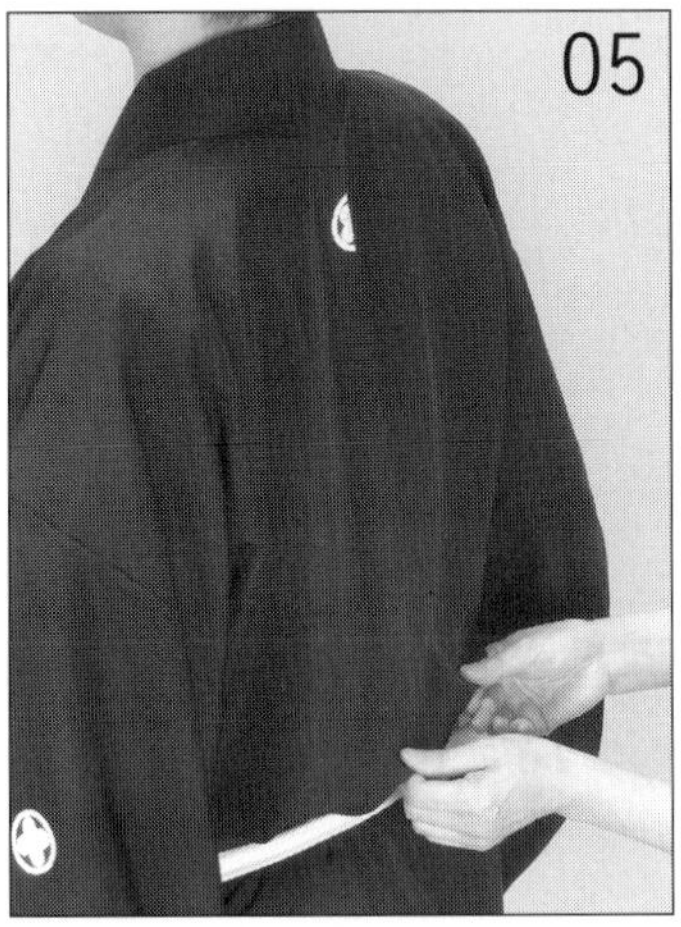

05 腰紐の上の身頃を上に引き、背にゆとりをもたせる。
*袴の腰板を背に着けたときに、着物の衿が抜けて、半衿が出てしまうのを防ぐため。

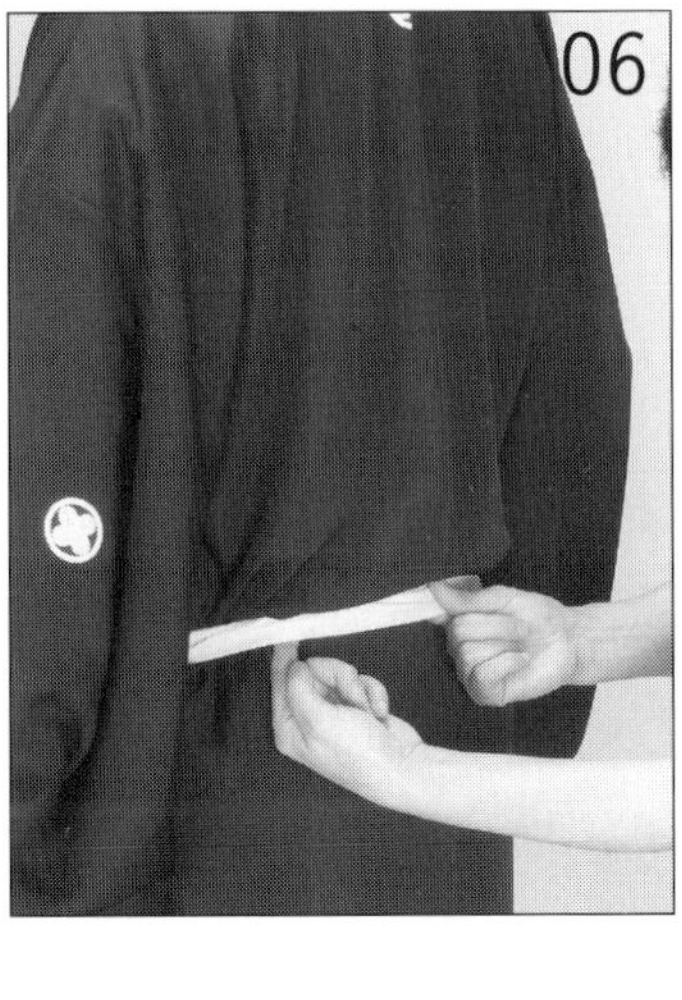

06 腰紐と着物の間に、人さし指を入れ、片方の指を背中心から脇へ、腰紐上を滑らせ、腰紐下のシワをとる。反対側も同様に整える。

07 着物の着せ上がり。

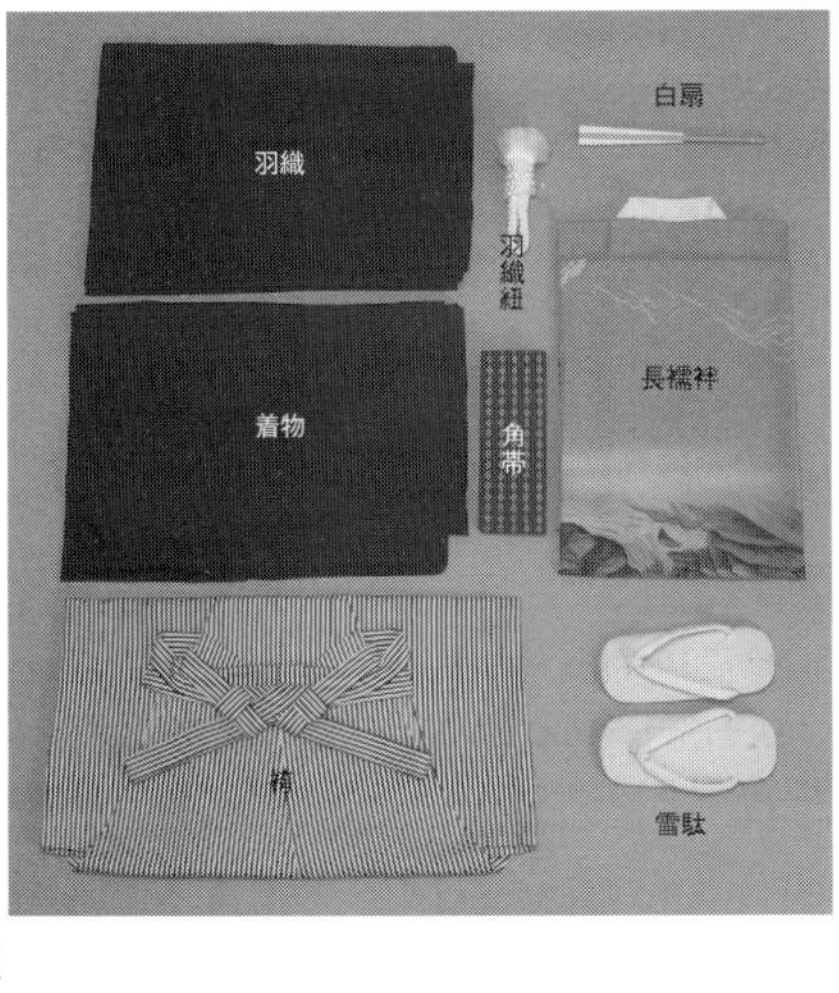

[男子紋服一式（黒五つ紋付き羽織袴、白扇、雪駄）]

STEP3) 一文字を結ぶ

～袴・前紐の上に、胴に締めた帯の上端が
1cm位見える位置に、帯を締めます。
帯は前中央を下げて、お腹を包むように三巻きし、
一文字に結びます（貝の口に結ぶ場合もある）。
表には見えませんが、袴の土台となる大切な技術です。

袴を当て、帯の位置を決める。裾の長さの目安は、足の甲にかかる程度。
＊袴・前紐の上に、胴に締めた帯の上端が1cm位見える位置に、帯を締める。

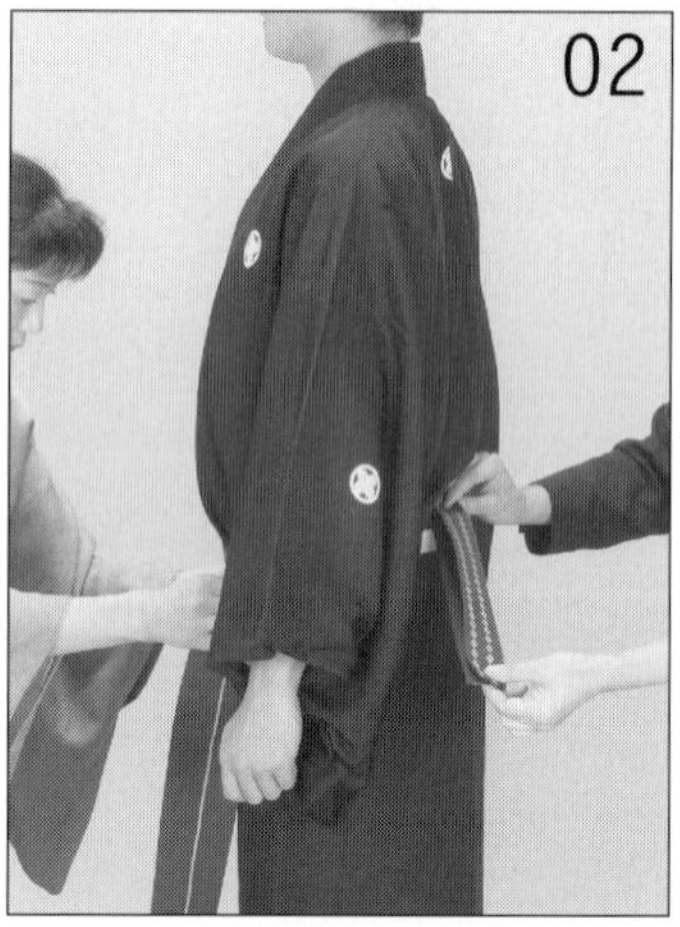

テ先・約30cm位をとり、帯幅を半分にたたみ、テ元を背中心に置き、タレを胴に三巻きする（体型、帯丈によっては二巻き）。

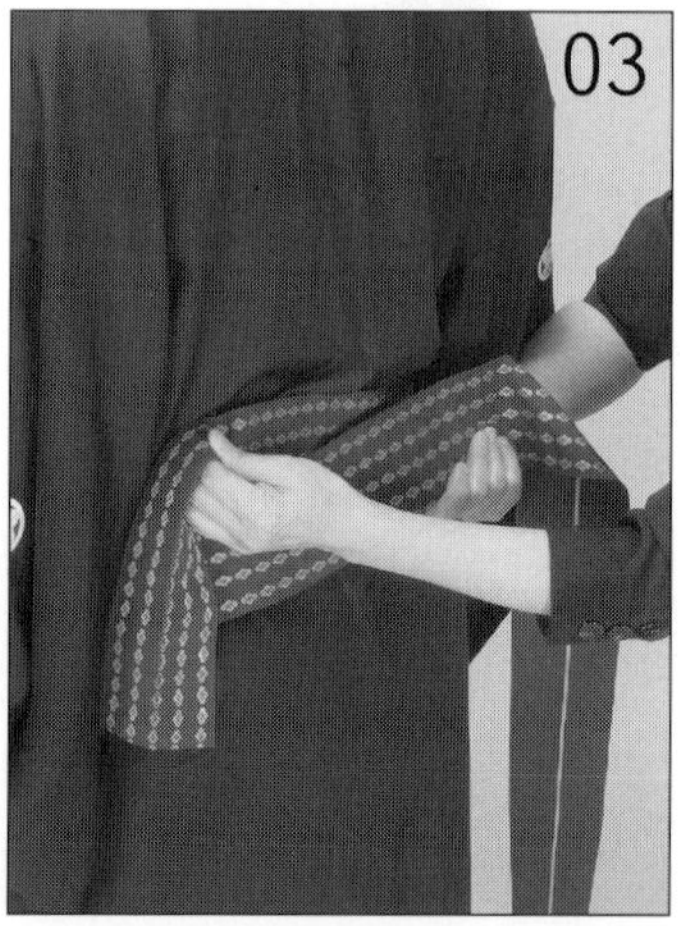

背中心で、テを上、タレを下に交差して、テのワと、タレ元を持って引き合い、帯を胴に締める。

胴帯は、帯の下部が身体にしっかり付くように締める。

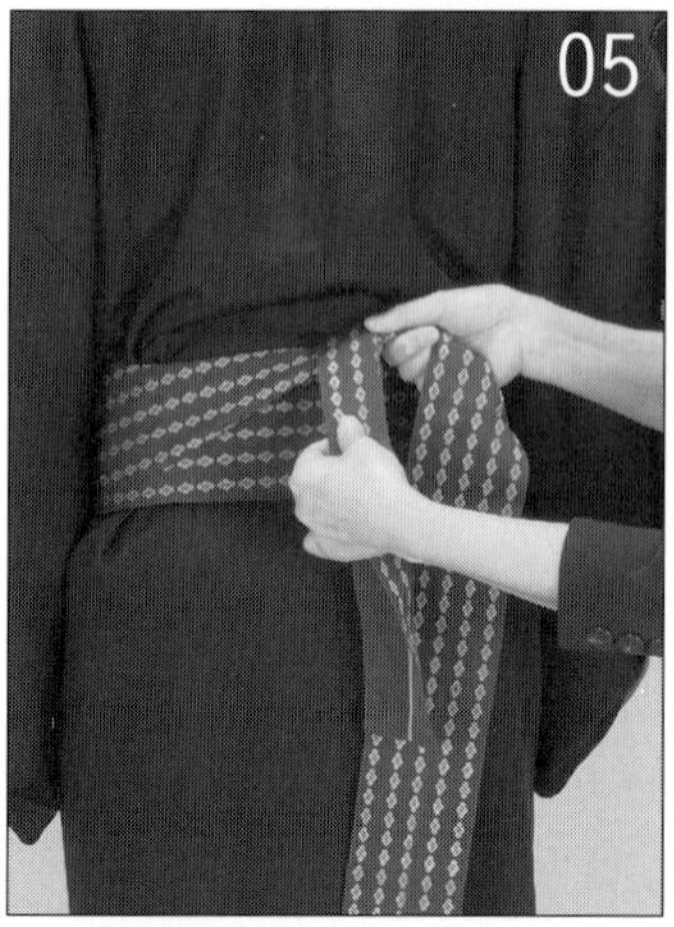

背中心で、タレ元を3つに折り、テを上からかけ、

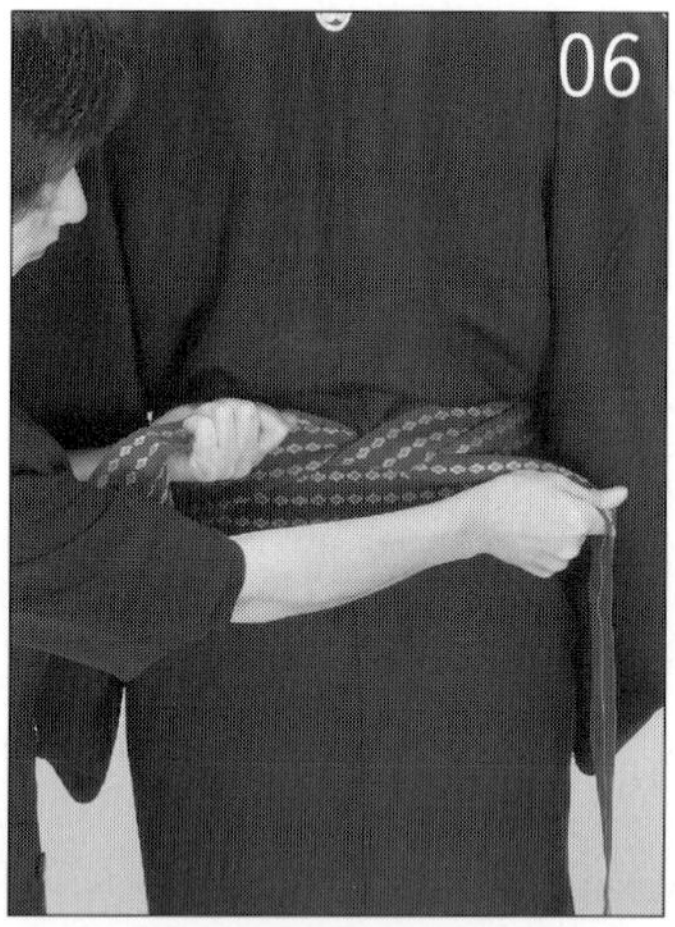

テを上、タレを下に結ぶ。

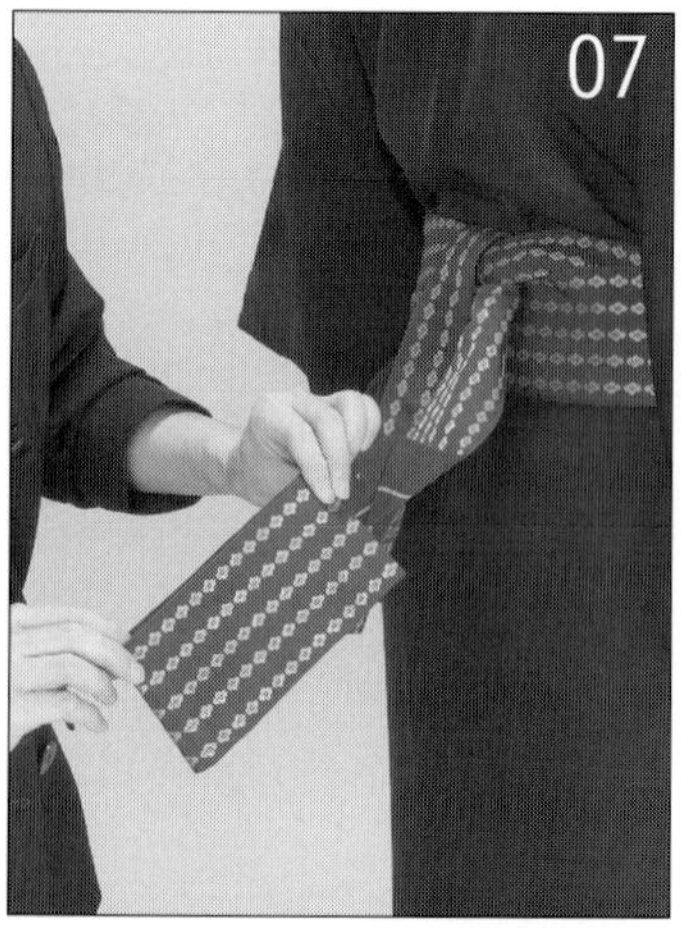

タレ先を帯幅の2倍～2倍半位とって、表に折り返し、タレ元まで巻いてたたんでいく。

元が左側に引かれて終わるように、たたんだタレの中心を背中心に決め、中心を3つ折りにする。

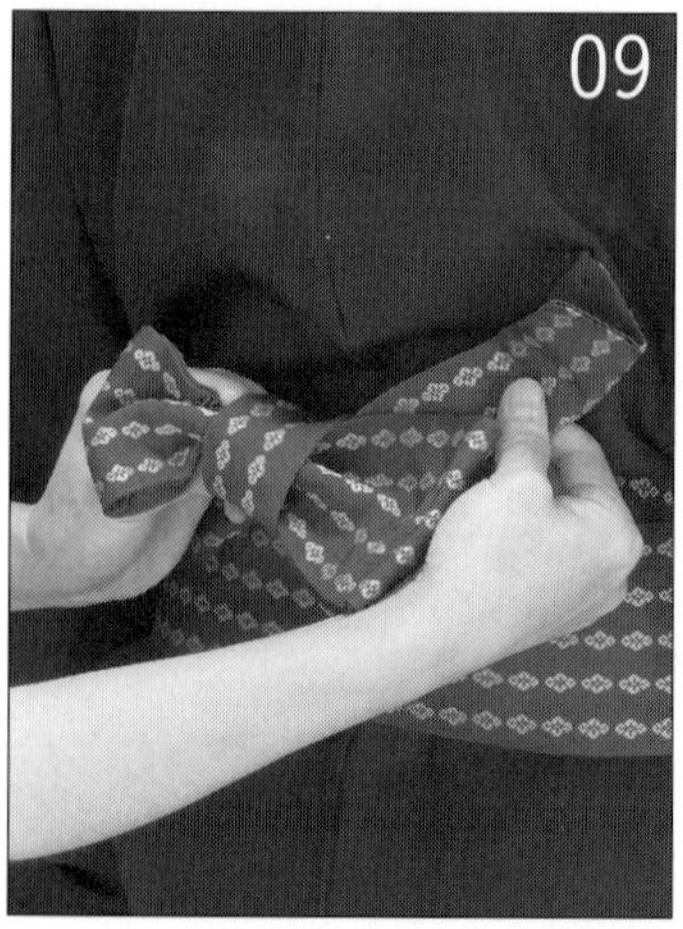

テ先を一文字の中心に上から掛け、タレ元とテ元の間に下から上に通して、右上に出す。テ先を右上に引いて、一文字の中心を締める。

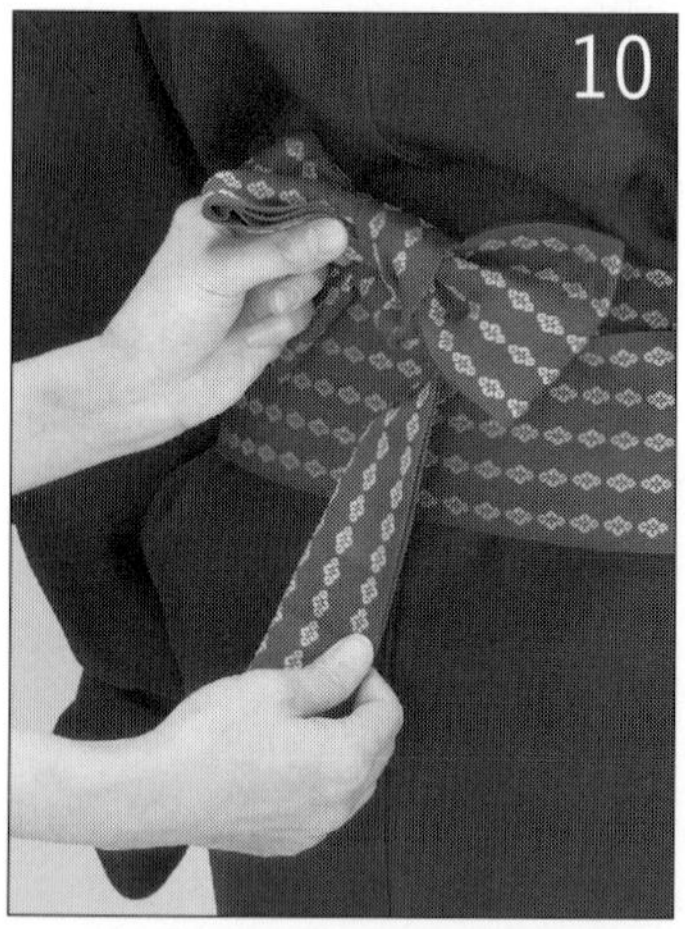

テ先を下に下ろし、下に引いて結び目をもう一度引き締め、テ先の残りは、

STEP4) 袴を着ける

〜袴は後ろ上がりに着せると格好が良く、
新郎に相応しい品格と凛々しさを感じさせます。
袴の裾は、足の甲にかかる位の長さが目安です。
袴の前を着け終わった後に、足さばきが良いように
後ろを端折り、先を帯下から中に入れ込んでおきます。

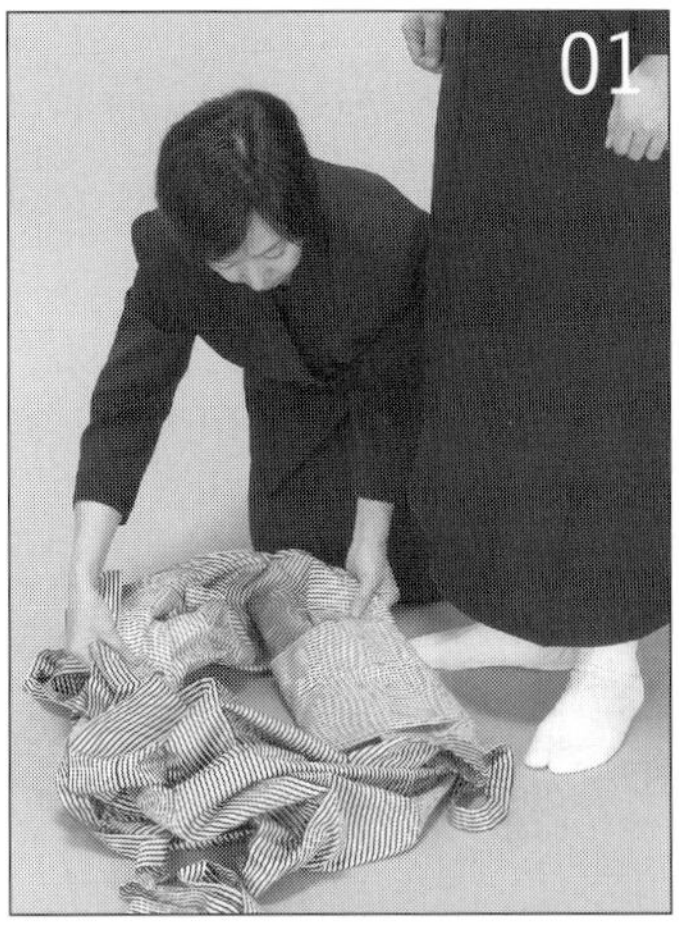

01 袴の前後を開いて床に置き、足を入れやすいように中を広げる。床に開いた袴の中に入っていただき、

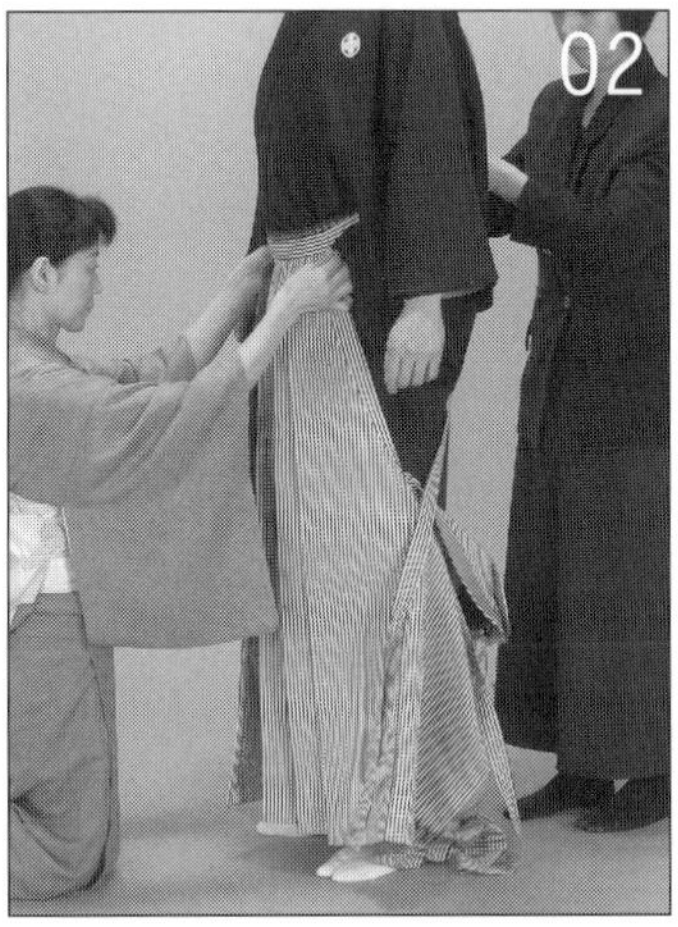

02 袴の前を上げ、前中心を合わせて、前紐の上に胴帯上端が1cm位出るように当てる。
＊向かって右から3番目のヒダが袴の前中心。

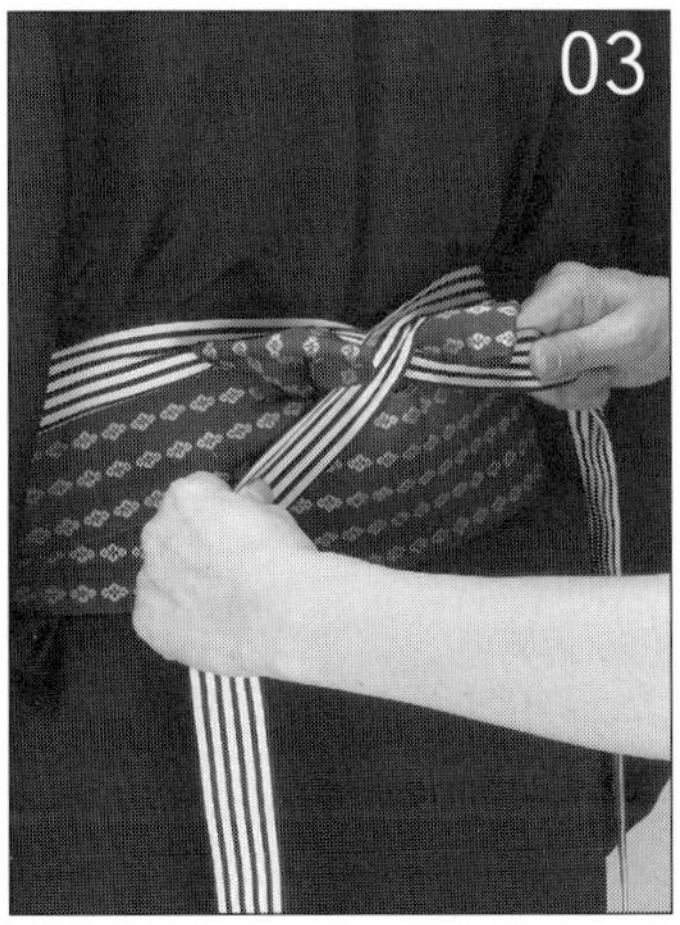

03 前紐を後ろに廻し、一文字の上で衿合わせに交差し、羽根の下を通り、前に廻す。

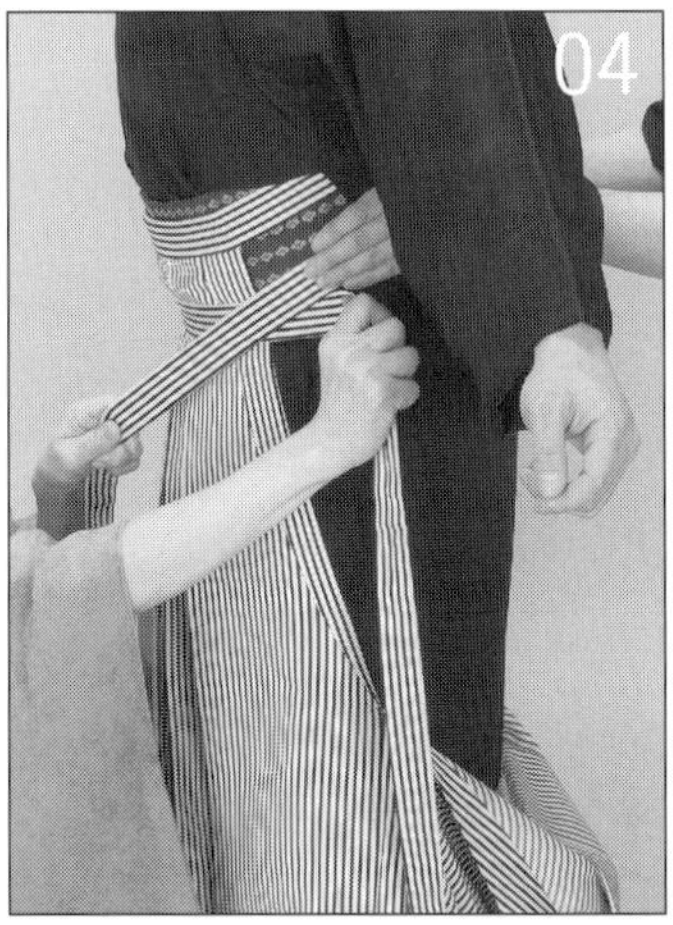

04 左の腰で、右脇から廻ってきた紐に、左脇から廻ってきた紐を重ね、下になった紐を上の紐にそって折り返し、上の紐は下の紐に重ねて右脇まで廻す。

05 紐を後ろに廻して、胴帯の下部で衿合わせに交差し、交差点をゆるまぬようしっかり押さえて、下の紐を2つ絡げ、

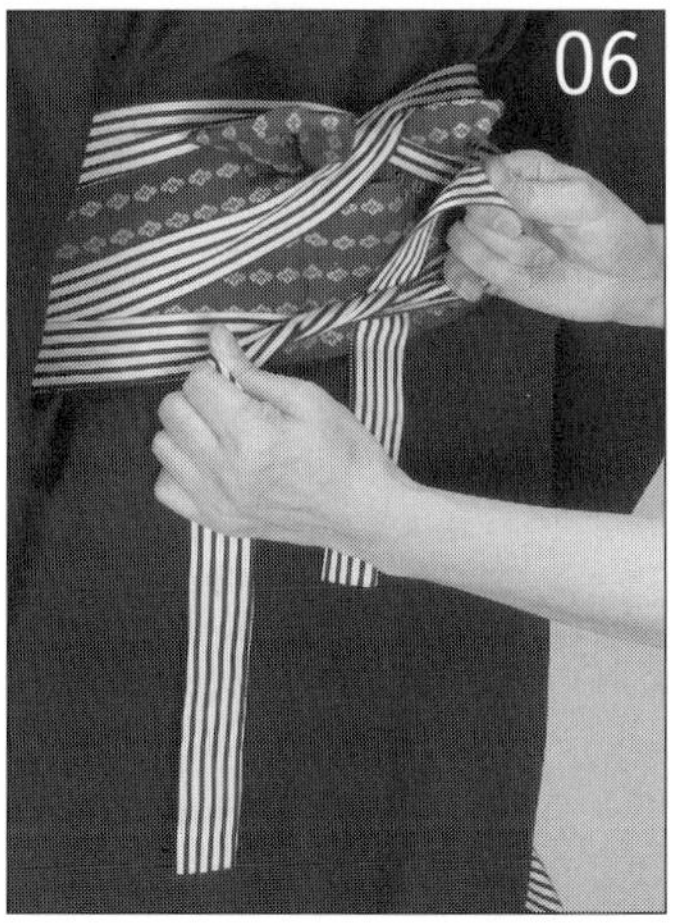

06 2つ目の輪を持って一度締め、

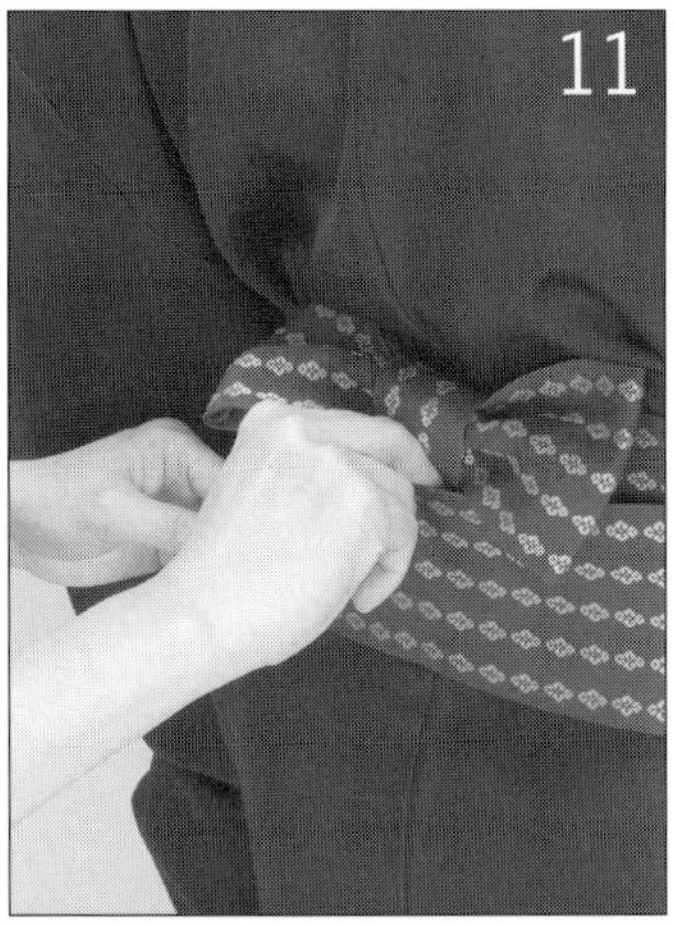

11 胴帯の中に入れ込みおさめる。

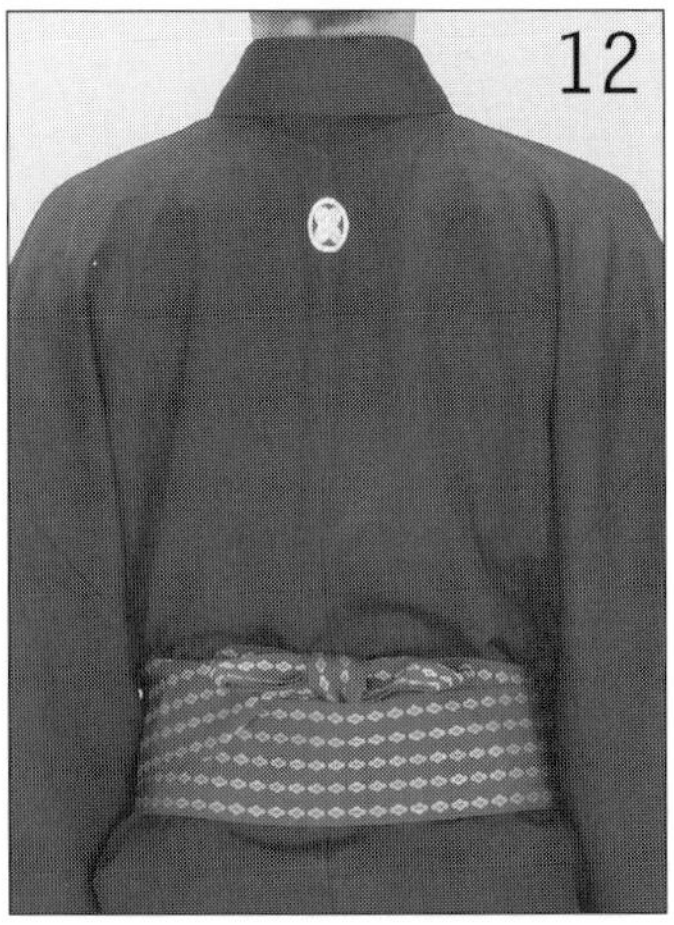

12 一文字結びの結び上がり。

13 着物の着せ上がり。胴に締める帯は、前中心を下げ、お腹を包むように、後ろ上がりに廻していく。

07 さらに、紐を持って締め、

08 花結びにする。紐先は胴に締めた紐に、上から絡げておく。

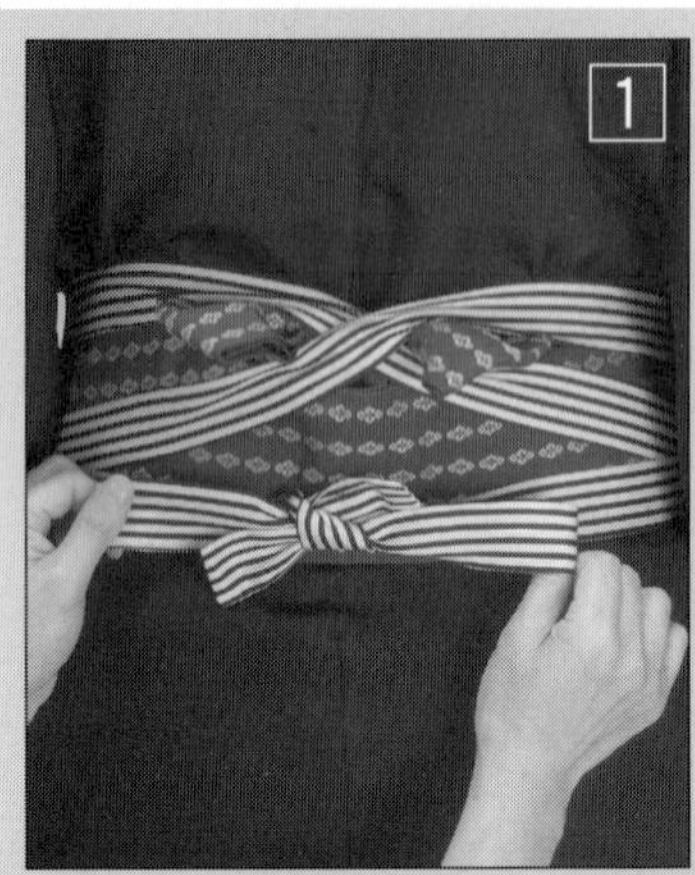

1 紐が長い場合やしっかり締め切りたい場合などには、花結びの輪と輪を、

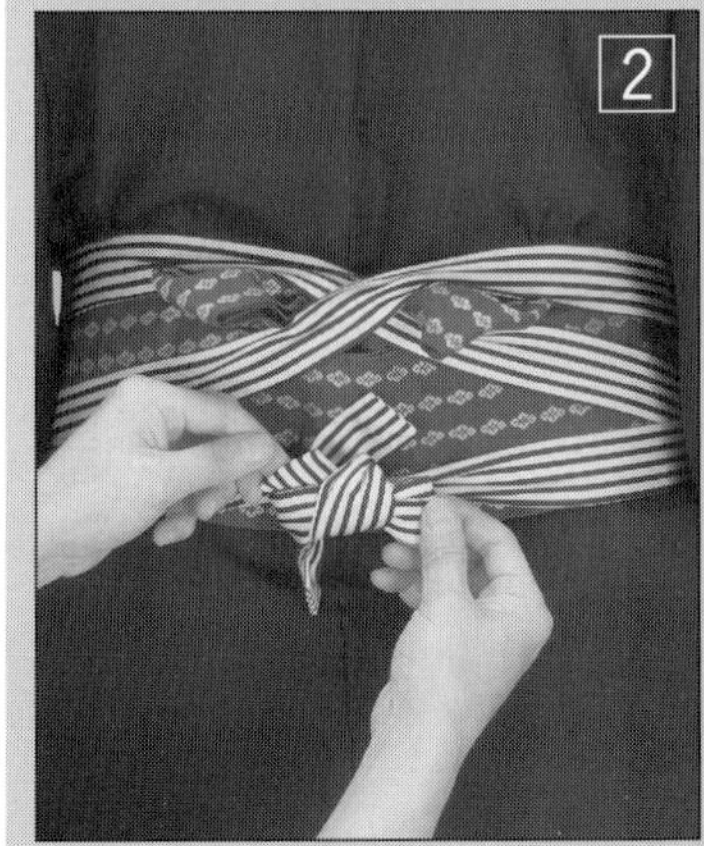

2 もう一度結ぶこともある。

09 一文字の羽根をたたむ。

10 足さばきが良いように、また着物の裾が袴の裾から見えないように、着物の後ろ裾を端折り、先を胴帯に下から入れ込んでおく。

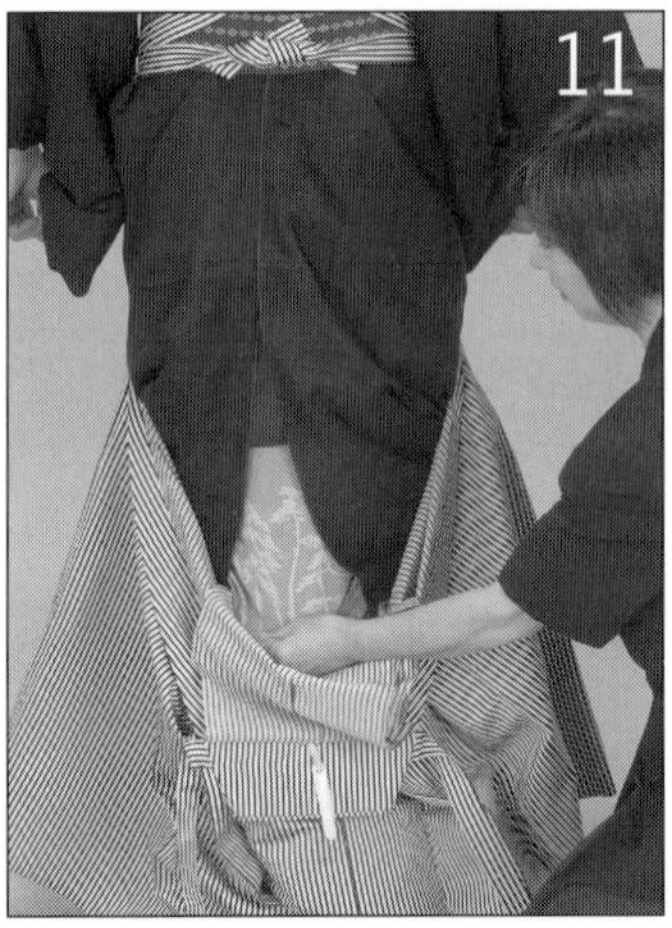

11 長襦袢の裾を下に引いて整える。

12 袴の後ろを上げ、腰板に付いているヘラを、着物と帯の間に差し込む。

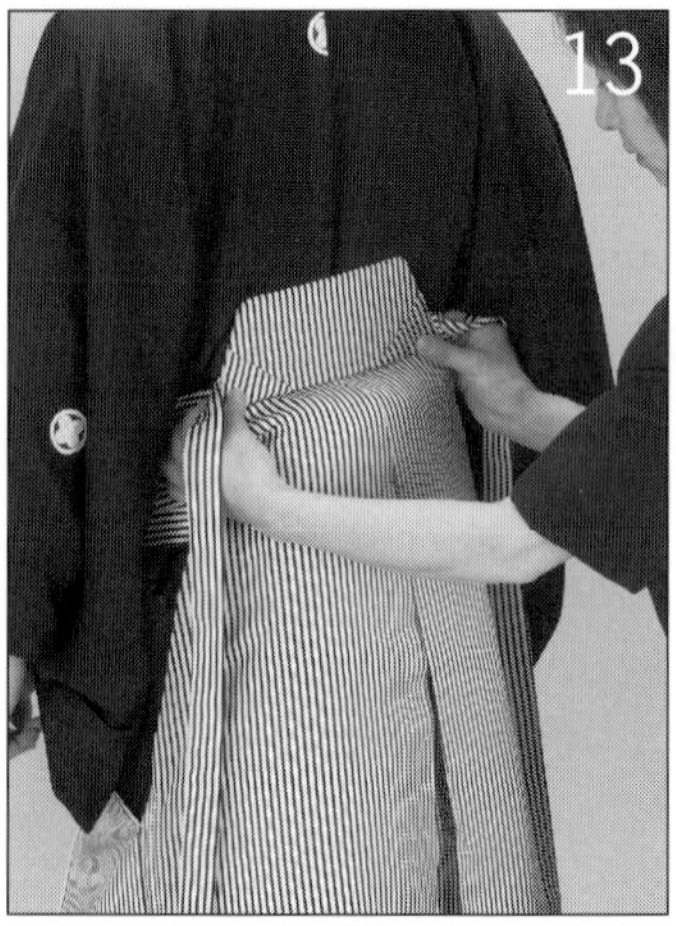

13 袴の腰板を一文字の上に乗せ、背にぴったり付け、紐を前に廻す。

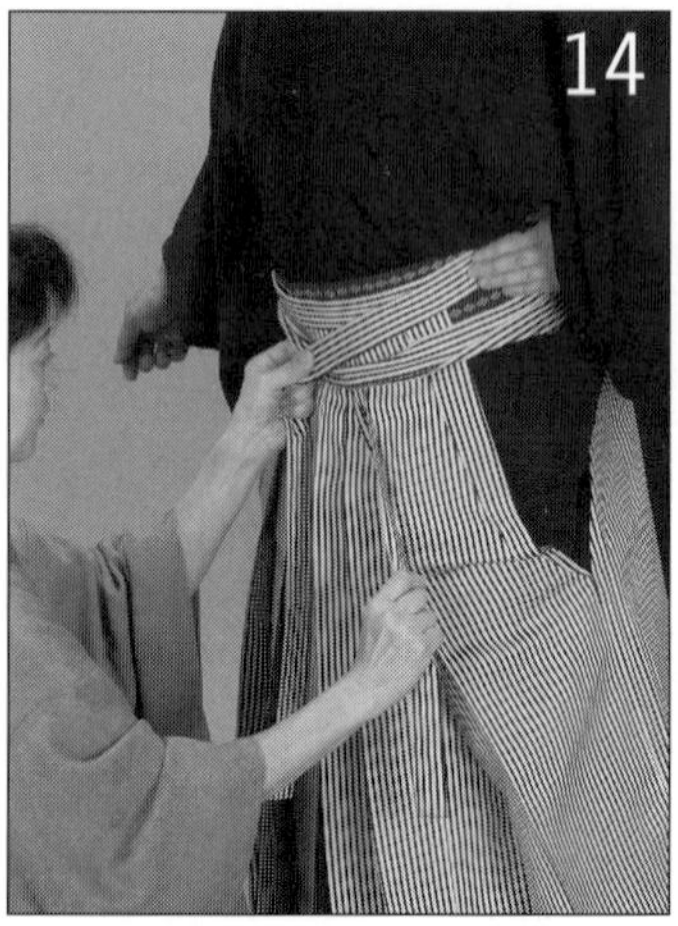

14 前中心で、左右の紐を、前紐の奥に上から下に通して衿合わせに交差し、さらに下前の紐を、紐の交差点の奥に上から下に通し、

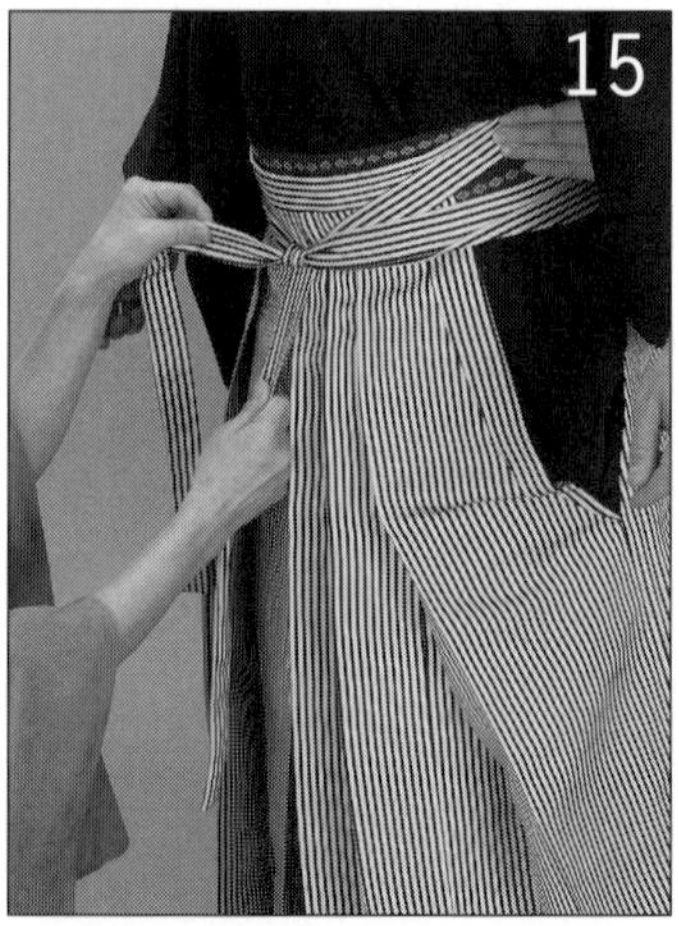

15 下に引いて元を締め、十文字に結んでいく。

※十文字の結び方⬇「着付の技」141ページ参照

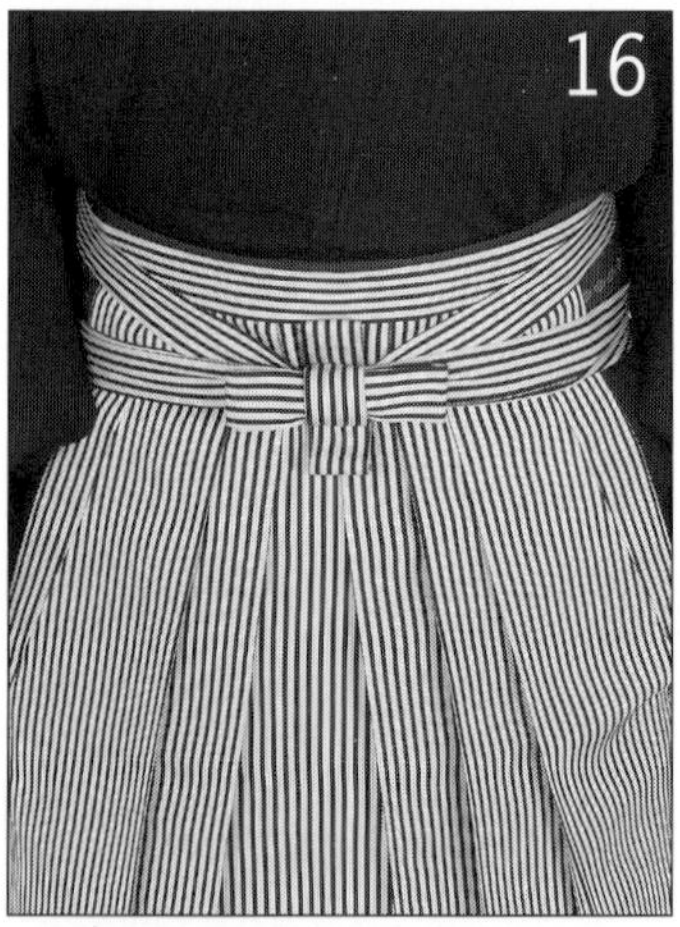

16 十文字の結び上がり。左右の紐を、上下の紐より長く結ぶとバランスが良い。

男子紋服着付のポイント

●衿は抜かず、首に付ける。
●衿を前できっちり合わせ、半衿は、肩山まで出さず、前中心で約2cm程見せる。
●袴の裾は、前を足の甲にかかる位に決め、後ろ上がりに着せると格好が良い。
●前後の笹ヒダがつり合い、後ろの腰板が背にぴったり付き、袴の腰に適度の高さがあること。

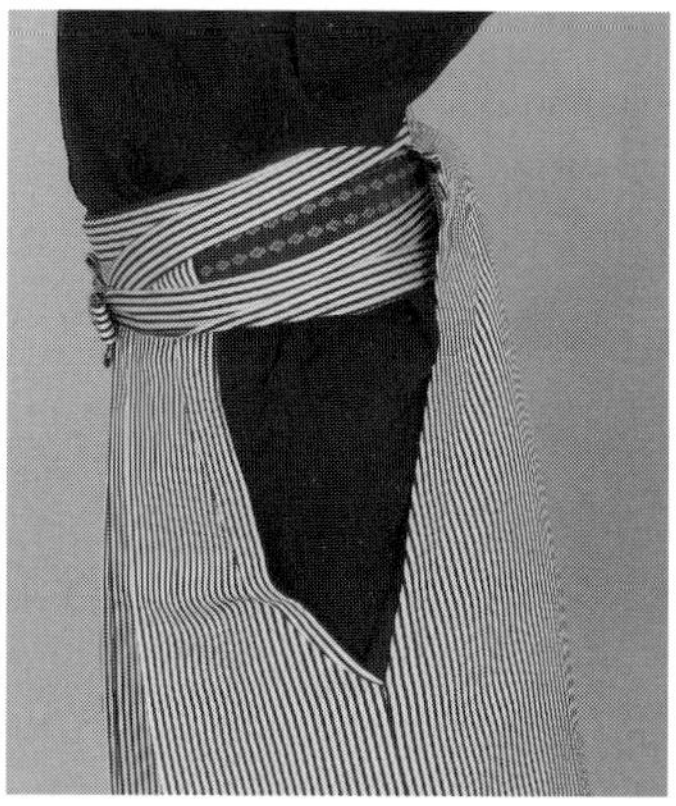

●向かって右から3番目のヒダが、袴の前中心。
●十文字は、上下の紐の長さを、左右の紐よりもやや短めにするとバランスがよい。

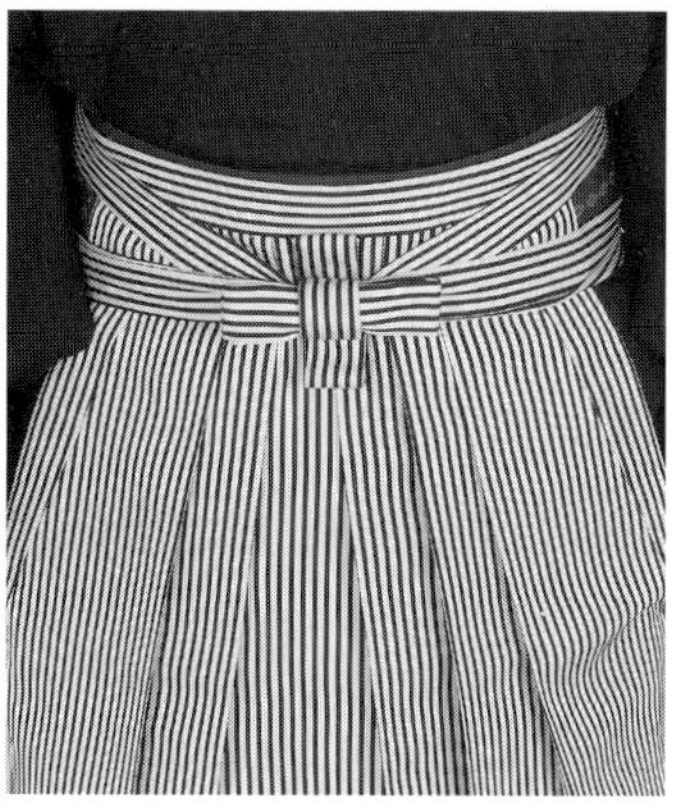

●袴の裾から、中の着物の裾が出ないように注意する。

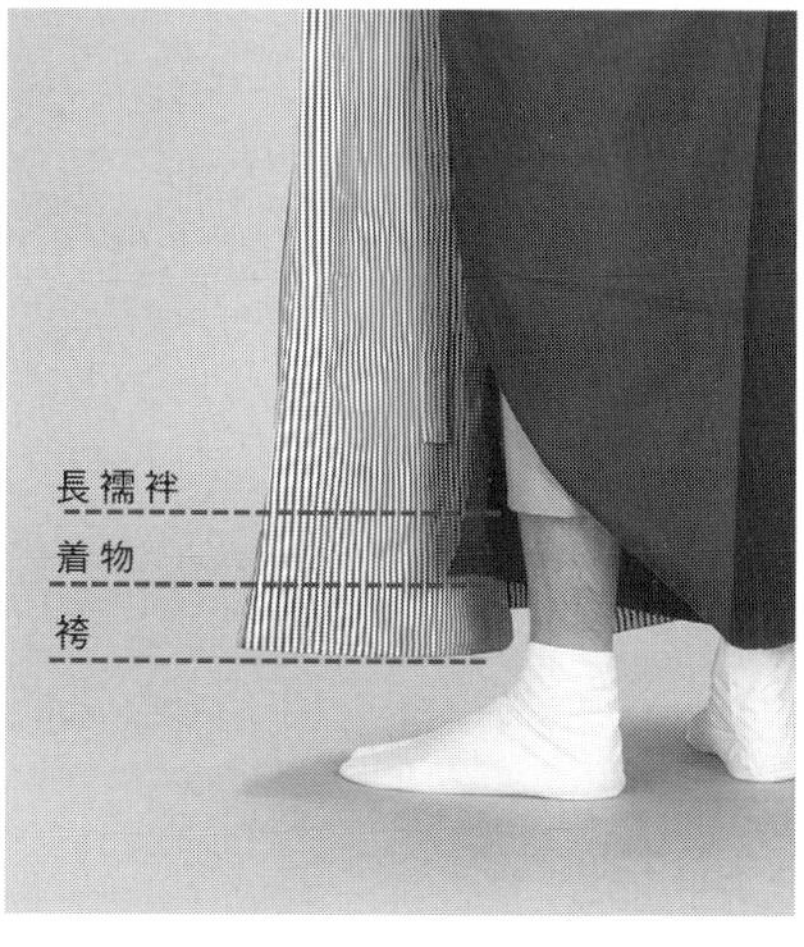

●男子袴の種類
▽馬乗《うまの》り袴／本来は乗馬用の袴で、男袴の襠（マチ）を特に高く、裾びらきにしたものをいうが、現在では、マチのある袴を「馬乗り」と呼ぶことが多い。
▽行灯《あんどん》袴／形が丸行灯に似ていることから、スカート状の襠のない袴を行灯袴という。

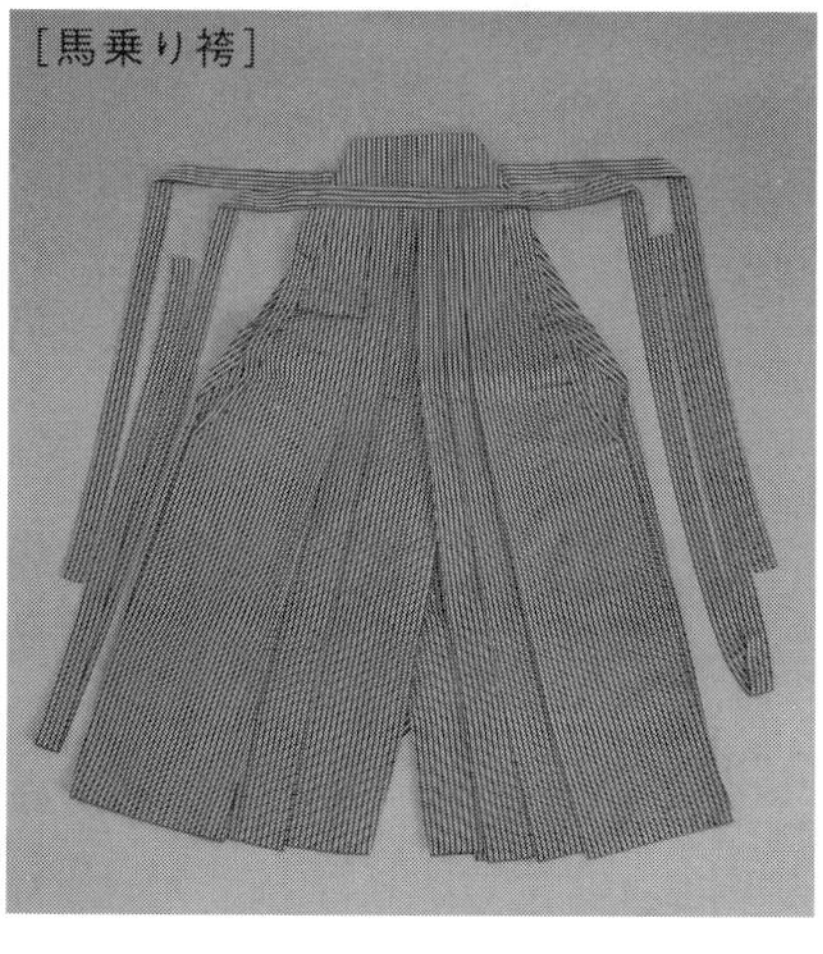

STEP5）羽織を着せる

〜あらかじめ、羽織の片方の乳《チ》に、羽織紐を付けておきます。
羽織の衿は、後ろで衿山を外側に折り返して、
幅を半分に着せます。羽織と着物の袖山をきちんと揃え、
もう一方の乳《チ》に羽織紐の環《カン》を掛けて着せ上がりです。

01

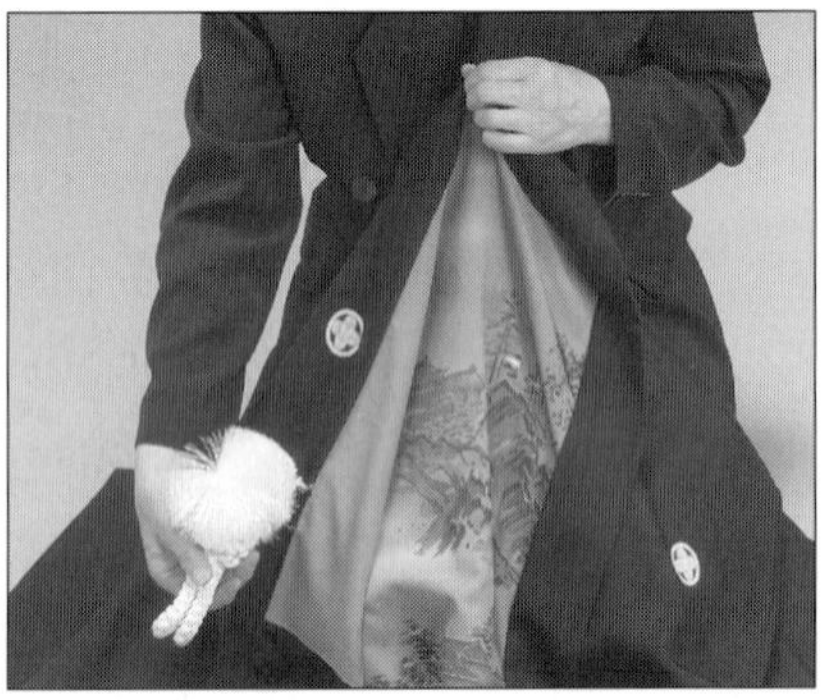

羽織紐は、房を上、紐を下にして羽織に付ける。

02

あらかじめ、羽織の片方の乳（チ）に、羽織紐の環（カン）を掛けておく。

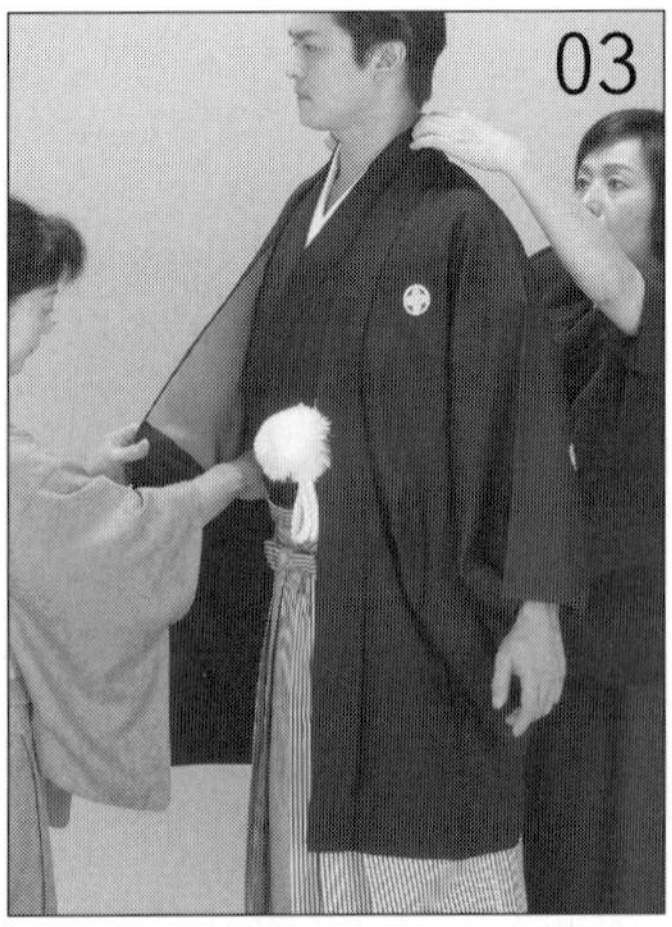

羽織を着せ掛け、背中心を合わせて、羽織の衿付を着物の衿付にそわせる。後ろの衿は、衿山を手前に折り返して、幅を半分に着せる。着物の袖を羽織の袖の中にきちんと入れ、着物と羽織の人形の所を、キッチリ揃える。

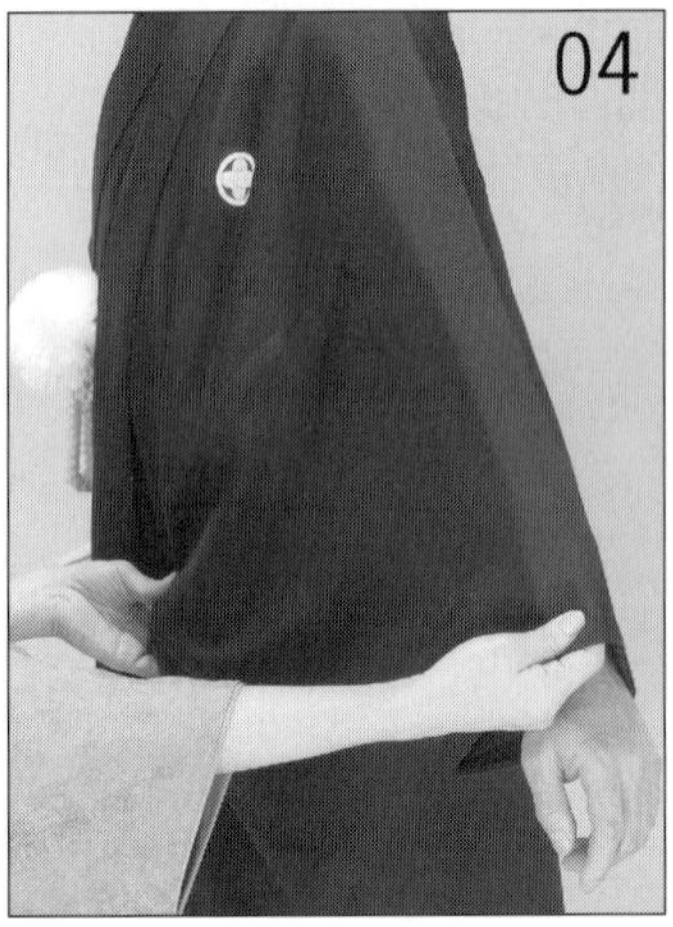

袖口で、羽織、着物、長襦袢の袖山を合わせ、人形の所と引き合いながら、揃える。

もう一方の羽織の乳に、羽織紐の環を掛け、羽織の着せ上がり。

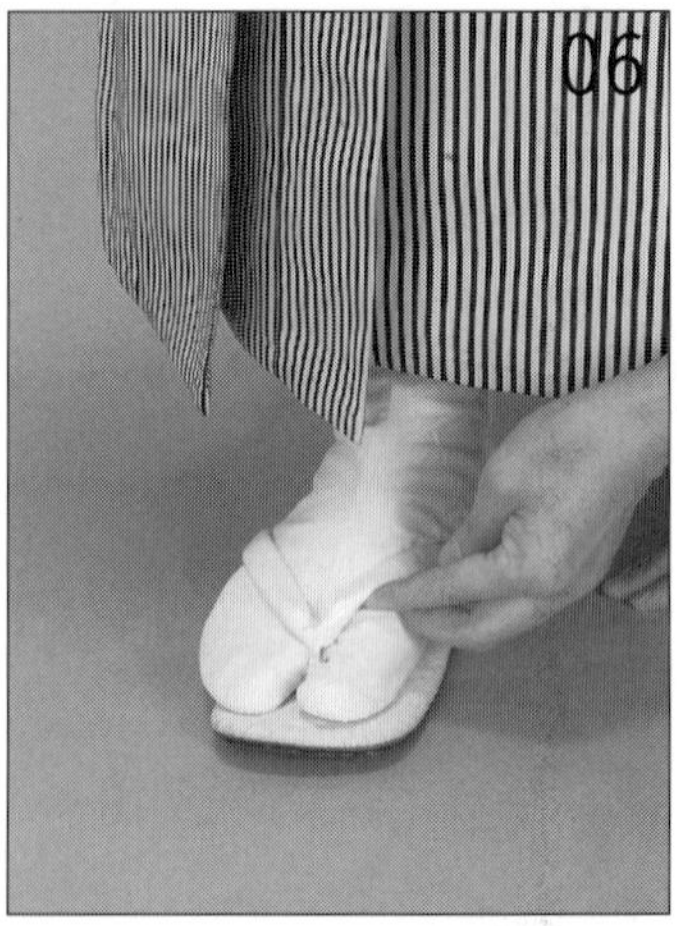

雪駄を履く時
親指側の鼻緒に人さし指をかけて足を入れていただくと、指先が入りやすい。

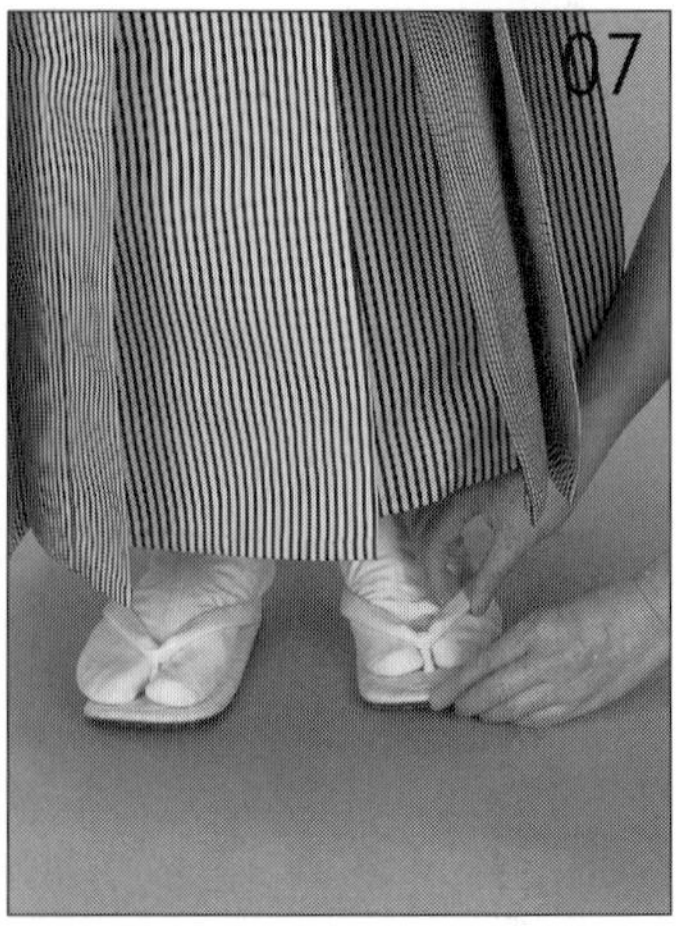

指先が入ったら、前を押さえておき、指を奥まで入れていただく。

羽織紐について

男性用の羽織紐はふつう、結んだものに環（カン）を付けておいて、片方だけを外して、羽織の着脱をするので、結んである羽織紐は解く必要はありません。
羽織紐を、羽織とは別に保管する場合も、紐の結びは解きません。
花婿の紋服には、白の丸組みの羽織紐を付けるのが一般的です。

（礼装用）夏用の羽織紐

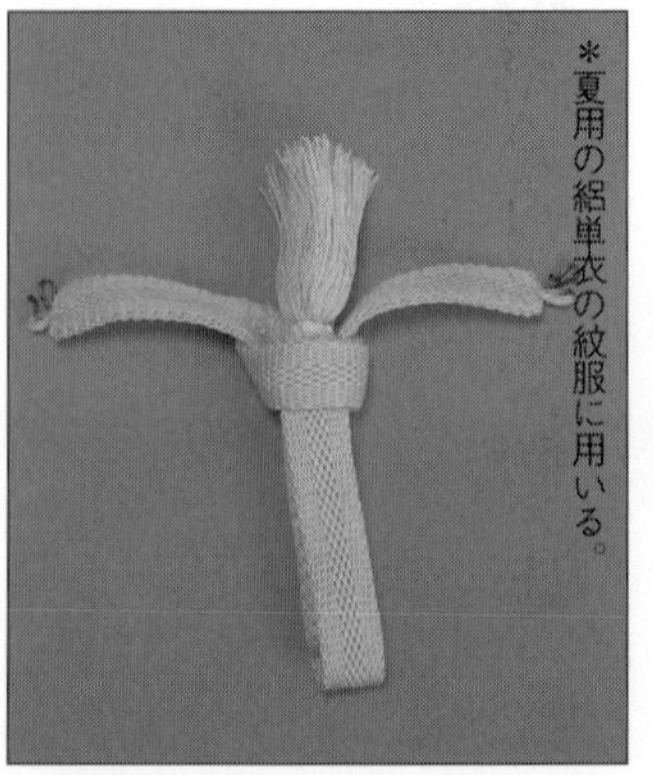

＊夏用の絽単衣の紋服に用いる。

（礼装用）白・平組の羽織紐

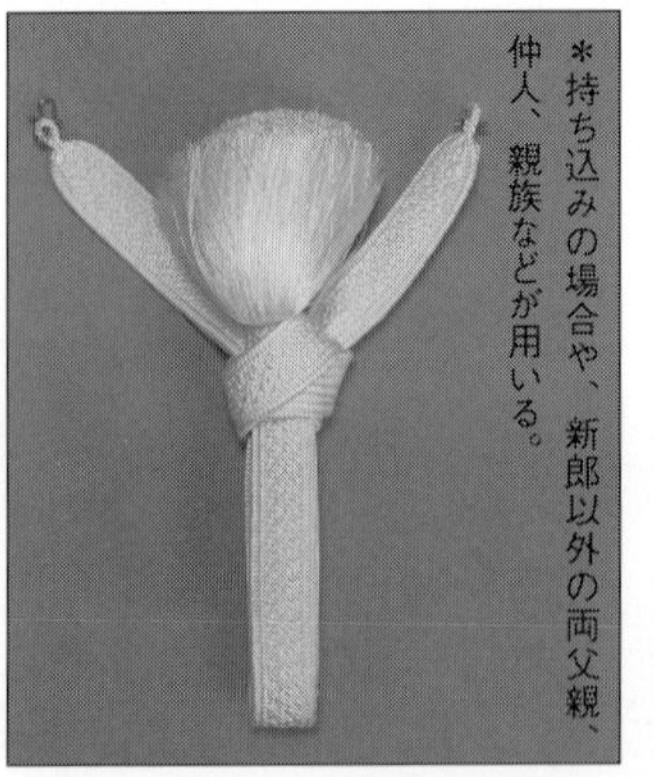

＊持ち込みの場合や、新郎以外の両父親、仲人、親族などが用いる。

（礼装用）白・丸組の羽織紐

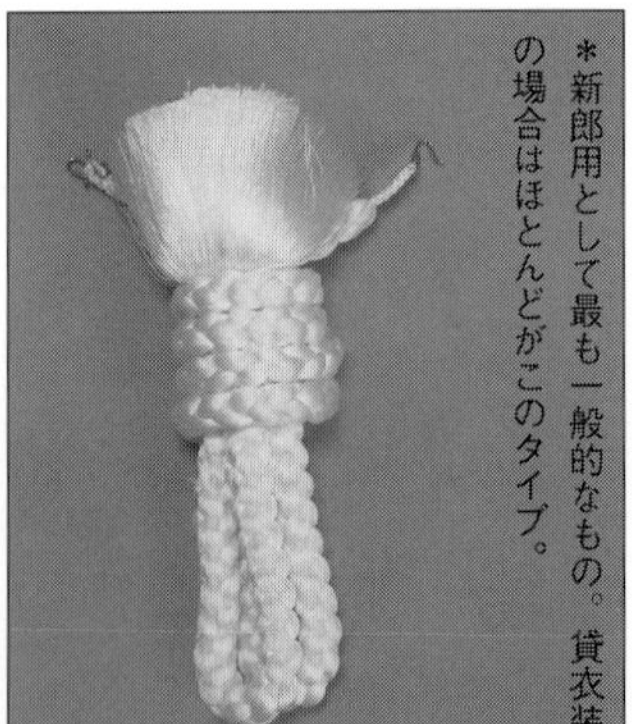

＊新郎用として最も一般的なもの。貸衣装の場合はほとんどがこのタイプ。

着付の典《きつけのてん》

※「着付の典」は、婚礼に関わる技術、知識を技術解説していますが、その技術の基礎は全て「着付の技」にあります。「着付の典」本文中に、「着付の技」参照とある部分は、「着付の技」を参照して下さい。

着付の技（きつけのぎ）
かさね、あわせ、むすぶ。

CONTENTS

着付の技

着付の典（きつけのてん）

かさね、あわせ、むすぶ。

CONTENTS

国際文化技術叢書②

着付の典（きつけのてん）
かさね、あわせ、むすぶ。

2004年6月1日　初版第一刷発行

発行人／平野 徹
監修／武市 昌子
著者／荘司 礼子

発行所／
学校法人 国際文化学園・国際文化出版局
〒150-0045 東京都渋谷区神泉町5-3
☎ 03-3462-1447（代表）　☎ 03-3462-1448（広報編集部）

印刷／凸版印刷株式会社

＊定価はカバーに表示してあります。